フーコーへ帰れ

暴力的秩序構築と生の内政のディスクールの情況構築

張 一兵

情況出版

©2016 by ZHANG Yibin Japanese copyright©2019
Published by arrangement with Nanjing University Press
ALL RIGHTS RESERVED
No part of this book may be reproduced or transmitted in any form or by any means, electronic or mechanical, including photocopying, recording or by any information storage and retrieval system, without permission in writing from the Publisher.

この書を我が姉——張沙沙に捧げる

仮面をつけずに執筆を続ける。
　　　　　　　　　—フーコー

faire voir ce qu'on ne voyait pas.[1]
　　　　　　　　　—Michel Foucault

　私から見ると、あなたは我々にこのような基本の道理を教えてくれた—他人名義の言説は恥ずべきことだと。
　　　　　　　　　—ドゥルーズ

1　人に本来見えないものを見せる。

目　次

日本の読者へ―忘れ得ぬフーコー ……………………………………………10

序 ……………………………………………………………………………27

序論：フーコー自身にフーコーを語らせる ………………………………69
　　ある歴史の始まり：師たちの影　70
　　フーコーの思想的系譜を決定づけた特定の支援背景　76
　　師のカンギレムとフランス科学史　79
　　「私は構造主義者ではない」　88
　　ハイデッガーとニーチェの決定的な役割　90
　　「引用符号をつけない」：フーコーとマルクスとの もう一つの隠れた関係　93
　　アヴァンギャルド文学の隠喩中のサド、バタイユ、ブランショ　100
　　歴史の中の沈黙：狂人と病人　106
　　庶民に面して：暗闇の伝説中の『汚辱に塗れた人々の生』　108
　　ウェーバーからフランクフルト学派へ：科学的合理性支配の正当性　112
　　知の言説の対象化としての実践　117
　　権力研究の異質な眼光　120
　　真理とはろくでもないものだ　126
　　権力と主体　130
　　晩年の小括　134
　　フーコーは人々が自分の書物を読むのをいかに見たのか　135

第1篇　エピステーメー文化形式構築における 言葉の物に対する歴史的刻印
　　―青年フーコーの『言葉と物』の 歴史的秩序構築の言説 …………155

　第1章　暴力的な秩序構築―客体への存在論的命名 ………………159
　　1．事物の存在の整然たる秩序性への正当な追問　159
　　2．エピステーメー―文化の知への反省の背後にある沈黙の形式構築　168
　　3．人間とは最近発生した出来事である　181

第 2 章　相似から表象へ—大文字の秩序構築 … 193

1. 可視的なものと不可視のものの中の『女官たち』
   —青年フーコーとピカソ、どちらが見間違ったのか　193
2. 相似性の見取り図—16世紀のエピステーメー中の世界情景　205
3. 表象情況の王国—古典主義的エピステーメーの歴史的発生　213
4. 近代のエピステーメー—大文字の秩序性の再構築　217

第 3 章　古典主主義的エピステーメー
　　　　—言説・自然・財富中の 3 種の大文字の秩序構築 … 224

1. 言説活動の秩序構築としての普通語　225
2. 自然への立法—分類学中の大文字の秩序構築下の自然史　233
3. 流通と交換—財冨の領域中の価値の秩序構築　240
4. 3 種の表象の秩序構築の一般的タブロー　245

第 4 章　近代のエピステーメー—大文字の歴史の発生 … 254

1. サドの放蕩—表象世界の再転倒　254
2. イデオロギー——一種の新しい大文字の文法と大文字の論理学　261
3. 労働と生産—スミスからリカードへ　268
4. 有機体の組織化と語形変化のメカニズム　278

第 5 章　人間—最近の事件 … 286

1. 空虚の中に構築された人類の主体　286
2. 近代的人間の四重の規定　291
3. 人文科学は終始存在していたか　297

付論 1 —科学の考古学
　　　　—青年フーコーのエピステーメーと認識論的断絶についての答弁 … 305

1. 非連続性—質問と回答　305
2. 言説的出来事の場の登場　310
3. アルシーブと知の考古学　319

付論 2 —言説方式中の不在の作者
　　　　—青年フーコーの『作者とは何か』の解読 … 328

1. 作者はいかなる意味で不在なのか　328
2. 作品と作者の名の空心化　336
3. 機能的存在への脱-構築と言説実践方式の中の作者　340
4. 一つの興味深い論争—構造は街へ行くのか　347

第2篇　言説フォーマティング転換中の系譜
―青年フーコーの『知の考古学』中の 方法論的言説 ………… 355

第6章　非連続性―総体性と目的論に反対する新しい歴史観 ………… 358
1. 非連続性―歴史文献学に対する質疑　358
2. 伝統的な総体性の歴史観の断裂から出現した新しい史学方法論　364
3. 歴史を救う偽の総体性―再構築されたマルクスとニーチェ　370

第7章　フォーマティング
―エピステーメーから言説的出来事の場への転変 ………… 380
1. 言説の場―現在発生している言説の構築活動　380
2. 言説的出来事の場―社会の客体-主体のフォーマティング　389
3. 言説実践としての政治戦略のフォーマティング　399
4. 言説の原子としての言表　406

付論3　秩序構築から脱-秩序へ―言説中の暴力的構造の脱-構築
―フーコー『言説の領界』の解読 ………… 414
1. 排除としての真理への意志―見えざる言説の背後の見えざる手　414
2. 言説統御の内的な手続き　421
3. 言説の権利―誰が話をする資格を持つのか　427
4. 脱-秩序―言説中の造反は存在するのか　434

第8章　知の考古学―活性化された言説アルシーブと断絶の系譜の発見　442
1. テキストに反対する―歴史的アプリオリとしての言説アルシーブ　442
2. フーコーの考古学とは何か　450
3. 系譜学―総体性の歴史的知の中での辺縁の造反　460
4. 混在郷　斜めの視線の中の他者性の空間　467

付論4　系譜研究―総体性の歴史連鎖の断裂中に暴露される
歴史的出来事の現出
―フーコー『ニーチェ・系譜学・歴史学』の解読 ………… 480
1. 起源の拒絶―歴史の暗闇の中の独特の他者　480
2. 系譜研究―高貴な血統論の脱-構築と存在論の現出　485
3. 実際の歴史として出現した系譜の研究　489

第3篇　自己拘束性の規律・訓練社会
　　　　―『監獄の誕生』の中の権力哲学の言説 …………………495

　第9章　政治的肉体のコントロール
　　　　―知－権力存在の反応メカニズム登場の魂 ……………499
　　1.　公開ショーとしての馬裂き刑から隠された無形の刑罰へ　499
　　2.　知と肉体の馴らし―権力のミクロ物理学　508
　　3.　知は権力である―堂々たる知識は見えざるミクロ的権力を負っている　516

　第10章　規律の遵守
　　　　―資本主義の自己拘束性の規律―訓練社会構築の秘密 …………528
　　1.　匿名の懲罰技術と自動的な従順機械　528
　　2.　規律－訓練―身体化の規律－訓練による自己拘束性の生成　539
　　3.　些事と細節の支配―規律－訓練のミクロ的コントロール論　548

　第11章　パノプティズムによる治安―規律－訓練社会 ……………566
　　1.　規律－訓練権力―自動的従順という隠れた戦略　566
　　2.　自動権力機械―パノプティックの円形監獄　576
　　3.　パノプティズムと規律－訓練社会　585

　付論5　批判と啓蒙の弁証法―統治されざる状態から隷属化へ到る同謀
　　　　―フーコー「批判とは何か」と「啓蒙とは何か」の解読 …………595
　　1.　批判―あのようには統治されないための技術　595
　　2.　思想的戦友としてのフランクフルト学派による啓蒙への批判　602
　　3.　啓蒙の痛み―知識の濫用の下の権力の統治　607

第4篇　装置に支配される生
　　　　―外部的強制から ミクロ権力の身体中の展開に到る転換
　　　　―フーコーの生政治の言説 ……………………………………615

　第12章　ブルジョア的市民社会における新しいタイプの権力装置 ………620
　　1．規律－訓練と規範の装置―「正常」と「異常」を切り分ける真理の刃　620
　　2．一種の装置としての権力の「いかにして」　637
　　3．「統治者のいない」市民社会の権力メカニズム体系　643
　　4．知の系譜学―ブルジョア法典上の血の跡を識別する　649

　第13章　生政治と近代の権力統治術 ……………………………………659
　　1．「どのように」生きるのか―生の権利に向き合う権力技術　659
　　2．ほぼ自然のようなものとしての人口―生権力による安全統治の対象　667
　　3．資本主義経済運行中の自然と自由―安全の統治の現実的基礎　670
　　4．第2の自然―人口に基づく安全統治　676
　　5．内政―人口に向き合う統治技術　680

　第14章　司牧から内政へ
　　　　　―近代ブルジョア政治権力のミクロの統治メカニズム …………688
　　1．司牧権力－人間を内心から向かわせる臣服　688
　　2．内政―「生活をより良いものにする」の中の隠された支配　694
　　3．内政と市場の論理の隠された関係　699

　第15章　自由主義という幻像－市場と市民社会の統治技術 ………………708
　　1．マルクスへの回帰―社会統治実践の映像としての政治経済学　708
　　2．市場―統制的公正から自主交渉の真の効用へ　715
　　3．自由主義―ブルジョア的社会統治術の本質　721
　　4．ホモ・エコノミクスと市民社会―自由主義の統治技術学の集合体　725

参考文献 ……………………………………………………………………732

付録1　フーコーの学術テキストの語彙使用頻度統計 ……………………739

付録2　フーコーの生涯と主要著作 …………………………………………742

後記 …………………………………………………………………………760

「訳者」の言葉 ……………………………………………………………763

日本の読者へ―忘れ得ぬフーコー

　『フーコーへ帰れ』は、私の「帰れシリーズ」の中で3番目に日本語に翻訳された著作である。先の『マルクスへ帰れ』と『レーニンへ帰れ』とは異なり『フーコーへ帰れ』は、我々からやや距離のある歴史的テキストについて語るものではなく、ここで議論されていることは、まさに我々の身辺で起こっている事象なのである。とりわけ、本書の主人公であるフランスの哲学者フーコーが我々に見せてくれる現代世界は、正常な目と通常の価値志向が構築するような存在様態ではなく、こうした正常な理性的社会のルールによって排斥さ抑圧された、一種の異質な視線のもとで明らかにされる別類の情況なのだ。

　私とフーコーの学術的関連は、20年前近く私が『マルクスへ帰れ』の中で伝統的なソ連の教条主義的な解読モデルを突破した時、すなわち、同質性と連続性という思想史の枠組みを打破した時に突然として現れた。こうした旧来の思惟の枠組みの中では、マルクスはその一句一句が真理である聖人として化粧され、『マルクス・エンゲルス全集』第1巻の冒頭の一句から最後の1巻の最後の一句に到るまですべて真理であるとされていた。しかし、フーコーが『知の考古学』で提起した思想の考古学と系譜学の分析は、私に非連続性というものに注目するという方法を与えてくれたのである。すなわち、マルクスやレーニンのそれぞれの重要なテキストをそれを生み出した歴史的コンテキストに現象学的に還元するという方法である。これは、私のテクストロジー研究に対する基本的な見方を大きく変えたのである。もちろん、本書のフーコー哲学についての研究は、もはやテキスト解読の方法論についての思考ではなく、現代ヨーロッパの急進左翼の生政治理論の源に直接対するものとなっている。アガンベンの剥き出しの生や例外状態などの観念に向き合った時、私はフーコー晩期の生政治への批判の影がその背後でちらついているのに気づいた。それに加え、ランシェールやネグリなどの生政治学に対するそれぞれ異なる成果もあったので、フーコーの急進的な批判的言説の探究は本書の主要な任務になったわけである。

　フーコーの思想に向き合った時、私が想起した4つのキーワードは次のようなものであった―狂気、同性愛、詩情、革命である。第1の概念は狂気である。我々はみな、フーコーのデビュー作『狂気の歴史』の内容が狂気の歴史の研究

であることを知っているが、実はフーコー自身も大学入学時に精神分裂症を患っていたのである。それには2つの原因があった。第1の要素は彼の性的傾向であり、それはまた第2の概念—同性愛でもある。第2の原因は、彼の同性愛の相手の話によると、フーコーが自身の顔を醜いと思っていたことだという。フーコーが同性愛者であることは、その学術とその在り方と直接関連していた。彼がこの世界を観察する視角が我々と異なっているのは、このことに由来しているのだ。我々はみな以下の事実を知っているだろう—ある人物が異性愛者ではないとしたら、家庭環境や社会環境がどうであれ、30〜40年代のヨーロッパにおいては、その人物は縁辺化され否定されてしまうという事実を。フーコーが狂気に陥った主要な原因は、まさに誰にも訴えることのできない同性愛への抑圧であったのである。

　中国においては、ある人物が精神病者になったならば、ただちに精神病院に送られるだろう。しかし、ヨーロッパの学術界や芸術界では、ニーチェ、フーコー、アルチュセール、ゴッホのように精神病を患った大家は、その学術研究や技術的創作の中で偉大な実践を続けることができるのである。この点は我々が反省すべきことであろう。フーコーが学部生だったころ、彼の補習教師はアルチュセールであったが、アルチュセールもまた以前に精神病を患ったことがあるのだ。アルチュセールの精神病の原因はさらに複雑であった。後にまた発病し妻を絞殺した後に、彼は1冊の自伝を書いているが、その中で彼は、自分という存在は「代替物」だと語っている。いかなる意味だろうか。彼の名前はルイ・アルチュセールだが、ルイは自分の名ではなく母親の前の愛人の名だというのだ。このエピソードはいかなるものなのか。それは次のようなものであった—母親が本当に愛していたのは、彼の叔父のルイで、その叔父と父親はともに第一次世界大戦の際戦場に赴いたが、ルイは戦死し、その後母親は現在の父親と結婚し、アルチュセールが生まれた時、母親はその愛人の名前を彼につけた—このようなエピソードである。アルチュセールは、私は生まれた時から私自身ではなかったと語っている。これが、アルチュセールの発病の重要な要素の一つである。ここで、我々は次のことに気付くはずである—これらの大家の根本的性格を形作った原因は、彼らが出会ったいくつかの事件によってある一つの問題、すなわち正常と異常という問題を考えざるを得なかったということに。続いてフーコーについて語ろう。我々は、先人の伝統と文化という知識の過程の中で生活しており、すべての教育と知識は我々に正常な生活を送ること

を保証してくれる。しかし、物心ついた時から、フーコーの同性愛の傾向は、彼の生活を、我々が異常と判断する状態に置いてしまった。このことは、彼がこの世界を観察する時に、一種の新しい視角を生み出した要因になったわけである。こうした視角を「正常者」が体感できるのはまれである。きわめて長い間、すべての社会はこうした人々に対して異常の烙印を押してきた。私は、フーコーが我々に与えてくれた啓示は、「異常」な角度からあらためて世界を見ることを意識させてくれたことだと思う。彼が見たすべての世界現象は我々のものとは異なる。彼が訴えようとした学術、訴えようとした怒り、訴えようとした心情は、後に彼自身が混在郷と呼んだものから来ている。ユートピアは現実には存在しないからこそユートピアなのであるが、混在郷は真に存在しており、現実に存在する文化に抵抗するものとなっているのである。

　私は、このようにフーコーが我々に大きな衝撃を与えたと言えるのなら、もう一つの重要な方法論の面は、我々の直観の中では見ることができないものに我々を導いたことだと思う。あるいは、彼自身が「暗黒の考古学」と呼んだものを見せてくれたと言ってもよい。すなわち、一般的には、我々の通常の知識、すべての文化は直観という基礎の上に成り立っているので、感覚器官による体験から抽象的な知識に到るまで——とくに近代の実証主義的観念の出現以後——一切の分析は、事実や関連する対象に向き合わなければならないとされているが、フーコーが語る言葉は、反対に現実に存在する見えざる不公平を示しているのである。

　第3の概念は詩情である。フーコーはニーチェやハイデッガーと同様に、根底にロマン主義の情感を抱いており、かつ屈することなく社会の現実と戦ったのである。第4の概念は革命である。私がフーコーについて書こうとしたのは、フーコーがマルクスの思想と屈折した関係を持っていたからである。彼の師であるアルチュセールはマルクス主義者であり、フーコー自身も50年代にフランス共産党に加入している。後に彼は決然と離党したが、とくにスターリンの死去後、何人かのフランスの思想家もそのような行動をとっている。フーコーの前期の明らかな意識の中では、マルクス主義は完全に排斥されており、マルクス主義はその時期の放棄すべきものの一つと見なされていた。だが、1968年以後、フーコーの思想には重大な変化が起きている。すなわち急激な左転向である。彼は自分がマルクス主義者であるとは表明しなかったが、自分自身は「引用をしないマルクス主義者だ」と語っている。彼は公開の著作では従来からマ

ルクスを引用しなかったが、方法論上においては、マルクスの観念を運用していたのである。

　さらに説明すべきことは、この『フーコーへ帰れ』の執筆プランにおいてフーコーのテキストを選び取った時、私が伝統的なフーコー研究とはやや異なる選択をしたことである。私は、多くの人が強い関心を寄せている『狂気の歴史』や『性の歴史』を選ばなかったのである。『フーコーへ帰れ』は４つのブロックからなっており、基本上は私が選び取ったフーコーの４つのテキストをベースとしている。第１は『言葉と物』（英訳では『物の秩序』）である。この本は、フーコーがエピステーメー理論により西洋の近代文化史を解釈した専門的著作である。第２は、『言葉と物』の出版後、それに対する批評や質疑や（その中には彼の師であるカンギレムの疑問もあった）に、一つの回答を与えるべく書いた『知の考古学』である。この本については、私は最も学術性に富む哲学的著作であると見ている。この本の中では、彼はあの非常に有名なエピステーメー理論を弱めている。第３ブロックとして選択したのは、やはり非常に有名な『監獄の誕生』である。すなわち、1968年の五月革命後フーコーの思想が急激に左転回した際の重要な著作である。1970年にはフーコーはすでにコレージュ・ド・フランスのメンバーとなっており、この年から毎年１度講座を開いていたが、この本はその時期の1974～1975年に執筆されたものである。この時期は、フーコーによる非常に重要な現代資本主義批判理論の第一段階、あるいは、規律・訓練権力理論が提起されたもっとも重要な段階と言ってよい。第４ブロックは、おもにフーコーの「コレージュ・ド・フランス講義」の後半部について、あるいは、ここで提起された最も重要な観点すなわち生政治理論について議論したものである。この観点は、アガンベンやランシェールなどの現代の急進思想家による、現代資本主義批判のもっとも重要な理論的基礎になっている。以下で、私は、まずそれぞれの論点についてその概要をできる限りわかりやすく紹介したいと思う。

　第１に、『言葉と物』の中で、フーコーは何を何を言おうとしているのだろうか。私の解読では、フーコーは師のアルチュセールと同様に、フランスの科学認識論の重要な学術的影響を受けていると思う。この影響の中でも、バシュラールとカンギレムの科学思想史研究の核心部分は、まさに伝統的な科学史理論の進化論モデルと重大な断絶をなしている。こうした観点は、またアメリカの科学歴史哲学の認識論とも関連がある。我々がよく知っているトーマス・クー

ンが指摘したパラダイム論は、科学的進歩は、もはや量的な知識蓄積の過程としてではなく、科学的パラダイムの構造的断絶として展開されるというものになっているのである。これをクーンは科学革命と称している。後に、フーコーはトーマス・クーンに対してとくに嫌悪を示しているが、それは、彼が、クーンは師のカンギレムを剽窃したと見ていたからである。もちろん、この争議には定論はないが、カンギレムがバシュラールとともにクーンと似た観点を語っていたのは否定できない。では、バシュラールの語ったものはいかなるものだったのか。それは、科学の誕生には一つの断絶があるということである。そして、この断絶はまた経験的常識の断絶でもあるということである。

　一つの例を挙げよう。例えば、人々はみな太陽が東から昇り、西に沈むのを見る。これは、我々の直観的な生活経験上の常識であり、この経験的常識に関連するのがの天動説、すなわち地球は宇宙の中心であるという見方である。ゆえに、我々は、プトレマイオスの天体図から、地球を中心とする9つに重なった天体を見て取り、神はこの9つの点の外にいると思うのである。この理論は経験的常識と一致する。しかし、コペルニクスの地動説は、日常的経験と断絶している。彼は、宇宙の中心とされた地球が太陽の周りを回る一つの星にすぎないことを発見したのである。バシュラールの観点は、科学理論は常識的経験から断絶するところに出現するというものであり、これこそが認識論的断絶の論理なのである。さらに彼はもう一つの重要な観点も形作った。科学理論を展開させる決定的な力は科学自身の論理構造であるというのである。そして、彼の学生だったアルチュセールは、この科学の知の構造をミクロ化して1人の著作家にもそれを当てはめたのである。では、アルチュセールの理論とはどんなものなのか。多くの人は彼を構造主義者と言うが、実際には、かなり多くの面でバシュラールとカンギレムのフランス科学認識論の影響を受けているのだ。彼は上述のバシュラールの観点をマルクスの身に運用したわけである。過去、我々がマルクスの思想について議論した時は、マルクスの思想的発展は、一つの平滑な過程であり、総じて不断に新しくなっていく連続した過程とされていた。しかし、アルチュセールは、1人の作者を観察する時には、彼が述べたことや結論から観察するのではなく、マルクスがいかに問おうとしたかというその方式を見つけ出し、マルクスがいかにそれぞれ異なるテキストを書いたのかという内在構造を決定しなければならないと述べた。すなわちプロブレムティックを見つけ出さなければならないと述べたのである。ゆえに、我々は、

アルチュセールが師の知の科学的構造論を1人の著作家とそのテキストの関係の上に置いた置いたのを見いだすことができるのだ。これは、バシュラールの認識論的断絶論のミクロ化の方向と言えるだろう。
　第2に、アルチュセールの学生としてのフーコーのやり方はいかなるものなのか。その師の方向とは反対に、フーコーはバシュラールの科学構造論をマクロ的な文化史の考察の中に置いたと言える。『言葉と物』での議論とはどのようなものなのか。それは、ルネサンス以後のすべてのヨーロッパ文化史の基本構造を考察したものなのである。彼はバシュラールの科学構造論を一つの新しい概念に置き換えた。すなわちエピステーメーである。フーコーは、ブルジョア階級のルネサンス期から近代文明に到る文化について、こうしたブルジョア文化が一つの同質性を持った連続体ではなかったと明確に指摘している。フーコーは、近代西洋のブルジョア文化史はそれぞれ異なるエピステーメーの4つの段階に分かれるとした。ルネサンスの時期、16～17世紀の時期（これは前古典主義と呼ばれる）、18世紀から始まる古典主義の時期、19世紀末から現代に到る現代の時期である。彼は、ヨーロッパの文化史が4つのエピステーメーが重なる歴史であることを発見した。エピステーメーは一種独特の知（言葉）の構造であり、このような秩序のある構造は、我々にそれぞれまったく異なる外部の自然界、社会、文化の景観を見せてくれるというのである。前古典主義時代については、彼は、これを相似性を基礎とするエピステーメーの時代と呼び、古典主義の時代は18世紀以後であり、その知と言説の構造となるものは表象だと見ている。ヨーロッパでの表象と東洋での表象との違いはどこにあるのか。中国の漢字は、皆が知るとおり表意文字であり、「月」や「日」は、我々が直観的に認知した月や太陽と直接関連している。しかし、西洋のアルファベットは、オリジナルのコンテキストから根本的に離脱したものとしてはじめて登場している。アルファベットとは何か。それは26の字母であり、そこには、その字母によって書かれてはじめて言葉の意味が生まれるという内容も含まれている。個々の字母は対象とはいかなる関係もないのである。字母によって表現されてはじめて意味が生まれるということは、明らかにされた各種の言説の意味と対象との間にはなんらの関連性もないことを意味している。しかし、それもまた現実を表象しているのである。フーコーは、これこそがまさしく言葉の物（存在）に対する命名にほかならないと述べる。言葉と物との関係でもっとも根底をなすのは何か。フーコーは、ある文化が近代へと向かう歴史は、人間

が言葉と言説を通じて物に暴力を加える過程だというのである。これが「物の秩序化」の意味なのである。フーコーが見たものはそれぞれ異なるエピステーメー間の断絶である。新しいエピステーメーが出現するたびに西洋の文化は書き換えられるのである。このゆえに、19世紀、20世紀へと向かう近代的エピステーメーの時代とは、主体的な人間が創造し始める新世界を意味することになる。ここから、フーコーはあのもっとも有名な観点を語る―人間とは実際には最近発明された事件である。人間の誕生は300年を経ていない。さらに重要なことには、もし新しいエピステーメーが再び登場したら、今日我々が見ているこの人間は、浜辺にかかれた人間の顔と同様に流さてしまうだろう― ゆえに、当時のパリのすべての評論は、フーコーは「人間の死」という観点を打ち出したと見たのである。この観点は、後の「作者の死」や「主体の死」の観点を形づくり、さらにはポストモダンの思潮の中で出現した、一連の「死」についての論考のもっとも重要な基礎にもなったのである。

第3には、『言葉と物』の出版以降、何人かの急進的な青年たちが、当時のパリで認識論グループを組織したことである。当時のフランスの彼らの認識論についての議論は大きな影響をもたらした。その中にはどんなメンバーがいたのだろうか。バディウやラカンの娘婿のミラーなどである。彼らはかなり長い手紙をフーコーに書き批評や意見を提出した。その中にはかなり鋭いいくつかの問題があり、フーコーの師のカンギレムによる批評も引用されていた。彼らが提出したもっとも重要な問題はこのようなものであった―あなたが『言葉と物』で打ち出したエピステーメーの断絶説は表面的には深いものがあるが、科学史や文化史においては、それと関連する対応すべき史実は根本的に存在していない― フーコーはこれに対して1969年「科学の考古学」という文章を書き、師や学生たちの疑問に答えた。この文章の中に、我々はフーコーの思想に重要な変化が起きたのを見て取ることができる。この変化は、もちろん最終的には1969年の『知の考古学』として体現された。この著作は本書の第2篇で議論した対象でもある。

『知の考古学』においてはいかなるものが生まれたのか。フーコーは自分に向けて手榴弾を放ったのである！ 私は、エピステーメーという概念がここに到って弱まり、フーコーが我々に新しいいくつかの要点あるいは理論的観点を与えてくれたことに気付いた。第1の観点はまったく新しい史学観である。フーコーは、この本の中で一切の総体的、目的論的な歴史の描述に反対したのであ

る。この観点とはどんなものなのか。私は、ここ10年ほど中国の学術界でこの新しい史学観にずっとに影響を受けてきた。私は常に批判され、書いたものも多くの場合批判にさらされた。前回批判を受けたのは2007年の「哲学と歴史の対話」シンポジウムの席であった。このシンポジウムで、私は歴史構築論という観点を打ち出した。この観点は、歴史研究の対象としての史実は実際には構築されたものであるという観点である（その時私はまだ充分にフーコーのこの本を読みこんではいなかったが）。その場である歴史学者が私にこう質問したのである──私の疑問に答えてほしい。私が父の子であるという事実は構築されたものなのかと。私自身は当時答えることはできなかったが、哲学教授である私の友人がその歴史学者と議論をし始めた。実際には、この議論の時、強いて彼と論争しようとしたならば、こう言うことができただろう──人類の歴史には父親というものが存在しなかった時代が本当にあった。母系氏族の時代には、すべての人間には父親が存在せず、母親だけが存在していたのである。ゆえに、父親という概念は文化制度が構築した結果なのであると。

　記載され続けてきたすべての歴史的文献に面した時、フーコーが我々に注意するようにと語ってくれることは何か。過去の歴史学の仮説は、1冊の本を、一つの文献を、一つの歴史遺跡を見れば、我々はこの客観的事実を根拠に過去に起きた事情に対し推論と判断ができるのであり、このようにして歴史の真実の過程を見て取ることができる──このようなものであった。だが、フーコーは我々に何か忘れているのではないか、と警告を与えてくれる。フーコーが我々に告げているのは、誰がその記載を選択したのかに注意してほしいということである。事実上、中国でも西洋でも大部分の歴史記載自身は統治者がその記載を望んだものなのだ。ゆえに、この意味では、伝統な史学観は、我々はこれを輝ける歴史と呼ぶことができよう。フーコーは我々にこう知らせてくれているのだ──今までの歴史観は一種の目的論的色彩を帯びたものであり、歴史を一つの連続した平滑な歴史として粉飾した歴史観である。このことは、必然的に歴史の切り取りという結果を招くと。ゆえに、彼が我々に考古学に注目させようとしている目的は、200年前の遺物を単純に考察することではなく、我々が一切の歴史記載や文献に向き合った時、それはいかにして構築されたのかと我々に問わせることなのである。このことは何を連想させるだろうか。過去の反映論においては、我々が1個のコップを見た時、その直観的対象は1個のコップにほかならないということになる。しかし、フッサールは、我々の意識の中に

このコップがいかにして出現したのかを我々に教えてくれるのだ。フッサールは我々にこう思考させてくれる—我々は1個のテーブルを見る時、永久にただ正面からしか見ない。なぜなら、反対方向から見てもやはり正面から見たことになるからだと。フッサールの現象学と同様に、フーコーがここで我々に伝えてくれた第1の事項は、歴史は断絶しており、平滑で連続したものではなく、平滑なものはすべて作られたものであるということである。ポストモダンの史学観の多くの観点はこのフーコーの観点から来ている。後には、何人かの論者が、フーコーの知の考古学の観点を歴史研究の中にの中に貫徹すべきだとさえ述べている。この本の中ではもう一つの変化がある。それは、フーコー自身がエピステーメーには依然として構造性的な剛性があることを、すでに意識していたことである。このゆえに、彼は、引用の中で非常に重要な観点を打ち出しマルクスへ敬意を示した。その引用した新概念とは言説実践である。

フーコーはフランス哲学会でのある講演の中でこう問うたことがある。「今私は講演しているのだろうか」と。一見すると非常に荒唐無稽なことである。フーコーが語ろうとしたことは実はこのようなことなのだ—私は今講演しているように見えるが、真に私が話しているわけではなく、私が背負っている我々には直接見えない知識のシステムが私に語らせているのだ—覚えていてほしい。これはポストモダンのテキスト観の一つの問題なのだ。すなわち、畢竟私が語っているのか、それとも言説が私に語らせているのかという問題である。私は、彼はすでにエピステーメーの外部性の剛性の枠組みを意識し始めたのだと思う。ここでは、彼の観点は、すでに言説自身の機能的な実践的運用というものに転化したのである。

いまや我々は、フーコーの考古学とは何かともう一度問うことができる。我々が史料に面した時、その史料が死んだものならばそれは何物でもないが、ある人間がそれを活性化させ、我々がそこで生活している情況と関連づけたならば、それは、我々の言説実践中の閲読となり、思想の情況を再構築することにもなるのである。ゆえに、言説実践という概念は、彼の総体の思想に重大な前進を生み出したのである。史学観の面では、彼がニーチェの後を追っていることを見いだすことができる。彼は「ニーチェと系譜学」という文章を書いているが、その中で、系譜学とは何かと問い、それは、我々が過去の歴史的に発生した事情を研究する際に、本質というもののないその特殊性を探し求める研究であると答えている。これは一種の転倒の論理である。過去我々はいかなるものを見

ても、「これは机でありそれはベンチである」「この人物は男性でありその人物は女性である」、「この人物はよい人でありその人物は悪い人である」というように、まず質性の観念や本質があり、しかる後、それをもって現象を観察し、さらに哲学的評価を始めていた。それに対し、フーコーは、系譜学の最たる本質は、類に帰することが見いだせないその特殊性を見て取ることだというのである。彼は系譜学を「知識中の造反だ」と語っている。ついでに言うならば、フランス語のSavoirを知識と訳するのは不正確であり、フランス語にはconnaissance（知識）という言葉がれっきとして存在しているのだ。私は、この両者は異なるものなので、Savoirをその場における知と訳せばさらによいと思っている。それは活動的なものなのである。以下で我々が語ろうとしている権力も同様で、権力は目に見える圧迫ではなく、見えざるものであり、それはまた機能的な支配関係なのである。

　本書の第3のテーマは規律・訓練権力である。1968年パリで発生した「五月革命」の際、フーコーはチュニスでたいへん積極的に反抗運動に投身した。この現実の反抗運動の中で、彼はこれまでとはまったく異質な一種の革命性というものを体得した。なぜ造反したのか。五月革命において学生たちが書いたスローガンは「恋をすればするほど造反したくなる」というものだった。造反学生は、何かを打倒しようとしたわけではなく、すべてに不満だったのであり、革命自身には目的がなかったのである。「五月革命」は資本主義社会を打倒しようとしたのではなかった。ゆえに、それはバラの革命とも言われたのある。この奇妙な革命観は、フーコー本人の抑圧された同性愛の存在の解放と一致していたのである。かなり長期間にわたってフーコーが編集した、いくつかの非常に重要な文献集は、正常者にとってはすべて倫理的によいものと言えなかった。例えば、『汚辱に塗れた人々の生』という文書集は、バスティーユ監獄に収容されていた犯罪者たちについての記録である。これらの人物が記載されている一つ一つのエピソードは権力と関係するものであり、彼らはコソ泥、スリ、浮浪罪、窃盗罪などでここに送られてきたのである。これらの「汚辱に塗れた人々」は、はじめて権力と関連付けられて記載された。権力の光がある暗闇を照らしたわけである。これは、フーコーが我々に与えてくれた暗闇の中での光という一種の新しい感覚である。ポストモダンのコンテキストでは、これは卑しさのミクロの歴史と言われている。フーコーは、歴史学が真実の歴史をを反映しているならば、支配階級が必要とした記載の歴史にすべて頼るわけにはい

かないと言おうとしているのだ。後に、我々はこの観点が映画にも影響を与えたことを知るだろう。私は、「ラスベガスとの別れ」というハリウッド映画を思い出す。それは酔っ払いと酒場の女とのストーリーで、卑しさのミクロの歴史にほかならない。関心を寄せるべきはもはや天高い愛情や生存ではなく、この映画の語ることは社会の最底層に生きる人々、誰も歯牙にかけない人々の生きざまなのである。ここで打ち出されている感動すべき問題は、彼らにの生命にも尊いものがあるのかということである。ゆえに、この新しい革命の中で、フーコーの思想には急激な変化が生じ、彼は急激にマルクス主義に転向していったのである。

　『監獄の誕生』の冒頭にはどんなことが記述されているのだろうか。それは感性を刺激する光景である。この光景は、中世が終わった後のヨーロッパでのある死刑の場面である。その血の滴る描写をどこかで見たことはないだろうか。多くの中国人にとって、それは中国のテレビドラマ「芈月伝」のカメラが見せた商鞅の馬裂のシーンであろう。フーコーは、こうした光景の描写から始めているのである。この冒頭の光景まさに馬裂刑の場面なのである。フーコーは、伝統的な暴力的政治権力とその圧迫は、このように目に見えるものであり、すべての殺戮は公開的で演出性のものであった。これこそが専制であると述べている。フーコーは何を我々に訴えたいのか。我々が現在目にしているブルジョア的政治権力は、以前の専制的権力とは異なり、すでに見えざる力に変化し始めているというのである。この本の中で彼が描述したもっとも重要な２つの観点は次のようなものである。１つ目の観点は、圧迫の背後に一つの依拠物が出現したというものである。すなわち資本主義的生産過程自身である。ここで我々はマルクスと対比させることができよう。マルクスの資本主義批判はすでに非常に深いものがあった。なぜなら、マルクスは、剰余価値について議論した時、剰余価値の獲得は市場経済における平等な交換という基礎の上に成り立っていること、また、市場経済はすべての人間の自発的な平等な取引であることを明らかにしたからである。マルクスは、その当初の取引が平等なものであることを発見している。ある女の子が労働市場に赴いて自発的に労働契約をしたとしよう。それは誰も彼女に強制したものではない。しかし、それは、自身を売らなければ餓死するからである。マルクスはこう言う―この皮鞭は奴隷主の皮鞭とは異なり、それは飢餓への恐怖という無形の皮鞭なのであると。ゆえに、このような不平等は取引や流通過程で生じるものではなく、取引後、資本家が労

働者の労働力という使用価値以上の剰余労働を占有した結果なのである。マルクスの観点は確かに深い。彼が見て取ったこの種の搾取は、資本主義的生産関係の中のもっとも重要な問題なのである。しかし、マルクスは、私が生産無罪論と呼ぶある仮説を持っていた。これは伝統的な教科書には存在しないタームである。いかなる意味か。すなわち、生産力の発展は隷属化に導くのか否かという問いである。では、フーコーの論理展開はどこに行こうとしているのか。彼は生産自身の内在的メカニズムを追問するのである。彼の観点はもちろん、青年ルカーチが『歴史と階級意識』で述べた生産ライン上で発生する技術的物化への批判ではない。フーコーは第２の観点を持っていたのである。その重要な発見とは、フーコーがこの本で展開している生産における規律・訓練なのである。彼から見ると、規律と訓練は資本主義的大工業の生産過程と同じ歩みで発生したものなのである。ゆえに、フーコーの『監獄の誕生』における核心の発見は、資本主義的生産の技術的発展過程から生まれる人間に対する規律による拘束なのだ。そして、この拘束はすべて強制によるものではないのである。ここで、彼はある重要な観点をさらに引き出している。それは、ブルジョア階級による近代的な権力の根本的な基礎は基礎は、目に見える強制ではなく、ミクロの見えざる支配とコントロールであるというものである。彼はこのことを毛管状の権力と呼んでいる。この言葉は諸力の関係を表しており、この権力技術は存在する一つ一つの細節に浸透していく。それは発散的なものであり、それぞれの人間の生活の細節をコントロールするのである。フーコーは、権力はどこに存在するのかと問い、ここにあると答える。権力は上部構造である国家の中には存在せず、今日の資本主義による有効な人間の隷属化は、見えざる細節の中にあると答えるのだ。この本のもっとも核心となる部分はここにある。

　第２の観点は、規律・訓練権力に付随するもう一つの重要な判断である。すなわち、パノプティズムである。現在多くの会社のオフィスは広い空間であり、すべてのスタッフは見通しの良いこの大きな空間の中にいる。管理者は自分の部屋からすべてのスタッフの様子を見ることができる。こうしたシステムはどこから来ているのか。フーコーは、まさにこの問いに哲学的視角からはじめて答えているのである。この本で彼が描述したもっとも興味深い一つの問題は、ベンサムのアイデアによるパノプティコンであろう。この監獄は大きな円形の形をしておりその中間部に監視塔がある。ここでフーコーは非常に重要な比較をしている。過去のバスティーユのような監獄では、その最大の特徴は光が見

えないことである。バスティーユには窓がなかったのである。だが、ブルジョア階級による近代的監獄は、すでにまったく新しい新しい特徴を持つようになった。第1に、ここではすべてを見通すことができ、中間の監視塔にいる監視者はすべて収容者の様子を見ることができるのだ。第2に、この監視システムは一方的な方向になっており、監視者は収容者を見ることができるが、収容者は監視者を見ることができないのだ。我々の今日の近代的な工場やオフィスの管理システムのモデルは、このパノプティズムに基づいているのである。もちろん、フーコーは、今日のグローバルな電子監視システムが、無数の目を持つパノプティコンをいたるところで形成したことを、想像もできなかっただろう。今日では一つ一つの部屋を見通すシステムはもはや使用されてはいない。なぜなら、すべての人間が監視の中にあるからである。

　最後の篇はフーコーの生政治批判の理論についてである。1970年よりフーコーはコレージュ・ド・フランスのメンバーとなり毎年講義を行うようになった。このコレージュ・ド・フランスでの講義はたいへん興味深いスタイルであり、何人かのフランスの学術大家が講演した際の聴衆は、社会人であり、大学生や教師たちではなかったのである。コレージュ・ド・フランスは、それぞれの思想家たちに、毎年一度の講義は新しい内容であり、繰り返した内容ではないようにと要求していた。我々は、フーコーが先に関心を寄せていたのは規律・訓練権力であったことを知っているわけだが、70年代末に、彼自身の中に突然重大な断絶が生じたのである。ある日フーコーは、自分の思想には変化が起きたと宣言した。自分は、現代ブルジョア階級の政治統治に新たな変化が生まれたことを発見したというのである。彼はこの変化を生権力あるいは生政治と呼んでいる（後のアガンベン以降の思潮については、我々はそれを生政治批判理論と概括している。アガンベンの観点には新しい変化があり、彼は多くの新発見をしているが、そのオリジナルな雛形はすべてフーコーの中にあると言ってよい）。フーコーがここで言う生政治の意味とは何か。フーコーは、ブルジョア階級による現代における社会統治のもっとも核心となる部分は、一言で言えば、生活をさらに美しいものにすることだと説明している。すなわち、すべての人間に楽しく財冨を追求させることだというのである。フーコーの理解によれば、ブルジョア階級のこの生の権力は、規律・訓練権力を排斥するものではなく、その権力技術を内包したものであり、この２つの権力技術は、生明の存在を支配するそれぞれ異なるクラスに位置しているということになる。規律・

訓練権力が、人間を分解して直接コントロールできる対象とし、従順な肉体の形成とコントロールを実現したというのなら、生の権力は、さらに大きな尺度で総体としての生命（人口）を支配するものだというわけである。ここから、資本主義社会の中で、規律・訓練の政治学とはやや異なる政治学—「肉体の政治解剖学」である「人類の生政治学（biopolitique）」が誕生したというのである。

では、生の政治権力とは何か。その本質は幸福な自己隷属化である。我々は規律・訓練権力が外部的な機械的過程による拘束であること知っているだろう。それはすでに自己に対する規律・訓練になっている。ドゥルーズはこのような問いを出したことがある。すなわち、現在はまたどんなものが我々を隷属化しているのかと。ポストモダンの思潮での権力コントロールに関する思考の最核心である一つの概念を、私は自己拘束性と呼んでいる。すなわち、我々自身が我々自身を拘束することである。こうした様相は誰の時代から始まったのか。カントからである。何から始まったのか。カントの有名な「啓蒙とは何か」からである。このゆえに、フーコーは、同じ表題の文章を書きカントの論じた啓蒙なるものを批判したのである。なぜなら、彼から見ると、啓蒙的理性は自己隷属化の始まりだったからである。ここで、フーコーは一つの重要な関連事項を挙げている。すなわち知と権力の共犯の関係である。なぜなら、我々の健康な生活の中では、我々が財冨を追求する過程の中では、堅く信仰しているものは科学的理性であり、この科学的理性は顔のない権威だからである。それは、すべての人間にとって反抗できないものである。我々はいかなるものも罵ることができるが、知識は悪いものだとは罵ることができない。今日の広告の中でもっとも説得力があるものは何か。それは白衣を着た人物である。その隠喩は何か。科学の専門家である。なぜなら、ここに潜む隠れた仮定は専門家は絶対に人を欺かないというものだからである。60〜70年代になって、左翼の社会批判の思想家たちが語ったもっとも有名な言葉は、フロイトの「今日我々は立ち上がったけれども、誰に銃口を向ければいいのかまったくわからない」という1句である。過去の労働者や被抑圧階級は、誰に銃口を向ければよいのか知っていた。農民は地主に労働者は資本家にである。しかし、今日苛立ちを感じた人々は、立ち上がったとしても反抗の対象が見つからないのである。なぜなら、今日のもっとも重要な権力は科学だからである。

今日の資本主義社会の統治技術について、フーコーは、ある言葉を再解釈することによって表現した。内政（ポリス）である。フーコーの再解釈によると、

この「ポリス」はもと、もはや警察という目に見える権力ではなく、人々を楽しく生活させる仕組みなのである。なぜなら、内政は、理性的知識の指導のもと、我々を健康的な生活に導く新たな形の司牧権力だからである。知識は我々に自然を拷問させそれを支配させる。知識は我々に科学的な管理社会を形成させるのだ。事実上、フランクフルト学派中後期の研究者、ホルクハイマーやアドルノもこの問題について議論していた。すなわち「啓蒙の弁証法」、啓蒙的公共理性がなぜ隷属化へ向って行ったかという問いである。啓蒙的理性という架設の前提とは何か。それは、人間による自然の征服は疑いのないものだという思考である。そのオリジナルの思考はどこから来ているのか。『聖書』である。そこでは、人間はこの地球の神に次ぐ主人公であり、青空を背にし大地に向き合い、労働を通じて自然を統治するのだとされている（ハイデッガーは、この問題について非常に精緻な描写をしている。とくにその晩期にはその占有についての存在の歴史を描いていた）。アドルノの問いとフーコーのそれとは極めて接近している。我々が自然を隷属化するこの権力を社会管理の中に移してみると、何がそこに登場するのか。人間に対する科学的管理である！　道具的理性と形式的理性が社会をコントロールするようになると、知識の形による、道具的方式による、合法的方式による人間の隷属化が出現するのだ。同様にここでフーコーは、ベーコンのあの有名な言葉「Knowledge is power」（知は力なり）を「知は権力なり」と翻訳する！　そして、この権力は犯罪現場には永遠に登場せず、永遠の顔のないものとなると語る。これと比べると、伝統的な権力の作用は直接的であり、ブルジョア階級は、権力の動きから直接的出現と直接的作用というその特徴を徐々に消し去り、曲線的な形で隠蔽された作用とコントロールメカニズムという形式を採用するようになってきたというのである。それは、血を見ない殺人であり、拳が見えない殴打と言ってよいだろう。そして、この権力は永遠に犯罪現場には登場しないのというのだ。ブルジョア階級によるこの生に対する内政は、ここに人間に対する完全な謀殺（ボードリヤールの言葉）となるのである。

　フーコーの「異常」に関する考え方はこのような追問の形をとって示されている―我々の生命の過程において、我々はいかに人の話を聞き入れるようになるのかと。彼はこう答える―それは教化されていく過程であると。私は、ある時、博士課程の学生に業界用語でこう語ったことがある―ニーチェは、ある人が博士（私など教授を含め）になったならば、その人はすでに「本の紙魚」に

なってしまったと見ていると。学生たちは最初からこの話が理解不能だったらしい。文化大革命の時期に叫ばれた「知識が多ければ多いほど反動になる」という言葉は、ニーチェのこの言葉に接近している。ここで我々は意識的に意識的に「バックショット」の技術を使用してみよう。バックショットは映画の一つの術語である。私はこんな冗談を言ったことがある―人は映画を見る時はロバのように愚直になるが、物を書いている時はロバではないふりをすると。「アヴェンダ」のような作品をじっくり見る時、人は総じてそのストーリの中に浸り込む。では、バックショットとは何か。映画が放映されているある瞬間に突然映写機のほうを振り返ったら、この映像が巨大な幻像によって形づくられていることに気付き、自分の愚直性のすべては中断されるのだ。これがバックショットの持つ意味である。ハイデッガーは「性起の哲学」の中で我々に「もう一つの道」を教えてくれた。彼は普通の道筋から飛び出したのである。

　私は、ある実験をもって『フーコーへ帰れ』の概説の概説を終わらせようと思う。それは、我々がなぜあの真実の生命である元来の自己からますます離れてしまったのかという警告の実証、すなわち、秘密の文献の中でハイデッガーが指摘した「性起がなぜ我々から離れてしまったのか」という問いの実証でもある。この実験は、帰宅して同僚と食事した時、1時間半ぐらい経ってから、意識的にバックショットの反省をしてみるというものである。その時、人は、自分の発言の様子に気付くだろう。すなわち、自分の一つ一つの言葉、表情、手の動き、座っている様子などさえ思い浮かぶだろう。そして、それらはすべて1人の文化人の固定化された姿を形作っているのだ。ニーチェもフーコーも、彼らが我々に教えてくれていることは、我々は、近代性へと向かう時、直観的には見て取ることのできないものを体得しなければならず、欲望の対象を追求する過程の中で、あの見えざる隷属化の中で、生命の真実を失っているということなのだ。

　率直に言うと、私は、日本の学術界が、フーコー哲学に関する私のこの新しい知の結果を享受してくれることに喜びを感じている。

　本書は、以前と同じように友人の中野氏がこの翻訳の重任を担当してくれた。この任務をさらに良い形で実現させるために、中野氏は東京の書店で、本書の解読対象であるフーコーの『言葉と物』、『知の考古学』、『監獄の誕生』、『コレージュ・ド・フランス講義』シリーズのキーとなるテキストの日本語訳をわざわざ購入してくれたのである。かつ、私は、心からの喜びをもってある発見をし

た。中野氏との、翻訳作業中の術語あるいは観点についての質疑が大幅に少なくなったことである。このことは、我々の間の相互理解にすでに大きな変化が生じたことを物語っている。中野氏にはたいへん感謝している。彼は、私の学術思想が日本の学術界学術界に伝わるための、大きなしっかりとした友好の橋梁にすでになっているのである。

　友人の大下氏および『情況』出版社にも感謝の意を表したい。大下氏と情況出版社の困難な作業がなければ、本書はこのような高質で細緻な登場がありえなかっただろう。

張　一兵

2017年10月18日北京会議センターにて

序

　通常、自分の新しい書物の序を書くことは喜ばしいことである―それは、無数の思想的情況構築[1]の突出と破砕を繰り返した後にやって来る平静な歓楽の境地であろう。しかし、このたびの序を執筆するにあたり、私の心情にはかえって重たいものがあった。それは、本書の研究対象―学術上の大家フーコー[2]の自著序言自身のほとんど呪言に近い奇異な論調のゆえである。彼は、名著『狂気の歴史』(1961)[3]の第二版（ガリマール版、1971年）の序文でこう書いている―書物の序文とは、「著者の君主政体（*monarchie de l'auteur*）がそれによって確立されはじめる最初の法令（*acte premier*）、専制（*tyrannie*）の宣言である。すなわち私の意向は諸君の掟でなければならない。諸君の読書、分析、批評を私がおこなおうとした事柄に順応させよ」[4]と。これこそがフーコーである！彼は総じて、人々の認識の正常な存在状態の中に、ある種の直観中に潜むその場に登場していない不正常性を深く透視できるのである！　あるいはこう言うこともできよう―彼は、常人が構築している思考情況の中に、ある種のさらに深い批判性を秘めた隠された情況を再構築できると。いつもの場合、フーコーは「正常」と「不正常」の思想的情況構築の標準を徹底的に転覆し、我々のような尋常の人間にとってはかねてから慣れっこになっている思想情況を瞬間に粉砕してしまうのである。ここで、フーコーは、日常ではあまり用いない氷水で、我々を頭から足までびっしょりと濡らしてしまうのだ。人々はすべて、どこにでもある生活の細節の中で、ある種の隠された情況構築の意味での強制的秩序構築[5]を行なう暴君になる可能性がある。よし。それが避けて通れないのなら、私はあえて愚者のふりをして幻像と偽の情況構築中の暴君となろう。

　明白なコンテキストの中においてではあるが、フーコーとその思想は私の研究にとって新しい人物・新しい観念というわけではない。10数年前、私は、『マルクスへ帰れ』第一版序言の中で自らこう承認した―フーコーのあの断絶の思想史解読モデルは、私の学術的情況構築という方法論に対して深刻な影響を与えていると[6]。マルクスの思想史を非連続的に考察しようと、それがある種の境界を越える思考になったり伝統的な思想史の「正常な」結論に対する大胆な僭越行為になったりしたとしても、多かれ少なかれ、私はフーコーから異質の思想的情況構築の因果の原型を見て取ったのである。もちろん、その時の私は以

下のことを詳細には区分できなかった―1、青年フーコーの初期の思想探索とその後の多くの思想的断裂、2、暗黒の生存の深みに対する彼の歴史的研究とその学術判断の中で何度か発生した知の考古学と知の系譜研究とのずれ、3、エピステーメーの秩序づけ―権力・ミクロの規制権力と生政治の統治権力との複雑な絡み合いなどを。あるいは、こう言ったほうがいいかもしれない―その時の私は、フーコーの真実の思想的情況構築中の各種の奇異な言説の分裂変化と学術の秩序づけの転換の中に本当の意味では根本的に融け込んで行けなかったと。最近、ポスト・マルクスの思潮[7]のイタリアの哲学者アガンベン[8]を研究したことで、私はフーコーの再読を「迫られた」。この再読は、本来アガンベンによって哲学方法論の前提とされた「考古学」・「系譜学」・「パラダイム」・「装置」などの概念の情況構築の背景をより深く理解して、アガンベン、ランシエール[9]、バディウ[10]、ジジェク[11]などのポスト・マルクス思潮の代表者がずっと熱心に議論してきた、フーコー起源の「生政治」という言葉の奇異なコンテキストを理解するためにすぎなかったが、この時の解読は引き戻ることができないほどの深みにはまっていった。思いだしてみると、この時のフーコー解読の過程では、私は「再び一つの書物を書きあげる」べきではないと、自身にいつも言い聞かせたような気がする。しかし、言説実践というフォーマティング[12]の自然なる歩みと思想的情況構築が不断に想像外の異質性を突発的に出現させたおかげで、意外なる書物の執筆がまた意を超えて出現したのである。本来、ハイデッガーという魔の境からしばし逃げ出し、ひと時の休息をしようと思っていたが、無意識のうちにまたフーコーという鮮血ほとばしる思想の「魔の爪」の中に闖入してしまったのである。おそらくこれが宿命というものだろう。

事実上、フーコーの死去から30年間、フーコー研究は国際的な学界において学術上の労働集約型産業の一つにすでになっている。多くの国や地域では、フーコーの各種言語による翻訳と紹介によって織り込まれて生まれた学術集団が形成された。それぞれの学部、それぞれの学科には何人かのフーコーの専門家が輩出し、哲学・歴史学・文学・政治学・社会学などそれぞれ異なる学科の中にも、フーコー研究という専門分野と相応する必読参考文献があるのだ。フーコー研究の著作や論文はすでに数えきれないものになり、インターネットの検索エンジンにアクセスすると、手の付けられないほど膨大なデジタルリソースが爆発的に現れる。国内のフーコー研究はいまだこれほどではないが、人々は、すでにそれぞれ異なる視角から軽々と自由にフーコーを語っている。私の友人の

一人は、私がこの本を書いたと聞き「フーコーをやる？　時代遅れだよ！」とさえ言った。だが、フーコーは本当に時代遅れなのか。今日の様々なフーコーの学術的解釈という生産物の大量生産は合理的ではないものなのだろうか。彼が心を込めて作り上げた無数の隠された思想的情況構築は、ほんとうに我々に深く理解されて意義を持つものとして再構築すべきものではもはやないのか。少なくとも、フーコーのあの深淵な思想的情況構築と不屈の血まみれの闘志にすくみあがった私はそうは見ていない。

　本来、私の意図はちょっと読んでみるという程度のものであり、明らかな功利的目的を抱いたものにすぎなかった。それは、フーコーのアガンベンやランシエールなどへの思想的影響をだいたい理解した後、陣地をきっぱりとたたむというものであったのである（私は、いまだ完成していなかった廣松渉とハイデッガーに関する書物に続く執筆と時間を割いて始めたランシエール、アガンベン、スティグレール[13]、スローターダイク[14]に関する研究のことをいまだに気にかけている）。かつてはこう思うことはなかった―仔細にフーコーの主要な文献を一度精読した後、突然出現したまったく新しい解読の情況構築の中で驚きを自分が感じてしまうとは。私は突然目覚めたのだ―自分がここ数年学生たちに語った中で最も誤った一句が、フーコーはオリジナル性を持つべき哲学学理の上では真剣に対峙するに値するものではないというものであったことを（このゆえにまた、いく人かの学生は、私がフーコーについて書いたことを知って悪ふざけに足を踏みならして笑い飛ばしたものである）。思い起こすと、自分がフーコーに対して出したこのような武断的な誤判断は以下のようなゆえんによるものであろう―それは、10年前いくつかのフーコーのテキストをざっと目に通した時、フーコー哲学に関するそんなに深淵とは言えない感性的な偽の情況構築というものを作ってしまい、彼の思想の中には先端的な鋭敏さと深い機智は乏しくはないが、いわゆるポスト・モダン思潮という過激な言説の波の中では、彼も同様に激しい「破壊者」の一人にすぎないと見てしまったことである。

　しかし、このたびの再読の中で、私ははじめて次のことを発見したのだ―1、中国語で編集翻訳され再構築されたテキストから読み取ったフーコーなるものは、ある程度の意味で、翻訳という秩序づけ転換の中で無意識のうちに厳重に遮蔽された他者性の表象となってしまったこと。2、以前の私はこのことにも気が付かなかった―それは、フーコーとマルクスが意外にもかくのごとく深い

内在的関連を有しており、前者の後期の思想情況が意外にも現代のポスト・マルクス思潮の現代資本主義批判と政治哲学のフォーマティングのまったく新しい起点となっていることである。3、さらに重要なこととして、フーコーの思想的情況構築の次元が、意外にも生存上いつも見られる常識と既存の全部の人類文化の教化の枠組みを打破する非在郷という飛び地を構築し得るということがある。このゆえに、このたびの再読の中で、私は真剣に反省し自らを省みた——フーコーの思想には、あるいは思弁哲学のあの専門的な深さがもとより欠落しているかもしれない。包み隠さず言うと、観念論と主観主義という症候が初期フーコーの思想にはどこにでも見られ、フーコー史学の秩序構築はだいたいにおいてヨーロッパ中心史観（フランス中心史観とさえ言えるだろう）に基づいている。しかし、これらのことはすべて、もともとの私がフーコーを確かに大きく誤読したという事実を認めるのを妨げない。フーコーは、我々が新たに翻訳注釈し、新たに閲読し、新たにその非常なる隠された思想情況を再構築するに値するものなのである。

　フーコーを誤読したのは私一人にとどまらなかったと思う。ラカン[15]は、真実は常に誤読という偽の形式構築[16]の中に到達すると言っている。早くも1970年、フーコーの親密な戦友ドゥルーズ[17]でさえも、生前のフーコーはその時「一つのテクノロジーの代弁者、構造主義的なテクノクラートの新しい代弁者」、「ヒトラーの回し者」などと見られていると列挙したことがある[18]。最初の言葉はフーコーが構造主義の共謀者であることを示しており、後の言葉はフーコーが公然と「人間の死」を宣言したことを示している。さらにある人物は、フーコーは「非歴史的な歴史家、反人間主義の人文学者、そして反構造主義の構造主義者」[19]とたわむれに述べたこともある。私から見れば、このような発言は人をけむに巻くような話であり、実質的な内容のない馬鹿話にすぎない。私は、後期フーコーの思想変化のいくつかのやり方を見出したバリバール[20]の判断が興味深いと思う。彼は、フーコーの言説戦略はある程度「ポスト・マルクス主義」として分析できる[21]と言っている。しかし、彼の断言には詳細なテキスト分析を支援背景とするところが欠けており、明らかにそこにあるのも、よくない下心を持つ連中が「意地悪に」我々に時期はずれのフーコーを忘れ去るようにと求めている当のものであろう[22]。

　第1に、我々のような正常人がフーコーの世界に入って行けない[23]というの

は、実際には存在論上の情況構築の宿命なのである。なぜなら、我々の生存情況には本来、不正常と判定された「同志」の情況中には存在する特異な場所というものがないからである[24]。まさにこのように、いわゆる正常人とは異なる基本的な生存のフォーマティングを受け、こうした情況の深部に位置しているからこそ、フーコーは、個人の異様な本源的欲望の中から我々が触れることのできない、あの真実の生活存在の領域と光のない異質な思想をはじめて構築できたわけである。彼は「私の書いた本は（少なくても部分的には）ある種の直接的な個人体験の所産である」と述べたことがある。これは、フーコーが従来公言しなかった痛苦の秩序構築－情況構築の起点であろう。このゆえに、従来暗闇の中にほんとうに隠れ住むことのなかった我々のような人間が、フーコーが見ている他者性の秩序の世界の中のリスクを見て取れない、あるいは誤読すること―これはかえってたいへん正常なことなのだ。

　ブルデュー[25]はこう言っている―フーコーの「知的プロジェクトの形成」(constitution de son projet intellectuel) の中で、ブルジョア家庭の出身であることと哲学者という身分であることとを除いて、重要な一つの異質点は同性愛者 (homosexuel) ということである[26]と。これは正しいだろう。事実上、このことは、フーコーの「非正常な」生存の場の情景のフォーマティング的存在の外部支点であるだけでなく、フーコーの親友ドゥルーズの言葉を借りれば、フーコーが「社会の辺縁で生活する」ことを感じ取れるのは、彼が同時に「狂気、犯罪、倒錯、麻薬といったものにあるロマンティスム」[27]を兼ね備えていたからであったということともつながっている。狂気、犯罪、倒錯、麻薬、これらのすべては、我々のようないわゆる正常人の生存の秩序構築の中には存在しない。しかし、これらのものは、反対にフーコーという存在の生活のフォーマティングと情況構築の隠れた支えとなっているのである。それゆえ、自身がかなり狂気を帯びたドゥルーズでさえも、フーコーのロマンティスムへの嫌悪について「ぼくにもだんだん耐え難くなっている」と感嘆したのである。このような反「自然」の性生活と常人があえて行わない境を超えてしまう行為は、フーコー自身が好んでいたニーチェが世に出た時の様子とは異なる。フーコーは現実の正常な存在の中で世に出た反存在なのである。これが、まさしくフーコーの僭越とも言えるフォーマティングと奇想の突然の出現の現実的基礎にほかならない。ゆえに、フーコーの思想は、我々が正常のロゴスの各種の形式構築によってあらためて「再領土化」（ドゥルーズの言葉）できるものではないのである。あ

る時、何人かの研究者がまっとうな理性的学術流儀で編集したいわゆるフーコー哲学なるものを読みながら、心の中でいくらか笑ってしまった。もちろん、こうしたものの中には、フーコーには哲学にオリジナルの貢献ができるものがないと、単純に判定したうぬぼれた、以前の私自身も含まれているのだが。

　第2に、フーコーの思想の情況構築が持つ独特の越境的性質である。一人の哲学者として、フーコーは、哲学研究の伝統が線引きをした境界内で規範的に活動したことは従来からなかった。このゆえに、我々は、既存の思弁的情況構築の次元の中では、フーコーがこっそりと引き起こした学術革命への入口という活性化点を探し出すことができなかったのである。伝統的な形而上学の概念や方法は、フーコーの熱情を毫も引き起こすことはなく、反対に形而下の狭い専門科学の数々の具象的な領域、例えば性・犯罪・絵画・エピステーメー・権力などがフーコーの思想情況構築という舞台上の主役となったのである。ある人物がこう評論したのは怪しむに足りない——「対象の既成のヒエラルキーと、哲学と社会科学の神聖侵すべからざる境界とを無視して、フーコーは一貫して哲学の伝統的な定義を拡大することに努めた。そして、哲学の中にあるがままの社会を取り入れることに、そうすることで、これまで知られていなかった、あるいは排除されていた、狂気、閉じ込め（enfermement）、権力など、さまざまな対象を取り入れることに努めた。しかも、それらの対象を、日付られ状況付けられた個別的なケースをとおして、また、詳細な資料（dossiers circonstanciés）をとおして考察したのである」[28]と。まさにこのゆえに、各種の融通がきかない学問の境界を余裕綽々と越えて「不正常」に見える哲学者フーコーは、心理学・精神病学・医学・歴史学・哲学・美学・社会学・政治学・倫理学の空間を、一生を通じて不断に泳ぎ回ったのである。彼は、従来から狭義の学術コンテキスト上の一つ一つの研究領域のいかなる専門家でもなかったが、同時に自分が進入したすべての学術思想空間において、人々の「正常な」整理棚式の思考の中では及びもつかない隠れた情況構築の盲点を発見したのである。ゆえに、専門の学術圏の中に長く囚われている研究者について言えば、彼らがフーコーの完成された他者性の思想的秩序構築の中に入って行けないのも当然なことなのだ。この点については、私は基本的にセルトーの意見に賛同する。セルトーはこう述べている——「分類されること、ある場所やある管轄の囚われ人となること、ある規律を持った集団がそれに忠実な人たちにもたらす威厳のために飾り紐をつけること、知と地位による階級のなかに詰め込まれること、

要するに〈据えつけられる〉ということ、これはフーコーにとっては死と同じ姿であった」[29]と。事実は、牢獄の中で死す我々には、ありのままに生きるフーコーが見えないということなのだ。

　第3に、フーコーの思想的情況構築のオリジナル性である。フーコーの一生の思想遍歴を眺めると、我々は、現象学やその他の科学的方法論の中から生まれた「フォーマティング」・「秩序構築」・「考古学」・「系譜学」などの方法が逐一まったく新しい方法として再構成されるというゲシュタルト式転換の情景を発見するだろう。さらには、フーコーは、ハイデッガー[30]のようにドイツ語の複雑性を利用して、一連の怪異な概念や言葉の組み合わせを造り出したわけではないが、彼もまた、具体的なそれぞれ異なる思想的情況構築に基づき、例えば「エピステーメー」・「言説実践」・「言説的出来事」・「規律・訓練権力」・「ミクロ権力関係」・「権力の力量線」・「統治性」・「生政治」などいくつかのオリジナルな新カテゴリーの場を作っている。このことは、フーコーがオリジナルな思想の大家としての独特な雰囲気を示すに足りるものであろう。だが、残念なことに、これらの重要なまったく新しい言説のフォーマティングのファイルは、中国語への転換の中で失われてしまった。異なる言語システムでの語義転換と再度の情況構築によって生まれた実体のない呪言のゆえに、中国語の外衣の下で新しく現れたフーコーは出番のない隠棲者になってしまったのである。これもまた、本書が真剣に弁証しようとする複雑な情況構築の次元なのである。

　第4には、フーコーの思想的情況構築の非連続性である。フーコーは、起源論・連続性・目的論的な総体的歴史観に反対することを、自分がなそうとする思想史の転覆的な情況構築のネガティヴな前提と見なし、かつこの点において、自分の主張を毫もあいまいさを見せないで体を張って行おうとした。「歩み続ける人」[31]だったのだ。彼自身も、自分のすべての著作には「連続した系統的な理論的『背景』」あるいは同一性のフォーマティングや秩序構築の規則はないと称している。さらには、自分の思想的情況構築の重複した出現は「道具箱」であり、一つ一つの構築性の歴史的テキストは、すべて自分の本来の情況構築に対する手榴弾だとさえ言っているのだ。このゆえに、フーコーは「以前の研究について、その後の状況の変化に照らして再解釈する用意があり、みずからの分析を進んで再構成し、方向性を調整するのである」[32]。彼は、自分の既存の学問的秩序構築上のミスの境界を発見するのに長けておりそれに慣れてもいるし、自分の観念の構築物を根本的に更新するのにも長けているし、自分の一つ

一つの思想的情況構築を次の脱-構築と革命的な路線変更のための準備と見なすことにも長けているのだ。ドゥルーズの言葉を借りれば、「いくつもの危機を経験することなくして大思想家は存在しえないのです。そして危機は彼の思考がたどった時期をあらわしている」[33]ということになる。以上のことから、習慣的な態度でフーコーを一個の同質性の不変体と見なして解読する時、彼の思いとすれ違うのは必然的なことなのである。

このような不断の交代と再構築という動態的な思想環境の中では、線型性と同質性という一切の伝統的な解読モデルは、フーコーのテキストとさらに深く隠れた言説のフォーマティングに出会うと、最初から方向を見失ってしまうのだ。それは、フーコーの「時代遅れの様子」のゆえに故意に「忘れ去った」のか、はたまた思想的由縁から生まれたハイデッガーの情況構築中の存在忘却（oubli）なのか！　人々の手中には死せるテキスト中の言葉という存在者しかない。なぜなら、フーコーにあっては、あらためて活性化しないファイルはすなわち死んだ物なのであるから。ゆえに、フーコーへ「帰らなければ」ならないのである！

1926〜1984年。フーコーの命の旅は58年にすぎない。1961〜1984年。彼の学術上のデビューから退場までも事実上わずか20数年にすぎない[34]。この短くまた異常なまでに豊富な20数年に向き合うと、私は、大きな情況構築の切断面から見て、1970年にフーコーがコレージュ・ド・フランスに採用された時を思想的分水嶺としたい。これ以前は、青年フーコーの言説哲学探索の時代であり、これ以後は、資本主義の現実に対し批判を行なった生政治の哲学の時代である[35]。前期は、青年フーコーの思想的努力は、考古学と系譜学という方法をもってブルジョア的世界を支配する言説のエピステーメーの多重な断裂の系譜を批判的に暴露することだったが、後期は、知（権力）の言説実践批判を通じて、すべての思考を資本主義の統治形式内部の深い変形―生政治の統治に集中させた。本書は、この二つの重要な急進的な言説のフォーマティングが生み出した思想的情況構築の一面を選択的にかつ集中的に再構築しようとするものである[36]。

本書では、私は、総体的な情況構築に関する序論を書くつもりはなく、『ハイデッガーに帰れ』の序論の中で用いた、思想情況の理解の手がかりとなるべき「ハイデッガーをしてハイデッガーを語らしむ」という方法を踏襲した。もちろん、ここでの話者はフーコーである。狡猾な「古狸」（アーレントの言葉）

ハイデッガーとは異なり、フーコーは、生前に大量のたいへん率直なインタビュー記録や専門性の高い学術的回顧を残している。このゆえ、本書のこの部分の内容の中では、私は、基本的に彼のインタビュー記録やいくつかの小テキストの中の自己批評の思路に基づいて筆を進め、フーコー自身がフーコーを語るという疑似的情況を構築することに努めた。これは、フーコー自身が自己の学術的背景や基本的な学術の秩序構築の手がかりを紹介する形式ともなる。私は、このような配慮によって、読者も支援背景の下でカンギレム、ニーチェ、アルチュセールなどの彼に対する影響、彼とマルクスとの隠された関係、彼自身の自己評価と小括を非媒介的にかつ比較的容易に見て取ることができると思う。ここで指摘しておかなければならないのは、フーコーは、20世紀中葉のあの輝かしいフランス思想の時代にこそ属してはいるが、いかなる他者性の鏡像の中にも非主体的に埋没したことはなく、フーコーが不断に思想的革新を爆発させる支えとなったすべての学術資源は、彼によって断絶式に再度秩序構築されたものだということである。これは、大家フーコーのオリジナルな思想の真実の基礎である。この点においてまた、彼は、ハイデッガーの思想的情況構築中の反他者性の立場に立っていたように思われる。

　さらに説明すべきことは、本書中に不断に生成している私の主観的な情況構築の意向の中では、フーコーとマルクスの関係は、本書の一つの比較的重要な隠された執筆を促した手がかりとなっていることである。私の基本的判断は次のようなものである──前期においては、青年フーコーははっきり自覚的にマルクスを拒絶していた。もちろん、フーコーは後に、その時の自分が拒絶していたマルクスなるものは、実際にはスターリン式の伝統的なマルクス解釈の視界であったと自ら認めているけれども。1968年以後は、フーコーの思想には根本的な変化が発生した。彼はあらためてマルクスへ帰ったのである。私は、フーコーのこの時の重要な思想的情況構築の転換とフランスでの赤い「五月革命」[37]とは直接関係があると推測している。五月革命のフーコーへの影響は疑いなく極めて大きなものである。これによって彼の政治的立場には根本的な変化が生じた。青年フーコーが『言葉と物』で明確にマルクスの思想をある種の反面的な注と見なしていたと言えるなら、1969年の『知の考古学』では、反対にマルクスとニーチェは、彼が正面切って導入しようとした方法論変革の手引きに変わり始めたと言ってよいだろう。とくに1970年にコレージュ・ド・フランスに勤務し始めてからは、フーコーは現実の資本主義に対し全面的な政治批判を開

始したのである。ここにおいて、私ははじめてある推断を提起したい。すなわち、フーコーのこのような批判の真の方法論的基礎は、マルクスの史的唯物論中の生産の第一次性論と経済学批判中の商品－市場の運動メカニズムの洞察であることを！　具体的に言えば、フーコー後期の二つの最も重要なテキスト群—『監獄の誕生』と『コレージュ・ド・フランス講義』シリーズ中の生政治論は、マルクスの方法論上の思想的情況構築の背景に完全に依拠している—このことである。この二つのテキスト群はフーコーの政治哲学中の重要な専門的議論にもなっている。前者の専門的議論は、マルクスの近代的生産様式論、すなわち資本主義的工業の生産過程から出発する形式構築から規律・訓練政治の存在論を打ち出しており、『コレージュ・ド・フランス講義』中の生政治学は、スミス—ヘーゲル—マルクスの経済学研究の場という情況の中の市場－自然秩序論に完全に一致している[38]。バリバールもまた、フーコー晩期のすべての著作は巧妙な形で密かにマルクスを運用していることを発見している。もちろん、もっとも重要なことはやはりフーコー自身がこのことを何度も認めている点である。ゆえに、彼は、後期の自分はすでに一人の「引用符を用いない」マルクスの思想の引用者であるとやっと認め、かつそう称したわけである。同様にここから、私は、この時点から後期のフーコーが正式にポスト・マルクスの思潮に入って行ったと判定したのである。この判断も、この『フーコーへ帰れ』の執筆の最終的な決心を促した主な原因の一つであったと言わなければならないだろう。

　「思想多動症」を患っていたフーコーに向き合った時、私に使える手段はただ一つの不器用な方法しかなかった。それは、シェリダンが指摘したフーコー研究の道でもある—「もしフーコーの著作について書こうとすれば、年代順に書いて、一冊ずつ順番に取り上げることしかできないだろう。ある意味では、すべての本が新たな世界で新たな起点として現れるのだ。方法論は改良され、新たな概念群が作られているはずなのだ」[39]　もちろん、私も本当に一文一語フーコーのすべての著作を解読したわけではない。私は、ただ自分が真剣に問いを立てることができる部分のテキスト—私自身の眼が、それによってフーコー哲学の学術的形式構築およびさらに深い思想的情況構築に入って行けるもっとも重要なテキスト群—しか選択していない。実際に、フーコーが我々に残してくれたテキストは多様であり、それらは、学術的著作・論文・大量のインタビュー記録・講義録から成っている。台湾の研究者楊凱麟博士は、これら

の三種類のテキストをイメージ豊かに「ツァラツストラ式の駱駝・獅子・嬰児」にかつて喩えたことがある[40]。著作は、段階式の成果であり、フーコー特有の狂気を孕む奔放な思想の駱駝であろう。論文と大量のインタビュー記録は、時代と特定の論題が劇的に引き起こした思想の火花であり、学術の林の中で吼える獅子のようである。そして、教室と教壇上の講義は、思想という産室で生まれたばかりの嬰児であり小さく可愛らしい。本書では、私が終始注目した主な対象は数匹の駱駝と少数の嬰児であり、至るところを走り咆哮する獅子たちは横目で見て少し気になるものを用いた。

このように、上述したような私が構成したフーコーの前・後期という重要な思想的情況構築の二つの面をめぐっては、本書は四つの専門的テーマ—それぞれ青年フーコーの『言葉と物』(1966)・『知の考古学』(1969)・『監獄の誕生』(1975)という三冊の古典テキスト解読、そして「生政治」に関係する講義録についての専門的議論である。このほか、テキストの整理過程で、私は少なからざるたいへん重要なフーコーの単篇論文と講義録を発見したが[41]、私は、その中で自分がもっとも重要だと思った何篇かを、分析対象とよく似た思想的フォーマティングと執筆の形式構築を支えるものとして精選したにすぎない。そのため、付録という形式でそれぞれ四つの専門的テーマの後に付したのである。これらのその他の文献の中のテーマと関連するキーポイントとなる論点は、本書の序論に集中させ、かつ総体的な叙述過程の中にも散在させている。付録の第1は「科学の考古学」(1968)の精読、第2は「作者とは何か」(1969)に基づいた研究、第3は『言語表現の秩序』(1970)から生まれた内省、第4は著名な「ニーチェ・系譜学・歴史」(1971)に対する考察、最後の第5は「批判とは何か」(1978)と「啓蒙とは何か」(1984)という二つの文章の整合性を考えた解読である。付録の解読の実情は、通常は主テキストの秩序構築に対する言説の斜め読みでしかないが、その活性化とそこに現れたものは、往々にして主テキストの秩序構築の言説情況の境界を力強くはっきりしたものにしてくれた。

本書第1篇の中では、私はおもに青年フーコーが1966年に書いた『言葉と物』について考察した。このテキストの中での青年フーコーの思想的情況構築は、実際上は晩期ハイデッガーの言い方に依拠したものである—存在自身は人間のその他の事物に対する一種の暴力的秩序構築である（マルクスの言葉を借りれば、人間が実践—物質的生活条件の直接的な生産と再生産—を通じて自然を征服し改造する過程）—という言い方である。だが、この著作の中で、青年フー

コーがこのハイデッガーの存在論に依拠して伝統的形而上学の認識論からエピステーメーという投射タイプの形式構築論へと転向したことの内実は、人々がすでに客観的存在としてある自然と社会的対象（存在者）を反映的に認知するという考え方を否定して、西欧資本主義のそれぞれの時代の文化構造（エピステーメー）がいかにして自然に対する法の定立へと向かい（秩序構築）、世界のタブローを作り上げたか（形式構築）という問いを打ち出したことにある。事実、こうした客観的観念論という論理上の情況構築の中でこそ、こうしたエピステーメーという形式構築論は同時に隠れた存在論になるのである。ここでは、フーコーはハイデッガーの存在論の差異（存在と存在者の差異）を直接対象化し透視しているのだ。ここから、青年フーコーは近代以降のブルジョア社会の四つのエピステーメー中の言葉と物の秩序構築－図解化された物語を述べるのである。すなわち、ルネサンスから16世紀に到るエピステーメー、16世紀の魔法的思考の中で相似性を持って連結された諸相のフォーマティングというエピステーメー、17〜18世紀の図解化された世界のタブローによる古典主義のエピステーメー、19世紀から今日に到る知の構築型の主体性イデオロギーによる近代的エピステーメーである。フーコーはこう宣言している―ブルジョア階級が近代的主体性なるものを啓蒙して以来、創造的な工業生産と近代の商品－市場経済の王国の中では、所謂客観的実在に向き合う哲学的唯物論という自然を映す鏡と外部法則を追究する科学的真理というものは根本的には存在せず、実際に起こったことは、「言葉」（ブルジョア階級のそれぞれ異なったエピステーメー）の事物に対する直接の秩序構築とフォーマティングの存在ということだったと。我々は、彼が実際には後の三つのタイプのエピステーメーについてしか議論せず、かつ彼がこの本の中で直接命名しかつ重点的に議論したのは残りの二つだけだったことをこの書物の中に見て取ることができる。後に、フーコー自身が「この本は、私が書いた最もわかりにくく、人をいやにさせてしまう本である」と述べている。だが、私から見れば、この本はフーコーのはじめての真に哲学的意味を持つ本である。このことも、私がこの本をフーコーによる学術思想史の再叙述の起点だと判断した理由なのである。

第2篇は、フーコーが1969年に書いた『知の考古学』をめぐって展開された議論についてのものである。私は、この本はフーコーが書いた最高の哲学書だと感じている。実際には、早くも1968年に「認識論サークル」の質問に対して書いた「科学の考古学」の中に、我々は、彼が『知の考古学』で打ち出したあ

る種のシステム的言説のグレードアップをすでにある程度見て取ることができる。青年フーコーは、バシュラール、カンギレムの科学認識論という他者性の鏡像から根本的に離脱し始め、さらに複雑な形をもっていくつかの新たらしくオリジナリティのある自身の情況構築の次元を生成し展開させていったのである。具体的に言えば、いくらか生硬なエピステーメーという枠組みが、まもなく機能的な言説的出来事の場へと軟化しようとしていたのである。この「科学の考古学」の中で、青年フーコーは、科学の考古学の基本的任務、すなわち認知主体の抹殺・起源論と目的論の消去・各種の意図的な構築活動の脱-構築を打ち出した。そして、我々の言っている「歴史事実に向き合う」ということは、誰のものかわからない科学的認知が、社会歴史の場ですでに硬直化した各種の歴史ドキュメントに遭遇したということにすぎないゆえに、その中で眠っている言説的出来事を活性化し、言説のフォーマティングと、かつて発生した言説秩序の構築の場の実際的効果を探さなければなければならないと意識するようになった。このような観点は、その後間もなく執筆された「作者とは誰か」の中でただちに内部爆発的な深化を遂げた。

『知の考古学』の中で、青年フーコーはこう宣言している―20世紀中葉の学術思想史研究にはある種の新しい転回がすでに出現している。それは、フランスの科学認識論のコンテキスト中に突然出現した新しい方法論である。人々は歴史の中の断裂や中断にすでに関心を示すようになった―と。これは彼の師(バシュラール、カンギレム、アルチュセール)に対する心遣いであろう。フーコーは、これはすでに発生してしまった非常に重要な歴史観の革命であり、その根本的特徴は、歴史研究の中に存在する目的論・起源論・総体性・連続性への拒絶であると断言する。こうした思考の依拠するところを求めると、それは、まさしく青年フーコーが思想史研究中で発見した、そこにおいて構築と脱-構築が繰り返される言説実践運用の場であり、そして、それは言説的出来事を改変させるところの、さらに一層深い言説のフォーマティングの場の転換なのである。疑いなく、この時期は、青年フーコーの思想中でもともと支配的地位を占めていた観念論のイデーが破産した時期でもある。ここから、彼は、だんだんとマルクスの実践的唯物論に近づいていき、知の考古学を橋渡しとして、あの見えない現実の歴史的対象なるものを真に考察し始めたのである。ここでの考古学の方法は、明らかに、伝統的な歴史研究の中で物的な遺跡と向き合う時に行われる、古い時代の歴史的出来事に対する考証ではなく、ある種のまったく

新しい言説ファイルの活性化（再叙述）という基礎に基づく観念の考古学の方法なのである。進んで言うならば、この種の考古学の方法は、後にフーコーによって再認識されたニーチェの系譜学とともに彼の独特な歴史の形式構築方式を構成するようになるのだ。青年フーコー自身の指摘によれば、この本を書いた初志は、前期に完成させた『狂気の歴史』、『臨床医学の誕生』、『言葉と物』の秩序構築史研究に対して一つの方法論的小括を与え、それによって、自分がすでに完成させたこれらのそれぞれ異なる分野の研究の成果相互間の「総体的関連」を説明することにあるとのことである。しかし、思いもかけないことに、この内省式の小括自身が一つの新しい方法論上の革命であったのである。

　本書第3篇の議論は『監獄の誕生』に焦点を当てている。過去、この本は政治学と社会学におけるフーコーの影響がとても大きかったテキストであった。この本の完稿時期は、フーコーがコレージュ・ド・フランスに就任した1970年からすでに5年の時が過ぎていた。だが、この本はフーコーの思想のもっとも重要な転回を直接反映していたのである。すなわち、知の言説構造の批判からブルジョア的政治現実の権力への批判という転回である。この転変の現実的基礎はフランスの「赤い五月革命」のフーコーへの戦闘的な洗礼であろう。この転回には二重の変換が含まれている——一つは、方法論上フーコーが観念論史観から社会的唯物論[42]へと向かう転変を実現したことであり、もう一つは、彼がマルクス主義の資本主義世界への批判の陣営に立ったことをはじめて公式に認めたことである。我々は、この重要なテキストの中に、ブルジョア階級の権力の場に新しく登場した人の生に対するミクロの支配に関する思考に、フーコーが全力で傾注し始めたことを見て取ることができる。彼はもはや『言葉と物』で使用した主観的な秩序形成とフォーマティングという概念を多くは使用しないようになり、エピステーメーと考古学という理論的パラダイムをそれほど頻繁には引用しないようになった。この時のフーコーは、伝統的なマルクス主義の態度を現そうと試みたが、ブルジョア階級の新しいタイプの政治権力と「人間」との間の統治関係、すなわち知（道具的理性）の広がりの中での、身体に対する隠れた政治の規律・訓練支配についてはまだ気付いてはいなかった。だが同時に、フーコーは、伝統的な西欧の政治学研究の基本的な路線には従わず、抽象的に民主・公正・法権の類の広い概念について議論したりはしなかった。そして、西欧の民主社会が標榜する一般社会の運行モデルの背後に、伝統的な政治領域には直接は存在しなかった見えざる新しい隷属を透視し、かつそ

れが、伝統的な専制的暴政の代替物として「民主」や「科学」というイメージで登場したことを見出したのである。フーコーはこう断言している―暗黒の専制政治を照らし出す真理である知（啓蒙）のコントロールと支配下における、ブルジョア階級のあの平等・自由・博愛の実現という隠れた権力ラインの下で、資本主義的民主政治は、まさに有史以来もっとも精巧なミクロ権力の物理学を構築し、また人類文明中、精神に対するはじめての全面的な規律・訓練を施す近代的な牢獄を達成したと。ここから、西欧の急進的な言説とポスト・マルクスの思潮の中でのまったく新しい政治哲学の情況構築の基礎が構築されたわけである。

　第4篇は、フーコーが1974〜1979年にコレージュ・ド・フランスで行った一連の講義に関するテーマ、すなわち生政治の現代資本主義の社会統治の下での誕生についてである。1977年の休暇を除いて、この5年間フーコーは資本主義の社会コントロールの様々な形式についてそれぞれ議論を行なってきた―それは、1、社会統治中に存在する「血を残さない殺人」を行なう真理という刀である。ブルジョア階級は、科学的真理を形式構築の本質とする規範的権力言説を製造することを通じて、正常と不正常の生存の線引きを構築した。この新しいタイプの権力は、すなわち我々が今日科学的「管理」と称するものにほかならない。ここでは、フーコーはこれを「統治の芸術」あるいは統治技術と呼んでいる。19世紀より知を権力装置とする規律・訓練が西欧資本主義の総体の社会で拡大してきた。権力による規律・訓練―統治技術は、そのもっとも微細な次元でブルジョア階級の世界に生きる人間の身体と精神をコントロールし始めたのである（『異常者たち』）。2、ブルジョア階級の権力装置と知の系譜学である。知の系譜学は啓蒙主義の進歩という言説に反対するものである。伝統的な専制と比べると、ブルジョア階級は自分たちの時代には美しい知の言説が発生しているかのように見ているが、実はその歴史は太陽と暗闇との関係ではなく、野蛮から文明へと向かう進歩の歴程でもなく、新しいタイプのブルジョア階級による知―権力関係の広がりの歴史なのである。剰余価値を追求するすべての資本家は、知識＝財産、知識は権力であるという秘密をもっとも早くから見抜いていた人物たちである。ゆえに、通常の独占的知（技術）は、資本家の戦略的投資によって使用されたり、情勢に合わせて秘匿されたりしたのであり、知を握る者は誰であろうと、生産・技術・政治・文化というそれぞれの世界の中で、真に新しい世界での主導的地位を決定づける権力を持つことになっ

た。このことは、フーコーが発見したブルジョア階級の新しい世界の中の秘密である(『社会は防衛しなければならない』)。3、生権力の問題である。伝統的な専制権力の中でのあの死へと向かう受身で悲惨な生存情況とは異なり、また機械の運転のような規律・訓練の秩序構築とも異なり、近代資本主義社会の統治権力の支配の方式には、確かにある種のもっとも重要な深層での変化が発生した。すなわち、生権力は、もはや直接死や身体のフォーマティングには関わり合うことはなく(多くの国では死刑を直接廃止している)、転じて人々を「いかにして」(comment)生活させるのかという問題に関心を寄せているのである。ブルジョア階級の言葉を借りれば、専制から脱して民主的に・自由に・博愛心を持って生きるという問題である。しかし、人々が想像できなかったことは、ブルジョア階級の生権力は、この「楽しく生きる」という場の情況の次元において人間の生の存在に対して干渉とコントロールを進めることにその本質があるという事実である。表面的には、こうした干渉とコントロールは生の意義と価値を高めるためのものに見えるが、実は、反対に生をさらに深い存在環境の構築の次元で「生きること死に及ばず」に化してしまうのである。このことこそがブルジョア階級が操る生政治にほかならない(『安全・領土・人口』)。4、資本主義市場と生政治学の関係である。資本主義社会の統治実践の現実的基礎理論は18世紀以来成長してきた政治経済学であり、後者の真の対象は、経済の自発的な活動の中に生まれ、統治実践によって構築されてきた自然性である。この自然性とは、実際には商品－市場経済中の生産－流通の自発的な調節のことである。資本主義市場経済中のあの人為の及ばない自発的活動は、無意識の間に新しい客観的な真実性を生み出す。その自発的に構築された真理陳述の場がブルジョア階級社会の生政治の統治の現実的基礎なのである。フーコーは、ホモエコノミクスと主体性のない公民の社会という二重の仮定の中でこそ、ブルジョア階級の自由主義的な社会統治技術が生み出されることなどの重要な政治哲学のテーマを見て取ったのである(『生政治の誕生』)。実際には、『監獄の誕生』(1975)と『知への意志 性の歴史1』(1976)という二冊の著作はコレージュ・ド・フランス講義の初期に完成していたが、『監獄の誕生』から「生政治」論に到る間のフーコーのブルジョア階級社会の統治に関する批判的な反省には、規律・訓練から統治へという内省の秩序構築中の重心の移転が存在していた。具体的に言えば、『知への意志 性の歴史1』の最後の1章の中で、フーコーははじめて生政治学というまったく新しい批判的な理論的情況構築を打ち出し

たわけである。そして、『社会は防衛しなければならない』の講義が終わりに近づいたころ、彼は、突然高い調子でこう称した―自分は新しい発見をした。すなわち18世紀の後半以来、ブルジョア階級は規律・訓練権力とは異質の権力の新技術―直接生存に干渉し生存の秩序構築をする―生権力を発明したということを、と。フーコーの観点によると、生のコントロール技術の実施対象は、人間の生物学的存在、すなわち生権力の関連対象としての、また知の対象としての人間であるということになる。まさにこうした人間への日常的な統治の中で、現代資本主義社会の統治中のまったく新しい統治技術―内政が誕生を宣告されたのである。これは、ブルジョア階級が政治経済学の法則を政治権力の操作の中に引き入れた結果である。内政は、社会統治の場の中の「自然」の秩序構築を主張する経済学の考え方によったものであり、それは、同様に人為的な強制ではなく、社会生活を自然のうちに自主的に運行させ、自発的に調節させるものである。そして、現代の統治技術の本質は、まさに複雑なフォーマティングの情況中のミクロ権力の支配なのである。このことは、今日のヨーロッパの急進的な言説の中で、アガンベン、ランシエール、バディウ、ジジェクが熱心に生政治を批判している直接の学問的基礎なのである。

　さて、本書は、私がかつて独自に考案した学術テキストの語彙使用頻度の統計方法を継続して使っている。この方法は、フーコーのいくつかの重要なテキストの歴史的転換の中で、フーコーの言説実践中のもともとの概念・カテゴリー・パラダイムの歴史的な登場と退場を把握することにとって、決定的なキーポイントとなる実証的データによるサポートとなっている[43]。

　しかし、ここで私がとくに述べたいあるテキスト上の事件は、解読権利の復権問題である。読者は、この本の執筆過程で、私がフーコーのテキスト中で重要な学術的キーワードとなるフランス語語彙および一定の語彙使用頻度の統計データを、できる限り多く提供しているのを見るはずだ。私がこうした主な理由は、伝統的な学術翻訳テキストの中では、訳者が自分の有限な学識情況構築の背景の下決定した訳文と概念を提供した後、彼が原文を提供しなければ、オリジナルテキストのコンテキストに通じる正門を武断的に閉めてしまったことになるからである。これは、事実上、読者が翻訳情況を再構築し、誤訳と判断して訳を換えるという、合法性のいかなる可能空間も遮蔽してしまうことを意味する。私は、このような行為は読者の解読権利の粗暴な剥奪だと感じる。私から見ると、人々は多くの場合必ずしもすぐに他人の誤訳を指摘することはな

いが、この種の「気遣い」は無用であろう。なぜなら、翻訳自身は、翻訳者個人が自分の有限な他者性の言語能力と学識によってあらためて叙述した結晶物であり、単純に還元式にできた本物そっくりの物ではないからである。ゆえに、読者に翻訳時の情況構築の細節を見せることは充分に必要なことなのである。私のこうしたやり方は、もっとも早くは『マルクスへ帰れ』の第3版修訂（2012年）で用いられ、続いて『ハイデッガーへ帰れ』（2013年）でも使用した。明らかに、私は、読者の解読とコンテキスト再構築の権利を奪回しようと試みているのだ。さらに希望することは、これからの翻訳者がこのように重要な解読の復権の訴えに耳を傾けてくれることである[44]。

以上のことから、このたびのフーコーの再構築式の解読の中では、中国語への翻訳・解釈の中で遮蔽されてしまった比較的新しい言説への入口次元を開示した。最初に少し考えてみると、先にここで以下のいくつかの手がかりを概括したらよいと思う。

第1に、もっとも重要な情況構築論上の質的変化は、当初から青年フーコーが、フッサール－ハイデッガーの現象学の開明方式に従い、方法論の基礎面の情況構築の中で対象－存在者式の「何」（qu'est-ce）という問いから相互関係的存在自体の「いかに」（comment）という問いへの転換をしていたことである。このcommentはフーコーのすべてのテキストで比較的使用頻度が高い語彙である[45]。もちろん、これは、中にすぐに入って行くことが難しい思考の環境構築だろうが、私はすでにこう述べたはずである―ハイデッガー用語の意味の域内では、相互関係的な「いかに」（Wie）だけがあり、対象性的な「何」（Was）はないと。これは、ハイデッガーの第一次性である本源を問う存在論（Ontologie）から相互関係的存在論への転変、主-客二分の対象化的認識論から関係主義的な内部存在論への転換のキーポイントとなるものである[46]。青年フーコーの思想情況の最初の秘密のへの入口はここにある。彼の第一番目の哲学書『言葉と物』からすぐに、我々は以下のような一連の重要な転換を発見できるだろう―1、方法（méthode）および方法論（méthodologique）の上で、バシュラールカンギレムの科学認識構造のアルチュセールのプロブレマテイック（problématique)的な変形に依拠したこと。2、主-客二分の対象化的認識論（épistémologie）から内在的構造化が総体的に支配する文化のエピステーメー（épistémè）理論へと比較的順調に転向したことなどである。こうした思考の中では、外部対象の真実の反映は存在せず、言説の存在に対する逆方向の秩序構築（言葉の物に

対する組織化という秩序構築）が出現するだけということになる。以上のことは、すでに相互関係的存在論（ontologie）の情況構築の場となっているゆえに、史料実体論の根本的な脱-構築とともに、『知の考古学』以後は実証的な歴史研究が、活性化され再構築された言説ファイルによる考古学（archéologie）と系譜学（généalogie）へと転換していったのである。さらにやや遅れることにはなるが、規律・訓練権力と生権力への批判的情況構築の中では、「神聖なる」決定論（déterminisme）は、二重権力（規律・訓練権力と生権力）の装置たる戦略論（stratégie）に転換していくのである。使用頻度統計から見ると、エピステーメーのパラダイムおよび方法論の考古学・系譜学・戦略論という語彙は、本書が重点的に解読し再構築した7冊のテキスト中の出現と持続状態では、それぞれ異なる。その頻度は以下のとおりである。

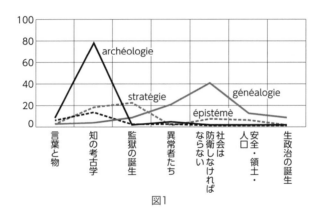

図1

　ここから以下のことを見て取ることができよう―エピステーメーというパラダイムの7冊のテキスト中の頻度はそれぞれ6/14/ 1/ 0/ 0/ 1/ 0であり、『言葉と物』に登場した（6回）後、『知の考古学』で最高頻度（14回）に達し、ただちにゼロへと向かい始めている。このことは、この語彙が思想的情況構築の支点としては放棄されたと見なしてよいだろう。このことは、また青年フーコーの思想的情況構築中のバシュラールカンギレムーアルチュセールのあの剛性の知の構造の影響の最終的消失でもある。これに対し、総体的な方法論上では、分野を超えて使用されていた考古学（8/80/ 0/ 4/ 2/ 2/ 1）は、フーコーが最初に採用した歴史研究の方法であり、『知の考古学』で最高頻度に達したが、

その後だんだんとニーチェに由来する学術的鏡像を改造した系譜学（2/ 3/ 8 /20/42/12/ 8）とオリジナルの戦略論（0 /19/24/ 1/ 8/ 7/ 2）にその地位を譲っている。この統計は、我々がフーコーの方法論の形式構築の変化の時期区分と言説が交差した情況構築の様子に対して、正確な判断をするのに一定の客観的依拠物を提供している。

第2には、上述の方法論中の見えざる関係主義的存在論が場に突然現れるにつれ、フーコーの思想的情況構築の中で、具象的な物（chose）と対象（objet）が非実体的（incorporel）存在（être）に転換し始めているということである[47]。（このêtreとはハイデッガーがドイツ語原文の中で使用したあのSeinであり、フランス語ではコピュラの「である」[48]で、青年フーコーは『言葉と物』の中でこのコピュラの動詞性について専門的に議論している）。ゆえに、我々は、当初からフーコーが関心を寄せていたすべてのものと事情は、直観では見えない物・対象・既存の観念なのであり、構造化された装置（appareil）や機械（instrument）ではなく、関係形式・活動的な生活の存在の場（champ）や知の場（champ de savoir）なのである[49]と判断できる。champという語彙は、フーコーの学術思想の全行程を貫く頻度数の高い語彙（53/160/42/99/77/84/40）である。その頻度曲線は以下のとおりである。

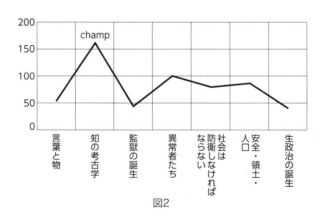

図2

注意してほしい。まさに発生しつつある活動的な知（savoir）は、概念化された知識（connaissance）とは異なることを。ハイデッガーの存在論における差異（すなわち存在者と存在との線引き）を用いて比べると、石化した知識は

存在者であり、知は忘れられやすいêtre自体である[50]。このことは、知識から知に復帰することはフーコーのある種の存在論的努力とも言えるだろう。だが残念なことに、savoirを知識という中国語にしてしまった再構築の中では、この深層の情況構築は覆い隠されてしまうのだ。かつ、『知の考古学』では青年フーコーは、この機能的な場の情況の思考を進んで事件・出来事（événement）に昇格させている[51]。場の存在が、ある種の外部状況から出発した機能性の関連総体を表象していたと言うのなら、事件・出来事はこうした場の情況と生自体との関係を突出させたと言えるだろう。ゆえに、我々は、フーコーが現実世界と向き合った時、彼が以下のような語彙の組み合わせを大量に使用したことを見て取ることができる―実在の場（champ de réalités）・客体の場（champ d'objets）・社会の場（champ social）・政治の場（champ politique）・経済の場（champ économique）・歴史の場（champ d'historicité）などである。そして主観的情況と向き合った時は、哲学の場（champ philosophique）・感知の場（champ de perception）・記憶の場（champ d'une mémoire）・語義の場（champ sémantique）・認識論の場（champ épistémologique）・言説の場（champ de discours）・説話的出来事の場（champ des événements discours）・説話実践の場（champ de pratiques non discursives）・力関係の場（champ relationnel de forces）・力の競争の場（champ concurrentiel de forces）などである。そして、1970年のフーコーのコレージュ・ド・フランス就任講義の『言語表現の秩序』では、自分の思想的情況構築をきっぱりと、直接発生している出来事の哲学（philosophie de l'événement）と指摘している。

第3に、フーコーの言説実践のさらに深い思想的情況構築次元の中では、このような存在論転換上のある種の重要な場の情況の多重の構築転換を発見できるということである。すなわち、それは、凝固した既存の形式（forme）という概念から構築性のフォーマティング（formation）というパラダイムへの転換であり、枠組みのある構造（structure）という概念から突然に出現する機能的な形式構築（configuration）[52]というパラダイムへの転換であり、事物の質がすでに確定されている類型（type）という概念から組織性を構築する秩序構築（ordre）というパラダイムへの転換である。このように、それぞれの時代の歴史的アプリオリ（a priori historique）として出現するものは、もはや凝固した社会制度や目に見える物的な枠組みではなく、ある種の現時点で構築され活性化された場の情況の突然の出現なのである。これらの重要な情況構築次元の語彙

は、中国語への翻訳という情況中では基本的にすべて無意識のうちに覆い隠されてしまっている。私は、フォーマティング・形式構築・秩序構築という三つの概念の使用は、フーコーの思想的情況構築の全過程を貫いていると見ている。その中で、秩序構築（および脱-秩序、désordre）は高頻度の語彙（322/76/126/90/100/145/66）で、フォーマティングはそれに次ぎ、形式構築は『言葉と物』後はやや頻度が下がっている[53]。この三つの概念の頻度統計は以下のとおりである。

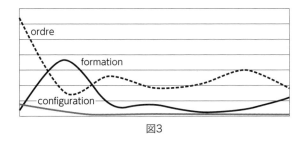

図3

まず以下の点を述べたい。我々はみな、20世紀初頭のロシアフォルマリズムの思潮の中から上述の形式概念が得られ、ヨーロッパ全体の思想学術界でのその影響が一度最高に達したことを知っているだろう。この思潮の流行は、青年フーコーが思考の世界へ入って行った一つの情況構築の基点であったと言ってもよい。しかし、私は、フーコーがこの形式概念に対し機能的な活性化を行なったことこそ、とくに注目に値するものと思う。これは、青年フーコーの思想情況へのもう一つの秘密の入口かもしれない。事実、フッサール─ハイデッガーの現象学の研究の中には、観念に対する形式賦与（Ausformung）という思考がすでに存在していたが、外在的に一つの形式を与えるというこの形式賦与の本来の姿と比べると、ハイデッガーの後の存在論の情況構築中では、これは生活実践のフォーマティング（Formgebung）に転換したと言える。私は、さらにラカンが1957年に開講したセミナールの主題が『無意識の形成物』（*Les formations de l'inconscient*, 1957−1958）であったことにも気づいた。フーコーがこれらの優れた思想家たちの深層の思想的情況構築の影響を受けたか否かは考証できないが、彼の実際の思考は、この重要な手がかりを引き継いだのだと思う。フーコーの思想的発展の変化の全過程の中では、このフォーマティングと

いうパラダイムは始終ほとんど登場しているのだ。我々が見て取ることができる、関連する語彙の組み合せは以下のとおりである—客体と主体のフォーマティング（formation des objets et sujets）、言説のフォーマティング（formation discursive）、真理のフォーマティングのメカニズム（mécanisme de formation de vérité）、戦略のフォーマティング（formation des stratégies）、フォーマティングの規律（règles de formation）、フォーマティングのシステム（système de formation）などである[54]。明らかに、ここから、我々は、フーコーが上述の語彙の組み合せを使用した時の特定の情況構築の意味、すなわちある種の構築活動中に動態的な機能を生成させるという方式を見て取ることができる。その次に、20世紀中葉になって、自然科学中の複雑系科学の発展と構造主義言語学の突出により、構造・組織（organisation）・体制（régime）・シェーマ（schéma）・枠組み（encadrement）などの概念が人文社会科学の中で広まり、かつ機能的で能動的な構築（constituer）という概念もゆっくりと人々に受け入れられるようになった。これにより、我々も、フーコーの思想的情況構築中に、構造的概念自身を活性化し統合した（intégrés）形式構築（configuration）というパラダイムの出現を見て取ることができるのである。私の理解によれば、ハイデッガーのドイツ語原文の文脈中では、構造の活性化の最高のパラダイムはゲシュタルト（Gestalt）であり、フランス語では形式構築（configuration）がゲシュタルトという突然出現する総体の場の情況という概念に近いと思われる[55]。第3に、過去、事物あるいは現象のそれぞれ異なる質を表象する際には、通常質そのものあるいは類型（type）概念を用いて区別をしていたが、フーコーの存在論の推進したものは、機能的な秩序性と組織化された秩序構築（ordre）というパラダイムであったということである。ordreという語彙は既存の意味での秩序と訳されているが、その翻訳は、実際には活性化された秩序性の構築を、再度石化した存在者の状態にしてしまうことになるのだ。構築性を持つ秩序構築の概念は、ハイデッガー哲学の中に比較的深い情況構築の次元としてすでに存在しており、彼は、それぞれ異なる次元に合わせて、秩序構築（Ordnung, Zuordnung）・格付け（Einordnung）・秩序性（Ordentlichkeit）・クラス分け（Stufenordnung）などの概念や語彙の組み合せを使用していた。そして、フーコーの思想的情況構築の中では、これに相応するように脱-秩序（désordre）と秩序賦与（ordonner）などの概念が出現しているのである。フーコーのテキストの中で出現した関連する語彙の組み合せには以下のようなものがある—物的な秩序構築（ordre des choses)・社会の秩序構築（ordre social)・安全の秩序構築（ordre de la sécurité)・言説の秩序構築（ordre du discours)・精神の秩序構築（ordre de l'esprit）などである。ここで指摘しなければならないのは、フォーマティング・形式構築・秩序構築の概念は、フーコーが言葉の物に対する「立法」あるいはそれを存在させる支配関係に面した時、これらの概念を直接的暴力として表現したことである。そしてフーコーは、規則・訓練権力から生権力に到る、権力の社会生活に対するミクロの統治という思考の情況構築の中で、これらの概念は、みな同時に顔のない無形のソフトな強制として立ち現われると見たのである。この強制力による物と人に対する支配は、極めて巧妙でソフトであるのだ。これは、我々が書物の中からミクロの日常生活の中へと赴き細かくそれを体験する必要があろう。

　第4に、こうした思考の情況構築が一歩一歩打開されていくにつれ、それが、我々がフーコーのまったく新しい語彙の言説システムに入りやすくなっていく助けになることである。まず、元来の伝統的な認識論やその他の理論で多用される語彙、表象（représentation)・図表（tableau）などが使われる場所では、フーコーは網（réseau)・脈絡（nervure)・網状化（quadrillage)・格子（grille）などの語彙をより使うようにしている。これは、その存在論の本質が関係主義的なものであることに由来している。ゆえに、フーコーの情況構築における高頻度の語彙は、当然にも関係（rapport）や関連（relation）ということになる。しかし、フーコーは、さらに多重の関連性の規定について議論するのを好んでいる。マルクス・ディルタイ・ハイデッガーの著作にあっては、そのドイツ語原文にはZusammenhang（関連および情況）という語彙があり、フランス語のそれに対応する概念にはcorrélationがあるが、フーコーは次のような語彙の組み合せを多用している―複合した関係（rapport multiple)、関係のネットワーク（réseau de relations)、関係の束（faisceau de rapports）などである。これは、フーコーの「網状の～」という概念群が登場する基礎的な情況構築の背景であろう。私は、フーコーのコンテキスト中のこの種の「網状の～」は、多数の縄が結ばれているというような実体的なネットワークではなく、フーコー自身が指摘した知－権力のネットワーク（nexus de savoir—pouvoir）のように、現代資本主義における知の場と政治生活中の、無形で目に見えない秩序構築のトポロジー機能と力のギャンブル関係の状態の中で発生するものなのである。そして、格子は、ネットワークシステムの中の強制的な区分であり、濾過と篩の力なのであ

る。例えば、言説実践上の暴力的な格子（grille de ces pratiques）、規律・訓練中の強制的なネットワークパーテイションのコントロールなどである。続いて、このことも知っておくべきだろう—構造主義言語学者が多用する、既存の言語システムと使用言語のパロールとの二元的な構造的分立の中間に、フーコーは『言葉と物』で特殊な言表（énoncé）—言説（discours）—アルシーヴ（archive）というパラダイムを提起したことである。だが、この中の言表とアルシーヴという二つの語彙は、ともに臨時に採用された再構築性の概念であり、特殊な言説パラダイムを説明するためだけのものであった。その後はこの二つは放棄されている。そのはっきりとした頻度曲線は以下のとおりである。

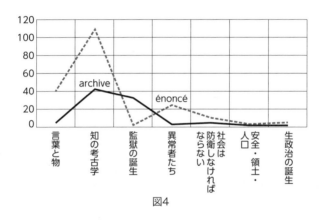

図4

フーコーにあっては、言説とは、話された言葉を意味するのではなく、知の活動の中の特定の秩序のある形式構築である。言表の形式構築が言説になり、その言説は自分を語るのだ！これにより、以下のような語彙の組み合せが登場する—明白な言説（discours manifeste）・言説のレベル（niveau discursif）・言説グループ（groupe de discours）・言説群（constellation discursive）・言説のまとまり（société de discours）・真理の言説（discours de vérité）などである。現時点で構築された言説の歴史的存在は、ただちにフーコーによって再構築されたアルシーヴになる。アルシーヴは、文献的史実ではなく、かつて存在した言説実践の場と言説的出来事を活性化した物的な遺物にすぎない。フーコーの考古学と系譜学の中では、活性化されたアルシーヴは、オリジナルの歴史的事実に直接に等しいものではなく、再構築された言説の再生結果なのである。

ここで指摘すべきことは、rapportとdiscoursは、ともにフーコーの思想的情況構築の全過程を貫く高頻度の語彙であるが、discoursは、『社会は防衛しなければならない』以後は使用頻度が明らかに減少しているということである。その頻度図は以下のとおりである。

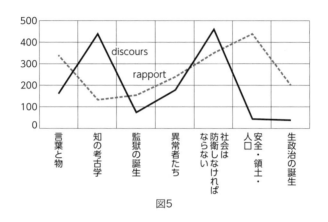

図5

第5には、さらに深い哲学的思考に出現した情況構築次元が、ニーチェの構築した新型の権力と力の関係（rapport de force）のパラダイムに依拠したものであるということである。まず言わなければならないのは、ここでの力は物理学中の直接に作用するような力や伝統的な専制体制下の生身の体を鞭打つような力ではないということである。フーコーが発見した新型の権力関係とは、ブルジョア科学の中での構築的な知の活動と規律・訓練権力の運用中に突然出現した、匿名（anonymat）の力関係の場の情況と機能的なシステム（le système de son fonctionnement）のことなのである。ゆえに、フーコーは、以下のような語彙を多用している—力の配置（la composition des forces）、力の展開（déploiement de la force）、権力実践（l'exercice du pouvoir）などである。私から見れば、これは、グラムシ[56]のソフトなヘゲモニー論のもっとも重要なミクロ的解剖であろう。次に、この種の新型の政治権力が、生活中の小さな事物（petites choses）や小さな事情（vétilles）をさらに微細に支配していることから、フーコーは、このことを伝統的なマクロ的な経済と政治による圧迫とは異質なミクロ権力（micropouvoir）であるとも指摘して、かつ、その発生作用のミクロ機構（micromécanique）も探求した。これが私に連想させたものは、ルフェーブル

の『日常生活批判』中の「小さな事情の疎外」論であるが、ルフェーブルと比べると、フーコーのミクロ的考古はさらに実証的であると思う。その3に、同様にこの点において、フーコーは、その他の自然科学中の数多くの概念を大胆に流用している—権力のテクノロジー（技術）(technologie du pouvoir)・権力機構 (mécanique du pouvoir)・権力のエコノミー (économie de pouvoir)・権力技術の系譜学 (généalogie des technologies de pouvoir)・権力のミクロ物理学 (microphysique du pouvoir)・権力メカニズム (mécanisme de pouvoir)・権力システム (système de pouvoir)・権力の情況 (situation de pouvoir)・微少な権力 (pouvoir infinitésimal)、権力機械 (mécanique de pouvoir)・メカニズムと手続きの集合 (ensemble de mécanismes et de procédures)・縮小されたモデル (modèle réduit)・道具のコード化 (codage instrumental)・手続き (procédure)・階層型監視 (surveillance hiérarchisée) などである。生物学中の毛管 (capillaire) という語彙さえ規律・訓練権力のミクロなコントロールを喩えるために使っている。明らかに、これらの術語の学術の壁を越えた流用は、外在的な単なる移植というだけではなく、現代資本主義総に存在する新しい型のソフトな暴政の展開中に発生したものへの正確な対応にもなっている。

　第6に、ブルジョア階級の隠された現代の社会権力の分析に進んだ後、フーコーの政治哲学に二度にわたる突然の変化が発生したことである。一つは規範化する権力 (pouvoir de normalisation) への批判であり、もう一つは生権力 (bio-pouvoir) への批判である。表層の思想的情況構築の中では、我々は、規律・訓練権力を描写した政治の解剖学 (anatomie politique) と身体の政治学 (politique des corps)、および生権力を表した生政治学 (bio-politique) と権力と真理が共犯となる真理の政治学 (politique de la vérité) などを見て取ることができるだろう。だが、ここでとくに指摘しておかなければならないのは、生の権力への批判を情況構築の中軸とする生政治学が、『社会は防衛しなければならない』の講義中に突然出現したということである。この点は頻度統計からはっきりと見て取ることができるのだ。

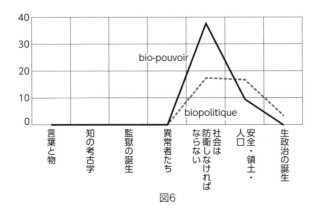

図6

　そして、さらに深い政治哲学批判の情況構築の中で、別の一幕の無言劇が発生しつつあったのである。まず、身体の政治学の中でキー作用となったのは、規律・訓練（discipline）であり、それに続いて懲罰（punition）・シニフィアンの機械（machinerie signifiante）・強制システム（système de contraintes）・パノプティコン式（panoptisme）による監視などの語彙が後を追う。しかし、生政治学の中でキー作用となるのは調整（régularisation）と安全（sécurité）である。生に対する調整は、司牧権力（pouvoir pastoral）から始まり、内政（police）[57]概念の転喩的再構築の中に位置づけをされた。過去の外在的な軍隊・警察式の国家暴力（violence）は、現在ソフト化されて日常の安全に対する統治（gouvernement）に変わった。ここに、まったく新しい内政装置（appareil de police）というものと司牧支配の拡散システム（système de dispersion）が突然出現したわけである。内政（ポリス）の目標は、安全（セキュリティ）技術（technologie de sécurité）を通じていわゆる安全社会（société de sécurité）を実現することにある。これと関連する概念群には以下のものがある―配置（aménager）・統治術（art de gouverner）・統治実践（pratique gouvernementale）・人の統治（gouvernement des hommes）・事物の管理（administration des choses）・自己統治（se gouverner soi-même）、生者の統治（gouvernement des vivants）などである。第2に、深層の情況構築で別の変化が発生したことである。静態的な政治モデル（mode）から無形の発展をしているミクロ権力の装置（dispositif）[58]というパラダイムへの転換である[59]。この装置というパラダイムの突然の出現による重要な転換は、『監獄の誕生』から始まり、その後のすべてのテキストを貫いている。

dispositifの頻度は（0/ 0/43/10/ 7/67/ 9）である。私は、さらに、これとともに突然出現した言説概念群には、以下のようなものがあることに注意した—安全sécurité（0/ 1/ 2/ 1/ 8/353/56）・司牧pastoral（0/ 0/ 0/18/ 1/210/ 1）・内政police（0 / 0 /65/10/ 6 /329/57）・統治gouvernement（0 / 3 / 7 /23/49/568/627）・gouverner統治する（動詞）（0/ 0/ 1/ 5/ 3/245/148）・統治術/統治性gouvernementalité（0/ 0/ 0/ 0/ 0/105/114）・統治術art de gouverner（0 / 0/ 1/ 0/120/70）などである。この転変を形作っている突然出現した情況構築の断面を示す頻度統計は、以下のとおりである。

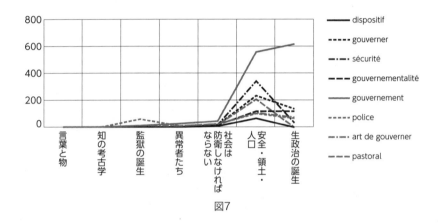

図7

　この図から、装置というパラダイムが、『言葉と物』と『知の考古学』の中ではほぼゼロの頻度であり、ゆえに、この語彙が『監獄の誕生』前後の情況構築の中で突然出現し、かつ『安全・領土・人口』の講義の中で最高値に達したことを発見できるだろう。この状態とよく似た形で、安全・司牧・内政・統治というパラダイムは、前2冊のテキストでは基本的にゼロであり、『監獄の誕生』の中で生まれ始め、後2冊のテキストで突然出現している。そして最後に言うと、統治術または統治性を使った組み合せ語彙は、後2冊のテキストにしか登場しない。私のこの使用頻度統計は、フーコー後期のあの新しい質の言説パラダイムを、彼の思想の全過程の主観的任意性に勝手に同質化させてしまうという類の思考に対して、根本的な反撃となるだろう。
　この時点の思考の情況構築の域内では、当初フーコーは、我々が熟知している学科の交叉式の概念流用を採用していた。例えば、政治学からの政治の連鎖

(chaîne politique)・軍事学研究から転用した戦術（tactique）・戦略（stratégie）・戦略情況（situation stratégique）・局地戦術（tactique locale）・総体的戦略（stratégie globale）などである。だが後には、伝統的研究で総体的構造を描述するために用いた権力モデル（modes）が、だんだんと拡散型の機能作用——装置（dispositif）のパラダイムに取って代えられるようになった。フーコーが後期に使用した生政治の支配に関する語彙の組み合せには、安全装置（dispositif de sécurité）・装置のネットワーク（réseau de dispositifs）などがある。

　最後に、フーコーが好んで使用した個性的な重要概念群には以下のようなものがある。

1、自分の方法論の急進的特徴を表すために—造反（insurrection）・交叉（entrecroisement）・遊戯（jeu）・異質性（hétérogène）、差異性（différences）など。
2、自分の思想的情況構築を表すために—再構築（reconstituer）・大文字の回帰（Retour）・再帰（revenir）・再発見（redécouverte）・再発明（réinvention）・再活性化（réactivation）など。この中で、我々がもっとも重要だと思うのは réactivation である。なぜなら、これは考古学と系譜学の根に当たるものだからである。
3、無の存在論を表す意味のものとして—空白（vide）・不在（absence）・空虚（creux）・空隙（manque）、欠落（lacune）などである。この中で vide は核心のキーワードとなっている。
4、無の存在が発生したことを表すために—消失（disparaître）・不可視（invisible）・痕跡（trace）・皺跡（pli）などである。
5、情況構築の突然の出現を表すために—現出（émergence）・涌出（surgissement）、勃発（irruption）。
6、情況構築の断絶を表すために—突変（mutation）・転倒 renversement)・断絶（rupture）・中断（rompues）・中止（interruption）・切断（trancher）・転換（transformation）・不連続性（discontinuité）。この中で rupture は、バシュラールカンギレム－アルチュセール由来のキーワードである。フーコー自身の語った最重要規定は discontinuité である。
7、点状の情況構築の構築要素を表すために—回折点（points de diffraction）・抵抗点（points de résistance）・消失点（point de sa disparition）・分裂点（point embryonnaire）・変曲点（point d'inflexion）など。この中で、points de résistance は新型権力の展開の重要な支えとなる。

8、否定の対象として登場した総体的歴史観の語彙―同一性（identité）・同質的なもの（homogène）・全体性（totalité）・系譜（genèse）・目的論（téléologie）・頌栄（doxologie）・〈起源〉（Origine）・ヒエラルヒー（hiérarchie）・線形（linéaire）・ほんとうらしさ（vraisemblable）など。このほか、思想史の資料中から流用された概念には、ブランショ由来の外（dehors）・バタイユ由来の侵犯（transgression）・ラカン由来の不可能（l'impossible）、現実的なもの（le réel）、他者（autre）・ニーチェ由来の権力（pouvoir）がある。
9、それぞれ異なる学科から流用された概念―言語学からの共時性（simultanéité）・毛継続的（successif）・垂直性（verricalité）・水平性（horizontalité）・間テキスト的関係（rapport contextuel）・コード（code）・異種同型性（isomorphisme）・シーニュ（signe）。精神分析からの症候（symptôme）・投影（projection）・幻像（illusion）・仮面（masque）。地質学からの地層（couche）・モニュメント（monument）・断層（faille）・裂け目（déchirure）。
10、フーコーの使用した、日常的には見かけない語彙には以下のようなものがある―ギア／歯車（engrenage）・軸（axe）・集合体（regroupement）・身振り（gestes）・曖昧なもの（ambiguë）・印づけられていること（marqué）・書き込むこと（inscrire）・嵌めこみ（encastrement）・パースペクティヴ（perspective）。
11、フーコー自身が独自に創造した概念には次のようなものがある―異常者（Les anormaux）・混在郷（hétérotopie）、疑似自然（quasi naturel）、主体の情況（situation du sujet）。

　フーコーのテキスト中の重要な学術上のキーワードのフランス語原語および一定の語彙使用頻度統計のデータを通じて、我々は、まず、このまったく新しい手法である実証的データの基礎の上に、フーコーの思想情況構築のフランス語原文中のコンテキストに接近でき、これによって、フランス語から中国語への翻訳中に出現した変形や遮蔽を消去できたものと思う。その次に、彼の学術上のキーワードの歴史的登場、その使用頻度の増減の推移を示す曲線、そしてその最終的退場から、彼の言説の細緻な再構築も観察できたものと思う。そして第3の獲得物として、これがもっとも重要なのだが、原文のキーワードの統計を通じて、フーコー自身が標榜していた言説の非連続性を直接体験できたことがある。

　総体的に言えば、このテキストを精細に読みこんで、私はこう感じ取ること

ができた—フーコーの思想には、確かにハイデッガーのようにすべての形而上学の思想史を転覆するような計り知れない深さはないかもしれないが、フーコーの一つ一つのテキストの大暴れの中に、峻烈な命の激情の噴出を感じ取ることができ、彼が、この世界の一見平常に見える諸存在の中に隠されている不公平について、旗を振りときの声を上げているのを聞き取ることができると。このように、内心の深いところから、フーコーはめったに起こることのない真の感動を私に芽生えさせてくれた。マシュレーは、かつてこのように真情溢れる言葉を語ったことがある。「私にとって、カンギレムとフーコーは、その他の数人とともに、未完成の生きた（vivant）思想を象徴する人物である。こうした思想においては、真理の力が一つの道を切り開く。必然的に複雑な道だ。というのも、その道はある目標、その道がみずから作り出すことを求められると同時に、決して最後までたどり着かず、つねに新たな方向へと進むことを定められた歩みのなかで作り直すべき目標へと直進することができないからだ」[60]と。この言葉に私は心から賛同するものである。

　ゆえに、私はこう信じ続ける—現代のブルジョア階級による生政治の支配が全勝を得た今日、我々は、存在者フーコー（ボードリヤールの言葉）を忘れてはならず、まさにフーコーへ帰る必要があるのだ！　そして、これまで真に照射されたことのないあのフーコーの存在のもとに帰るのだ！と。「彼とともに社会参加とその一般的な価値についての問いが霧消したなど言わせてはならない」[61]　この世界に暗黒の隷属と正常に見える不正常がまだ存在する限り、幽霊のごとくフーコーは必ず登場するであろう。

　2014年6月12日の夜、私は、南京大学の哲学科の学生に向かって「忘れ得ぬフーコー—フーコー逝去30周年記念」と題する講義を開いたが、その中でこう語った。「もし、フーコーが今日この演台に立ち、君たちに話をしたとしたら、彼はきっとこんな話をするだろう—私は聖書ではなくパラダイムの道具箱だ。さらに不思議なことに、この道具箱は、不断に自分に向かって投げつけられる手榴弾に化すのだ」と。

張 一兵

2013年7月20日　韓国慶尚大学にて

2014年6月12日　第2稿　南京大学仙林キャンパス哲学楼にて

2015年4月10日　第3稿　南京龍江にて

[注]

1 　情況構築（situating）―原語「構境」とは、私が2007年に提起した核心となる哲学的パラダイムであり、その最初の登場は『レーニンへ帰れ―「哲学ノート」のポストテクストロジー的解読』の方法論的叙述にあった。私にあっては、情況構築の概念は、人間の歴史的存在論に関する東洋的方法による総体的な見方であり、伝統的な基礎的実体論という究極の本源問題には言及はせず、ただ人間の歴史的存在の最高の構成次元とその最高の高みの体験状態を議論するものにすぎない。私は、社会生活中空間中のフォーマティング、関係の形式構築、秩序構築の駆動、機能的な構造モデルの構築の上での人間のそれぞれ異なる生存の次元を区分し、またこれらのそれぞれの異なる生存状態と意識体験が及ぼすそれぞれ異なる生活情況を区分した。そして、私は、主体的存在の最高次元を自由な存在の生活の情況構築としたのである。明らかに、現代思想の形而上学的内省と憂慮の中で、人々は存在が石化した存在者、概念が死亡したロゴスの本質に不安を感じるゆえに、存在と概念という文字にあえて×印を付ける（ハイデッガーの「削除」とデリダの「抹消」である）。情況構築のあり方は現下同時に起こる構築と脱‐構築にほかならないのである。情況構築というあり方は止まることを知らず、日々の労苦によって再建されるのである。もちろん、現実の歴史的事実の中では、情況構築のあり方は、通常他者性の鏡像と偽の情況構築（幻像）と同体共存するのである。なお、situatingは著者の造語である。以下のordering、formating、configuratingも同様である―訳者。

2 　ミシェル・フーコー（Michel Foucault, 1926-1984）。フランス現代の著名な哲学者、歴史家。1926年10月26日フランスのヴィエンヌ県の県都ポアティエ(Poitiers)市で生まれた。父親は外科医で母親も外科医の娘であった。フーコーはポアティエ市の小学校・中学校を卒業した。1945年彼は故郷を離れパリのアンリ四世リセに入学し、高等師範学校の入試準備をし、ここでイポリットと出会った。フーコーは1946年順調に高師の哲学科に入学し、1950年卒業した。1951年フーコーは「無調」（シェーンベルク以後の十二音階音楽）の音楽家ピエール・ブーレーズと知り合いになるほか、もう一人の音楽家バラケとも知り合いになり、「恋人」となった。フーコーは、ブーレーズと無調音楽の中から、自分は「20世紀を観察するための今まで知らなかった視角を発見した」と称している。1951年フーコーは大学教員資格試験に合格し、ティエール財団（Fondation Thiers）の援助のもと１年間の研究活動を行ない、1952年リール大学の招きを受け同大の助手となった。その間フーコーは常にアルチュセールの招きを受けたのでパリに戻り、高師で心理学と哲学の復習教師を兼任した。心理学の授業のためにフーコーはラカンのセミネールに参加し続けた。1953年フーコーはジャクリーヌ・ヴェルドーと共同でスイスの精神医学者ビンスワンガー（Ludwig Binswanger)の『夢と実存』を翻訳しかなり長い序言を執筆した。1955年８月有名な神話学者ジョルジュ・デュメジル（Georges Dumézil）の強い推薦のもと、フーコーはスウェーデンのウプサラ大学に招かれフランス語教師となった。1958年彼はフラ

ンス外務省により、ワルシャワ大学内に設けられたフランス文化センターの主任に任命され、この後また、ドイツのハンブルグのフランス学院にも任職した。1955年よりフーコーは博士論文の執筆を始め、カンギレムの指導のもと長年にわたる努力を経て、943頁にものぼる「古典主義時代における狂気の歴史」(『狂気の歴史』の原型) という博士論文を完成させた。1961年5月20日フーコーは口頭試問に合格し文学博士の学位を得た。1960年10月フーコーはクレルモン＝フェラン大学の助教授に就任し1962年5月1日正式の教授に昇進した。1969年パリ大学ヴァンセンヌ校の哲学科主任となった。1970年フランスでもっとも権威のある学術機関—コレージュ・ド・フランスで「思想システムの歴史」講座の教授に任命された。1984年6月25日フーコーはエイズによりパリのサルペトリエール病院で死去した。58歳であった。主な代表作には、『狂気の歴史』(1961)、『臨床医学の誕生』(1963)、『言葉と物』(1966)、『知の考古学』(1969)、『監獄の誕生』(1975)、『性の歴史』全3巻 (1976～1984)、『生政治の誕生　コレージュ・ド・フランス講義―1978-1979年度』(2004) などがある。

3 フーコー・田村俶訳『狂気の歴史——古典主義時代における』(新潮社、1975年)
4 同上17頁。
5 秩序構築 (ordering) —原語「构序、创序」とは、私が1991年に提起した概念の一つである。複雑系科学の中ではこの秩序構築は負のエントロピーとなる。秩序構築は、マルクスの史的唯物論中の物質的生産力と同義でもあり、「人類が具体的実践を通じて、歴史的に特定の物質存在次元のシステムにある人間の社会的存在のベクトル量を持った秩序性を構成する」ということである。2009年私は、情況構築理論の基礎の上で再度この概念を確認した。「主体的な労働によるフォーマティング活動は、客観性のある主体的活動・フォーマティングの産物の連鎖の形式構築とは異なる。また、生産の秩序構築は、すべての社会的生産過程中に生き生きとして表現される特定の組織コードと機能的秩序性、あるいは社会的存在を維持することにより、その内部的時間に発生して自然的存在の無秩序性に回帰させるというエントロピー増量を消去させる、秩序のある負のエントロピー源である。社会歴史的存在中の秩序構築の力は、労働によるフォーマティングを主導とする総合的な社会的創造力であり、このような創造力は、社会的生産が日ごと複雑化するにしたがって豊かになっていく」。拙稿《实践构序》〔「実践的秩序構築」〕《福建论坛》1991年第1期、《劳动塑形、关系构式、生产创序与结构筑模》〔「労働によるフォーマティング、関係の形式構築、生産の秩序構築、構造モデルの構築」〕《哲学研究》2009年11期などを参照のこと。このたびの研究の中で、私は、この秩序構築が意外にもフーコー哲学の重要なパラダイムでもあることを発見してたいへん驚いている。
6 張一兵、中野英夫訳『マルクスへ帰れ—経済学的コンテキスト中の哲学的言説』(情況出版、2013年) 序言を参照のこと。ただし、この引用は日本語版の訳語に訂正を加えている—訳者。
7 ポスト・マルクス (Post-Marx) の思潮とは、ヨーロッパの1968年における赤い五月

革命の後出現した急進的な社会批判理論である。主な代表者には、ジジェク、ランシエール、アガンベン、バディウなどがいる。彼らはマルクス主義哲学中のもっともキーポイントとなる理論的基礎を根本的に否定すると同時に、方法論と基本的立場の上でマルクスの批判の伝統を深く継承している。彼らはいくつかの新しい社会文化の断面を取り上げて現代資本主義を激しく批判するが、慎重にマルクス主義と一定の距離を保とうとしている。

8　ジョルジョ・アガンベン（Giorgio Agamben, 1942-）。現代イタリアの著名な思想家、ヨーロッパのポスト・マルクス思潮の代表者。ヨーロピアン・グラデュエート・スクール（EGS）パルーフ・デ・スピノザ教授、イタリアのヴェローナ大学美学教授などを歴任し、同時にパリの国際哲学コレージュで哲学を教授した。アガンベンはイタリアのローマ大学を卒業し、シモーヌ・ヴェイユ思想研究の論文で博士の学位を得た。博士課程後期にアガンベンは、プロヴァンスのル・トールで1966年と1968年にそれぞれ開催された、マルティン・ハイデッガー主催によるヘラクレイトスとヘーゲルについてのゼミに参加した。アガンベンは、またヴァルター・ベンヤミンの著作のイタリア語訳の作業の中心人物にもなったことがある。主な著作には、『スタンツェ――西洋文化における言葉とイメージ』(1977)、『到来する共同体』(1993)、『ホモ・サケル』(1998)、『目的なき手段』(2000)、『アウシュヴィッツの残りのもの』(2002)、『例外状態』(2003) などがある。

9　ランシエール（Jacques Rancière, 1940-）。フランス現代の著名な思想家。ヨーロッパのポスト・マルクス思潮の代表者。1940年アルジェリアのアルジェに生まれる。アルチュセールの学生だったことがあり『資本論を読む』の執筆に参与した。パリ大学ヴァンセンヌ校の哲学科主任に任ぜられ現在は同校（パリ第8大学）の名誉哲学教授である。主な著作には、『アルチュセールの教え』(1974)、La Nuit des prolétaires. Archives du rêve ouvrier (1981)、『哲学者とその貧者たち』(1983)、『不和あるいは了解なき了解 政治の哲学は可能か』(1995)、『感性的なもののパルタージュ 美学と政治』(2000) などがある。

10　アラン・バディウ（Alain Badiou, 1937-）。フランス現代の著名な思想家。ヨーロッパのポスト・マルクス思潮の代表者。パリ大学ヴァンセンヌ校哲学科教授。1937年モロッコのラバトに生まれる。1956年有名なパリ高等師範学校に入学した。1964年ソルボンヌ大学の教師資格を得た。1967年アルチュセールの招きで彼の主催する「科学者のための哲学講義」に参与した。主な著作には、Le Concept de modèle (1972)、Théorie du sujet (1982)、Abrégé de métapolitique (1998)、Logiques des mondes. L'Être et l'Événement 2 (2006)、『哲学宣言』(1989)、Second manifeste pour la philosophie (2009) などがある。

11　スラヴォイ・ジジェク（Slavoj Zizek, 1949-）。現代スロベニアの著名な思想家。ヨーロッパのポスト・マルクス思潮の代表者。1949年3月21日スロベニアのリュブリャナ市に生まれる。当時同市は旧ユーゴスラビア西北部の一都市であった。1971年リュ

ブリャナ大学文学部哲学科の文学学士号（哲学と社会学）を得て、1975年同学科の文学修士号（哲学）を得た。1981年同学科の文学博士号（哲学）を得た後、1985年パリ大学ヴァンセンヌ校の文学博士号（精神分析学）を得た。1979年よりリュブリャナ大学社会学・哲学研究所の研究員となった（当研究所は1992年よりリュブリャナ大学社会科学院社会科学研究所と改名した）。主な著作には、『イデオロギーの崇高な対象』(1998)、『斜めから見る——大衆文化を通してラカン理論へ』(1991)、『快楽の転移』(1994)、『脆弱なる絶対——キリスト教の遺産と資本主義の超克』(2000)、『迫り来る革命—レーニンを繰り返す』(2002) などがある。

12　フォーマティング（formating）―原語「塑形」とは、私が2009年に中国語学界で独自に提起した概念である。当時私はこれをshapingと英訳した。マルクス後期の経済学ー哲学のコンテキストでは、この概念は「人類の労働活動が我がために物性という対象的存在の形式を変える生産及び再生産の過程」を表現している。「物質は創造できるものではないが、労働による生産は反対に不断に物質的存在の社会歴史的形式を変える。人間の労働は、生産中において物質自身を創造できるわけではないが、自然の物質をしてある種の我がためのもの（一定の社会歴史的需要）という社会的存在形式を獲得させるのである」。拙稿《労動塑形》を参照のこと。少し前に完成させたハイデッガーに関する研究とこのたびのフーコー研究の中で、私は、フォーマティングの概念が現象学やフーコーなどいく人かのヨーロッパの思想家が普遍的に使用している研究パラダイムであることを発見した。このことは私を大いに鼓舞してくれた。

13　ベルナール・スティグレール（Bernard Stiegler, 1952-）。現代フランスの哲学者。脱-構築理論のデリダの学生。若いころ銀行強盗の罪で入獄するが獄中で哲学を独学した。デリダの賞賛を受け、1992年デリダの指導のもと社会科学高級学院で博士の学位を得た。その博士論文が『技術と時間Ⅰ——エピメテウスの過失』である。2006年ポンピドゥーセンターの文化発展部主任となった。主な著作には、『技術と時間Ⅰ』・『技術と時間Ⅱ——見失うこと』・『技術と時間Ⅲ——映画の時間と悪の存在による問い』（1994〜2001）、『象徴の貧困Ⅰ——ハイパーインダストリアル時代』・『象徴の貧困Ⅱ——一般的感覚器官の組織学のための基礎』（2004〜2005）、Pour une nouvelle critique de l'économie politique（2009）などがある。2015年3月7日スティグレールは南京大学を訪問して「人新世からの逃避（Escaping the Anthropocene）」という講演を行ない、また中国大陸でははじめてとなる彼の学術に関するシンポジウムにも参加した。それは「技術と反省－超工業社会の中で我々はいかに思考すべきか」というテーマだった。この会期に、私は彼と広くかつ深い議論を行ない、またさらなる翻訳紹介・研究・共同作業の計画を制定した。

14　スローターダイク（Peter Sloterdjk 1947-）。現代ドイツの著名な哲学者。1968〜1974年ドイツのミュンヘン大学で学び、1975年ハンブルグ大学で博士の学位を得た。1988年フランクフルト大学で客員講師となった。2001年カールスルーエ・アート・

アンド・メディア・センター付属カールスルーエ造形大学の学長に任命された。主な著作には、『シニカル理性批判』(1983)、*Sphären I – Blasen, Mikrosphärologie*・*Sphären II – Globen, Makrosphärologie*・Sphären III – Schäume, Plurale Sphärologie（1998～2004)、*Im Weltinnenraum des Kapitals*（2005)、*Zorn und Zeit. Politisch-psychologischer Versuch*（2007）などがある。

15 ラカン（Jacques Marie Émile Lacan 1901-1981)。現代フランスの著名なポスト精神分析家、哲学者。主な著作には、『人格との関係からみたパラノイア性精神病』(博士論文、1932)、「精神分析における話と言語活動の機能と領野——ローマ大学心理学研究所において行われたローマ会議での報告　1953年9月26日・27日」(1953)、「『盗まれた手紙』についてのセミネール」(1955)、『無意識の形成物』(1958)、『エクリ』(1966) などがある。ラカンの哲学思想については、拙著《不可能的存在之真——拉康哲学映像》〔『不可能な存在の真実—ラカン哲学のイメージ』〕(商務印书馆、2006年) を参照のこと。

16 形式構築（configurating）—原語「构式」とは、私が2009年建築学研究分野中の「空間統語理論（Space Syntax)」から採用した概念である。私は当時これを用いて「人と物、人と人の間主体的な客観的関係系列及び再構築（再生産）を指すもので、人類の生存が動物的生存から抜け出す際の最重要な場の情況関係的存在論の基礎となる」と言おうとした。目的と意図のある労働によるフォーマティングとは異なり、関係の形式構築は往々にしてある種の受動的で構造化された客観的結果となる。これは、社会生活の場の存在形式でもあり社会空間の構築でもある。拙稿《劳动塑形》を参照のこと。このたびのフーコー研究で、私は意外にも、形式構築という言葉がこれまた意外にもフランスの科学認識論研究に続く、いく人かの重要な研究者が使用するパラダイムでもあることを発見した。

17 ドゥルーズ（Gilles Louis René Deleuze, 1925-1995)。現代フランスの著名なポスト・モダンの哲学者。1925年1月18日パリで生まれる。パリ高等師範学校を受験するも失敗、ソルボンヌ大学の哲学科で学ぶ。1948年アグレガシオンに合格し、アミアンとオルレアンのリセで教えた後、1955～1957年にはパリ・カルチェラタンにあるリセ・ルイ・ル・グランの教師を勤めた。1957～1960年ソルボンヌ大学の哲学史の助手に任ぜられた。1960～1964年国立科学研究センター(CNRS)に入って研究を続け、1964年リヨン大学の教師となった。フーコーの招きで1970年からパリ大学ヴァンセンヌ校に1987年まで教鞭を執った。1995年11月4日ドゥルーズは、パリ17区の自宅アパルトマンで飛び降り自殺をした。享年70歳。主な著書には、『経験論と主体性ヒュームにおける人間的自然についての試論』(1953)、『ニーチェと哲学』(1962)、『差異と反復』(1968)、『意味の論理学』(1970)、『アンチ・オイディプス』(1972)、『千のプラトー——資本主義と分裂症』(1980)、『哲学とは何か』(1991)、『批評と臨床』(1993) などがある。ドゥルーズはフーコーの真の意味での学術上の知己であり親密な親友であった。1962年二人がはじめて出会った時すぐに友人となりそれ以来の付

き合いである。1964年二人は共同でフランス語版『ニーチェ全集』の編集を行なった。ドゥルーズはフーコー思想についての論文を数多く発表しており、その後『フーコー』という本を編集した。70年代後期から二人の思想の間に亀裂が入り、最終的にそれぞれの道を行くことになった。

18　ジル・ドゥルーズ、宇野邦一訳『フーコー』（河出文庫、2007年）13頁。
19　これは、アメリカの人類学者クリフォード・ギアーツがニューヨーク・レビュー・オブ・ブックス紙でフーコーの『監獄の誕生』英語版を紹介した際の言い方である。Clifford Geertz, "Stir Crazy," *The New York Review of Books,* January 26th, 1978.を参照。
20　バリバール(Etienne Balibar, 1942-)。現代フランスの著名な思想家。1965年アルチュセールと共同で『資本論を読む』を執筆した。現在パリ第10大学名誉教授、アメリカのカリフォルニア大学アーヴァイン校ほかの教授である。主な著作には、『史的唯物論研究』(1974)、『プロレタリア独裁とはなにか』(1977)、『スピノザと政治』(1985)、『ルイ・アルチュセール——終わりなき切断のために』(1991)などがある。
21　Etienne Balibar, "Foucault et marx : l'enjeu du nominalisme," in *La crainte des masses : politique et philosophie avant et après Marx* (Paris: Galilée, 1997), 301.
22　ボードリヤール（Jean Baudrillard 1929-2007)。現代フランスの著名な思想家。主な著作には、『物の体系——記号の消費』(1968)、『消費社会の神話と構造』(1970)、『記号の経済学批判（1972)、『生産の鏡』(1973)、『象徴交換と死』(1976)、『誘惑論序説—フーコーを忘れよう』(1979)、『シミュラークルとシミュレーション』(1981)、*L'autre par lui-même*（1987)、*Cool memories*: 1980-1985 (1987)、*L'Illusion de la fin ou la grève des événements*（1991)、『透きとおった悪』(1993)などがある。なお、ボードリヤール・塚原史訳『誘惑論序説—フーコーを忘れよう』(国文社 1984年)を参照のこと。
23　私の情況構築論の概念は、テキストなどの遺物を通じてあらためて作者に突然生じた情況構築の思考の場に入って行くことを指す。「他者の世界に入って行く」という行為は従来から再構築のことにほかならないのだ。
24　我々の若いころは、同性愛は単純に犯罪と見なされたが、今日の中国では、この方面の環境は寛容かつ柔軟なもの変わり始めた。
25　ピエール・ブルデュー（Pierre Bourdieu, 1930–2002）。社会学者。現代フランスもっとも国際的影響の大きい思想の大家。コレージュ・ド・フランスの教授、アカデミー・フランセーズ会員であった。主な著作には、『再生産—教育・社会・文化』(1970)、『構造と実践——ブルデュー自身によるブルデュー』(1972)、『ディスタンクシオン——社会的判断力批判（1・2）』(1979)、『実践感覚（1・2）』(1980)、『ホモ・アカデミクス』(1984)、『ハイデガーの政治的存在論』(1988)、『パスカル的省察』(1997)などがある。
26　ピエール・ブルデュー、加藤晴久訳『自己分析』（藤原書店　2011年）119頁。
27　ジル・ドゥルーズ、小沢秋広訳「欲望と快楽」宇野邦一監修『ドゥルーズ・コレクショ

ン Ⅱ 権力／芸術』（河出文庫　2015年）34頁。
28　ブルデュー前掲書119頁。
29　ミシェル・ド・セルトー、内藤雅文訳『歴史と精神分析』（法政大学出版局、2003年）48頁
30　マルティン・ハイデッガー（Martin Heidegger 1889-1976）。ドイツの著名な哲学者。ドイツ西南部のバーデン、フライブルク付近のメスキルヒで生まれる。主な著作には、『存在と時間』(1927)、『哲学への寄与論稿（性起について）』(1936–1938)などがある。私のハイデッガー研究については拙著《回到海德格尔──本有与构境》（第一卷，走向存在之途）〔『ハイデッガーへ帰れ─性起と情況構築』（第１巻　存在への道）〕（商务印书馆、2014年）を参照のこと。
31　モーリス・ブランショ、守中高明訳『他処からやってきた声──デ・フォレ、シャール、ツェラン、フーコー』（以文社、2013年）136頁。
32　Barry Smart, "Foucault," in *The Blackwell Companion to Major Contemporary Social Theorists,* ed. George Ritzer (New Jersey: Wiley-Blackwell, 2003), 208.
33　ジル・ドゥルーズ、宮林寛訳「ミシェル・フーコー」『記号と事件 1972-1990の対話』（河出文庫、2007年）191頁。
34　もちろん、1961年以前にもフーコーはいくつかの著書を出版している。例えば、1954年に完成させた『精神疾患とパーソナリティ』、カントの『実用的見地における人類学』のフランス語訳などである。しかし、このどちらもフーコー自身の自主的思想によるものではない。彼の言い方によると、「偉大なるニーチェ風のエクリチュール」をいまだ採用しておらず、このようなエクリチュールは1961年出版の『狂気の歴史』から始まったとのことである。
35　とくに指摘しておかなければならないことは、コレージュ・ド・フランスへの採用申請のために提出した選考報告の中では、フーコーが依然として『知の考古学』に見られる思考様式を続けており、かつ提出された研究計画の三つの分野すべてがエピステーメーという言葉に関連していたということ、そして、彼の初年度の講義『〈知への意志〉講義──コレージュ・ド・フランス講義1970-1971年度』は、確実に認知の対象化としての言説実践を核心とする現実の歴史の分析であったことである。だが同時に見て取るべきことは、まさにこの講義の最後に、フーコーが現実社会で起きている政治闘争に注目すべきという主張を打ち出し始めたことである。このことは、彼が政治哲学のディスクールへの転向を始めたことを意味する。
36　私は、青年フーコーの狂気の歴史の分析と臨床医学の誕生についての専門的研究については議論していないし、晩年のフーコーの性と主体的自我の技術についての思考の情況構築の次元についてもあまり関心は寄せなかった。ゆえに、私のフーコー研究は、選択的に情況の再構築を図ったものにすぎないと言わなければならない。
37　「五月革命」（French Revolution of May）とは、1968年フランスのパリで爆発した学生によって引き起こされた全国的な社会運動である。その総体的過程は、まず学生に

よって運動が開始され、続いて社会総体の危機へと変転し、最後には政治的危機まで招くに至ったというものだった。1968年3月22日、大学当局との矛盾からパリ大学ナンテール校（パリ第10大学）の学生が大学を占拠したことから、騒動はたちまちパリ大学全体に及んだ。5月3日警察がパリ大学に進入し集会中の学生を追い出し、大学は封鎖された。5月6日6000名あまりの学生がデモを行い警察と衝突した。その結果600人あまりが負傷、422人が逮捕された。ほかの地方の都市でも騒動が発生した。5月10日カルチェラタンのソルボンヌ大学の学生がまた警察と衝突し、300人あまりが負傷、500人あまりが逮捕され、100台あまりの車が燃やされた。騒動はたちまちほかの都市にも広まった。衝突が拡大するにつれて、フランスの労働組合や左派の政治的人物が学生に声援を送り、この運動に参加していった（例えば、後のフランス大統領ミッテラン、第四共和国首相マンデス・フランスなど）。5月13日には参加者がおよそ20万人に達した。5月14日よりフランスのすべての社会は麻痺状態になり、900万人が運動に呼応してストライキに入り工場を占拠した。ここに至って「五月革命」はもはや全社会に及ぶ政治的危機に変わった。さらに重要なことは、この急進的な学生運動がすぐにすべての欧米地区に及び、特有の「革命の60年代」が形成されたことである。

38　私は、フーコーの思想的情況構築の中では、経済学が終始非常に大きな比重を占めていることに留意した。例えば、前期の『言葉と物』では、青年フーコーは、主にスミスとリカードについて議論しており、スミスを古典的エピステーメーの重要な言説―すなわち財と交換価値についての議論―の一つと見なしているのに対し、現代的エピステーメーの議論中では、経済学的言説の中心をリカードの生産論に換えている。

39　Alan Sheridan, *Michel Foucault: The Will to Truth* (New York, Tavistock, 1980), 207.

40　楊凱麟《分裂分析福柯：越界、褶曲与布置》〔『フーコーを分裂的に分析する―越界・褶曲・配置』〕（南京大学出版社、2011年）21頁。

41　これらの単篇の文献は、おもにダニエル・ドフェールなどが編集したMichel Foucault, *Dits et écrits* 1954-1988 (Paris: Gallimard, 1994) ―日本語訳は全訳が蓮實重彦・渡辺守章監修『ミシェル・フーコー思考集成』全10巻（筑摩書房、1998年～2002年）。精選版が『フーコー・コレクション　全6巻別巻1』（ちくま学芸文庫、2006年）―に集められている。ドゥフェール自身は中国語で刊行されたインタビューで「この二冊の本は、執筆順序による編集ではなく出版期日による編集のものであるが、フーコーの自伝と見なしてよい。人々は、この中から彼のすべての思想的転変および他の作者に対する引用文献を了解できるだろう。この二冊を閲読することは、フーコー思想の起源を理解する助けとなるだろう」と語っている。汪民安、丹尼尔·德菲尔〔ダニエル・ドゥフェール〕：《友爱、哲学和政治:关于福柯的访谈》〔『友愛、哲学と政治――フーコーとのインタビュー』〕《读书》2008年第1期を参照のこと。なお、この本の四巻からなる中国語訳は三聯書店（北京）から出版予定とのことである。

42 社会的唯物論─原語「社会唯物主義」とは、私が『マルクスへ帰れ─経済学的コンテキスト中の哲学的言説』(1998)（日本語版は中野英夫訳、情況出版、2013年）の中で最初に提起した概念で、ブルジョア階級の初期の政治経済学、とくに古典派経済学の隠された哲学的前提になっているもの、すなわち工業生産が作りだした新しい社会生活の中での物質的生産の基礎的地位を承認し、かつその客観的な社会関係と経済法則を抽象して得られた唯物論的立場のことである。同書第1章第1節を参照のこと。

43 フーコーのテキスト解読の手がかりとして、語彙使用頻度統計の対象とした主なテキストは、『言葉と物』・『知の考古学』・『監獄の誕生』・『異常者たち』・『社会は防衛しなければならない』・『安全・領土・人口』・『生政治の誕生』などである。

44 私が主編の『現代学術プリズム訳集』や『ヨーロッパ急進思想家訳集』など南京大学出版社の翻訳書シリーズの翻訳では、私は、テキスト中のいくつかの重要な原文のキーワードを保留しておくようにと訳者にすでに求め始めている。

45 この語彙は上述のフーコー7冊の主要テキストの中の使用頻度は、それぞれ114/130/58/115/165/207/182となっている。

46 拙著前掲書序論を参照のこと。

47 ミシェル・フーコー、渡辺一民・佐々木明訳『言葉と物──人文科学の考古学』（新潮社、1974年）117～122頁を参照のこと。

48 訳者注──日本語文法では「である」は動詞ではなく、助動詞「だ」の連用形「で」＋形式動詞「ある」の連語と解釈されているが、「である」全体で一つのコピュラと見なすことも慣用的にはできるので、原文をそのまま訳した。

49 場（champ）の概念は後にブルデューの社会学研究の中の核心的なキーワードになった。ブルデューの解釈によれば、場とは闘争と賭けの力の関係的存在にほかならない。

50 大多数の訳本では、êtreの在場としてのsavoirは、存在者の意味である伝達しうる知識と誤訳されている。

51 出来事（événement）というこの重要な概念は、後にバディウの『存在と出来事』の中で系統的に議論された。

52 訳者注─フランス語では「星座的配置」という意味になる。

53 以上のことは、この本の執筆過程でもっとも私を感動させたことの一つである。2009年に《労動塑形》を発表した時、私は、自分の思想的情況構築についての議論と史的唯物論研究の中でこのいくつかのカテゴリーの内容と意義の範囲を述べたにすぎなかった。当時はそれぞれの英訳をLabor shaping（労働によるフォーマティング）・Relation Configuring（関係の形式構築）・Production Ordering（生産の秩序構築）・Structure Modeling（構造モデルの構築）とした。ハイデッガー研究中、私は、これらの重要な概念に対するさらに深い思考のための手がかりをすでに発見していたが、ここにおいて、フーコーがこの重要な思想的情況構築の「同伴者」であることを再度見て取ったのである。このことは当然にも私を大いに鼓舞してくれた。

54 興味深いことに、楊喬喩博士の考証によると、アルチュセールもまた意識的にformationと対応する概念を使用していた。すなわちdeformationである。楊博士はこれを「形式構築の否定」(原語－否定构形)と訳したが、私は「脱-形式」(原語－祛形)と訳したい。楊喬喩博士の観点については、彼女の博士論文《形式断裂中的逻辑延续——阿尔都塞与阿尔都塞主义研究》〔「形式の切断中の論理の延続―アルチュセールとアルチュセール主義の研究」〕(2015年、南京大学文書館所蔵)。

55 私は、フォーマティングと形式構築という二つの概念の使用はフーコーの学術の全過程に貫かれているが、形式構築の使用は『知の考古学』以後はやや減少していることに気付いた。

56 アントニオ・グラムシ (Gramsci Antonio 1891-1937)。イタリアの哲学者。西洋マルクス主義の第一世代の代表的人物。主著に『獄中ノート』がある。

57 訳者注――原著では「治安」と訳されていたが、日本語版の『安全・領土・人口 コレージュ・ド・フランス講義一九七七――九七八年度』(筑摩書房、2007年)、『生政治の誕生』(筑摩書房、2008年)ではともに「内政」と訳されている。原著者の了解を受けてここでは「内政」と訳した――訳者。

58 訳者注。原著では「部署」(中国語で「配置」の意味)と訳されていたが、日本語版『安全・領土・人口』では、「装置」と訳されている。原著者の了解を受けてここでは「装置」と訳した。なお、フランス語には、ほぼ同義の意味の「装置」appareilという語彙もあるが、原著者の話によると、appareilはおもにハードウェアを指しdispositifはおもにソフトウェアを指すので、このdispositifには「部署」という訳語を選んだとのことである。なお、原注の55も参照のこと。

59 何冊かの翻訳書では、無形のdispositifは目に見える装置 (appareil) と誤訳されている。これは、通常英文を通したゆえに発生した遮蔽である。さらに興味深いことに、フランソワ・ジュリアンが、かつてフーコーのブルジョア階級の現代の政治的配置(原語－部署)の観念は、実際上は一つの重要な概念「勢」(propension)に深く関連していると提起したことがある。フランソワ・ジュリアン、中島隆博訳『勢 効力の歴史―中国文化横断』(知泉書館 2004年)を参照のこと。しかし、私の考証によると、フーコーは『言葉と物』の中でたまたま二回この語彙をしているが、基本的にはこの概念を認めてはいない。フーコー『言葉と物』を参照のこと。

60 Pierre Macherey, *De Canguilhem à Foucault: la force des normes* (Paris: La Fabrique, 2009), 32.中国語訳は劉氷菁氏の訳稿を参照のこと。この書の版権はすでに南京大学出版社が取得して翻訳が完成しており、近く世に問われる予定である。

61 Alain Badiou, *Petit panthéon portatif* (Paris: La Fabrique, 2008), 115.

序　論　―フーコー自身にフーコーを語らせる

　決して起源をもとめてはならないのです。そうではなくて、事物が芽を吹くところで、その「ただなか」から事物を捉えようというのです。物を切り裂き、言葉を切り裂くこと、永遠不変のものをもとめるのではありません。たとえそれが時間の永遠性であっても、けっして永遠をもとめてはならないのです。そうではなくて、新しいものが形成される（formé）ところをとらえ、創発とか、フーコーが「現在性」と呼んだものを捉えなければならないのです。
　　　　　　　　　　　　　　　　　　　　　　　　　　　―ドゥルーズ

　彼は、伝統的な思想史で生じた事柄の一切を問いただし、この研究領域においてかつてなかった視角を打ち開くのである。
　　　　　　　　　　　　　　　　　　　　　　　　　　　―マシュレー

　彼はほんとうに自分のことを語っているのであろうか。その存在が示される瞬間に、彼の探究がなお明らかにすると思われる「私」、彼はそこへと私たちを導いているのであろうか。もちろん、彼のことをその人生の喜怒哀楽において知る人が、記憶に照らして思い起こそうとする自我とは異なる私へとである。こうしたすべてが次のことを思わせる。このような動きにおいて問題とされる人格なき存在によって、そうした存在について語ろう〔…〕と決めた者の実存は謎めいた関係に招き入れられるのだと。
　　　　　　　　　　　　　　　　　　　　　　　　　　　―ブランショ[①]

　まず先に述べておこう。テキスト解読の著作の序論を書く際の習慣になっている思路は以下のようなものである―まず、その生涯を紹介し、続いて、頭を絞って対象を解読する手がかりとなる総体的枠組みの装置システム、例えば、基本思想の起源や主要な学術傾向・系統的な概念群・知の枠組み・方法論・総

[①]訳者注――モーリス・ブランショ「友愛」(1962年発表。『友愛』1971年所収)より。ジョルジュ・バタイユ〔文中の「彼」〕の追悼文として発表された。

体的連続性の論理などなどを編み出す—このような経路である。これによって、ある思想家に関する同質性の思想総体の論理が再構築され、表層的には平滑で愛すべき情況構築圏の次元の中にあたかも入っていくかのようである。しかし、フーコー、不断に自分に手榴弾を投げつけるこの男と向き合うと、解読者の能力がどれだけ大きかろうと、一個の同質性を持つ学術の透視鏡を手にすることはおそらくできないであろう。これゆえ、私は、序論の伝統的な書き方を放棄せざるを得なかった。すなわち、総体的に、連続性を求め、ある目的を持って、フーコーを概説しようとはもはや思わなくなったのである。そして、新しい路を試してみることにした。フーコー自身にフーコーを自己紹介させ、自分のテキストの形式構築の思路を概説させ、自分の思考運用の支援背景を吐露させるのである。こうした書き方は、『ハイデッガーへ帰れ』の序論でその初歩の試みをすでに打ち出している[1]。幸いにも、フーコーは生前に大量の公開された演技性（原語-表演性）[2]無しの対話とインタビューを我々に残してくれた。その中には、ここでの主要テキスト解読の中では直接出会うことのできなかった支援背景や特にテーマが決まっていない議論に関連するかなりの内容がある。一見すると、これらは、我々による主要テキスト解読の外部的存在のようだが、かえって、本書が言及しているテキストの思想的フォーマティングの中では直接見ることのできない、複雑な情況構築の支持点となっているのだ。フーコーよ、自身を語れ。

ある歴史の始まり：師たちの影

　少年時代に話が及び、故郷のポワティエに話が及ぶと、目に浮かぶ自分の幼少時の記憶は、いつも事件化された政治運動と関連する。
　　　事件化・出来事化とは、フーコーが後に『知の考古学』の中で打ち出した機能的言説実践の表現方式の一つである。後に詳しく議論するが、ハイデッガーにあっては、この事件化は、物から事物へ[2]さらにその世界化へと至る事件の意味である。フーコーの思想的情況構築の深層には、このハイデッガーの重要な思想情況の手がかりが暗蔵されている。
　1934年、オーストリアの政治家ドルフス[3]がナチスに暗殺された。フーコーは、

---

[2]訳者注——「Ding」から「Sache」への意味である。

この時はじめて巨大な存在論的パニックを感じたという。それは、彼が体験した「死に対する初めての強烈な恐れ」[4]であった。この年、死へ向かって生きる幼きフーコーはたった8歳であった。

この劇的な「死へ向かって生きるという」情況構築は、フーコーの生命が終わろうとする時刻、すなわち自分がエイズにかかったことを知った後の従容とした時間の中でも発生している。

学校では、彼は、突然勃発したエチオピア戦争をめぐってクラスメートと衝動的にケンカをしたことがある。

子供のころのケンカでさえすべて政治性を帯びている―この思い出の中の少年の光景の再構築がいくらかの誇張を帯びているか否かはわからないが。

「戦争の脅威は、私たちの背景にあった」

コシーク[5]はかつてこう指摘したことがある―普通の日々が断絶した時にこそ、歴史は立ち現れる。例えば、ナチス・ドイツの戦車が突然ヨーロッパのある国の平穏な生活を粉砕した時、生命存在の歴史の情況構築がここに突然出現するのであると[6]。

フーコーは「私の世代の少年少女は、こうした大きな歴史的出来事（grands événements historiques）によって構成された幼年時代を過ごした」と語っており、フーコーの世代の子供たちの日常生活は、常に歴史的に構築されたものと言っているようである。まさにこのゆえに、フーコーは、真に発生しつつある歴史的出来事（歴史事実ではない）にあれだけこだわったのだろう。「私が歴史に惹かれ、また個人の経験と私たちが組み込まれている出来事との関係に惹かれたのはおそらくそのせいでしょう。その点に、私の理論的欲望の核（noyau de mes désirs théoriques）があるのだと思います」[7]。私から見ると、この告白は疑いなくたいへん重要な自己掲示である。フーコーの学術研究の真の内在的動力は、重大な歴史事件への関心とその思考なのであり、アカデミックな純理論ではないのだ。

こればかりではない。以下でまた見るように、フーコーの歴史事件への思考は、すべて通常の歴史学の目からは遠い暗黒と辺境の下で発生した別

類の学術的フォーマティングなのである。

　16、7歳になって、フーコーは学校生活というものについてすでに深く考えるようになった。彼は、学校は「外界の脅威から守られ、政治から守られた環境である」と感じるようになったのである。
　　私は、後にフーコーはそれが大きな誤解であるに気づいてそれを認めたと推測している。なぜなら、まさにフーコー自身が、大学自体はブルジョア階級の統治機械の一つの装置であると指摘しており、かつ彼の後輩のブルデューが、この観点を大幅に強化したからである。

　1946〜1950年、フーコーはパリ高等師範学校で学習をした。同校では、フーコーはまず哲学を学びその後は心理学も学んだ。大学卒業後、彼はある精神病院で実習をした。彼は正直にこう述べている——「私は決して哲学者になろうと考えたこと（projet de devenir philosophe）はないと思いますよ」[8]と。
　　事実、彼は確かに伝統的な意味での哲学者ではなかった。彼は、すべての哲学の上に立つ歴史研究者でもあり、沈黙の歴史の真相の中で思考する別種の哲人でもあった。これは、目的のある計画の外に立つ新しい存在論なのである。

　パリ高等師範学校での哲学学習の経歴を思い起こして、フーコーは「私はアルチュセール[9]の学生でした。そして、当時、フランスにおける主要な哲学的趨勢はマルクス主義、ヘーゲル主義、現象学だったのです。むろん、私はそれらを学びましたが、はじめて個人的な仕事をやり遂げようという欲望を抱いたのはニーチェの読解を通じてでした」[10]と語っている。
　　アルチュセールの逝去までずっと、フーコーは、終始アルチュセールをあまり多くはない親近者の一人と見ていた。そして、常にアルチュセールの傍らにいたあるもう一人の人物は愛弟子のデリダであった。

　フーコーはこう告白している——このころ、一人の哲学者になろうとすれば、マルクス主義者（アルチュセール）、あるいは現象学者（メルロ・ポンティ[11]）、あるいはさらに構造主義者（レヴィ・ストロース[12]）にならなければならなかった。しかし、私は「私はそのいずれのドグマ（adhérer à aucun de ces dogmes）

にも従っていませんでした」と。これらのドグマ化された「主義」に加入しなかったことは、フーコーの誇りのようである。もちろん、このことは、彼が上述の思潮の影響を受けなかったことを意味するわけではなく、フーコーは、その他の学術思潮の自己への影響の様子をとくに示したこともある。このようにどんな流派の信徒にもならないというやり方は、青年フーコーには単純な他者性の鏡像段階[13]がなかったという見方を必然的に導く。

　　フーコーはかつてこう告白したことがある――「私は他者の既存の死に基づいてのみ書くのです」[14]と。これも、フーコーのすべての他者性の学術資源に対する根本的態度を示すものであろう。

このゆえにまた、「主義」のほかにも異質性を顕示しようとするフーコーの最初のあの『狂気の歴史』のもとになった博士論文は、当時の哲学の圏内ではどんな反応もなかった。彼に対して真に興味を示した人物は、かえって外部の文学界から出現した。例えば、ブランショでありロラン・バルト[15]であった。フーコーの記憶によれば、1968年の「五月革命」の第一の帰結は「ドグマティックな枠組みとしてのマルクス主義の衰退(déclin du marxisme en tant que cadre dogmatique)と、個人生活に関わる新たな政治的、文化的関心の出現」だった[16]とのことである。

　　正確に言えば、これは、フランス左翼と知識界での教条主義的マルクス主義の支配的地位の終結であろう。

フーコーは、まさにこの時から、各種哲学学派やドグマの内にはなかった自分の初期の別類の研究が人々の関心を集めるようになってきたと感じたのである。

自分に影響を与えた教師について言及した時、フーコーが第一に取り上げるべき人物と見たのはイポリット[17]である。フーコーは、さらに大きな方面から見ると、イポリットは、当時のすべてのフランス思想界を「ヘーゲルから逃れ(échapper à Hegel)」させ、ロゴス中心論という格子から逃避させた導き手であると語っている。この評価には一定の意味があるだろう。フーコーは、賞賛の口ぶりでこう語っている――まさにイポリットが翻訳し再構築的に解読したヘーゲルの『精神現象学』を通じて、人々は「ヘーゲルという、少々亡霊的な偉大なる陰（grande ombre un peu fantomatique de Hegel）」[18]を見て取ったのであると。

フーコー自身の高等教育修了証書（DES）の論文テーマは、まさしく「ヘーゲル『精神現象学』における先験的なものの構成」というものであった。

イポリットは人々にこう告げている—ヘーゲルの絶対的な総体性を抜け出た後、終わりを告げられたはずの無数の哲学は、尽きることのない開放的な仕事に変わった。そして、思弁の情況構築から抜け出した後は、思想は、不安定な非哲学（non-philosophie）とさらに広い情況的関連を生み出すことができると。

バディウは「イポリットとともに、ふつうは固く閉ざされていた講壇哲学の差し錠が開かれたのだった」[19]と述べている。

フーコーから見ると、すべてのフランス学術界に向かって近代哲学の巨人たちを呼び起こしたのもイポリットにほかならないのだ。

歴史の問題とともにマルクスが、哲学の絶対的始まり（commencement absolu）の問題とともにフィヒテが、非哲学的なものとの接触というテーマとともにベルクソンが、反復と真理（la répétition et de la vérité）にかかわる問題とともにキルケゴールが、われわれの合理性の歴史に結びついた無限の任務としての哲学というテーマとともにフッサールが、ヘーゲルと付き合わされた[20]。

これは、現代フランス思想界の第一次の情況再構築であった。マルクスの歴史性、フィヒテの絶対、ベルグソンの生命の延々のつながり、キルケゴールの新しいヒューマニズムの重複と真実、フッサール現象学のあのカッコの中に放置された歴史理性を完全に再形成したのである。イポリットは、斬新な思想の世界に通じる全景式の窓を開いたわけである。このことは、フーコー自身が後に踏み入れようとした別類の思想の秩序構築の路にとって、同様に極めて重要なものとなった。

1968年イポリットは亡くなった。フーコーは記念の文章の中で、イポリットが高等師範学校の教室で「彼の存在感や、彼が忍耐強く求めていた親近感を、私は忘れることができないだろうと思う」と叙述している。

1975年、イポリットの逝去から何年も経って、フーコーはちょうど出版したばかりの『監獄の誕生』をイポリット夫人に送った。その献辞には「イ

ポリット夫人へ捧げます。私がすべてを負う先生の思い出に」と書かれてあった。

このほか、デュメジル[21]もフーコーがよく言及した思想の導き手である。フーコーはこう指摘している—デュメジルのヨーロッパ古代社会史の研究の中では、文化総体の整合的視角から神話・芸術・宗教・政治・法律・経済制度を分析するという一種の方法がすでに形成されており、彼にあっては、相互に作用し合う社会文化の総体的構造は統轄性があるものだと。
　　このことは、文化のエピステーメーという、後のフーコーによる導出的な形式構築の起点の一つであろう。

デュメジルはこう述べたことがある—「私にとって『構造』という語は、マルセル・モースがしばしば使った蜘蛛の巣のイメージを思い出させます。一つの思考体系のなかではあらゆる部分をつなぐ糸が走っているので、ある概念を引き寄せると、あらゆるものが一緒についてくるのです」[22]
「構造」は、外からしっかりと結ばれた縄制の網ではなく、蜘蛛の糸でできた壊れやすい網なのであり、その中では、一つ一つの概念が機能的に連接しているがゆえに「これについて出て来る」のである。
　　我々はここから、フーコーの構造というパラダイムに対する理解が、言語学的構造主義のあの手がかりに由来するものではなく、反対に別のいくつかの学科から得たものだということを見て取ることができるだろう。もちろん、こうした構造の網からフーコーの後の言説と権力の格子のネットワークに到る間には、あるさらに重要な形式の再構築があったのである。

1961年のあるインタビューで、デュメジルが一人の宗教歴史学者として、何故『狂気の誕生』に霊感を与えたのかと問われた時、フーコーは「彼の構造という考え方（idée de structure）によってです。デュメジルは神話に対してそれを適用しているのですが、私はその図式（schéma）が変形をともなって様々なレベルに見いだされるような、経験の構造化された諸様式（formes structurées d'expérience）を発見しようと試みたのです」[23]と。ここでの影響の核心点は、新たに解読された後の様式であり、これは経験の構造化された様式のフォーマティング、あるいは動態中に生まれ改変される図式である。

Schémaという語彙は、中国語でも図式(原語－图式)と訳される。カントーピアソンの哲学テキストや言説情況構築の中でのように。

フーコー自身はこう語っている―まさにデュメジルは、
　一つの言説の内的エコノミー (l'économie interne d'un discours) を、伝統的釈義の方法 (méthodes de l'exégèse traditionnelle) や、言語学的フォルマリスムの方法とはまったく別のやり方で分析する術を私に教えてくれたのは、デュメジル氏なのです。比較の作用によって、一つの言説ともう一つ別の言説とのあいだに機能的相関関係のシステム (système des corrélations fonctionnelles) を標定する術を私に教えてくれたのも、やはりデュメジル氏です。一つの言説の変換や制度に対する関係 (rapports à l'institution) をどのように記述すればよいかを私に教えてくれたのも、やはりデュメジル氏なのです[24]。

この三つの「教え」は、フーコーの方法論のフォーマティングにとって、疑いなく基盤となったものである。一つ目は、解釈学や言語フォルマリスム(実際には構造主義)とは異なる内在的な言説分析法を彼に獲得させたことであり、それは、我々が指摘した形式から言説実践(「エコノミー」)への転化を意味する。二つ目は、このような言説分析の中で、いかに一歩進んで機能的に言説の複雑な関連システムを把握するかを彼に学ばせたことである。三つ目は、言説システムの転換およびそれと制度との関連を彼に会得させたことである。以下で、我々は、フーコーのそれぞれの時期・それぞれの次元の思想的情況構築の中にこの三つの重要な学術的基点の活性化を見て取ることになろう。

フーコーの思想的系譜を決定づけた特定の支援背景

20世紀50～60年代のフランスに生活はしていたけれども、通常その他の多くの思想家に影響を与えたフランスの社会背景や学術思潮は、必ずしもフーコーの学術フォーマティングと情況構築の真の源泉というわけではない。フーコーの目の中には、その日々に彼の目を輝かせたどんな重要な社会歴史的背景や思潮があったのか―我々はそれを少し見ることができる。彼自身の回顧によれば、

1945年から1965年にかけての時期（ヨーロッパの話だ）、ある種の正しい思考法、ある種の政治的言説のスタイル、ある種の知識人の倫理というものが存在した。マルクスに仲良くせよ、自分の夢をフロイトからあまり遠く離れたところにさ迷わせるな、そして記号のシステム—シニフィアン—を最大限の敬意をもって取り扱え。こうしたものが、書くという仕事、つまり自分自身と自分の時代に関して真実の一部を発言するというこの特異な仕事を、人に受け入れてもらうようにするために必要な3つの条件だったのである[25]

　フーコーはこう語っている—彼が思索を始めたころ、すなわち1945〜1955年ころ「マルクス主義は、フランスにおいて、サルトルが一時は乗り越え不可能（indépassable）と考えていた一種の地平（sorte d'horizon）を形成していたのです。当時、それは実際きわめて閉鎖的で、とにかくきわめて支配的な（dominant）地平でした」[26]と。
　このことは、我々が上述の文の中ですでに得た非常に重要な背景である。

　フーコーの学術思考の第一歩が始まった時は、まさにマルクス主義的な言説がフランスの学術界支配的位置を占めていた歴史的な時期であった。彼はこう語っている—とくに大学在学中には、このようなマルクス主義的な視野が、おもに「フッサール—マルクス（Husserl-Marx）的なもの、現象学とマルクスとの関係（le rapport phénoménologie-marxisme）を打ち立てることに専心、没頭さえしていたのです。それが一連の人びととの論争と努力のうちに賭けられていたものなのです。メルロ・ポンティやサルトルは、現象学からマルクス主義へと移行しながら、まさにこの地平に立っていたのです」[27]と。
　・・・現象学とマルクス主義の連結。これは、我々が過去あまり注意を向けなかった方向である。フランスにおいて、現象学とマルクス主義を直接関連付けたのはチャン・デュク・タオ[28]である。事実上は、現象学はメルロ・ポンティやサルトルの理論的起点にすぎず、かつサルトルが多くのものを負っているのは、フランス的解釈によって変形されたハイデッガーである。だが、メルロ・ポンティがマルクスに告別を告げた時、サルトルは、西洋マルクス主義への路をしっかりと守ったのである[29]。

しばらくして、構造の思想と方法が言語学から立ち上がって来た時「構造主義が現象学に取って代わり、マルクス主義とつがいをなす（faire couple avec le marxisme)」とフーコーは語っている。これは、たいへん正確な時間の転換点の把握であろう。フーコーはこのように回想している―今でも覚えているが、同様に、もともとフッサールに従っていたメルロ・ポンティがまさに真っ先に教室でソシュール[30]について講義を始めた。人々は気づき始めたのだ―現象学での主体は、自ら一つの統一体をなす言説の構造の中では自分のいるべき場所を見つけることができないことを。それに加えて、ラカンのポスト精神分析学のコンテキスト中の、偽の自我・偽の主体の本体論をまやかしとする判定もあって、現象学は、学界における秩序構築の基礎と言説のフォーマティングの資格を徹底的に失ってしまったと。そして、現象学・構造主義・精神分析学を不断に利用してそれをマルクス主義に結び付けようとした人々に向かって、フーコーは皮肉交じりにこう語っている―彼ら「それぞれマルクスの手を取った婚約者たちしかおらず、いわば輪舞を踊っているのにすぎないとでも言えましょうか。ただうまくはいかないのです」[31]と。

　　　これは、確かに西洋マルクス主義哲学の方法論的情況構築の一つの真実の顔であった。

　事実、フーコーの師の一人であるアルチュセールは、まさしくフーコーが取り上げた、このような他者性の学術的言説によるマルクス主義との婚活を進めた一人であり、高等師範学校ではそれは「アルチュセール主義」[32]でとなった。しかし、フーコーは、自分がこのようなアルチュセール式の「広範かつ普遍的な運動」に属していたとは明らかに認めていない。

　　　1948年より、アルチュセールは高等師範学校の哲学の復習教師をしており、学生たちからふざけて「哲学のメガネカイマン（caïman)」③と呼ばれていた。アルチュセールは、当時重い抑鬱症にかかっていたフーコーを心から世話をした。このことから、二人は、師弟の交わり以外に終身の友人ともなった。フーコーにとって、アルチュセールは、学業上の導き手でもあり、最初に政治的方向を指し示してくれた指導者でもあった。まさにこ

---

③訳者注――メガネカイマンとは、目のまわりの隆起が眼鏡のように見えることから名付けられた鰐の一種。

のアルチュセールの影響の下、フーコーは1950年にフランス共産党に入党した。その時代の青年の目の中では、フランス共産党は暗黒のブルジョア社会の中で光り輝く異質な他者であったのである[33]。しかし、フーコーは、すぐにこの「他者」が偽物、あるいはラカンの言葉を借りれば、人を盲従させる悪魔の・大・他・者・であることに気付いた。それで、彼は脱退を選んだのである。

しかし、フーコーがここでもっぱら注目したのは、当時この運動に追従しなかった人々、すなわちフランスの学界の中の「科学史に関心を寄せる人」がいたことである。その中でもっとも重要であり、「カンギレムはフランスの大学、新制国立大学にあって多大な影響を与えました。ところが、彼の学生の多くは、マルクス主義者でもフロイト主義者でも、構造主義者でもありませんでした。こうやって私のことをお話ししていると思ってもらって結構です」[34]という。ここでの発言は、フーコーがはじめてもっとも明確に自分の学統について証言をしたものかもしれない。彼はこう称している―「私は、フロイト主義者であったことも、マルクス主義者であったことも、構造主義者であったこともけっしてありません」[35]と。フーコーは、もっとも早くからもっとも真の意味で自分の思想を導いてくれた人物は、実際にはカンギレムだったと我々に告げているのである。

バディウの言葉を借りれば、すなわち「見えない先生の役はずっとカンギレムだった」[36]ということになる。

このことは、少なからざるフーコー研究者がずっと注意しなかった事情である。

師のカンギレムとフランス科学史

1978年、フーコーは、自分の博士指導教師の一人カンギレム[37]の著作『正常と病理』[38]の英訳版のためにかなり長い紹介を書いた[39]。この文章の中で、彼はこう明確に指摘している―自分のすべての思想の形式構築において、もっとも無視すべきでない思想的源泉はカンギレムにほかならないと。

これと鮮明な対照をなすのは、我が国の学術界のフランス急進思想につ

いての研究の中では、カンギレムがまさにもっとも知られざる人物の一人であるという現象である。ブルデューの言い方を借りると、彼は常に「舞台の前面は他人に譲った」[40]ということになる。

フーコーのこの点の指摘は極端な様相さえ帯びている。

だがカンギレムを消し去ったら、アルチュセールとアルチュセール主義もよく理解できないし、フランスのマルクス主義における一連の論争もすべて理解できなくなってしまうだろう。またブルデュー、カステル、パスロンといった社会学者たちの特殊性も、社会学の分野で彼らの影響を際立たせているものがなんなのかもわからなくなるだろう。精神分析家とりわけラカン主義者たちの理論研究の一側面もまったく見逃してしまうことになる。そればかりではない。1968年の運動の前後の思想的論争において、多かれ少なかれカンギレムの教育を受けた者を位置づけることは簡単なことなのだ[41]。

事実は確かにこのとおりであろう。カンギレムの思想は後の有名な思想家たちに影響を与えている。アルチュセール、ブルデュー、ラカンおよび1968年の五月革命の中で突然赤色思想に走った他の思想家たちが……。彼らの身上に、我々はカンギレムの思想の烙印を見出す。カンギレムは彼らの内心の共通の大文字の他者である。

ブルデューの判断によれば、カンギレムは、ちょうどサルトルの実存主義の勝利の時代における異端思想の「避難所」であった。この結果、アルチュセールやフーコーなどがカンギレムをある種の外部思想の場所の「トーテム」としたわけである。彼らは「支配的モデルと絶縁しようと考えていた、そして、彼の驥尾に付すことによって『目に見えないコレージュ』を結成しつつあった」ということになる[42]。アルチュセールのもう一人の弟子マシュレー[43]は、「カンギレムの著作によって、私たちは、フロイトがこの語に込めた非常に強く、かつ非専門的意味、つまり客観的かつ合理的という意味で、一つの歴史についての分析を得るのである」[44]と言っている。これは、おそらくはフーコーの当時の心情の描写でもあろう。マシュレーは「フーコーはカンギレムを『先生』と呼んでいた。私が知る限りフーコーにとってはただ一人のことだった」[45]とさえ言っている。

事実、早くも1971年、フーコーは、コレージュ・ド・フランスでの就任講義『言説の領界』の中で、でカンギレムの自分に対する影響について高い調子で言及している。彼はこう言っている。

  私は、カンギレム氏のおかげで、以下のことを理解したのでした。すなわち、科学史が諸発見の年代記となるか、それとも、科学がおぼろげに発生したり外部へと脱落したりする際に科学を縁取る諸々の観念や意見の記述となるか、という二者択一に必ずしもとらわれてはいないということ、科学史を、理論的モデルおよび概念的道具（instruments conceptuels）の整合的かつ変形可能な一つの集合の歴史として研究することができたし、そうしなければならなかったということを[46]。

 理論モデルと概念という道具によって科学史の内部構造の転換過程を観察することは、経験の積み重ねと知識の量的進化という伝統的な思想史のモデルから離脱することを意味している。このことこそが、カンギレムがフーコーに与えた最初の方法論的形式構築の啓示であった。

 フーコーの消し去れなかった記憶の中には、第二次大戦終結後のフランスの学界の中では二つの基本的な思想の流派が活躍していたという記憶が残っていた。それは、「一方ではサルトルとメルロ・ポンティの系譜があり、他方にはカヴァイエス、バシュラール、カンギレムの系譜がある」[47]という記憶である。すなわち、これはいわゆる現象学派と科学史学派の二つである。この二つは、当時のフランスの学界の中でもっとも重要な二つの思想的情況構築の始原的基盤でもあった。フーコーは、実際にはこの二者がともに同じ思想的事件に由来する、すなわち1931年のフッサールの『デカルト的省察』がフランス語に訳されたことに由来すると見ていた。まさにこのテキストの解読の中で、二つの完全に異なる思想的情況構築の傾向が生まれたからである。一つは、フッサールの意識に対する精密な分析の中から、「主体の哲学」の思想的情況構築の領域を導き出すもので、その代表的なテキストは、青年サルトルが1935年に発表した『自我の超越』である。もう一つの傾向は、フッサールの思想中の形式主義と科学的理性という根源から形式構築論へと向かう思想領域を引き出したもので、その代表的なテキストは、カヴァイエス[48]が書いた『公理的方法と形式主義』と『抽象集合論の形成』である。

 1983年、ローティなどとともにアメリカで行われたインタビューの中

で、フーコーは、カヴァイエスは「数学の内的構造の発展に関心を持っていた数学史家（historien des mathématiques qui s'intéressait au développement de leurs structures internes）である」[49]と述べている。バディウも、賞賛の口ぶりで「カヴァイエスは、60年代の哲学者たちが試みようとしたことを20年も前に行った」[50]と語っている。これは、クーン[51]やラカトシュ[52]などが後に科学の構造（パラダイム、研究プログラム）に注目したことを指しているのだろう。

フーコーは明らかに後者に属していた。後者の重要な情況構築の手がかりとなるキーワードは形式（forme）とフォーマティング（Formation）[④]である。当時ホットな語彙であったこの「形式」について、フーコーはこのように評論したことがある——「音楽がその言語、構造、素材などを考察する仕方は、20世紀全体を横断したと思われる問いにかかわるものです。つまり、『形式』への問い（interrogation sur la « forme »）であり、それはセザンヌやキュビズムの画家たちの問い、また、シェーンベルクの問いであり、また同時に、ロシア・フォルマリズムやプラハ学派の問いでもあったのです」[53]と。セザンヌ[54]とキュビズム[55]は、ともにフランス20世紀のアヴァンギャルド美術運動に属し、その中でも、とりわけ形式の再構築の要素を絵画の伝統の中に追い求めて生まれた変革の中心であった。シェーンベルク[56]は、20世紀の新しい音楽である表現主義の代表者で、彼が生み出した12音階[57]の半音形式の体系は、一種の脱-構築の意味を持つ無調音楽を作り上げた。ここから、古典的調式の秩序構築から成る音楽鑑賞構造の抑圧と統制が打破されたのである。

シェーンベルクにはアドルノの無調式の否定の弁証法に対しても重要な影響があった[58]。

ロシア・フォルマリズムおよびプラハ学派は、まさしくフランスの構造主義的言語学の重要な思想的源泉であった。また、事実上、フォーマティングは、フッ

[④]訳者注——この語彙は本来「形成」・「構成」・「構築」・「フォーメーション」などと訳すべきであろうが、ここは著者の意向を尊重して「フォーマティング」と訳した。「主体的・能動的な形成または構築」というニュアンスがある。したがって、「労働によるフォーマティング」とは、マルクスの言う「労働の対象化」にほかならない。

サール現象学の形式顕示の中での極めて重要な概念でもあった。これは、ハイデッガー後期の思想的情況構築の中でさらに深い発展をした。この形式という概念の各分野での広範化ということから、青年フーコーのエピステーメーのもっとも早期のフォーマティングの起点を容易に会得できるであろう。

フーコーは、カヴァイエス、バシュラール[59]、カンギレムが共同で構築したフランス科学史と科学認識論が、後の60年代の思想的危機の中ですべてのフランス学術界をまさに救ったと述べている。

　　この思想的危機とは、赤い五月革命後の左翼思想とマルクス主義総体の危機のことであろう。バディウも、とくに『六八年五月』によって大学組織が不可逆的に粉砕されたとき、カンギレムを雑多な青年哲学者たちの師とするある種の選択的な影響力があった[60]と見ている。

実際には、フーコーのこの話の中にはもう一つの深い意味がある。すなわち、彼はこう見ていたのである―大多数の人々は、言語学的構造主義とフランスのヒューマニズム的実存主義哲学との学界での目に見える表層上の対峙しか見ていない。だが、事実は、実存哲学の解消に対し決定的な作用力を起こした、学術上の情況構築の深層でのほんとうの力は、あまり知られていないフランスの科学史と科学認識論の研究なのであると。このフーコーの言説が正しいのは、ちょうどこのラインから、アルチュセール、フーコー、デリダなどが、フランス実存哲学中の新ヒューマニズムの論理の形式構築に対し、真の意味での脱-構築を行ない、それに打撃を与えたからである。もちろん、フーコーがここで突出させて紹介しようとしているのは、やはり、自分にかなり深い影響を与えた師のカンギレムの思想である。

フーコーはこう我々に告げている―科学史研究が、隠された情況構築の「こんなにも中心的な位置（place si centrale）」をフランスの現代思想界の中で占めていると言うのなら、カンギレムは、この暗所に隠された科学史研究にある種の特殊な形式を賦与したと言えるであろう。これにより、「重要な転変」（déplacement significatif）が発生したのだ[61]と。バディウの言い方によれば、カンギレムは「哲学による科学の把握」を自分に初めて教えた人物[62]ということになる。また、マシュレーも「カンギレムは、私たちの時代において、規範に関する新たな省察に着手した人物であったことに議論の余地はない」[63]と見ている。

第1に、フーコーは次のように見ている—科学史研究の分野について言えば、まさしくカンギレムは、伝統的科学史研究中のあのイメージが高級な上層（数学・物理学・天文学など）の分野から中間層、すなわち生物学や医学など生活世界に近い分野へと対象を引き下げたのであると。

　このいわゆる中間層とは、フーコーが思考を始めた「狂気」や「臨床医学」などの分野でもある。1976年6月、A. フォンタナとP. パスキーノがフーコーにインタビューをした際、『狂気の歴史』・『言葉と物』から『監獄の誕生』に到る思想の歴程が話題となった時、フーコーは以下のような追憶をしている—1950～1955年、フランスの知識界は、ちょうど科学の政治的地位とイデオロギーの機能について熱心に議論していた。だが、私は、物理学や有機化学と社会の政治・経済構造との関係に焦点を当て分析を進める伝統的なやり方の「解釈の物指」が高すぎることにすでに気づいていた。私は、むしろ人間の存在状態に近い精神病理学を選択したのだと。フーコーは、精神病と医学の認識論的断面（profil épistémologique）は、物理学や有機化学のような科学分野と比べて言うと、「やや低い位置にある」と指摘している。これも、『狂気の歴史』と『臨床医学の誕生』を書いた外部的原因の一つであろう。この言説からも、我々は、フーコーが強調する「分析対象を下げる」というカンギレムの彼への影響をはっきりと会得できるであろう。

　その他の非哲学の分野から伝統的形而上学の論理的情況構築中の盲点を透視する—これは、マルクスが1845年以降、経済学−歴史研究の中から史的唯物論を生み出して、まったく新しい哲学的言説を切り開いたのと同じ、別類の思考空間である。もちろん、フーコーはさらに遠い地点まで行った。
　第2に、カンギレムはその科学史研究の中で「まず『非連続性』という主題を取り上げ直した（repris d'abord le thème de la « discontinuité »）」[64]というフーコーの指摘である。もとより、非連続性はバシュラールやコイレ[65]などが先に思考していた問題であるが、フーコーは、ただカンギレムにあってのみ、非連続性というこの科学的知の構造の突発的革命(révolutions)を表すパラダイムは、はじめて思想史研究総体のキー概念となったと述べてるのだ。
　我々はみな理解できるだろう。まさにこの非連続性こそが、フーコー初期の研究中のエピステーメーというパラダイムと考古学という方法、さら

に後の系譜学という歴史研究の核心となった情況構築の中心点であったということを。

第3に、カンギレムが、真実の言説の歴史の中の「回帰的な方法（méthode récurrente）」[66]を重ねて述べたということがある。
　実際には、これは、フッサール―ハイデッガーの現象学の「事物自体に帰れ」にほかならない。前述の語彙の検討中、我々は、フーコーのテキスト中に常に「大文字の回帰」（Retour）・「再帰」（revenir）・「再発見」（redécouverte）などの概念が出現するのを指摘したはずである。

具体的に言えば、ここでの回帰とは、連続した総体性という思想史の仮象から非連続的な科学的言説の改変という事実に帰るということである。なぜなら、科学史の真相とは、毎時毎時自発的に自身を作り上げ再構築（reconstituant）する歴史にほかならないからである。フーコーは、肯定の口ぶりでこう評している―カンギレムは、科学史は、まさに歴史的方法論としての科学認識論（épistémologie）自身が形式構築したものであることを人々に見せたのだと。続けて、フーコーは「科学認識論とは全科学の一般理論（théorie générale）でもなければ、可能な科学的発話の全体でもない。それは現実に実施された多様な（différentes）科学的活動に内的な規範性（normativité interne）の探求なのだ」[67]とも語っている。
　私は、この内在的規範の形式構築を登場させた一般的認識論こそが、フーコーの後のエピステーメー概念の情況構築の起点にほかならないと推測している。しかし、デュメジルの指導の下、それは、科学認識論の構造に限るものから、すべての文化的フォーマティングの内在的規範性の構造へと成長して行ったのである。

第4に、カンギレムが最初に生命科学をこのような「歴史的－認識論的パースペクティブ（perspective historico-épistémologique）」の中に位置づけたということがある。このperspectiveという概念の使用法は非常に精緻であり、生命は、もはや科学の対象というばかりではなく、歴史と知の交叉する関心対象にもなったわけである。ここでとくに強調すべきことは、カンギレムが、生命科学に対する関心の中で、とくに概念の形成＝フォーマティング（formation des concepts）の問題⁶⁸を突出させたことである。

　　事実、カンギレムの科学史用語に対する定義の上で、フォーマティングの概念も核心のパラダイムになっている。彼から見ると、科学史は「科学的諸概念のフォーマティング〔形成〕（formation）、デフォーマティング〔変形〕（déformation）、修正（rectification）の歴史」⁶⁹でもなければならないのである。本書後半の議論の中で具体的に指摘するが、フーコーの思想中のformationというこれほど重要な学術概念は、中国語への翻訳の情況構築の中では影も形もなく失われてしまった。フーコーのテキストを中国語に翻訳する時、formationは通常、常識的な「形成」という語彙に訳されている⑤⁷⁰。

実際に、この概念は、現象学とハイデッガーの哲学の中で非常に重要な役割を果たしている。フーコーは、これについてこう精緻に評している─現象学が眼前の用在（« vécu »）について追問するのは、世の人にその場で発生している「生き生きとした（« vivant »）」フォーマティングの出来事自身を深く考えてもらいたいからであると。フーコーは、カンギレムは「我々の生活が概念的構造の環境の中にある」ことを証明したが、このようなこの次元への深い反省は、彼が現象学的方法を意識の領域から生活の中へと下した時にはじめて達成できたのであると見ていたのである。

　　・・・・・・・・・・・・・・・・
　　概念のフォーマティングの環境。これこそが、青年フーコーの『言葉と物』における観念論的創世論の真の起点なのである。

「概念を形成すること（former des concepts）、それは生命を殺すことでなく、一つの生き方（manière de vivre）である。生命の動きを止めるのではなく、動きながら生きる方法のひとつ（une façon de vivre en toute mobilité）である」⁷¹のだ。フッサールが、既存の対象の観念のフォーマティングと形式顕示の秘密を発見したと言うのなら、カンギレムは、現実生活の構築的な本質を明らかにしたと言えるだろう。

⑤訳者注──訳者注④を参照のこと。

私は、これはたいへん深い情況構築の次元だと感じる。形式からフォーマティングへ、さらに生活の制作へと深まっているのだ。さらに物質的実践へと向かって一歩踏み出せば、ここでのカンギレムは、ヘーゲル—マルクスの労働によるフォーマティングと実践の秩序構築とさらに深く繋がっただろう。この思考路に向かっては、ハイデッガーはさらに一歩進んでいたと言える[72]。

ほかに、この観点は、明らかにフーコーの後の生存観さらには生政治学の批判的情況構築にも深い影響を与えているのである。

第5に、カンギレムが、生命と科学史の運動の中に真理と誤謬の相対性を発見したことである。フーコーは、肯定的口調で、それは、ニーチェのあの有名な「真理とはもっとも深い嘘である（la vérité que c'était le plus profond mensonge）」という言葉と一致すると語っている。カンギレムは「真理とは最近の誤謬である」と指摘している。なぜなら、人類の生命の中で生まれたもっとも不思議な生活方式は、真偽二価値論と真理への盲従にすぎるものはないからである。カンギレムの眼中では、生命の真の本質は、生命の中に誤謬が含まれているところにあるということになる。「認識は世界の真理に開かれているのではなく、生命の『誤り』に根付いている」[73]とする態度と言える。

この観点は、後のポパー[74]の反証主義と反証可能性論、すなわち科学的尺度は自身のうちに錯誤を包含していることを前提とするという理論にかなり接近している。換言すれば、錯誤の可能性こそが真理の存在のあり方だということである。

カンギレム自身についても、自分は「誤りについての哲学者（philosophe de l'erreur）である」と認めているのである。

まさに、このような深く複雑な思想的情況構築の支援背景の中にあったからこそ、フーコーははじめて根本的に「狂人」と正常人、病人と健常者、知と真理という一連の重大な問題に関する真偽の尺度を転覆できたのである。

「私は構造主義者ではない」

　フーコーは自分の新しい歴史研究とくに『言葉と物』と『知の考古学』の中で、間断性と非連続性という観念を引き入れたが、彼が打ち出した、一つの時代の文化総体の質を決定するエピステーメーの概念は、構造主義言語学の共時性という視角にかなり接近していた。このゆえに、ある人物はフーコーをフランス構造主義（structuralisme）の代表者と指摘した。

　　例えば、ピアジェ[75]は、フーコーの『知の考古学』は「構造のない構造主義だ」[76]と明確に指摘している。

　しかし、フーコーはこの種の言い方に対し直接否定している。「わたしほど反構造主義的人間（antistructuraliste）はほかに見当たらないでしょう」[77]と。

　　この言葉はこんなことを私に思いだせた—2001年デリダが南京大学を訪問した時、同じように、自分は「構造主義者ではないし、ポストモダン派でもない」と明確に意思表示をしたことを。

　フーコー自身の判断では「60年代あたりにフランスおよび東欧で構造主義運動と呼ばれていたもののなかで、私が心を打たれたのは、それが実のところ、いくつかの東欧諸国、とくにチェコスロバキアで、みずからを教条主義的マルクス主義（dogmatisme marxiste）から解放しようとする努力に呼応するようなものだったことです」[78]とのことである。

　　これは奇怪な言い方であろう。なぜなら、フーコーは、フォルマリズムの思潮に属するプラハ学派を東欧の新マルクス主義運動に直接帰属させているからである。しかし、これは、追問するに値する新しい思考点でもあろう。

　フーコーは、フランスの構造主義の思潮は、20世紀のヨーロッパ総体の形式主義（フォルマリズム）運動の一つの小さなエピソード（petit épisode）にすぎないとさえ言っている。

　　ブランショの判断によると、フーコーが構造主義を排斥したのは、「構造主義のうちに超越論のある臭いをいまだ嗅ぎ取るからである」[79]とのことである。この発言も正しいであろう。

私は以下のように推測している—フーコーは、エピステーメーという思想的情況構築の淵源から言えば、構造主義言語学は理論上フランス科学認識論の深さには及ばないと感じていたのかもしれないと。かつ、フーコーは、構造主義の自分への影響を否認していたわけではないが、私は、自分が後に発明した考古学や系譜学の研究が、構造主義の持つ理論張力を大幅に超えていると認識していたとも推測している。この点に関して、我々は、フーコーの具体的な言説分析の中からその手がかりを見ることにしよう。

一つの具体例はこのようなものである—フーコーは、人々が自分のことを構造主義的に「非連続性（discontinuité）基礎を置く歴史理論を確立した哲学者」と見ていることに対し、「開いた口がふさがらない」と感じていた。彼はこう弁解している—自分が『言葉と物』で説明したかったのは、ある種の経験的な知の形式、例えば生物学、政治経済学、精神医学、医学などにおいては、変容のリズムは、通常われわれが認めているようなゆるやかで連続した発展図式には従っていないように思われた。なぜなら、ルネサンス以後のヨーロッパ資本主義社会に存在していたこれらの学知や言説の動きの中では、いくつかの新しい「体制」（nouveau "régime"）が出現して、以前の学問のシステム機能の「突然の中断（brusques décrochages）」を招き、進んではある種の総体的転換も発生したからであると。

これも、当時彼が打ち出したいわゆる認識論的切断による転換のことを指している。

フーコーはしかし、かくあっても、彼はけっして「非連続性万歳！」と言おうとはしなかったのである[80]。

もちろん、フーコー本人も、『言葉と物』の中で彼がこの「知の性質」を決定する「さまざまな体制（différents régimes）」について力を込めて説明しようとした時、確かにこの体制に対する関心を言語の言説理論形式と過度に混在させてしまったことを認めている。これは、彼の後の理論的思考中で避けようと努力した方面でもある。

事実、上述のカンギレムについての議論の中から、我々は、フーコーの非連続性などの重要な観念の構築の出発点は「構造主義ではなくカンギレムである！」ことをすでに見て取ったはずである。

ハイデッガーとニーチェの決定的な役割

　フーコーは、ハイデッガーは自分にとって終始もっとも重要な哲学者の一人であると明確に指摘したことがある。我々が前面ですでに指摘した本体論から存在論への転換、既存の用在的対象性の「何が」「どのようにして」物在性へ転変するかという問い、存在者化された知識の知への活性化、死んだ言表のアルシーヴが生きた言説的出来事に再構築されること、可視的な強暴な権力の背後に匿名の統治力のネットワークが出現することなど、これらの一切は、ハイデッガーの思考の秩序構築の痕跡を留めている。フーコー自身は「私は、当初ヘーゲルの著作を解読しそれからマルクスの著作も読んだが、1951か1952年ごろ、ハイデッガーの著作を読み始めた」と回顧している。
　　これは、まさしく素晴らしい哲学プロパーの解読順序であろう。

　彼は、大量の「ハイデッガーノート」を手元に残しており、これらのノートは「ヘーゲルやマルクスについて取ったノートよりもはるかに多量にあります。私の哲学的生成のすべてが、私のハイデッガー読解によって決定されました (déterminé)」[81]と語っている。
　　非常に遺憾なことに、これらの価値あるノートは今に到るまで世に問われていない。

　ここから、ハイデッガーが、フーコー自身が明確に確認した極めて重要な思想的情況構築の方法の源頭だったことを見て取ることができる。一定の意味においては、ハイデッガーを理解することはフーコーの世界に入って行く前提だとさえ言えるだろう。あるいは、レーニンの言葉（ヘーゲルの『大論理学』が理解できなければ、マルクスの『資本論』は理解できない）を借りれば、ハイデッガーが理解できなければ方法論上フーコーが理解できないと言えるのだ。
　　これは大体においてアガンベンの観点でもある。

　このほか、フーコーが1953年前後にニーチェの著作を読み始めたという事実がある。彼は、自分の師であるカンギレムも「ニーチェに興味があった」と言及している。フーコーは、自分にとっては、場合によってはニーチェの思想の影響はハイデッガーを超えてさえいたとも指摘している。フーコーにとって、

ハイデッガーの存在論が方法的前提と言えるのなら、ニーチェは、フーコーが、科学知と権力との力の関係がブルジョア世界で拡散するメカニズムと具体的に向き合った時の、思想的利器になったと言えるであろう。フーコー自身は「私がニーチェを読んだのはバタイユのゆえであり、バタイユを読んだのはブランショのゆえである」と言っている。もちろん、これは、文学中のブランショから別類のバタイユへ、さらに後者から狂気のニーチェへと向かったという意味である。フーコーから見ると、フランスの学術界で真っ先にニーチェに何らかの助けを求めた人々は、すべてニーチェを経て現象学の影から抜け出ようとしたというのである。そして、「60年代あたりにマルクス主義者であって、ニーチェによってマルクス主義から脱却した人たちの言説において、ニーチェは1972年に現れたというに過ぎません〔中略〕彼らは現象学から脱却しようとしていたのです」[82]とも指摘している。

　　前者はメルロ・ポンティなどであり、後者はドゥルーズやリオタールなどであろう。

フーコーはこう指摘している―自分とニーチェとの関係は複雑であるが、ニーチェの現代フランス思想界に対する影響について言えば、その思想は、何人かの人物を現象学から抜け出させ、別の何人かをマルクス主義から抜け出させた。自分自身について言うと、ニーチェの真の情況構築の意義は、同じく自分をすべての伝統的哲学界から抜け出させてくれたことであろうと。
　　この点では、彼は確かにハイデッガーに似ている。

フーコーはこう回顧している―『悦ばしき知識』を紐解き、これらのちょっと奇妙で、風変わりで、軽快なテクストに出会うと「よし、私は友人や同僚あるいは教授連のようにはしない」と言うだろうと[83]。
　　これは、ハイデッガーからのニーチェの解放でもあろう。フーコーは、同時代のアカデミックな教授たちが今行っていることを拒否して、すべての形而上学を転覆したのであり、同一の思想の軌道上を突き進むのではなく、「別の路」でフォーマティング、秩序構築、情況構築を新たに行ったのである。

その具体的な例は、フーコー自身が、自分は、ニーチェが1880年前後に書い

たいくつかのテキストに恩恵を被っているが、「それらのテキストでは、真理の問題、真理および真理への意志の歴史がニーチェにとってもっとも重要な問題となっていた」[84]と言っているという事実である。ここでの真理とは、もはや外部の客観的世界の本質の反映とコピーではなく、真理を求める意志とは、我々（言葉）が自然（物）と社会にルールを制定しようとする支配的権力にすぎない。真理とは、我々という強暴な存在の秩序構築の烙印なのだ！

　我々は、以降、ニーチェのこの新しい真理観が、フーコーの思考の情況構築の中で爆発的な作用を起こすのを見ることになるだろう。

フーコーはこうニーチェを描いている—ニーチェの身体には「すべての西洋哲学の手がかり」が体現されているが、「哲学との関係を調べてみると、ニーチェのうちにはある種の『手触りの悪さ』が、鄙びたところが、外部性が、ある種の山地の農民性のようなものがあるのです。それによってニーチェは、いかなる奇妙なところもなしに、肩でもすくめるように、避けがたい力をもって『そんなものはみんな、たわごとにすぎない』と言うことができるのです」[85]。もし、伝統的な本体論・認識論・思弁的論理のすべてが嘘ならば、フーコーは、自身で世界の総体にあらためて向き合わなければならなくなる。換言すれば、すべての伝統的哲学に対するニーチェの態度は、フーコーを目覚めさせたのである。彼は、古典的な形而上学中のあの権威に対する服従の態度から抜け出し、まる一日学術テキストのまわりを歩き回り、休まず解釈と線引きに明け暮れるというやり方を放棄するべきだと突然気づいたわけである。そして、真の思想は、縛られることのない「大笑い」によって奴隷根性を断つことにあるべきで、そうして破壊した本体の廃墟の上に新たな理解と情況の再構築を行なうべきだと気づいたのである。

　後に、我々は、『言葉と物』がまさにこのニーチェの「大笑い」から始まることを見るだろう。

フーコーは、一点もはばかることなく「私の根本的なニーチェ主義」[86]を宣言しており、1950年には「ニーチェ主義的共産主義者」[87]だったとさえ言っている。『性の歴史』の第1巻は「知への意志」と名付けられており、ニーチェへの公開の敬意が示されている。

　あるいは、この意味において、サイードは、フーコーを「現代のもっと

も偉大なニーチェの弟子」[88]と称したのかもしれない。これに比べると、ニーチェのフーコーに対する影響についてのドゥルーズの議論はより一歩具体的である。彼から見ると、それには主に三つの面があるという。一つ目は、関係性の力の観念である。「フーコーの権力観はニーチェの権力観と同じである。すべてを暴力に帰結させるわけではないのだ。すなわち、力と生命あるいは客体的との関係に帰結させるのではなく、力とその影響が及ぶ他の力との、反対にその力とその力に影響を与える他の力（激励・引き出し・促成・誘発などの情感）との関係に帰結させるのだ」とドゥルーズは言うのである。これは正しいだろう。フーコーは、現代権力の発生作用についてのニーチェのさらに深層の情況構築、すなわち権力がもはや直接に対象をコントロールせず、諸力の関係の中に展開されるという観点を理解していたわけである。二つ目は、力と形式（forme）との関係である。フーコーにあっては「一切の形式は力の複合（composé）」なのである。これは深い指摘である。ニーチェーフーコーにあっては、形式は、もはや外部から与えられるものではなく、フォーマティングの構築過程中のそれぞれ異なる力、お互いに角逐し合う力の複合なのである。三つ目は、主体の構成である。すなわち、フーコーがニーチェから得た、生命の可能性から「生存方式（modes d'existences）に到る創造」[89]によって生まれた主体のことである。主体は、もはや昔から恒久に存在する実在対象ではなく、それぞれ異なる時期の「生存方式」に規定される歴史的構築物であり、これゆえに、フーコーは、今日の人類主体なるものは、ブルジョア的生存方式中の「最近発明されたもの」にすぎないことをはじめて発見したのである。

「引用符号をつけない」：フーコーとマルクスとのもう一つの隠れた関係

　上述のように、1950年代のフランスの左翼学術界では、マルクス主義は支配的地位を占めていた。しかし、青年フーコーから見ると、当時のマルクス主義的知識分子の扮する役割は、すべてフランス共産党によって決められており、それは、「スターリン亡き後のスターリニズムが、いまだ未開拓の領域に取り組むことを許さなかったことにあります。スターリニズムは、すでにいわれたことの臆病な繰り返し以外のものはいっさいマルクス主義の議論から排除して

しまっていた」⁹⁰ことを直接表現していたものだった。

　このことは、ベンヤミンが史的唯物論について議論していた時指摘したあの操り人形のことである。それは、「ユーロコミニュズム」⁹¹が生まれる前の大部分のヨーロッパの共産党の情況であった。

　かつてフランス共産党に入党したことがあるフーコーは、ちょうどこの時、学術の辺縁に位置する新しいものを研究しようとしていた。フーコーは、師のアルチュセールのように、あのフランス共産党という足かせのある隊伍の中で苦しみを受ける気はなかった。彼は離脱を決意したのである。

　1953年、フーコーはフランス共産党を離党した⁹²。もちろん、フーコーと師アルチュセールは依然として親密な関係を続けた。

　最終的に、フーコーは信徒風のマルクス主義者にはならず、伝統的な教条主義的マルクス主義のどんな言説の使用も拒絶した。

　『狂気の誕生』から『言葉と物』に到るまでの著作は、みなこうした転覆的な思想的情況構築の直接の産物である。彼は、故意に非マルクス主義化のポーズをとり、直接スターリン教条主義という大文字の他者を拒絶したのである。

　フーコーは、自分は従来からあの「学術化」(« académiser »)した、包装に包まれたマルクスを認めてこなかったと述べている。同様にこの情況構築の意味において「私にとって、マルクスというのは存在していないのです。私が言っているのは、固有名詞の周囲に構成される類の実体、つまり、ある個人、あるいは彼が書いたものの全体、あるいは彼から派生してきた膨大な歴史的プロセスといったものに関係する類の実体のことです」⁹³とも彼は書いている。なぜなら、マルクスが一種の教条主義的な概念体系として構築された時、マルクスの生きた思想はそこには不在だったからだ。フーコーから見ると、ドグマの文脈の中に秩序構築されたマルクス主義は、「マルクスが生み出した爆烈」(l'éclatement qu'il a produit) を真に理解することを我々から奪い取ってしまったというわけである。

　ここで指摘しておかなければならないことは、この断絶とは、アルチュセール筆下のあのマルクス自身の思想発展の過程でのプロブラマティッ

クの断絶のことではなく、マルクスの思想的革命が生み出したすべての西洋形而上学の断絶を指しているということである。

このゆえ、教条主義的な伝統的マルクス主義の言説を拒絶したわけだが、以下のことについては、フーコーは完全に自覚していた。
　　しかし、私は、フーコーの態度が『知の考古学』から変化し始め、マルクスとニーチェが、新たな脱-秩序の活性化点として伝統的な方法論の脱-構築の地平線上に出現してきたことに気付いた。

私の判断によると、フーコーとマルクスの関係の根本的変化は、明らかに1968年の五月革命に関連していると思う。
　　ポスターは「1968年5月後になるまでの間、フーコーは、その思想的軌跡のゆえに、西洋マルクス主義から距離をとり続けてきた」[94]と見ている。この判断は正確なものである。しかし、西洋マルクス主義と距離を取って来ただけではなく、マルクス主義総体に対しても否定的な態度をとっていたのである。

現実の中で発生した、このまったく新しいタイプの階級闘争の政治的実践の中で、リオタールやランシエールなどの「脱マルクス化」（ジェームソンの言葉）[95]の思想傾向とは異なり、フーコーは、反対にマルクスの文献を再読しそれについての思考を始めたのである[96]。これは、彼が理論上あらためて「マルクスへ帰る」ことを開始した現実的基礎であろう。『監獄の誕生』以降、マルクスの史的唯物論という形式構築の方法が、深刻な現実の資本主義の経済メカニズムを通じて、フーコーがブルジョア政治権力を分析した際得たソフトな統治の本質という観点をフォーマティングしていったわけである。もちろん、そうであっても、フーコーは、直接一人のマルクス主義者になったわけではなかった。1975年の「監獄についての対談」の中で、フーコーは、その時の自分とマルクスの思想的関係をたいへん率直に告白している。彼はイメージ豊かに、五月革命後、自分とマルクスの関係には「ある種の戯れ（sorte de jeu）」がまだあったと述べている。ここでの戯れの意味は脱-秩序にあった。戯れの関係というのは、まさしくドグマの枠組みと伝統的解釈の言説を脱-構築することを意味したわけである。ゆえに、「正統派」の教条主義による「共産主義学」のコー

ドの中では、彼が一人のマルクス主義者と見なされるのは不可能であった。しかし、このことは、彼がマルクスの思想を引き入れることを妨げはしなかった。とくにマルクスを活性化させるという方法の上では。

> 私だってマルクスの概念や言葉や原文はしょっちゅう引用しているんですが、そこに申しわけ程度に出典を明記する必要なんて感じないだけです。マルクスを引用しておいて、ページの終わりにいちいち注記を付け、そこに考察ともつかぬ賛辞を添えておくといったあれですよ。そうすることで、あいつはマルクスに精通し、マルクスを敬い、いわゆるマルクス系の雑誌のお墨付きも得られるような人物とみなされる。[97]

「非正常な」フーコーはそうは願わなかった。彼は、自分が「マルクスを引用してもそれは言わないし、引用符もつけない（sans mettre de guillemets）。そうすると、それがマルクスの原文（textes de Marx）だとわかる（reconnaître）ような奴がいないものだから、世間ではマルクスを引用しないということで通っているのです」[98]と言っている。では、彼はなぜ直接マルクスを引用しなかったのだろうか。フーコーの示した理由はたいへん興味深い。彼はウィットをきかせてこう反問するのだ―1人の物理学者が物理の研究に従事している時、疑いなく、彼は、ニュートンとアインシュタインの科学原理を大量に用いているはずだが、その時、直接原文を引用して、さらにそれに引用符号や注釈を付ける必要があるのか、また、大げさな賛辞によって偉大な科学者たちへの忠誠を示す必要があるのかと。フーコーがこう言うのは、彼から見ると、マルクスも、無数の科学の大家と同様に、彼の科学的方法や観念はすでに、人類の思想の宝庫にある標註を加える必要のない共有財産になっているからである。

> 実は、マルクスだけではなく、フーコーは、自分の言説や著作の中ではいつも著名人の名句を引用しなかった。このゆえにまた、ある人物は、フーコーの著作について「出典のない言説」[99]と言っている。

フーコーのコレージュ・ド・フランスでの講義の中にも、こうしたマルクスの直接登場させないという方法論の登場を見出すのは難しくない。とくに、1979年1月10日の「生政治の誕生」の講義の中では、彼は、ブルジョア政治学の伝統中のあの民主・自由の類のような虚偽の普遍的概念から出発することは

できず、生きた生活の社会的実践の中に深く入り込まなければならないと明確に語っており、そうすることによってのみ、資本主義社会の運行の秘密のメカニズムがはじめて把握できるとも語っている。この実践とは、特殊な秩序構築の意味上での実践である。すなわち、マルクスが直接向き合った、ブルジョア古典経済学によって指摘された18世紀以来のまったく新しい資本主義社会の経済活動のことにほかならない。ここでは、フーコーは、直接マルクスのどんな語句も引用していないが、彼の心の中には終始一つの事実があったはずである。すなわち「今の時代に歴史をやるには、直接的であれ間接的であれマルクス思想につながる概念（kyrielle de concepts）をまったく使わないでやることが、彼が説明を与え、定義づけた視野（horizon qui a été décrit et défini par Marx）に立たずしてやるなんてことは不可能」[100]という事実が。マルクスの言葉は登場しなくてもかまわないだろう。だが、確定無疑の事実は、マルクスの方法論の思想がフーコーの血液の中を駆け巡っていたということである。

　カーツワイルの言葉を借りれば、この時「フーコーは密かにマルクス主義の考え方を取り入れた」[101]のである。これは、とくにフーコーの1968年以後の思想的情況構築を指している。

　1983年のもう一つのインタビューの中で、マルクスはフーコーの方法論に影響を与えたか否かと尋ねられた時、彼は直截に「そう。絶対にそのとおり！」と答えている。興味深いことに、フーコーは、その時再度「ゲーム」（jeu）という表現を使っている。フーコーはこう言っている—自分の執筆の最初の年代には、人々は「もしマルクスがフランス文化のなかでこうした役目を負わされ、政治的に過重な負担を負わされているような著者でなかったならば、私は彼を脚注で引用したことでしょう。私はそんなことはしませんでした。それは戯れに、マルクス主義者たちのなかで、まさにそれらの文章のところで私を捕まえて批判した連中に罠を仕掛けるためでした。これはゲームの一部だったのです」[102]と。フーコーの人生は、まさにアイロニーの一生だったわけである。

　最後に（dernier）、まだ晩年とは言えない時期だったが、彼はまたこう告白している—「私は隠れマルクス主義者（cryptomarxiste）だった！」[103]と。この言葉は意味深長である。

空隙：ブルトンとシュルレアリスム

　1966年、青年フーコーはある専門的インタビューを受けたが、その時、話題がブルトン[104]とシュルレアリスム[105]の彼の思想への影響に集中した。多分、この思潮が、フーコーの時代のすべてのフランスの急進思想家たちが避けることのできなかった支援背景だったからであろう。これに対し、フーコーは、たいへん率直に、自分は「ブルトンがその背後に残していった凹み（creux）の中に」[106]いると認めている。この凹みとは、別類の情況構築の活性化点、すなわち現実生活の秩序構築の非日常的な転倒と理性の光が届かない辺縁地帯を指している。

　第1に、青年フーコーから見ると、ブルトンのもっとも重要な貢献は「長年月にわたって無縁（étrangères）であり続けた二つの形象、すなわち書くことと知ること（écrire et savoir）とを、十全に通底させてくれた」ことである。フーコーは、この点では、ブルトンの役割はゲーテに似ていると言っている。

　　　ブルトンにとって、知と化したエクリチュール（そしてエクリチュールと化した知）は、これとは逆に、人間（homme）を、おのれ自身の限界（limites）の外へと押しやり、乗り越え不可能なものの縁へと追いつめ（l'acculer à l'infranchissable）、彼自身からもっとも遠いもののもっとも間近なところまで接近させるための一手段なのです。無意識や狂気や夢に対してブルトンが抱いていた興味はこれに由来します[107]。

　この言葉は、フロイトの影響を受けて、ブルトンが、正常な理性的な主体的自我を超自我の暴力との妥協の産物と見なし、文明が関心を寄せるロゴスの世界からもっとも遠い辺縁の上にこそ、真実の生命の躍動が存在していると主張していることを説明している。あるいは、エクリチュールの理性が不在の夢と狂気という絶境でこそ、生命の真相に出会えると主張していると言ってもよいだろう。また、フーコーは「ドイツ・ロマン派の詩人や作家たちにとっての夢とは、覚醒の光（la lumière de la veille）に照らし出された夜の闇だった。他方、ブルトンにとっての夢は、昼のただなかに置かれた打ち砕くことのできない夜の核（noyau de nuit）なのです」[108]とも言っている。ゲーテが暗闇を照らす場所で、ブルトンは、我々を白日の中の暗部に連れて来るのである。白日の中に暗闇がある―これは、フランスシュルレアリスムがドイツ・ロマン主義から大い

なる路線変更をした深部を指しているのだろう。これも、フーコーのあの暗闇の考古学の深いところに潜む起点なのである。

　第2に、ブルトンがエクリチュール自身にはじめて世界を変える力（pouvoir de changer le monde）を持たせたということがある。

　　　この言葉は、マルクスの『フォイエルバッハに関するテーゼ』中の言説を直接流用している。

なぜか。青年フーコーは、ブルトンは「世界を反省し分解し再構築した」（se réfléchir, se décomposer et se recomposer le monde）力を書き上げたと分析しているからである。

　　　恐らく、或る種のエクリチュールがあるのです——あまりにもラディカルで、至上なまでに徹底的であるがゆえに、ついに世界にじかに向かい合い、それと拮抗し、その代償となり、それを根底から破壊することをも辞さず、ついにはそれの外部に出てそこで輝きわたるに至る、そんなエクリチュールが。事実、こうした体験が、『この人を見よ』とともに、またマラルメとともに、かなりはっきりと現れはじめる。反世界としての書物をめぐるこの体験が、ブルトンにも見出されるのであり、それがエクリチュールのあり方を変容させることに寄与したのです。[109]

我々は、「世界を変える」が1845年のマルクスの実践的唯物論という新しい哲学のスローガンであることを知っているが、青年フーコーはその所有権をブルトンに授けたのである。フーコーから見ると、ニーチェ哲学とマラルメ[110]の象徴主義の詩歌の中の、現実の秩序構築の論理を打破する「反宇宙」のエクリチュールが、ブルトンの転覆的なエクリチュールの基礎となっているということになる。ここから、青年フーコーは、エピステーメーが世界の構造化のフォーマティングの基礎であり、断絶式のエクリチュール（エピステーメーの断絶〔認識論的切断〕）は必ず世界を変えると、愚直に信じたのである。

　　　この観念論的憶測自体は後に変化が生じた。

しかし、青年フーコー自身は「私をいつも驚かせていたのは、彼の作品で問題になっているのが歴史ではなく革命であるという、政治ではなく生を変革するための絶対的な力（l'absolu pouvoir de changer la vie）であるという事実です」[111]

と。革命と権力への関心―これは、1968年後成熟したフーコーが自身の使命として余裕をもって選択したものである。

アヴァンギャルド文学の隠喩中のサド、バタイユ、ブランショ

多くの思想家と同様に、フーコーの人生にも文学青年としてのスタートがあった。およそ1961〜1966年前後、フーコーは、いくつかの文芸批評分野の文章を比較的集中的に発表している。そのテーマは、近代以降の多くの重要な文芸理論家や作家に及んでおり、これらの文献から、フーコーが文学を好んだのは、本物の作家になろうとしたためではなく、アヴァンギャルド性を持つ文学の辺縁の秩序構築から、思想を燃え立たせる養分を吸収しようと試みたためである。このゆえに、哲学では狂気のニーチェに恋したように、文学においては、彼は、明らかに別類のサド[112]、バタイユ[113]、ブランショ[114]に惚れ込んだのである。

　　　事実、後の二者はともに、文学と哲学とが交差している情況構築の中に棲息していたのである。

1983年のインタビューで、フーコーは、1950年代のフランス文学の思想を自分の学術の路に影響を与えた第4番目の思潮（残りの3者は、すでに見た現象学・マルクス主義・フランス科学認識論である〉だと指摘している。彼はこう言っている。

　　　第4の参照点とは、言ってみればもっと文学的で、哲学の伝統には収まりの悪いテキスト（ブランショ、アルトー[115]、バタイユといった作家のことを念頭に置いていますが、私の世代の人びとにとっては、おそらくとても大切な存在でした）です。こうしたテキストは、詰まるところ限界経験を問うものでした。こうしたタイプの経験は、社会の中で中心的と見なされ、肯定的な価値付けがなされるのではなく、限界経験、それによって一般に許容可能と見なされるものすらもが改めて問いに付される、境界的な経験と見なされるものです。ある意味では、狂気の歴史によって西洋の理性のシステムを問いただすことだったのです。基[116]

上述のブルトン同様、アヴァンギャルド文学の侵犯というのも、現実の秩序

構築の辺縁にあるということを指している。ここにおいて、正統的な価値の転覆、正常なフォーマティング標準の排斥、非理性的狂気の詩心は、すべてフーコーが汲み取ることができた異質の力となった。

文学に対する態度の上で、青年フーコーは、ブランショの「死なないために書くこと」[117]という言葉に惚れ込んでいた。しかし、大多数の人々が書いても、不死とは限らない。なぜなら、よきエクリチュールのみが永遠に生き続けるからだ。フーコーは、真に優秀な作品だけが自分のイメージというものを作り上げ、「かつ、鏡の中に自分をあらためて置くことを通じて、死亡という限界を侵犯したのだ」と指摘している。ゴミクズを書いたのならば、それは、登場したとたんにゴミ箱に捨てられて忘れ去られてしまう。よきテキストは、それへの解釈と変形による「変身」の中で再構築され伸び広がる。尽きることのない賛成と批判の反復の積み重ねの中に存在し、永遠の命を獲得するのだ。これが、いわゆる古典テキストの誕生にほかならない。

第1に、通常人があまり好まないサドは、フーコーの眼中では、反対に個体の死亡を超越したよき作者なのである。通常人から見ると、サドは、卑猥な色情狂にすぎず、作品中で暴力、変態、奇怪な色情の秘密を暴露した人物である。では、フーコーは、その中から何を見たのか。フーコーは先にこう問う。サドの作品は「誰に宛てられていたのか」と。

　　これは、たいへん重要な作者という主体の目の位置に対する問題提起である。

「『誰にも（personne）』という答えのみとなる」[118]。

　　ハイデッガーは、もっとも早くこの問題に気付いた思想家かもしれない。自分の真の思想にこの世に一人も読者がいないことに気付いた時、彼は、こっそりと生産された「秘密のテキスト」にすることを選択したのである[119]。

この言葉は、サドの作品が、絶対に、現行の秩序構築体制の教化を受けた通常人のために書かれたものではなく、一種の極端なエクリチュールを通して、あの理性の規範の辺縁にある「くい止めることのできないもの、語ることのできないもの、激動、痺れ、魂の喪失、沈黙、純粋な暴力、言葉のない合図」を捉えようとしたものであることを示している。彼の使う言葉には「毒性が充満」

しており、このような言葉は、この効用中心の世界で矯正をすでに受けた言説にはまったく属していないのだ。「それは、内部から自分に反対し、自分の内部で自分を壊す」。伝統社会の秩序構築の中に生きている凡人は、奇形の性的変態と吐き気を催す異常な行為しか見て取ることはできない。彼らは、サドの筆下に隠れて存在する、あのいくつかの「語ることのできないもの」は見えない。現実の生活のフォーマティングと理解の秩序の中では、サドの解読対象はまさに不在の存在なのである。フーコーはいくらか声高にこう語っている。サドは……

　　鏡の潜在的空間（l'espace virtuel）（現実の侵犯行為（transgression réelle））のうちで言語を作り直しながら、鏡の中に新たな鏡（miroir）を開き、さらにまた別の鏡を開くということを無限に反復しているのではないか？　そうした蜃気楼の現実の無限こそが、その空虚さのうちに、作品の厚みを作り出す——作品内部の不在（absence）から、逆説的にも当の作品が立ち上がるのである[120]。

　注意してほしい。フーコーのここでのサドへの評論の中では、この鏡という形式構築の意向は、ラカンの鏡像理論の中での意向と比べると、ちょうど反対になっていることを。フーコーにあっては、鏡像は、他者が簒奪した虚偽の姿ではなく、幻想的に映写されている超現実的なアヴァンギャルドの姿なのである。それは、現実に反逆する真の非在郷なのである。

　第2に、青年フーコーの眼中では、バタイユが向き合った真の思考対象は、大文字の不在（Absence）[121]であったことである。

　これは、バタイユの文学作品中のすべての対象が持つ最高領域である。この点では、彼はサドと同じである。彼らはともに、ニーチェの言う「神の死」後の脱-構築の情況の中で思考したのだ。神聖な事物と神霊の不在は、我々に世俗的な事物の中の暗闇を送り届けた。これは、光り輝く道具的理性と相対するように暗闇に潜むものであり、我々の心に一種独特な「不可能性の経験（expérience de l'impossible）」、すなわち侵犯（transgression）という情況構築を生み出すのである。フーコーの解読によれば、バタイユの侵犯は、我々のこの有用性を重んじる世俗世界を区切る境界線を打破するためのものなのだ。

　　侵犯の所作は、一本の線を越え（franchit）、そしてその通過をたえず再開するのだが、線の方はその背後でただちに、ほとんど記憶のない波のよ

うにしてまた閉じ、そうして再び越ええないものの水平線（l'horizon de l'infranchissable）にまで後退してしまうのだ。しかしこの動きはこうした要素以上のものを作動させる。こうした要素を不確かさ（une incertitude）のなかに、ただちに反転するせいで、思考が捉えようすることをすぐさまためらうような、確かさのなかに位置づけるのである[122]。

確かに難解である！ 侵犯。それは、我々を効用性の世界から脱出する路を示してくれる。侵犯、それは、あの不在の神聖な事物の到来のことであり、正常な理性的知には往々にして見えないものなのだ。それは、「異常な」情況構築によってのみ姿をはじめて現す。しかも、思想が理性によってそれを認知しようとするたびに、ただちに消えてしまうのだ。

　私が自身の狂気・痛苦・悲しみを研究しようとしたら、狂気・痛苦・悲しみは瞬間のうちに不在となるだろう。フーコーは後に「狂気、作品の不在」（*La folie, l'absence de l'œuvre*）[123]と題する重要な文章を書いている。

フーコーから見ると、バタイユのエクリチュールの中の侵犯行為は「なにかしら夜の稲妻（l'éclair dans la nuit）のようなもの」に等しく、「それが時間の底から、おのれの否定するものに濃密で暗い存在を与えて、それを内部からとことんまで輝かせ、しかも同時にそこから、おのれの鮮やかな明るさと引きつった独自性とを引き出し、そうしてこの空間におのれの主権を署名しながら消え去り、闇（obscur）にひとつの名を与えてついに黙してしまうのだ」[124]のだ。もし、伝統的な形而上学哲学中の理性的な見方に還元するならば、それは、視力を持つ理性の眼球を摘出し「それを自身のもとへ投げ返す」ようなものである——このようにして、理性の眼球自身には見る能力があったとしても、その視力は反対に喪失を宣言されるのである。まことに深い条理である。

　これは、ハイデッガーが、対象化的知をもって核心とするすべての認識論の偽の情況構築に反対した由縁でもある。

このことは、同時に以下のことを意味する——「哲学する主体は自分自身の外に投げ出されてしまい、その境界線まで追いかけられており、そして哲学的言語の至高性とは、この隔たりの奥底から、飛び出した主体の残した途方もない空虚（vide）の中で語る至高性なのである」[125]。簡単に言えば、フーコーの感覚

的な悟りは、以下のような認識の上にあるのだ―世界を認識する理性およびその知の構造（エピステーメーや後の言説実践のフォーマティング）自身が観察された時には、それらは、すでに知られざるものとなり、反対に、ちょうどそれらが不在の時にこそ、はじめて真に知られるという認識である。

　この深い思想は、ラカンの「我在らざるところに我思う、ゆえに我は我思わざるところに在り (Je pense où je ne suis pas, donc je suis où je ne pense pas)」[126]と並ぶであろう。

　フーコーは、ことのほかバタイユのこの言葉が好きだった―「人間が至高な振る舞いで目を閉じないなら (souverainement les yeux)、人間はついに見られる価値のあるものを見ずに終わってしまうだろう」[127]事実、一切の正常な理性的学術研究にとっては、フーコーの思考は「アブノーマルな」侵犯である。一切の規定された境界を乗り越えまた乗り越えることが、フーコーの思想の出発点である。同様にこのゆえにこそ、彼は、我々の正常な理性的知では根本的に見ることのできない、まったく新しい情況構築の次元を見ることができたわけである。

　この点について、ウォーリン[128]は「フーコーは、ジョルジュ・バタイユの言い方に賛同し、常態的規則化の落とし穴に対抗する唯一の方法は、急進的な『侵犯』(transgression) の理念だと見ている」[129]と言っている。これは正しいだろう。これに対し、楊凱麟博士は、フーコーのバタイユによったやり方とカントのそれとを比べ「カントは、形而上学的理性の限界を定めるのは、慎重に理性をその限度に留めるためであり、理性の範囲を超えるためではないが、フーコーはその反対に、侵犯があってこそ境界それ自体を定めることができると指摘している」[130]と述べている。さらにハイデッガーに目を移すと、彼は、この境界を守るか破壊するかというこの遊戯を完全に飛出し、根本的に異なる本有論という遊戯にこれを換えることができた。そこでは、このような存在論の境界なるものは存在しないのである。

　第3に、ブランショの精彩さである。それは、フーコーの目の中ではその外の思考 (La pensée du dehors) であった。

　聞くところによると、青年フーコーは、若いころ自分の同性愛の相手

ウェイナーにこう告白したそうである—自分は後の歳月頭角を現すだろう。ただし、教師にはなろうとは思わない。ブランショのような作家になりたいのだと。この点では、フーコーは明らかに夢を実現できなかったが、さらに偉大な思想家にはなったのである。

フーコーはこう語っている—ブランショにあっては、「我は話す。ゆえに私はある」で、私が沈黙すると、私は消えてしまうというのだ。このことは、言説の主体は、言葉ではなく「非存在（inexistence）、その空虚（vide）の中において言語の無際限な浸出が休みなく遂行される非存在なのである」[131]。明らかに、この物性的存在の外部にある空虚は、サド、バタイユ、ブランショ共通の感情の構築と脱-構築にある。

　事実上、社会的存在自身も実体的意義上の空虚である。私は、教室で学生に講義している時「社会生活では夜中というものは存在しない」と常に言っている。社会関係の場を構築し一定の秩序構築が存在する人々が眠りついている時、実物は依然として実在するが、機能的なフォーマティング—形式構築—秩序構築という社会の場の情況は、無へと脱-構築されるのである。ゆえに、社会も我々の物性的実在の外部に存在するのだ。ラカンも、別の本体論否定の観点から、空虚を人間の生存の第一次性と見なしている。

フーコーはこう称している—カント—ヘーゲルによる本質と法則の内在性を追究する、あの古典的な論理の支配の長い夜を経た後、まさにサドとヘルダーリン[132]が、同時に「外界の経験（l'expérience du dehors）というものを我々の思想に引き入れた」。この後、ニーチェ、マラルメ、アルトー、バタイユ、クロソウスキー[133]などの一連の名のもとに主体が破砕され、言説者は消え失せ、経験が外在化した。「大文字の私（Moi）」が狂気の芝居の主人公になり、ブランショに到って、自己を空にする（creusant lui-même）外部が直接現れたのであると。

　ドゥルーズの解読によれば、ブランショに由来するこの「外」（dehors）というフーコーの主題—「いかなる外界よりも遠く、またそれ故にいかなる内界よりも近い〈外〉を対象にした関係と『非関係（non-rapport）』」[134]である。ホネット[135]も、フーコーの解読の中で、この外という思想傾向に

関心を寄せているが、あまり誇大あるいは過度に解釈しているきらいがある[136]。

ここでは、

> 反省はなくて忘却が、矛盾はなくて消去する（efface）異議申し立てが、和解はなくて版数が、自己の統一性を夙々として獲得することを目指す精神はなくて「外」の無限定な腐蝕（érosion indéfinie du dehors）が、ついに啓示の光明を放つ真理はなくて常にすでに始まっていた言語の輝く流れと難破が〔あるのだ〕[137]。

フーコーのこの詩的な解釈によると、ブランショの外部は、否定性の労作中で自身を空にし、現実の正常な秩序構築中の一切の関係を中断させる。ゆえに、それは一種の非関係的存在であり、この脱-秩序と反フォーマティングの存在状態は「光のない白日へと、陰影のない夜半と形状がない可視状態へと無限に退却する」。明らかにわかることは、これらはすべて不可能な現実存在の外部であり、ゆえに、外部は必然的に言説中の沈黙となるということである。「沈黙は、聴取不能な、原初の、常軌を逸する息吹」である[138]。フーコー自身が後に打ち出した考古学と系譜学も、このような真実の歴史から永遠に削除されてしまった原始の呼吸中の沈黙を聞きだそうとするものにほかならない。

歴史の中の沈黙：狂人と病人

『狂気の歴史』の中で、青年フーコーは、自分は歴史中のこのような登場せざる沈黙を研究したいとはじめて宣言した。

彼は、このような思考を「沈黙の考古学」と名付けた。ロラン・バルト[139]のこれに対する解釈は「理性と非理性のあいだに相互的に構築される対話(…)、それは大いなる沈黙を含んでいる、狂人たちの沈黙である。というのも、狂人たちは理性について語るためのいかなるメタ言語も自由に使いこなすことができないのだから」[140]というものである。後者は、このような情況構築の中で、同様に理性的言説の外にある「恋人同士のくどくどしい話」を見つけ出した[141]。

フーコーは、狂気の歴史の中で失われたものとその歴史中の不在を出発点として、自分のこの思考の手がかりの探索を開始した。そして、彼は、歴史中の狂気に関する記載が、いつも「歴史的に生成されたものより少ない」ことを発見したのである。

　　　この「未満」（＜moins＞）性をこそ、あらゆる否定的評価の刻印からあらかじめ解き放ちながら問うべきなのだ。歴史的時間は、その起源における定式化以来、空虚、空疎さ、無の類においてしか、以後私たちが把握できなくなる何かに対して沈黙（silence）を強いている。歴史は、歴史の不在（absence d'histoire）を背景に、あの大いなる呟き（murmures）の空間のただ中においてのみ可能なのであり、沈黙こそが、その空間の証明かつ真理として待ち構え窺っているのである[142]。

　なぜ欠落が存在するのか。なぜなら伝統的な歴史学は、従来光り輝く王権の輝かしい歴史をめぐって展開されてきており、日常生活に関する絶大部分の真実の細節は、歴史学の秩序構築の標準より劣る無意味な廃物・空虚のものとして見なされ、削除されてきたからである。フーコーは、このことから、すべての歴史のフォーマティングの記載とその保存の中には大量の「避けることのできない空虚」と沈黙が存在しており、このゆえに「歴史がそのつど伝えていることは、すべて不在の発生を伴っている」[143]と指摘している。沈黙の考古学は、こうした伝統的な歴史学に逆行して進もうとしており、歴史の中のこのような不在と沈黙に向き合おうとしているわけである。それは、通常人が聞き取ることのできないつぶやきによって、このような暗闇の中で失われたものを解読しようとするのだ。これは、まさしくフーコーが一生をかけて努力した歴史研究の新しい方向なのである。

　1973年、フーコーは『ピエール・リヴィエール 殺人・狂気・エクリチュール』（*Moi, Pierre Rivière, ayant égorgé ma mère, ma sœur et mon frère...* : *Un cas de parricide au XIXe siècle*）を主編した。1835年、リヴィエールというこの20歳の農民は、自分の母親、弟、妹を自ら殺害した。法廷での審問期間リヴィエールは50ページにものぼる犯罪陳述を書いた。フーコーは、1年半の時間をかけて、この案件を研究する研究会を専門的に組織し、フーコー自身を含む10名のそれぞれ異なる分野の専門家の充分な検討を経た上、多数の専門的論文とこの案件に関する一次文献からなるこの書物を完成させた。まず、フーコーを感動させ

たものは「殺害者自身の言説」—狂人であり病人であるリヴィエールの自述中のいくつかの告白であった。それは、例えば「私は人間の定めた法、治安を守るための法律を知っていました。しかし私はその法律よりも自分の方が賢明であると思い込み、むしろ法律を、卑しく、恥ずべきものとみなしていました」とか「私は、すべての裁判官と反対の考えを持つことや、世間全体と論争することは、私にとっての大きな栄誉であると考えていました」[144]という告白であった。これは、一人の「狂人」の脱-秩序性の言説である。フーコーがこの文献を考古学の光に照らす前は、この文献は、伝統的な歴史研究の中では暗闇の中に置かれており、巷に流れた手書きの抄本から、人々はある種の誤伝の中でそれに接していた。次に、さらに重要なことは、フーコーが以下のようなことを発見したことである—この事件をめぐって、法官、村役人、医者、牧師の間で、奇怪な一種の力の対抗関係、一種の言説の対峙、別に表現すれば、一種の権力関係、一種の異質な勢力間の言説を通じての戦闘が生まれたということである。フーコーがこの本を編集したのは、まさに、これらの見えざる戦闘を示すため、これらの言説の力—権力と知の関係の中での攻撃・防御の武器—の間の互動を暴露するためであった。

　　1976年、フランスの映画監督ルネ・アリオがこの事件を映画化したが、フーコーは本編のプロデューサーの一人になったばかりでなく、意外なことに自ら法官の役で出演もした[145]。フーコー自身の言葉によると、この作品は「映画史上唯一無二の作品」だそうである。フーコーのこの研究とそれへの関心は、ラカンの博士論文「人格との関係からみたパラノイア性精神病」の分析対象、38歳の女性患者エメがフランスの有名な女優ユゲット・デュフロを刺して裁判を受けた事件を想起させる。ラカンは、エメがこの社会の現実で成功をおさめた女性を刺したのは、実際には、もう一人の虚偽の心像の中の自分を殺そうとしたためである[146]と見ている。

庶民に面して：暗闇の伝説中の『汚辱に塗れた人々の生』

　　フーコーから見ると、以前の歴史学研究は、本質的に王侯将軍とブルジョアという新支配階級の一面だけに目を向けた「輝ける歴史」という秩序構築にすぎないものであり、これらの有名人のきらびやかさを選んだものとは符合しない歴史の真実の存在の別の面は、暗闇の沈黙の中に忘れされていたということ

になる。彼らはいつも歴史の鏡の背面にいたのだ！　進んで、フーコーはこのように急進的な発言をする―歴史研究は、広大な連続性を持つ歴史研究の中で沈黙させられているあの庶民の運命にもっと関心を寄せるべきであり、歴史によって「異常」と審判された汚辱に塗れた人々の生活にもっと関心を寄せるべきである。それによって、彼らを光あふれる理性の論理の背後から、公明正大に歴史の情況構築の前面の舞台へと連れて行くべきなのであると。

　マシュレーの観点によると、フーコーのこの観点とカンギレムとは無関係ではなく、カンギレムは、科学史研究において「マイナーとされている著者への関心を復活させる特別な才能があった。こうした著者を忘却から救い出し、著名な学者や大哲学者たちの作品の展開において果たした役割を示した」[147]とのことである。かつ、この新しい史学的観点は、ランシエール『プロレタリアの夜――労働者の夢のアーカイブ』での一次史料研究[148]とは同工異曲の妙がある。また、ランシエールの妻は、まさしく当時フーコーの助手であった。

1977年、フーコーは自らある文集を編集した。その中には、1670〜1770年間のまるまる1世紀にわたるフランスの監獄と警察署のいくつかのドキュメントが集められていた。フーコーは、この文集を『汚辱に塗れた人々の生』（La vie des hommes infâmes）と題し同名の序を書いている。

　ドゥルーズはこれを「紛れもない傑作」[149]と称している。

これは、フーコーが、自身の身体をもって沈黙の歴史に向き合った新しい考古学・系譜学研究の生きた実例である。

　第1に、フーコーは、この「生きられた生のアンソロジー（anthologie d'existences）」[150]であると言っている。ここで描かれている生存は、歴史学者によって標準的なものとして格子の中に組み入れられた後のあの輝かしい歴史的事実と比べると、当然にも永遠の暗闇の中の沈黙に落込んだままである。フーコーがこの文集に選んだテキストは、通常は記載に値する（この判断自体が総体的歴史観のイデオロギーである）偉大な功績や壮大な故事ではなく、従来から人に知られていないあの知的に平凡な人物の各種の生活に関わる断片の実録にすぎない。なぜなら、彼らの大多数は、「異常者」と見なされており、かつ精神病院や収容所に入れられた人たち、例えば狂人、鳥奸者（文明的な用語では彼

らをホモセクシャルと呼ぶ。実際には、これはまさしくフーコー自身の性的生存様式であった)、アルコール中毒者、売春婦などなのである。ある時、フーコーは彼らを平民 (plèbe) と呼んだ。

これも、後のいわゆるポストモダン史観中の庶民研究の起点となった。

以上の目的のため、フーコーは一つの編集原則を打ち出した—私から見ると、これは一種の新しい歴史観である—その原則とは、取り上げる人物は必ず「本当に存在し」(existé réellement) ていなければならないこと、彼らの存在は知られておらず、その運命には「過ち」があり、一生苦難、卑賎、猜忌、喧噪を伴っていたことなどである。まさに彼らが輝かしい財産、体面を保つ地位、英雄のような品格を持っていなかったゆえに、これらの人物の存在は、明らかに輝かしく奇跡のようなものではなく、あの「影も形もなく消え失せる運命を定められていた多くの衆生」の中に属するにすぎない。壮大な大文字の歴史とは異なり、彼らの「実存の微細な歴史 (l'histoire minuscule de ces existences)」の故事は短ければ短いほどよいとフーコーは言う。なぜなら、真実の生活で彼らの存在も一つ一つの断片にすぎないからである[151]。しかし、これらの暗闇の中の存在の断片こそが歴史的存在の真実の次元なのである。

断片こそが真実である—この観点自体が、総体的歴史観を拒絶する反秩序構築の闘争なのである。

フーコーは、これらの「汚辱に塗れた人々の生」の断片が歴史記載の中に偶然現れたことについて、「一つの光が、少なくともわずかの時間でも彼らを照らし出してくれた」ことに感謝しなければならないとさえ言っている。これは権力の光のことを指している。

実際には、早くも1965年前後、フーコーは出版社とある出版計画を相談していた。囚人に関する歴史を書こうというのである。当時この本の出版予告の宣伝文の中には「狂人たち、ミシェル・フーコーが、17世紀から19世紀に至る、バスティーユ監獄からサンタンヌ病院まで世の果てへの旅を語る」[152]と書かれていた。しかし、この計画は実現しなかった。

彼らは夜の中に潜み続けていることが出来たろうし、おそらくつねにその中にとどまっていることが彼らの定めでもあったはずの夜から彼らは引き離す光、つまりは権力という光との遭遇 (rencontre) である。権力と

の衝突がなければ、おそらくそれらの束の間の軌跡を呼び起こすいかなる言葉も書かれることはなかったに違いない。彼らの生を狙い（guetté）、追跡し、ほんの一瞬に過ぎないにしても、その呻き声や卑小なざわめきに注意を差し向けた権力[153]。

悲しいことに、権力と遭遇できたのは、やはり彼らが罪を犯したことに起因するのだ。歴史という大河の中ではまったく無名の彼らは、罪を犯して捕まったその時にしか、権力の鋭い爪で捕獲されて光にさらされることはないのである。

ドゥルーズの詩的な説明によれば、これらの「汚辱に塗れた人々とは、光の束と音響の波動にとらえられた微粒子(une particule prise dans un faisceau de lumière et une onde acoustique)のことなのである」[154]

フーコーは、これはまさに自分の系譜学で捉えようとした「闇の伝説 (légende noire)」[155]であると書いている。そして、こうも述べている―暗闇の伝説の特徴は、ちょうど連続性のある総体的歴史観に反するものである。なぜなら、総体性の歴史の秩序構築に比べて、それは、往々にして「切断、消滅、忘却、交錯、再出現、ただそれらのものだけによってそれは私たちに届いたのである」[156]と。またこのゆえに、同様に、このような小文字の歴史自体は以前から記載されたことはなかったので、これらの生は従来から存在しなかったように扱われ、ただ権力とのぶつかり合いが発生した時のみ幸いに残されたのである。だが、権力は、もともと彼らを抹消、あるいは少なくとも彼らの存在の痕跡を消し去ろうとしていたのであり、暗闇の伝説の主人公は、通常社会体制にとって否定すべき対象、専制の鉄槌の対象であった。まさにこの体制による打撃と「抹消」のゆえに、彼らは、はじめて歴史に記載されたのである。この「否定」こそが、まさに彼らを歴史の中に取り入れるフォーマティングの方式となったわけである。

第2に、歴史の中に取り入れられない「汚辱に塗れた人々」の生活の系譜学的研究の過程で、フーコーは、17世紀以来のブルジョア社会の統治体制とミクロ権力の秩序構築システムの生成を子細に観察できた。そこで、フーコーは以下のことを発見したのである―キリスト教神学の日常的事務に対する関心と比べて、ブルジョア権力の日常生活（quotidien）への浸透とそのフォーマティン

グはさらにミクロ化しており、後者は、日常生活を言説（知）の形式構築と権力の展開のシステムの中にはじめて完全に取り込み、急を要しない違法行為や騒乱などのミクロの領域を調査分析している。「権力と言説と日常との間に打ち立てられたまったく別のタイプの関係であり、日常を支配し書式化するまったく別のやり方である」[157]。権力は、もはや生活上の顔のある暴力ではなくなり、生活自身が構成する見えざる隠された言説の秩序構築とその表現の方式に変わった。これにより、「あらゆる政治的鎖（chaîne politique）が日常という緯糸と交錯し合う（entrecroiser）ことになって」おり、言説のフォーマティングと生活の構成自身が「個人個人で異なる品行、あらゆる恥、秘密が言説によって権力に捉えられることになる」[158]と。

　　コイ[159]はこう述べている―この点に関し、フーコーは、マルクスが本来関心を寄せていたプロレタリアートとブルジョアジーの階級闘争という広大なシェーマからややずれ、それをミクロ化した。なぜなら、フーコーは「ぶつかり合いを中心からずらして、すなわち、資本と労働者の対立を外縁に写して、一切の局部的な小さなぶつかり合いを重視したからである」[160]と。これには一定の道理があるだろう。

1978年、フーコーが編集・出版したものは、同様に暗闇の沈黙の中にあった「半陰陽者」の自伝『私の回想』（『エルキュリーヌ・バルバン』として出版）[161]であった。この様な歴史の暗闇の中の辺縁の人物は、フーコーが終始焦点を当てていた考古学の対象であった。

ウェーバーからフランクフルト学派へ：科学的合理性支配の正当性

事実上、カンギレムの科学史研究中の真理問題に対する批判的思考の中で、フーコーは、さらに深い問題、すなわちブルジョア啓蒙思想が崇拝する科学的理性の言説の歴史的地位の問題にすでに言及していた。フーコーは後に、このテーマが、20世紀のドイツにおいてマックス・ウェーバーとフランクフルト学派によって提出されていたことを発見したのである。「理性の歴史、理性の支配（la domination de la raison）、この理性の支配がそれを通じて実現されるさまざまな形態（différentes formes）、これらはどのようになっているのかという問いです」と。フーコーは驚きをもってこう言う―フランスの学術界は、意外に

も、ウェーバー以後のフランクフルト学派について「ほぼすっかり無視していた」と。もちろん、「ほぼすっかり無視していた」者の中には自分も含まれている。このため、フーコーは、懊悩の気持ちさえ込めて「もし私がフランクフルト学派を知っていたならば、多くの仕事を私は省くことができたでしょうし、あれほど多くのばかげたことを言わずに済んだでしょうし、みずからの細々とした小道をたどろうとしながら通った多くの回り道を避けることができたでしょう。そうしている間に、フランクフルト学派によって大道が切り開かれていたのですから」[162]と。

　後の『批判とは何か』の中で、フーコーは、比較的詳細にフランクフルト学派の理論的貢献について議論している。とりわけ、同学派のブルジョア啓蒙思想の言説に対する全面的な問い掛けについてである。私は、本書の第11章の付論で詳細にこのテキストについて議論するつもりである。

　フーコーから見ると「マックス・ウェーバー以来、フランクフルト学派の中では、そしてとにかくカンギレムのような多くの科学史家においては、支配的なものとして示され、理性の地位が与えられた合理性の形態（forme de rationalité）を引き出し、それを合理性の働きの中で可能な諸形態の一つとして現れさせることがまさに問題だった」ということになる。それは、社会的存在と主体に対する特定のフォーマティングと秩序構築の作用、あるいはこのような合理性の形態が、なぜ今のこの時点において支配的地位を占めているのかというポイントである。具体的に言えば、それは、フーコー自身が発見した、ブルジョア階級の新しい権力と同じ構成である知の言説の生の存在に対する役割のことでもある。

　注意してほしい。ウェーバー－フランクフルト学派の道具的理性の構造的歴史的統轄の問題に対するこの時のフーコーの思考は、必然的に自分のあのエピステーメー決定論への反省にもなっているのだ。なぜなら、ウェーバー－フランクフルト学派の道具的理性という枠組みは、現代工業におけるテーラー[163]システムによる流れ作業の標準化と斉一化された思考という客観的社会フォーマティングに沿っているものであり、これに対し、青年フーコーのエピステーメーは、言葉の物に対する主観的秩序構築から始まっていたからである。フランクフルト学派の同型の思考と比べる

と、フーコーは、自身の幼稚さに気付いたに違いない。

ゆえに、フーコーは、自分の研究はまさにこの思路にしたがって前進するものであると宣言したのである。それは、例えば「いかにして人間、人間の生活(la vie humaine)、自己は、いくつかの技術（テクネー）の（objets）であったのか」[164]という問いである。

「私にとって興味深かったのは、それはまさに、人間主体が自らに適用する合理性の諸形態だったのです。フランスにおける科学史家たちは、主として科学的対象の構成(constitution d'un objet scientifique)の問題に関心を寄せていたのに対して、私が自らに問うたのは次のような問いでした。人間主体が己自身を知の対象になりうるもの(objet de savoir possible)とみなしたのはどのようにしてなのか。それは、どのような合理性の諸形態を通じて、どのような歴史的条件を通じて、そして結局のところ、どのような代償を払ってのことなのか[165]」とフーコーは問い掛けたのである。

これは重要な境界である。ウェーバー－フランクフルト学派が正反両面の秩序構築の次元から合理的形式に焦点を当てたことは、フーコーの批判理論の中の核心の思考点の一つになったわけである。フーコーのフランスの師たちが科学史と科学認識論の分野で関心を持った問題が、科学自身の構築対象であったと言うならば、フーコーは、それを主体自身がいかに知の構築とフォーマティングの対象になったかという問題にまで推し進めたのである。

しかし、私の見方によれば、主体自身の統治技術に関心を寄せるというのは、フーコーの晩年の新しい形式構築の観点であり、この観点の生成の経歴は、かなり長い過程を経ていたと思う。我々は次のことを知っているだろう―フランクフルト学派の観点によれば、資本主義が自然と社会生活をコントロールするための権力装置は、まさしく科学的知を核心とする形式的（道具）理性によって構成されているのである。事実上、人類という主体だけではなく、世界のすべても、彼らの眼中にある道具的理性の論理の同一性という強制的拷問の対象になったわけである。フーコーはこう言っている―まさにこの特殊な情況構築を背景があったからこそ、どんな代価を通じて、はじめて「自我の真実(la vérité sur lui-même)」を言いだすことができるのか、また、どんな代価を通じて、はじめて自我の狂人としての真実を言いだすことができるのかという問いを、

自分は意識することができた」と。これは、青年フーコーの思想的情況構築の起点であった。フーコーから見れば、狂人とは、精神病学の理性的言説による特定の産物なのであり、正常な主体存在に対する「異常者」ではない。この名称は、まさに資本主義社会の制度的な遊戯の結果であり、そこには、階級関係・職業的矛盾・知のモデル、そしてすべての歴史と理性が参加しているのである。

　私は、以上の概要は、最初の二冊の著作—『狂気の歴史』と『監獄の誕生』に対する、彼自身の後の一種の再認識であろうと推測している。

　前述したように、早くも『狂気の歴史』の研究中に、青年フーコーは、いわゆる沈黙の存在に関心を寄せる「考古学」のアイデアを提起していた。伝統的な歴史研究中での文献的史実に対する無批判な認定とは異なり、彼は、歴史に記載されている史実の被構築性をすでに意識していた。ゆえに、彼は、人々がフォーマティングと秩序構築によって進める歴史研究自身の隠された理性的構造を明らかにすることを求めた、あるいはこう言えるかもしれない—歴史研究中に存在するある種の知識ネットワークや格子とは一線を画し、それを排除することを明確に主張したと。そして一歩進んで、フーコーは、大部分の歴史学者が見て取ることのできなかった格子型秩序構築の外部にある別類の沈黙の存在、すなわち人々が狂気や狂人と認定している存在の背後にある真実の歴史を透視したのである。これこそが沈黙の考古学である。正史には取り入れられることのない沈黙の存在は、理性的な標準的秩序構築によって排除された存在であり、沈黙の考古学は、その平常の理性的構造と常識の目からは見えない沈黙の存在を見て取ろうとするものなのである。そしてまた、このような考古学の中にこそ、フーコーは、「狂人」が天性の自然秩序によって生まれた存在ではなく、まさに「一種の文明の産物」、すなわち、ある種のいわゆる文明社会の中で秩序づけられ構築されてはじめて生まれたものであることを発見したのである。ゆえに、狂人の意味は、「歴史的な位置づけの中で、人間対狂人、及び人間対真正人間の、ある種の関係の中に、求められるべき」[166]なのである。1961年、『狂気の歴史』についてのインタビューの中で、フーコーはそれを総括してこのように語っている。

　　狂気は社会のなかにおいてにしか存在しない（La folie n'existe que dans une société）。狂気は、それを孤立化する感受性の諸形態、それを排除しあるいは捕捉する嫌悪の諸形態の外に存在するものではないのです。した

がって、中世には、そしてルネッサンスにおいては、狂気は社会の地平の中に審美的あるいは日常的事実として現前したといえる。つづいて17世紀においては、―監禁が始まってからは―、狂気は狂気は沈黙と排除の時代を横切ることになる。狂気は、シェイクスピアとセルバンテス（例えば、マクベス夫人は、狂人になったときに真理を語り始める）の時代にもっていた、あの顕現と暴露の機能を失い、嘲笑すべき虚偽のものとなったのです。そして、20世紀はついに狂気に手をつけ、世界の真理（vérité du monde）に結びついた自然現象（phénomène naturel）に還元してしまった（réduit）[167]と。

フーコーは、「野蛮」の状態のもとでは、いかなる狂気も狂人も出現することはあり得ないと言う。なぜなら、その時代には、「正常人」なるものの標準が構築されていなかったのであり、当然にも異常な狂気というものも存在しなかったからである。かつ、現代において正確な科学的レッテルなるものを貼り付けられたこの狂気は、かつての神が存在していた時代には、悪魔がとりついた異端でしかなかった。20世紀になって、はじめて現代医学によって狂気に首輪が嵌められて、自然現象としてフォーマティングされ、この世界の科学的真理の連鎖という秩序に組み込まれたわけである。

　一定の科学的言説は一定の時代の存在を構築する。これこそが、この後まさに登場しようとするエピステーメーによる文化制約論の雛形だったのである。

続いて、青年フーコーは『言葉と物』の中で「どんな代価を通じて、人々は、言説の主体、仕事の主体、生活の主体を問題化してそれに分析を加えるのか」とさらに追問する。彼の当時の答えはエピステーメーの枠組みだった。
　このルネサンス期以降出現した不断に爆発的転換をした西洋の文化のエピステーメーは、明らかにウェーバー―フランクフルト学派のいささかゆるやかな道具的理性の枠組みとは異なっている。

ここから、フーコーは古典主義時代と現代のエピステーメー中の「一般的文法、自然史、経済学の発生」の分析についに着手し始めた。自分の思考の路について、フーコーは引き続き回想している―「続いて、同種の問いを、犯罪者

と処罰システム（système punitif）についても提起しました。つまり、犯罪者にもなりうるかぎりにおいて、いかにして自己についての真理を語りうるのか、と。そして、それは、さらにいっそう歴史を遡ることによって、セクシュアリティについて私がしようとしていることなのです。すなわち、主体は、性的快楽の主体であるかぎりにおいて、いかにして自己について真理を語りうるのか、そしてそれはいかなる代償を払ってのことなのか」[168]と。

これは、明らかに彼が後に完成させた『監獄の誕生』と3巻の『性の歴史』を指している。これはまた、フーコーの中後期全部の思想時期の学術的情況構築の実質も広く指している。

知の言説の対象化としての実践

1969年、フーコーはコレージュ・ド・フランスの候補者に選ばれた。その職責は思想システムの歴史（Histoire des systèmes de pensée）の教授であった。

これは極めて大きなアイロニーであった——学術上、フーコーが否定しようとしていたのは、まさにこうした正統的な思想研究の方式だった。しかし、現実においては、彼はかえってこの「ろくでもない」学術権力の言説を獲得しなければならなかったのである。

現実生活中のフーコーは、コレージュ・ド・フランスの認める言説の秩序構築のシステムを標準的なものとして書いた「候補者陳述書」を提出せざるを得なかったのである。

私には、この中に一定の演技性があったかどうかは確かめようがないが[169]。

この文中で、彼は、自分が以前行った研究とこれから行おうとする研究について抑制気味に言及している。

なぜなら、フーコーは、「五月革命」をすでに経験しており、かつこの重要な文化革命は、明らかに彼のもともとの思想の枠組み強く揺り動かしたにもかかわらず、彼は、内心に湧き起ってきた現実の資本主義的政治権力批判の激情を平静化したりうまく調整したりすることがいまだできなかったからである。

フーコーは、この陳述書の中で、再度回想しながらこう語っている——最初期の『狂気の歴史』の中では、若かった自分は、狂人が「どのような一連の機構と実践システム」の中で拘束と線引きを受けたのかを明らかにしたかった。そして、二つの結論を得た。一つは、こうした拘束と線引きは、第1に「明確に分節化したひとつの知」と「関連している」という結論である。もう一つは、こうした拘束と線引きは、「日常的で規則的な実践」として具体的に実現された[170]という結論である。

　　この時点では、青年フーコーは、明らかに知と権力とを直接つなげることはまだしなかった。

　フーコーは、狂人と正常人との区分は、正常と異常とを決定する知の標準とその秩序構築によるものだということをすでに発見していたが、実際上は、この後すぐ執筆した『臨床医学の誕生』も含めて、いまだ実践的視角から切り出して、知がいかに具体的に社会生活を支配しコントロールしているかを探究していた。さらに、フーコーはもっぱらこう指摘している——後の『言葉と物』では、自分は、具体的実践とは相反する方向で、知（言葉）によるさらに大きな尺度での存在（物）への支配（秩序構築）の問題について考えてみたと。これこそがいわゆるエピステーメーの理論にほかならない。これは大きな方法論上の飛躍であった。

　　実践的及び制度的側面について、いずれまたそこに立ち戻るという計画を保持しつつそれを一時的に宙づりにし、ひとつの時代における知のいくつかの領域（17、18世紀における、博物学的分類、一般文法、富の分析）を考察し、そのひとつひとつを順番に検討することによって、それらが提起した諸問題、使用した諸概念、問題化した諸理論といったものの類型を、規定しようと試みた[171]。

　明らかに、フーコーは、この陳述の中では、エピステーメーというすでに捨てた概念を直接取り上げておらず、淡々と知の概念あるいは理論類型について語るだけであった。『知の考古学』に関しては、フーコーは、知とは、意見と科学の間を介在する一つの特赦な次元であることを強調して、「そうしたものとしての知は、理論的テクストないし経験の手段においてのみならず、もろもろの実践やもろもろの制度においてもやはり具現化する」[172]と述べている。こ

こでは、知の対象化である言説実践は、すでに新しい関心点の一つになっており、フーコーは、知の言説を社会的現実におけるフォーマティングと秩序構築に対応する研究の中にさらに多く位置づけて分析を始めたのである。

　コレージュ・ド・フランスでこれから進めようとする自分の教学計画の描写の中で、フーコーは、自分の思考点をやはり知に関する三つの問題に集中させて提出した。一つ目は、知の位置と限界および知の描述の方式についてであり、二つ目は、知と科学的言説の間の関係についてであり、三つ目は、知の序列の因果関係についてである。これを聞くかぎり、一つの知の科学の研究方向のようである。さらに、フーコーは、この三つの問題は、また知の三重の表現と関連していることを指摘した——「知は一群の実践と制度とを、特徴づけ、再編成し、関連づける。次に、知は、そこに科学が成立するような、不断に揺れ動く場所として現れる。最後に、知は、諸科学の歴史がそこに包み込まれるひとつの複合的な因果性の領界である」[173]と。これは、知の問題の思考に実践と歴史の次元からの参照事項を追加したことを意味する。

　　この後のことを追ってみると、フーコーが1970/71年度講義の『〈知への意志〉講義』の中で、確実に上述の計画を実施したことがわかる。しかし、当時彼がさらに関心を寄せた対象は、知の対象化である言説実践を核心とする現実の歴史分析であったのである。

　フーコーは、「言説実践とは、ただ単に、言説が作り出される様式のことだけを言うのではない。言説実践は、諸々の技術的総体、諸々の制度、諸々の行動の図式、諸々のタイプの伝達や伝播、諸々の教育形態といった、言説実践を課すと同時にそれを維持するもののなかで、具体的なかたちをとる」[174]と指摘している。言説実践は、主観的なものではなく、実現された資本主義的技術の進歩の中で物化されたものであり、同時に教育実践の核心的内容でもあるということである。また、この講義の最後の部分では、フーコーは、現実社会で発生している政治闘争にも関心を寄せ始めた。

　　これは、しばらくして執筆された『監獄の誕生』の前奏と見てよいだろう。

　以上のことは、権力の問題がフーコーの思想的情況構築の前面に浮き上がって来たことも意味する。

権力研究の異質な眼光

　フーコーは、権力の問題が終始自分の関心と思考の中心問題であったことを自ら認めている。しかし、早期の著作である『狂気の歴史』と『臨床医学の誕生』の中では、彼はいまだ直接には権力という概念を使ってはいない。その理由は以下のようなことである―外部原因としては、当時の人々が、いまだ通常政治-法律の言説の場においてしかマクロの権力を描述していなかったということがある。例えば、マルクス主義学者の「国家装置 (appareils de l'État)」と「階級的統治」という指摘は、一言で権力を語っているようであるが、それは、抑圧とコントロールを直接発生させる、目に見える暴力にほかならない。この類のものは、フーコーが真に関心を寄せた問題ではないのである。

　『狂気の歴史』と『言葉と物』で見たような科学的理性と知識の旗を掲げ、実際上は生活のフォーマティングと自然-社会的存在の秩序構築を形作った、ある種の見えざる匿名のソフトな暴力―知。これへの認識が、すでにブルジョア階級の新しい権力に対する主観次元の深い反省となっていた。しかし、別類の辺縁の生存を除いて、社会生活総体は、明らかにまだフーコーがこの時向き合おうとしていた正面の戦場ではなかった。

　1968年の「五月革命」後、人々は、ブルジョア的社会生活の基層で起こっている日常的なコントロールと支配に普遍的関心を寄せるようになり、生活の細節に潜むミクロの政治権力に向き合うようになった。フーコーは、以前のマクロ的権力観ならば、「権力を『否』を宣告する法と同一視しているわけです。つまり権力とは、なによりも禁止の力をもつものだと解釈するわけです」[175]が、それは、ちょうど一種のネガテイヴな目に見えるものとしての権力観であると評論している。彼は、ブルジョア民主主義の遊戯は、まさにこの直観的な「no」と「yes」の間の政治の弁証法の上にあると見ていたのである。フーコーは、このようなペテンの遊戯を信じてはいなかった。彼は強い透視力をもってこう指摘している―現代ブルジョア階級の……

　　権力はしっかり立っているし、人びとに受け入れられてもいるわけなのです。その理由はしごく簡単なものです。それは、権力はたんに『否』を宣告する力として威力をふるっているわけではなく、ほんとうはものに入りこみ、ものを生み出し、快楽を誘発し、知を形成し、言説を生み出して

いる（produit du discours）からなのです。権力を、抑圧機能しかもたない否定的な力だと考えるのではなく、社会体の全域にわたって張りめぐらされた生産のネットワーク（réseau productif）なのだ、と考える必要があります[176]、と。

ブルジョア階級は、もはや「no」とは言わず、かえって至るところに「yes」の掲示を貼っている。いわゆるブルジョア民主主義の正当性という秩序構築の基礎は、伝統的な政治権力という暴力機関だったものを、「否定性の機構」から肯定性の機構に変えることなのだ！

　これは、一種の共通認識になったかのように思われる。赤い「五月革命」1周年の際、ボードリヤール[177]は、1969年発行の『ユートピア』誌の第2、第3期に「遊戯と警察」（Le ludique et le policier）と題する文章を発表したが、その中で、彼は「文明国家では、鎮圧（répression）は、もはや否定でもなく侵犯（agression）でもない。それは、一種の雰囲気（ambiance）であり安定させられた日常性のことである」[178]と指摘している。

君に面白さを与えよう。君に新しい事物を教えよう。君に物を生産させよう。君を世界の創造者にしてあげよう――まさにこうした幸福へと向かうというような虚偽の情況構築を通じてこそ、新しいタイプのブルジョア階級の見えざるミクロの政治権力は、はじめてすべての社会的存在の中を貫き通すのである。

　これは、フーコーが、コレージュ・ド・フランスの講義の多年後に、『監獄の誕生』の中で述べた権力（内政と統治）についての叙述の別類の表現であろう。

第1に、フーコーがこう指摘していることである――17～18世紀から「権力の行使が生産とサービスを通して行われるような状況が現れます。それは、それぞれの個人が、日々の具体的な生活のなかで、生産に結びつくサービスを求められるようになったということなのです。そのためには、まず、真の意味で（つまり権力が個人個人の身体、身ぶり、態度、日々の行動に至るまで浸透している、という意味での）権力の肉体化が実現されている必要があったはずです」[179]と。この言葉は以下のことを我々に告げている――伝統的な専制政治の外部的暴力とは異なり、ブルジョア階級が世界をコントロールする権力は、当初

労働生産の内部から生まれたのであり、「言葉」の「物」に対する秩序構築ではなく、ちょうど工業生産のまったく新しい労働過程の中で、資本主義が直接新しい社会的存在をフォーマティングして生まれたものであることを！　この新しい事物の秩序構築は、まず生産の中で生まれたということである！

　　この点で、ボードリヤールの『生産の鏡』での分析は、広い意味での秩序構築の尺度の上で正確なものであろう[180]。

　ブルジョア階級の権力は、生産から始まり、まったく新しい労働分業と協業の秩序構築の連鎖を通じて、労働者の身体・言動の挙止の規律訓練、および市場という媒介空間を経た新しいタイプの日常生活の展開などをフォーマティングしたのである。

　　これは、明らかにマルクスの資本主義的生産関係への批判の基本的意向とは異質である。

　第2に、フーコーが資本主義的生産様式についてこう指摘していることである——資本主的生産様式の下で出現した大工場の運営技術のメカニズムと流れ作業の中では「配置と監禁、監視、および行動と作業の絶えざる統制、つまり『マネジメント』技術全体を通じて、人間の訓育技術全体の開発」が行われた[181]と。これこそが、人々が通常言うところの「科学的管理法」にほかならない。

　　ここで言わなければならないのは、フーコーのこの観点は、青年ルカーチの技術物化論あるいは技術物象化論（『歴史と階級意識』）とフランクフルト学派の社会的コントロール論批判（『啓蒙の弁証法』）の一歩進んだ深化であるということである。これらの問題については、我々は本書の第3篇で具体的に議論するつもりである。

　1976年、フーコーは『性の歴史』第1巻『知への意志』を書き下ろした[182]。この本の第4章「セクシュアリティの装置」の第2節は「方法」と題されているが、この中で、フーコーは、さらに進んで自分のブルジョア階級権力に対する独特な見方を叙述している。

　ブルジョア階級の新しい権力の展開に面して、フーコーは、まず三つの「思わず」を書き付けた——それは、今日の権力を一種の国家機構とそれに対応する装置（appareil）との組み合せによる目に見える「ザ・権力」と見なそうとは

思わず、今日の権力を「臣従化の様態（mode d'assujettissement）」と理解しようとは思わず、今日の権力を「全般的な支配体制（système général de domination）」[183]としてしか見ようとは思わずの三つである。明らかに、この三つの「思わず」は、すべて伝統的社会でのあの国家的強制と外部的専制の圧迫によって作られる、目に見え心に感じられる権力と比べた上での発言である。フーコーの眼中では、現代のブルジョア階級権力は、これらとはまったく異なるものなのである。フーコーはこう述べている。

　　　権力という語によってまず理解すべきだと思われるのは、無数の力関係（des rapports de force）であり、それらが行使される領域に内在的で、かつそれらの組織の構成要素であるようなものだ。絶えざる闘争と衝突によって、それらを変形し、強化し、逆転させる勝負＝ゲームである。これらの力関係が互いの中に見出す支えであって、連鎖ないしはシステム（former chaîne ou système）を形成するもの、あるいは逆に、そのような力関係を相互に切り離す働きをするずれや矛盾である[184]と。

　疑いなく、フーコーの筆下では、ブルジョア階級の権力は、もはや目に見え、直接捉えることのできるものではなくなり、労働による生産と日常生活を通じて徐々に広がっていく、ある種の直観的には把握できない諸力の関係の秩序構築の連鎖になったのである。これは、情況構築論の意味での新しい関係の場の登場である。もとより、それは、伝統社会の鞭のように実在的なもののように感じ取れるわけではないが、かえって鞭や鎖のような外在的な強制やコントロールよりも、さらに強力な隠された支配力を持っているのである。同様に、この深層の情況構築の意味で、フーコーは「権力とは事物ではありません。それは二個人間の関係のことであり、一方がもう一方の行為を導いたり、引き起こしたりする——みずからがもつ複数の目的に応じ、みずからの意志で相手の行為を引き起こす——ような関係のことです」[185]と述べている。

　　　ドゥルーズの解読によれば、フーコーの使用した「諸力の関係」という言葉はニーチェに由来するとのことである――「単なる暴力を超えた力の関係という考え方ですね。こちらはニーチェに由来する考え方であるわけですが、フーコーはこの主題を引き継いで、さらに徹底させている。」[186]

　フーコーにあっては、専制的暴力による一方的でかつ顔の見える圧迫と受動

的なその隷属者という伝統的な様相とは異なり、ブルジョア階級の権力は、生産・経済的交通や政治闘争という場において、いや、その時その時の些細な日常生活の場においてさえ、各種のそれぞれ異なる諸力の多方面でのぶつかり合いとギャンブル的な関係の場の情況を構築するのである。ここでは、被圧迫者は、まさに能動的主体として表現され、彼らは、生産・購入・投票・旅行などにおいて、表面上は完全に自由で自主的である。しかし、まさにこれらの自主生存の力を誘導することにおいて、資本は、生の存在自身の内なる起動力をコントロールしその秩序を構築するのである。経済闘争と生存競争の中で、深層で生をコントロールするという、実質的には不平等な社会の秩序構築がここに発生するわけである。この意味で、資本主義社会の民主的で自由な生存形式なるもの自身こそが、まさにブルジョア権力装置の方式、あるいは、根本的にフォーマティングされた存在である見えざる連鎖とネットワークにほかならないのである。これは、現代の政治哲学批判中の極めて深い新しい情況構築の次元であろう。

このゆえに、フーコーはこれをこう描いている―資本主義社会に存在する新しいタイプの権力は、ある種の上位権力という「中心点（point central）」に集中されることはもはやなく、日常生活中の各種の諸力の角逐関係が生み出すフォーマティングと秩序構築という社会的場（champ social）の中に広く分布するのである。ゆえに、まさにこの各種諸力の関係の「回転軸」は、休むことなく、その実質的な不平等な関係を通じて、各種の局部的で不安定な権力形態も引き出すのである。顔のない権力には不在の場所がないのだ（Omniprésence du pouvoir）！　と。フーコーはまたこう深く指摘している―ブルジョア的「権力は、一つの制度でもなく、一つの構造でもない、ある種の人々がもっているある種の力でもない。それは特定の社会において、錯綜した戦略的な状況（situation stratégique complexe）に与えられる名称なのである」[187]と。ブルジョア権力の存在方式は、見えざる複雑で戦略的な状況の中にあるというわけである。

　　後に、フーコーは内政というパラダイムを用いてこれを指摘した。私の理解によれば、これは一種の情況構築論のコンテキストだと思う。

筆がここまで進んで、フーコーは、順調に、ブルジョア階級の新しいタイプの権力関係の特徴を指摘できるまでに到った。

　1、権力とは、獲得、取得、享受できるある種の物（quelque chose）ではなく、

目に見えるものでもなく、暴君が存在するようなものでもない。それは、無数の不平等で変動する相互関係の中から発生する戦略的な秩序構築である。

2、権力関係は、その他の関係（経済過程・知識関係（rapports de connaissance）・性関係）の外部に存在するものではない。反対に、それはその他の関係の中に内在している。これらのその他の関係の発生過程の中にあってこそ、権力ははじめて装置化されるとさえ言える。

3、権力は、上層からもたらされるのではなく下層（bas）から生まれる。この点に関して、フーコーが指摘しているのは、ブルジョア権力は、君主のように目に見える高い位置にある王権のようなものはもはや体現しておらず、生活の細部で機能しそれを支配するという形で体現しているという点である。

4、権力関係は、それ自身の意向を持つものでもあり、また非主観的（non subjective）なものでもある。多くの人にとって信じがたく受け入れがたいことかもしれないが、ブルジョア権力の発生過程は、自然で自発的にその意図が実現されたように見える。これは、疑いなくもっとも高明な統治であろう。

5、権力あるところ反抗（résistance）あり。しかし、ブルジョア権力の拡散方式は、ちょうど反対に反抗を絡めとる。それは、むしろ反抗によってその機能を発揮する。この点はとりわけ重要である。権力の関係は「無数の多様な抵抗点（points de résistance）との関係においてしか存在し得ない。抵抗点は、権力の関係において、勝負相手、標的、支点、捕獲のための突出部といった役割を演じる。これらの抵抗点は、権力のネットワーク（réseau de pouvoir）の中には至る所に現前している」[188]。現代権力の弁証法は、抵抗の可能性がちょうどブルジョア階級への隷属の一つの方式だということを教えているのである。

1982年、晩期のフーコーは、ある講義の中で、また一歩進んでブルジョア社会の権力の解読を4種のコントロールと支配の技術の話に分けた。

（1）生産の技術、これによって物を生産、変形、操作することができるもの。（2）記号体系の技術、これによって記号、意味、シンボル、意味作用を使用することができるもの。（3）権力の技術、個人の行動を決定し、個人をある目的や支配に従属させ、主体を客体にするもの。（4）自己の技術、これによって個人が単独でまたは他者の助けを借りて、みずからの身体やみずからの魂、みずからの考え、みずからの行動、みずからの存在のありように対して一定の操作を行うことができるもの。すなわち、幸福、純潔、知恵、完全性ないし不死性のある状態に到達するため、

自己を変容させることができるもの[189]。

　フーコーは、これに対してさらにコメントを加えている。彼は、この4種の権力技術は、すべてある種の支配の類型と関連しており、独自で作用を発生させることは難しいと見ていた。彼は、マルクスの『資本論』の中から人々は、「物の操作やコントロールと支配権との関係」、すなわち資本主義社会中の第1の技術と統治との関係を発見できるだろうと言っている。第2種の技術は、かつてフーコー自身が関心を寄せた対象、例えば、『言葉と物』と『知の考古学』での対象である。しかし、彼自身がこの時さらに関心を寄せていたのは、後二者の権力技術、すなわち「支配の技術と自我コントロールの技術」であり、この時のフーコーの眼中にあった過去のすべての歴史は「支配に関すると同時に自己に関する知の編成の歴史」[190]とさえ言えるのである。

　実際には、これは、すでにフーコーの晩期の思想の思考の焦点になっていた。

真理とはろくでもないものだ

　ブルジョア的学術伝統中のあの標識の正確な認識を旗印にする真理観とは異なり、フーコーは、真理を権力の共犯者と見た―知は権力であり、その知の中の正確な真理とは権力支配中の核心的骨組みだというわけである。比較的通俗に解釈すれば、知と権力の間には分けることのできない内在的関連があるというのである。知が増えれば増えるほど、権力のまた大きくなっていく―なぜなら、知は、言説の是非の真理の標準を提供するからである。

　これは、また人騒がせな断言である。この中から、ニーチェの言説からのこだまを聞き取るのは難しくない。私は、文革期の毛沢東も、この意味で「知識が増えれば増えるほど反動派になる」という断言を生み出し、知識分子の手中にある真理の独占権力の正当性に対し疑義を提出したのを思いだした。

　なぜか。フーコーはこう答えている―ブルジョア社会は、一連の自分自身の真理体制と、休まず真理を作り上げる機能を持つ一連の各種の言説の一般政策（politique générale）を構築し、それを「言語表現に真偽の区別を与える（distinguer les énoncés vrais ou faux）メカニズム（mécanismes）と審級（instances）、真なる言語表現を認め、偽なる言語表現を罰する方法、真理の獲得に有効とされる技術と手続」として用いる[191]と。伝統的な封建的専制社会の中では、誤りなき信仰—神学的言説が、現実中の「不条理」である宗法上の等級を支持していたと言うのならば、神学的統治をひっくり返したブルジョア世界では、啓蒙後の自由—民主的な生は、正確な知である科学的真理を推戴していると言えるのである。一定の意味で、この新しいタイプの社会的存在の中では、真理はすなわち正当な存在の通行証であり、真ならざる誤謬は地獄に落ちるのである。

フーコー晩期の真理の言説に関するこうした批判的思考は、彼の初期の社会的生存中の正常（ノーマル）と異常（アブノーマル）の関係に対する内省と関連しているのを発見するのは難しくない。

ゆえに、今日のブルジョア階級の生存の中では、真理自身が存在と不存在を切り分ける権力（la vérité est elle-même pouvoir）の刃になっているのである！

ドゥルーズのいささか誇張した話を借りると「権力のモデルに関わることのない真理モデルは存在しないし、まさに行使されている権力を表現し、現実に巻き添えにすることのない知、あるいは科学さえも存在しない」[192]ということになる。1980年、フーコーは、『哲学辞典』のために自身に関する「フーコー」の項目を執筆したが[193]、その中で、「真理ゲーム」（jeux de vérité）が直接存在自身に進入しているとさえ指摘した[194]。この中には、晩期ハイデッガーの性起論の思考が深く嵌入していると言えるだろう。

これに対し、フーコーはいささか沈痛にこう述べている。

いくつかの社会——我々のような社会においては、真理の「政治経済学」を特徴づける要素は、歴史的重要度という点からすれば、5つ考えられます。第一に、「真理」は科学的言説（discours scientifique）の形式とその言説を生み出す諸制度とを、その中心軸としています。第二に、「真理」は不断の経済的、政治的要請に従属しています（経済生産と政治権力はともに真理を必要としています）。第三に、「真理」は、さまざまの形で、巨大な流通と消費（diffusion et consommation）の対象となっています（「真理」は教育や情報の諸機構のなかで流通し、ひろまります。これらの機構の社会的広がりは、たしかにある種の厳しい制約を受けてはいるものの、かな

り大きなものです)。第四に、「真理」の生産と伝達は、いくつかの巨大な政治・経済的機構(大学、軍隊、文字表現、マスメディア)の支配的な――独占的ではないが――統制のもとで、行われています。そして第五に、「真理」はあらゆる政治闘争、社会対立（いわゆる「イデオロギー」闘争)の争点となっています[195]と。

疑いなく、フーコーのこの時の眼中にあった真理とは、もはや我々が熟知しているあの命をかけても追究すべき科学的真理ではなくなっている。フーコーの筆下では、ブルジョア社会の生活中での虚飾の真理の言説なるものは、社会統治を隠れた形で支える一連のソフトな暴力と言説（énoncés）の生産・規律・分布・流通・機能に関連するフォーマティング－秩序構築のプログラムなのである。あの白衣を着た科学の専門家の手中に掲げられた真理のたいまつが照らすところでは、いかなる防御も懐疑も存在しない絶対的な信頼と遵守が常に得られるのだ。よって、科学的真理は、こうした流通方式によって、ブルジョア階級が常に遮蔽しようと図る権力制度と関連付けられ、見えざる権力の秩序構築の機能と関連付けられるのである。これこそが、今日の科学技術的理性というイデオロギーの支配する時代において、我々が従来反省することのなかった真理制度の正体なのである。このような真理制度なるものは、当然、伝統的なマルクス主義が指摘するイデオロギーあるいは上部構造（idéologique ou superstructurel）の性質を持つだけではなく、すべての「資本主義の成立（フォーマティング）と発展の条件」（une condition de *formation et de développement du capitalisme*）[196]にさえなっているのである。もちろん、これは、人々が直接に察知できる条件ではない。

同様にこの意味において、フーコーは、この問題を解剖してこうも言っている――長い間、自分は、狂気と性の研究について「禁止されていたものに関する社会史を書こうとしたのではなく、『真理』の生産に関する政治史を書こうとしたので」あり、「否」の遊戯について語ったのではなく、「真理に献身する」崇高な実践を進めたのだと。これは、またすべての伝統的な真理問題の情況構築という意向の転倒でもある。なぜなら、

> 我々は、その大部分が「真理に依拠して」機能するような、そうした社会に生きています。つまり、真理という機能を持ち、そのようなものとみなされることによって特殊な権力を保持することになる、そうした言説

を、我々の社会は生産し、流通させている、ということです。真なる言説（それ自体絶えず変化するものとしての真なる言説）の確立という問題は、西欧の根本的な問題のうちの一つを構成しています。「真理」の歴史、真なるものとして受け入れられた言説に固有の権力についての歴史こそ、まさしく研究すべきものなのです[197]からである。

同様にこのようなコンテキストにおいて、フーコーは、はじめて根本的に伝統的な理解の中でのイデオロギーに対する批判的研究を否定したのである。以前の認識では、イデオロギーは、常に真理（真実）の反面―真実の言説の生成を妨げるもの―とされ、虚構の関係が構築する存在の幻像として登場しており、要するに嘘の運行メカニズムであった。
　例えば、彼の師であるアルチュセールの観点のように。

フーコーはこうした観点に反駁してこう述べる―イデオロギーの「嘘の運行メカニズム」としての登場はまさに一種の仮象である。なぜなら、ブルジョア階級の設定した真理（真実）こそが真の嘘だからであると。
　ラカンは、これ以前にこの問題を議論したことがある。しかし、彼にあっては、真実は一種の存在論上の不可能性にすぎなかった[198]。

フーコーは鋭くこう指摘する―ブルジョア階級がその合法的統治を実現させた真の秘密は、「真理の生産」と「真なるものとして受け入れられた言説に固有の権力」という共謀にこそあると[199]。ブルジョア階級の最大のイデオロギーは、科学的な真理の言説にほかならないのである。
　あるいはジジェクの言い方を借りれば、真理は、すなわちブルジョア階級のイデオロギーの崇高な対象なのである。これに対し、ホネットは、フーコーのこの「科学支配」観とアドルノの観点を比較したことがある。彼から見ると、「フーコーが科学的認識の諸条件を導き出すのは、道具を用いて自然を意のままにするという形で設定される準拠枠組からではなく、社会的闘争の戦略的要求といった形で設定される準拠枠組からである。科学的経験と自然支配の間の隠された関係にではなく、科学的経験と戦略的行為の間の隠された関係に、フーコーは興味をもつ」[200]とのことである。ホネットのこの評論はあまり正確なものとは言えない。なぜなら、以前の『言

葉と物』の中で、青年フーコーは、古典主義的エピステーメーの中の科学用語（リンネの分類学）の大文字の自然史に対する秩序構築にも関心を寄せていたし、『監獄の誕生』以後になってはじめて、フーコーは系譜学の情況構築の焦点を、現代ブルジョア社会の生活中の戦略的装置の背後にある技術的言説に集中させたからである。

権力と主体

1982年、晩年を迎えようとするフーコーは「主体と権力」[201]を書き下ろし、自分の20年来のすべての学術研究の脈絡を総括しようとした。この文章の中で、フーコーは次のように述べている—仔細に考えてみれば、自分の研究の中心は、権力現象でも権力現象が発生する現実的基礎でもなく、「一つの歴史を生産する（produire une histoire）」ことであり、かつ、その中で真に分析しようと思ったのは、「私たちの文化における人間の主体化のさまざまな様態（différents modes de subjectivation de l'être humain dans notre culture）についてであった[202]と。換言すれば、「私の研究の統一的な主題（thème général）は権力ではなく、主体なのである」[203]ということになる。

上記の文で言及されている1980年の『哲学辞典』中の自身が執筆した「フーコー」の項目の中で、彼は、自分の主体の問題に対する追問をこのように述べたことがある—「問題は、これこれのタイプの知識（connaissance）の正当な主体（sujet légitime）となるためには、主体はいかなるものでなければならないのか、主体はいかなる条件（condition）のもとに服しているのか、いかなる身分（statut）を持たねばならないのか、現実（le réel）ないし想像（l'imaginaire）のうちでいかなる位置（position）を占めなければならないのかを究明することである」[204]と。

我々は、フーコーの経歴自述に比べて、ここでの学術の秩序構築の中には、一つの比較的大きな転変と移動が出現した、すなわち知と権力から主体へという変転が出現したのを明らかに感じ取れるだろう。

アガンベンの位置づけによれば、ここで「フーコーにおいて問題となっているのが単なる認識論上の調整ではなく、認識論のまた別の転位（dislocation）であるというのは明らかである。それも、まったく探検されたこ

とのない土地への転位である。この土地こそ、生政治（biopolitique）に関する作業場の開かれと一致するものである。それはフーコーに『知とも権力とも区別される第三の軸』もたらすことができた」[205]とのことである。

　私は、主体の問題が系譜学研究の手がかりの中の重要な地位として突然登場したのは、フーコーが晩期に自分の初期の思想に対して行なった新たな位置づけであったと判断している。
　　本書の情況構築論に基づいて、私は、この問題を自分の重点的思考の対象には入れなかった。その理由は、私はフーコーのこの逆転には賛成できないからである。

　ここで、フーコーはまた、自分の主体の問題に関する研究は「人間の存在（êtres humains）を主体へと変える3種の対象化方式（trois modes d'objectivation）」を分析することだと以下のように述べている。
　　第1は、科学の地位にのし上がろうとしている、観察という様式である。たとえば、普遍文法、文献学（philologie）、言語学における発話主体（sujet parlant）の対象化がそれである。この様式における第二の例として、財と経済の分析における生産主体（sujet productif）——労働主体——の対象化が挙げられ、第三の例としては、自然史あるいは生物学における、生という事実そのもの（seul fait d'être en vie）の対象化がある[206]と。

　明らかに、これは、フーコーが自身の『言葉と物』の中で、ブルジョア階級の近代以来のそれぞれ異なるエピステーメー断裂と転換について研究したものに対する新たな解釈である。言説主体の対象化・生産・労働主体の対象化・生きている存在（生命主体）の対象化—ここで発生したこのような支援背景の変化は、科学認識論と構造主義という情況構築の陰影からの離脱であろう。ここでの「それら」とは、まさに『言葉と物』の時代にフーコーが意を込めて抹殺しようとしていた主体にほかならない。しかし、今では、主体は、自己の真の姿を回復したかのようである。それらは、エピステーメーという外部の客観的構造性から自己を回復したようである。しかし、フーコーの当時の『言葉と物』の情況構築への位置付けから見ると、その時、彼は、確実に構造主義によって解体された個人主体に取って代わった「主体」（個人主体の外部で隠れた支配

作用を起こすエピステーメー）の事物に対する暴力的秩序構築により関心を寄せていたはずであり、主体（現代的人間）の登場は、非痛な「砂浜の顔」のようにすぐ消えてなくなる偽の情況中だけに姿を見せるものであった。私は、これが、フーコー自身の生涯で最後の一時の転倒性の内省か、あるいは情況構築の辺縁での混乱であるかは理解できない。我々にはそれを知ることはできないのだ。以上のことから、私がフーコー最後の主体－倫理の情況構築次元に言及しなかったわけが、ある種の理論的混乱に陥ることを心から心配したゆえであるという事実を、私は、認めなければならないだろう。

次に、フーコーが自分の研究の第2の部分として指摘したものは、主体の対象化中の「分割する実践」（« pratiques divisantes »）に関するものである。分割とは、主体が、対象化過程で自己の境界を定めたり、また他人との区別もしたりする実践活動である。フーコーの用いた例は、「狂人と健全な心の持ち主、病者と健康な個人、犯罪者と「善良な人間」（« gentil garçon »）」[207]などである。この三組の例は、それぞれ彼の『狂気の歴史』・『臨床医学の誕生』・『監獄の誕生』に対応している。

　　　　分割。これはまた、ブルデューが重点的に議論した社会学の問題でもある。だが、フーコーのここでの「分割」の使用は、明らかに、おもに見えざる生政治の分割を指している。

実際には、私の理解によれば、『監獄の誕生』の中で議論された生産的実践の区画は、その前の『狂気の誕生』や医学中の言説での区画とは大きな異質性がある。

第3の点は、フーコーの当面の仕事である。すなわち、人間が自身を一人の主体へと変えるというフォーマティングの方式についての問題である。彼が選択した例は性であった。これは、最後の著作となった4巻の『性の歴史』に結実したものでもある。

この時のフーコーは、自分の思想的情況構築の真の対象は主体であると明確に規定していたけれども、主体によるフォーマティングと対象化の過程を追究しようとして、権力問題に深く巻き込まれて行ったのである。なぜなら、権力は主体が秩序構築される必然的なメカニズムだからである。フーコーは「人間主体は生産関係や象徴関係（relations de sens）のなかに置かれる一方、複雑きわまる権力関係（relations de pouvoir）の中に等しく置かれてもいることが早く

序　論 —フーコー自身にフーコーを語らせる　133

から明らかになった」[208]と言っている。そして、もし、マルクスが、資本主義的生産関係の総和としての人間の現実的本質を研究し、それに対して、フォルマリスムと言語学が主体の意味の情況構築の発生に言及したと言うならば、自分は、権力関係が、主体にとってはさらに第一次的な日常生活に存在する秩序構築であることに関心を寄せたと言ってよいとも述べている。フーコーはこのように分析している。

　この権力形式は、個人を類別する直接的な日常生活に行使され、個人をその個体性によって示し、その人の同一性（identité）と結びつけ、自分にもまた他人（autres）からもそれと認められなければならない真理の法（loi de vérité）を強いる。それは個人を主体へと変える権力形式なのだ。「主体」という語には二重の意味がある——統制と支配（le contrôle et la dépendance）によって他者（autre）に従属する主体と、良心や自己認識（la conscience ou la connaissance de soi）によって自己の同一性（identité）と結びつく主体である。どちらの場合でも、この語は従属と服従をもたらす（subjugue et assujettit）権力形式を示唆している[209]と。

　私は、フーコーのここでの言説は、ラカンの言う象徴界（象徴的なもの）における大文字の他者の支配の下での偽の主体という情況構築とたいへん似ているものに、すでになっていると感じる。権力による日常生活中の主体に対するフォーマティングは、知の言説と真理の体制（ラカンにあっては、象徴の記号システム—大文字の他者と呼ばれる）を通じて実現されるのだ。後者を通じて、主体は、理性的な自己とそれとは反対の存在である他者を区別してこの両者を作り上げるのである。この二重の意味での認定の中で、主体は他者性の権力に屈する。これは、無意識のうちに自己を他者に隷属させる自我の被拘束性でもある。
　もちろん、フーコーは、長い歴史の中では、人類という主体が、自身に降りかかる様々な権力の圧迫に対して頑強な反抗と闘争を行なったこともあることを承知している。フーコーによると、これらの闘争は三つの類型に区分される——「ひとつは、（民族的、社会的、宗教的な）支配の形式（formes de domination）に対する闘い、ひとつは個人とその所産とを分かつ搾取の形式（formes d'exploitation）に対する闘い、いまひとつは個人をその内面にくくりつけ、同じようにして他者に服従させるものに対する（従属に対する、主体性と服従の諸形式に対する）闘いである」[210]。フーコーから見ると、目に見える専制に反対

したのは、ブルジョアジーの上昇期の闘争であり、形式的平等の背後に隠された経済的搾取に反対する闘争は19世紀に主流となった。それは、マルクスが戦った歳月であった。20世紀に到って、フーコーが明らかにした無形の屈従に反対しもう一度主体性を奪い返そうとする闘争はますます重要なものになってきている。

晩年の小括

1984年、晩年を迎えたフーコーは、あるインタビューの中で自分の思想発展の全過程について概括した。その中で、フーコーは、すでに完成させた全部の学術テキストの中で事実上「私は、三種類の大きな問題を標定しようと試みました。真理（vérité）の問題、権力（pouvoir）の問題、そして個人行動（conduite individuelle）の問題です。経験をめぐるこの三分野は、おたがいに照らし合わせてはじめて理解できるものであり、他の分野なしには理解できないものなのです」[211]と語っている。別の表現をすれば、すなわち、それぞれ知・権力・主体ということになる。この中の最後の問題、すなわち、いわゆる個人の質、またすなわち、上述の主体の秩序構築の問題は、フーコーが晩年に重んじた思考の分野である。

別の情景を見ると、晩年のフーコーは、またこの３種の問題はすべて系譜学の研究を通じて解決ができるので、系譜学の研究は自然に３つの分野を形成することになったと提起している。

第一に、認識の主体としての自己形成を可能にする真理との関係におけるわたしたち自身の歴史的存在論、第二に、他者に対して働きかけつつある主体としての自己形成を行う権力の一分野との関係におけるわたしたち自身の歴史的存在論、第三に、倫理的動作主としての自己形成を可能にする道徳との関係における歴史的存在論〔です〕[212]と。

同様に、その中の最後の分野、すなわち個人の質の研究も倫理的主題とされている。フーコーは、これは同時に３つの思考の軸心でもあると言っている。この３つの思考の軸心は『狂気の歴史』の中に同時に登場し、狂気は科学的真理によって判定され、正常な生存の代表としての権力によって排斥され、さらに倫理の地平上では消失してしまうのである。そして、『臨床医学の誕生』と『言

葉と物』で探究されたものは、真理という軸心、すなわち科学的真理とエピステーメーによるすべての存在に対する秩序構築であった。フーコーがここでは言及しなかった『知の考古学』も、真理から権力に到る過度期の産物であり、『監獄の誕生』の研究は、権力という軸心、すなわち声なきミクロの規律・訓練権力であり、および、同様に言及しなかったコレージュ・ド・フランス講義中の生の政治権力もそうであった。そして、『性の歴史』が関心を寄せたものは、倫理という軸心であった[213]。上述の3者は、結局すべて主体の形式構築の問題となる。これは、3種のそれぞれ異なる主体の形式構築—知の主体・権力の主体・倫理の主体の形式構築の問題でもあるというわけである。これが、晩年を迎えたフーコーの自信の思想の歴程に対する最後の説明と位置づけになった。

フーコーは人々が自分の書物を読むのをいかに見たのか

『狂気の歴史』の第2版序言（1972）で、フーコーは書物の運命について以下のように述べている。

　　些細な出来事（événement minuscule）、取り扱いやすい小さい客体（petit objet）である一冊の書物が生み出される。そうなるともう、それは途絶えることのない反復作用（jeu）のなかで把えられる。それのまわりや遠くに複製〔化身〕（doubles）が多数できあがる。各人の読書によって、それは触知されにくい独自の肉体（corps）を付与される。書物じたいの断片が流布し、それのかわりに断片のほうが人びとに賞めそやされ、断片はそれをほとんど全部包含していると考えられてしまい、ついには書物はそこに避難所を見つけ出す場合も起こる。注釈（commentaires）が書物を二重にし（dédoublent）、そうした別の言説では、書物はついにみずから現れ出なければならないし、言明を拒んできた事柄を打ち明け、騒がしい仕方でだが、以前の時の別の場所での再版は、やはりまたこうした複製〔化身〕の一つである。というのも、完全にはおとりではなく、完全には同一でもないのだから[214]と。

このようにフーコーのテキストを長々と引用したのは、この段がたいへん重要だからである。ここから見て取れることは、フーコーのテクストロジーに関する基本的な見方である。明らかに、フーコーは、自分のテキストが還元式に

解釈されるのを望んではいない。なぜなら、彼は、解釈学のいわゆる迫真性なるものを信用していないからである。

　彼が発明した考古学と系譜学は、まさに解釈学に反対するものである。

　第1に、彼は、自分の作品が個人的主体性の産物であることを承認していない。作品は常に作者の意図を超える。それはさらに大きな言説実践の無意識の結果なのだ。1967年、『言葉と物』に関するインタビューの中で、フーコーは自分と作品の関係についてこう語っているのだ！

　わたしの本は純粋に単なるフィクションであるのです。それは小説である。しかしそれをつくり出したのはわたしではなくて、わたしたちの時代とその認識論的な布置があの言表の集合に対して持つ関係なのです。したがって主体は本全体に現前しますが、それは、すべての言われていることのなかでこんにち話している匿名の「ひと」なのです[215]と。

　もちろん、これは一種の誇張である。当時、青年フーコーは、一つの時代の中ですべての文化の質を決定づける「知の構造」と個人のエクリチュールの語句との関係、すなわちエピステーメーのエクリチュールに対する無形の規制作用をいまだ強調していた。ゆえに、彼はこのように言うことができたのである──自分の本は、匿名の主体による虚構の作品である。さらに深い情況構築の中ではこのような道理が明らかになる。すなわち、一人の作者が自分の真の意図によって創作した著作だと思うことは、それが、さらに大きな一定の時代の知の構造の無形のコントロールによって生まれたものだということを知らないに等しい。ゆえに、学術的真理を追究した著作と思われるものは、本質上、虚構の小説の類のような憶測から生まれたものにすぎないと。これは極めて残酷な真相である。

　第2に、彼はルーセル[216]の言い方を信じていた。それは、どんな作者にあっても、一種のエクリチュールの秘密が存在するというものであった。「ルーセルの作品群は秘密に次ぐ秘密の積み重ねの上に建てられていることになろうし、それらの秘密は互いに規定しあっている」[217]というわけである。後の読者にはわからない秘密の中で、作者であるルーセルは「自分の言葉の一つ一つの罠でありうるものに、ということは実際に罠に変えてしまう、ほかでもない、二重の底があるというただそれだけの可能性が、耳を澄ませる人にとっては憩

いなき不確定さの空間を開くからだ」[218]とフーコーは述べている。よって、いかなる閲読であろうとも、従来からオリジナルの思想情況の扉を開ける鍵というものは存在しないのである。

　第3に、一冊の本というものは、作者によって出版社に引き渡されてからは、すでに作者の手から切り離された歴史的テキストの対象(ドキュメント)になってしまうということがある。世に問われた後のテキストは、永遠に孤独な従来から人の触れることのない物自体（Ding an sich）になってしまうのである。そして、その周りで、あるいは遠くあるいはそう遠くない場所でも、解釈学によるその「化身（double）」[219]が不断に出現するのだ。

　　これは、カントの言説の変形された登場である。テキストと解釈物の関係は、物自体と直接的な現象世界との間のように、打ち破ることのできないまま分立しているのである。

　フーコーから見ると、一切の解釈物は、すべてテキストの一時的な言説が肉化したものすぎず、それぞれの解釈や理解は、それぞれ場を異にした新たな情況構築である。別の言語による翻訳という情況に置かれたならば（フランス語から中国語へ）、さらにそうなるであろう。フーコー自身も「〔書かれた〕生命は紙片の外へと進むのです。増殖を続け、前進し続けて、あの小さな長方形には決して固定されることがないのです」[220]と述べている。彼にあっては、テキストのエクリチュールは、生き生きとした情況構築の一つの事件なのであり、紙の本となったテキストの理解不可能性は、死んだ既存の物になったゆえである。我々は、この不可能性の中から、同じように既存のオリジナルの意味と作者のオリジナルの意図なるものを抽出しているわけだが、反対に、それは、実は一種の動態的な「出来事－客体（événement-objet）」なのである。それは、一旦世に出ると永遠に自在なものになり、それを「生み出した人物さえ永遠に主権の要求はできないのである」。その運命は、必然的に「複製され、寸断され、反復され、模倣され、二重になって、ついには消失」[221]というものになるのだ。

　　これは呪言のように聞こえる。

　それでよいだろう！　私のこのフーコーテキスト解釈の本も、フーコーがテキスト解釈に対して設置した呪文から逃れるつもりはない。この本もまた多数の化身の一つにすぎない。それは東洋思想の情況構築の中の化身ではあるが。

［注］

1 拙著《回到海德格尔——本有与构境》(第一卷，走向存在之途)〔『ハイデッガーへ帰れ―性起と情況構築』(第1巻　存在への道)〕(商务印书馆、2014年)を参照のこと。

2 演技性 (Vorführend) テキストとは、私が前掲書で提起した新しいテキスト分類の一種である。これは、他者による制約を受けてやむなく執筆した演技性のあるテキストのことである。その現実的基礎は「本来の顔ではないマスクを着けた表面は従順な生き方」である。前掲書10〜11頁を参照のこと。

3 ドルフス (Engelbert Dollfuss 1892- 1934)。オーストリアの政治家。キリスト教社会党の党員で、森林・農業大臣に任じられ、1932年にはオーストリア連邦の首相となった。1933年初め、彼は議会を解散しオーストリア・ナチ党を禁止した。1934年ナチスが発動したクーデターの最中に暗殺された。

4 ミシェル・フーコー、佐藤嘉幸訳「スティーヴン・リギンズによるミシェル・フーコーへのインタヴュー」『ミシェル・フーコー思考集成Ⅸ　1982-1983　自己／統治性／快楽』(筑摩書房、2001年) 429頁。

5 コシーク (Karel Kosik 1926-2003)。チェコスロバキアの新マルクス主義哲学者・作家。1926年プラハに生まれる。第二次大戦以後、前後してレニングラード大学とプラハ・カレル大学で哲学を学んだ。1963年以前はチェコスロバキアの科学アカデミー哲学研究所に勤務していたが、1963年にカレル大学の文学部教授となった。1968年チェコスロバキア共産党の第14回特別代表大会で中央委員に当選したが、しばらくして除名され一切の職務を解かれた。主な著作には、Česká radikální demokracie (1958)、『具体的なものの弁証法』(1963)、La nostra crisi attuale (1968) などがある。

6 拙著《文本的深度耕犁——西方马克思主义经典文本解读 (第一卷)》〔『テキストの深き耕し――西洋マルクス主義古典テキストの解読 (第一巻)』〕(中国人民大学出版社、2004年) 229-231頁を参照のこと。

7 フーコー前掲書429頁

8 同上430頁。

9 アルチュセール (Louis Althusser 1918-1990)。フランスの著名な西洋マルクス主義哲学者。1918年10月16日アルジェ近郊のビルマンドレという町に生まれる。父親は銀行員であった。アルチュセールは小さいころからカトリックだった。1924〜1930年彼はアルジェの小学校で学んだ。1930〜1936年フランス本国のマルセイユ高校で学び、1937年カトリック系のキリスト教学生青年会に入会した。1939年パリ高等師範学校に入学したが、同年大戦の勃発により学業を中断し兵役に就いた。1940年6月ドイツ軍の捕虜になり終戦までドイツの捕虜収容所に監禁される。その間精神病を患い入院して治療を受けた。1945〜1948年高等師範学校に復学し哲学を学びバシュラール教授に師事した。1848年アグレガシオン資格論文「G・W・Fヘーゲルの思考における内容について」(『哲学・政治著作集Ⅰ』に所収) を完成させその後留校して復習教師となった。1948年10月フランス共産党に入党し1950年正式にカトリック

教会から脱会した。1975年6月アミアン大学の博士号を取得するも後に撤回された。1980年精神病の発作によって妻を絞殺した。1990年10月22日心不全により逝去。享年72歳。主な著作には、『政治と歴史―モンテスキュー・ヘーゲルとマルクス』(1959)、『マルクスのために』(1965)、『資本論を読む』上・中・下 (1965)、『レーニンと哲学』(1969)、『科学者のための哲学講義』(1974)、『自己批判―マルクス主義と階級闘争』(1974)、Positions (1976)、『未来は長く続く』(1992) などがある。

10 フーコー前掲書430頁。

11 メルロ・ポンティ (Maurice Merleau-Ponty 1908-1961)。フランスの哲学者・思想家。彼は、実存主義の全盛期にサルトルと肩を並べたフランス実存主義の傑出した代表者である。パリのリセ・ルイ・ル・グランを卒業し、パリ高等師範学校に入学してサルトルのクラスメートになった。1930年アグレガシオンの資格を取った。まずシャトルで教師をし、その後高師に戻り教師を続けた。1945年『行動の構造』と『知覚の現象学』という二冊の著作で博士の学位を得た。1945〜1948年リヨン大学で哲学を、1949〜1952年ソルボンヌ大学で児童心理学と教育学を教えた。1952年から逝去するまで、コレージュ・ド・フランス教授に就任し創設以来最年少の教授となった。1945年10月サルトルなどとともに雑誌『レ・タン・モデルヌ (現代)』を創刊し、創刊から1952年12月まで同誌の政治版編集者となった。1961年心臓麻痺のため逝去。享年53歳であった。主な著作には、『行動の構造』(1945)、『知覚の現象学』(1945)、『ヒューマニズムとテロル』(1947)、『意味と無意味』(1948)、『弁証法の冒険』(1955)、『シーニュ』(1960) などがある。

12 レヴィ・ストロース (Claude Levi-Strauss 1908-2009)。フランス現代の構造主義人類学者。1908年ベルギーに生まれる。1914年両親に従ってフランスに移住。1927年パリ大学に入学し修士の学位とアグレガシオンの資格を得た。1932年からリセで教師をした後、1934年ブラジルのサンパウロ大学で社会学の教授となり人類学の文献に触れるようになった。1936年最初の人類学の論文を発表した。1941年アメリカでヤコブソンと知己になり、構造主義を人類学の研究に導入し始めた。1948年博士の学位を得た。1950年パリ大学の高等研究実習院人類学教室の主任となった。1959年コレージュ・ド・フランスの社会人類学教授となり、同年アカデミーフランセーズの会員となった。主な著作には、『親族の基本構造』(1949)、『悲しき熱帯』(1955)、『構造人類学』(1958)、『野生の思考』(1962)、『今日のトーテミズム』(1962)、『神話論理』(4巻 1964〜1971) などがある。

13 他者性の鏡像段階とは、私が2007年に出版した『レーニンへ帰れ』の中で打ち出した情況構築論による思想史解読モデルの第一段階、すなわち一人の思想家が、その初期の学術的基盤の中で、自分の師の観念あるいは基本の典籍を無意識のうちに認めた方式を一般的に採用するという形で始まる成長の第一段階を示す用語である。張一兵、中野英夫訳『レーニンへ帰れ―「哲学ノート」のポストテクストロジー的解読』(世界書院、2016年) 92〜93頁を参照のこと。

14　Michel Foucault, Le beau danger: Un entretien de Michel Foucault avec Claude Bonnefoy, Edited and presented by Philippe Artières (Éditions de l'EHESS, 2013), 36..

15　ミシェル・フーコー、石岡良治訳「ミシェル・フーコー、違法性と処罰術」『ミシェル・フーコー思考集成Ⅵ　1976-1977　セクシュアリテ／真理』(筑摩書房、2000年) 112頁。

16　フーコー「スティーヴン・リギンズによるミシェル・フーコーへのインタヴュー」『ミシェル・フーコー思考集成Ⅸ』431頁。

17　イポリット（Jean Hyppolite 1907-1968）。フランスの著名な哲学者。パリ高等師範学校を卒業した。第二次大戦後ストラスブール大学の教授となった。1954年高師の学長となった。1963年コレージュ・ド・フランスの教授となった。コジェーヴとともに、イポリットはもっとも早い時期にヘーゲル哲学をフランス思想界に紹介し、一代のフランスの現代思想家に影響を与えた。1939年彼はヘーゲルの『精神現象学』をフランス語に訳した。主な著作には、『ヘーゲル精神現象学の生成と構造』(1947)、『論理と実存』(1952) などがある。

18　ミシェル・フーコー、慎改康之訳『言説の領界』(河出文庫、2014年) 95頁。

19　Alain Badiou, Petit panthéon portatif （Paris: La fabrique, 2008), 42.

20　フーコー前掲書101頁。

21　デュメジル（Gorge Dumézil 1898-1988）。フランス現代の著名な思想家。比較宗教文化の歴史学者。1916年筆頭の成績でパリ高等師範学校に入学した。1924年2篇の神話学分野の論文で博士の学位を得た。この後トルコのイスタンブール大学の宗教史の教授になった。1931〜1933年スウェーデンのウプサラ大学の教授になった。1935年パリ大学の高等研究実習院に「比較神話学」教室を開設した。1948年コレージュ・ド・フランスの「印欧文化講座」の最初の教授となった。主な著作には、『神々の構造　印欧語族三区分イデオロギー』(1952)、La religion romaine archaïque （1966)、Mythe et épopée（1968)、『ローマの祭 夏と秋』(1975) などがある。

22　Georges Dumézil, "Le Messager des dieux," Magazine Littéraire 229 (April 1986), p. 19. 引用は、ジェイムズ・ミラー、田村俶ほか訳『ミシェル・フーコー――受苦と情熱』(新潮社、1998年) 141頁より。

23　ミシェル・フーコー、石田英敬訳「狂気は社会のなかでしか存在しない」『フーコー・コレクション1　狂気・理性』(ちくま学芸文庫、2006年) 200頁。

24　フーコー『言説の領界』92頁。

25　ミシェル・フーコー、松浦寿輝訳「ドゥルーズ＝ガタリ『アンチ・オイディプス』への序文」『フーコー・コレクション6　生政治・統治』(ちくま学芸文庫、2006年) 157頁。

26　ミシェル・フーコー、黒田昭信訳「構造主義とポスト構造主義」『ミシェル・フーコー思考集成Ⅸ』(筑摩書房、2001年) 302頁。サルトルの元の言葉は「マルクス主義はなおごく年若いのであって、ほとんど幼年期にあるといってもよいほどである。そ

れはやっと発展をはじめたばかりである。それでマルクス主義はわれわれの時代の哲学としてとどまっている。それを生んだ状況がいまだのりこえられていないため、マルクス主義はのりこえられることはできない。われわれの思惟は、どんなものにせよ、この腐植土の上にしか形成されることはできない。思惟はマルクス主義があたえる枠内に包含されるべきであり、さもなければ虚ろなものとなって消えてしまうか後退するより他はない」（ジャン＝ポール・サルトル、平井啓之訳『方法の問題』（人文書院、1962年）37-38頁）。。

27 フーコー前掲書302-303頁
28 チャン・デュク・タオ（Tran Duc Thao 1917-1993）。フランスのヴェトナム系の現象学的マルクス主義者。主な著作には『現象学と弁証法的唯物論』（1951）がある。
29 拙著《文本的深度耕犁》第5章を参照のこと。
30 ソシュール（Ferdinand de Saussure 1857-1913）。スイスの著名な言語学者。1857年ジュネーブに生まれる。1875年ジュネーブ大学に入学し物理と化学を学んだが、1876年ライプチヒ大学に転入して歴史言語学を学んだ。1878年Mémoire sur le système primitif des voyelles dans les langues indo-européenesを発表し、1880年にはDe l'emploi du génitif absolu en sanskritによって博士の学位を得た。ソシュールは長期にわたってパリとジュネーブで言語学の研究に従事した。1913年逝去。享年56歳であった。おもな著作は、弟子のバイイとセシュエによって整理出版された講義録の『一般言語学講義』（1916）である。
31 フーコー前掲書304頁
32 楊喬喩博士の研究によると、「アルチュセール主義」は、アルチュセールの弟子たちがアルチュセールに従って理論研究を進めた中で、無意識のうちに作り上げてしまった教条化した観念と言説のことであり、アルチュセール自身は、このアルチュセール主義なるものとは一定の距離を取って入たとのことである。《形式断裂中的逻辑延续——阿尔都塞与阿尔都塞主义研究》〔「形式的切断中の論理の延続—アルチュセールとアルチュセール主義の研究」〕（2015年、南京大学文書館所蔵）を参照のこと。
33 フーコー自身はこう回憶している。「われわれは、共産主義が体現していると信じていいたあのまったく別なものへと導いてくれる他の道を探究していました」（ミシェル・フーコー、増田一夫訳「ミシェル・フーコーとの対話」『ミシェル・フーコー思考集成Ⅷ　1979-1981　政治／友愛』（筑摩書房、2001年）206頁）、「人は、たんに違う世界と社会ばかりではなく、そこでは別のわれわれ自身たりうるような世界を望んでいたのです。人は、まったく別の世界のなかで、まったく別の人間となることを望んでいたのです。」（同204頁）。
34 フーコー「構造主義とポスト構造主義」『ミシェル・フーコー思考集成Ⅸ』304頁。
35 同上305頁
36 Badiou, Op. Cit., p.112.
37 ジョルジュ・カンギレム（Georges Canguilhem 1904-1995）。フランスの著名な科学史

家。バシュラールの科学史と認識論研究の後継者である。1924年パリ高等師範学校に入学し医学研究に尽くした。1924年同校に入学した学生の中からはサルトル、アロン、カンギレムなどの思想家が輩出した。このゆえに「花の24期性」という言い方がある。1936年トゥルーズのリセで教員となり、1943年医学博士の学位を得た。その後ソルボンヌ大学の科学史研究所の所長となった。1983年科学史学会の最高賞であるジョージ・サートン・メダルを獲得した。カンギレムは眼力のあるフーコーの伯楽と言えよう。フーコーの博士論文の指導教師の一人であり、フーコーの成長中の多くの重要な時点で、カンギレムは躊躇なく身を投げ出して指導に当たった。おもな著作には、『正常と病理』(1943)、『生命の認識』(1965)、『科学史・科学哲学研究』(1968)、『生命科学の歴史―イデオロギーと合理性』(1981)などがある。

38 ジョルジュ・カンギレム、滝沢武久訳『正常と病理』(法政大学出版局 1987年)。この本の第一部分は1943年に完成させた博士論文(「正常と病理についての若干の問題についての試論」)であり、第二部分は1963〜1966年に執筆した2篇の論文から成っている。

39 ミシェル・フーコー、廣瀬浩司訳「フーコーによる序文」『ミシェル・フーコー思考集成Ⅶ』(筑摩書房、2000年) 3-19頁を参照のこと。

40 ピエール・ブルデュー、加藤晴久訳『自己分析』(藤原書店 2011年) 56頁。

41 フーコー前掲書4頁。

42 ブルデュー前掲書29頁。

43 ピエール・マシュレー (Pierre Macherey, 1938-)。フランスのマルクス主義文芸評論家。アルチュセールの弟子である。おもな著作には、『資本論を読む』(共著、1965)、『文学生産の理論』(1966)などがある。

44 Pierre Macherey, "La Philosophie de la science de Georges Canguilhem: Epistémologie et histoire des sciences," La Pensée 113 (February 1964) : reprinted in Pierre Macherey, De Canguilhem à Foucault: la force des normes (Paris : La Fabrique, 2009), 70.

45 Macherey, De Canguilhem à Foucault, 26.

46 フーコー『言説の領界』93頁。

47 ミシェル・フーコー、廣瀬浩司訳「フーコーによる序文」『ミシェル・フーコー思考集成Ⅷ』(筑摩書房、2000年) 4頁。

48 カヴァイエス (Jean Cavaillès 1903-1944)。現代フランスの数学者・哲学者。第二次大戦中のフランス・レジスタンスの英雄。1923年高等師範学校に入学した。1936年アミンのリセの教師となった。1937年以降ソルボンヌ大学とストラスブール大学で教え、1941年ソルボンヌ大学の論理学と哲学の教授となった。その後フランス北部解放を目指すレジスタンス運動に参加し1943年逮捕された。1944年2月12日アラスでドイツ軍に銃殺され集体墓地に埋葬された。墓前の木の十字架には「無名5号」と書かれてある。享年40歳。おもな著作には、Remarques sur la formation de la théorie abstraite des ensembles (1938)などがある。

49 ミシェル・フーコー、高桑和巳訳「政治と倫理　インタヴュー」『ミシェル・フーコー思考集成X　1984-1988　倫理／道徳／啓蒙』(筑摩書房、2002年) 36頁。
50 Badiou, Op. Cit., 20.
51 トーマス・クーン (Thomas Samuel Kuhn 1922-1996)。アメリカの著名な科学史家・科学哲学者。1949年ハーバード大学で博士の学位を得て1951 〜 1956年同大の助教授となった。1958 〜 1964年カリフォルニア大学バークレー校で教え、1961年同校の科学史専攻の正教授となり科学史を教えた。1964 〜 1979年プリンストン大学科学史・科学哲学の教授となった。1968 〜 1970年アメリカ科学史学会の会長を務めた。アメリカ科学アカデミーの会員でもあった。主な著作には、『科学革命の構造』(1962)、『科学革命における本質的緊張——トーマス・クーン論文集』(1977) などがある。
52 ラカトシュ (Imre Lakatos 1922-1974)。ハンガリー系のイギリスの科学哲学者。おもな著作には『方法の擁護　科学的研究プログラムの方法論』(1 〜 2 巻　1977 〜 1978) がある。
53 ミシェル・フーコー、松浦寿夫訳「ミシェル・フーコー／ピエール・ブーレーズ—現代音楽と聴衆」『ミシェル・フーコー思考集成IX』376頁。
54 ポール・セザンヌ (Paul Cezanne 1839-1906)。フランスの著名な印象派の画家。「後期印象派の三大巨匠の一人」とあがめられている。その芸術の原則は現代の「キュビズム」や「表現主義」を先導した。これにより「現代絵画の父」の称もある。
55 キュビズムとは、西洋現代芸術史上の運動・流派である。1908年フランスから始まった。キュビズムは、破砕・解析・新たな組み合せを追求し、分離した画面—多くの組み合せでできた砕片式の形態を作者のイメージの目的とするもの—を構成した。この派の画家は、様々な角度から対象物を描きそれを同一の画面に配置する。これによって対象物のもっとも完璧なイメージを表現するわけである。背景と絵のテーマは相互に入り組み、これによって、この様式による画面に三次元空間のような特色を与える。物体の各角度から見た交錯は、多くの垂直線と平行線を形作り、散乱する陰影は、この様式の画面に西洋の伝統的絵画の透視法では作ることのできなかった三次元空間の錯覚を与える。
56 シェーンベルク (Arnold Schoenberg 1874-1951)。オーストリア出身の作曲家。1941年アメリカ国籍を取得した。おもな作品には、「浄められた夜」、交響詩「ペレアスとメリザンド」などがある。シェーンベルクは20世紀の偉大な音楽の変革者と称するに足りる。彼の初期の作品はワグナー以降のロマン主義の風格があったが、中期から変化音を和声と組み合せた無調と表現主義を追求し始めた。晩期には12音階体系を打ち出した。彼はアドルノの哲学思想にもっとも影響を与えた音楽の大家である。
57 12音階とは、中期シェーンベルクの音楽創作手法である。彼は12個の音階を使って作曲をした。まず12の半音を一つの序列すなわち原型の形に並べ、そこから3種の変形（逆行・倒影・逆行倒影）を派生させた。原則的に序列の選択の横向きの形は

音階を形成しないし、縦向きは三和音を形成しない。序列の基本形式およびその変化から得られた48種の結果こそが12音階音楽作曲のすべての材料となる。

58 拙著《无调式辩证想象——阿多诺<否定辩证法>的文本学解读》〔『無調式弁証法の想像―アドルノ「否定弁証法」のテクストロジー的解読』〕（商务印书馆、2001年）イントロダクションを参照のこと。

59 ガストン・バシュラール（Gaston Bachelard 1884-1961）。フランスの哲学者・科学史家。若いころ自然科学を学んだが1927年文学博士の学位を得た。1930年より前後してディジョン大学（現・ブルゴーニュ大学）、パリ大学、パリ高等師範学校の教授となった。1955年名誉教授の身分で科学歴史アカデミーを指導し倫理・政治科学アカデミーの会員となった。1961年フランス学芸大賞を獲得した。主な著作には、『新しい科学的精神』(1934)、『科学的精神の形成--客観的認識の精神分析のために』(1938)、『火の精神分析』(1938)、『夢想の詩学』(1961) などがある。

60 Badiou, Op. Cit., 17.

61 フーコー「フーコーによる序文」『ミシェル・フーコー思考集成Ⅷ』9頁。

62 Alain Badiou, *Abrégé de métapolitique* (Paris: Seuil, 1998), 9.

63 Macherey, Op. Cit., 91.

64 フーコー前掲書9頁。

65 コイレ（Alexandre Koyré 1892－1964）。フランスの著名な科学哲学者・科学史家。最初に科学革命説を打ち出した科学史家でもある。1908～1911年ドイツのゲッティンゲン大学で学びエトムント・フッサールに師事した。1911年パリに戻り、アンリ・ベルグソンの指導の下続けて研究に従事した。1922年パリ高等研究所の講師となり、アレクサンドル・コジェーヴ（Alexandre Kojève）と同僚になった。第二次大戦終了後アメリカに亡命し、1955～1962年プリンストン大学高等研究所で客員教授となった。毎年ここで半年過ごしたという。コイレの学術的影響はおもに欧米の科学哲学の分野に広まり、比較的強くこの影響を受けた人物にはクーン・ラカトシュ・ファイヤアーベントなどがいる。1961年アメリカ科学史学会からジョージ・サートン・メダルを受けた。おもな著作には、『閉じた世界から無限宇宙へ』などがある。

66 フーコー前掲書10頁。

67 同上12頁。

68 同上14頁。

69 Macherey, *Op. Cit.*, 33より転用。私は、フーコーがカンギレムの歴史観における残りの二つの概念、デフォーマティング〔変形〕(déformation)と修正(rectification)を採用していないのに気付いた。マシュレーの解釈によれば、歴史研究におけるdéformationのメカニズムは「現象を概念と取り違えた上で、概念を理論と取り違えること。最初に水準の一貫した混同が存在する」ことであり、またフォーマティングの反対が見直し*revision*であるとのことである。*Ibid.*, 44-45参照のこと（強調は原文）。

70 訳者注。訳者注④を参照のこと。

71　フーコー前掲書16-17頁。
72　拙著《回到海德格尓》第4章を参照のこと。
73　フーコー前掲書18頁。
74　カール・ポパー（Sir Karl Raimund Popper 1902-1994)。現代イギリスの著名な科学哲学者・政治学者。ウイーン（当時はオーストリアーハンガリー帝国に属していた）のユダヤ系の中産階級の家庭に生まれる。ウイーン大学を卒業した。1928年哲学博士の学位を得て1930～1936年高校教師となった。1937年ニュージーランドに移住し、クライストチャーチのカンタベリー大学の哲学講師となった。1946年イギリスに移りロンドン・スクール・オブ・エコノミクスで論理学と科学方法論を教えた。1949年教授となった。1965年エリザベス二世からナイトの称号を受け、1967年ロイヤルアカデミーの会員となった。おもな著作には、『科学的発見の論理』(1934)、『開かれた社会とその敵』(1945)、『歴史主義の貧困——社会科学の方法と実践』(1957)、『推測と反駁——科学的知識の発展』(1963)などがある。
75　ピアジェ（Jean Piaget 1896-1980）。現代スイスの著名な児童心理学者。発生的認識論の創始者。1896年8月9日スイスのヌーシャテルに生まれる。1918年ヌーシャテル大学で博士の学位を得て、1921年フランス国家科学博士の学位を得た。同年ジュネーブ大学のジャン・ジャック・ルソー研究所の心理学研究主任となった。1924年よりジュネーブ大学の教授となった。1954年カナダで行われた第14回国際心理学会で同会の会長に選出された。おもな著作には、『幼児心理学』(1962)、『構造主義』(1970)、『発生的認識論序説』(1970)、*Biology and Knowledge: An Essay on the Relations between Organic Regulations and Cognitive Processes*などがある。
76　ジャン・ピアジェ、滝沢武久ほか訳『構造主義』（白水社、1970年）138頁。
77　ミシェル・フーコー、北山晴一訳「真理と権力」『フーコー・コレクション4　権力・監禁』（ちくま学芸文庫、2006年）336頁。
78　フーコー「構造主義とポスト構造主義」『ミシェル・フーコー思考集成IX』299頁。
79　モーリス・ブランショ、守中高明訳「ミシェル・フーコー　わが想像のうちの」『他処からやってきた声——デ・フォレ、シャール、ツェラン、フーコー』（以文社、2013年）140頁。
80　フーコー「真理と権力」『フーコー・コレクション4』333頁。
81　フーコー「道徳の回帰」『フーコー・コレクション6』410頁。
82　フーコー「構造主義とポスト構造主義」『ミシェル・フーコー思考集成IX』307頁
83　同上318頁。
84　同上316頁
85　ミシェル・フーコー、中山元訳「哲学を厄介払いする―文学について、これまでの軌跡について」『私は花火師です―フーコーは語る』（ちくま学芸文庫、2008年）66頁。
86　フーコー「道徳の回帰」『フーコー・コレクション6』412頁。
87　フーコー「ミシェル・フーコーとの対話」『ミシェル・フーコー思考集成VIII』206頁。

88　Edward Said, "Michel Foucault: 1926-1984," in *Michel Foucault Critical Assessments*, ed. Barry Smart (Routledge, 1995), 7: 261.
89　ジル・ドゥルーズ、宮林寛訳『記号と事件——1972-1990年の対話』(河出文庫、2007年) 239頁。
90　フーコー「真理と権力」『フーコー・コレクション4』329頁。
91　「ユーロコミニュズム」とは、20世紀70年代の国際共産主義運動の中に形成された重要な政治動向のことである。それは、ヨーロッパのいくつかの共産党が、現代の発達した資本主義から社会主義へと進む路を探索していた時、提出された理論と観点をおもに指す。1956年ソ連共産党がスターリンの誤りを批判した後、このスターリン批判は、ヨーロッパ各国の共産党員に、ソ連の社会主義実践をあらためて反省し、独立・自主的な政治路線の確定を強調する動きをうながした。同年、イタリア共産党の総書記トリアッチは、「構造改革」論を打ち出し、民主主義と平和的方式を通じて、現有のヨーロッパ資本主義の政治経済構造に対し一連の改革を進め、そうすることにより、イタリアは漸進的に社会主義の路を進むだろうと宣言した。1968年ヨーロッパの18の共産党が、ソ連のチェコスロバキアへの出兵を非難したが、続いて、イタリア共産党とソ連共産党の間で、社会主義にはそれぞれ異なるモデルがあるのか否かについての分岐が生じた。その後続いた論争の中で、イタリア・フランス・スペイン3国の共産党の観点は急に接近した。1975年7月イタリア共産党とスペイン共産党は会談を行なって宣言を発表し、同年11月にはイタリア共産党とフランス共産党も会談を行なって共同声明を発表し、ユーロコミニュズムの正式な形成の標識となった。1977年3月イタリア・フランス・スペインの3党のリーダーが、マドリードで会見し、「民主主義と自由の中での社会主義の実現」という綱領によって、武装闘争とプロレタリア独裁の放棄、議会闘争を通じての資本主義制度の改造を宣布した。この綱領は「ユーロコミニュズム宣言」と言われている。
92　フーコーが最終的にフランス共産党を離党した原因はたいへん興味深い。1953年ピカソが、フランス共産党機関紙『ユマニテ』の招きを受け、逝去したばかりのスターリンの肖像画を描いたが、その完成品を見るとスターリンは普通人のように描かれていた。しかし、まさにこのために、フランス共産党の指導部は、正式の会議の中でピカソのこの非神格化されたスターリンの肖像画を厳しく批判したのである。当時会場にいたフーコーはこれに体が震えるほど怒りを感じた。この会議が、フーコーが参加した最後の党会議になった。
93　ミシェル・フーコー、國分功一郎訳「地理学に関するミシェル・フーコーへの質問」『ミシェル・フーコー思考集成Ⅵ』46頁。
94　Mark Poster, *Foucault, Marxism and History: Mode of Production Versus Mode of Information* (Cambridge: Polity Press, 1984), 2.
95　フレドリック・ジェイムスン、加藤雅之等訳『アドルノ——後期マルクス主義と弁証法』(論創社　2013年) を参照。

96 これととてもよく似た情景は、今年（2015年）3月7日スティグレールがはじめて南京大学を訪問し、我々のマルクス主義原文の大型データベース建設と前期の研究成果を見た時、たいへん感動して「我々とともに『ドイツ・イデオロギー』と『経済学批判要綱』を読もう」と表明した情景である。もちろん、彼には「20世紀のアルチュセールのマルクスについての誤った解読とその影響を清算しなければならない」というもう一つの強烈な意図もあった。

97 ミシェル・フーコー、中澤信一訳「監獄についての対談――本とその方法」『ミシェル・フーコー思考集成Ⅴ 1974-1975 権力／処罰』（筑摩書房、2000年）371頁。

98 同上同頁

99 ジル・ドゥルーズ、宇野邦一訳『フーコー』（河出文庫、2007年）40頁。

100 フーコー前掲書371頁。

101 Edith Kurzweil, *The Age of Structuralism: From Lévi-Strauss to Foucault* (New York: Columbia University Press, 1980), 193.

102 フーコー「構造主義とポスト構造主義」『ミシェル・フーコー思考集成Ⅸ』334頁。

103 ミシェル・フーコー、原和之訳「真理、権力、自己」『ミシェル・フーコー思考集成Ⅹ 1984-1988 倫理／道徳／啓蒙』（筑摩書房、2002年）313頁。

104 アンドレ・ブルトン（André Breton 1896-1966）。フランスのシュルレアリスム運動の創始者でありその「法王」。フランス20世紀前半のもっとも重要な詩人・小説家である。1898年フランス、オルネ省ティンチェブライ市に生まれる。若いころパリで医学を学び詩歌の創作を始めた。1915年服役した。1919年最初の詩集？を発表し、スーポーと協力して「自動記述法」による最初の小説『磁場』を執筆した。ブルトンはダダイズム運動に参加したこともある。1924年『シュルレアリスム第一宣言』を発表し「シュルレアリスム研究所」を設立した。1927年フランス共産党に入党。1930年『シュルレアリスム第二宣言』を発表し『シュルレアリスム革命』誌を創刊した。1942年『シュルレアリスム第二宣言序論』を発表しシュルレアリスム運動の理論についてもっとも重要な解釈を行なった。1948年「シャルル・フーリエに捧げるオード」を発表。またブルトン主導のシュルレアリスム団体は前後して『ネオン』、『シュルレアリスム・メーム』、『ブレッシュ』などの雑誌を創刊した。1957年ブルトンは『魔術的芸術』を発表した。1966年パリで逝去。

105 シュルレアリスム（Surréalisme）。シュルレアリスム運動とも言われる。1920 ～ 1930年の間ヨーロッパの文学と芸術において盛行したフランスの芸術潮流である。そのおもな特徴は、いわゆる「超現実」・「超理性」の夢幻境・幻覚を芸術の創作の源泉とし、このような現実を超えた「無意識」の世界にあってこそ一切の束縛から脱出でき、もっとも真に客観的事実の本当の姿が顕示するという見方である。拙著《不可能的存在之真――拉康哲学映像》〔『不可能な存在の真実―ラカン哲学のイメージ』〕（商務印书馆、2006年）第2章を参照のこと。

106 ミシェル・フーコー、松浦寿輝訳「彼は二つの単語の間を泳ぐ人だった」『ミシェル・

フーコー思考集成 II　1964-1967　文学／言語／エピステモロジー』（筑摩書房、1999年）386頁。
107　同上388頁。
108　同上同頁。
109　同上389頁。
110　マラルメ（Stéphane Mallarmé 1842-1898）。フランスの象徴主義詩人・散文家。おもな作品には、『エロディヤードの結婚』（1875）、『牧神の午後』（1876）、『骰子一擲』（1897）などがある。
111　フーコー前掲書390頁。
112　サド（Marquis de Sade　1740-1814）。フランス近代の著名な作家。サドはフランス貴族で、一連の色情文学と哲学作品の作者である。とりわけ色情幻想の作品と異常な行為が引き起こした社会的スキャンダルで有名となり、サディズムは後に変態性の虐待行為の別名となった。1740年サドはフランス南部の没落貴族の家庭に生まれた。その母はコンデ王妃の高級侍女で、彼本人もコンデ公のパリ宮殿で生まれそこで幼年時代を過ごした。10〜14歳の間パリのコレージュ・ルイ・ルグランで学んだ。この後高級貴族だけが入学できる士官学校に入学した。1764年父が逝去し、彼は父が担当していたフランスとスイスの国境地帯の3省の名誉総督の職を引き継ぎ、スキャンダラスな生活をおくれるだけの財産も手に入れた。しばらくしてサドは罪に問われ監禁された。1784年脱獄未遂事件を起こしバスティーユ監獄に監禁された。その牢獄生活は5年半も続いた。ちょうどその期間が彼の執筆上のもっとも輝かしい時光となった。1790年フランス大革命の中で釈放された。1801年ナポレオンの登場後、サドは色情作品を書いた罪に問われ審判を経ないままに再び監禁された。1803年発狂したとされ精神病院に送られた。この後も彼は精神病院の患者を組織してかなりの劇を演じた。1814年同病院で逝去した。享年74歳。おもな作品には、『ソドム百二十日あるいは淫蕩学校』（1782）、『ジュスティーヌあるいは美徳の不幸』（1787）、『新ジュスティーヌあるいは美徳の不幸』（1797）、『ジュリエット物語あるいは悪徳の栄え』（1796）、などがある。
113　バタイユ（Georges Bataille 1897-1962）。フランスの著名な思想家。1897年9月10日フランスのビオムで生まれる。17歳の時洗礼を受けカトリック教徒となった。第一次大戦勃発以後1916年に招集されたが翌年病のため退役した。1918年国立古文書学校に入学し、1922年卒業後パリの国立図書館に司書として勤務した。1929年『ドキュマン』誌を創刊し1936年「アセファル」を結成して1946年『クリティク』誌を創刊した。1962年7月8日病のためパリで逝去。おもな著作には、『太陽肛門』(1931)、「消費の概念」(1933)、『内的体験』(1943)、『呪われた部分Ⅰ・Ⅱ』(1949〜1951)、『ニーチェについて——好運への意志』(1945) などがある。
114　ブランショ（Maurice Blanchot 1907-2003）。現代フランスの著名な作家・思想家・評論家。1907年フランス東部のブルゴーニュに生まれる。若いころストラスブール大

学で哲学を学び、ここでレヴィナスと知り合いになり、彼を通じてハイデッガー哲学を理解するようになった。1940年バタイユと出会い長期にわたる親友となった。ブランショは一生の間30数部の小説・文芸批評・哲学著作を書いた。おもな著作には、『踏みはずし』(1943)、『文学空間』(1955)、『他処から来た声』(2002) などがある。

115 アルトー（Antonin Artaud 1896-1948)。フランスの著名な演劇員・詩人・演劇理論家。フランス反演劇理論の創始者。1896年9月4日マルセイユに生まれる。1920年パリに赴いた。19世紀20年代にシュルレアリスムの思潮の影響を受けたことがある。1926年仲間と共同でアルフレッド・ジャリ劇場を創設し、独特の一人芝居であるVentre brûlé ou la mère folleなどを上演した。1931年「バリ島の演劇について」」、「演出と形而上学」などの文章を書いた。後に象徴主義とアジア演劇中の非言語的成分に影響を受け、「残酷劇」という理論を打ち出し、演劇を通じてすべての現存の舞台形式を破壊しようと試みた。演劇を伝染病に比し、観衆も演劇の中で苦しみを受けるべきだが、このことにより現実生活を超越できると主張した。自作自演の『チェンチ一族』を上演したことがある。1937年精神分裂病にかかり1948年3月4日逝去した。おもな作品には、『残酷の演劇第一宣言』(1932)、『演劇とその分身』(1938) などがある。

116 Michel Foucault, "Entretien de Michel Foucault avec André Berten, 7 Mai 1981," in *Mal faire, dire vrai: Fonction de l'aveu en justice. Cours de Louvain, 1981, eds.* Fabienne Brion and Bernard E. Harcourt (Louvain: Presses universitaires de Louvain, 2012), 238.

117 ミシェル・フーコー、野崎歓訳「言語の無限反復」『フーコー・コレクション2　文学・侵犯』（ちくま学芸文庫、2006年）93頁。

118 同上107頁。

119 拙著《回到海德格尔》序言を参照のこと。また拙稿《海德格尔学术思想文本中的"怎样"（Wie)》〔「ハイデッガー学術思想テキスト中の「いかに」(Wie)」〕《哲学研究》2011年第7期も参照可能である。

120 フーコー前掲書110頁。

121 フーコー、西谷修訳「侵犯への序言」『フーコー・コレクション2』263頁。

122 同上68頁。

123 ミシェル・フーコー、石田英敬訳「狂気、作品の不在」『フーコー・コレクション1』277-295頁。

124 フーコー「侵犯への序言」『フーコー・コレクション2』69頁。

125 同上83頁。

126 拙著《不可能的存在之真》242～243頁を参照のこと。

127 フーコー前掲書84頁。

128 ウォーリン（Richard Wolin 1952-)。ニューヨーク都市大学大学院の歴史・比較文学・政治学の教授。おもな著作には、*Walter Benjamin: An Aesthetic of Redemption* (1982)、*Heidegger's Children: Philosophy, Anti-Semitism, and German-Jewish Identity* (2001)、*The*

Seduction of Unreason: The Intellectual Romance With Fascism From Nietzsche to Postmodernism（2004）、*The Frankfurt School Revisited*（2006）などがある。

129　Richard Wolin, "Foucault the Neohumanist?" *Chronicle of Higher Education* 53, no. 2 (1 September, 2006): 106.

130　楊凱麟《分裂分析福柯：越界、褶曲与布置》〔『フーコーを分裂的に分析する―越界・褶曲・配置』〕（南京大学出版社　2011年）73頁。

131　ミシェル・フーコー、豊崎光一訳「外の思考」『フーコー・コレクション２』310頁。

132　ヘルダーリン(Hölderlin, Friedrich 1770-1843)。ドイツの詩人。古典的ロマン主義詩歌の先駆者。1770年３月20日ラウフェン・アム・ネッカーに生まれる。1843年６月７日チュービンゲンにて逝去。若いころデンケンドルフ、マウルブロンの修道院で学んだ。1788～1792年チュービンゲン神学校で修士の学院を得た。1793年より前後してヴァルターハウゼン・フランクフルト・スイスなどで家庭教師をした。1796年初めフランクフルトの銀行家ゴンタルトの長男ヘンリーの家庭教師となった。この２年間にゴンタルト夫人のズゼッテと恋愛関係となったが、その破局によって心身が壊れ精神分裂状態になった。1802年徒歩で故郷に戻り、1804年ホンブルクの図書館司書となった。1806年完全な錯乱状態となりチュービンゲンの精神病院に入院した。おもな作品には、書簡体小説『ヒューペリオン』（第１巻　1797　第２巻1799）、戯曲『悲劇エムペードクレス』（1796～1800）などがある。

133　ピエール・クロソウスキー（Pierre Klossowski　1905-2001）。フランスの作家・翻訳家・芸術家。おもな作品には、『ニーチェと悪循環』（1969）などがある。フーコーは、クロソウスキーのモネに関する本は「我々の時代でもっとも崇高な本である」と言ったことがある。

134　ドゥルーズ『記号と事件』196頁。

135　ホネット（Axel Honneth 1949-)。現代ドイツの著名な哲学者。1969～1974年ボン大学とルール大学ボーフムで哲学・社会学を学び哲学修士の学位を、1974～1976年ベルリン自由大学で学び博士の学位を得た。1992年よりベルリン自由大学の教授となった。1996年フランクフルト大学教授。2001年フランクフルト社会研究所所長。2001年よりアメリカコロンビア大学哲学科教授。おもな著作には、『権力の批判――批判的社会理論の新たな地平』(1985)、『承認をめぐる闘争――社会的コンフリクトの道徳的文法』(1992などがある。

136　アクセル・ホネット、河上倫逸監訳『権力の批判――批判的社会理論の新たな地平』（法政大学出版局、1992年）144頁。

137　「外の思考」『フーコー・コレクション２』318頁。

138　同上346頁。

139　ロラン・バルト（Roland Barthes 1915-1980）。フランスの文芸批評家・文学者・記号論者・ポストモダンの哲学者。おもな著作には、『零度のエクリチュール』(1953)、『神話作用』(1957)、『S/Z―バルザック「サラジーヌ」の構造分析』(1970)、『明るい部

屋—写真についての覚書』(1977) などがある。
140 ロラン・バルト、吉村和明訳「両方の側から」『批評をめぐる試み』(みすず書房、2005年) 252頁 (強調は原文)。
141 ロラン・バルト、三好郁朗訳『恋愛のディスクール・断章』(みすず書房 1980年) を参照。
142 ミシェル・フーコー、石田英敬「『狂気の歴史』初版への序」『フーコー・コレクション1』188頁。
143 同上187-188頁。
144 ミシェル・フーコー、慎改康之ほか訳『ピエール・リヴィエール——殺人・狂気・エクリチュール』(河出文庫、2010年) 174、178頁。
145 ルネ・アリオ監督『私、ピエール・リヴィエールは母と妹と弟を殺害した』。出演はクロード・エベール、ジャックリーヌ・ミリエール、ジョセフ・ルポルティエールなど。1976年公開。上映時間125分。
146 拙著《不可能的存在之真》4〜5頁を参照のこと。
147 Macherey, *Op. Cit*., 113.
148 拙稿《走向感性现实：被遮蔽的劳动者之声》〔『感性的現実へ—隠された労働者の声』〕《马克思主义与现实》2012年第6期を参照のこと。
149 ドゥルーズ『記号と事件』182頁。
150 ミシェル・フーコー、丹生谷貴志訳「汚辱に塗れた人々の生」『フーコー・コレクション6』202頁。
151 同上206頁。
152 ディディエ・エリボン、田村俶訳『ミシェル・フーコー伝』(新潮社、1991年) 214頁。
153 フーコー前掲書209頁。
154 ドゥルーズ『記号と事件』218頁。
155 フーコー前掲書、212頁。
156 同上212頁。
157 同上219-220頁。
158 同上224頁。
159 コイ。イギリスのランカスター大学の社会学教授。
160 柯伊:《米歇尔·福柯——一位深受学子赞美又备受同济憎恨的社会学家》(コイ「ミシェル・フーコー—学徒から賛美され憎まれた社会学者」)、崔君衍译、《东南学术》2005年第6期。【英語の原論文、著者そのものが不明。またKoyという学者はランカスター大学社会学部に見当たりません】
161 *Herculine Barbin dite Alexina B*., ed. Michel Foucault, (Paris: Gallimard, 1978).
162 フーコー「構造主義とポスト構造主義」『ミシェル・フーコー思考集成IX』309頁。
163 テーラー (Frederick Winslow Taylor, 1856-1915)。アメリカの著名な経営学者・経済学者。後に「科学的管理法の父」と称された。おもな著作には『科学的管理法の原理』

(1911) などがある。
164 フーコー前掲書311頁。
165 同上313頁。
166 ミシェル・フーコー、神谷美恵子訳『精神疾患と心理学』(みすず書房、1970年) 8 - 9頁。
167 フーコー「狂気は社会のなかでしか存在しない」『フーコー・コレクション1』202頁。
168 フーコー「構造主義とポスト構造主義」『ミシェル・フーコー思考集成IX』314頁。
169 演技性の存在の特徴については、拙著《回到海德格尔》序言を参照のこと。
170 ミシェル・フーコー、慎改康之訳「研究内容と計画」『ミシェル・フーコー思考集成III 1968-1970 歴史学／系譜学／考古学』(筑摩書房、1999年) 293頁。
171 同上295頁。
172 同上同頁。
173 同上298頁。
174 ミシェル・フーコー、慎改康之訳『〈知への意志〉講義 コレージュ・ド・フランス講義一九七〇――一九七一年度』(筑摩書房、2014年) 296頁。
175 フーコー「真理と権力」『フーコー・コレクション4』345-346頁。
176 同上202頁。
177 ボードリヤール (Jean Baudrillard 1929-2007)。現代フランスの著名な思想家。おもな著作には、『物の体系——記号の消費』(1968年)、『消費社会の神話と構造』(1970年)、『記号の経済学批判』(1972年)、『生産の鏡』(1973)、『象徴交換と死』(1976)、『シミュラークルとシミュレーション』(1978)、『誘惑論序説——フーコーを忘れよう』(1979)、『アメリカ——砂漠よ永遠に』(1986)、*L'autre par lui-même*(1987)、*Cool Memories* V 2000-2004(1986～1990)、*L'Illusion de la fin ou la grève des événements* (1991)、『透きとおった悪』(1993)、『完全犯罪』(1996)、『不可能な交換』(1999)などがある。私のボードリヤールに関する研究については、拙著《反鲍德里亚——一个后现代学术神话的祛序》〔『反ボードリヤール論—ポストモダン学術神話の脱-秩序』〕(商務印书馆、2009年) を参照のこと。
178 Jean Baudrillard, *Le ludique et le policier & autres écrits parus dans* Utopie (1967-1978) (*Paris:* Sens & Tonka, 2001), 17.
179 フーコー「真理と権力」『フーコー・コレクション4』357頁。
180 拙著前掲書中編を参照のこと。
181 "Du pouvoir," in L'express no. 1722 (6-12 july, 1984); reprinted in *Ecrire, lire et en parler,* ed. Bernard Pivot (Robert Laffont, 1985), 361.〔*Dits et écrits*未収録の1978年7月13日付インタビュー〕
182 フーコーの最初の計画では6巻になるはずであった。第1巻『知への意志』(*La volonté de savoir*)、第2巻『肉と身体』(*La Chair et le Corps*)、第3巻『児童十字軍』(*La Croisade des enfants*)、第4巻『女性、母親、ヒステリー者』(*La Femme, la mère et*

序　論 ―フーコー自身にフーコーを語らせる　153

l'hystérique)、第5巻『変態者たち』(Les Pervers)、第6巻『人口と種族』(Populations et Races) というものであった。しかし、遺憾なことに生前には3巻しか完成しなかった。

183　ミシェル・フーコー、渡辺守章訳『知への意志──性の歴史1』(新潮社、1986年) 119頁。訳文は変更した。
184　同上119-120頁。
185　Foucault, "Entretien de Michel Foucault," pp. 239-240.
186　ドゥルーズ『記号と事件』182頁
187　フーコー『知への意志』121頁。
188　同上123頁。訳文は変更した。
189　ミシェル・フーコー、大西雅一郎訳「自己の技法」『ミシェル・フーコー思考集成X』318頁。訳文は変更した。
190　同上同頁。訳文は変更した。
191　フーコー「真理と権力」『フーコー・コレクション4』368頁。訳文は変更した。
192　　ドゥルーズ『フーコー』77-78頁
193　1980年初め、ドニ・ユイスマン (Denis Huisman) が、フーコーの助手エヴァルド (F. Ewald) に、自分が今フランス大学出版社のために準備している『哲学辞典』のフーコーに関する項目を修正してほしいと提案した。エヴァルドはユイスマンのこの提案をフーコーに伝えた。当時、『性の歴史』第2巻の第1稿はすでに完成しており、フーコーは、同書の出版のために自分の以前の研究作業に関する回顧を書き上げたが、この一節はユイスマンに引き渡す「フーコー」の項目のテキストにもなっていた。しかし、一段の簡単な紹介と参考文献以外には、フーコーはその他の修正をしなかった。興味深いことに、ユイスマンに引き渡した時、フーコーはMF (Maurice Florenceの簡称) という仮名でサインをしてそのまま出版させた。しかし、『哲学辞典』の中にはこの項目がフーコー本人の執筆になることは明記されていないのある。ミシェル・フーコー、野崎歓訳「フーコー」『ミシェル・フーコー思考集成X』102頁。を参照のこと。
194　同上104頁。
195　フーコー「真理と権力」『フーコー・コレクション4』368-369頁。
196　同上371頁。強調は引用者。
197　ミシェル・フーコー、慎改康之訳「生の王権に抗して」『ミシェル・フーコー思考集成VI』345頁。
198　拙著《不可能的存在之真》第10章を参照のこと。
199　フーコー前掲書344-345頁。
200　ホネット前掲書221頁。
201　ミシェル・フーコー、渥海和久訳「主体と権力」『ミシェル・フーコー思考集成IX』10-32頁。

202 同上10頁。
203 同上11頁。
204 フーコー「フーコー」『ミシェル・フーコー思考集成X』103頁。
205 ジョルジョ・アガンベン、高桑和巳訳『思考の潜勢力』(月曜社 2005年) 462頁。
206 フーコー「主体と権力」『ミシェル・フーコー思考集成IX』10-11頁。
207 同上11頁。
208 同上同頁。
209 同上15頁。訳文は変更した。
210 同上16頁。
211 ミシェル・フーコー、増田一夫訳「道徳の回帰」『フーコー・コレクション6』398-399頁。
212 ミシェル・フーコー、浜名優美訳「倫理の系譜学について―進行中の仕事の概要」『フーコー・コレクション5 性・真理』(ちくま学芸文庫、2006年) 194頁。
213 同上195頁。
214 ミシェル・フーコー、田村俶訳『狂気の歴史――古典主義時代における』(新潮社、1975年) 17頁。
215 ミシェル・フーコー、石田英敬訳「歴史の書き方について」『フーコー・コレクション3 言説・表象』(ちくま学芸文庫、2006年) 91頁。
216 レーモン・ルーセル (Raymond Roussel 1877-1933)。現代フランスの著名な作家。おもな作品には、La Doublure (1897)、『アフリカの印象』(1910) などがある。
217 ミシェル・フーコー、豊崎光一訳『レーモン・ルーセル』(法政大学出版局、1975年) 10頁。
218 同上13頁。
219 フランス語では、このdoubleは通常「二倍、二分」を指し、コピーあるいは複製品の意味もある。中国語訳者林志明氏がこれを「化身」と訳したのは実に巧妙である。訳者注―本訳でもこれに従った。
220 Foucault, Le beau danger, 57-58.
221 フーコー『狂気の歴史』18頁。

第1篇

エピステーメー文化形式構築における
言葉の物に対する歴史的刻印
―青年フーコーの『言葉と物』の
歴史的秩序構築の言説

私は多く見積もっても構造主義の「稚児」だ。そのイメージを言えば、私はただ鈴を降っているにすぎず、信徒たちが跪き、異教徒たちが大騒ぎをしているにすぎない。

—フーコー

　青年フーコーの『言葉と物』[1]は、いわゆる考古学的考証を通じてヨーロッパ近代文化を整理、総括する中で、文化に対する規制作用を果たすエピステーメーと呼ばれる認識の類型を抽出し、さらに、このエピステーメーの歴史的発生とその断絶的転換を分析する中で、一種の新しい歴史的存在論を明らかにしたものである。その歴史的存在論とは、近代以降、ブルジョア階級が、事物への命名を通じて、いかに暴力的に周囲世界の内部秩序構造を構築し、そこから自身の短い現代的存在の歴史を生み出していったかを分析するものである。フーコー自身の言葉を借りるなら、「今度の本では、秩序の歴史（histoire de l'ordre）を書こうと思ったのです。つまり、ある社会は事物相互の類似をどのように反省＝反照しているのか、また事物相互の差異（différences）はどのようにして制御され、ネットワーク状に組織され（maîtriser, s'organiser en réseaux）、合理的な図式に従って描き出されて（dessiner）をいるのか、こうしたことを語ってみたかったわけです。『狂気の歴史』は差異の歴史であり、『言葉と物』は類似、同一なもの、同一性の歴史（histoire de la ressemblance, du même, de l'identité）なのです」[2]ということになる。

　　『言葉と物』のキーワードはordreである！すなわち、ブルジョア文化による同一性の秩序構築である。もし、アドルノの『否定の弁証法』が、ヨーロッパのブルジョア的同一性文化に死刑を宣告したと言えるのなら、フーコーは、このような同一性の暴行がいかに歴史的に発生したかを分析したと言えるだろう。

　青年フーコーの筆下では、ブルジョア的現代世界は、西洋現代のエピステーメーがほしいままに筆を運び、気ままに書いた散文にほかならない[3]
　　後に、晩期のフーコーは、またこの書物の中心思想に対しあらためて概括を行ない、以下のような点を抽出した—「語り、働き、生きる主体（sujet parlant, travaillant, vivant）の問いが、科学的地位を有する認識（connaissance）

の領域で、そうした認識の形態に従って、いかに出現しそこに組み込まれていくか（de l'apparition et de l'insertion）については、17-18世紀固有の経験科学およびその言説（discours）の実践を参照して考察された、ある種の「人文科学」の形成〔フォーマティング〕（formation de certaines）が問題とされたのである」[4]と。ここでの言説実践とフォーマティングは、ともに後になって再情況構築化されたものである。

本書の執筆過程で、私は、フーコーのこの歴史哲学の重要性をますます会得するようになった。それは、ハイデッガーの存在論を明るみに出すことであり、同時にそれを否定することでもある。もちろん、それは、当初ちょうど知の観念論史観という形で姿を現したものでもあるが。本篇では、私は、この書物に登場した、このような批判的文脈の中にある存在の秩序構築について重点的に議論したいと思う。それによって、このテキストのさらに深い層にある情況構築について、徹底した解読ができることを期待している。

[注]
1 ミシェル・フーコー、渡辺一民・佐々木明訳『言葉と物——人文科学の考古学』（新潮社、1974年）。フーコーのこの本は大きな成功を収めた。1967〜1969年に幾度も重版され総数は11万部に達した。
2 ミシェル・フーコー、廣瀬浩司訳「ミシェル・フーコー『言葉と物』」『ミシェル・フーコー思考集成Ⅱ　1964-1967　文学／言語／エピステモロジー』（筑摩書房、1999年）304頁。
3 フーコーは当初この本の書名を『世界の散文』（*La Prose du monde*）とするつもりだった。だが、この書名がメルロ・ポンティの遺作と同名だったため放棄するほかはなかった。その後、フーコーは二つの書名を計画した。すなわち『事物の領界』と『言葉と物』である。前者はまたその時出版中のある本の書名と同じであったため、『言葉と物』が最終的な選択となった。しかし、1970年英訳本が出版された時は、フーコーはあらためて書名を『事物の領界』（*The Order of Things*）に換えたのである。明らかに、フーコー自身は『事物の領界』のほうがより自分の思想に適切だと思っていたのである。このほか、フーコーの当初の想定では副題は『構造主義の考古学』であったが、その後『人文科学の考古学』に換えられた。後に、あるインタビューで、フーコーは、「人文科学の考古学」という副題は別の副題を暗示している。それは「16世

紀以来の知と歴史意識の分析」であると語っている。ミシェル・フーコー、石田英敬訳「歴史の書き方について」『フーコー・コレクション3　言説・表象』（筑摩書房、2006年）82頁を参照のこと。訳文は変更した。
4　ミシェル・フーコー、野崎歓訳「フーコー」『ミシェル・フーコー思考集成Ⅹ　1984-1988　倫理／道徳／啓蒙』（筑摩書房、2002年）104頁。訳文は変更した。

第 1 章　暴力的な秩序構築―客体への存在論的命名

　『言葉と物』の中で、青年フーコーは、一種の隠された文化秩序構築－形式構築分析の道具たるエピステーメー理論を使用して、目に見える事実と文字の背後に隠された、ある種の「いまだ言われざる物」を読み出し、伝統的な哲学者や歴史学者には見えなかった、言葉と物の関係を構成する同一性の秩序の手がかりを再現しようと試みた。そしてまた、青年フーコーは、近代ブルジョア階級の理性主義による進歩史観を明確に否定したのである。彼がなそうとしたことは、ヨーロッパのルネサンス以降の平滑に連続するように見える歴史の背後から、ブルジョア階級が製造した「物」の存在方式自身の上に起きた、さらに根本的であるところの構造性の改変、すなわちそれぞれ異なるエピステーメーの何度もの断裂の中で起きた、全存在に対する新たな秩序構築の姿を見つけ出そうとするものであった。ここから、フーコーは一歩進んでこう宣言した―いわゆる「人間なるもの」は、ブルジョア階級の現代的エピステーメーの中で生まれた、「新しいヒューマニズム」の幻像が構築した「主体性」にすぎず、人類が自身の新しい存在のフォーマティング方式を認識し発見したその日には、人間なるものという偽の情況は消失してしまうだろう！と。本章は、青年フーコーがこの書物の第 2 版の序言で概括した、以上のような情況構築の手がかりを論理展開しようとするものである。

1. 事物の存在の整然たる秩序性への正当な追問

　フーコーは、20世紀50年代に登場した、特殊なオリジナル性を持つあのフランスの優秀な思想家たちのグループに属している。前述したように、彼の学術背景は自分の師たるアルチュセールに似ていた。両者ともバシュラールカンギレムの構造化された科学認識論の特別な影響を受けていた[1]。青年フーコー自身の言い方に基づくと、とくにカンギレムの啓発はさらに重要だったという。アルチュセールと同様に、フーコーも、伝統的な主-客二元論という認識論の枠組みを拒絶し、理論と文化の一種の隠された構造的秩序性を明らかにすることを通じて、目に見える事実や無地の背後に隠された、ある種の「いまだ言われざる物」を読み出そうとした。そして、『言葉と物』の中で、青年フーコーは、

自覚的に考古学の方法を用いて、表層の文字の透視や意識の操作という自分の探索の経路を表現しようとしたのである。

彼は、ためらいを見せず、ハイデッガーを解読して自分のすべての哲学的発展の経路を決定したと述べたことがある。

ただし、この本の中では、青年フーコー自身も、詳細かつ直接にはこの考古学の形式構築の方法については説明していない。

この本の中では、フーコーがarchéologieという言葉を用いたところは8箇所しかない。私は、またフーコーが3年後に発表した『知の考古学』で、はじめてこの考古学という方法について直接議論したことにも気付いた。

続いて、フーコーが名を成した名作『言葉と物』の中で一体何をしようとしたのかをまず先に見ることにしよう。これについて、彼自身は、他の著作との比較を用いて以下のような説明をしている。

一文化がその境界をなすみずからと相違するもの（différence）を全体としての一般的形態のもとに措定するやり方が、『狂気の歴史』[2]で問われたのにたいして、ここ問題となるのは、文化がいかにして物動詞の近さを体験するか、物（choses）相互の近縁関係のタブロー（tableau）を、それにしたがって物を通覧しなければ秩序を設定しているか、そうしたやり方を観察することである[3]

事実、この書物の副題で、青年フーコーは、自分の方法論―考古学を明確に指摘している。すなわち、自分がいかにあの「いまだ言われざる物」を見出すのかという情況構築のパラダイムである。

林志明教授の考証によれば、沈黙して何も語らない事物を探索するというフーコーのこのような考古学は、彼がその講義を受けたデュメジルに由来するとのことである。デュメジルの主要な研究分野は宗教文化史であり、彼は、当時斬新だった「構造主義」の方法によって、すでに100数年の歴史があった比較宗教学を大々的に新規開拓した。彼は、インド－ヨーロッパ語族の宗教神話体系の隠された構造の分析に力を注ぎ、インド－ヨーロッパ語族のそれぞれの地域における共通の思惟と観念形態の形式を整理し明らかにした。このような研究の思考回路の中で、デュメジルは、

第1章　暴力的な秩序構築―客体への存在論的命名　　161

　伝統的な宗教文化史学の中の「化石」に対し、「再構築」的な分析を進め、これは、伝統的な「物件や遺跡の考古学学」と平行する「行為の再現の考古学」[4]であると指摘したのである。デュメジルにあっては、史実を再現する考古学は、行為を再現する情況の再構築となったのである。しかし、アガンベンは、非歴史的かつ実証的な考古学の中で観念史の考古問題をもっとも早く提出したのはカントであると指摘している[5]。

　早くも狂気の歴史の研究のいくつかの分野の中で、青年フーコーの考古学という方法による研究は、社会が、差異性という方式を通じて、いかに正常人と社会から故意に排斥されるべき狂人とを線引きするのかを明らかにし、また、あの人為的な病理学の科学的言説の境界線をはっきりさせることによって、狂人とは、いつも社会によって作られて登場した概念だという真相を指摘した。そして、『言葉と物』では、彼が再現しようとしたのは、伝統的な哲学者や歴史学者には見えない言葉の物に対する同一性の秩序構築（ordre）の方式であった。実際には、これは、フーコーの眼中のブルジョア階級の文化のエピステーメーが生み出す多重の世界図でもある。

　　　ordreは、フーコーのこの書物の中の核心的キーワードである。彼が指摘したものは、一種の存在者の意味での某所に置かれた既存の物ではなく、機能的に構築された秩序性のある活動なのである[6]。私は、これを一種の秩序性を構築する秩序構築と指摘したことがある[7]。フーコーは、この著作の中で、総計322箇所でordre（秩序構築あるいは秩序性）とdésordre（無秩序あるいは脱‐秩序）を使用している。これらは、明らかにこのテキスト中の重要な高使用頻度の語彙の一つである。従来の研究の多くは、フーコーのこのテキストを言葉と物との理論的関係の著作としてしか見ず、根本的にその存在論としての意図を軽視していた。さらにここで説明しなければならないことは、フーコーのテキストの中に存在する秩序構築の概念を発見できたことは喜ばしいことではあるけれども、彼の秩序構築の概念の使用は、私がマルクスの生産力の観点を再解釈にした時に提出した実践的秩序構築[8]とは根本的に異なるということである。

　私は、青年フーコーが指摘したこの秩序構築方式は、伝統的な本体論哲学の第一次性の基盤たる歴史性がはっきりと現れた真の現実的基礎でもあり、すべ

ての歴史の発生の秘密でもあると思う。もちろん、この秩序構築方式は、直接見て取ることはできず、彼の透視能力のある「哲学の天目」[9]—考古学（archéologie）を経なければならないのだ。

青年フーコーは、この本の中での自分の思想的情況構築は、ボルヘス[10]の作品を読んだ時爆発的に出現した、脱-構築的な笑いに由来していると述べている。ボルヘスのこの書物の中では、西洋文化の伝統的な秩序構築からは、明らかにたいへん奇異なものに見える「中国の百科事典」(« une certaine encyclopédie chinoise»）が取り上げられている。この百科事典の動物に対する感性的な分類には、想像もできぬことに「皇帝に属するもの」、「香の匂いを放つもの」、「飼いならされたもの」、「お話に出てくるもの」、「算えきれぬもの」、「いましがた壺をこわしたもの」など13にものぼる分類が列挙されている[11]。もちろん、フーコーが笑い出した原因は、このような感性・情況・数量・事件のままにまかせた並置そのものではなく、この分類自身の無秩序性（désordre）、すなわち、これらのそれぞれ異なる事物を「他のすべてに結びつけてしまう、アルファベット式系列」にほかならない。

ここでの無秩序性とは、物性的存在に対する西洋の科学的分類の秩序性に比較して述べているものである。

青年フーコーは、この奇怪な分類が、伝統的な西洋文化による存在（物）自身に対する命名（分類）という秩序構築の天然の幻像をちょうど脱-構築するものであることを発見した。この脱-構築式の突然出現した情況構築を補うため、フーコーは、ユステーヌ（Eusthènes）の昆虫と毒蛇についての感性的命名法の秩序性を例証として列挙している。彼は、このような分類の秩序構築（命名）が通常発生する基礎が以下のようなものであると指摘している。

そうしたものすべては、こうもり傘とミシンにとっての手術台のうえとおなじように、その唾液のなかに共通の場所（lieu commun）を持っているわけだ。けれども、その結びつきの奇抜さがひときわ輝きをますのは、もとはといえば、それがあの「と」とか、「のなか」（en）とか、「のうえ」（sur）という語を下地にしているからであって、そうした接続詞や前置詞の堅実さと明証性が、そのような並置の可能性を保証しているのにすぎない[12]。

ここでの隠された情況構築が完全にハイデッガー式の存在論であることは、

すぐに見出すことができるだろう。事物が並置式に命名されるのは、それら自身の性起[13]の特徴

のゆえではなく、それらが、ある種の主体的効用に面した際に、特定の「のなか」(en)とか、「のうえ」(sur)という現場性(涌出)に位置づけられたゆえなのである。

　　　青年フーコーの以前の言説で表現すれば、「個々の現象を相対的な脈絡の中に秩序立てるため」[14]ということになる。

同様に、一切の人間と関連する事物は、すべて一種特有の存在の舞台上ではじめて姿を現すのである。ゆえに、青年フーコーは、事物がその上に登場するこの台(table)をイメージ豊かにかつ含意深く、「手術台」と「図表(tableau)」に喩えたのである。

　　この図表について、フーコーはかなり詳しい議論をしている。この本の中で、フーコーは167箇所でtableauを使用している。この言葉を説明するのは、これもこの時彼が使用した重要なキーワードの一つだったからである。

フーコーは次のように述べている。

　　私は……「台」という語を二重の意味で使っているのである。すなわち、まず、影をむさぼり食うガラスの太陽のしたできらめく、純白に塗られた弾力あるニッケル・メッキの台—それこそ、そのうえで、ひととき、いや、おそらくは永遠に、こうもり傘がミシンと出会う場所だ。そしてもうひとつ、秩序づけ(mis en ordre)、分類、それぞれの相似と相違を指示する名による区わけ(groupement)、諸存在にたいするこのような操作を思考に許す表(tableau)[15]

この2つの台は実は重なっている。前の台は、青年フーコーによって正確に「手術」(切開と整形)の台と命名されているが、この意味内容は、アリストテレスにあっては「制作」($\pi o i \eta \sigma \iota \varsigma$)と呼ばれ、史的唯物論者マルクスにあっては「実践」(Praxis)と呼ばれ、ハイデッガーにあっては「交わり」(Umgang)と呼ばれたものである[16]。四周を丸く取り囲む白色は、主体の利害得失に対する判断を基準として生まれた削除と選択の囲み(デリダの後の理性的ロゴスの白色神話に通ずる)であり、影をむさぼり食うガラスの太陽とは、理性(道具

的知識）の光が支配性と征服性を探索するピントの絞り込みの動作であり（直接登場してこないメスは工具であり、かつては斧や犂であり、現在ではWINDOWS OS・Mac OS・アンドロイドの類のシステムプラットホームである）台の上に横たわるものは、2つの完全に非自然的な現代的人工物であり、防雨に使う雨傘と衣服を縫製するミシンである。青年フーコーがさらに言いたかったことは、第1の台が、まさに第2の台が人々の抽象的思惟の働きの中で構築された「台」（2次元の平面図表）であることの現実的基礎になっていることであり、解剖されて新たに構築され生まれ変わった第1の台の上の事物およびその内在的秩序（ordre）も、図表の主観的論理情況構築の基礎となっていることである。

ここで、フーコーは、ユステーヌの話がまさに「諸存在の並置される場所、無言の地盤を省いてしまっている」[17]と批評している。

フーコーのこのまったく新しい情況構築は、疑いなく深いものである。しかし、彼のここでの物（chose）に対する思考は存在の問題でもあるのだ。第1に、彼は、カント、ヘーゲルからハイデッガーに到るあの伝統のようには、人と無関係の物（Ding）と人と関係する事物（Sache）との区別ができていない。この点は、物と事物との区別がないフランス語自身の限界に制約されている。第2に、第1の限界の存在のゆえに、彼は、一歩進んで、あの一見人と無関係な物（Ding）自身を我々の存在に向かってくる「涌出」として確認することはできなかった[18]。ゆえに、ここでは、青年フーコーとハイデッガーの結びつきは依然として表層的であったのである。

フーコーは、この本の363箇所でこのchoseを使用している。この言葉は、このテキストの研究対象の一つでもあり、高使用頻度のキーワードの一つでもある。ドゥルーズも、フーコーが「物と言葉は、知の二つの極を示すには、実にあいまいな言葉である」[19]と言ったことがあるが、私は、曖昧というだけではなく、明らかな失敗だと思う。なぜなら、「物」はすべての存在を覆い包むことはできず、かつ、「言葉」もエピステーメーを代表できないからである。さらに言うならば、それでは、エピステーメーの背後にある現実の実践的な力を透視することはできないからである。

青年フーコーの回想によると、ボルヘスの話が自分を大笑いさせたのは、ボ

ルヘスが取り上げた中国の分類法に見られる無秩序性であるという。「皇帝に属するもの」、「香の匂いを放つもの」、「飼いならされたもの」、「お話に出て来るもの」、「算えきれぬもの」、「いましがた壺をこわしたもの」などのような分類は、「場所と名にかかわる『共通なもの』が失われたということ」を意味するのであり、あるいは、これらの動物が置かれている、あの同じ手術台（共通の場所）がちょうど失われていることを意味するとも言えよう。西洋の秩序ある分類の共通の場所が、一種の暴力的な秩序構築である非在郷を構築したと言うのなら、このような無秩序の分類は、一種の空間のない思想、故郷（feu）と共通の場所のない言葉とカテゴリーに我々を導くと言える。それこそが、脱-秩序の「混在郷（hétérotopie）」にほかならない[20]。

フーコーは、後に一歩進んで、このヘテロという生物学と医学から流用した概念を利用してヘテロ空間という概念を構築し、今日の空間研究に重要な影響を与えたヘテロ空間学説を形作った。我々は、後にまたこの問題についてもっぱら議論するつもりである。ハーヴェイ[21]は、フーコーの『言葉と物』では混在郷という言葉が「言説と言語との関係のみから考えられている」が、後にはこの術語に一つの「物性のシニフィエ」をはじめて与えたと正しく指摘している[22]。

なぜなら、西洋文化固有の分類秩序にとっては、このような別類の東洋の言説は、人心を惑乱させる一種の無秩序性を代表するからである。

私は、アガンベンがアビ・ヴァールブルクの無秩序な個人図書館について取り上げたことに気付いた[23]。

「それは、おびただしい可能な秩序の諸断片を、法則も幾何学もない《混在的なもの》の次元で、きらめかせる混乱」[24]なのである。ここから、フーコーの笑いの基調が強い興味と興奮であることがわかるであろう。なぜなら、彼が終始関心を寄せていたのは、既定の秩序ある構造からの解放だったからである。

ハーバマスは、フーコーのここでの笑いは、ニーチェの「ツァラツストラの笑い声」を連想させると述べている[25]。これは正しいだろう。

東洋的な無秩序は、まさに西洋文化の秩序ある構造の非天然性をひきたてるものになっている。

これはまた、マルクスが批判的に明らかにしたブルジョアイデオロギーの中の商品－市場の自然な秩序という非天然性と深いところで一致している。晩年のフーコーは、ブルジョア階級の生政治への批判の中で、この特殊な情況構築へと確実に回帰している。

　ここでは、フーコーは次のことを我々に見せようとしている―西洋文化の中のあの個人たちが当たり前のものとして身慣れている世界は、その本質は天然のものではなく、歴史的に生成されたものでもあるということを。彼が『言葉と物』で提示した「物の秩序」(*The Order of Things* すなわち彼が認めた英訳本の書名である)とは、まさに我々が押し付けた存在なのである[26]。この意味において、『言葉と物』は、カントの「自然に向けての立法」の一歩進んだ説明になっている。
　この次元の思想的情況構築の中に、我々は、当時のサルトルのフーコーのこの本に対する怒りが、当然にも浅はかで思慮の足りないものだったことに気付くであろう。

　青年フーコーこれに続いてこう問いかける―西洋の伝統的な動物分類「図」(秩序のある構造)では、我々は、何に依拠してこれらの同一性・相似性・類似性の空間を作り、そしてここから、再び「違っていたり似ていたりする、かくもおおくの物を、われわれは配分する習慣をもったのか」と。さらに、この分類図中で物の中に秩序を確立した「近づけたり引きはなしたり、分析し調整し嵌めこむ」という秩序性は、どこから来たのか、あるいはその「《アプリオリな》必然的連鎖」とは何かと[27]。こうした一連の追問は、西洋文化という大建築物の構築とその世界の見取り図の基底に迫るものである。彼から見ると、人々から当たり前のこととして見なされている、秩序のあるこの客体的な世界構造は、「《アプリオリな》必然的連鎖」によって決定されているわけでもなく、直接感知しうる内容によって我々に強いているものでもないのだ。
　秩序(ordre)とは、物(chose)の中にその内部法則(loi intérieure)としてあたえられるものであり、物がいわばそれにしたがってたがいに見かわす秘密の網目であるが、同時に、視線、注意、言語といったものの格子をとおしてのみ実在するものにほかならない。だからその秩序が、言表される瞬間を沈黙のうちに待ちうけながら、すでにそこにあったものとして

第1章　暴力的な秩序構築─客体への存在論的命名　　167

深層に姿をあらわしてくるのは、ただその碁盤目の白い仕切りのなかからにすぎない[28]

　青年フーコーのこの精彩に富む表述を細読すれば、たいへん興味深い新たな情況構築が突然現れるだろう。そこにすでに存在しているはずのあの「客観的法則」（秩序性）は、未知の暗闇の中で、外部の客観的存在の本質と法則に符合する真理の発見という名のもとに、我々がそれを認識するのを黙々と待っているのだ。そして、それはさらに、「科学的定理」とか「唯物弁証法の法則・カテゴリー」という類の帽子をかぶせられるのである！しかし、フーコーの眼中では、それらの客観的法則と呼ばれるものは、我々自身の特定の存在論的注目（ハイデッガーにあっては「配慮（Sorge）と呼ばれる」や注意や言語が構築した主体的存在性を持つネットワークにすぎない。この存在のネットワークによる秩序構築の格子の中で、物自身の存在方式と物どうしが出会う方式とは隠された形で確定される。それらは、すべて主体性へと向かう存在の自発的な涌出の連鎖（ハイデッガーの「見渡し」、ボードリヤールの「物の体系」）であるけれども、かえって転倒されて、ある種の人の外部にある客観的な物自体の秩序性として表現されるのである。これは、一切の存在の歴史的発生の根本である。かつ、ヨーロッパ中心主義の植民地主義による強権的占有─「新大陸発見」という野蛮な侵略と占領の中で、この西洋式の言葉の物に対する烙印は直接すべての非西洋世界に強いられたのだ。

　　スローターダイクは、自身のグローバリゼーション研究の中で「ヨーロッパ人は、地球の表面の大半を、まるで持ち主不明の大量の遺失物のようにみずからの命名の網の中に捕らえて、みずからの語彙を開かれた世界に投影することができた」[29]と深く指摘したことがある。例えば、コロンブスは、アメリカ大陸の多くの島嶼と海岸に、封建時代のキリスト教に基づくヨーロッパの地名を使って命名したのだが、これらの地方は、ヨーロッパとはどんな関係もないのである。これは、現実に起きた帝国主義の凶暴な秩序構築であろう。

　この青年フーコーの問いかけに対し、我々は真剣に考えたことがあるのか。ポストコロニアリズムの批判の情況構築の起点は、ここにあると言ってよいだろう。

ロバート・ヤングは、『白い神話』の中でこの重要な問題に深く触れている。彼は、デリダの西洋中心主義による「白い神話」に対する批判の論理に依拠して、フーコーのエピステーメーによる暴力的秩序構築論は、ヨーロッパ中心論というエピステーメーとすべての父権性というエピステーメーを引き出した可能性があり、そこでは、西洋式の言葉の物に対する烙印は、東洋という他者に対する「白色」植民地主義のフォーマティングと第2の性である「女性」に対する文化的形式構築に転換した[30]と指摘している。これは正確な判断であろう。

2. エピステーメー―文化の知への反省の背後にある沈黙の形式構築

青年フーコーは、我々が尋常の生活の中で触れるものは、以下のようなものであると我々に伝えている。

> 文化の基本的諸コード（code fondamental）―すなわち、その言語、知覚の図式（schémas perceptifs）、交換、技術（technique）、価値、実践の階層的秩序（hiérarchie de ses pratiques）を支配するもの―は、最初からひとりひとりの人間にたいして、彼がかかわり、そのなかに自分自身を見いだすような、経験的秩序というものを定めている[31]

ここでのコードとは、自分自身ではない代替物という意味である。
　このいわゆる経験的秩序については、カントが経験の断片を整理して用いた、アプリオリの時空の枠組みから先天的総合判断に到る概念システムの中から、そのもっとも原初的でよく知られている、その環境構築の基点を得ることができよう。ただし、注目に値するのは、フーコーが、ここでは、混濁気味に文化のコードを技術や実践を統轄する基礎と見なしていることである。これは、明らかに一種の存在論上の観念論的転倒であろう。フーコーは、この本の27箇所でpratique(実践的)という言葉を使用している。

すべての人間は、生まれた時から各種文化の伝統の中で、秩序のある訓練を受け、その中から、自分自身を生存させてくれるordre empirique（経験的秩序）を得るのである。
　この経験的秩序の構築は、ラカンにあっては、小さな他者という、自ら

鏡に映した反射から生まれた他者性の認定と秩序構築になる。

　見たところ、この過程は、我々に自分がいかに生きていくのかという「文化の基本的コード」あるいは経験的秩序を悟らせ、表面上、ほとんどすべての存在の特徴をコントロールし支配しているようである。その中には、それぞれ異なる実践（交流）の階層的秩序（例えば、我々が言うところの実践の中での「生産活動」・「階級闘争」・「科学的実験」があり、具体的実践のための技術方式があり、実践的な価値志向がある。同時にまた、我々にそれぞれ異なる世界の見取り図を見せてくれる、知覚の枠組みと言語の秩序もあるのだ（西洋の格物致知たる科学的実証的な言説と東洋の心に直接向かう体知意会の言説など）。青年フーコーはこう言っている―まさにこれらの事柄は、事前に我々の生活軌道の経験的秩序をすでに構築してしまっており（父母のしつけから幼稚園の先生のお話に到るもの、小学校の教科書やテストの模範解答から大学での思考と研究に到るもの、さらには、社会生活での世論の動向や現実的教訓など、我々は、これらの無形の文化的教化の中で徐々にこの世界の秩序を獲得していくのである）、我々に自分の一生の道を見つけ出すように仕向けるのである。もちろん、この道は迷いやすい路ではあるが―と。

　　ここで、我々は、ラカンの鏡像理論中の小さな他者論、象徴域中の大きな他者の個人に対する情況構築論の影響を感じ取るだろう。私の問いかけは、個人がこのような教化―経験的秩序の支配を受けないこともあり得るのかを、フーコーが否認したか否かというものである。フーコーが残した大量のテキストの中からは、正面からの答えは見いだせなかった。だが、初期の『臨床医学の誕生』の中に、私は、ある興味深い議論を発見した。それは、いわゆる「子供の目」という観点である。フーコーはこう言っているのだ―原初的な情況の次元で世界を真に見て取ることができるのは子供であり、「初めて世界を眺める者にとって、世界は決しておとなであることはない」。なぜなら、後者はすでに無形の教化の枠組みに縛られているからだ。子供は「古い近縁関係をほどいてしまえば、もろもろの事物や時代に対して、その基盤と同じレベルに立って、ありのままを見ることができるのだ」。ここでは、「事物は倦くこともなく、その青春をくりかえし、世界はその生まれたときのかたちと、再び接触する」。これが、「無知をすばやくくりかえす」〈まなざし〉-〈幼児期〉（Regard-Enfance）なので

ある—と。このため、フーコーは「人間が幼年時代と再び関係を持ち、真理の恒久的な誕生の地に至ることができるのは、まなざしの、この明るい、はるかな、開かれた素朴さによるのである」と述べている。それどころか、「世界の言説は開かれた眼 (yeux ouverts) を通っていく。しかも各瞬間に、まるで初めて (pour la première fois) 開かれたような目を通っていくのである」[32]とさえ言っているのだ。何とロマンティックな詩学であろうか！

　青年フーコーの見方によると、経験的秩序を確定する文化コードのもう一面は、さらに抽象的な哲学と科学についての秩序性の一般的な説明と論証、すなわち、我々が通常無意識のうちに、それによって「外部」の秩序を指摘する「一般法則」や具体的な「科学的法則」である。文化のコードとともに、この両者は、通常の意味において、我々のコード（文化的伝統）に対する関心と反省の知識（真理的符合性）という二元的情況構築の構造も構成しているがごとくである。

　しかし、青年フーコーは続いてこう唱えるのだ—上述の二者の間には、人々があまり注意を向けない一つの灰色の区域がまた存在しており、まさにこの薄暗い見えざる区域の中で、人々は、自身を支配している、あのコードの秩序性およびその知に対する反省のもととなる、さらに始原的な基礎となる透明性と原始状態を見失ってしまうのだと。青年フーコーの言いたいことは、一切の秩序性があるコードと知の秩序構築の背後には、実際には「それ自身として秩序づけられるべき、ひとつの無言の秩序に属するおおくの物がある。つまり、どのようなものにせよ秩序が《ある》(il y a de l'ordre)」[33]ということなのである。しかし、この見えざる秩序構築は「語や知覚や身振りに先立つもの」であり、青年フーコーは、まさに考古学によって、このコードや知に先立つ沈黙の物の秩序のある存在方式を捕まえようとしたのである。ここで指摘しておくべきは、この沈黙の物とは、前述した総体的歴史観から削除された暗闇の歴史の中の生存のことではなく、直観的知では透視できないある種の非実体的な隠された支配の枠組みを指すものだということである。これは、フーコーの考古学研究の中でのもう一つの重要な情況構築の次元であろう。

　1967年の『言葉と物』についてのインタビューの中で、青年フーコーは、当時自分が定義した考古学の意味について次のように語っている—構造主義が言語システムの形式に関心を寄せているのとは異なり、自分が興味を持っている

ものは「言説の存在や、ことばが起こったという事実」であると。かつ、考古学の対象は、言語ではなく言説群のドキュメントである。「わたしが考えるような考古学とは（地盤の分析としての）地質学とも（始まりと継続の記述としての）系譜学とも似てはいません」。[34]

明らかに、これは、青年フーコーの考古学と系譜学についての定義である。一つは、考古学の対象が言いだされた言説であること、もう一つは、考古学と起源と連続性について描述する伝統的な系譜学とは対立するものであるということである。しかし、後に彼は、ニーチェの観点により系譜学の論域とその質を根本的に転倒させた。

同様にここで、私は、青年フーコーの考古学の本質と史的唯物論との表面的な相似もやや感じ取った。なぜなら、彼がなした主な事柄は、意外にも、西洋の近代以降の現実的歴史の進展自身を透視した分析だったからである。

以下の研究で分析しようとするのは、そうした経験にほかならない。16世紀以来、われわれのそれのような文化のなかで、この経験がどのようなものとなりえたか、それを示そうというわけだ。つまり、当時話されていたような言語、知覚され蒐集されていたような自然の諸存在（êtres naturels）、実行されていたような交換（échange）、そうしたものに流れをさかのぼるように立ち戻ることによって、秩序があり（il y avait de l'ordre）、その秩序の諸様相に交換がその法則を、生物がその規則性を、語がその連鎖と表象的価値を負っているという事実を、われわれの文化がどのようにあきらかにしてきたか？文法と文献学、博物学（histoire naturelle）と生物学、富の研究（étude des richesses）と経済学において展開されるような認識論の実定的台座を形成するために、秩序のどのような様相が認められ、措定され、空間と時間に結びつけられてきたか？ということである。[35]

16世紀以降の西洋の社会歴史——これは、まさにマルクスが指摘したヨーロッパの現実の資本主義の歴史的進展の発生時期にほかならない。青年フーコーは、自分が関心を寄せている沈黙の物とは、一般的な意味での秩序のある観念史あるいは科学史ではなく、その観念や科学の知自身を確立させたさらに深い次元の基礎であると言っているわけである。まさにこの隠された「秩序ある空間」

の存在によってこそ、知ははじめて構築され、観念の登場・科学の確立・経験への反省は、はじめて自己のよって立つべき「歴史的アプリオリ」と「確実な要素」を得たのである。簡単に言うならば、それは、まさしく現代的合理性がフォーマティングされた真の礎石なのである。これこそが、青年フーコーが繰り返し顕示した、あの「いまだ言われざる物」、すなわち、あの有名なエピステーメー（épistémè）[36]にほかならない。

　　私は、この言葉は、フーコーの初期思想の原初的創造中のもっとも重由な学術的パラダイムだと思う。彼は、この本の中で6箇所 épistémè を使用している。このエピステーメーの直接の由来は、アルチュセールによるバシュラールの「認識論的断絶（rupture épistémologique）」からの引用であろう。興味深いことに、楊凱麟博士の「考証」によると、晩期のフーコーは、1984年の『啓蒙とは何か』の中で、一つの時代の風俗あるいは心理状態を決定する構造化の倫理型（êthos）なる観点を打ち出し、かつ、これをもって、ここでのエピステーメーのパラダイムに対応させているとのことである[37]。私個人は、この主観的な推測には賛成してはいない。êthos という言葉が、フランス語の中では社会的雰囲気という意味を指していることは事実だが、フーコーは、1970年前後、フランス認識論の構造主義的色彩を帯びていたエピステーメーの概念をすでに放棄していたゆえに、晩期のフーコーを、彼がすでに離脱していた秩序構築のパラダイムに連れ戻すのは、まったく不必要だからである。

フーコーのこの根底の謎の解明は、我々を失望させてしまうものであろう。なぜなら、コードと知を決定するある種の沈黙の物の存在方式は、マルクスが指摘した一定の条件下の物質的生産様式ではなく、理念の中のエピステーメーであったからである。

　では、青年フーコーが言うところのエピステーメーとは、いったいどのようなものなのであろうか。フーコーにあっては、エピステーメーは、西洋の近代以降の一定の知の空間（lespace du savoir）の中で、各種の経験的知識（connaissance empirique）が位置付けられる形式構築（日本語訳では布置—訳者）（configuration）の構造なのである[38]。

　　具体的に言うと、それは、16世紀以降、知（と言説実践）が文化の形式構築の本質になった時出現した、歴史的形式構築の方式である。このエ

ピステーメーは、ブルジョア世界になってはじめて発生できたもので、明らかにそれは古い時代に投射できるものではない。このことは、読者にとくに注意してもらいたい境界である。フーコーは、この本の36箇所でこの重要なconfigurationを使用している。しかし、この形式構築の概念は、中国語訳では、常に「構成」あるいは「形成」という他者性の語彙に誤訳されており、このゆえに、フーコーのこの重要な思想的情況構築の次元は失われてしまっている。私は、フーコーが『臨床医学の誕生』で比較的早くconfigurationを使用していたのに気づいた。ここでは、医学的分類が疾病を形式構築しているのだ[39]。私は、同時に、この段階では、フーコーが、秩序構築と形式構築という2つの重要な概念の質的差異を精緻に区分し、線引きしていなかったことも発見した。おおざっぱに言えば、形式構築の概念は、秩序構築よりもさらに大きな尺度の構造的統轄を表していると言ってよい。もちろん、フーコーの形式構築の概念は、私が自身の情況構築論の中で使用した、関係の形式構築のパラダイムとは同じものではない[40]。

　もちろん、青年フーコー筆下のエピステーメーは、狭義の知の形式構築の秩序ある生産構造ではなく、さらに大尺度の文化の知の秩序構築の生産方式である。青年フーコーから見ると、「ある文化のある時点においては、つねにただひとつの《エピステーメー》があるにすぎず、それがあらゆる知の成立条件を規定する」[41]ことになる。よって、通常の人々の通常の直観の中によっては根本的には見えざる、知の形式構築と秩序構築の構造を探究するこの作業は、青年フーコーの考古学のさらに深い層での情況構築の本質にほかならない。

　　私から見ると、青年フーコーのエピステーメーというパラダイムは、その師アルチュセールの影響を直接受けていたように思われる。我々は、アルチュセールが、マルタン[42]の影響の下、一人の思想家が学術理論を生産し構成するのを決定づけるプロブレマティック（problématique）[43]の観点を打ち出したことを知っている。ここから、彼は、このテキスト表層の文字からは直接到達できない深層の理論生産様式を透視鏡として、思想史の情況構築の中のイデオロギーと科学の間の「認識論的断絶」（バシュラール　カンギレムを継承したもの）を生み出し、マルクス思想史研究のまったく新しい視野を直接切り開いたのである。そして、青年フーコーのなしたことは、アルチュセールにあっては、一人の思想家とそのテキストの内部の

深層の思想的枠組みに限定されていたものを、さらに大きな尺度の歴史的な文化に流用したのにすぎない。よって、文化・歴史総体の質を決定づけるこのようなエピステーメーは、必然的に時代を分ける物指を生み出したわけである。これに対し、アルチュセールは明確にこう指摘している——フーコーによる「『切断』とプロブレマティック』という概念の明示的、あるいは非明示的な使用には、バシュラールの、あるいは私自身がバシュラールを体系的に「用いた」こと（『切断』概念について）の、また私の不幸な友人マルタンから借りてきた概念（『プロブレマティック』概念について）のなごりがあります」と。アルチュセールは、またもっぱらこうも言っている——フーコーは、私の生徒（pupil）であり、「私の著作の『何か』が、私の定式のいくつかを含めて、彼の著作に流れ込んでいます。しかし（このことは言っておかなければなりません。フーコー本人の哲学者としての人格にかかわることですから）彼の筆によって、また彼の思考のもとで、彼が私から借りてきた定式に彼が与えた意味ですら、私自身のものとはまったく異なる別の意味に変わっているのです」[44]と。1965年9月、アルチュセールは、出版したばかりの『マルクスのために』をフーコーに送ったという。そして、1981年のインタビューの中では、フーコー自身も直接この点に言及している。彼は「事実、私が関心をもつのは理論の歴史でも、イデオロギーの歴史でも、心性の歴史でもありません。問題の歴史、問題の系譜学にこそ関心があると言ってもよいでしょう。なぜある問題なのか、なぜこの種の問題なのか、なぜある領域について、ある時期にこのようなかたちのプロブレマティックが生じるのか、ということです」[45]と語っているのである。この発言は、ほとんど師であるアルチュセールの言説であろう。もちろん、このことについては、フーコーは従来直接説明したことはない。バディウは、フーコーがこのようにエピステーメーの思想的由来を告白しなかったのは、まさに彼が「内部性にかんする真の思想に至ることが」[46]できなかったという結果を招いてしまったゆえだと見ている。

実際に、青年フーコーは、この本では、直接エピステーメーの具体的なシニフィエを規定していない。私は、1964年、フーコーがある研究会の発言の中で、このように、後にエピステーメーと言われるようになった文化的形式構築のシステムについて言及したことを発見した。それは「西洋文明のなかでのおのお

のの文化形態は、それぞれの解釈体系（système d'interprétation）、技術（techniques）、方法（méthodes）、方式（manières）をもってきた」[47]という発言であった。そのとおりである。我々は、この発言から、エピステーメーの正式の出現の前に、早くも現れたいくつかの手がかり、あるいは、生成の軌跡をうかがうことができるのだ。その1は、エピステーメーは、文化の形式構築として、まず一種の言説解釈のシステムであり、それは、物に命名を通じて特定の意味を獲得させることにより、機能的な弁別性を持たせるということである。その2は、さらに重要なこととして、エピステーメーは、セットになっている技術と方式を組み合わした文化の形式構築だということであり、それぞれ異なる時代が構築した新しい世界の見取り図の根拠になっていることである。1967年の『言葉と物』についてのインタビューでは、フーコー自身は、エピステーメーをある種の「言説の同型性」と語り、それを『狂気の歴史』での方法と対比して、これは、垂直に交わる二つの記述の軸であると語っている―「複数の言説に共通の理論的モデルの軸と、言説的領域と非言説的領域との間の諸関係の軸です。『言葉と物』では水平軸を、『狂気の歴史』と『臨床医学の誕生』においては垂直的な次元を私はたどったのです」[48]と。この意味は、『狂気の歴史』では、フーコーは、言説的な理性と非言説的な狂気を垂直な叙述の軸線として使用し、『言葉と物』では、エピステーメーは、特定の時間を描述する、いくつかの言説が平行する共有の場の理論モデルとしてのエピステーメーとなるということだろう。同様にこのインタビューの中で、青年フーコーは、エピステーメーは、伝統的な歴史観の中のあの連続し蓄積された歴史という観点から脱け出し、「歴史のない」文化とは「歴史という様態で言説が互いに付加し合うことがない文化であり、そこでは言説は、たがいに併存し合い、あるいは一つが他に取って代わり、忘れ合い、変形しあう文化」[49]であることを明らかにしたと正確に指摘している。この発言についての、ポストの解釈は比較的通俗である。

> たとえば『言葉と物』では、エピステーメーは、たとえフーコーにその意図がなかったとしても、すべての言説のマスターキーとして機能し、歴史はエピステーメーの連鎖だった。各時代には固有のエピステーメーがあり、それがすべての発話の土台となった。エピステーメーは統合的な概念の役割を果たしたのである[50]。

後の『知の考古学』の最後の部分で、フーコーは比較的詳細にエピステーメー

の規定について議論している。ここでは、青年フーコーは、エピステーメーは「ある一つの時代の諸科学を言説的諸規則のレヴェル（niveau des régularités discursives）において分析するとき、それらの諸科学のあいだに発見することのできる諸関係の総体（ensemble des relations）なのだ」[51]と指摘している。

明らかに、『言葉と物』に比べて、フーコーのここでのエピステーメーの概念にはすでに変化が起きている。一つは、機能的な言説実践が、すでに「言葉」に取って代わっていることである。もう一つは、諸関係の総体についての視野が、以前の単純すぎた言葉と物との間の秩序構築より深くなっていることである。

この時の青年フーコーから見ると、エピステーメーについての研究は、開放的なものであり、その目的は、ある時代のすべての知が遵守する公準となるシステム（système de postulats）を再構成することではなく、「諸関係の際限のない領野（champ indéfini）を踏破すること」なのである。

それは、打ち立てられては解体する諸々の区分や食い違いや一致から成る際限なく動的な集合なのだ。さらに、エピステーメーは、諸科学、認識論的諸形象、諸々のポジティヴィテ、諸々の言説実践のあいだの諸関係の集合として、ある時点において言説に課される制約と制限の作用を把握することを可能にしてくれる[52]と、フーコーは述べている。

エピステーメーは、既存の物在性の道具ではなく、諸関係を貫いているが、また特定できない場所なのである。それは、言説実践に構築と脱-構築を強いる一種の機能的関係の総体であり、まさに、このそれぞれ異なる関係の総体が、それぞれ異なる時代の世界の見取り図を形式構築するわけである。

もちろん、機能的関係の総体としてのエピステーメーは、我々が直観的に見出せるものではない。「それは、言説実践のポジティヴィテの中に、認識論的諸形象および諸科学が存在することを可能にするものなのだ」[53]。

言説実践・関係の総体（集合）などの用語は、『知の考古学』で生まれた新しい知の情況構築の一面である。ここで、フーコーは一つの重要な観点を指摘している。すなわち、エピステーメーは目に見えるものではないということである。とりわけ、一つの特定の時代の主体にとっては、総体としてのその時の文化のエピステーメーを自覚的に弁別し、規制すること

第1章　暴力的な秩序構築―客体への存在論的命名　177

はできないのだ。ホワイトは、次のように、フーコーの見方について重ねて述べたことがある―「ある時代のエピステーメーは、その下にいる人々には知られようがない」[54]と。これは正しいだろう。

　青年フーコーの考古学という透視力のある目は、西洋の16世紀以降の近代史には次のようなことが起こったことを見て取った―それは、「この考古学的調査は、西欧の文化の《エピステーメー》のなかに、二つの大きな不連続（間断）（discontinuités）を示してくれた。ひとつは、古典主義時代（âge classique）の端緒となるもの（17世紀中ごろ）、もうひとつは、19世紀初頭のわれわれの近代性（modernité）の発端をしるすものである」[55]という事実であった。
　師であるアルチュセールが、プロブレマティックを用いて、マルクスの思想史中の人間主義的イデオロギーと科学との「断絶」を発見したのと同様に、この間断性は、バシュラールのあの「認識論的切断」のバリエーションであろう。このdiscontinuitésは不連続性と訳してもよい。フーコーは、この本の中で9箇所discontinuitésを使用している。この言葉は、また15年前に私が『マルクスへ帰れ』を書いた時に、巨大な影響を与えてくれた観念の一つでもある。

　ここに、明確指摘しておかなければならない4つの重要なポイントがある。1、エピステーメーは、16世紀以降の社会文化の形式構築の決定的な要素であるが、青年フーコーは、これ以前の社会の形式構築については従来から言及していないという点である。つまり、エピステーメー自身は、西洋資本主義社会の歴史的発展の中の特定の歴史的産物だという点である。2、この時の青年フーコーの歴史観は、典型的な文化観念による観念論史観であるという点である。彼は、史的唯物論の社会的存在が意識を決定するという観点を退け、歴史の形式構築の基礎を、文化観念による機能的な知の構造―エピステーメーとして確認したわけである。このことは、真剣に弁別しなければならないだろう。
　この点で、フーコーは、まさにサルトルの実践的形式構築論に反対した。1966年のインタビューの中で、彼はもっぱらこう語っている―「つまり私は、実践と制度と理論を同一の平面で論じ、それら相互の同型性（isomorphismes）を打ち立てながら論じているわけです。そして、それらを可能にする共通の知（savoir）、つまり構成的かつ歴史的な知の層（couche con-

stituant et historique）を探究しているのです。実践的-惰性体（le pratico-inerte）という視点からこの知を説明しようとするのではなく、いわば『理論的-能動的なもの』の分析を定式化しようとしているのです」[56]と。実践-惰性体とは、サルトルの人間学的弁証法であり、フーコーは、知の構造—エピステーメーの理論の能動性と先在を強調しているわけである。ここでは、フーコーは、マルクスが『フォイエルバッハに関するテーゼ』の中で批判した観念論的能動性に再び立ち戻っているのである。

3、青年フーコーは、一種の新しい非連続的な歴史観を主張している点である。私は、彼が、この時、一種のヨーロッパ文化史観だけを強調したのではなく、すべての世界に向き合う、まったく新しい歴史の研究方式を打ち立てようとしていたのだと思う。

　この観点は、後に『知の考古学』の中で、総体性と目的論に反対する新史学理論を生み出した。

4、もっとも深刻な問題であるが、青年フーコーの歴史観には、ヨーロッパ中心論の残余が存在していた点である。

　フーコーのこの盲点について、サイードのポストコロニアリズムのコンテキストの中にある見解には深いものがある。サイードは「フーコーのもっとも明らかな盲点は、例えば、彼の用いた証拠が基本的にフランスに限られていたことと、結論が紛れもなく普遍的なものであったことのあいだにある矛盾に無頓着であったことだ〔中略〕。あたかも歴史そのものが、フランスとドイツの一群の思想家のなかだけで生じたかのようである」[57]と述べているのだ。この判断はまったく正しい。

もちろん、青年フーコーはもっぱらこう指摘している—自分の観念と伝統的な西洋の歴史研究中のあの連続する時間という秩序性は明らかに異なっており、後者にあっては、ヨーロッパのルネサンスから我々の時代に到るまで、その理性（ratio）の発展は、ほとんど中断しなかったことになる。リンネの分類学であろうと、コンディヤックが始めた経済学の価値理論であろうと、標準語文法の理論であろうと、すべて理性の支配下の歴史の進歩という一種の連続性が打ち立てられているのだと。

第 1 章　暴力的な秩序構築―客体への存在論的命名　179

　これは、今まで我々を支配してきた歴史研究の主導的な理念でもある。後の『知の考古学』では、フーコーは、この理念に対しそれを偽とする反証をもっぱら進めた。

　だが、青年フーコーのエピステーメーに着眼した、ここでの考古学の視野の立場に転じれば、我々は次のことを突然発見するだろう―17世紀中葉に、以前の16世紀の相似性を核心とする伝統的なエピステーメーの第1の断絶の中で、西洋近代文化の中で実証性を重んじる古典主義のエピステーメーがはじめて歴史的に生成されたことを。
　ここで指摘しておくべきは、フーコー自身は、16世紀のエピステーメーに性質を定める命名をしなかったことである。よって、私は暫時「伝統的なエピステーメー」と呼ぶことにする。

　そして、このいわゆる
　　実定的諸領域の体系（système des positivités）は全体として大きく変わっているからだ。といっても、理性が進歩したのではない。ただ、物とそれらを類別して知(savoir)にさしだす秩序との存在様態が、根本的に変質してしまったのである[58]と、フーコーは述べている。
　フーコーのここでの「物を知にさしだす」という言葉は、情況構築の核心の支点である。なぜなら、彼のエピステーメー創世説の本質は文化の形式構築だからである。文化の形式構築は「物の存在様態」を強制的に生み出すわけである。これは、ほとんどヘーゲル式の観念の現象学の翻版に近い。この点はぜひ記憶しておいてほしい。

　ここの部分は、彼が言うところの近代的エピステーメーの突然の出現が引き起こした第2の巨大な断絶である。この2つの重要な断絶の中で、真に発生したものは、歴史の間断性であり、歴史の連続性ではない。
　このことは、ラカンの有名な「真理はいつも破砕の中に立ち現われる」という観点を想起させる。

　伝統的な西洋の歴史研究と根本的に異なる点は、青年フーコーが、あの近代的な理性主義的な歴史進歩観を否定したところにある。彼は、平滑で連続して

いるように見える歴史の手がかりの背後に、さらに第1次的である、物の存在様態自身の構造的な変化を見いだそうとしたわけである。これこそが、物に対して進めた秩序再構築という改変にほかならない。マクロの尺度においては、青年フーコーの研究の意向は、マルクスの方向と一致している。しかし、私は、青年フーコーは、秩序構築の着眼点をエピステーメー自身の構造的変化の上に置き、さらに深く、現実的存在の実践的機能度の構造的転換の中に入って行かなかったと思う！さらに言うならば、彼は知の形式構築を現実の歴史の形式構築の基礎とすら見なしているのだ。これは、もちろん典型的な観念論史観である。

　この点について言えば、青年フーコーは、ハイデッガーの存在論批判の深さを真に受け継いではいなかったと言えるだろう[59]。

　青年フーコーのこの本での思考の重点は、明らかに2つのブルジョア的エピステーメーである。すなわち、古典主義時代のエピステーメーと近代的エピステーメーである。

　まず、青年フーコーの眼中では、すべての西洋資本主義の古典主義時代を支配していたエピステーメーは―第1の真の意味での知のフォーマティング構造でもある―「表象（représentation）の理論と言語、自然の秩序（ordres naturels）、富と価値の理論」を貫く構成秩序の構築構造であった。

　　フーコーは、この本の中で317箇所représentationを使用している。ゆえに、この言葉は、この本の中で重要な高使用頻度の語彙に違いない。ここで注意してもらいたいのは、青年フーコーのエピステーメーは、静止状態の凝固した枠組みを指すのではなく、事実上、エピステーメー自身は、構築されつつある秩序性の機能的な創造過程であるということである。あるいは、フーコー自身の言葉を借りれば「事物を秩序化する計画（projet d'une mise en ordre des choses）」[60]なのである。それは、歴史の外で発生する作用の枠組みではなく、歴史自身によるフォーマティングと発生なのである。

　古典主義時代のエピステーメーの中では、主体の客体に対する再現式の表象理論という仮想は、「あらゆる秩序の一般的基礎」であり、ロゴスの暴力が構築した言語は「自然発生的な表」、あらたにフォーマティングされた「最初の碁盤目（quadrillage）」となり、言語は、「表象と諸存在とのあいだの欠くべからざる中継者」となった。これに対し、我々は、フーコーの深いと言わざるを

得ないこの歴史の透視に対して、机をたたいて絶賛するほかはない。しかし、我々は次のことにも注意しなければならないだろう―青年フーコーの古典経済学理論に関する議論は、それを現実の資本主義的工業生産という物質的過程の観念的論理の反映と見なさず、反対に、現実の資本主義経済過程をエピステーメーの中の理論的形式構築の対象化物と見なしていることに。これは、私の言うフーコーの深い層での観念論史観の本質的情況構築の次元でもある。

次に、19世紀に「言葉の物に対する」規制作用を生み出した近代的エピステーメーの中では、

> 深層における歴史性（historicité）というものが、あらゆる物の核心をつらぬき、それらを孤立させ、物固有の整合性においてそれらを規定し、時間の連続性によって導入される秩序の諸形態（forme d'ordre）をそれらに課す。交換と貨幣の分析は生産の研究（étude de la production）に場所を譲り、有機体(organisme)の研究が分類学的特徴の探求にたいして優位に立つ。とりわけ言語は、その特権的地位を失い、今では過去の厚みをもった首尾一貫する歴史の一形象にすぎなくなる[61]のである。

ブルジョア経済学と科学学説史から見れば、これは極めて正確な秩序構築の位置付けであろう。流通の領域から生産への転換、外的な分類から有機体への転換。かつ、言語の特権的地位の喪失は、史的観念論の最後の倒壊と同時に発生した。だが、これは、フーコーが見て取ることのできなかった事情である。歴史性が物の核心をつらぬくことは、まさにマルクスの哲学革命の実質であり、この深みのある思想革命の現実的基礎は、すべての資本主義的生産様式自身が、永遠に休まず新しい秩序構築と形式構築を求めることにあるのだ。

> これは、後にバウマン[62]が指摘した「液状化する現代性」の根幹になっている。

3. 人間とは最近発生した出来事である

もっとも興味深いこともここにある。後に何度も伝播された、あの青年フーコーの有名な断言―人間（homme）は最近の発明にかかわる―がここに登場しているのである。

もとより、フーコーはこの本の439箇所でhommeを使用しているが、矛

盾したことに、homme はかなりの頻度で出現しているにもかかわらず、実際には意味的には存在していないのである。

このことは、青年フーコーが昔からのあの「汝自身を知れ」という人間学的意識の歴史的痕跡を否定したという意味ではなく、伝統の中の人間に関する連続的な実体的観点を「素朴な」目と総称したにすぎない。彼から見ると、我々が今日見ている「人間」とは、近代的な「物の秩序（ordre des choses）のなかにあるひとつの裂け目（déchirure）、ともかくも、物の秩序が知のなかで最近とった新しい配置によって描きだされた、ひとつの布置（configuration）以外の何ものでもない」[63]のである。肉体を持つ人間が実在しないのではなく、関係的存在論の情況構築の中では、人間の存在は、それぞれ異なるエピステーメーの形式構築によって形作れるという意味である。よって、過去我々が人間を発見した場所は、現在ではすでに、「言説に、ことばの領域に固有な事物を表象する（représenter l'ordre des choses）力」[64]の結果であるとして明らかにされているのである。このため、彼はニーチェの言い方に賛成していることを明らかにした——「記号（signe）がある所には人間はありえず、記号を語らせる場においては、人間は沈黙（taiser）しなければならない」[65]と。

これに対するクリフォードの評価は、「フーコーは、カントの学説の中で追問された『人間とは何か』（What is man?）という問いを、一種の系譜学的な問い——『人間』はどのようにして生じた（How does 'man' emerge?）という問いに転化させた」[66]というものである。これは正しいであろう。系譜学とは、見たところ既存のものと見える現象あるいは事件が、いかに姿を現すように仕向けられ、構築されたのかを明らかにするものである。この点において、系譜学は、フッサール―ハイデッガーの現象学中の「いかに」と深く関連している。

ゆえに、青年フーコーの筆下の「人間」は、恒久に実在する存在物ではなく、近代的エピステーメーの中で発生した「新しい人間主義のすべての幻想」が作りだした主体性なるものにすぎない。

彼の師であるアルチュセールにも、人間（主体）を近代ブルジョアイデオロギーの問いの構築物と見なす説がある[67]。

フーコーは、人の不幸を見て喜ぶ気持ちを多少見せて、こう述べるのだ。

第1章　暴力的な秩序構築―客体への存在論的命名　183

人間（homme）は最近の発明（invention récente）にかかわるものであり、二世紀とたっていない一形象、われわれの知のたんなる折り目（un simple pli）にすぎず、知（savoir）がさらに新しい形態を見いだしさえすれば、早晩消え去る（disparaîtra）ものだと考えることは、何と深い慰めであり力づけであろうか[68]と。

人間が消失するのを喜ぶ―まさに変態的な思考である。

　あるいは、フーコーのこの観点を、自分の師たるアルチュセールの「理論上の人間主義を拒絶する」への支持と見なすことができる。彼は、同時期のインタビューの中で直接こう語っている―「私たちの課題はヒューマニズムから完全に自由になることで、その意味で私たちの仕事は政治的なのです。なにしろ、東西の諸々の政治体制が、そのできの悪い商品を、ヒューマニズムの旗によって見過ごさせているのですから……こうした迷妄の数々を告発しなければなりません。たとえば現在、共産党内部でアルチュセールとその勇敢な仲間が『シャルダン・マルクス主義』と戦っているように」[69]と。ここでいうシャルダン・マルクス主義、俗流マルクス主義とは、サルトルを代表とする、マルクス主義を人間主義化した思想である。この点では、フーコーは師の立場にしっかりと立っているわけである。

実際には、青年フーコーの言っている意味は、我々の心の中のあの不朽の人間が逝去したということではない。彼が指摘しているのは、実体としての人間という、仮想の情況構築の脱-構築という意味での消失なのである。第1の情況構築の次元においては、青年フーコーの考古学研究の視野の中では、16世紀以降のそれぞれの時代の人や物は、すべて、人々が見て取ることのできない、エピステーメーによるある種の秩序構築の歴史的結果にすぎない。この情況構築の意味で、我々の心中の永遠に存在する人間なるものは、もともと不朽のものではなく、特定の形式構築の虚偽の連鎖にすぎないのである。第2の情況構築の次元では、我々が今日見て取って入る人間は、過去のあの「人間」（古典主義的な人間観）の連続ではなく、近代的エピステーメーの中のまったく新しい歴史的構築物であり、19世紀初めから計算すると、この「人間」の生存の秩序構築の歴史的発生は、まだ200年しか経っていないことになる。ゆえに、「知

がさらに新しい形態を見いだしさえすれば、早晩消え去る」わけである。例えば、「ポストモダン」という新しいエピステーメーの出現により、上述した新人間主義の人間観（個人主体）は、「作者の死」・「個人主体の死」・「テキストの死」の中で消失する、あるいは「心なき人」として空の存在に帰すのである。

　ドゥルーズは次のように言及したことがある—フーコーが『言葉と物』で「人間の死」を断言した後、かなりの人々から批判を受けた。彼は「人権」を蔑視しているとか、「ヒトラーの回し者」とか[70]と。フーコーを批判したこれらの人々は、フーコーのここでの情況構築点を根本的に理解していない。明らかに、青年フーコーのこの言葉のコンテキストは、その中に入って行きづらいものである。たとえ、深くフーコーを理解しようと思う人にとっても、なかなか到達できない情況になるだろう。例えば、ホネットのフーコーについての専門的研究の中では、フーコーは「近代の主観哲学のさまざまな異なった見解」を区別できていないと指摘されている。ホネットのフーコーの学術的進展についての解釈は、フーコーの言う「新たに形成された世界像の存在論的前提のもとでは、人間は認識秩序の活動主体として、そして同時に自然秩序の実体的要素として把握されるということ、それだけがフーコーにとって決定的なことなのだ。その限りで、人間はその２つの秩序の交差点であり、したがって自らを意識している世界の中心点である〔…〕。／ヨーロッパ近代の知のシステムにおいて人間は、認識の主体そして客体という二つの役割を同時に占めている。なぜなら人間は、自らが認識しつつ向かい合っている自然という現実の一部をなすものとして、自らを認識することができるからである」[71]というものである。一見すると、ホネットは、かなり深くフーコーを解読しているようである。しかし、彼が根本的に理解していない点は、フーコーにあっては、伝統的な認識論の中のあの主体と客体（人と自然）という二元構造はすでになくなっていたという点である。自然は、非個人的主体という一定のエピステーメーの歴史的構築物にすぎず、「人間」（近代的知の主体）も、19世紀以降の近代的エピステーメーが形作った主体という幻想と仮想からの視点にすぎないのである。もし、自然的事実と人間自身がなければ、ホネットの「二重の役割」はどうして語ることができるのか。この点では、私は、アガンベンの見方に賛同する。それは「フーコーにおいて問題となっているのが単なる認識論上の調整ではなく、認識論のまた別の転位 (dislocation)

である」[72]というものである。これは、ホネットが根本的に入って行けなかった情況構築の一次元であろう。

　この大多数の人を不思議な感にさせる論点を説明するために、青年フーコーは、視野を比較する形での分析をもっぱら進めている。フーコーは次のように弁別している—『狂気の誕生』では、自分は、差異性の中に登場した＜他者＞（l'Autre）を研究したが、「それが＜他者＞の歴史であるとすれば—すなわち、文化にとっては、内部のものであるとともによそ者でもある、それだけに排除されるべき（内なる危機を祓いのけるため）でありながら文化のなかに取りこまれる」[73]と。
　　これは、明らかにラカンの情況構築の意味での支配的な他者とは意味が異なる。

　しかし、ちょうど他者性の情況の中に置かれた不正常（異常）な「狂人」は、同一性の中に位置する正常人の生活を支えるのだ。そして、『狂気の歴史』の中では、青年フーコーは、この同一性なるものに面して「＜同一者＞の歴史」は、すなわち「物の秩序に関する歴史」であると喝破したのである。その核心の情況構築の思考点は、「どのような歴史的＜アプリオリ＞から出発して、漠然として規定されない、正体不明で興をひかぬような相違性という背景のうえに成り立つ、判明なさまざまな同一性の大きな市松模様（le grand damier）を規定することが可能だったか？」[74]という問いにすでに転換していたのである。
　　近代性の本質は同一性である—これはアドルノがすでに指摘していた命題である。

　青年フーコーはこう感じていた—このような他者性（差異性）と同一性という物の秩序構築を対比する観察の中で、我々は、はじめてあの古典主義時代の思想と近代的思想を分離する境界を見て取ることができるのだ。同様に「この境界のうえにはじめて、あの奇妙な知の形象が出現したのであって、それこそ人間とよばれ、人文諸科学（sciences humaines）に固有の空間をひらいたものにほかならない」[75]と。
　　フーコーは、この本の38箇所でsciences humainesを使用している。

フーコーにあっては、人文科学は、この200歳にも満たない人間なるものとともに発生したものである—これは、彼のもう一つの重要な断言である。ゆえに、この言葉と物の同一性の秩序構築史は、人文科学が「いかに」歴史的に発生したかについての考古学的研究でもある。この本の最後の部分で、フーコーはこの観点を詳細に議論している。

　青年フーコーは、「我々は黙りこくったままおとなしく身動きひとつしない大地に、分裂、脆さ、亀裂といったものを回復させてやろうというわけだ。大地は、我々の足もとで、ふたたび不安に打ちふるえているのである」[76]と宣言している。我々は、日々無自覚のまま、自明と思われている自然の世界の大地の上を歩いている。だが、フーコーは、我々に、この天然性の下の虚偽を見せ、文化的伝統を支える存在の裂け目を発見させてくれるのである。静かなる大地と思われていたものがふたたび震え、安定していたと思われていた思想がふたたび不安定になっていくのを見せてくれるのである。フーコーは、まさにここまでのことをなしたのである！

　フーコーは、ポストモダンには属してはいないものの、ポストモダンのもっとも重要な歴史的思考の情況構築を切り開いた。その観念論史観を除けば、フーコーは、一幅の精妙な西洋近・現代文化の発展の透視図を確かに与えてくれたのである。

[注]
1　1967年の『言葉と物』についてのインタビューの中で、フーコーはこのように自分の師であるアルチュセールについて語っている—「かつて彼の生徒であり、かれに多くを負っているので、たぶんわたしはかれが非難するであろうような試みまでもかれの影響だと言いがちです。だから彼の側でどう考えているかについてはお答えできません。いずれにしても言えるのは、アルチュセールの著作をひもといて下さい、ということですね」。ミシェル・フーコー、石田英敬訳「歴史の書き方について」『フーコー・コレクション3　言説・表象』（ちくま学芸文庫、2006年）81-82頁。
2　ミシェル・フーコー、田村俶訳『狂気の歴史——古典主義時代における』（新潮社、1975年）
3　ミシェル・フーコー、渡辺一民・佐々木明訳『言葉と物——人文科学の考古学』（新潮社、1974年）22頁。

第 1 章　暴力的な秩序構築—客体への存在論的命名　187

4　George Dumézil, *L'héritage indo-européen à Rome* (Paris: Gallimard, 1949), 43.
5　アガンベンは、『事物のしるし』第 3 章「哲学的考古学」の中で、こう述べている—カントは、一種の「哲学的考古学（philosophische Archäologie）」というものの存在を指摘した。彼にあっては、このような考古学は、古物や遺跡の発掘に従事するものでもなく、観念の歴史の叙事文の中から単純にもともとの事実を見つけ出すものでもなく、「人間理性の本性から引き出されなければならない」ような理性の〈事実〉を提示するものであると。アガンベンは、カントのここでの「考古学」の対象は、過去に存在した事実ではなく、ある種の起こらなかったことであると、とくに指摘している。あの「不在者の登場」がまた登場しているわけである。かつ、このようななお実在しないものは、まさに既存の事物のあるべき真の根拠なのだということであろう。ゆえに、アガンベンの解釈によれば、カントの哲学的考古学の意味は、哲学は、過去あったものと関係すると見なされるだけでなく、あるべき、あるいは過去本来あるべきだったものとも関係しているということになる。それは、ある種の意義において、いまだ規定されないものとして存在しうるだけのものでもあり、その歴史が「起こらなかったことの歴史」とされてしまうようなものである。ジョルジョ・アガンベン、岡田温司・岡本源太訳『事物のしるし』（青土社、2011年）125-127頁を参照のこと。
6　アガンベンの考証によると、西洋の言語中の秩序（order）という言葉のもっとも早い起源はアリストテレスの『形而上学』にあるとのことである。そこでは、秩序（taxis）というギリシャ語は超越と内在の間の「アポリアに充ちた関係」を表し、後に、〔ラテン語の〕秩序（ordo）は被造物と神の関係を表現しており（『一原理に対する条件（ordo ad unum principium）』）、他方では被造物どうしの関係を表現している（『互いに対する秩序（ordo ad invicem）』となった、という。前者は、神に対する大文字の「目的に対する秩序」（Ordo ad finem）であり、後者は事物間の「互いに対する秩序」（ordo ad invicem）である。アガンベンは「『秩序（ordo）』という印徴は、存在論の最たる場が実体というカテゴリーから関係や実践というカテゴリーへとずらされるということを生み出すのであって、このようにずらされたということことこそもしかすると、中世の思想が存在論にもたらした最も重要な貢献なのかもしれない」とさえ述べている。ジョルジョ・アガンベン、高桑和巳訳『王国と栄光——オイコノミアと統治の神学的系譜学のために』（青土社、2010年）164、168、171-173頁を参照のこと。
7　アガンベンは、トマス・アキナスの著作から秩序構築（ordinatio）という言葉を直接発見さえした。トマス・アキナスは、神の創世を一つの秩序構築の過程として理解したゆえに、「つまり神がさまざまな事物を秩序づけながら存在へと生産したのは明らかである」（sic patet quod Deus res in esse produxit eas ordinando）と見たというのである。アガンベン前掲書183頁を参照のこと。
8　拙稿《实践构序》〔「実践的秩序構築」〕《福建论坛》1991年第 1 期および《劳动塑形、

关系构式、生产创序与结构筑模》〔「労働によるフォーマティング、関係の形式構築、生産の秩序構築、構造モデルの構築」〕《哲学研究》2009年11期を参照のこと。

9 「天目」あるいは「開天目」とは気功術の用語である。気功修練が一定の段階に達すると、天目（天目穴）によって通常人が見えないものが見えるようになる。通常、「天目穴」は「印堂穴」の上約1寸のところにあり、「印堂穴」は両眉の中間にある。よって、「天目穴」は両眉の中間の上1寸のところにある。もちろん、筆者はこの天目説なるものは信じてはいない。ここでは一種の比喩的術語として流用し、これによって、フーコーのあの不在の物を見ようとする努力を表現したにすぎない。

10 ボルヘス(Jorge Luis Borges 1899-1986)。アルゼンチンの詩人・小説家・翻訳者。ブエノスアイレスのイギリス系の弁護士の家に生まれた。ジュネーブの高校に入学、ケンブリッジ大学でイギリス・フランス・ドイツなど多くの国の文学を把握した。1950～1953年アルゼンチン作家協会の会長となる。1955年国立図書館長、ブエノスアイレス大学哲学・文学科の教授となる。1950年にはアルゼンチン国家文学賞を獲得した。1961年フォルメントール賞、1979年にはセルバンテス賞を獲得している。主な作品には、詩集『ブエノスアイレスの熱狂』(1923)、『正面の月』(1925)、『サン・マルティンの手帳』(1929)、『陰翳礼賛』(1969)、『群虎黄金』(1972)、『永遠の薔薇』(1975)、短篇小説集『伝奇』(1935)、『エル・アレフ』(1949)、『ブロディーの報告書』などがある。

11 フーコー前掲書13頁。

12 同上14頁。

13 1936～1938年ハイデッガーは、重要な秘密の文献である『哲学への寄与論稿（性起について）』を書き下ろした。彼自身が発見し、かつ形而上学を現存在たる存在者の存在（根拠）に帰結させたことの上に、ある一つの概念をさらに重ねたのである。一切の存在論を破棄するまったく新しいこの思想情況構築は、一種の打開できず、語ることのできないような神秘的な性起(Ereignis)という思想情況であった。創文社『ハイデッガー全集』第65巻 大橋良介、秋富克哉 訳『哲学への寄与論稿（性起について）』(2005年)。なお、拙著《回到海德格尔：本有与构境》(第一巻：走向存在)〔ハイデッガーへ帰れ―性起と情況構築〕(第一巻：存在への道)〕(商務印書館、2014年) を参照のこと。

14 ミシェル・フーコー、神谷美恵子訳『精神疾患と心理学』(みすず書房 2016年) 19頁。

15 フーコー『言葉と物』16頁。

16 1922年に書かれた「ナトルプ報告」での中で、青年ハイデッガーは、世界の第一次的な発生を「交わり性への配慮」、すなわち人類が自身の交流活動を通じて構築した生存を一切のその他の存在の用在性と功利的な効用価値に押し付けることであると指摘した。後には、このことを人間中心論の用在的存在状態として確認している。

17 フーコー前掲書15頁。

第 1 章　暴力的な秩序構築―客体への存在論的命名　189

18　拙著前掲書第 4 章〔「ハイデッガーの『ナトルプ報告』について」〕を参照のこと。
19　ジル・ドゥルーズ、宇野邦一訳『フーコー』(河出文庫、2007年) 98頁。
20　フーコー『言葉と物』16頁。
21　デヴィッド・ハーヴェイ (David Harvey 1935-)。現代アメリカの地理学者・後期マルクス主義者。1935年イギリスのケントのギリンガムで生まれた。1957年ケンブリッジ大学地理学科の文学士を得て、1961年に博士論文 *Aspects of agricultural and rural change in Kent 1800-1900* で同大の哲学博士号を得た。後にスウェーデンのウプサラ大学で 1 年間研修し、帰国後ブリストル大学の地理学科の講師となった。1969年アメリカに移住しジョンズ・ホプキンス大学の地理学・環境工学学科の教授となった。1994〜1995年オックスフォード大学の地理学教授にもなったことがある。現在はニューヨーク市立大学の名誉教授である。主な著作には、『地理学基礎論――地理学における説明』(1969)、『都市と社会的不平等』(1973)、『空間編成の経済理論――資本の限界 (上・下)』(1982)、『都市の資本論――都市空間形成の歴史と理論』(1985)、『ポストモダニティの条件』(1989)、*Justice, Nature and the Geography of Difference* (1996)、*Spaces of Hope* (2000)、*Spaces of Capital: Towards a Critical Geography* (2001) などがある。
22　*David Harvey, Spaces of Hope* (California: University of California Press, 2000), 183-184.
23　ヴァールブルクが1886年に開設した個人図書館では、彼は、故意に伝統的な図書分類法に従わず、完全に自分の趣味と個人の思想体系に従って分類を行なった (秩序構築をした)。興味深いことに、彼は、自分の思想的観念が変わった時には、図書の排列も変えたのである。伝統的な図書分類法と比べると、ヴァールブルクの図書館は、自身が作った無秩序の迷宮であった。1975年アガンベンは、この図書館で「1 年にわたる熱心な仕事」を行ったとのことである。ジョルジョ・アガンベン、高桑和巳訳『思考の潜勢力』(月曜社、2005年) 173頁を参照のこと。
24　『言葉と物』16頁。
25　ユルゲン・ハーバマス、三島憲一ほか訳『近代の哲学的ディスクルス　II』(岩波書店　1990年) 476頁。
26　アガンベンの考証によると、フーコーがここで用いた「諸事物の秩序」という言葉は、中世神学のコンテキスト中の「神に対する秩序 (ordo ad Deum)」と事物間の秩序の区分に由来しているとのことである。前者は、神の第 1 の推進力あるいは第 1 原因が生み出した必然的な空間であり、後者は、世俗世界を支配する物の間の偶然な「互いに対する秩序 (ordo ad invicem)」である。アガンベン『王国と栄光』256頁を参照のこと。
27　フーコー『言葉と物』18頁。
28　同上18頁。
29　Peter Sloterdijk, *Im Weltinnenraum des Kapitals: Für eine philosophische Theorie der Globalisierung* (Frankfurt am Main: Suhrkamp, 2005), 168.

30 Robert J.C. Young, *White Mythologies Writing History and the West*, 2nd Edition (London: Routlege, 2004)を参照。
31 フーコー前掲書18 〜 19頁。
32 ミシェル・フーコー、神谷美恵子訳『臨床医学の誕生』(みすず書房、1969年) 64頁。
33 フーコー『言葉と物』19頁。
34 フーコー「歴史の書き方について」『フーコー・コレクション 3』98頁。
35 フーコー『言葉と物』20頁。
36 フーコーがここで借用したのは古代ギリシャ語の語彙である。その原義は「認識」である。「認識論」は現代フランス語と英語では、それぞれépistémologieとepistemologyである。
37 楊凱麟《分裂分析福柯：越界、褶曲与布置》〔『フーコーを分裂的に分析する―越界・褶曲・配置』〕(南京大学出版社、2011年) 21頁注1、ミシェル・フーコー、石田英敬訳「啓蒙とは何か」『フーコー・コレクション 6　生政治・統治』(ちくま学芸文庫、2006年) 393頁を参照のこと。
38 フーコー『言葉と物』20 〜 21頁。フーコーにあっては、savoir (知)とconnaissance (知識)とは区分されている。savoirは、動詞の「知る」「理解する」であり、フーコーのその使用コンテキストは、ハイデッガーの存在 (Sein)の意味の規定に接近しているが、connaissanceは、学理と体系的知識を指しており、ハイデッガーの言う既存の存在者 (Seiend)に相当する。しかし、大部分の中国語訳では、この二つの完全に異質な概念を区別せず既存の「知識」と訳している。フーコーは、この本の226箇所でsavoirを使用し、129箇所でconnaissanceを使用している。さらに指摘しておくべきことは、アメリカの研究者ハッキングがこのことに言及していることである。彼は、正確に両者の区別を見て取ったけれども、自信ありげにsavoirを「深層知識」、connaissanceをそれとは区別して「表層知識」と訳し、savoirは一種の深層知識の枠組みであり、表層知識はちょうどそこから意味を得ているとした。非常に残念なことに、この解釈は、まさにフーコーが反対していたものである。なぜなら、フーコーは、表面下の深層 (本質あるいは現象の深層にある本当の本質)などというものは根本的に承認していなかったからである。savoirおよびそのフォーマティングによる言説は、外部的表層しかなく、それが自身なのである。ある種の本質の表現あるいは再現出は、ある種の現象の深層の本質ではないのだ。イアン・ハッキング、出口康夫ほか訳『知の歴史学』(岩波書店、2012年) 194 〜 195、202 〜 203頁を参照のこと。
39 フーコー『臨床医学の誕生』 3頁。
40 拙稿《劳动塑形》を参照のこと。
41 フーコー『言葉と物』189頁。
42 ジャック・マルタン (Jacques Martin 1922—1964)。フランスの哲学者。1941年 6月マルタンは第 7番目の成績でパリ高等師範学校に入学し、第 6番目のアルチュセールと同級生になった。アルチュセールより 4歳年下で、フーコーより 4歳年上だっ

たが、アルチュセールとフーコーとは終生の親友となった。マルタンはヘーゲルとマルクスの思想に夢中になったが、フランス共産党には加入しなかった。生前にはいかなる著作も発表しなかったが、ヘーゲルの初期の著作をフランス語に翻訳したことがある。このゆえに、「著作のない思想家」と言われている。彼には同性愛の傾向があった。アグレガシオンに失敗した後貧困に苦しみ、1948年精神分裂病の症状が出た。その後フーコーやアルチュセールなど親友と母親の世話を受けて暮らした。発病の前には、アルチュセールの隣に住み、毎日ともにカント、ヘーゲル、マルクスを読んだという。1963年9月自分の手稿を破棄した後自殺した。楊喬喩博士の観点によれば、マルタンは、その時代においては「テキスト不在」の思想家だったが、多くの思想家の学術情況構築にその思想は生きているとのことである。楊喬喩氏の博士論文《断裂中的逻辑延续——阿尔都塞与阿尔都塞主义研究》〔断絶中の論理の延続—アルチュセールとアルチュセール主義の研究〕(2015年、南京大学文書館所蔵)を参照のこと。

43 拙著《问题式、症候阅读与意识形态——关于阿尔都塞的一种文本学解读》〔『プロブレマティック・徴候の読解とイデオロギー—アルチュセールのテクストロジー的解読』〕(中央编译出版社、2003年)第二章を参照のこと。

44 Louis Althusser, "A Letter to the Translator," in Louis Althusser and Étienne Balibar, *Reading Capital*, trans. Ben Brewster (London: New Left Books, 1970), 323-324.

45 Michel Foucault, "Entretien de Michel Foucault avec André Berten, 7 Mai 1981," in *Mal faire, dire vrai: Fonction de l'aveu en justice. Cours de Louvain*, 1981, eds. Fabienne Brion and Bernard E. Harcourt (Louvain: Presses universitaires de Louvain, 2012), 245.

46 Alain Badiou, *Abrégé de métapolitique* (Paris: Seuil, 1998), 54.

47 ミシェル・フーコー、大西雅一郎訳「ニーチェ・フロイト・マルクス」『ミシェル・フーコー思考集成II 1964-1967 文学／言語／エピステモロジー』(筑摩書房、1999年)403頁。

48 フーコー「歴史の書き方について」『フーコーコレクション3』89頁。

49 同上104頁。

50 Mark Poster, *Foucault, Marxism and History: Mode of Production Versus Mode of Information* (Cambridge: Polity Press, 1984), 88.

51 ミシェル・フーコー・慎改康之訳『知の考古学』(河出文庫、2012年)360頁。

52 同上361頁。

53 同上頁。

54 Hayden White, *The Content of the Form: Narrative Discourse and Historical Representation* (Baltimore: Johns Hopkins University Press, 1990), 114.

55 フーコー『言葉と物』21頁。

56 ミシェル・フーコー、廣瀬浩司訳「ミシェル・フーコー『言葉と物』」『ミシェル・フーコー思考集成II 1964-1967 文学／言語／エピステモロジー』(筑摩書房、1999年)

305頁。
57 Edward Said, "Michel Foucault: 1926-1984," in *Michel Foucault Critical Assessments, ed. Barry Smart* (Routledge, 1995), 7: 267.
58 フーコー『言葉と物』21頁。
59 拙著《回到海德格尔》第3章を参照のこと。
60 フーコー「ミシェル・フーコー『言葉と物』」『ミシェル・フーコー思考集成Ⅱ』308頁。
61 フーコー『言葉と物』22頁。
62 ジグムント・バウマン（Zygmunt Bauman, 1925-2017）。現代の有名な研究者。1966年バウマンはポーランド社会学協会の執行委員会議長に選出されたが、1968年反ユダヤ主義都「青年への害毒」の罪でポーランドを追われた。1972年イギリスのリーズ大学に勤務し、1990年にアマルフィ賞を受け、1998年にはアドルノ賞も受けた。おもな著作には、『リキッド・モダニティ—液状化する社会』（2000）、『コミュニティ安全と自由の戦場』（2001）、『個人化社会』（2001）、『"生きづらい"時代の社会学』（2002）などがある。
63 フーコー『言葉と物』22頁。
64 フーコー「ミシェル・フーコー『言葉と物』」『ミシェル・フーコー思考集成Ⅱ』308頁。
65 同上311頁。
66 Michael Clifford, "Hegel and Foucault: Toward a History Without Man," Clio 29: 1 (Fall, 1999), 17.
67 ルイ・アルチュセール、西川長夫ほか訳『再生産について　下——イデオロギーと国家のイデオロギー諸装置』（平凡社ライブラリー、2010年）を参照。
68 フーコー『言葉と物』22頁。
69 ミシェル・フーコー、根本美作子訳「マドレーヌ・シャプサルとの対談」『ミシェル・フーコー思考集成Ⅱ』332-333頁。訳文は変更した。
70 ドゥルーズ前掲書13頁。
71 アクセル・ホネット、河上倫逸監訳『権力の批判——批判的社会理論の新たな地平』（法政大学出版局、1992年）148-149頁。
72 アガンベン前掲書462頁。
73 フーコー『言葉と物』23頁。
74 同上同頁。
75 同上同頁。
76 同上同頁。

第2章　相似から表象へ―大文字の秩序構築

　上述のように、青年フーコーの眼中では、西洋の近代以来のブルジョア的文化史は、連続した平滑な進展ではなく、多重のエピステーメーの転換が生み出した、断裂し分割されたそれぞれ異なる秩序構築の様相のものであった。マルクスが、観念論史観の断裂の中から社会生活の客観的法則を見つけ出したのは異なって、フーコーは、反対に、社会・歴史の中で発生した客観性を主観的形式構築史観に再度転倒したのである。エピステーメーによる形式構築、すなわち文化が「物の存在様態」を生み出すというのは、典型的な観念論史観であろう。彼の目の中では、17世紀中葉から、西洋資本主義者社会の、相似的関連を中軸とした伝統的なエピステーメーは、表象・言語・自然の秩序性と財の交換理論を核心とする古典主義のエピステーメーに取って代えられたのである。ここから、魔法の世界も、正式に大文字の秩序性が形作ったブルジョア的な新しい世界の見取り図に取って代えられたのである。フーコーの目からは、歴史は、歴史自身の発展ではなく、エピステーメー（言葉）の物に対する新たな形式構築なのである。本章では、青年フーコーの筆下の、このような近・現代の西洋文化の歴史的進展における第1のエピステーメーの断裂を具体的に議論することにする。

1.　可視的なものと不可視のものの中の『女官たち』
　　―青年フーコーとピカソ、どちらが見間違ったのか

　自分が指摘した古典主義的エピステーメーの表象論的本質を説明するため、『言葉と物』の第1部第1章で、青年フーコーは、2節の紙幅をもって、流暢だが多少奇怪な議論を進めている。西洋美術史上の有名な油絵―ベラスケス（*Diego Velazquez*）[1]の『女官たち（侍女たち）』(Las Meninas)[2]についての議論である。
　　これは、ハイデッガーが、ゴッホの『百姓靴』をわざとらしく分析したのを彷彿とさせる。この文の由来は、青年フーコーが1963年にスペインのプラド美術館で、この『女官たち』を長時間眺めていたことから来ていると言われている。

この『女官たち』という油絵の中に、青年フーコーは、無限に複雑な可視的なものと不可視のものとの関係の交叉という表象の情況構築空間を見て取ったのである[3]。

ベラスケス『女官たち』

　まずこの名画の直観的視野上から可視的なものと不可視のものを見てみよう。これは、当時の個人肖像画という基本パターンを打破する、「群像画」であり、画面の右側から入ってきている日の光が、ホールの中の一群の人を照らしている。第1列を見ると、左から右へ並ぶ人物の中で、第2の中心位置にいるのがベラスケス自身である。これは画家の自画像でもあるのだ。彼は、観衆に背をむけている大きなキャンバスに向かっており、パレットと絵筆を手にして、まさに今大きな油絵を制作しようとしている。続いて、画家の右側手前には、赤い水差しを手にした第1女官（当時のスペインでは、貴族出身の少女が宮中の女官〈侍女〉を務めた）ドーニャ・マリア・アグスティナ・サルミエン

第2章　相似から表象へ―大文字の秩序構築　195

テが跪いている。サルミエンテが顔を向けているのは、4、5歳になるマルガリータ姫である。このお姫様はこの絵の中心となっている。お姫様の右でやや腰を曲げて屈礼をしているのは、第2女官のドーニャ・イザベラ・ベラスコで、さらにその右手前は、醜い女小人のマリア・バルボラである。この列の一番右にいるのは、犬を蹴っている小人道化師のニコラシート・ペルトゥサートである。画面の前面には、からかわれて蹴られている、表情のない眠たそうな犬が臥せている。日の光が直接さしていない第2列には、召使のドーニャ・マルセーラ・ウリョーアと護衛がいる。また、ホールの後ろの入口で光の中に立っているのは、宮廷主宰のドン・ホセ・ニエト・ベラスケスである。さらに、キャンバスに向かい合った壁には鏡が掛けられているが、その中に日の光を直接受けて写っているのは、フェリペ4世とマリアーナ妃であり、それは、観衆（現実中の画家）の視覚の主体的位置から見たものの鏡像である。この高さ3mに達する作品の、それぞれの物体は実物とほぼ同じ大きさである。この絵から、この人々の集まりから、フーコーは何を見て取ったのだろうか。あるいは、この絵から生まれた、フーコーの思想的情況構築の中のもう一つの表象とは何か。たいへん驚くべきことに、青年フーコー情況構築は、意外にも表象の多重な相互反映の構造である。それは、多層に重なり合う、見えざる想像と思弁の情況構築なのだ！

　第1の見えざる情況構築は、画家が描く画中の画家の視線が作りだした、表象された情景である。青年フーコーの理解によれば、画家は、実際には動いている人物であり、観衆に背を向けているキャンバスから、ちょうど画面に表されている位置に移動したばかりなのだ。この位置で、彼は今自分が描いている「モデル」―フェリペ4世とマリアーナ妃を見ることができるのである。まず、青年フーコーによる第1の仮想的な情況構築は、この時の画家が「両立しがたいこの二つの可視性の境界」に位置しているというものである。すなわち、彼が「モデル」を見ている時には、自分のキャンバス上の表象が見えない（このキャンバス上の表象は、我々―観衆には永遠に見えず、根本的には存在しない。しかし、あると仮定しなければならない存在なのだ。ゆえに、それは一つの「物自体」という謎になる）。もし、彼が絵を描く位置に戻れば、彼には「モデル」が見えなくなる。これは、動態的な可視性と不可視性の可能性の関係の中の想像の情況構築である。次に、画中の画家の視線は、キャンバス上では「目に見えぬ一点(point invisible)」に向けられている。この盲点は、二重の不在が構成

する「二重の意味で目に見えない（deux fois invisible）」ものなのである。その不在の一つは、絵の対象である国王夫婦が、直接には登場していないことであり、もう一つは、すべての移動しつつある観衆（我々）の不在である。この二つは、ともにキャンバスの上では直接見ることができない。我々（観衆）は、登場していない国王夫婦の空位に永遠に出現するのである。

実際には、さらに仔細に観察すれば、キャンバス上のこの盲点を見ている人物には、お姫様、第2侍女、マリア・バルボラ、護衛がいる。フーコーは、この本の30箇所でinvisible〔不可視な、見えない〕という語を使用している。重要な規定性の一つと見ることができよう。明らかに、このinvisibleという事象に、フーコーは終始興味を示したようである。かなり後、フーコーは、マネの絵画について議論した時、この「見えないものに向けられたまなざし」を西洋美術史における「奥深い断絶」と見なした[4]。

青年フーコーは、キャンバス上の表面の「純粋な相互性」（関係）―我々と画中の画家とが向き合うこと―を透過することによって、我々が直接到達することのできないさらに深い関係の情況構築が成り立っていると述べている。

画家の至上の視線は、ひとめぐりすることによって、この絵の絵を規定する潜在的な三角形を律するのである。つまり、その頂点―可視的な唯一の点（point visible）―に芸術家の眼、底辺の一方にモデル（modèle）のいる不可視の場所（emplacement invisible）、他方に、裏返しにされたキャンバスのうえにきっと素描されているにちがいない形象がある[5]と。

実際には、フーコーはもっとも重要な視線を見落としている。すなわち、画中には不在の画家（真実のベラスケス）の可視性を構築している視線である。この視線は、観衆とは完全に異なる原初の表象の支点である。このように、真実の存在は、架空の三角形だけではなく、この架空の三角形の3つの視線は、絵の外の画家の表象という産生点（架空のモデルの背後の真実の絵筆）という立体的な情況構築のもとに再統一されるのである。

第2の不可視の情況構築は、この情景を可視的な情況にしている光線（briller）である。これは、画中に描かれている日の光のことである。第2の情況構築の次元の本質は、表象を目に見えるものにしている日の光である。

この光の隠喩は、早くにはプラトンの洞窟の比喩に出現している。プラ

トンにあっては、光が隠喩しているものはイデアであり、理性の光が存在を照らすという話である。この理屈に従うと、表象を目に見えるものにしている光線という見方は、フーコーにとっては肯定できるもののはずである。しかし、彼は、直接にはプラトンの光の隠喩説には賛成していない。彼の見どころは、一般的理性が形作る可視性と不可視性の背後のさらに深い層の情況構築なのだ。光＝可視的なもの。これは、ハイデッガーの解釈によれば、一切の覆いをはらうものであり、同時に一切を覆い隠すものでもある。

　青年フーコーはこう述べている―かろうじて指示されるにすぎぬこの窓は、「表象にとって共通な場所 (lieu commun à la représentation) として役立っている、分断されることなく二重に働く明るさ (jour) を解き放つわけ」であり、まさにこの光線は、「どのような表象をも目に見えるようにする」のであると。
　この「共通な場所」の比喩についてこんなことを、我々は覚えているだろう。「序」の論述の中で、フーコーは、秩序構築されたものである手術台という表述をしたことを。そして、今は、事物を目に見えるものとする光という表述をしている。実際には、これは、かつて登場していた日の光であり、それは、まず、絵の外の画家に、彼が描こうとしている対象を見せているのだ。これは、この絵のすべての表象の中の、重要な外部的情況構築の条件なのである。フーコーは、後に「絵が表象していたのは、側面からの太陽光によって照らされた奥行きのある空間、そしてまるで舞台を観るように、ある理想的な場所から観られる空間だったのです」[6]と述べている。

　この見えざる光線は、同時に多くの可視空間と不可視の空間を照らし出す。一つ目は、すべての可視的なアトリエ（我々が見ている画面）であり、二つ目は、見えざるモデルの位置（現在観衆が見ている位置）であり、三つ目は、さらに不可視（根本的に存在しない）である、ある媒介が照らし出した可能性のある表象―画中の二次元のキャンバスの正面―である。いや、これではまだ足りない。青年フーコーの光の表象の情況構築の再深層には、「絵が表象しているあらゆる表象のうち、これだけが目に見えるもの」、すなわちキャンバスの背後の壁に掛かっている鏡が存在する。その中には、同じ光の束によって照ら

し出されている国王夫婦が写っているのだ。国王夫婦は、直接にはキャンバスの中には登場しておらず、今は、画中の人物みなが振り返って見ることのできない、光の反射する鏡像の中に姿を現しているのだ。興味深いことに、盲点の中にいるはずの我々は、反対にこの不在のもの登場を見ることができるのである。

さらに言うべきは、背景中の光豊かな裏口には、日の光を浴びている宮廷主宰の姿もあることである。

この複雑な情況構築の遊戯について、フーコーの親友ドゥルーズは以下のような評論を下している。

> 周知のページで、『言葉と物』はベラスケスの絵『女官たち』を、ある光の体制として描いている。この光の体制は、古典主義時代の表象空間を開き、見られるものと見るものたち、交換と反射をそこに配分し、絵の外として推論されるしかない王の場所にいたる[7]と。

フーコーの絵画評に対する、このドゥルーズの思想情況の再構築の中では、この絵の「光の軌跡は『螺旋状の貝』」の形になり、それが特異性を見えるものにし、そこから表象の完璧な『円』におけるきらめきや反射を作り出す」[8]と描述されている。しかし、実際にはドゥルーズの言い方は正確さが足りないと思う。なぜなら、「光のシステム」は、フーコーのこの絵に対する絵画評の情況構築の第2の次元にすぎないからである。私は、ドゥルーズは、フーコーのここでの絵画評の、複雑な思想的情況構築を平板なものにしていると思うのである。

第3の情況構築は、権力の中心が、表象の中で核心の形式構築の作用を担っていることである。青年フーコーは、直接の表象の中には登場していない国王夫婦こそが、まさにこの場の情況の中の「まことの中心」であることを我々に告げているのだ。それは、一つの表象の表象—画中の鏡像にすぎないけれども、とりわけ明るく輝いており、「これだけはついに、皮肉の画布のある前景の光も、はるか後景の多くの絵画も拒絶してきた、摸像のあの魅力をさしだしてくれるの」であり、「この中心は、きわめて象徴的なことだが、実際に至上のものなのだ」[9]。それは、現実の中の権力を象徴しており、画中の情況構築の中で3種の重なった視線を形作っている。「つまり、描かれている瞬間のモデルの視線、

第2章　相似から表象へ—大文字の秩序構築　199

場面を見つめている鑑賞者の視線、そして、その絵（表象されている絵ではなく、われわれのまえにあって、われわれがそれについて語っているところの絵）を創作している瞬間の画家の視線」[10]である。

　　注意してほしい。フーコーは、先に私が指摘した、彼が見落としてしまった第3の視線をここで補充しているのだ。

興味深いことに、全部の表象の情況を構築している、この真の権力の中心点は、かえって見えないのである！

　　これが、フーコーの比喩であるかどうかはわからないが、真の権力はまさに見えないものなのである。そうだとすれば、これは、フーコーの後の、ブルジョア階級の規律・訓練権力—生権力についての思考の情況構築の入り口になったのかもしれない。

これは、一つの鏡像であり、一つの画面外の無であり、主体の不在という空隙である。「このような欠落は王の不在—その不在こそ画家の詭計である」[11]のだ。青年フーコーから見ると、登場していない国王は、表象の表象として出現しているが、かえって「表象する」画家の現実世界の主人なのである。まさに、それは—理性的観念の不在それ自体ではない—理性的観念の登場という不在の物を構築し、それによってはじめて、全部の表象の生成を構築する隠された支配の秩序構築になるのである。この点で、フーコーは、プラトンの図式による理性主義の論理をはるかに超えていると、言ってよい。

　青年フーコーのここでの言外の意は、その後出てくる西洋の古典主義的エピステーメーの隠喩でもあろう。

　　楊凱麟博士は、「『官女たち』は、その交叉し折り返す虚偽の光線、画中に嵌め込まれ、またそこから浮かび上がる見物人という特異な空間のゆえに、フーコーによって、古典主義の時代の絶好の布置と認定された」[12]と述べている。これは正しいだろう。

フーコー自身の言葉を借りれば、「『女官たち』は、表象のすべての要素を表象していました、画家、モデルたち、絵筆、キャンバス、鏡の中の像といった具合に、それは、絵画自身を表象として成立させている諸要素に分解させていました」[13]ということになる。表象（représentation）は、古典主義的エピステー

メーの本質的な形式構築の方式であり、『女官たち』は、「古典的表象（représentation classique）の表象とでもいったもの、古典主義時代の表象によって開かれる空間の定義」を説明しているのである。

　フーコーのこの恐るべき哲学の情況構築は、絵の作者のベラスケスをきっと驚嘆させるであろう。

　フーコーは、少々得意げにこう言っている。

　　じじつその表象は、そのあらゆる要素（éléments）において、すなわち、そのイメージ、それが身をさらしている視線、それが目に見えるものとしている顔、それを生み出した動作とともに、自己をこの絵のなかで表象しようと企てているのだ。だがそこでは、表象がその全体を結集するとともに展覧する、こうした分散状態のなかで、いたるところから厳然として一つの本質的な空白（un vide essentiel）が指し示される。その空白こそ、表象を基礎づけるものの消滅—表象がそれに類似する者との、その眼には表象が類似物にすぎぬところの者との、必然的な消滅にほかならない。この主体そのもの—それはおなじひとつのものである—が省かれているのだ。そして自分を鎖でつないでいたあの関係からついに自由となって、表象は純粋な表象関係（pure représentation）として示されることができるわけである[14]と。

我々は、以下で詳細に分析する予定の、近代的エピステーメーとは異質の古典主義的エピステーメーについては話さず、フーコーの芸術作品に対する、この誇張した哲学的情況構築についてまず話しておこう。青年フーコーは、自分の聡明さをひけらかすように、1章を使って、ベラスケスの『官女たち』というこの名画について議論しているわけだが、私は、かくのごとく複雑な多重の情況構築と古典的な表象式の隠喩による大建築物は、実際には、かなり脆弱な仮想の指摘の上に構築されていることを発見した。それは、国王夫婦が我々の眼前にある画像のモデルだという仮定である。ここから、権力の中心・多重の投射関係・光線・表象・鏡像など、人々を驚かせる非芸術的理解という場の中の、強暴な論理的情況構築が導き出されたわけである。しかし、私の解読によれば、これは過度的な解釈上の誤認だと思う。なぜなら、私から見ると、この絵が真に描くべき対象としているのは、国王夫婦ではなく、お姫様だからであ

る。私は、この絵の中には、もっとも重要な決定的な細部があると思うのだ。それは、大部分の観衆が見落としている点、すなわち画家のパレットの上の、2色の今使用されている絵具である—この二つの絵具は、まさにお姫様の真っ白な正装およびその胸の花飾りのために使用されているのだ！　ベラスケスは正直である。彼は、絵の中の自分の手の中にあるパレットを、まったく隠すことなく我々に見せてくれているのである。ゆえに、我々は、パレットの中には、鏡像中の国王夫婦が身に付けている、衣服の色彩と近い絵具がないことを見て取ることができるのだ！　このように、フーコーの仮定の礎石が取り除かれると、青年フーコーのあの華々しい思弁の情況構築は、一瞬の間に瓦解してしまうのである。

　私の新たな情況構築の中から見ると、絵の情況は一瞬の間に再構築される。画家のベラスケスは、自分が、わがままなお姫様の肖像を描いているという面白い情景を描いているのであり、そのゆえに、お姫様の2人の侍女、宮廷の召使、騒がしい少女道化師、醜い小女がすべて現場に出現していることになるのだ。

　　　このことは、国王夫婦が直接絵の中に登場していないのは、そんなに複雑ではない原因であり、絵の中のこれらの人物は、国王夫婦の随員ではないとも解釈できる。

　この作品が描いている生活情景の情況構築の瞬間は、立っているのに疲れたお姫様が、むずかり始め、もう一度あの見えざるモデルの位置に走り寄ろうとしているところである。彼女は、こんな「いじめ」には耐えられないのだ。それで、侍女のサルミエンテは、跪いて茶菓を捧げ持ち、お姫様に絵が描き終わるのを待つようにと求めている。なぜなら、お姫様が作画を中断させたのは、この時だけではなかったからである。少女道化師のおどけも、みなの説得も役には立たなかった。繰り返されるこのような場面のせいで、かたわらの犬も興味を失い、居眠りを始めた。この情況を知った主宰は、国王夫婦に来てもらうほか術はなかったのである。

　　　国王夫婦は、このゆえに私服でこの場に来るほかはなかったわけである。そして、主宰は遠いところから様子をうかがっているのである。

　真っ先に国王夫婦の光臨に気付いた侍女のベラスコは、あわてて屈礼をしている。このように、実際には、ベラスケスがこの絵を『女官たち』と命名した

意味は明白であり、この絵の中で、本当に顔に難色を表して困り果てている人間は、裏口の階段で自分が呼んだ援軍―国王夫婦が来たか否かを見ている主宰、および表情のない犬をからかっている少女道化師を例外として、画家が色彩豊かに描いている二人の侍女（女官）なのだ。画家は、この動態的で複雑な情況構築の情景を知らしめるために、この情況にとっては重要とは言えない国王夫婦の私服姿の像を、背景の壁に掛かっている鏡に登場させたのである。

　もし、絵の対象が国王夫婦ならば、彼らは当然正装で登場したはずである。

　もっとも重要なことは、フーコーの虚構のように、キャンバスに描かれている肖像は国王―ではもはやなく、すでに動こうとしているお姫様だという事実である。こう見てみると、フーコーの精緻を込めて作った虚構である、権力の視線の複雑な情況構築は、明らかにただちに脱-構築されてしまうのである。

　青年フーコーが想定した第１の情況構築の次元の中での、あの虚の三角形は不在である。なぜなら、モデル（お姫様）は、フーコーが設定したような観衆の位置にはなく、すでにキャンバスの中央に位置し、絵の中の肖像も、もはや国王夫婦ではないからである。第２の、光線が生み出す絵の情況の構築次元には基本的には変化がないが、第３の、フーコーが仮定したもっとも重要な情況構築は、すでに瓦解している。なぜなら、国王は、現実の権力の中心ではあるけれども、この絵の中心ではないからである。彼が本来の表象の中の表象対象という主体的位置に来たのは、呼ばれたからにすぎない。ゆえに、彼は、表象の表象を構築する、不登場という盲点には絶対になり得ないのである。実際には、私は、真の表象の表象の不登場という消え失せた主体は、まさに画家本人だと思う。彼は、王権を持つ人間として、絵の中の自分が制作した表象の中に登場したわけではなく、王権を拒否する制作自身という思想をルネサンス後の現実中に隠しているのである。

　楊凱麟博士は、フーコーのこの絵についての議論を評論した時、「もし『官女たち』が、ある不在の国王（あるいは国王の位）をめぐっての知識論的な戦略的配置を意味し、かつ、ここから、『言葉と物』の表象の体制についての精彩な論述を開始したとするなら、この本は、言語存在の復帰と有名な『人間の死』で終わることとなる」[15]と述べている。そうであれば、

第 2 章　相似から表象へ―大文字の秩序構築　　203

　私のここでの新たな情況構築によれば、その空位は、もはや伝統的な専制社会の中の国王という目に見える権力ではなく、表象を制作する表象者であり、彼自身も表象の一部分となるということになるだろう。この突然新しく現れたゲシュタルト式の情況構築の意味は、さらに深い意味を持つかもしれない。

　興味深いことに、1957年に、ピカソ[16]が、このベラスケスの『官女たち』の習作を制作したが、その中から、ピカソが、背景の壁に掛かっている国王夫婦の映像を塗りつぶし、奇怪な像にしてしまったのを見ることができる。彼の理解では、このルネサンス後の絵の中の国王は至高の存在ではないのである。この行為は、深い透視を抹消する故意と言えるだろう。

1957年ピカソによるベラスケス『官女たち』の習作

　ピカソによる再構築の中では、真に重要なのはただ二人だけである。一人は、絵の中の画家であり、もう一人は、跪く侍女のサルミエンテである。この二人は、ともにピカソのキュービズムによる変形の主人公である。画家は、天井に頭がつくほどの巨人に変形され、胸の紋章は胸鎧の大きな記号と化している。なぜなら、彼こそが、天に頭が届くほどの表象の表象の大文字の主体だからである。そして、侍女のサルミエンテは、絵の中でもっとも複雑な立体の具象の組み合せになっている。画家が跪く宮中の侍女を描いたのは、ピカソが理解し

た作品の主題であり抽象画の情況構築である。よって、ピカソは、重要ではない人物は、絵の中ではすべて象徴的な幻影に変形するべきだと考えたのである。お姫様は一つ目・一つ腕の人形と化し、国王に屈礼をしている侍女は馬面の怪物に抽象化され、主宰は幽霊のごとき黒い影になり、小人道化師と犬は無内容の白い影に変わってしまった。醜い小女は笑うべきカボチャ頭になり、召使・護衛・国王夫婦は、すべて人の形をした幻影に化したのである。しかし、これは、白黒の対比という要素効果にすぎず、もはや事物を真に目に見える表象の支点にはしていないのである。表象はもはや再現ではなく、象徴だけが残っているのだ。

　青年フーコーとピカソ。私は、後者の正確さと深さのほうに傾倒している。

　私は、ネット上で、この絵の真の意味でポストモダン的な、写真による習作も発見した[17]。

スペインのデパート「エル・コルテ・イングレス」2011年の広告

　この写真の中では、もともとの絵の中の画家は、カッコイイ青年のカメラマンに変わっていて、その手にはハッセルブラッド[18]が握られている。多重の視線の交差の支点の一つであるキャンバスは、見えず、カメラの中の、直接には登場しないデジタル画像に転化している。今や、表象の方式は現代化され、ビット表示のデジタル画像の存在は、一切を似像化し、一切を再構築してしまったのである。もちろん、今光線に照らされている前一列の人物は、すべてそれぞ

れ異なる造形のモデルになっている。彼ら（彼女ら）の間には、もはや中心や等級は存在せず、それぞれ異なる平等の視線の位置が存在するだけである。もともとの複雑な伝統的表象の中で、多重の深さの視線が構成する複雑な関係の情況構築は、すでに存在しない。人々の眼中には、深さのない誘惑と欲望が残っているだけである。これは、一種の散漫な視線の投射である。ファッションの目がとらえるものは、セクシー感と美しい外形にすぎず、もはや思想や真の存在といったものではないのだ。国王夫婦はまだそこにはいるが、彼らは、もはや現実の大文字の他者の鏡像ではなく、過ぎ去った過去の、あの大きな歴史の記載中の古ぼけた景観にすぎないのである。これは、おそらくポストモダンのもっとも毒のあるアイロニーだろう。

2. 相似性の見取り図―16世紀のエピステーメー中の世界情景

『言葉と物』の第2章の標題は、「世界という散文」となっている。この意味は、世界はやはりそれ自身であり、それ自身が姿を現すことも、直接性を有しているということであろう。青年フーコーは、16世紀末までは、相似性（ressemblance）が、ずっと西洋のブルジョア文化の知の中で、世界の見取り図の秩序構築者の役割を果たしていたと述べている。

　　フーコーは、この本の中の105箇所でressemblanceを、さらに、近い意味のsimilitude（類似）も75箇所で使用している。フーコーは、この本の中では、ヨーロッパの・ブ・ル・ジ・ョ・ア・階級という文化の主体については、終始、意図的にこれを回避しているようなので、本書の中で「ブルジョア階級」に触れるところは、すべて私がとくに注を付した。フーコーの、このようなマルクス主義的言説を故意に回避する態度は、1968年後の根本的変化までずっと続いていた。

以下は、彼自身の定義づけの説明である―「〔16世紀〕当時にあっては、解釈にその場（lieu）――全般的な眺望であると同時に解釈が取り扱うべき最小単位――を与えていたもの、それは類似でした（c'était la ressemblance）」[19]。我々がすでに熟知している情況構築の意味の場によると、相似性とは、すなわち、この時のブルジョア階級の「言葉」が万物を取り仕切る共通の場所なのである。ここから、青年フーコーは、かなり長い期間にわたって、西洋のブルジョア文

化の決定的なパラダイムとなったのは、後の我々が通常語るような理性的な知ではなく、相似性であったと宣言するのである[20]。もちろん、ここでの相似性が指しているものは、あの目に見える像や形状の相似性ではなく、制作された事物間や主体客体間に内在する必然的連関や秩序性のことであり、それらは、すべての存在のある種の見えざる帰一性を共同で構築しているのである。ここでの深い意味は、我々が熟知している言説で述べれば、言葉は対象を反映し、主体は客体に投射し客体を擬人化するというものである。青年フーコーは、「テクストの釈義や解釈の大半を方向づけていたのも類似なら、象徴の働きを組織化し、目に見える物、目に見えない物の認識を可能にし、それらを表象する技術の指針となっていたのもやはり類似である」[21]と見たのである。これも、一種の見えざる相似関係であろう。

テキストの解読は、オリジナルのコンテキストに迫る行為であり、真理は、外部の存在の本質と合致し、芸術も写実的な直接的描写になるわけだ。これこそが帰一である。よって、

> 世界はそれ自身のまわりに巻きついていた。大地は空を写し、人の顔が星に反映し、草はその茎のなかに人間に役立つ秘密を宿していた。絵画は空間の模倣であった。そして表象は―祝祭であるにせよ知であるにせよ―つねに何ものかの模写にほかならなかった。人生の劇場、あるいは世界の鏡(miroir)であること、それがあらゆる言語の資格であり、言語が自らの身分を告げ、語る権利を定式化する際のやり方だったのである[22]

ということになるわけである。

これは、ここでの情況構築を喩えているものだが、その意味するところがかなり深い表述である。フーコーは、ここで、16世紀の伝統的文化が、折り畳まれている主体―客体の相似関係の中の「対象」であることを我々に伝えようとしているのだ。人は天に替わって行動し、空は我々の聖性が仰ぎ見るところであり、よく育てられた穀物・かりはらわれた雑草・神に捧げられた花々は、その登場が、人間存在の好悪によって出現したものではないと見られている。絵画は、透視法によって二次元平面の中に三次元の視覚の情況を構築し、すべての表象は直接的な鏡像として自存し、言語は物の投映である。これらの一切はすべて帰一論の中の相似性なのである。フーコーが深い洞察力を持っていることを承認せざるを得ない。この深さの中に、ハイデッガー式の性起論の狡猾さ

が透けて見えるようである。しかし、私の疑問は以下の点にある―青年フーコーのいわゆる相似性というエピステーメーは、たんなる文化自身の主観的形式にすぎないのか、それとも資本主義の初期の発展の中になお強固に残存する、あの農耕社会の自然経済固有の主観性でもあるのかという点である。私には、フーコーが、意識的あるいは無意識のうちに、プレ資本主義社会の社会歴史特有の質を回避しているように思われる。このことは、科学的判断の現実的基礎を彼から失わせてしまっているのだ。私は、聡明な推論とあいまいな憶測が、この時の青年フーコーの歴史に対する態度だったと思う。

青年フーコーは、ずっと16世紀まで、西洋のブルジョア文化の中で知を組み立てたキーとなる秩序構築の駆動力は、このような見えざる相似性であると指摘している。ここから、世界の見取り図の連係は、通常「＜友誼＞、＜相等＞（契約、合意、婚姻、交際、和合、相似）、＜共鳴＞、＜協調＞、＜連続＞、＜同等＞、＜相応＞、＜類似＞（Similitudo）、＜連結＞、＜交合＞」が構築する鏡像であるという結論が導かれるのである。

これらの語群は、フーコーが、グレゴワールの16世紀の『驚嘆すべき技芸の統辞法』から引用したものである。ここから、青年フーコーは、16世紀の相似性をいかなるものだと指摘しただけで、さらに一歩進んでなぜそうなのかを説明していなかったことがわかるだろう。これは、明らかに主観的な図表にすぎない憶測である。

具体的に言えば、このような相似性の表現には以下の４つの形式がある。

１つ目は、隣接関係を示す「適合（convenientia）」である。青年フーコーがここで言う適合とは、「『次から次へ』の形で空間に結びついた類似である。それは連結と合致の性格を帯びている」[23]というようなものである。彼が挙げた例は、心身の間の「適合」や神と被造物の適切な関係である。このような物と物の間の直接的な連関という対応性の相似は、世界を「鎖状に」連結されるわけである。

ハイデッガーの言葉を借りれば、物の合意による用在性、およびこの用在自身の間の機能的な連鎖ということになるだろう。そして、ここから周囲の世界が出現するわけである。ボードリヤールの『物の体系』の論理も、このような機能性の相合関係に依拠している。「物」（自然）自身の、存在のフォーマティングの秘密を透視できなかったゆえに、フーコーは、ハイ

デッガーとボードリヤールの深さには到達できなかったのである。

　2つ目は、映像と鏡との関係を特徴とする「競合（aemulatio）」である。見たところ、相似性のこの一点は、容易に理解できるように思われる。青年フーコーの見方によれば、これは、一種の「場所の法則から解放され」た「適合」であり、「競合のうちには、反映と鏡を思わせる何かがある。すなわち競合によって、世界に分散した物はたがいに答えあうのだ」[24]。一つ目の相似性が直接の空間的近隣関係の適合であるのと異なって、競合は、遠い距離の物どうしを、この相互の競合を通じて関連させるわけである。明らかに、ここでの鏡は、直接映像を見て取ることができる反射物ではなく、相互に応答し合う意味での反照関係なのである。身体には心が反映し、大地には天空が反映し、人間には神が反映するのである。これは、存在する物の一種の詩的な情況構築の折重ねである。相似な事物は「たがいに他を反映して競いあういくつかの同心円をなすわけである。

　3つ目の相似性は、古くから存在していた「類比（analogie）」である。類比は「物それ自体の可視的で全体的な相似ではなく、もっと微妙な、関係同士の類似でさしつかえない」[25]のである。相似性があると、一連の繋がった推断が導かれる。ゆえに、それは、一つの点から出発して、尽きることのない関係が切り開かれるのだ。例えば、星々と空の関係、植物と大地の関係などである。フーコーから見ると、これもまた、その時代の同一性の世界という思考が生まれた秘密の一つである。

　4つ目は、「共感（sympathie）」である。これは、事物の間にはっきりとした繋がりや関係がない情況下で発生する相互感応である。「それは可動性の原理である。重いものを大地の重みのほうへ、軽いものを重さのないエーテルのほうへ惹きよせる、また、根を水のほうへと推しやり、ヒマワリの大きな黄色い花を太陽の歩みとともにめぐらせる」[26]のである。これは、ある種の相互需要による相似性が引き起こす、追随と依存の関係である。これもまた、詩的な情況構築による言説であろう。

　実際には、この少し前の1964年のあるシンポジウムで、フーコーは、この16世紀の相似性のエピステーメーという見解をはじめてテーマを提起していた。その時には、すでに述べた適合（convenientia）・類比（analogie）・共感（sympathie）のほかに、フーコーは、感応（emulatio）と外徴（signatura）という特徴も提

起している。
　　　当時、フーコーは、まだ前述の「競合（aemulatio）」は提起していなかった。

　いわゆる感応とは、「諸実体あるいは別々の諸存在の内なる属性の極めて奇妙な平行関係」であり、外徴は、「一個体の目に見える諸特性の間にまぎれこまれている、目に見えず隠れた一特性の像のこと」[27]と、フーコーは述べている。
　　　この標識は、フーコーの後の議論の中で重点的に説明されるものとなった。

　かつ、青年フーコーは、16世紀の相似性のエピステーメーの中で実際に生まれたのは、「完全に区別される２つの類型の認識──認知（cognitio）と〔中略〕洞察（divinatio）」[28]とも指摘している。認知は、知識の水平方向に位置し、ある相似が別の相似へと向かう過度であるが、霊感知は、知識の縦方向に位置し、ある表面的な相似の、さらに深い意味での相似への転換であるという。この霊感知の本質は、ロマン主義的な詩学であろう。明らかに、青年フーコーは、この時は、エピステーメーというパラダイムを完成した形ではフォーマティングしていなかったわけである。
　私はこう感じている──16世紀のヨーロッパブルジョア文化の伝統たる相似性という世界の見取り図を描いた時、青年フーコーは、主観的なロマン主義的詩学を、文化の情況構築における核心的地位として突出させ、時には、これを魔法であると指摘していたのではないかと。このことは、前古典主義的エピステーメーの秩序構築下の世界は、一枚の魔法の鏡であったことも意味し、さらに厳密に言えば、前古典主義的エピステーメーの中で、真に規制作用を果たしているのは、認知ではなく、霊感知という基礎の上での魔法であったということになる。このことは、彼が、前古典主義的エピステーメーの質を直接指摘しようとしなかった根本的原因でもあろう。『言葉と物』での、その観点を説明するための例は、多くの場合、『植物詩』や『鳥類の資質の話』などのこの時期の専門的書籍から直接とられたテキストの断片であるが、フーコーは、科学的言説の原則を守らず、選択した科学文献の断片は、たんなる魔法を示す例証にすぎなかったのである。フーコーは、「《適合》、《競合》、《類比》、《共感》は、物がたがいに類似しうるため、いかに世界がそれ自身のうえに折り曲げられ、二

重化され、みずからを反映し、連鎖をかたちづくられねばならぬかを、われわれに語ってくれる」²⁹と強調している。総体的に言えば、私は、フーコーのここでの相似性に関する具体的な説明は、いかなる実際の歴史的根拠を持たない、一種の純粋な理論的推断の上に成り立っていると思う。こうした観点と思想史の関連は、牽強付会と武断であろう。事実上、彼は、16世紀以前の歴史の質を科学的に説明できなかったのである。

　一歩進んで、青年フーコーは、「類似は外徴（signature）①なしに存在しない。相似者の世界は標識（marqué）のある世界でしかありえない」³⁰と我々に告げている。

　　　このsignatureは、第一義的には署名の意味である。これは、外徴を示す記号であり標識である。しかし、これは興味深い言葉である。物に対する標記（命名）は我々の署名なのだ。そして、marquéは、さらに深い意味を持っている。これは、犯罪者の身体に刻まれた烙印、あるいはスタンプなのである。フーコーは、この言葉がお気に入りのようで、この本の107箇所で使用している。

　これは新たな断言である――弱そうに見える相似性は、つねに強暴な記号によってこそ実現するというのだ。さらに重要なことは、記号というものは、直接目に見える物相それ自体ではなく、対象の背後にある、見えざる本質の抽象的な指摘にすでになっているということである。

　　　外徴の体系（système des signatures）は可視的なもの不可視的なものとの関係（rapport du visible à l'invisible）を逆転させる。類似は、世界の深みにあって物を可視的ならしめていたものの、不可視的形式（forme invisible）にほかならなかった。だが、こうした形式そのものがあかるみに出されるためには、それを深い不可視性から引き出す可視的形象がなければならない³¹。

　見えざる（直接登場していない）相似性の関連を暗闇から引き出す、この目に見える形象とは、言語にほかならない。それは、このように大きな円環をめぐって、16世紀のブルジョア世界の中の言葉と物の関係を形式構築しようとす

①訳者注――中国語訳では「表証」と訳されている

る、第1の秩序構築の関連である。そこで、この秩序構築によって、青年フーコーは、言葉（原語）の原初の本質は、見えざる相似性であった！と我々に告げている。よって、彼は、「物がその底に映り、そこでたがいの像を反射しあっていたあの巨大で静穏な鏡は、実は言語のざわめき（discours）に満ちているのだ。無言の反映は、それを指し示す語によって裏打ちされている」[32]と続けるのである。言葉が指すものは、外徴を示す記号システムの背後の相似性なのである。

　　この時のdiscoursという言葉の登場は、言語の運用という意味でしかなく、主要な一つの秩序構築の起動力という意味にはアップしていなかった。

私は、この時、フーコーは、問題が以下のところにあることを思考できなかった、あるいは思考しようとは思わなかったと感じる。その問題とは、外徴を示す記号（言葉）が物に烙印されることは、結局は、主観的な言語の投射なのか、あるいは現実に労働している人間による、物に対する客観的なフォーマティングと関係の形式構築なのかという問題である。

　　この点では、青年ハイデッガーはフーコーよりずっと深かった。早くも、1922年に完成させた『ナトルプ報告』の中で、ハイデッガーは、きわめて正確に、主観に込められている内意を人間と客観的な実践活動の交わる相互関与に帰着させ、ここから、周囲世界・共同存在世界・自然世界が形成されるものとしている。そして、もし「相似性」があるとすれば、それは、たんなる主観的憶測というだけではなく、現実中の力の弱さの結果でもあると見たのである。ここには、フォイエルバッハがかなり前にのべたように、人々は、現実の大地で手足を縛られているからこそ、幻想の中では天空をはるか高く飛翔するという意味が込められている。

青年フーコーはまた、「記号（signes）に語らせてその意味を発見することを可能にする知識と技術の総体を解釈学（herméneutique）と呼び、記号がどこにあるかを見わけ、それらを記号として成り立たせているものを規定し、記号同士のつながりと連鎖の法則との認識を可能にする知識と技術の総体を、記号学（sémiologie）と呼ぶことにしよう」[33]と提案している。

　　実際にも、これは、青年フーコーがとくに好んだ使用方法である。すな

わち、故意に観念特有意味の闘を排除し、しかる後、断絶式に他者性の語義を移植するという方法である。しかし、解釈学は、本来それに関係するテキスト解釈の固有の方法・技術・生成史を持っているのであり、もし、本当に解釈学を記号の認識と技術としていたならば、彼は、解釈学の根底（例えば、近代テクストロジーからポストモダンのテクストロジーに到る階梯）には、真に触れていなかったということになる。

青年フーコーは、16世紀の相似性という形式は記号学と重なり合い、このことこそが、16世紀のブルジョア階級のすべての文化歴史的をフォーマティングする、エピステーメーを構成しているのだと述べているわけである。このことについては、私による新たな説明が必要となるだろう。

青年フーコーにあっては、16世紀のエピステーメーの特徴はその多重性にある。第1に、それは、外徴の相似性によって「相同であると認識された物同士」の中にしか存在しない。ここから、一種の思想的パラダイムとして、それは、プラトンのイデア論という伝統の別の形での復活であるということになる。そして、この主観的な相似性（記号システム）は、イデアの自己認識の中で、大自然の《一般的布置》を生み出し、「天空、星辰、山岳、河川、そして嵐の広大な秩序」[34]を創造するのである。だが、事物を反映しているかのように見える、相似の鏡像というこの見方の本質は、かえって、記号（言葉）を用いた枠組のシステムが自然を支えていることを意味することにもなるのだ。伝統的な反映論の本質は、ちょうど観念論的なイデア論になってしまうのである。これは、たいへん奇怪だがこの上なく深い言い方であろう。第2に、このエピステーメーの主要な特徴は、詩的な魔術とその博学ぶりである。青年フーコーは、16世紀の常識は、合理的知・魔術の使用から発生した概念・すべての文化遺産であると述べているが、ここでの文化遺産とは、ルネサンス期の古代ギリシア・ローマ文明の復活と再利用のことを指している。ここでのキーワードは、物を規制する魔術の使用に違いない。それは、記号のシステムの中から、自然とすべての世界の見取り図が変身して生まれてくるという意味なのである。第3に、言語と物の直接的な同一性である。正確に言えば、物は言葉と等しいということである。青年フーコーは、「独立した記号からなる総体」の中で、「物がいわば鏡に映るように姿を映してはその独異な真実を表明する」[35]と述べている。これは、言葉と物の「画一的な平原」であり、その実質は「あらゆるものを語ら

せること」³⁶となる。存在する物は言葉を通じて語る—あるいは、カントの言葉を借りれば、我々は、**言葉（アプリオリな総合判断）**を通じて「**自然に対し立法する**」のであり、ハイデッガー流ならば、「**言語は存在の家**」ということになろう。

しかし、16世紀のエピステーメーは、フーコーの本書の議論の重点ではなかった。青年フーコーは、この本の中では、以後の「古典主義的エピステーメー」と「近代的エピステーメー」に対応する16世紀のエピステーメーの質を、明確には指摘しなかったのである。一見すると、フーコーがこの時代に墨蹟を付けたのも、17世紀から始まる古典主義的エピステーメーである、表象の王国を引き出すためだけであったかのように思われる。青年フーコーにとっては、16世紀のエピステーメーは、立ち上がって来た表象再現のシステムによって打倒されるべき、古い標的であったかのようである。このゆえに、この突き破るべき標的に対しては、彼の議論は、軽佻浮薄で気ままに見えるのであろう。

3. 表象情況の王国—古典主義的エピステーメーの歴史的発生

青年フーコーの目からは、ドン・キホーテ（Don Quichotte）の騎馬での戦闘は、古い時代が滅び行こうとしている事実に挑戦しようとする、もっとも早い無意識の反応である。

フーコーの学術研究の中で、芸術と文学作品は、常にキーポイントとなる隠喩という借景の役割を果たしている。前述の『官女たち』と後半で言及するサドの作品もまた同様である。

フーコーは、ドン・キホーテは「＜同一者＞（le Même）の英雄」であり、失われようとしている相似性を一路探し求めているが、その努力は大部分風車との戦闘のような、幻影の中のアイロニーになってしまうと指摘している。ゆえに、セルバンテスは、まさにラカンの真実に関する定義—真実を求める意欲が破産したところに、真実は露呈する—を実践していたのである。フーコーはこう述べる。

『ドン・キホーテ』は、ルネッサンス世界の陰画（négatif）を描いている。書かれたものは、もはやそのまま世界という散文ではない。類似と記号とのあいだのあの古い和合は解消した。相似は人をあざむき、幻想や錯乱に

変わっていく。物（choses）は頑固にその皮肉な同一性（identité）を守り続ける。それらはもはや、それらがあるところのものでしかない。語は、みずからをみたすべき内容も類似も失ってあてどなくさまよい、もはや物の標識となることもなく、書物のページのあいだで塵にまみれて眠るのである[37]と。

明らかに、青年フーコーは、この言説によって、セルバンテスにかなりの栄誉を与えており、セルバンテスは、『ドン・キホーテ』というこの「近代の最初の作品」によって、旧世界の凋落を見通した先駆者となったと賞賛している。セルバンテスが創造したドン・キホーテというこの不正常な「狂人」は、「＜同一者＞と＜他者＞との錯乱」という遊戯の中で、相似性によって、事物を、もはや「そうではないものになった」にもかかわらず、依然として「そうであるもの」と見なしてしまう、すなわち、新しい人間を別のすでに死んだ人間と見たり、新しい物を古い物と見たり、無を有と見たりしてしまうのである。ここでは、無意識のうちに、伝統的な一切の価値尺度と秩序構築の方式の転倒が示されているわけである。ここでは、青年フーコーは、ドン・キホーテをアイロニー的な情況構築の中での、ニーチェの（アンチ）ツァラツストラと見なしているのだ。狂気の中で、まさに今発生している真相が語られているわけである。

これは、フーコーの狂気と狂人についての歴史的観点と思想とも暗合している。不正常な狂人は、いつも正常な言説中には見られない、あるいは故意に隠された真相を語るという意味である。

次のことに気付くのは難しくはないだろう—青年フーコーがドン・キホーテの文学的情況構築の故事を語った理由は、ある重要な事件の発生、すなわち、西洋の伝統的文化における平滑な線形の歴史観の中では見ることができない巨大な間断性（discontinuités）の発生を告げたかったためであること（我々はまさにそれに出会おうとしているのだ）。彼から見ると、ここでのいわゆる間断性（あるいは連続性）が指すものは、このような事実である。すなわち「ある文化が時にはわずか数年でそれまでのように思考することをやめ、べつのものをべつの仕方で思考しはじめるという事実」[38]である。私は、この素朴な言い方の中で直接指摘されているものは、エピステーメー自身の断絶であると思う

―古いエピステーメーが力を失い、新しいエピステーメーが支配的地位を占めるようになるという事実である。これは、アルチュセール先生から得た、フランス科学認識論のあの有名な「認識論的断絶」説のもう一度の運用であろう。

アルチュセールは、師のバシュラール―カンギレムの常識―科学的認識の断絶説から、一人の思想家の事物を思考する内在的方式―プロブレマティック（problématique）を引き出した。そして、アルチュセールの弟子であるフーコーは、それを、さらに大きな文化歴史の構造の中にまで引き伸ばしたのである。

ここでの議論を具体化すれば、「類似者の時代は閉ざされつつあ」り、16世紀のエピステーメーは新しいエピステーメー、すなわち17世紀にその役割を発揮し始めた古典主義的エピステーメー（épistémè classique）にその地位を譲ったのである。

これは、青年フーコーが、この本の中で、個別のエピステーメーに与えた最初の命名でもある。

新しいエピステーメーは画期的なものであった。青年フーコーは、17世紀からヨーロッパの新時代が始まり、ブルジョア階級は、言葉と物の、もともとの秩序構築の方式を徹底的に変えたと述べている。新しい科学の創設者と言えるベーコンとデカルトも、それぞれ相似性を拒否し批判したのである。長い間基本的な知の方式であった相似性（認識の形式でもあり内容でもあった）は、同一性と差異性という術語の分析の中で、解体されてしまったのである。ここでは、分析（analyse）が類推（analogie）に取って代わり、事物間の弁別的差異が適合に取って代わった。総じて、以前には重要な役割を果たした相似性は、だんだんと辺縁化されていったわけである。その変化の最終的な志向は、理性的な科学が霊感知による魔法に取って代わるというものであった。フーコーから見ると、西洋の「十七世紀は、迷信的もしくは魔術的な古い信仰が消滅し、自然がついに科学的秩序のなかに（la nature dans l'ordre scientifique）とりいれられた時代」[39]ということになる。これは、言葉と物の関係の中で発生した重要な大事件である。

ハイデッガーの言説を借りれば、大自然が、初めて総体としての対象になったということである。しかし、ハイデッガーの意図は、フーコーより

もずっと深さがある。ハイデッガーにあっては、自然が対象となったのは、知の層面上の事情のゆえだけではなく、何よりも実践的な労働による形式構築と物質的な技術という枠組みの中で発生したゆえなのである。

青年フーコーの見方によると、新しい古典主義的エピステーメーの中では、人々の思考のパラダイムに変化を引き起こした、決定的な最重要の起点は、言語が、事物に対する直接の烙印（署名としての記号）から分離されて、非直接的な指示手段としての人工的な符号になったことである。フーコーのこの指摘は正確なものであろう。まさにここから、伝統的なエピステーメーの中の、符号と指示された物との間の相似関係が解体され、言語は、もはや物の記号ではなくなり、再現的な表象（représentation）の情況構築になったからである。

これは、ソシュールの、あの有名なシニフィエとシニフィアンの関連についての断言の秘密が潜むところでもある。

いったん物から分離されれば、シニフィエとしての符号は無限の自由を獲得し、「記号が二重化されそれ自体のうえに重ねられた表象」となり、まさに、この自己産出の表象の表象こそが、古典主義的エピステーメーの真の本質を構築するのである。青年フーコーは、「古典主義時代以後、記号とは、《表象可能な》ものとしての表象作用のもつ《表象性》（représentativité）となるのにほかならない」[40]と述べているが、このことは、言葉はもはや直接物を指さなくなり、自己複製である表象の秩序構築を通じて、物を構築し支配するということを意味している。例えば、ブルジョア階級によって世界の見取り図の形式構築が表象されるという事態が、初めてここで発生するように。

過去、記号は、対象的な認識の道具であり知のキーであった。しかし、今や符号は表象と同体となった。「ある表象が他の表象に結びつけられ、それ自身のうちにこの結びつきを表象するやいなや、そこに記号が生じる」[41]のである。かつ、すべての表象が符号として相互に関連しあい、最終的に巨大な符号のネットワークが生まれた時には、表象は、伝統的な意味の閾さえも否定することになる。意味は、もはや具体的な対象を指さず、符号システム自身の結晶にすぎなくなるのだ。これこそが、まったく新しい科学の意味での情況構築の出現と断絶の本質なのである。

4. 近代のエピステーメー―大文字の秩序性の再構築

　青年フーコーから見ると、新しい古典主義的エピステーメーの核心となるものは、新しい秩序性のある科学である。この秩序性（ordre）の本質は、秩序を構築することである！これは、フーコーのこの本の中でもっとも重要なキーワードである。

　　　伝統的で人々にわかりやすい言説で言えば、科学の任務は、事物の本質・内在的関連・運動法則を探り出すことであるが、我々が知らないことは、秩序構築の規定に関するまったく新しい意味なのである。ここでの秩序構築とは、すでに既存のものとなっている存在の、人間の外部にある事物の本質と法則を探し出すことではなく、この本質と法則の秩序性が、どのように与えられたかということを探究することである。もちろん、青年にあっては、この秩序構築の秘密は、エピステーメーという主観的形式構築にすぎないのである。

青年フーコーは、かなり手ごたえがあったかのように、次のように述べている。

　　　十六世紀には、類似は記号の一体系と結びつき、記号を解釈することが具体的認識の場を切り開いたのだった。十七世紀以来、類似関係は知の境界、知のもっとも低く賤しい辺境へと追いやられる。そこでそれは、想像力、ふたしかな反復、模糊とした類比に結びつく[42]と。

これは以下の理由からである―魔法式の相似性の情況構築は、科学の秩序構築へと向かう路を切り開けず、我々に、この世界の内在的秩序を構築させ、把握させることができなくなったが、これに対し、古典主義的エピステーメーは、秩序性を探索するための新しい科学の場を打ち立てた―これである。
　　　これは、ウェーバの言う、魔法という憑き物を落として近代的形式化へと進んで行くという道理の構造の、さらに深い層での認識論的情況構築でもある。

青年フーコーは、「古典主義時代の《エピステーメー》全体を可能にしているのは、何よりもまず、それと秩序の認識との関係（rapport à une connaissance de l'ordre）である」⁴³とさえ述べている。

　この本の中で、フーコーは338箇所でrapportを使用している。このことは、その高頻度のキーワードの地位を物語っている。それはまた、非実体的な関係の視角が、まちがいなくフーコーの情況構築の傾向であることも表明しているのだ。

16世紀の相似性が、まだ弱いものであると言えるならば、科学が構築した秩序性は、強力なものと言えるだろう。価値中立という知は、ブルジョア階級が世界に秩序をもたらすための権力にほかならない。

　デカルトの「我思う。ゆえに我あり」、ベーコンの「知は力なり」、カントの「自然に対する立法」は、すべてこのような新しい暴力的な秩序構築の言説の表明である。

よって、普遍的な秩序構築論という科学が形作られるのは必然的なことになった。ここでは、

　すべての学問は、たとえ遠いものにせよ、つねに網羅的秩序づけの企てをいだいている。学問はまた、つねに、単一な諸要素とそれらの漸次的合成過程の発見をめざしている。そして、その中間地帯において、学問は、表、すなわち、認識をそれ自身と同時的な体系として展開したものなのだ。17世紀と18世紀において、知の中心（centre du savoir）は《表》（tableau）にほかならない⁴⁴ということになるのである。

フーコーから見ると、普遍的な科学の秩序構築の前提は、表象である符号システムと図表（事物に秩序を与える同一性と差異性の関連図表）である。この図表は、相似性の下での詩的な図表ではなく、正確な計算と操作可能性による組織化によって構成される図表である。

　これは、別の科学知の情況構築の中で再度述べられた、ヴェーバー眼中の資本主義の精神でもある。

その中では、符号がそれぞれ我々に与える表象（知覚・思想・欲望）は、「明瞭に区別され、指定しうる特質によってたがいに分離された、いくつかの領界に分節化するものでなければならない」ということになる。これは、まず差異

性の区分としてあるのだ。

　　　　注意してほしい。ここでの差異性の区分は、フーコーが後に暴露した資本主義の規律・訓練権力の分析と密接に関連しているのである。

しかる後、次のようなことが導かれる。

　　　　こうして記号は、表象相互の近縁と親疎を表わす同時的体系—したがって、時間継続の問題をはなれて表象相互の近縁関係をあきらかにし、それらの秩序関係を永続的な空間において復元する網目—の設定を可能にする。同一性と差異性の表は、このような様態に基づいて描かれるのだ[45]ということが。

ここでは、符号の秩序性のネットワーク、すなわち表象間の差異性と同一性の組織化された秩序構築は、可視的な表の形で出現するわけである。
　　　　表は、ブルジョア的計算可能性の別の表象形式である。

実際には、これはまさに、フーコーの科学の本質に対する説明になっている。
　第1に、以前、魔法による情況構築の作用が発揮したところでは、古典主義的エピステーメーの中では「計算可能な秩序の学としての」マテシス（mathesis）が出現し、その数量化を基礎とする計算可能性が、また一切の経験科学の礎石（empiricités）となる。

　　　　カントとフッサールは、それぞれ対照性を見せながら、このテーマについて集中的に議論していたのである。

青年フーコーは、代数学を基礎とする正確性は、「単純な自然を秩序づける」[46]と指摘している。ここでは、質性を核とした魔法の情況構築は破砕され、平板な計算可能の数量へと化したのだ。

　　　　シェーラー[47]（『価値の転覆』）とホルクハイマー＝アドルノ（『啓蒙の弁証法』）も、前後してこのテーマを議論していた。

第2に、過去、物と物との間にはっきりとしないものが混合されていた、相似性がその作用を発揮したところでは、古典主義的エピステーメーの中では、同一性と差異性を扱うものとしてのタクシノミアが出現した。タクシノミアは

「諸存在の一般的法則を規定」する秩序構築の学問である。もちろん、「複雑な自然」の中の存在論の秩序構築の学問でもある。このことはまた、タクシノミアは、すでに実在している事物への類区分ではなく、自然物の存在性に命名を与え、それを存在させる学問だとも言える。第3に、いったん「計算可能な秩序の学」の正確性とタクシノミアが、過去の神のような万物の創造者に位置づけられると、ブルジョア階級が創造した、工業－市場経済の現実的な「経験的なものの列から出発していかにして秩序が成立するかを分析する《発生論》(genèse)」[48]が大々的に登場した。

genèseのフランス語の中での直接の意味は、『聖書』第1巻の「創世記」であり、それは、根本的な神性起源の意味を指す。この様な発生論は、後の大文字の線形の歴史という秩序構築と進歩説の起点でもある。フーコーは、この本の中、この転喩された意味でのgenèseを好み、19箇所で使用している。このほか、我々は、後の『監獄の誕生』における、規則・訓練の現実に関する情況構築の中で、この言葉に再び出会うことになろう。

このゆえに、この発生論の秘密は、古典主義的エピステーメーの中でブルジョア階級が実現した創世記にほかならない。

もちろん、この時の創世論は、中世の神の創世論ではなく、古典主義的エピステーメーによる創世論である。もともと神に属していた三種の大文字の秩序（立法）は、今やすべて、ブルジョア的古典主義思想によって再建されたのである。青年フーコーは、「古典時代の形而上学は、まぎれもなく、秩序から＜秩序＞への、類別から＜同一性＞への、自然の存在から＜自然＞への、要するに人間の知覚（あるいは想像力）から神の悟性と意志への、このわずかの隔たりのうちに宿っていたのである」[49]と述べている。過去には、この大文字のものは[②]、神の創世論という神性の情況の中にしかなかったが、今や、まさに、ブルジョア的古典主義思想が創造した新たな発生論の中に存在しているのである。我々は、ここで、古典主義的エピステーメーの3つのもっとも重要な、大文字の秩序の再構築に出会う。すなわち「語と存在と必要の領域における秩序の学である、一般文法、博物学、富の分析」[50]に出会うのである。これらこそが、

[②]訳者注──日本語版では＜　＞を使用しているところを、著者は「大文字の」という表現をしている。

17世紀以後の西洋資本主義の社会文化の形式構築についての具体的な議論となるわけである。

［注］
1 ベラスケス（Diego Velazquez 1599-1660）。ルネサンス後期のスペインのもっとも偉大な画家。1623年スペイン国王フェリペ4世の宮廷絵師になった。イタリアでルネサンス期の大画家の絵を研究した。ヴェニス派の影響を深く受け、外面的な虚飾の追究に反対し、真実の現実の描写を主張した。人物の性格の特徴の表現に長け、その筆跡は自然で色彩は明瞭である。代表作には、『教皇インノケンティウス10世』(1650)、『女官たち』(1658) などがある。
2 「メニナス」という言葉は、スペイン王室の貴族出身の男女の侍従を指す。通常中国では「宮娥」と訳されているが、私は不適当だと思う。中国古代の宮娥は普通の官女を指し、スペイン王室の貴族出身の侍女とは少し異なるからだ。私は「宮中侍女」と訳したい。
3 この部分の芸術作品に対する議論の内容は、もともとは、青年フーコーが1965年に『メルキュール・ド・フランス』に発表した一つの文章であり、『言葉と物』が所収されている『人文科学文庫』の編集長の要求により、この文章があらためてこの本の中に取り入れられることになった。フーコーにとっては、このことはかなり無理強いだったようである。私は、このことも、この章をはじめて読んだ時、誰しもいくらか奇怪感を感じる一つの原因になっていると思う。フーコーは、まさにこの本の中で「人文科学」の死と断言しているのである。多分鬱憤を晴らしたのであろう。
4 ミシェル・フーコー、阿部崇訳『マネの絵画』（筑摩書房、2006年）22頁、4頁。
5 ミシェル・フーコー、渡辺一民・佐々木明訳『言葉と物——人文科学の考古学』（新潮社、1975年）29頁。
6 フーコー『マネの絵画』6頁。
7 ジル・ドゥルーズ、宇野邦一訳『フーコー』（河出文庫、2007年）109頁。
8 同上150頁。
9 フーコー『言葉と物』39頁。
10 同上同頁。
11 同上40頁。
12 楊凱麟《分裂分析福柯：越界、褶曲与布置》〔『フーコーを分裂的に分析する―越界・褶曲・配置』〕（南京大学出版社、2011年）117頁。私は、楊凱麟博士が、フーコーが後に使用したdispositifを布置と訳したことに気付いた。この訳語は、フーコーがこの言葉を使用した情況構築を単純すぎるものに変えてしまっている。私は、戦略性

の意味を帯びている部署とやはり訳すべきだと思う。かつ、フーコーの著述の中で、後にだんだんと重要になってきた、この重要な部署というパラダイムを、青年期のフーコーのテキストに前倒しするのは、論理的な侵犯だとも思う。なぜなら、私の語彙使用頻度統計によると、青年フーコーの『言葉と物』と『知の考古学』では、dispositifの使用頻度はゼロであるからである。dispositifの訳語問題については、「序」18頁の訳者注④を参照のこと―訳者注。

13　フーコー・根本美作子訳「人間は死んだのか」『ミシェル・フーコー思考集成II 1964-1967　文学／言語／エピステモロジー』(筑摩書房、1999年) 372頁。次の引用は、フーコー・松浦寿輝訳「侍女たち」同上278頁。
14　『言葉と物』40〜41頁。
15　楊凱麟前掲書115頁。
16　ピカソ（Pablo Ruiz Picasso, 1881-1973）。スペインの有名な画家・彫刻家。20世紀の現代芸術の主要な代表的人物の一人。
17　この写真は、スペイン最大手デパート「エル・コルテ・イングレス」の2011年の広告である。
18　ハッセルブラッドは、プロカメラマン用の高級1眼レフカメラである。風景・静物・肖像・広告、さらには特殊撮影でもその効果を発揮する。ハッセルブラッドは、ボルボとともにスウェーデン、イエテーボリ市の誇りと称されている。ハッセルブラッドのレンズは、ドイツのカール・ツァイス社で生産されている。ハッセルブラッドとカール・ツァイスという2つのブランドの組み合せは、完美な画質・正確な露出・操作性のよさ・無比の耐久性を代表するものである。
19　フーコー・大西雅一郎訳「ニーチェ・フロイト・マルクス」『ミシェル・フーコー思考集成II』404頁。
20　劉北城氏の考証によると、もっとも早くプレ近代の思想の相似性という特質を指摘したのは、ハイデッガーが1938年に書いた「世界像の時代」であり、その中でハイデッガーは、「相似性」と近代思想の「表象」とを区別しているとのことである。劉北城《福柯思想肖像》〔『フーコーの思想的肖像』〕（北京師範大学出版社、1995年）122頁を参照のこと。
21　『言葉と物』42頁。
22　同上同頁。
23　同上43頁。
24　同上44頁。
25　同上46頁。
26　同上48頁。
27　「ニーチェ・フロイト・マルクス」『ミシェル・フーコー思考集成II』404頁。
28　同上405頁。
29　フーコー『言葉と物』50頁。

30 同上51頁。中国語訳では、marquéは符号と訳されているが私は烙印と訳した。
31 同上51〜52頁。
32 同上52頁。
33 同上54頁。
34 同上56頁。
35 同上59〜60頁。
36 同上65頁。
37 同上72〜73頁。
38 同上75頁。
39 同上79頁。
40 同上90頁。
41 同上同頁。
42 同上96頁。
43 同上97頁。
44 同上99〜100頁。
45 同上98頁。
46 同上97頁
47 マックス・シェーラー（Max Scheler 1874-1928）。ドイツの有名な哲学者・人類学者。ドイツのミュンヘンで生まれた。父親はルター派の牧師で、母は正統派のユダヤ教徒であった。1894年後彼はミュンヘン大学で哲学と心理学を学び、1895年ベルリンに移って医学を学んだ。1896年イェナ大学に移り、オイケン（Rudolf Eucken）のもとで哲学を修めた。1900年イェナ大学で教職を得た。1928年、シェーラーは心臓病により講義中に亡くなった。主な著作には、『倫理学における形式主義と実質的価値倫理学』(1913〜1916)、『知識形態と社会』(1924)、『宇宙における人間の地位』(1928)などがある。
48 『言葉と物』98頁。
49 同上239頁。
50 同上82頁。

第 3 章　古典主主義的エピステーメー
―言説・自然・財冨中の 3 種の大文字の秩序構築

　青年フーコーは、17世紀に出現した、表象を本質とするブルジョア的古典主義的エピステーメーは、すべての西洋文化の歴史的存在の中で、3 種の新しい大文字の秩序を構築したと指摘した。1 つ目は、科学としての一般文法であり、これは言説活動に対する秩序構築である。2 つ目は、「自然の連続性と錯綜状態」をあらためて確定した博物学であり、これは大自然に対する立法としての秩序構築である。3 つ目は、「交換を可能にし人間のさまざまな必要や欲望のあいだに等価関係を設定せしめる記号についての学」―貨幣理論と価値理論であり、これは商品－市場の経済活動の秩序構築である。

　　ドゥルーズの言葉を借りれば、すなわち「生物については「特徴」が、言語については「語根」が、富については金銭（または土地）がこの印である。このような科学は一般的であるが、一般的とは無限性の秩序を示している」[1]となる。一般性とは、無限の力であり、通常では大文字性でもある。ここでは、フーコーは「古典主義時代、人間の諸力（forces d'infini）は、無限の力とか、「無限の序列」（«ordres d'infini»）と関係を結び、その結果、人間は神の姿に似せて形成され、人間の有限性は無限を制限する契機に過ぎなくなる」[2]とも、ドゥルーズは述べている。しかし、実際には、ドゥルーズのこの表現は正確なものではない。なぜなら、ここで発生した事情は、人間が神の似姿で自身を形式構築したのではなく、ちょうど神自身が人間の神性の倒映にすぎなかったからである。現在の状態と無限の力との連鎖は、資本の現実的な力の反映である。資本こそが、大地をあまねく照らす神の光（マルクスの言う『エーテル』）にほかならないのだ。資本は、まさに市場の中の真の神なのである。

　フーコーは、古典主義的エピステーメーは、まさに、相似性を基礎とする伝統的なエピステーメーを中断させて、この古典主義的エピステーメーの中でこそ発生できた、西洋の資本主義世界を存在せしめる＜秩序＞（大文字の秩序）を、突然の形で構築したと見ているのである。明らかに、これは、マルクスの資本主義の歴史的発展についての客観的な現実分析とはまったく異なる、転倒した

第3章　古典主義的エピステーメー——言説・自然・財冨中の３種の大文字の秩序構築　225

理路である。この章では、我々は、この３つの大文字の秩序構築の発生と運行をそれぞれ見ることにしよう。

1.　言説活動の秩序構築としての普通語

　青年フーコーにあっては、古典主義的エピステーメーにおける言語と以前の伝統的思考形式のそれとの最大の違いは、言語が、対象物の相似性への依存関係から解放されたところにある。
　　ソシュールと異なり、フーコーは、ここでは、言語と言語活動中のシニフィエ・シニフィアン関係についての議論をせず、さらに抽象的な表象についての議論に、すでに転じていた。

　今や、言語の中の言葉は、物から表象へと転じているゆえに、思考を表象する（représenter la pensée）という任務も受け入れているのだ。「表象するとは、この場合、翻訳すること、可視的な形（version visible）に訳出すること、思考を身体の外側において正確に再現しうるような物質的複製を作ること、を指すのではない」[3]と、フーコーは述べている。こう述べたゆえは、表象は、もはや鏡像式の反映を行なうのではなく、**替身あるいは代理という形で対象を再現する**、あるいはその情況環境を構築するようになったからである。
　　représentation自身が、もともと代表あるいは代理の意味を持っているのである。

　物は表象の中で消失し不在となるわけである。このゆえに、言葉は、物には似ておらず、今や一群の表象の化身として、舞台の上で気ままに自己を演じているのである。
　　このゆえに、フーコーが、『狂気の歴史』の第２版の序言で、専門用語を使っての自分のテキストの解読について、「『化身』として解読されている」と述べていたのを、我々は実感するだろう。

　表象は、もはやオリジナルの対象に対する相似性の模倣でもなく、それを映す鏡像でもなく、コピーでもないのだ！　表象としての言葉は、今日では、すでに「自己表象の能力」を有しているのである。このゆえに、物に対して威力

をふるう言葉が再構築され、表象の表象としての言葉は、自己を再生産し複製することのできる独立した主体、すなわち「反省の眼眸しのもとで、みずからを部分相互が並置されたかたちに分析し、みずからの延長物である代替物のうちに自己を委託する」[4]主体となったのである。ゆえに、古典主義時代の表象はみな、もとから表象の表象なのである。

　　青年フーコーが、ベラスケスの『女官たち』の画家が画家を描くという故事を借りて、伝えたことと同様である。

　表象の最大の能力は、自己を複製する中で新しい秩序のある世界を創造できるという点にある。言葉と物との関係は、今や表象自身の事情になったのである。

　　私は、フーコーが従来から真剣に思考しなかった問題は、代理者としての表象が、物のからみつきから脱け出した後、本質的に、間接的表象関係を通じて自身を構築したという点であると思う。この点については、ソシュールとラカンの分析はさらに深いように思われる。

　このことについて、青年フーコーは、とくに歴史的比較も行なっている。彼の見方によれば、ルネサンス期においては、記号と象形物は関連しあい、言語はオリジナルの事実と相関して存在していた。すなわち、世界の深いところで、言葉と物とは結合して一緒になっていた、あるいは文字は物のもとでその姿を展開していた。すなわち、言葉は物にほかならなかったのである。しかし、現在では、ブルジョア階級の新しい言語は、一種の見えざるものになったのである。それは不在なのだ。あるいは、それは物の不在とも言えるのである。

　　ラカンは、このことをさらに極端な形で述べている。彼は、この事態を「言語は存在の屍だ」と叫んだのである。

　フーコーは以下のように述べている。

　　古典主義時代以降、言語は、表象の内部、表象のなかに空洞を設ける表象それ自体の二重かのうちに展開される。爾後、第一義的〈テクスト〉（le Texte premier）は消滅し、それとともに、みずからの無言の存在を物のなかに刻みつけていた語の尽きることのない基盤全体も消滅する。表象だけが残り、それを顕現する言語記号のなかにくりひろげられ、そのことに

第3章　古典主義的エピステーメー—言説・自然・財冨中の3種の大文字の秩序構築　　227

よって、《言̇説̇》（discours）となるのである[5]と。

　これは、たいへん重要な転換である。言説は、突然歴史的に登場したのだ。表象としての言語の不可視性は、それが不在のゆえにではなく、その登場の仕方が根本的に変わったからである。もともと言葉は、具象的な物を指していたが、表象としての言葉は、その帰属の基盤となる原初の依拠物（大文字のテキスト）をもはや持たなくなったのである。
　しかし、実際には、消滅したのは、存在者−物ではなく、物（自然）を涌出させる存在なのである。その観念論史観のゆえに、フーコーは、ハイデッガーのあのさらに深い透視のある「存在の忘却」に到ることはできなかったのである。

　フーコーにあっては、「ルネッサンス時代に博識を定義づけていた《テクスト》との古い関係は、いまや一変した。古典主義時代において、それは《言語》の純粋な場となったのである」[6]ということになる。物は、言葉の中で消滅し、表象は、ただ自身を表象するにすぎない。ゆえに、表象としての言葉は、言葉の実在という意味を持たない言説として姿を現すのである。
　これは、言説が、思考のパラダイムとして、比較的早く登場したことを意味する。フーコーは、この本の161箇所でdiscoursを使用している。明らかにこれは高頻度のキーワードである。ヘイドン・ホワイト[7]の考証によると、discours（英語のdiscourse）という語は、その印欧語の語根（kers）と、この語のラテン語の語形（dis-「さまざまな方向に」＋currere「走る」）が示唆するように運動という含意がある[8]。言説が考慮する意味内容を分析することは、言説の循環流通と往復運動に対するそれにほかならない。そして、ラテン語の中では、それは、動詞discourrereの変化から生まれたもので、その動詞discourrredは、ラテン語の意味では、「至るところを駆け巡る」というものになる。

　言説は、機能的言語の場の情況の存在であり、形式的・系統的に出現した「ラング」（langue）でもなく、具体的な発生状態である「パロール」（parole）でもない。フーコーがここで言う言説は、まさに表象の表象のネットワークゲームによって生まれた、情況構築論の意味での言説性（discoursivité）を指すのである。

これは、私が提起した情況構築論にたいへん接近している言説理論でもある。西洋の言語の表音文字と表音化は、青年フーコーが言及したもう一つの情況構築論の例である。彼は「アルファベット文字をもつ場合、人間の歴史は一変する」[9]と述べている。象形文字においては、文字は対象とまだ関連しているが、表音文字は、文字と対象の最後の繋がりも消し去ってしまう。言葉は、もはや対象を復元せず、特定の表音文字が作った言葉という情況構築の産物となる。この点では、フーコーの思考は疑いなく深い。もちろん、ここでの思想的情況構築の中では、言説は、古典主義的エピステーメーの中で発生した、言語符号の機能的解消という転型方式にすぎない。しかし、この後まもなく出版された『知の考古学』の中では、それは、エピステーメーに取って代わる、まったく新しい総体的な情況構築の方式となる。文献の分析は以下のことを明らかにしている—『臨床医学の誕生』の第2版改訂の中では、フーコーは、第1版のいくつかの「言語」概念を「言説」に換え、「シニフィエ」や「シニフィアン」などの言語学的概念をなるべく削除しているということを。このことは、もちろん後の思想情況の再構築と装置の再建の結果である。

　第1に、青年フーコーから見ると、言語の依拠している実在性がいったん除去されると、言語は、表象、すなわち対象の直接的反映ではない「《言説》としての性格および効力 (nature et ses vertus)」になり、そして、その「《言説》とは、言語記号によって表象された表象そのものにほかならない」[10]ということになる。ここでは、言説は、言語の対象化の依存支点の消滅後は、表象へと弱化された結果物にすぎない。言語は、物の直接的支えを失い、自身の力によって自身を維持するほかはなくなるのである。このゆえに、自身を物と直接の相似性を持たない「継起的順序（＝秩序）」にせざるを得ないのである。そして、表象と思想を「線状の順序に沿って部分ごとに配置」[11]しなければなくなるのだ。これは、表象としての言説の自己秩序の構築である。言葉と物の関係の上で、もはや、言葉は物に烙印をおさず、自身の中で物を生み出し編成するのである。言葉は、自身が生み出した線状の秩序によって物の秩序に取って代わるわけである。青年フーコーは、この言語による秩序構築の結果こそが、古典主義時代に出現した普通語文法であると指摘している。これは、第1の大文字の秩序でもあるのだ。

第3章　古典主義的エピステーメー――言説・自然・財冨中の3種の大文字の秩序構築　229

　普通語文法は、同時的なものとの関係（rapport à la simultanéité）における、言語上の順序（ordre verbal）の研究であり、表象の同時性は、まさに普通語文法の任務なのである。
　　このゆえに、一般文法の固有の対象は思考でもなく言語でもなく、言語記号の例として理解された《言説》(discours) なのだ[12]と、フーコーは結論づけるわけである。

　上記のセンテンスの原文の中では、青年フーコーは、大量のイタリック体を使用している[①]。彼は、普通語文法の出現が、言語自身に対する同時的関係としての表象の秩序の構築、すなわち言説構造の秩序のある法則の構築のメルクマールになることを、是が非でも強調したかったのであろう。ここでは、言説は、同質性の秩序構築を象徴する、一種の内在的フォーマティング活動として用いられ始めているのだ。
　　この点では、後の『知の考古学』の言説実践とは一定の差異がある。そこでは、言説実践は、一種の非線形という異質性を表象し始めている。

　伝統的な相似性の想像性の秩序と比べると、新しい言説の秩序は、自主的なものであり、「唯一」のものである。その中でも、自己産出と自己複製は、言説の本質となっており、すべての世界の新たな秩序の本質にもなっているのである。
　　フーコーが、この時深く理解することができなかった情況構築は、自己複製と生成という言説の秩序構築の現実の歴史的基礎、すなわち資本主義的工業生産の秩序構築と市場経済活動が生み出した、まったく新しい社会的存在の機能的形式構築であった。この点については、彼は、晩期の政治哲学の思考の中でだんだんと意識してきたようである。ブルデューは、フーコーの上記の不充分さを鋭く指摘している――『言葉と物』のエピステーメーの観念は、実際にはレヴィ・ストロースに由来する「象徴的構造主義」であり、この観念の最大の問題点は、まさに象徴を生み出す現実的基礎が「個別的な社会的生産条件」における生産様式であることを無視している点である[13]と。

①訳者注―― 日本語版では《　》を使用している。

第2に、さらに重要なことは、普通語文法は、言語の言説秩序であるばかりでなく、すべての古典主義的エピステーメーの基礎になっている点である。フーコーは「それは認識の場全体をいわば地下において踏破し、そうすることを通じて、表象を出発点とする認識の可能性を現出せしめ、認識の誕生をあきらかにし、認識相互の線状で普遍的な自然の紐帯を浮き彫りにする」[14]と述べている。これは、さらに大きな秩序構築の構造である。フーコーは、意外にも古典主義的な認識論の真の本質を指摘していたのである。それは、まさしく言説の自己産出の場となる普通語文法であった。しかし、普通語文法の基礎が、反映論的な表象式言説から離れたとするならば、そのことは、古典的認識論の質も、また非反映論であるということを意味しないだろうか。これは、17世紀以来の「機械的唯物論」的認識論の発生という歴史的事実と相反するのではないか。フーコーは、このような具体的思想史の現実を考慮していないのである。
　かつ、フーコーは、一歩進んでこう分析している―この隠された認識の基礎である普通語文法は、非政治化された見えざるブルジョア〈イデオロギー〉(Idéologie)[15]でもあると。
　　　　フーコーは、この本の18箇所でこの大文字のIdéologieを使用している。

　このセンテンスはとても重要である。青年フーコーがここで使用しているイデオロギー（観念学）という言葉は、マルクス—アルチュセール式の目に見える政治的イデオロギーの色彩が、基本的に消し去られていることにすぐに気が付くだろう。フーコーこのイデオロギー（観念学）という言葉が指すものは、すべての古典主義的エピステーメーが、世界にその場を占めているという憶測に基づく枠組みのことである。このため、フーコーは驚くべき証拠を挙げている―普遍的な言説としてのイデオロギー（観念学）の中では、「言語はとうぜん普遍的なものの宿る場である。みずからのもつ語のあいだに世界全体を収容しうる言語が少なくとも可能なものとして存在しなければならず、逆にまた、表象されうるものの全体としての世界は、その総体において、一個の〈百科事典〉(Encyclopédie)となることができなければならない」[16]と言うのである。明らかに、青年フーコーがここで指摘しているのは、フランスブルジョア啓蒙思想中の百科全書派である[17]。フーコーの眼中では、アルファベット順の編集を通じて世界それ自体の秩序構築をすることは、ブルジョア的古典主義的エピステーメーが表象する、一種の無意識の暴力にほかならないのである。私は、こ

第3章 古典主義的エピステーメー――言説・自然・財冨中の3種の大文字の秩序構築　231

れは、明らかに、支配階級であるブルジョアジーの階級意識の問題だけではなく、いままで反省され内省されることのなかった人類中心主義総体の暴力的論理という歴史問題でもあると思う。

　ここから押し広げると、科学的認識も同様に普遍的な言説ということになる。ゆえに、ルネサンス期には、「『アカデミー』は、本質的に秘密のものである知の形態を、社会の布置（configurations sociales）[②]の表面に投射する（projetait）閉鎖的サークルであった」[18]とフーコーは指摘している。

　　このconfigurationは、長い間軽視されてきたたいへん重要な概念であり、formationよりさらに複雑な構築式のパラダイムでもある。

　まさにこの意味において、青年フーコーは、ルネサンス期と比べて、17〜18世紀以降の科学知は、「ヴェールがかけられている」言説であり、科学のオリジナルの性格は、このような見えざる表象の連関の体系であって、まさに科学は、表象自身の秩序性構造を物に押し付けるのだと、指摘している。

　　これは、言葉の物に対する、まったく新しい征服と暴力の関係である。

　しかる後、このブルジョア的科学イデオロギーは、さらに、人々自身が、外部の自然の中から人間の外部にある事物の本質と客観的法則を得たのだと、彼らに悟らせるのである。過去に、ヘーゲルが、理念の論理構造を直接世界の本質と活動の法則としたと言うならば、いまや、科学的言説の秩序構築構造を、我々主体自身が外部の客観的法則を捉え認識した結果であると偽装していると言えるわけである。ここから、科学イデオロギーは、自身を真理と装うことがはじめてできるようになったのである。

　　このことは、その後、フーコーが知と権力との関係を議論した際、明らかにした真理的言説の関係でもある。明らかに、フーコーのここでの科学の本質についての思考は、フランクフルト学派よりもはるかに深い。

　私個人は、青年フーコーの古典主義的エピステーメーの言語に関する分析の中で、もっとも興味深く、もっとも深い内容のものは、動詞理論（théorie du verbe）に関する議論であると感じている。青年フーコーは、人間の言語の発

[②]訳者注――著者はこれを「構式＝形式構築」と訳している。

生は、動物界のあの「たんなる叫び」から、この音声中に「命題の次元に属する関係（rapport）を含むようになった日」に到った時であり、その時にこそ「言語といえるものになった」[19]と唱えている。素晴らしい！

この発言は、ヘーゲル＝マルクスのあの「関係すなわち主体」という断言をただちに想起させる。

関係の情況が構築された時にだけ、言語は、はじめて動物式の叫びから自身を自立させるわけである。かつ、この関係は、動詞が「出現するところ」において構築できるのである。動詞は、「〜（目的語）をする」という関係を表す機能を持っている。動詞はすなわち関係なのである。青年フーコーは、「動詞はあらゆる言説の不可決の条件であり、それがすくなくとも潜在的に実在しないところでは、言語があるとは言うことはできない」[20]と指摘している。なぜこのような言葉が出たのか。それは、すべての動詞が、コピュラである「ある」、「である」という存在（l'être）を指向しているからである！言語は、もはや対象としての物を指さず、関係としての存在を指すようになったのだ。これは、古典主義的エピステーメーの中の言説が、伝統的な言語の質とは区別されるところなのである。青年フーコーは、言語のすべての本質は、この特異な動詞êtreに集中しており、「この語がなかったならば、すべては沈黙したままである」と指摘している。まさにこのêtreが、言説のフォーマティングの本質を構築し、これによって、言説は、はじめて物をその位置に位置づけることができるわけである。これは、新しい言葉と物の秩序構築の関係である。

ここで指摘しておくべきことは、フーコーがここで言う存在（être）とは、ハイデッガーによる情況構築の意味でのSeyn-Ereignisに対する意味でのSeinではなく、フランス実存主義の解釈コンテキスト中の、生存する存在としてのêtreへの改意的解釈である。このことは、極めて複雑な弁別の情況構築となるので、ここでは議論をこれ以上展開しないこととする。

青年フーコーは、このêtreは、すべての言語が指す表象を関連付け、ある存在物に対して自分の符号を注ぎこむと述べている。この存在物とは思考の存在にほかならない。ここから、言説は万物に命名し、「このことによって、この言語はみずからの人為性（artifice）を自然のうちに基礎づける」[21]のである。これは、一種の新しい言説の第1次性論であり、まったく新しい表象創世説であ

第3章　古典主義的エピステーメー──言説・自然・財冨中の3種の大文字の秩序構築　233

ろう。

　　ヘーゲルの「理性の狡知」が自然の上に再度出現したわけである。フーコーのこの思考は、ヘーゲルの絶対理念の本質をあらためて解読したものだ、と言えるのだ。

そして、フーコーは以下のように結論づけるのである。

　　古典主義時代における「言説」の基本的任務は、《物に名を付与し（attribuer un nom aux choses）、この名において物の存在（être）を名ざす》ことである。二世紀にわたって西欧の言説は存在論（ontologie）の場であった。つまりそれは、表象一般の存在（être de toute représentation）を名ざすとき、哲学、すなわち認識の理論（épistémologie）および観念の分析であり，表象された個々の物（chose représentée）に適切な名を付与し、表象の場全域にわたって「よくできた言説」の網目を張りめぐらすとき、学問─すなわち、名称体系と分類法─だったわけである[22]と。

これは一つの重要な小括である。

　　フーコーは、この本の中の15箇所でontologieを使用し、21箇所でépistémologieを使用している。

フーコーにとっては、西洋の第1次性論（存在論）哲学の本質は、実際には、言説による表象の表象である言葉の万物命名についての議論にほかならない。万物は、言説の形式構築によって「～である（être）」となるが、形式上は、それは、外部世界の本質と法則を探る科学と認識論という形で、転倒されて表現されるのだ。これは、極めて重要な断言であろう。古典主義的エピステーメーにおける言葉と物との関係は、見えざる隠された観念論的な言説の暴力であると言うのだから。フーコーのこのような思想的情況構築には、極めて深いものがあると認めざるを得ない。

2.　自然への立法─分類学中の大文字の秩序構築下の自然史

「自然への立法」とは、カントがただちに意識した主体の暴力である。しかし、この立法（ある物をêtreせしめること）の歴史的実現は、青年フーコーの『言

葉と物』の中では、新しい確証が打ち出されている。青年フーコーにあっては、どんな自然界自身の歴史というものも従来はなかったが、17世紀以降の、言説による表象への命名という哲学の誕生の後、「表象された個々の物に適切な名を付与」する科学的知のネットワークが出現し、ここから、自然およびその歴史が、精細な分類学という知識体系の中に生み出された、ということになるのである。自然史（histoire de nature、博物学）は、自然世界の近代ブルジョア的再生であり、この再生の本質は、主体による秩序構築と奪取性を持つ占有なのである。

あるいは、青年フーコーの以前の言い方によれば、「あらゆる知識は本質的に残酷さの、いろいろなかたちに結びついているものだ」[23]ということになろう。

青年フーコーの見方によれば、17世紀以前においては〈歴史〉（Histoire）とは、一切の目に見える物および物の中で発見された、あるいは符号が置かれた、錯綜し複雑だが完全な統一の構造に関する歴史にほかならなかったのであり、物の相似性・物の固有の特徴・物の神秘的な伝説と故事を発見することにほかならなかったのである。

フーコーは、この本の228箇所でhistoireを使用し、その中の44箇所で使用しているのは、特定の意味を持つ大文字のHistoireである。ハイデッガーは、歴史学は、死んだ「過去の物」の描述であるゆえに、自分は、歴史学（Historie）と歴史（Geschichte）を区別すると言っている。しかし、フランス語には、この２つの歴史の質の違いについての区分はないのである。

17世紀になって始まった古典主義的エピステーメーに到って、以上の一切は変わり始めた。「自然」は、はじめて「認識の中に真に入る」ように仕向けられ、自然史（博物学）は、ここから、それに応じるように出現したのである。

ハイデッガーの思想的情況構築では、このことは、自然がはじめて総体的に対象化されたことであり、自然の涌出という思考方式の根本的変化、すなわち技術の登場でもある。

これは、まさにフーコーが指摘する第２種の大文字の歴史という秩序構築である。いわゆる自然史（博物学）とは、自然的存自身の歴史的発生のことでは

第3章　古典主義的エピステーメー——言説・自然・財富中の3種の大文字の秩序構築　235

なく、「《言う》ことができるであろうものを《見る》(Voir ce qu'on pourra dire)」自然現象についての記述なのであり、自然にそれを強いる一種の新しい大文字の秩序性であり、古典主義的エピステーメーを発端とする科学言説の秩序構築なのである。この目に見える自然科学の秩序に依拠して、すべての自然物についての記述は、必ず以下のような順序を守らなければならないのである。すなわち「名称、理論、属、種、属性、利用法、そして最後に〈文献〉」[24]という順序である。青年フーコーの眼中では、自然科学の古典主義時代における創立は、ちょうど、我々のこの世界自身の憑きものおとし（脱魔術化）以後の、新たな「形式構築」であり、その本質は、まさに「自然への立法」、秩序（本質と法則）によって、自然科学の中の世界の見取り図を編むことにほかならないのである。

　これは、おそらく、ウェーバーの近代社会における憑きものおとしという観点の、さらに深いところにある認識論的基礎になっていると思われる。

まさにこれに基づいて、「記述（＝歴史）という古い語はその価値を変え」、歴史は、もはや過去の物の相似性ついての故事ではなくなり、秩序のある表象の言葉の連鎖となった。自然の「歴史」（＝記述）は、「滑らかな、中性化された、忠実な語で書き写す」という自然物への命名の上にはじめて成立するのである。これは、自然存在に対して魔法を除去するという純化であり、「この『純化』の過程で最初に成立した記述の形式が、自然の記述（histoire de nature）であった」[25]のである。青年フーコーの言い方によると、自然史（博物学）は、この時期に到って、真の意味ではじめて創立されたということになるのだ。

　この情況構築の次元では、自然史は300年ほどの伝統しか持っていないことになる。その誕生時間は、フーコーの指摘する、あの近代人の誕生時間と近いわけである。

このことは、自然科学の重要な成果の一つ——自然に対する立法と秩序構築——でもある。「博物学とは、まさに可視的なもの(visible)に名をあたえる作業なのだ」[26]というわけである。

　同様にここで、フーコーは、カントの「自然に対する立法」というテーゼの非歴史性も取り除いている。自然に対する立法の真の発生は、ブル

ジョア階級の17世紀におけるたぐいのない傑作なのである。

　実際には、青年フーコーのここでの隠された意図は、科学知のネットワークが出現したところにこそ、はじめて自然の歴史が生まれ、それぞれ異なる学科のネットワークが、それぞれ異なる自然存在の類の歴史を構築するということであろう。例えば、生物史の前提は、19世紀に出現した生物学であり、生物学での秩序構築がなければ、生物の歴史は存在し得ないということである。これは、一種の新しい言説パラダイム優先論である。フーコーはこう断言している。

　　人々は十八世紀における生物学の歴史（histoire de la biologie）を書こうとする。だが、彼らは、この時代に生物学が実在しなかったこと、百五十年あまりまえから今日のわれわれにとってなじみ深いものとなった知の截断が、それ以前の時代にたいしては意味をもちえないことを理解しない。そして、生物が知られていなかったことには、きわめて単純な理由があったのを理解しない。それはすなわち、生命それ自体が実在しなかった（la vie elle-même n'existait pas）ということだ。実在していたのは生物だけであり、それも《博物学》という知の格子(grille du savoir constituée par l'histoire naturelle)をとおして姿を見せる（apparaissaient）ものにすぎなかった[27]と。

　これは、当然にも、転倒している観念論史観である。生物学の理念と知の格子（ヘーゲルにあっては論理と呼ばれれる）がなければ、実在する物質的な生命現象もないのである。「太陽のもとには何も新しいことはない」というわけである。実際には、先在する客観的な自然の物質が、以後、社会的実践を通じての、それらに対する人間による、選択的使用とその機能性の秩序構築の結果の存在として歴史的に発生することと、人間がそれらに対して歴史的な命名をすることや観念化された言説の秩序構築をすることとは、まったく違う次元の問題である。フーコーは、後者については深く見て取ったが、前者のことについては見落としていたのである。この点では、彼は、ハイデッガーには、はるかに及ばないと言えよう。

　フーコーの眼中では、過去の伝統的なエピステーメーの中で、自然物の神秘的伝説を伝えていた部分に現在出現しているものは、「物と物とが並置された透明な空間」でしかない。しかし、このことは、実際には、言葉と言葉が並置

第3章　古典主義的エピステーメー——言説・自然・財冨中の3種の大文字の秩序構築　237

されている「非時間的な長方形」という表象構造でしかない。目に見える（命名された）自然物は、「その共通の特徴にしたがって比較され」、「物と視線と言説の双方に結びつける新たな仕方」の中で、次から次へと秩序をもって姿を現すのである。「物と語は極めて厳密に交錯している。自然は名称の格子をとおしてしかあたえられない」[28]のである。これは「歴史を形づくる新たな方式」である。ここにおいて、自然は、表象の秩序構築による知の構造的格子のネットワークの中にはじめて入って行ったのである。

　　フーコーは、この本の11箇所でgrilleを使用しているが、私は、フーコーが『臨床医学の誕生』においても、このgrilleを使用していたことに留意した[29]。しかし、私がここでさらに補充しておきたいことは、ハイデッガーの思想的情況構築と比べると、フーコーには浅薄さがあることである。彼はいっそう深い理解には達していない。すなわち、彼は、彼の眼中の・物（chose, Ding）自身が、根本的にすでに、人間と関連する事・物（Sache）になっていることを理解してないのである。自然は、その覆いを取り去ることによって、我々に面している特定の涌出（Physis）にすでになっているのだ。あるいはこう言えるだろう——表象の秩序構築の中に入った自然は、真の意味での自然の物ではなく、覆いを取り去った後の存在としての事物の涌出にすでになっていると。このゆえに、科学の秩序構築の中で発生した事実は、言葉と物（Ding）との関係ではなく、言葉と科学の台座における存在の涌出（Physis）との関係になっているのである。

第1に、青年フーコーは、科学的認識のネットワークの中では、科学知の本質は「系統的に見る」ことであると指摘している。これは、編纂を受け、フォーマティングされ、秩序構築された視線であり、これこそが分類学の構造化された知なのである。

　　それは、前述のようにフーコーが議論していた、あの油絵の中のホールを照らして、人物を目に見えるものにしていた日の光に似ている。

フーコーによれば、「構造は、可視的なものの場全体を、そのあらゆる値が量的にとはいわぬまでもすくなくとも完全に明晰でつねに有限な記述によって決定去されうる、そうした可変要素の一体系に帰着させるのであ」り、「表象が雑然としかも同時性の形であたえるものは、構造によって分析され、かく

て言語の線状の展開のうちにすぐにも取りいれうるものとなる」³⁰ということになるのだ。

　一定の意味において、これは、先験的総合判断が、経験を排列し組み立てるというカントの学説の、現代的書き直しとも言えるだろう。そして、これは、明らかに歴史的に出現した科学化の構造であり、狭義の構造概念でもある。だが、このことと、広義の構造としてのエピステーメーという大構造とは区別がある――フーコーは、師のアルチュセールと同様に、他の人間が、構造主義というレッテルを自分の学術思想に貼ることを拒否していたけれども。

　第2に、可視的なものについての構造化された知を実現し、自然史（博物学）を生みだすには、さらに、一連の秩序のある特徴についての理論が打ち立てられなければならないと、フーコーは述べている。いわゆる特徴についての理論とは、物のすべてを、それとその他のすべての存在とを関連付ける、あの同一性と差異性のシステムの上に位置づけることを意味している。そして、「《特徴》(caractère) の理論は、指示を行なう値とそれらが転移する空間を一体化するものでなければなるまい」³¹と続けるのである。判定対象物の異なる質の特徴が、自然に対し差異性に基づく分類進めるミクロ的な根拠になるというのである。

　第3に、フーコーは、自然史（博物学）の本質が、自然存在の連続性（continuité）を確認することだと述べている。まさに言説が秩序構築した連続性のゆえに、秩序構築され分類された自然も連続性を持たなければならないというわけである。「連続性とは、特徴によって明瞭に区別できるさまざまな領域が隙間なく並列されたものにすぎず、特徴として選ばれた構造がすべての種に関してとりうる値が、連続的で漸次的な変化を見せればよい」³²とのことである。これは、二重の連続性を含んでいる。一つ目は、特徴によって区別された物と物の間の共時性の連続によるネットワークであり、青年フーコーは、このような「諸存在とその連続的網目」が、自然の秩序構築にとって、もっとも重要な保証になっていると述べている。二つ目は、このネットワークの歴時性の連続である。ここでは、それは、一つのエピステーメーが秩序構築の作用を果たす漸次的な変化である。

　この歴時性の連続性という抽象的な歴史方法は、後にフーコーが、総体

第3章　古典主義的エピステーメー——言説・自然・財冨中の3種の大文字の秩序構築　239

的歴史観に反対する際に、その核心を突く疑問点となった。

　最後に、自然史（博物学）は、科学的分類学の背後にある文書アルシーブ（archive）の中にも出現した。伝統的な研究では、アルシーブは、過去の物の物性の遺跡の保存と整理のためのものであったが、青年フーコーにおいては、アルシーブは、まったく新しい位置付がなされたのである。彼は以下のように位置づけているのだ。

　　古文書の保管設備が整えられ、それらが分類され、図書館が整備され、カタログ、類集、蔵書目録が作成されたという事実は、時間、過去、歴史の厚みに対する感性の目ざめというよりは、すでに語られた言語とそれが残した痕跡のうちに、生物と同じタイプ（même type）の秩序（ordre）を導入する努力を示している[33]と。

アルシーブは、今や遺跡物の保存だけがその任務ではない。さらに重要なことは、それが、あらためて活性化されるべき言説による、秩序構築の情況のための科学的痕跡にもなっている点である。

　　実際には、このかつては生きていた言説の痕跡に面する作業は、アルシーブをあらためて活性化する考古学にほかならない。これは、物性次元の遺跡に留まる伝統的な考古学とは異なるものである。

青年フーコーから見ると、これこそが、19世紀の歴史学者が「真実の」歴史を書くことができた根本原因ということになる。このことは、ブルジョア的歴史学がちょうどここで形成されたと言ってもよいだろう。なぜなら、この時に、歴史は、「古典主義時代の合理性（rationalité classique）、秩序（ordonnance）、弁神論（théodicée）から解放された――歴史、時間の激烈な侵入力（violence）を回復した」[34]からである。ここでの暴力とは、科学による秩序構築の自然への強制を指している。歴史は、神聖なる鎖から抜け出したが、新しいアルシーブ学のもとでは、時間を内核とする連続的に構造化された自然の歴史は、必然的に強制された結果によるものになってしまうのである。

　　すぐ後の『知の考古学』では、この新しいアルシーブというパラダイムは、機能的言説の歴史的再構築の基礎となった。

3. 流通と交換―財冨の領域中の価値の秩序構築

青年フーコーは、古典主義時代には、普通語文法と自然史（博物学）と並存していたものがもう一つあり、それは、経済的交通の分野に基づく冨の分析（analyse des richesses）であったと見ている。

フーコーは、これを、ブルジョア的現代的エピステーメーの中で発生した、経済学上の生産理論と切り離している。不思議なことに、彼は、古典主義時代に存在していた「政治経済学」を認めていないのである。その原因は、「知の秩序のなかに生産というものが実在しない（dans l'ordre du savoir, la production n'existe pas）からである」と言うのだ！これは、やはり、あの頑固な観念論の論理のなせる業であろう。エピステーメーの中に生産というパラダイムが登場しなければ、現実にも生産がないというのである。これは、極端に馬鹿馬鹿しい観点であろう。私は、フーコーのこのような観点が、後のボードリヤールの批判的な情況構築に極めて深い影響を与えたものと思う。

その中では、貨幣・価格・価値・流通・市場という概念が、逆立した形で経済活動の秩序構築の主要な構築要素となっている。これは、第3の大文字の秩序構築である。それは、表面的には実際的な議論のように見える。

青年フーコーは、貨幣・商業・交換についてのこのような思考が、現実の資本主義社会の実践や諸制度（pratique et institutions）と結びついていることは承認している。しかし、彼は、実践は、知の基礎の上に建てられるとも指摘しているのである。「貨幣改鋳、銀行の慣習、商業上の慣行は、それぞれ固有の形態をとって合理化され、発展し、消滅することができるだろうが、つねにある種の知を基盤にしている（fondés sur un certain savoir）」[35]と。

そうである。我々は、もうすで充分承知であろう。これは、マルクスをあらためて転倒した生まれた観念論的史観である。

同様にここで、我々は、青年フーコーのエピステーメーに関する、あの有名な定義に出会うことになるのだ。

ある文化のある時点においては、つねにただひとつの《エピステーメー》（épistémè）があるにすぎず、それがあらゆる知の成立条件（conditions de possibilité de tout savoir）を規定する。それが一個の理論として明示される知であろうと、実践（pratique）のうちにひそかに投資される知であろうと、このことにかわりはない[36]。

　フーコーのこの定義の中では、エピステーメーは、一定時間中に特定の文化を発生させる知の枠組みに限定されている。それは、理論や実践として実現するのである。もちろん、ここで出現したものは、古典主義的エピステーメーであり、古典主義的エピステーメーは、第3の大文字の秩序構築を実現し、それは、資本主義社会における実践に投入されたわけである。
　この経済学的分野の問題を議論した時、青年フーコーが、意識的に、歴史の手がかりとなるものを以前の時代まで引き伸ばしたことを見て取ることができる。彼は、まず、16世紀の経済学思想は「ほとんど物価の問題と貨幣の材料となる物質の問題に限られている」と指摘している。そこでの貨幣の実体とは金属貨幣にほかならなかった。その当時は、「貨幣のもつ物質的実在性のうちには、商品の共通の尺度と交換機構における代替物という、二つの機能が混在している」[37]のであった。この観点は、基本的に経済史の事実における判断と符合している。通常の経済学史の描述の中では、これは、重商主義時代と呼ばれている。フーコーは、その当時は、商品は、つねにそのままであり、貨幣は、商品の価値尺度の能力およびその交換可能性は、その内在的な固有の価値に基づいており、商品と貨幣（金属重量）は同じものであったと述べている。彼の言わんとするところは、この当時でも、その作用を果たしていたのは、あの相似性のエピステーメーであったという点である。それは、まさしく「ルネッサンスをつうじて、自然に関する知と貨幣に関する反省あるいは実践が、いずれも《エピステーメー》のまったく同一の布置によって規制されている」[38]ことを意味している。これらの概略的叙述は、フーコーが作成した歴史の再現と言ってよいだろう。
　フーコーは、続いて、17世紀になると状況は大幅に変化したと述べている。表象を核心とする古典主義的エピステーメーの中で、経済活動の方式にまったく新しい変化が発生し、資本主義的な冨の交換の中に、表象による秩序構築関係が涌出したというのである。
　私は、フーコーのここでの、経済的現実と知の秩序構築とを転倒させた観念論の病について、もはやこれ以上述べる気はない。実際には、客観的に先行す

る生産実践の形式構築と商品交換の秩序構築が、当時の資本主義経済理論の構造を決定したのであり、さらに、科学技術的実践によるフォーマティングと共同する形で、観念や知の枠組みを生み出したのである。フーコーのここでの論理的情況構築の新しい台座は、まさに頭と足がひっくり返っているのである。

フーコーは以下のように述べている。

> 同様に富は、たがいに交換され、相等と不等の関係を可能にするいくつもの部分に分析され、貴金属という完全に比較可能なあの富の要素によってたがいに他の富の記号となる、そうした能力を持つのである。そして、表象の全領域が、その表象をさらに表彰する第二次の表象によって、切れ目のない連鎖の形で覆われたのと同様に、世界のあらゆる富は、ひとつの交換体系に所属するかぎりにおいてたがいに他の富と関係づけられるのだ[39]と。

このように、自然史（博物学）の中の「《表象としての特徴》(la caractère-représentation) の理論」と同様に、富の理論の中では、「《表象としての貨幣》(la monnaie-représentation) の理論」[40]が成立したのである。同様にここにおいて、青年フーコーは、古典主義的エピステーメーの核心の要件たる表象について、もう一度説明してもいるのだ。「表象はみずからを出発点としてみずからを表象する能力を持つ。すなわち、自らの内部に一つの空間を開いてそこで自己分析をおこない、記号の体系および同一性と相違性の表の設定を可能にする代替物を、自己固有の要素をもって形成する能力を持つ」[41]と。

そうである。我々は、いまや、青年フーコーが、なぜ本書の冒頭で、我々にベラスケスのあの『女官たち』を見せたかを次のように理解できるだろう──対象物が不在の表象の表象の根本は、まさにこの点にあることを。

表象の本質は、自己産出にほかならず、代替物となった二度目の (au second degré) 表象の中で、自身の符号システムを確立するのである。これは、「表象の全領域が、その表象をさらに表象する第二次の表象によって、切れ目のない連鎖のかたちで覆われた」[42]ことを意味している。このゆえ、貨幣の機能も、ブルジョア的古典主義的エピステーメーの中で新しい変化を見せるのである。もともと貨幣は、相似性を指向する貴金属であったが、いまや、その表象自体

第3章　古典主義的エピステーメー―言説・自然・財冨中の3種の大文字の秩序構築　　243

が貨幣の機能になったのである。「貨幣を富を表象し分析するための道具となし、逆に富を貨幣に表象される内容とする」[43]ようになったというのである。フーコーは、このことを次のように説明している。

　　まず、物の価値が金属に由来するものではなくなることだ。物の価値は、貨幣に依拠することなく、有用性、楽しみ、稀少性という規準にもとづいて独自に決定される。さまざまな物が価値をもつのは、それらの相互関係によるのであって、金属はたんにこの価値を表象することを可能にするのにすぎない。それはちょうど、名が、心像や観念を表象するが、それを構成するのではないのとおなじである[44]と。

これは、古典時代の時期の経済活動の中に出現した、新たな大文字の経済観念の秩序構築である。言葉が物から離れるように、いまや、物の価値は、金属から離れたのであり、物は、他の物と自身との交換関係の中で、自身を表象するようになったのである。16世紀と比較すると、事情は完全に転倒したのだ。

　ここから、明らかに、次のことを見て取ることができる―青年フーコーが「さまざまな物が価値をもつのは、それらの相互関係による」と述べた時、彼が古典主義的エピステーメーの中で見て取ったのは、労働価値ではなく、ちょうど交換価値であったことを。ゆえに、重農主義経済学の観点を分析した時には、彼は、価値が「人が処分し得る状態において過剰な何物かを所有し、ほかの人がそれを必要としなければならぬ」ことから発生するという点しか見ていなかったのである。フーコーがモデルとしたストーリーは、次のようなものであった―ある人が大自然から摘み取った果物は財にすぎないが、その果物の数量がその人の必要量を超えた時、それは冨となる。そして、その時には、他の人がこの剰余を欲求していなければならない。よって、ここに交換が発生する―このようなストーリーであった。「価値や富があるためには交換が可能でなければならない」[45]というわけである。重農主義経済学者は、農業生産の重要性と、冨が土地に由来するということをすでに見て取っていたけれども、物の価値と交換関係とを結び付けて一緒にしてしまった。重農主義者も、貨幣の価値は、流通の中の「冨の表象」にほかならないと見ていたのである。ゆえに、「価値が形成され増加するのは、生産によってではなく……ともかく消費なのである」[46]という、重農主義に対する評価が導かれるのである。

　　この牽強付会で主観的な断言と推論は、資本主義的経済関係とその発展

の歴史の現実とは、明らかに符合しない。これこそが、フーコーの仕事にほかならないのだ。さらに人をあきれ黙らせてしまうこともある。それは、このような思想史固有の手がかりを無視することや、引用のない「出典のない言説」が、ドゥルーズの賛美の筆下では、フーコーの独創性になってしまうことである[47]。

我々は、マルクスが、1857年以降の経済学研究の中で発見したことを承知であろう。すなわち、資本主義的な労働分業が、個人の労働から全面性を失わせ、必然的にこれを一面的な歴史的存在にしてしまったが、社会は、まさにこの専業化された分業と交換の中で、はじめて有機的な経済運行システムとなったということを発見したことである。まさに、この労働の一面性が、独立した個人どうしを相互に必要な人々として結び付け、相互に補いながら、ヘーゲルに言う「市民社会」を形づくったのである。もちろん、この客観的な総体性は、一種の新たな強制と奴隷的労働の様相となる——それぞれの個人の労働は、分業によって砕片化され一面化するゆえに、直接は実現されず、市場交換を通じて社会（他人）の需要を媒介として、はじめて実現するのである。このゆえに、労働は必然的に二分される。一つは、物質的内容を形づくり、目的のある一定の形式を持つものとしての具体的労働であり、それは、物の使用価値を創造する。もう一つは、新しい社会経済の秩序構築の形式であり、具体的な物性のフォーマティングとは無関係の一般的労働を消費する抽象的労働であり、それは、交換のための価値を形成するのである。このように、労働の自然的属性と社会的属性とは歴史的に分離されたのである。交換の中で、価値形態の発展は以下のような過程を経る—物々交換から簡単な価値形態へ、さらに拡大された価値形態へ、そして一般的価値形態、すなわち貨幣へと進展していく。その結果、市場競争の中では、物の価値は価格への転化を実現する—。ここに至って、人間の労働は、交換の中で一種の特殊な社会的存在形式を獲得する。それは、本来、人と人との間で相互交換された直接的な労働の関係であったが、いまや、転倒されて市場が媒介する一種の事物と事物との関係として表現されるのである。資本主義的市場経済の中では、かなりの程度進んだ分業のもとでの労働者個人の具体的労働は、労働生産物の使用価値の形成という一面的要素にすぎず、労働生産物は、市場での交換を通じてはじめて自身を実現できるのである。これによって、異なる社会的労働間の交換も実現するわけである。そして、交換

関係自身の客観的抽象が、歴史的に価値という等価物（貨幣）を生み出す。この人と人との間の労働一般の交換を代表する「人格的」関係が、事物（貨幣）と事物（商品あるいは貨幣）との間の非人格的関係に事物化[3]してしまうわけである。以上の事情をマルクスはこうまとめている。

> 生産者たちにとっては、彼らの私的諸労働の社会的連関が、そのあるがままに、—すなわち、彼らの諸労働そのものにおける人と人の直接的に社会的な関係としてではなく、むしろ、人と人の物象的関係（sachliche Verhältnis）および物象と物象（Sachen）の社会関係として、現象する[48]。

この事物化された関係は、さらにとのまた、生きた労働を支配する資本の支配関係にもなる。すなわち、フーコーが観念論的論理から導き出した、物と物自身の関係が生み出したという価値なるものは、実は、労働関係が事物化され転倒された後に生まれた、第1の物神崇拝の仮象なのである。このことは、フーコーのここでの論説が、ちょうどブルジョア的な経済的物神崇拝の中に深く陥っていることも意味しているのだ。

ゆえに、フーコーが繰り返し指摘している、17世紀のエピステーメーの中の経済活動に関する特有の秩序構築は、実際には、資本主義の経済発展の真実の仮定とは、はるかにかけ離れているのである。私は、フーコーが、いくつかの経済学説史の文献をあえて読んでいたならば、このように大袈裟な思想史上の笑い話をするには至らなかったと思う。このことは、彼がこの時、単純にマルクスを排斥した必然的な結果でもあるのだ。

4. 3種の表象の秩序構築の一般的タブロー

筆がここまで至ると、青年フーコーがもっとも表現したかった、古典主義的エピステーメーの中で生まれた、3つの大文字の秩序構築の主要なものは、すでにその姿をすべて現したと言ってよいだろう。よって、彼は、何かあわただしさを感じさせるように、一幅の秩序構築論の「全体的な表（タブロー）」、すなわち古典主義的エピステーメーと現代的エピステーメーの「経験的諸秩序の全体組織」をあぶりだした表を描いてみせるのである。この表は、上図と下図

---

[3]訳者注—著者独自の訳語である。日本では一般的に「物象化」と訳されている。

からなっており、上図は、我々がいますでに見終わった17〜18世紀の古典主義的エピステーメーの中の、普通語文法（一般文法）・自然の描述・富の分析の３大分野の図である。

下図は19世紀の表であるから、次章に掲げることにする。

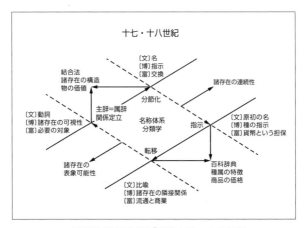

新潮社2012年版『言葉と物』から転載

この図の上半部の中で、上述の３大分野の内容は、一つの複雑で動態的な関係の形式構築を示す図形として表象されている。それは、３大分野のエピステーメーを構成する４種の内容の、それぞれ異なる変形と転換によって作られている。上段は、もっとも抽象的な「普通語文法（一般文法）における名詞・自然史（博物学）における描述（指示）・富分析における交換」である。

これが、３つの大文字の秩序構築の分野の名称とキーワードになっている。

左側は、「普通語文法（一般文法）における動詞・自然史（博物学）における存在の可視性・富分析における必要の対象」であり、それぞれ、動詞─être、存在の可視性─自然への命名、需要の対象─交換価値の意味である。これらは、３大分野の中で存在を真に駆動する力であるかのようである。右側は、「普通語文法（一般文法）における原初（primitifs）の名・自然史（博物学）における種の指示・富分析における貨幣という担保」である。

ここまで来ると、デタラメさがその顔をすでに少しのぞかせている。

　下段は、「普通語文法（一般文法）における転義（譬喩trope）・自然史（博物学）における諸存在の隣接関係（voisinage）・富分析における流通と商業」である。私は、フーコーのここでの、こじつけに近い随意さと気ままさを解読することはできない。なぜなら、このような組み合せは、すでに言説の構造環境の向心的な凝集力から離れてしまっているからである。

　この4件の構成要素から伸びる2本の実線と2本の破線によって菱形が形作られ、その周りには、8つのマス目で表される表象のネットワークが生まれている。その中では、上述した4種の内容が上下左右のマス目を占め、菱形の内部と4つの角には、それぞれ、級数の大きい文字で「名称体系　分類学」・「分節化」・「転移」・「主辞＝属辞関係定立」・「指示」と書かれている。これが、古典主義的エピステーメーの機能らしく思われる。そして、菱形の周りの、上述の4つのマス目以外の4つのマス目には、それぞれ新しい転換の特徴が書かれている。左上は、原著ではイタリック体で「結合法（art combinatoire）・諸存在の構造（structure des êtres）・物の価値（valeur des choses）」と書かれていて、右上は、「諸存在の連続性（continuité des êtres）」であり、左下は、やはりイタリック体の「諸存在の表象可能性」であり、右下は「百科事典・種属の特徴・商品の価格（prix）」である。そして、菱形の内部には「名称体系・分類学」と書かれている[49]。ここから、以下のことを見て取ることができる——これは、エピステーメーによる規制を受けた現実存在の構造の型であり、菱形の4角の標示「分節化」・「転移」・「「主辞＝属辞関係定立」・「指示」は、普通語文法の基本的機能である。そして、動詞êtreは、すべての分野の中の表象間の相互関係を構築して、一種の複雑な「結合法」を生み出している。自然史（博物学）の指示と諸存在の可視性は、諸存在の構造を形成し、富の分析は、物の価値を構築して、総体的秩序構築である百科全書という外部的な支持を受けている。

　フーコーは、ここで続けて、タイミングよくフランス百科全書派を攻撃しているのである。

　この機能的秩序構築の中で、青年フーコーは、さらに、それぞれ異なる秩序構築の効能を示す矢印を使用して、それぞれ異なるネットワークの中の内容間の対応関係、あるいは転化関係を示している。まさしく難解な「表象の表用」

の表象である。しかし、その実質を見極めると、フーコーのこの図表は、まさに表象のための表象というわざとらしい作為にしか思えないのである。

　私は、これは、フーコーのこの本の中で、もっとも滑稽な憶測の産物の一つだと思う。

　だが、このわざとらしい図表の中からでも、青年フーコーが「《富の分析》が、《博物学》および《一般文法》と同一の布置（la même configuration）にしたがっている」[50]と見ていることを知ることができる。この形式構築は、古典主義的エピステーメーの場の情況論の指摘であろう。すなわち、たったいま我々が見た図表は、一種の静止的構造の枠組みではなく、機能的な知の力の相互作用による、秩序のある場の情況の発生を示しているのである。この発想自体には興味深いものがある。

　このような観念は、私の情況構築論における、一般的な場の情況の突然の出現という原則ともちょうど一致しているのである。

　よって、富の分析の中の価値理論は、存在物がいかにして商品交換の中に進入して、秩序のあるシステムを生み出すのかを、説明するものなのである。この秩序構築の機能は、普通語文法（一般文法）では、動詞によって実現され、自然史（博物学）では、構造的秩序性によって保証されるのである。フーコーは次のように述べている。

　　古典主義時代の思考にとっては、博物学の体系および貨幣あるいは商業の理論を可能ならしめる条件は、言語そのものを可能ならしめる条件と同一であると言うことができるであろう。これは二つのことを意味している。第一に、古典主義時代の経験にとって、自然界の秩序と富の秩序（ordre dans la nature et l'ordre dans les richesses）とは、語によって顕示される諸表象の秩序と同一の存在様態（mode d'être）をもつということ。第二に、物の秩序（ordre des choses）をあきらかにする点で、語は充分に特権的な記号体系(des systèmes de signes)を形成しており、博物学はできのよいものとなった場合にのみ、言語と似た機能をはたしうるということだ。そして貨幣はよく調整された場合にのみ、言語と似た機能をはたしうるということだ[51]と。

第3章　古典主義的エピステーメー――言説・自然・財冨中の３種の大文字の秩序構築　　249

　これは、一種の相互転化しうる総体的表象の秩序構築である。通常、我々は、このordreを既存の秩序として解釈するが、実際には、ordreは、フーコーのここでの情況構築にあっては、終始動詞として登場しているのである。すなわち、現在まさに構築中の秩序性という意味での秩序構築なのである。
　　私の理解では、この秩序構築は、ちょうどカントのあの自然への立法の現代的再建である。

　かつ、古典主義的エピステーメーによって秩序構築された「諸存在の構造は、可視的なものの直接的形態であると同時にその分節化」であり、「自然と富の秩序は、構造と特徴、価値と貨幣の発生の実在という、単純な事実のうちに顕示される」[52]とフーコーは述べている。ここから、存在と知はかえって同一である、という結論が導かれるのである。
　青年フーコーは、もっぱらこう指摘している――この四辺形（菱形）の他の２辺はまだ開かれたままであり、それは、言語・自然の体系・冨の不断の連続性と運動を可能にする保証となっていると。つまり、
　　古典主義時代の秩序は、物を分離し結合する非量的な同一性および相違性を、ひとつの永続的な空間に分布させていた。まさにこの秩序こそ、人間の言説、自然の諸存在の表、富の交換を、それぞれいくらか異なった形式と法則にしたがいつつ、つねに至上権をもって支配してきたものなのだ[53]というわけである。

　これは、古典主義的エピステーメーの秩序が表象する存在方式である。このような秩序は「表象的言説の支配」の秩序なのだ！　フーコーの目からは、ここでは、「言語は語の表象に、自然は諸存在の表象に、必要は必要の表象にすぎない」[54]のである。世界は、いまや「物の眠った秩序を語の列のなかで言表する表象の統治」[55]の王国にすぎない。このことは、言葉の物に対する支配が、古典主義的エピステーメーの中では、表象の存在に対する秩序構築として現れることを意味している。
　青年フーコーはこう断言している。
　　表象および存在の連続体（Le continuum de la représentation et de l'être）、無の不在（absence de néant）として消極的に規定された存在論(ontologie)、存在一般の表象可能性（représentabilité）、表象の現前による存在の顕現――

こうしたすべては、古典主義時代の《エピステーメー》の全体的布置（la configuration d'ensemble de l'épistémè classique）の一部をなしている[56]と。

この話は、見たところ、一つの哲学的小括のようである。
このconfiguration d'ensembleはたいへん重要である。形式構築は秩序構築の総体化だからである。フーコーにあっては、形式構築は、エピステーメーによるすべての文化と現実存在に対する総体的規制なのである。

フーコーは次のことを説明しようとしているのだ——古典主義的エピステーメーの総体的形式構築の中の存在は表象を通じて実現するもので、それは、存在と表象との同一の連続体なのである。表象の背後は、空無のものであり、表象は、それ自身の複製にすぎないゆえに、表象を第一次性とする、3種の大文字の秩序構築画か形作る世界は、虚無の上に建てられた不在の存在論ということになる。これは、我表象するゆえに、我ありという意味である。明らかにわかるように、フーコーのここでのontologieは、もはや世界の第一次性の本源を追究する本体論ではなく、秩序構築論中の存在論に変わっているのである。これこそが、青年フーコーが我々に語っているブルジョア的古典主義的エピステーメーの故事なのだ。

ハーバマスは、フーコーの歴史観を説明した時、「フーコーは、近代における現在中心の時間意識を克服しようとする」[57]と指摘している——これは、おそらく半分は正しいものだろうとしか言えない。なぜなら、フーコーは、現代的エピステーメーの前の古典主義的エピステーメーについて説明した時に、早くも、不在の表象存在論をすでに打ち出していたからである。

［注］
1　ジル・ドゥルーズ、宇野邦一訳『フーコー』（河出文庫、2007年）237頁。
2　ジル・ドゥルーズ、宮林寛訳『記号と事件——1972-1990年の対話』（河出文庫、2007年）184頁。
3　ミシェル・フーコー、渡辺一民・佐々木明訳『言葉と物——人文科学の考古学』（新潮社、1974年）102頁。

第 3 章　古典主義的エピステーメー——言説・自然・財冨中の 3 種の大文字の秩序構築　　251

4　同上同頁。
5　同上103頁。
6　同上112 〜 113頁。
7　ヘイドン・ホワイト（Hayden White 1928-2018）。現代アメリカの有名な歴史哲学者。新歴史主義の代表者。ミシガン大学の哲学博士で、若いころ中世史と文化史を学び、1960年歴史哲学の分野に足を踏み入れた。スタンフォード大学の比較文学科教授、カルフォルニア大学サンタクルーズ分校の歴史学科名誉教授である。主な著作には、『メタヒストリー——十九世紀ヨーロッパにおける歴史的想像力』(1973)、Tropics of discourse: essays in cultural criticism, Johns Hopkins University Press（1978）、The content of the form: narrative discourse and historical representation（1987）、Figural realism: studies in the mimesis effect（1999）などがある。
8　Hayden White, The Content of the Form: Narrative Discourse and Historical Representation (Baltimore: Johns Hopkins University Press, 1987), 106.
9　フーコー前掲書138頁。
10　同上106頁。
11　同上同頁。
12　同上107頁。
13　ピエール・ブルデュー、加藤晴久訳『パスカル的省察』（藤原書店　2009年）301頁。
14　フーコー前掲書109頁。
15　同上109頁を参照のこと。アルチュセールの弟子としてのフーコーにあっては、〈イデオロギー〉（Idéologie）は、必然的のそれ自身の特定の規定を有している。それは、総じて虚偽の表象システムによって現実存在を再現する観念体系である。したがって、これを「観念学」と訳すのは不適当である—日本語版では「観念学」と訳されている（訳者）。
16　同上110頁。
17　百科全書派とは、18世紀フランスの啓蒙思想家が、『百科全書』（全称は『百科全書、あるいは科学・芸術・手工芸分類辞典』）を編纂する中で形成された学術上の一派である。『百科全書』の主編はディドロであり、執筆者は160名あまりであった。彼らの哲学的観点はそれぞれ異なり、宗教信仰も異なっていた。その中には、ダランベール、エルベシウス、ドルバック、モンテスキュー、ケネー、チュルゴー、ボルテール、ルソー、ビュフォンなど名声のある改革者がいた。百科全書派の核心的人物は、ディドロをはじめとする唯物論者であり、彼らは封建的特権制度とカトリック教会に反対し、ブルジョア階級の実利主義の精神を育んだ。『百科全書』は、巨大な影響のあった大型参考書であり、1751 〜 1772年に28巻が出版され、1776 〜 1780年には補遺と索引7巻が出版された。
18　フーコー前掲書113頁。
19　同上117頁。

20　同上118頁。
21　同上132頁。
22　同上146〜147頁。
23　ミシェル・フーコー、神谷美恵子訳『精神疾患と心理学』（みすず書房、1970年）129頁。
24　フーコー『言葉と物』153頁。
25　同上154頁。
26　同上155頁。
27　同上150頁。
28　同上183頁。
29　フーコー・神谷美恵子訳『臨床医学の誕生』（みすず書房、1969年）26頁。
30　フーコー『言葉と物』159頁。
31　同上162頁。
32　同上169頁。
33　同上155頁。
34　同上同頁。
35　同上189頁。
36　同上同頁。
37　同上190頁。
38　同上193頁。
39　同上201頁。
40　同上211頁。
41　同上200〜201頁。
42　同上201頁。
43　同上196頁。
44　同上197頁。
45　同上213頁。
46　同上215頁。
47　ドゥルーズ『フーコー』40頁。
48　カール・マルクス、長谷部文雄訳『世界の大思想18　マルクス　資本論1』（河出書房、1964年）67頁〔『マルクス・エンゲルス全集』（大月書店）第23巻a『資本論』第1巻第1分冊第1章第4節99頁も参照〕。
49　『言葉と物』233頁。
50　同上223頁。
51　同上224〜225頁。
52　同上226頁。
53　同上239頁。
54　同上230頁。

55 　同上同頁。
56 　同上227頁。
57 　ハーバマス・三島憲一ほか訳『近代の哲学的ディスクルス　Ⅱ』(岩波書店　1990年)442頁。強調は引用元。

第4章　近代のエピステーメー―大文字の歴史の発生

　青年フーコーは、19世紀に入ると、西洋のブルジョア文化の総体的形式構築の中で、第二次の重要なエピステーメーの「変動」(mutation)が発生したと断言している。すなわち、古典主義的エピステーメーから近代的エピステーメーへの歴史的代替である。これは、『言葉と物』第2部の主要な内容となっている。フーコーの観点によれば、17〜18世紀に文化の形式構築作用を起こした古典主義的エピステーメーの時代は終わりを告げ、ここから、「新たな哲学的空間」(space philosophique nouveau)が開けたというのである。経験性を秩序づけた「言説、表、交換」は「文献学、生物学、経済学」によって替えられ、普通語文法（一般文法）・自然史（博物学）・財富理論を中軸とした、あの古典主義的エピステーメーは、文献学・有機生物学・生産理論という、まったく新しい近代的エピステーメーによって取って代わられたというわけである。このほか、フーコーは、この新しいエピステーメーの本質は、大文字の総体的な歴史の秩序構築であると述べている。興味深いことに、フーコーがリカードの生産理論について議論した時、テキスト中に、この時のエピステーメーの支配的言説とは異なる思考が、意外にも出現している。すなわち、現実的な生産の秩序構築から出発して、因果性のある総体的な進歩史観を構築する唯物論の論理である。もちろん、これは、局部的な隠された二重性の言説構造であり、フーコー本人にとっては、このような状態は、無意識の情況にあったがゆえにすぎないが。

1．サドの放蕩―表象世界の再転倒

　青年フーコーは、18世紀末以来、古典主義的エピステーメーの終結(fin)とともに、西洋の資本主義文化総体の、あの表象による秩序ある世界は転倒されたと宣言している。彼は、かなり具体的に「この逆転(renversement)が起るのはサドの時代である」とさえ指摘している。まさにこの時、表象としての言説は、その支配を終結した、あるいは、ブルジョア的古典主義の「言説の秩序はそこにみずからの＜限界＞と＜掟＞を見いだす」[1]というのである。

　　バタイユやラカンの好みに似て、フーコーも、サドの作品およびその怪異な思想の表現に夢中であった。

フーコーの見方によると、サドの「遊蕩」の原理は、表象の秩序の解消にほかならない。これは、前述のセルバンテスの『ドン・キホーテ』が、「ルネッサンスと古典主義のあいだにおける」位置を占めたように、サドの『ジュスティーヌ』(1791) と『ジュリエット』(1796) は、現代文化の発端で新紀元へ向かう動きを呼び起こすラッパの役割を果たしたということを意味している。
　これは、きわめて高い歴史的評価であろう。

　ここでは、「いまや類似にたいする表象の皮肉な勝利が問題なのではない。欲望の暗い反復的暴力が表象の限界に押しよせている」のである。これは、相似性－表象－暴力の間の断層帯である。フーコーは、まさにサドの物語が、「ちょうど『ドン・キホーテ』がそれを開いたように、古典主義時代を閉じるのである」[2]と述べている。
　このような文学的隠喩は、フーコーが得意とする叙述方法である。彼は、喜々として絵の意図や文学的詩句の隠喩を借りて、深い意味のある断言をするのだ。私は、楊凱麟博士に以下のような評論に賛同する—フーコーのこのテキストの中では、「セルバンテス、サドあるいはアルトーは、あるエピステーメーが鋳込んだ文学者というだけでなく、また、ベラスケスも、歴史を画する宮廷画家というだけではなく、彼らは、エピステーメーを決定づけた敷居あるいは指針であるとも見なされているのである。その考古学的重要性は、リンネ、マルクス、ニーチェに劣らないのである」[3]　しかし、1968年の五月革命後、政治実践へと方向転換したフーコーの多くの言説は、文学的隠喩から歴史的アルシーブや文献の考証へと変化を見せたのである。

　しかし、この後すぐに面する矛盾した論理は次のことにある—サドは、表象の秩序を打破したが、彼が解放した欲望の背後にあった、生産の暴力の秩序は、かえってさらに強まったのである。正確に言えば、それは、ブルジョア階級の欲望が呼び出した強大な生産の秩序構築という新しい世界である。この生産の秩序構築は、マルクスにあっては、物質的生産力と呼ばれた。
　青年フーコーの見方によると、
　　18世紀世紀の末葉は、17世紀初頭にルネッサンスの思考を破壊したそれと対称的な、ひとつの不連続によって断ち切られている (rompu)。17世

紀はじめには、相似を包みこんでいた大きな円環状の諸形象が分解して破れ、同一性の表（tableau des identités）が展開するのを可能にしたのだが、いまやこの表も解体し、知はさらに新たな空間に宿ろうとしているのだ[4]ということになる。

ここでは、すべてのブルジョア文化は、古典主義的エピステーメーの普通語文法（一般文法）・自然史（博物学）・財冨理論から離れ始め、いまや「富、生物、言説ではなく」、「連続性の平面におけるこうした深い空隙」で発生した、エピステーメーの変動後のまったく新しい空間が「知にたいして呈示された」のである。上述したような、あの表象による秩序構築のネットワークが作り上げた、二重の連続性の平面に、深い空隙が発生したわけである。これは、新しい非連続性（discontinuité）の突然の出現である。要するに、近代的エピステーメーが古典主義的エピステーメーに取って代わったのである。

まずもって、青年フーコーの19世紀の近代的エピステーメーの図を分析してみよう。

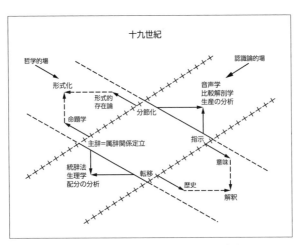

新潮社2012年版『言葉と物』から転載

18世紀の、あの表象によるエピステーメーの図表（246頁）に比べると、ここでの近代的エピステーメーの図表は、やや簡略であわただしく書かれたという感がする。それぞれのマス目を区分する4本の線を見ると、前の表の2本の

実線は、ここでは小十字の連続の破線に変わっており、前の表の2本の破線は、その中間が実線になっている。

　　私には、フーコーのこの小さな改変に何らかの実質的意味があるとは思えない。

前の図表の菱形を取り囲んでいた、対称的な8つのマス目のネットワークを見ると、上下左右の主要なマス目は、空白になっており（フーコーはこの空白の理由を説明していない）、菱形の4角には、以前と同じように、すべて大きな級数で「分節化」・「主辞＝属辞関係定立」・「転移」・「指示」と書かれている。

　　なぜ4つの特性なのか。なぜこの4つの規定が、近代的エピステーメーにおいても変化がないのか。フーコーは、明らかに説明を怠っている。あるいは、削除するのをあえて忘れたのだろうか。

もちろん、近代的エピステーメーの、いくつかの重要な秩序構築の技術的パラメーターは、複雑で深いものに変わっている。図表の左上のマス目の標注は、「哲学的場（Champ philosophique）」であり、そこから矢印が伸びており第2次元の情況構築が示されている。それは、大文字の「形式化（FORMALISATION）」である。その下の第3次元の情況構築は、「形式的存在論（ontologie formelle）」と「命題学（apophantique）」で構成されている。

　　私の理解では、formalisation は、configuration よりさらに1次元低い構造化の概念であるが、フーコーのここでの概念の秩序づけはそうではない。かつ、formalisation と形式的存在論には、どんな関係があるのか、これらは、どのように哲学的場を構成するのか、このような深奥の哲学的思弁の内容は、フーコー議論している近代的エピステーメーとは、ほとんど直接的な関係がないようである。なぜなら、彼は、この「哲学的場」について具体的な分析をしていないからである。もちろん、Champ の概念が、重要なものに変り始めたことだけは理解できる。「認識論的場」という概念もまたすぐに登場する。この2つは、ブルジョア的な近代的エピステーメーの特殊な形式構築の結果であろう。この本では、フーコーは53箇所で champ を使用している。

これに対する右上のマス目は「認識論的場（champ épistémologique）」であり、

ここから、現代的エピステーメーの3つのキーポイントとなる表証、「音声学・比較解剖学・生産の分析」が矢印で示されている。これは、文献学・生物学・経済学というマクロの学問的概念を、さらに質的に規定した秩序構築の新規定であろう。左下のマス目は「統辞法・生理学・配分の分析」であり、右下は「歴史」と「意味」であり、大文字の「解釈（INTERPRÉTAION）」を構成している。この両者の関係は推し量りがたい。

　　フーコーは、この近代的エピステーメーの図を描いたにすぎず、真剣な分析はしていない。このことは、我々のような真剣な解読者を失望させている。

　フーコーの目からは、この新しい近代的エピステーメーの形式構築の空間の中では、経験的諸存在（être empirique）に変質が発生し、言語は言説と交替し、生産は財冨と交替したのである。
　　この時点では、言説は18世紀の古典主義的エピステーメーの特定の構成要件にすぎなかったが、後の『知の考古学』では、そうした観点は否定されている。『知の考古学』では、言説は一般的な哲学のパラダイムになり、知の考古学のアルシーブでの二重構造の突然の出現の場の情況になっている。

　さらに、このような経験的存在の交替の背後で発生したさらに重要な事実は、以下のようなことである―知の一般的空間が「もはや同一性と相違性との空間でも、非量的秩序の空間でも、普遍的特徴づけの空間でも、一般的《タクシノミア》の空間でも、計量不能なものの《マテシス》の空間でもな」[5]くなったことである。伝統的なエピステーメーの中の基本的構成要件と空間の参照数値は、すべて秩序を失い（désordre）、これに取って代わったのは、機能的同一性を持つ生物的構造が構成する空間であった。これは、新しい物に関する内部的異質性の秩序という断言である。
　青年フーコーの筆下においては、この新しい空間は、機能的諸要素間の内在的関係を総体的に確保する空間であるというわけである。フーコーは、次のように述べている。
　　　経験的諸領域のこの空間を組織化する原理として、《類比》（Analogie）と《継起》（Succession）とが出現することとなる。なぜなら、ひとつの組

第4章　近代のエピステーメー——大文字の歴史の発生　259

織体と他の組織体との紐帯は、もはや両者が一個または数個の同一な要素を共有するということではなく、両者の内部における諸要素の関係の同一性（そこでは可視性はもはや何らの役割ももたない）、そして、それら諸要素が全体として保証する機能の同一性だからである[6]と。

　この同類を示す類比性は重要なものである。それは、新しいエピステーメーの本質が、もはや物と物の間の同一性と差異性ではなく、見えざる要素の関係の間の同一構造であること、とりわけ機能と機能の間の連鎖と持続であることを表明しているのだ。

　　事実上、これは、生物学上の機能的整合と構造の秩序の広範化と拡大を意味している。このことは、私に、ハイデッガーのあの機能的関係間の連鎖であるUmsichtを想起させた。後のボードリヤールの『物の体系』の情況構築の由来も、ここにあるのかもしれない。

　青年フーコーは、まさにこの新しい総体的な特質こそが、古典主義的エピステーメーとは異質な、近代的エピステーメーの突然の出現を可能にしたと見ている。これは、古典主義的エピステーメーの思想の、あの３つの大文字の表象による秩序構築とは異なる、大文字の歴史による秩序構築にほかならない。フーコーはこう述べている。

　　十九世紀以後、たがいに区別される組織体同士を結びつける類比関係は、＜歴史＞(Histoire)によって、時間系列のなかに展開されるであろう。そしてこの＜歴史＞が、その固有の法則を、生産の分析(analyse de la production)、有機的存在の分析、さらに言語群の分析にたいして、しだいに強課していく。かつて＜秩序＞（Ordre）が≪継起的≫な同一性と相違性への道を開いたように、いまや＜歴史＞が、たがいに類比関係にある組織体にたいして《場をあたえる》のである[7]と。

　換言すれば、フーコーが描述している、新しいブルジョア的な近代的エピステーメーの中に、大文字の歴史がはじめて登場したということである。これは、重要な歴史的事件である。大文字の歴史が、ブルジョア的な近代的エピステーメーの中で構築されたと同時に発生したのは、大文字の起源と大文字の人間（現代的主体）である。青年フーコーの観点によれば、古典主義的エピステーメー

における、大文字の秩序構築の作用と同様に、いまや「（大文字の）＜歴史＞」が、すでに経験的存在を規定し始め、「われわれの経験にあたえられるすべてのものの存在様態として、＜歴史＞は、われわれの思考にとって回避しえぬものとなった」[8]ということになる。このいわゆる大文字の歴史は、実際には総体的な歴史にほかならない。

これについては、ヘーゲル－マルクスの、解放という目的へ向かわんとする、あの壮大な歴史観の中に、その基本的論理の形式構築を見ることができるだろう。20世紀20年代の青年ルカーチ[9]は、『歴史と階級意識』の中で、このような総体的な歴史観を比較的明確に説明していた。これはまた、後のアドルノが『否定の弁証法』で脱－構築しようと試みた総体的同一性の「歴史」でもあり、フランシス・フクヤマの「歴史の終わり」でのあの「歴史」でもある。

青年フーコーは、具体的にこう指摘している。

古典主義時代の形而上学は、まぎれもなく、秩序から＜秩序＞（Ordre）への、類別から＜同一性＞（Identité）への、自然の諸存在から＜自然＞（Nature）への、要するに人間の知覚（あるいは想像力）から神の悟性と意志への、このわずかな隔たりのうちに宿っていたのである。十九世紀の哲学は、歴史から＜歴史＞（Histoire）への、出来事から＜起源＞（Origine）への、進化から本源における最初の亀裂への、忘却から＜回帰＞（Retour）への、隔たりのうちに宿ることとなろう[10]と。

この段の、貶義の意味を持つ「大文字性」を表明している表述は理解しがたい。私はよくよく考えて、このような解釈をしてみた―青年フーコーの説明したいことは、ヘーゲルから青年ルカーチに到る哲学の中で、もっとも深い意味を持つあの総体性の歴史意識は、ちょうど近代的エピステーメーの中で歴史的に発生したものであり、その本質は、世界をその大文字の起源（大文字の目的）を持つ、「その流れ、その曲折」という線型の歴史的進展の中に置くことである―以上のようなことだと。これは、一種の大文字の時間であり、一種の「＜歴史＞の存在様態」[11]である。

フーコーは、この本の93箇所でorigineを使用している。この「起源」と「回帰」は、後の『知の考古学』で構築された、新しい歴史学観の直接

的批判の対象となった。

　かつ、この歴史による秩序構築は、もはや偶像化された神の意志（外部的力としての大文字の秩序構築）によるものではなく、大文字の人間の歴史による秩序構築である。この中では、大文字の秩序構築（生産の秩序構築）が、表象による秩序構築に取って代わり、大文字の同一性が、質的分類という事物の連鎖に取って代わり、大文字の自然（全面的対象化）が、自然史（博物学）に取って代わったのである。これこそが、まさにすべてのブルジョア的近代的エピステーメーによる、世界征服のイデオロギー的本質なのである。

2. イデオロギー——一種の新しい大文字の文法と大文字の論理学

　私は、新しい近代的エピステーメーに面した時、青年フーコーのここでのもっとも重要な質的判断は、ブルジョア的な大文字の〈イデオロギー〉（Idéologie）[12]の歴史的発生であると感じている。

　　　これは、師のアルチュセールと近い、青年フーコーの思想の一定の表れである。我々は次のことを知っているはずだ——アルチュセールも、自分の師であるバシュラールの、科学史上では「常識と断絶したところに科学は姿を現す」というあの観点を改造し、イデオロギーを常識と交替させ、マルクス思想史研究の中に潜むブルジョアイデオロギーと断絶したところに、史的唯物論という科学が姿を現すという観点を、再構築という形で提出したことを[13]。

　私は、この点において、フーコーの貢献は、新しいブルジョアイデオロギーの歴史的発生を指摘したことにあり、かつ、イデオロギーの本質を、もともとの比較的狭義の政治的意志から、広義のブルジョア階級の主体的暴力性に直接転換せしめたことにあると見ている。私の見方では、これは、フーコーのイデオロギー理論研究の中で、もっとも重要な進展であると思う。

　青年フーコーは、19世紀に出現したブルジョア的な近代的エピステーメーの中に、一種の新しい秩序構築である「同一性」を発見した。すなわち、前述の大文字の同一性（Identité）である。この同一性の中では、以前の古典主義的エピステーメーの秩序は、その力を失い、もともとの「秩序（ordre）」も、そ

れが空間化される場である表も、それによって規定される隣接関係も、その表象のさまざまな点のあいだでの可能な巡歴としての継起関係も、もはや表象同士、あるいは各表象の要素同士を結合する力をもたない」[14]のである。これはひとつの断絶である。この時出現した近代的エピステーメーの同一性という秩序構築は、ちょうど「表所の外部、その直接的可視性の彼方、表象それ自体よりも深く厚みのある一種の背後の世界（arrière-monde）に宿るのだ」[15]というわけである。これは、表象の背後にある一つの場であり、まさにこの見えざる背後域こそが、「われわれの視線をのがれ」た頂点を構築するのだとフーコーは述べるのである。

　これは、この本の冒頭—あのベラスケスの『女官たち』についての議論—で指摘された、あの画中の表象によって秩序構築された、絵の外の見えざる現実の権力の頂点と好対照をなす。興味深いことに、「『女官たち』が、古典主義的エピステーメーの表象思想を象徴しているとすれば、どんな絵が近代的エピステーメーを代表しているのか」と問われた時、フーコーは「クレー[16]」と答えている。なぜなら、「絵画を構成しうるすべての動作、行為、描き込み、痕跡、輪郭、線、表面を、目に見える形で現した点で、クレーは、描くという行為そのものを、絵画自らの広大で輝ける知に至らしめています」[17]とのことである。正確に言えば、クレーは、・見・え・ざ・る・も・のを目に見えるものにしたということであり、彼が絵の作成中に布置した可視性のものは、反対に、本当の不可視な存在であったということである。フーコーの答えは機知に富んでいる。

　いまや、物は、新しいエピステーメーの中で、表象から離れ、自身の「固有の本質のほうへと引き下が」るようになった。これは、新しい構築物の「隠された構造」であり、表象の視線の外部の頂点にほかならず、それは、あらためて物を投射し物（存在と世界）を構築するのである。

　フーコーは、続けて、いま認証を要するものは、これが、言葉（知）と物とのまったく新しい秩序構築の関係であると述べるのである。

　　固有の組織とひそかな脈網（secrète nervure）をそなえた物（chose）、それらを分節化する空間、それらを生みだす時間（temps）があり、他方には、純然たる時間的継起（succession temporelle）としての表象があることとなろう。そしてこの表象において、物は、一個の主観（subjectivité）、一個

の意識、一個の認識主体の個別的努力にたいして、おのれの歴史もしくは受けついだ伝統から出発して知を得ようとする「心理学的」個体にたいして、つねに部分的にしかみずからを告げぬこととなろう[18]と。

この中でもっともキーポイントになるものは、物が主体や意識に対して姿を現すという点であろう。これは、本来カントやフッサールが指摘した情況構築上の事件である。しかし、フーコーの独特な意図は、物が主体に対して（für uns）姿を現すという事件は、近代的エピステーメーに到って、はじめて歴史的に生成されるというところにある。これは、一定の道理がある限定条件である。

さらに、青年フーコーは、この時に到ってこそ、はじめて総体的な歴史の秩序構築という意味での、大文字のイデオロギー（Idéologie）が出現したと、同様に認定するのである。これは、さらに広い普遍性に関わる〈観念の学〉（Science des idées）を意味する。フーコーはこう述べている。

　　＜観念学＞（Idéologie）は、観念の学として、自然の諸存在や言語における語や社会の法則を対象とする学問と、おなじタイプの認識（connaissance）でなければならない。しかし、それが、観念、観念を語によって表現する仕方、推論において観念相互を結合する仕方を対象とする（avoir pour objet les idées）まさにそのかぎりにおいて、それは可能なかぎりのあらゆる学問の＜文法＞（Grammaire）および＜論理学＞（Logique）としての価値をもつ[19]と。

＜観念学＞（イデオロギー）・＜文法＞・＜論理学＞も、貶義の意味を持つ大文字の規定である。師のアルチュセールによるイデオロギーの定義とは異なり、フーコーの眼中のイデオロギーは、すでに、たんに支配階級の自覚的意志を体現する表象の再現の体系であるだけではない。彼は、イデオロギーの真の秩序構築－形式構築の構築要件は、一見中立に見える知であると見ているのである。これは、重大な歴史的意味を持つ重罪の判決である。

　この判断は、ベーコンのあの「知識は力（権力）なり」という宣言と暗合している。しかし、ウェーバーは、その中身を覆い隠すように、この新しいブルジョアイデオロギーを価値中立の形式的合理性であると指摘し、フランクフルト学派は、それをまた転倒して、啓蒙の背後にある隷属性の

道具的理性であるとした。ここでのフーコーの、この価値中立性の知に対する判決は、すべてのブルジョア階級による近代的体制の形式構築の秘密を暴露している。以後、フーコーは、この知と権力の関係について説明を行なうようになった。彼は、まず『知の考古学』を書き、続いて、知によるフォーマティングの結果である、新しい規律・訓練権力説という重要な学説が述べられている『監獄の誕生』を書いたのである。

　フーコーはこう告発しているのだ―自然を拷問することにより成立した現代的な科学知識は、まさにブルジョア階級の光り輝く粉飾による大文字のイデオロギーの本質にほかならず、このイデオロギーの陰険さは、ちょうど、従来からそれがブルジョア的だと呼ばれないところだと。フーコーから見ると、このイデオロギーが大文字の文法と大文字の論理学を通じて構築した、すべての表象の「合成と分解の諸法則」と、以前のあの分類－命名による表象の秩序構築とを比べると、現代的な科学知の凶暴な支配は、さらに深く隠匿されているというわけである。これは、フランクフルト学派の科学技術イデオロギー批判を知らなかったという情況下で、フーコーが独自に発見した現代のブルジョア的科学権力のイデオロギーであろう。

　16世紀のエピステーメーが秩序構築したものの本質が、相似性の魔法であり、古典主義的エピステーメーが形式構築した世界の本質が、表象であるとしたならば、近代のブルジョア的エピステーメーの情況構築による存在の本質は、知にほかならないのである。

　　　　ここで発生した事件は、「言葉」が「物」と離れて行く過程である。

　フーコーは、これがまったく新しいエピステーメーであることを確認した―「それは、すべての知が表象の空間に宿るものと考え、この空間を巡歴することによって、それを組織する法則に関する知を定式化する。ある意味でそれは、すべての知に関する知（savoir de tous les savoirs）といえよう」[20]と。

　　明らかに、フーコーは、ここから、イデオロギーについてまったく新しい位置付けを行なっている。1976年のインタビューの中で、フーコーは、伝統的なイデオロギー概念についての自身の見方に言及している。彼は、伝統的なイデオロギー概念の本質は幻像であり、それは、いつも正確な真理と相対立するもので、かつ、人々の心の中では、イデオロギーという幻

像は、いつも階級主体が作りだすものとして捉えられているようであると、語っている。そして、「イデオロギーが、そのイデオロギーの下部構造あるいは経済的・物質的決定因など（infrastructure ou déterminant économique, matériel, etc）としての役割を果たしている何者かに対して、一歩引いた位置にあるという点です」[21]と結論付けている。しかし、フーコー自身は、明らかにこの種の観点には賛同していないのである。

科学知による形式構築というイデオロギーは、表面的には幻像の展開というわけではなく、ちょうど、伝統的な愚昧さを除去する啓蒙の光が理性の新世界を照らし出すという様相を示す。これが、ブルジョア階級の大文字のイデオロギーを、抗うことのできない隠れた支配とコントロールの力にさせるのである——これこそが、フーコーの述べたかったことであろう。

　後に、フーコーは、カントの『啓蒙とは何か』に対する深い解読の中で、もう一度この批判を繰り返している。

青年フーコーから見ると、カントの「何によって可能なのか」という批判哲学が、すでに「表象相互の結合関係」の秩序構築に努め始めたが、「先験的」な構築条件のゆえに、彼は、反対に「表象および表象のうちにあたえられるものを迂回し」てしまったということになる。これは正しいだろう。フーコーはこう述べている。

　カントの批判哲学は、逆にわれわれ近代（modernité）の発端をしるしづけている。それは、単純な要素からあらゆる可能な組み合せにいたる際限のない動きに即してではなく、表象の権利上の限界（limite de droit）から出発して表象に問いかける。かくして批判哲学は、表象の空間からの知と思考(savoir et pensée)の後退という、十八世紀末のヨーロッパ文化に起こったこの出来事を、はじめて承認済みのものにしたと言えるだろう[22]と

青年フーコーが指摘しようとした、近代的エピステーメーの新しい質は以下の点にある——カントにあっては、経験的現象をフォーマティングする表象空間の基礎・起源・限界というものは疑問とされ、先験的な枠組みが、表象（現象）の外部で作用を果たす——この点である。フーコーは、カントの批判哲学と同様に、近代的エピステーメーの中で生まれた科学知というイデオロギーも、「表

象の外部」で再構築された一種の形而上学であると見ていた。それは「個別的であると同時に普遍的な発生過程という、なかば神話的な形態 (forme quasi mythique) でしかおこなわれなかった。すなわち、孤立した、空虚で抽象的な意識が、もっともとるにたらぬ表象から出発して、表象可能なあらゆるものの壮大な表 (grand tableau) を徐々に展開すると考えられたのである」[23]。フーコーによれば、このいわゆる神話的形態とは、18世紀末から秩序構築の作用をはじめて真に開始した、先験的な科学知という思想形態である。これは、また表象の背後にあって表象の秩序を構築する、あの「われわれの視線をのがれ」た頂点でもあるのだ。本来不在であった君主の覇者の空位は、いまや見えざる科学知という覇者が占めているというわけである。

　これは、後にフーコーが、『知の考古学』で、この科学知の暴力的な系譜を再び掘り起こした由来にもなっている。

　青年フーコーは、19世紀の労働（一般）・生命（一般）・言語（一般）は、すべてある種の先験的なもの (transcendantal) として出現したと述べている。

　これは、マルクスが『1857〜1858年経済学批判要綱』で確認した労働一般の歴史的生成という意向と一致する。マルクスにあっては、労働一般と生産一般および後の一般的等価物は、客観的現実としての社会的な先験的存在であり、たんに観念の先験性という意味だけではない。この点については、フランクフルト学派のアルフレート・ゾーン＝レーテル[24]が、『頭脳労働と肉体労働―社会的総合の理論』[25]で深みのある議論をしている。

　青年フーコーから見ると、これらは、近代的エピステーメーのキーポイントとなる構築要件である。まさにこれらの歴史的ア・プリオリこそが、「生産の法則、生物、言語の諸形態を客体の側において認識することを可能ならしめる」のである。これらのものは、具体的認識の外にあるが、かえって認識の発生可能性の条件を構成するというのだ。続けてフーコーはこう述べている。

　　それらは客体の側にあり、いってみればその向こう側にある。それらは、＜先験的弁証論＞ (Dialectique transcendantale) における＜理念＞ (Idée) とおなじく、現象を全体化し経験的多様性の《ア・プリオリ》(a priori) な整合性を教えるものだが、この場合、現象や経験的多様性の基礎となるものは、認識すべきもの (connaissance) の秩序や結合関係 (l'ordre et le lien) をあらゆる認識に先だって成立せしめる、謎めいた実在性（réalité）をもつ一つの存在のうちに求められるのだ[26]と。

　哲学的観点から言えば、このような表象の外にある知の先験的形式は、まさにカント以来のヨーロッパブルジョア哲学が、表象の秩序性の構築を確証したイデオロギーの本質なのである。その確立は、フィヒテ―ヘーゲルの普遍的な絶対哲学の誕生を促し、「経験的領域の全体が、自己にたいして精神―すなわち、経験的であると同時に先験的な場―としてあらわれる一個の意識の内部に奪回されたときにほかならない」[27]のである。

　　ヘーゲルは、カントの先験的認識論中の形式構築の論理自体を、絶対的理念に化したにすぎない。よって、現象界は、物相に貶められ、精神は、先験的な意識の本質としてすべての存在を構築するのである。この部分に、フーコーが1948年に完成させた、卒論の「ヘーゲル『精神現象学』中の歴史的先験性の構造」の影を見ることができよう。

　青年フーコーは、これは、フッサールの先験的現象学とも関連するとさえ述べている。まさにこの点において、物の秩序構築をする、隠された真のエピステーメーが、はじめて方法論上の自覚となったというわけである。

　青年フーコーの見方によると、ブルジョア的な新しい近代的エピステーメーの本質は、「主観の先験的な場を開く」ことにほかならない。そしてまた、表象の外部で、近代的エピステーメーは、まさしく「＜生命＞＜労働＞＜言語＞にほかならぬ、あの『擬＝先験的なもの』を逆に客体の向こう側に成立させざるをえぬ」[28]のである。これらは、3種の新たな大文字の形式構築物である。必ず覚えておいてほしい。青年フーコーにあっては、大文字性というものは、暴力を生み出すよからぬものなのであることを。

　このゆえにまた、古典主義的エピステーメー中の、あの表象分析に基づく図表空間も、明らかに揺らぎ始める。いまや「表は、可能なすべての秩序の場、あらゆる関係の母胎、独異な個別性におけるすべての存在の配分形式であることを止め」た、というわけである。そして、フーコーの結論は次のようなものであった。

　　こうしてヨーロッパ文化はみずから一個の深層を創りだすのであって、そこでは、もはや同一性（identité）でも、区別を示す特徴でも、可能な

べての道や巡路の書きこまれた永続的な表でもなく、近づきえぬ原初の核から出発して発展してきた隠れた偉大な諸力が、起源と因果性（causalité）と歴史が、問題となるであろう[29]。

フーコーが実際に言いたいことは、次のようなことであろう―起源・因果関係によってフォーマティングされた、あのブルジョア的な近代的総体性の歴史観は、永遠の昔から存在するものではなく、近代的エピステーメーによる特定の産物にすぎない―このことであろう。このことは、また次のことも意味している―大文字の歴史―連続的な進歩史観も、最近になってはじめて発明されたものであり、いわゆる「進歩」の本質も、まさに近代資本主義の労働と生産によって構築されたものにほかならないということを。この情況構築の次元においては、フーコーは、明らかに深い思想を示している。しかし、この一面的の深さは、いまだ観念論的な決定論の中にとどまったままなのである。

3. 労働と生産―スミスからリカードへ

私の判断によれば、青年フーコーの近代的エピステーメーについての議論の中で、もっとも重要で注目に値する内容は、大文字の労働と生産の歴史的生成である。これは、マルクスにあっては、社会的な先験的存在の基礎としての労働一般と生産一般でもある。同様に、ここにおいて、我々は、フーコーのテキストに出現した、主導的なエピステーメーの規制を受けた言説とは異質な形で生まれた言説の手がかり―経済的現実での実践的活動の構造から、ブルジョアイデオロギーと総体の観念世界を透視するという社会的唯物論の手がかりも発見した。もとより、このような言説の手がかりは、この時の青年フーコーにとっては、無意識の情況構築の次元に位置していた可能性があるだろう。以上のことが、我々がとくに関心と思考を必要とする内容である。

私は、この2年前に開催されたシンポジウムで、フーコーが19世紀に始まった近代的エピステーメーについて言及したことに注意した。そこでは、彼は、マルクス、ニーチェ、フロイトの理論は、我々に「あらためて一個の解釈学の可能性（à nouveau la possibilité d'une herméneutique)」を与えてくれていると明確に指摘している。彼は、『『資本論』第1巻、『悲劇の誕生』、『道徳の系譜』、『夢分析』などは、われわれを解釈の諸技術

(technique interprétative）に再び直面させます」[30]というように、具体的にそのことを指摘さえしている。そして、フーコーは、この3人の思想家のテキストは、「人を震撼させる効果を持ち」、彼らは、その発見を通じて「外在性（extériorité）」の「深さ（profondeur）」を表現し、「実際には記号の性質（nature du signe）を変え」、「記号一般の解釈の仕方（façon）を変更した」[31]と語っている。同様に、このシンポで、フーコーは、マルクスは『資本論』の中で、濃霧の中から透視するように、「貨幣、資本、価値等についてブルジョアジー（bourgeoisie）が抱いている考えにおける深遠なるもの（profondeur）はすべて実は平板さでしかない」ことを暴露したと提起したのである。しかし、この時と比べると、『言葉と物』の中では、青年フーコーは、終始マルクスを直接取り上げるのを避けており、むしろ、経済学をスミスやリカードと関連付けようとしていたのである。この彼の態度は、『知の考古学』に到ってはじめて変わることになる。

　『言葉と物』の中では、青年フーコーが、労働一般とスミスとを、生産一般とリカードとを、それぞれ関連付けていることがはっきりと見て取れる。フーコーは、まさに近代的資本主義での労働と生産によって、大文字の歴史の真の基礎がはじめて構築されると指摘している。これは正確な思考経路であろう。ただし、ここでの労働と生産は、近代的エピステーメーによる一種の主観的形式構築の要素にすぎないのではあるが。

　まず第1に、青年フーコーは、政治経済学中に労働概念が突然出現した点について議論している。彼は、スミス[32]が、財冨の観念を労働の観念に帰し、すべての近代的ブルジョア政治経済学は、スミスのこの「労働概念（concept de travail）」の上に築かれたものであると述べている。これは深さのある指摘である。ケネーやコンデヤックなどが労働について早くも議論をしていたので、労働概念は、スミスが発見したものだとは言えないが、スミスが、はじめて、労働をブルジョア的経済の現実中の、新たな社会的財冨の基礎と指摘したのは確かである。フーコーは、このことについて「それら（＝財冨―訳者）が最終的に表象するのは、もはや欲望の対象（objet du désir）ではなく、労働（travail）にほかならない」[33]と述べている。古典主義的エピステーメーの中では、流通の領域にとどまっていた交換関係としての財冨理論と比べて、スミスのこの「はじめて」は、経済学の基礎を真に変えたというわけである。この判断は正確で

専門的なものであろう。

　だが、フーコーに欠けているさらに一層深い情況構築の面は、スミスの労働概念についての関心が、虚空の中から頭の中に浮かんだものではなく、当時のイギリス資本主義のマニュファクチュアの実際の変革過程から導かれたものである点にある。

同様に、このゆえに、フーコーは、スミスの分析は「ひとつの本質的な乖離を示している」と見ている。それは、古典主義的エピステーメーの財冨の分配理論の、ブルジョア階級の新たな経済活動の秩序構築の結果としての断絶という意味である。なぜなら、スミスは以下のような認識にすでに至っていたからだと、フーコーは述べている。

　人々は必要を感ずればこそ、交換、それもまさしく必要とする品物の交換をおこなうのだが、交換の場の秩序（ordre des échanges）、その階層的秩序（hiérarchie）、そこにあらわれる相違関係は、問題の品物に注がれた労働の単位数によって決定される。人間の経験にとっては—すなわち、やがて心理という名で呼ばれることになるもののレベルにおいては—人間はまさに自分にとって「不可欠、便利、快適」であるものを交換するのだとしても、経済学者にとっては、物の形態（forme de choses）で流通しているのは一定の労働量なのだ。もはや必要の対象がたがいに表象しあうのではなく、変形され（transformé）、隠され、忘れられた、時間と労力があるにすぎない[34]と。

フーコーはこう述べているわけである—古典主義的エピステーメーによる経済学理論の中では、人々は、流通領域の財冨の分配に注目し、通常、交換されたものは、需要の対象（自然物）であったと言うならば、スミスが切り開いた近代的経済のエピステーメーの中では、人々が交換する「富」は、すでに対象（商品）中の労働ということになる。かつ、ブルジョアが公平だと見るこの交換の中では、真に財冨を創造した労働と労苦は、だんだんと隠蔽されてしまうのだと。フーコーのここでの分析は基本的に正しいだろう。だが、それは、経済学説史上の時期区分とは、必ずしも直接完全に一致するものではないのである。

　こうした情況構築の分析を通じた結果、私は、青年フーコーのこの考古学的

方法のもっとも重要な合理的特徴は、以下のところにあると見る。それは、彼が、特定のエピステーメーを、ただ自分の歴史的時間区分と空間の中だけで形式構築をして、同一種のパラダイムを用いて、すべての歴史的存在を解釈したわけではないというところである。

この点は、後のボードリヤールの『生産の鏡』に深い影響を与えた。

青年フーコーは、次のことを鋭く見て取ったと言わなければならないだろう——スミスは新しい経済学の方向、すなわち財富それ自体に対する思考と交換の表象の背後に、「産業の進歩（progrès de l'industrie）、分業（division des tâches）の増大、資本の蓄積、生産的労働と非生産的労働の分離（travail productif et du travail non productif）といった、これまた表象の外部にある諸条件」[35]を明らかにしたということを。そして、まさにこの点においてこそ、政治経済学は、表象による古典主義的エピステーメーという堤からあふれ出し始めたのである。

この部分の文章は、標準的な経済学プロパーの言説であふれている。フーコーは、『国富論』の中の、あの有名な工場内部の分業の例（1人の労働者なら1日20本のピンしか製造できないが、分業のもとでの10人の労働者なら1人当たり1日4800本製造できるという例）さえ引用して、「労働生産力」の上昇を説明している[36]。これは、充分感心すべき正確な例証であろう。だが、観念的なエピステーメーが、物質的生産を決定するのではなく、このような現実に起きている物質的生産（労働）による形式構築こそが、全部の観念のフォーマティングを規制していることについては、彼は、いまだ意識できていなかったのである。

よって、「もはや富の交換（そしてその基礎をなす表象のはたらき）ではなく、現実における富の生産、すなわち労働と資本の形態を対象とするような、経済学の可能性」[37]が生まれたと、フーコーは見るのである。明らかに、青年フーコーは、労働と資本との関係を正確に、歴史的に整理することはまだできていなかった。なぜなら、資本は、労働と真に分離された労働と無関係なものではなく、労働の交換関係が歴史的客観的抽象を経て生み出した価値の等価物が、生産の中に再投入され、奇形化されて生まれた吸血鬼にすぎないからである。もちろん、こうした認識の欠如は、ここでのフーコーの思想的情況構築の深さには影響していないが。

フーコーから見ると、スミスが切り開いた労働の経済学理論という情況構築は、あの「自己にたいして外的なものとなった人間（homme rendu étranger）について語る人間学」をまさに超えようとしているのである。これは、きわめて深い理論的判決である。

少なくとも、この時のフーコーの思想的情況構築は、『1844年経済学哲学草稿』を書いた時点の青年マルクスより上の質にあるものであろう。

スミスの判定の中には、一種の新しい歴史の可能性の次元が展開されていると、フーコーは見ているのだ。それは、もはや古典主義時代のあの循環的時間ではなく、「固有の必然性にしたがって成長し、それ自体の法則にしたがって発展する、ひとつの組織体に内在するもの（temps intérieur d'une organisation）となるだろう―それこそ、資本と生産体制の時間（temps du capital et du régime de production）にほかならない」[38]と、フーコーは見ているわけである。換言すれば、いわゆる歴史の進歩と成長なるものは、この特定の時期から始まったということである。労働生産の特定の組織構造－生産体制に内在する時間とは、資本が永久に休むことなく利潤を追求することが、この狂気じみた成長と進歩の真の基礎となっていることを意味するのである。これはまた、進歩史観の真の本質が資本による世界史であることも意味する。このフーコーの思想の透視力が、きわめて深く、急所をついていることは認めざるを得ない。

これについて、フーコーは、また、精緻な表述を行っている。

必要な品物の表象と、交換行為（acte de l'échange）においてそれと対置されうる他のあらゆる品物とを結びつける場合にも、その品物の価値を決定している労働の形態と量に（à la forme et à la quantité d'un travail）頼らなければならない。市場のたえまない動きのなかで物に階層的秩序をあたえるのは、他の品物でも他の必要でもなく、物のなかにひそかに沈殿している、その物の生産に要した活動である。物の固有の重み、その商品としての堅固さ、その内的法則、さらにそうしたものをつうじて物の実質的価格とも呼びうるものを構成するのは、物を製造し、採取し、運搬するのに要した日数と時間にほかならない。交換がおこなわれるのも、市場価格が変動したあげくに固定点（point fixe）を見いだすのも、こうした本質的な核を基盤としてのことなのである[39]と。

第4章　近代のエピステーメー――大文字の歴史の発生　273

　この段は、青年フーコーが、スミスの労働価値説についての議論を進め、それに対する認定をしたものと基本的に見ることができよう。もとより、厳格な意味では、青年フーコーの経済学の素養は、スミスの経済学説、とくに彼が創設した労働価値説を駆使するには足りないものではあったが、畢竟、彼が努力したことは認めなければならないだろう。また、このような経済学の学理における中途半端さは、彼がマルクスのテキストを故意に回避したゆえでもあるのだ。

　第2は、リカード[40]の生産概念である。青年フーコーは、新しい近代的エピステーメーの中で、労働の分析よりさらに基礎的なものとなっているのは、生産（production）であると宣言している。この判断は正確なものであろう。「生産が交換に取って代わり、かくて、一方では認識しうる対象（資本（capital）のような）を出現させ、他方では新しい概念と方法（生産形式の分析のような）を要請する」[41]ようになったと、フーコーは見ているのである。資本が新たな認識の対象になり、生産形式の分析が新な方法になった――フーコーは、これが、経済学の分野においてリカードがなした理論的貢献であると、正確に指摘しているのである。フーコーは次のように述べている。

　　古典主義時代の思考において、取引と区間が、富の分析にとって乗りこえがたい根底として役立っていたのにたいし（アダム・スミスでさえなおそうであって、分業（division du travail）が物々交換の基準によって律せられている）、リカード以降、交換の可能性は労働にもとづくことになる。そして生産の理論（théorie de la production）が、以来つねに、流通の理論（théorie de la circulation）に先行しなければならなるわけだ[42]と。

　ここまで読み終わると、絶賛の気持ちが沸き上がるのを避け得ない。青年フーコーは、なんと、スミスとリカードの交換理論における細緻な差異を区分できており、生産理論が流通領域に先行するという発見をリカードの功に帰す、という正確な判断もしているのだ。同様にこのコンテキストの中でこそ、我々は、フーコーの以下のような発言も理解できるのである――「マルクスの経済学的分析や、彼が資本の編成（formation du capital）を分析した方法は、その大部分が、マルクス自身の手でリカード経済学の骨組みから引き出された概念によって要請されたものです」[43]。

　　マルクスは、まさしくリカードの生産優位の論理を真に理解したことに

より、史的唯物論を創立できたのである。かつ、プルードン—グレイの交換・流通の公平理論を徹底的に批判するという基礎の上に、資本主義的生産過程の中に深く入り込んで、その中から無償で占有されている剰余価値の増殖の秘密を発見したわけである。

私は、フーコーのこの理論的判断は、たいへん見事なものだと言わざるを得ない。

formation du capital の概念もたいへん重要である。マルクスは、まさに労働のフォーマティングの問題に言及し、「労働者は道具を道具として使用し、原料に対して形式付け（Formierung）を行なう。したがって、彼は、まず原料と道具の価値に、彼の賃金の中に含まれている労働時間に等しい新たな形式（Form）を付け加える。このほかに労働者が付け加えるものが、剰余の労働時間、剰余価値にほかならない」と述べている。かつ「労働は活動であり、造形（gestaltende）の火である。それは、物の消失可能性であり、物の暫時性である。このような消失可能性と暫時性は、これらの物に生きた時間を通じて形式（Formung）を賦与するものとして表現される」[44] とも述べているのである。

第1に、青年フーコーから見ると、まさにリカードから、労働は、表象（交換・流通）との関係から離脱し、表象のもはや力をもちえぬ区域に位置するようになったということになる。労働は、自身の特有の因果関係によって組織化され、労働は、ブルジョア的な新たな因果関係を生み出したというわけである。これは大胆な歴史的位置付であろう。なぜなら、これは、新たな「因果系列」(série causale) に基づく創設であり、それは、その現実的基礎が「生産系列ともいえる線状で等質の大きな系列(grande Série linéaire et homogène qui est celle)」[45]であることを指しているからである。

フーコーは、この本の中の57箇所でsérieを使用している。ここでは、系列の概念は否定されるべき位置に置かれている。ボードリヤールの『物の体系』などのテキストでの系列概念は、フーコーのここでの観点の影響を比較的深く受けている。

フーコーの観点によると、この新しい因果関係は、実際には近代資本主義的

第4章　近代のエピステーメー――大文字の歴史の発生　　275

生産によって構築されたものであり、またまさに、生産自身の因果の連鎖系列こそが、近代の歴史的存在の連続性と総体性をフォーマティングするのである。青年フーコーはこう断言する――財冨は、もはや等価関係の体系によって構成される図表の指示するものではなくなり、組織化され蓄積された連続する時間の結果となる。価値は、いまや「価値を生み出した生産条件にしたがって決定される。そしてさらにすすんで、そのような生産条件は、それを生産するのに適用された労働量によって決定される」ようになったのであると。価値は、交換から生まれるのではなく、生産過程の労働量が決定するというわけである。この発言は、労働価値説の核心的な情況構築にすでに到達している。同様に、この時点から、歴史は、もはや表象との共時的空間と関連づけられなくなり、「継続的生産の時間（temps de productions successives）につなぎあわされるのである」[46]とフーコーは見ているのである。この観点は、連続する歴時性という歴史観というものは、ブルジョア的近代的エピステーメーにおいて、はじめて構築されたものであるということも証明しているのだ。そして、その現実的基礎は、資本主義の近代的な逓進式の生産時間であるというわけである。これは何と深く、何と歴史観のある判断であろうか！

　私は、ここでのフーコーの思考中には、エピステーメーが現実存在を決定するという、あの観念論史観の言説とは異なる新しいものが出現しているとさえ感じるのだ。それは、すなわち、資本主義的工業秩序（生産の因果構造による、社会生活と資本の世界の歴時的過程の構築）による、近代的エピステーメーと社会的存在自身に対するキーポイントとなる内部的形式構築である。これは、客観的現実から出発する唯物論的な言説である。青年マルクスの『1844年経済学哲学草稿』の中で発生した情況と同じように[47]、フーコーのこのテキストの中でも、二重の論理の並置が出現したのである。それは、支配的言説－エピステーメー観念決定論と、工業生産の秩序構築が社会的存在および知の枠組みを規制するという、密かに発生しつつある唯物論的言説との、無意識中の複調状態を指している。もちろん、これは、さらに一歩深く耕される必要がある、情況構築点にすぎないのではあるが。

　第2に、同様にこの近代的生産理論の出現のゆえに、「人間の有限性（finitude）」が、はじめて現実的な確証を得たのである。人間の有限性も、資本主義的な近代的生産による秩序構築の結果である。なぜなら、近代的生産の連続性という歴史は、稀少性（rareté）の歴史でもあり、人口成長と生産の蓄積と

の間の衝突によって、自然的存在である人間は、死に直面するようになったからである。こうして、人間の有限性がはじめて突出するようになったのである。フーコーはこう指摘している。

> 自然の存在（être naturel）としての人間が有限であるかぎりにおいてしか、歴史（労働、生産、蓄積、そして実質経費の増大）はない。それこそ、種の原初の限界と肉体の直接的必要とをこえて引き伸ばされながら、すくなくともそれと知られることなく、諸文明のあらゆる発展にたいして随伴していくことを止めぬ、有限性にほかならない。人間が世界の中心に身を置けばおくほど、自然の所有の度合をさらに強めるだろうが、一方では有限性にますますつよく圧迫され、彼自身の死(mort)にいっそう近づくのだ[48]と。

ハイデッガーの存在論の情況構築中の抽象的な〈死ある者〉と比べると、フーコーは、近代的主体としての人間の生存の、歴史的な有限性という概念を構築したと言ってよいだろう。ここでの死への接近とは、肉体的死亡を指すのではなく、世界の中心に位置する、あの地球の主人としての死亡を指している。同時に、この有限性は、大文字の歴史（Historicité）の本質でもある。この点では、フーコーは、ハイデッガーの本来の哲学の深層の情況構築までに達しているのだ。

私は、青年フーコーが、ここに到って、正面からマルクスについて言及したことに気付いた。彼は、マルクスの学説は、ちょうど大文字の歴史と人間の有限性との矛盾を解決すべく出現したと分析している。これは、一種の「革命の約束」[49]である。しかし、青年フーコーの眼中には、マルクスは、ブルジョア経済学と表面上対立しているようだが、「マルクス主義は実際にはいかなる断層も生じさせはしなかった」と映るのである。なぜなら、それは、資本主義的生産自身の歴史的進歩の系列を真の意味では打破できなかったからだと、フーコーは見ているからである。

> マルクス主義のほうとしても、完全にそのような配置に依拠していただけに、その配置を乱そうとする意図も、とりわけ、わずかでもそれを変質させようとする力も、持ちあわせてなかったのである。マルクス主義は十九世紀の思考において水のなかの魚のようなものであって、それ以外の

どこでも呼吸するわけにはいかなかったろう[50]と、フーコーは見ていたのである。

これは、マルクス主義の歴史理論の基礎が、依然として近代的エピステーメーであったことを語っているわけである。

　　明らかに、ボードリヤールの『生産の鏡』の真の基礎もここにある。また、もちろん、同様の理由で、サルトルの『レ・タン・モデルヌ』誌が、マルクス主義を貶めるフーコーの言説を批判したわけである。

第3に、生産の理論が大文字の歴史の終結も形作ったということがある。青年フーコーの観点によれば、「本質的なことは、経済の歴史性（historicité de l'économie）（生産諸形態との関係における）、人間の実存の有限性（稀少性と労働との関係における）、＜歴史＞の終焉（fin de l'Histoire）の期日—無限の速度減少であれ、根源的な逆転であれ—それらの三者が同時に姿をあらわす知の配置が十九世紀の初めに成立したということである」[51]ということになる。ブルジョア的な近代的エピステーメーの中で、経済学の歴史性と人類の存在の有限性は、資本主義の歴史的有限性を決定づけるものである。これは、大文字の歴史自身の終結という意味であろう。彼は、古典主義的エピステーメーの中では、人々は、人間主義的な非在郷（疎外の止揚）に依拠して、自分たちの夢想を生み出したが、19世紀の資本主義的生産様式の到来によって、人々は「系列、連鎖、生成といった様態で」構築される、歴史的時間の黄昏に遭遇するほかはないと、皮肉を込めて分析するのである。青年フーコーは、ニーチェは、この真実を第一に見た人物であり、神の死の中に、すでに大文字の歴史の死の必然性を暗示していたと述べるのである。

ここで指摘すべきことは、青年フーコーのここでの古典派経済学に対する思考、とくにそれをブルジョア的な近代的エピステーメーの、具体的な情況構築の中に位置づけたことは、総体的に見て、深い思考であり、歴史観を持つものだということである。一度は、彼は、客観的現実から出発するという、正確な経路にほとんど触れんばかりであった。しかし、我々は、以下の点をはっきりさせておかなければならない—すなわち、言説のフォーマティング上の自覚性においては、フーコーは、あくまで主観的な知の配置の中で、スミスとリカードの経済学中で、もっとも価値のある理論的成果を抽出したにすぎないゆえに、

人々の観念（エピステーメー）が、資本主義経済の現実的存在を決定するのではなく、資本主義の歴史的な社会経済の現実が、すべての観念の情況構築を決定するということを、依然として正確に見て取ることができなかったという点である。エピステーメーという理念の先験性の真の基礎は、社会歴史の先験性なのである。

　　私の判断によると、フーコーの思想上の観念論的な観念決定論の暮鐘は、1968年の「五月革命」での革命的実践によって、はじめて撞かれたと思う。

4. 有機体の組織化と語形変化のメカニズム

　ブルジョア的な近代的エピステーメーの第2の分野は、生物学における組織（organisation）の概念の突然の出現である。青年フーコーから見ると、18世紀の自然史（博物学）による秩序構築である分類学における、表象の要素の特徴規定の関連性とは異なり、自然に面した時、表象の相互作用には還元できない、相互作用の新しい原則が出現したということになる。それが「組織」にほかならない。組織は、自然の新たな秩序性をはじめて歴史的に創立した、キーポイントとなる概念である。

　　私の理解によれば、この近代的な組織の概念は、まさしく秩序構築の本質の表述だと思う。それは、無秩序のエントロピーとはまさに正反対の重要な規定性である。一般的な辞典では、組織は、通常「多くの要素が、一定の方式にしたがって相互に関連付けられたシステム」とされているが、この定義は、一個の存在者という情況構築の中での、既存の石化したものの描述にすぎない。私は、さらに強調されるべき組織の規定は、動詞の使用という状態下での秩序構築の意味だと思う。すなわち、組織とは、エントロピーを除去する負のエントロピーの力が、無秩序を秩序性のある状態へと転換させる構築過程なのであり、かつ、近代的な組織の概念は、一般的な動植物中の無主体の組織状態と異なり、主体性のある自覚的な秩序構築と負のエントロピーなのである。

　フーコーから見ると、まさに近代的エピステーメーの中のこの組織の概念こそが、自然に新たな秩序構築を与えるものなのだ。「この概念は、さまざまな

特徴をたがいに従属させ、それらを機能的に結びつけ、外的であると同時に内的な、可視的であるとともに不可視的な、一種の建築物のかたちにそれらを配列し、名、言説、言語のそれとはべつの空間にそれらを分布させるようになる」[52]というわけである。自然の存在の秩序構築上、新たな組織形態が確かに出現したとは言えるかもしれないが、生物学中に突然出現した、そのような自然の存在の現実的基礎は、畢竟どんなものなのだろうか。

　　前述のように、彼が意識した因果関係の総体的歴史観の基礎は、生産による秩序構築という深い情況構築の次元によるものであった。

フーコーは、真剣な探索を行なおうとしなかったわけではない。

彼は、古典主義時代の分類学の「形態、数量、大小」という特徴とは異なり、新しい組織というパラダイムは、4種の方式で表現されると述べている。1つ目は、特徴を「階層的秩序」の中に組み入れることである。特徴は、高次なものから低次なものへとフォーマティングされる。人間が高等生物だとするなら、それに続いて漸次低次となる生物の連鎖が現れ、さらには非生物の無機的な世界が現れるのである。2つ目は、特徴が「機能に結びつく」ことである。自然の秩序構築は、もはや実体と実体との外的差異ではなく、我がための機能と機能との間の形式構築になったのである。

　　これは、ハイデッガーの用在の関連という形式構築による配慮の世界とボードリヤールの「物の体系」に代表される思考である。

3つ目は、組織の概念が生命（生物）の存在形態を形づくるということである。4つ目は、新たな分類を構成することである。これにより、ある重要な分類学上の変化の誕生が宣告される。すなわち「有機的なものと無機的なものとの区別の根源化」[53]である。有機的なものとは生命（生物）であり、生命（生物）は、「成長と生殖をおこないつつ何ものかを生みだすもの」なのであり、無機的なものとは非生命（生物）であり、成長もせず生殖もおこなわないのである。これが、「博物学の大きな表を奥行の向きに打ち割って」、生物学を学問として可能にしたのである。ここから、歴史性（historicité）が、いまや自然のうちに引き込まれた―確実に言うならば、生命（生物）の中に引き込まれたわけである。それは、「物と人間にかかわる深く歴史的な存在様態（mode d'être）」[54]を表明している。

非常に遺憾なことに、フーコーは、ここでの歴史性と大文字の歴史の具体的関連については説明していない。

　これは、歴史性をはめ込まれた生命（生物）は、従来から存在していたものではなく、18世紀末のブルジョア的な近代的エピステーメーがちょうど構築したばかりの、歴史的結果であることを意味している。
　青年フーコーは、1971年のチョムスキーとの有名な対話の中で、生物学は「科学的言説（discours scientifique）の一連の新しい概念（nouveau concept）のおかげで、生物に関わる知識の変化が起こり、他方ではこうした変化が、何よりもこうしたタイプの言説を指示し、画定し、位置づけることを可能にする生命というような概念を生み出した、というのがたしかなところでしょう。私の考えでは、生命という概念は科学的概念（concept scientifique）などではなくて、科学的対象（objet）にではなく科学的な議論に効果を及ぼす機能を持った、分類し差異化する認識論的指示子（indicateur épistémologique）だったのです」[55]と明確に指摘している。フーコーの言いたい意味は、生物は既存の対象的存在ではなく、19世紀の生物科学の数々の用語による、フォーマティングの結果であるということであろう。

　このように、生命（生物）は、18世紀末に到って、近代的エピステーメーによって構築されたものだとしたら、この判断を基礎として、フーコーが「人間は最近の発明である」と述べたのは、怪しむことではない。なぜなら、生命概念の誕生は、「人間の近代における生産」より、さらに第1次性となる事件だからである。
　近代的エピステーメーの第3の方面は、言語学中の語の屈折の体系（système des flexions）の形成である。青年フーコーは、古典主義時代以前の文化の中に、言葉と物の直接的な相似性の関連を見て取っていたが、古典主義的エピステーメーに到った後の秩序構築の中には、言語が、もっとも深く表象の運動と関連しており、「表象とその存在様態のうちに深く根をおろして」いて、19世紀の初めまで、言語分析の変化が少なかったことを見て取っていた。しかし、ついに普通語文法も、「その布置（configuration）を変えはじめる。それがもつ種々の理論的線分はもはやまったくおなじ仕方ではたがいに連鎖しなくなり、それらを連接する網目はすでにやや違った道筋を描きだす」[56]と、フーコーは指摘

第 4 章　近代のエピステーメー——大文字の歴史の発生　　281

する。これこそが、いわゆる語の屈折構造の出現である。語の屈折を通じて、言語は、もはや、たんなる表象とその表象の音声として構成されるだけでなく、語の形態的要素というまったく新しい方面がそこに導入されたのである。すなわち、「言語はさらに、体系としてのまとまりをもつ形態上の要素から構成されており、それが、音、音綴、語根に表象の体制とは異なった体制を課する」[57]というわけである。フーコーから見ると、この体制の「至上の法則は、表象的語根をも否応なしに支配して、この語根そのものを変様させるにいたるのだ」ということになる。実のところ、私は、フーコーのここでの、近代的エピステーメーにおける言語の「語の屈折体系」に関する説明が、いったいどのような深い情況を有しているのかはわからない。実際に発生した言語学の深化をさらに膨らませたもののように思われるのだ。

青年フーコーは、故意に神秘的に、歴史性、が生物の領域に進入したごとく、言語の領域にも進入したと語っている。その意味は以下のようなものであろう——古典主義的思想での普通語文法（一般文法）中の、あの語の無限の発生と限界のないその混合は、非歴史的であったが、いまや語の屈折の構造は、存在を陳述する序列の方式およびその時間的連接を歴史的に説明しているだけでなく、それらの構成の様式も陳述している——このような意味であろう。「経験的諸領域（empiricité）は——自然の個体と同様に、それらを名ざすのに用いられる語も問題なのだが——以後、その存在の厚み全体にわたって＜歴史＞につらぬかれる。時間の秩序（ordre du temps）がはじまるわけだ」[58]と、フーコーは結論づけている。しかし、なぜなのか、我々は知ることができない。ゆえに、この第3の点は、フーコーの書いたものの中で最弱の部分だと感じる。

フーコーは次のように小括している——18世紀の最後の歳月の中で、伝統的な普通語文法（一般文法）・自然史（博物学）・財富の分析というエピステーメーは失墜を始め、古典主義的エピステーメーのネットワークは「散乱し始めた」。なぜなら、需要が、自身の生物のために生産を組織し、生物が、生命の基本的機能に進入し、語が、その具体的な歴史によりかなりの程度変化したからだ。いったんそうなると、我々は、いかにして世界の統一性をあらためて発見するのかと。その問いの答えとして、彼は、一種の新しい大文字の歴史という秩序が、ブルジョア的な近代的エピステーメーの中に出現し始めたと、かたく信じている。そして、それは次の3つの領域に貫徹していると、フーコーは見ているのである。

欲望の対象となる品物を価値あらしめるのは、もはや欲望がみずからにたいして表象することのできる他の品物ばかりでなく、この表象に還元することのできぬ《労働》(travail) という要素である。自然の一存在を特徴づけることを可能ならしめるのは、もはやその存在と他の存在との表象にもとづいて分析しうるたぐいの要素ではなく、《組織》(organisation) と呼ばれる、その存在の内部におけるある種の関係なのだ。ひとつの言語を規定するのは、その言語が諸表象を表象する仕方ではなく、ある種の内的建築物、語が他の語にたいしてとる文法的姿勢に応じて語そのものを変様させるある種の仕方、すなわち、その言語の《屈折体系》(système flexionnel) にほかならない[59]と。

これは、3つの異なる領域で発生した事件を無理に寄せ集めるような努力である。それは、明らかに一種の虚構の理論的情況である。財冨の分析が消え失せたところでは、経済過程は、生産および生産を可能にならしめる一切の周囲のものを通じて、あらためて集められ、自然の表が消え失せたところでは、生物は、生命の謎の周囲にあらためて集められ、普通語文法（一般文法）の消え失せたところでは、言語は、多様な語の屈折の周囲にあらためて集められたのである。青年フーコーは、この再集合 (restauré) こそが、ブルジョア的な新しいエピステーメーの突然の出現による、組織化の作用にほかならないと述べているのである。

フーコーから見ると、世界はあらためて秩序構築されたのである！これは、近代的エピステーメーの中で、改めて書き直された大文字の歴史であろう。だが、実際には、それが一種の秩序構築という組織化活動であるならば、それは、資本の世界史でしかないのである。

[注]
1 ミシェル・フーコー、渡辺一民・佐々木明訳『言葉と物——人文科学の考古学』（新潮社、1975年）230頁。
2 同上232頁。
3 楊凱麟《分裂分析福柯：越界、褶曲与布置》〔『フーコーを分裂的に分析する—越界・

第 4 章　近代のエピステーメー──大文字の歴史の発生　　283

褶曲・配置』〕（南京大学出版社、2011年）125頁。
4　フーコー前掲書237頁。
5　同上238頁。
6　同上同頁。
7　同上238 〜 239頁。
8　同上239頁。
9　ルカーチ（Gerog Lukacs 1885-1971）。ハンガリーの有名な哲学者・美学者・西洋マルクス主義哲学思潮の「創始者」。1885年4月13日ブタペストの裕福な銀行家の家に生まれた。高校卒業後、ブタペスト大学で法律と経済学を学び、かつ文学・芸術史・哲学も学んだ。1906年法学博士の学位を得た。1918年12月ハンガリー共産党に入党した。1933年ソ連科学アカデミーの会員となった。1944年ブタペスト大学の美学・文化哲学教授に就任した。1946 〜 1956年国会議員、1956年にはナジ政府の教育相となった。1971年6月21日ガンにて死去。主な著作には、『歴史と階級意識』(1923)、『若きヘーゲル』(1939)、『美学』(1963)、『社会的存在の存在論のために』(1970) などがある。
10　フーコー前掲書239頁。
11　同上240頁。
12　フーコーがアルチュセールから得た、特定の意味を持つ大文字のIdéologieを観念学と訳したならば、フーコーの深い思想的批判性の特徴を覆い隠してしまうことになるだろう。ゆえに、私は、『言葉と物』のIdéologieを中国版ではイデオロギー（意識形態）と改訳した。
13　拙著《问题式、症候阅读与意识形态───一种对阿尔都塞的文本学解读》〔『プロブレマティック・徴候的読解・イデオロギー──アルチュセールのテクストロジー的解読』〕（中央编译出版社、2004年）第4章を参照のこと。
14　フーコー前掲書258 〜 259頁。
15　同上259頁。
16　パウル・クレー（Paul Klee 1879-1940）。スイスの現代画家。
17　ミシェル・フーコー、根本美作子訳「人間は死んだか」『ミシェル・フーコー思考集成II　1964-1967　文学／言語／エピステモロジー』（筑摩書房、1999年）372頁。
18　フーコー『言葉と物』259頁。
19　同上260頁。
20　同上同頁。
21　ミシェル・フーコー、北山晴一訳「真理と権力」『フーコー・コレクション4　権力・監禁』（ちくま学芸文庫、2006年）345頁。
22　フーコー『言葉と物』262頁。
23　同上同頁。
24　アルフレート・ゾーン=レーテル（Alfred Shon-Rethel 1899-1990）。ドイツのマルクス

主義経済学者・哲学者。主な著作には、『ドイツファシズムの経済と階級構造』、『商品形態と思想形態』、『頭脳労働と肉体労働―社会的総合の理論』などがある。ジジェクは、多くの著作・論文の中で彼の学術上の重要性を指摘している。

25 アルフレート・ゾーン=レーテル、寺田光雄・水田洋訳『頭脳労働と肉体労働―社会的総合の理論』(合同出版、1975年)。

26 フーコー前掲書264頁。

27 同上267頁。

28 同上269頁。

29 同上270頁。

30 フーコー・大西雅一郎訳「ニーチェ・フロイト・マルクス」『ミシェル・フーコー思考集成II』407頁。

31 同上408頁。

32 スミス (Adam Smith 1723-1790)。イギリスの有名な経済学者。古典派経済学の真の創始者。1723年6月5日スコットランドのカコーディーに生まれた。父親もアダム・スミスという名で弁護士であり、またスコットランドの軍法官・カコーディーの税関監督官でもあった。スミス誕生の数か月前に死去している。スミスは一生母親と暮らし、結婚することはなかった。1737～1740年グラスゴー大学で学び、1740～1746年にはオックスフォード大学で学んだ。1751年以後グラスゴー大学で論理学と道徳哲学の教授となり、1787～1789年にはグラスゴー大学の学長に就任した。1790年7月17日死去。享年67歳であった。その死の前スミスは自分の手稿をすべて焼却している。主な著作には、『道徳情操論』(1759)、『国富論』(1768) がある。

33 フーコー『言葉と物』243頁。

34 同上244頁。

35 同上245頁。

36 同上243～244頁。

37 同上245頁。

38 同上246頁。

39 同上257～258頁。

40 リカード (David Ricardo 1772-1823)。イギリスの有名な経済学者。スミス以降の経済学理論に系統的な貢献をなした。マルクスにもっとも偉大な古典派経済学者と呼ばれた。1772年4月18日ロンドンのブルジョア階級に属するユダヤ移民の家庭に生まれた。幼年期はあまり教育を受けたことがなかったが、14歳で父に従い証券取引に従事し始め、16歳にはイギリス金融界での著名な人物になった。1799年偶然にスミスの『国富論』を読み、はじめて経済学に触れた。この時から、経済学に興味を持ち経済問題を研究するようになった。証券取引の仕事で一生を保障する豊かな収入を得たので、1814年ちょうど42歳の時仕事を引退した。1819年イギリス議会上院のアイルランド代表の議席を得て、その議席を保持したまま死去した。1823年9月

11日のことである。わずか51歳であった。主な著作には、『経済学および課税の原理』（1817）がある。

41　フーコー前掲書271頁。
42　同上273頁。
43　ミシェル・フーコー、國分功一郎訳「地理学に関するミシェル・フーコーへの質問」『フーコー・コレクション4』266頁。
44　マルクス・高木幸二郎監訳『経済学批判要綱』Ⅱ（大月書店　1958年）？頁と？頁。
45　フーコー『言葉と物』274頁。
46　同上275頁。
47　拙著、中尾英夫訳『マルクスへ帰れ』（情況出版、2013年）第3章を参照のこと。
48　フーコー前掲書278頁。
49　その後間もなく行われた『言葉と物』に関するインタビューの中で、フーコーは、この時点での、自分のマルクスに対する見方について言及している——「わたしがマルクスについて言ったことは経済学という明確な認識論的領域にかかわるものなのです。リカードの分析にマルクスがもたらした修正の重要性がどのようなものであれ、かれの経済分析がリカードの作り出した認識論的空間を逃れているとは思いません。それに対して、マルクスは人間の歴史的および政治的意識にラディカルな切断をもたらし、マルクス主義の社会理論はまったく新しい認識論的領域をまさしく創出したのだ」（ミシェル・フーコー、石田英敬訳「歴史の書き方について」『フーコー・コレクション3　言説・表象』（ちくま学芸文庫、2006年）82頁）
50　フーコー『言葉と物』281頁。
51　同上同頁。
52　同上251頁。
53　同上同頁。
54　同上297頁。
55　ミシェル・フーコー、石田英敬・小野正嗣訳「人間的本性について—正義対権力」『ミシェル・フーコー思考集成Ⅴ　1974-1975　権力／処罰』7頁。
56　フーコー『言葉と物』255頁。
57　同上256頁。
58　同上314頁。
59　同上257頁。

第5章　人間―最近の事件

　青年フーコーは、『言葉と物』の中で驚くべき断言をしている。人間に関する一連の怪異な観点である。フーコーは、主体的な人間なるものは、意外にも、19世紀の近代ブルジョア階級のエピステーメーの中で、構築されたばかりのものであると宣言しているのだ。具体的に言えば、人間なるものは、構築されたばかりの情況構築が生み出したものであり、昔から存在していた連続的存在ではなく、ブルジョア階級による「最近の被造物」だというのである。彼は、海辺の砂浜に随意に描かれた図形のように、それは、いつでも別の新しいエピステーメーの異質な情況構築の中で、いつでも終結してしまう可能性があるとさえ述べているのである。フーコーは、さらに呪術師のように、人間を対象とする人文科学もまた短命に終わるとも予言しているのだ。この章では、我々は、青年フーコーの以上の論点について具体的に分析・議論していくことにする。

1. 空虚の中に構築された人類の主体

　青年フーコーの人間についての議論は、新たに情況構築された、この書の冒頭のベラスケスの『女官たち』についての再度の議論から始まっている。彼は、この絵の表層の情況構築の意味は、古典主義的エピステーメーにおける、表象がいかに表象されるかという点を、背景の壁に掛かっている鏡の中のあの国王夫婦が、表象されるべきものがかえって不在の対象となっている点を明らかにしたところにあると、述べている。

　　第2章の議論の分析を通じて、我々は、画中の画家が描く対象についての、フーコーの判断が、誤判断である可能性を知った。しかし、それは、表象の表象によって構築された、あの不在の主体の位置に関するフーコーの、情況構築の指摘には影響してはいない。

　国王夫婦の存在する鏡像外の位置（画家と観衆としての我々という、真実の存在の主体の情況構築上の位置もそうである）―我々には、表象である絵の中では、この空位の位置が見えないわけだが、まさにこの見えざる「無」は、同時に画面中の客体と主体をフォーマティングし、複雑な存在情況を形式構築し

ているのである。フーコーの眼中では、これは、見えざる「空位の王位」[1]なのである。さらに奇異なことは、この世界を創造した無とは、まさに、すでに直接の表象になっている画中の画家でもあるというところにあるのだ！フーコーはこう説明している。

　それは客体（objet）であり―表象された芸術家が主体画布のうえに写しつつあるものであるから―同時に主体（sujet）である―画家（peintre）が自身をその制作をつうじて表象しながら見ていたのは、画家自身にほかならず、絵に描かれている視線は、王というあの虚構の点に向けられているが現実にはそこに画家がおり、画家と至上のものとが瞬く間にいわば際限もなく交代していくこの両義的場所の主人こそ、最終的には、その視線が絵をひとつの客体に、あの本質的欠如（manque）の純粋な表象にと変形していく、鑑賞者にほかならない[2]と。

　これは、きわめて複雑な情況構築の関係空間である。「瞬く間に際限もなく交代していく」一切は、まさしく、画家が芸術の情況構築を創作していく対象の出現過程であり、それは、二次元平面にあって、多重の視線を通じての隠された連関関係が、この典型的な主-客関係の存在を構築していく情況空間なのである。

　もちろん、以前の情況構築の意向とは異なって、この絵についての、ここでのフーコーの評論の重点は、もはや、古典主義的エピステーメーの本質―表象が表象されることではなく、反対に、近代的エピステーメーの中では無として登場する主体―表象を制作する人間を隠喩の形で指し示すことなのである。これは、情況構築上における、かなり大きな意向の転換であろう。青年フーコーから見ると、『女官たち』中の、この不在の空の位置は、さらに深い情況構築の次元では、まさに近代的エピステーメー中の人間（homme）の位置を隠喩しているのである。彼にとっては、この新しい人間なるものは、古典主義的エピステーメーの思想的情況の中では存在しなかったのである。なぜなら、「古典主義的時代の思考のなかで、そのために表象が実在する者、模像とか反映（image ou reflet）としてそこにみずからを認知することによって、表象のうちにそれ自身を表象する者、『表のかたちにおける表象』の交叉するあらゆる糸を結びつける者、そのような者は、それ自身けっしてそこに現前しているわけではない」[3]からである。よって、古典主義的エピステーメーの中では直接登場しなかっ

た、近代的主体としての人間は、いまや近代の表象の糸の交叉による情況構築の産物となったのだ！このことは、主体－客体という二元モデルの中で出現した近代的主体、とりわけ外部世界を反映するというあの知の意向は、ちょうど表象の糸の交叉の再編と情況構築の再構築による歴史的産物だということも意味するのだ。これは、ハイデッガーの、対象性の主-客二元分立モデルを偽であるとする論証の、もう一つの情況構築論上の象徴にもなっている。

　一切がついに明らかになった。青年フーコーがこの本の冒頭で『女官たち』の絵についてしつこいまでに議論したのは、あのように複雑な表彰の秩序を指摘し、かつ情況構築の次元を理解するためであったのだ。それは、古典主義的エピステーメーの中の直接的な表象の情況構築について議論するためだけではなく、一歩進んで言えば、少なくともここでは、この情況の深化を通じて、新たにフォーマティングされた表象の表象という新しい「造物主」－主体としての近代人を構築するためでもあったのである。フーコーが、以下のような驚くべき言葉をどうしても言おうとしたのは、怪しむに足りない。「十八世紀末以前に、《人間》というものは実在しなかったのである（l'homme n'existait pas）……《人間》こそ、知という造物主（démiurgie du savoir）がわずか二百年たらずまえ、みずからの手でこしらえあげた、まったく最近の被造物にすぎない」[4]と。「知という造物主」とは！いまや神が人間を作るのではなく、ブルジョア的な近代的エピステーメーという造物主が、近代的主体としての人間を創造したというのである。ここでのフーコーの議論を具体的に見ると、彼は、昔からずっと続けて存在していた人間が死んだと言っているわけではなく、主体として出現した人間なるものは、近代的エピステーメーによる特殊な歴史的産物であると述べているのである。ゆえに、19世紀から今日に到るまで、近代的主体としての人間が「知という造物主」によって生み出されてから、「わずか二百年たらず」というわけである。

　もちろん、このことは、伝統的なエピステーメーの中には、従来知識の対象という意味での人間や人間性（nature humaine）の規定が、出現しなかったという意味ではない。フーコーは、「ルネッサンス時代の『人間主義（ヒューマニズム）』も、古典主義時代の『合理主義』も、世界の秩序のなかで人類に特権的場所をあたえることはできたが、人間を思考することはできなかったのである」[5]ことをはっきり認識していたのである。伝統的なヒューマニズムにおいても合理主義においても、人間や人間性について議論されたことはあり、人間の類的本質を語って

いた。しかし、近代的な情況構築の中でフォーマティングされた知の主体については、従来真に反省されたことはなかったということであろう。この新しい主体は、人間の発展の新たな段階のものとされていたにすぎないのである。例えば、ブルジョア的な古典主義的エピステーメーの中では、人間性と自然（本性、nature）とはお互いに機能的に指し示し合うものであった。フーコーは、このことについて「自然は、現実の無秩序な並置の仕組みによって、諸存在の秩序づけられた連続体のなかに相違を浮かびあがらせるのであり、人間の本性は、表象の無秩序な鎖のなかに、心像の並列の仕組みによって同一のものを出現させるのである」[6]と述べている。

　　フォイエルバッハの人間の自然的存在と沈黙と同様なものであろう。

　しかし、フーコーは、何千年以来、人間自身に関する認識論的意識（conscience épistémologique）は存在していなかったと見ている。古典主義的エピステーメーの場でも、「厚みのある第一義実在性としての人間、可能な認識全体の困難な客体であると同時に至上の主体としての人間は、そこではいかなる場所も占めてはいない」[7]と見ているのである。究極まで言うと、以前は、人間は、近代的エピステーメーの中でのような、自身のまったく新しい存在のあり方－実現された知の本質を持ってもおらず、そのことを理解もできなかったということであろう。

　以上のように、青年フーコーは、自分の結論―近代的主体性としての人間は、19世紀以来のブルジョア的な近代的エピステーメーの作り上げた結果にすぎないこと―を前面に押し出すのである。その人間なるものをフーコーは次のように位置づけている。

　　博物学が生物学(biologie)となり、富の分析が経済学となり、なかんずく、言語についての反省が文献学となり、存在と表象がそこに共通の場を見いだしたあの古典主義時代の《言説》は消えたとき、こうした考古学的変動の深層における運動のなかで、人間は、知にとっての客体であるとともに認識する主体（objet pour un savoir et sujet qui connaît）でもある、その両義的立場（position ambiguë）をもってあらわれる。従順なる至上のもの(souverain soumis)、見られる鑑賞としての人間は、『侍女たち』があらかじめ指定しておいたとはいえ、ながいことそこから人間の実際の現前が排

除されていた、あの＜王＞の場所（place du Roi）に姿を見せるのだと[8]。

　人間は、いまや国王が欠席しているその位置に出現しているのだ。これは、きわめて重要な歴史的指摘である。
　　こうした発想は、もっとも早くには、シュテルナーがフォイエルバッハを批判した際の論点の中に現れている。彼は、フォイエルバッハの人間の類的本質が、神学的疎外の止揚による、疎外からの復帰時には、人神の姿をとることを見出した[9]が、それに対して、フーコーは、社会の現実においては、人権は王権に取って代わったと指摘しているのだ。

　もちろん、画中の直接には登場していない国王の位置は、お姫さま、画家、観衆の位置でもあり、すべてこれらの配役は、「それぞれの交替とか相互排除とか絡みあいとか」の中にあるのである。これは、直観的な表彰の外部での情況構築による「空虚な空間（espace vacant）」である。ここでは、フーコーは、この情況構築による、反指性の空虚という位置の重要性を突出させて強調しているのである。とくに再提示に値することは、人間がこの作画（世界の創造）での主体的位置にあるとすれば、人間は、当初から空虚（vacant）を前提とした存在であったということであろう。青年フーコーは、近代的人間の登場によって、以下のようなことが起こると述べている。
　　人間存在が、その固有の存在、みずからに表象をあたえようとするその力とともに、生物と交換される品物と語によって仕つらえられた窪み（creux）に姿をあらわすとき、生物と交換される品物と語は、それまでの自然の座だった表象を捨て、物の深層に身を引き（ils se retirent dans la profondeur des choses）、生命と生産と言語の諸法則にしたがって、かたく結ばれるのだ[10]と。
　　フーコーのこのような論調は、ラカンの無の本体論を連想させる[11]。異なるところは、ラカンが以下のように非歴史的に語っていたところである——一切の個人主体の誕生の基礎は、鏡像という無であり、我々は、みな鏡像という無の中に存在するにすぎず、虚無の記号によって疎外された人生を構築しているのだと。これに対し、フーコーは、ラカンを流用しながらも、無の実体をブルジョア的近代人の登場する歴史的な窪みに換えたわけである。

第5章　人間―最近の事件　291

　青年フーコーの筆下では、近代的人間とは、古典主義的な意味上では、不在の空虚にすぎず、我々は、必ず、人間に関する言葉・人間という有機体・人間の製造した客体を通じてこそ、はじめて、構築的に人間に近づき、情況構築的に人間の様子を描写できるのである、ということになる。換言すれば、当人が、自分の組織内に存在し始め、労働生産過程の中に存在し始め、自分の思想を言語の褶曲層に置いた時にのみ、構築（と脱-構築）と流動がやまない「近代性（modernité）」が始まり、ここから、近代的な人間の主体性がはじめて確立したというわけである。

　かつ、青年フーコーは、それは、「歴史の中に解消されねばならぬひとつの相貌（visage）」[12]にすぎないと断言するのである。近代的人間は必ず死すというのだ！疑いなく、フーコーのこの人に絶望感を与える預言は、当然にも、普遍的常識にとらわれている人々のパニックやヒューマニスト的な学者たちの憤激を引き起こした。

　　この人間の解消という情況構築の点では、サルトル等の怒りは完全に理解できるものである。

2.　近代的人間の四重の規定

　青年フーコーにあっては、ブルジョア的な近代的エピステーメーの中で最近生まれたという、近代的人間なるものは、四重の規定性によって構成されている。すなわち、有限性・経験性と先験性・コギトと思考されぬもの・起源である。

　第1に、この有限性（finitude）については、我々は、前述の部分ですでに出会っているが、それは、近代的生産理論の出現によって、はじめて人間の有限性が現実的に確定したという内容であった。工業的生産は、人間と物とを農業文明中の、あの恒常性（循環する時間）という仮象の中から脱却させ、ブルジョア的な存在の論理は、たえざる新しいものへの追求の中で、一切の既存の事物は、古いものになり消失してしまうというものになったわけである。ここにおいて、フーコーは、一歩進んでこう具体的に指摘している―人間の限定性とは、すなわち、主体としての人間は常に「労働と生命と言語に支配され、その具体的実存は、それらのもののうちにみずからの諸決定を見いだしている」[13]ことを指していると。伝統的なエピステーメーの中の、あの永遠不変の抽象

人間性と人類の類的本質とは異なり、近代的人間は、近代的エピステーメーの被造物―主体的人間であり、死を孕む生物・置換可能な生産手段（instrument de production）・無限に変化する語の運搬具（véhicule）にすぎず、まさに、組み立てられ、フォーマティングされつつある、これらの歴史的な内容は、近代的人間を一種の限界性をもつ存在へと変えている、というわけである。これは、おそらく正しいだろう。フーコーはこう述べている。

> 生命の存在様態、そしてその諸形態をわたしに指定することなしには生命が実在しないようにするところのものさえ、基本的には、私の肉体によってわたしにあたえられている。生産の存在様態、私の実存に対するその諸決定の重さは、私の欲望によってあたえられ、そして言語の存在様態、語の発音される瞬間、しかもおそらくはさらに知覚しがたい時間のなかで、語が輝かす歴史の航跡全体は、語っているわたしの思考の厚みのない鎖に沿ってのみわたしにあたえられるのである[14]と。

青年フーコーは、近代的人間は、人間という実体的存在であるだけでなく、肉体の空間性・欲望の広がり・言語の時間によって明らかにされるものでもあり、同時に根本的には他者（autre）にほかならないと述べているのだ。神義論の意味においては、近代的人間は、従来から人間それ自身ではなく、空隙である本体から始まって、生物学・経済学・言語学の三重の他者性の存在方式によって形式構築された存在なのだ。近代的人間とは、他者性の情況構築の中の他者なのだ！　このような観点は、ラカンの無の本体論の意味をかなり有しているだろう。

フーコーは、同様に、この近代的人間の限界性のゆえに、もともとのあの無限性の形而上学は致命的な打撃を受けたと分析している。この打撃は、カントに始まり、現代において突出するようになったわけだが、フーコーは、「生命の哲学は形而上学を幻想の帳として告発し、労働の哲学はそれを疎外された思考とイデオロギーとして告発し、言語の哲学はそれを文化の挿話として告発するのである」[15]と指摘している。伝統的な形而上学は、従来から人間について議論してきたが、近代の生物有機体理論は、反対に、はじめて人間を生命組織の秩序ある状態として位置付けたのであり、このことにより、以前の人間に関する議論は、すべて幻と化してしまったのだ。過去の形而上学は、終始人間の本質について思考してきたわけだが、スミス－リカードの労働価値説の中では、

近代的人間は、はじめて人間疎外史観というイデオロギー的言説から断ち切られたのである。以前の形而上学は、すべて理性（言説可能性）を人間の存在の本質と見なしたが、言語学の進展は、反対に、この華麗な建築物を崩壊させ、元来の一切の音声を歴史的な言語文化の断片に変えてしまったのである。青年フーコーは、この人間の有限性の中に、すべての「形而上学の終焉（la fin）」を我々に見せてくれたわけである。

　　この点では、フーコーは、ハイデッガーを模倣しようとしているかのようである。しかし、それはこれ一回きりのことではない。

　第2に、経験的‐超越論的（empirico-trascendantal）という規定についてである。それ自身は一つの矛盾にほかならない。それは、人間の有限的存在と歴史的な知の超越論的条件をそれぞれ反映している。これは、前の規定の思想的情況構築の方向の必然的結果である。青年フーコーはこう断定する。

　　（近代人の）認識（connaissance）は歴史的、社会的、もしくは経済的諸条件（conditions historiques, sociales, ou économiques）を持ち、人間相互のあいだに織りなされる諸関係（rapports）の内部で形成され、人間がそこここでとりうる個々の形象から独立してはいないということ、一言でいえば、経験的知にあたえられると同時にその諸形式を規制することのできる、人間認識の《歴史》(historire) があるということだ[16]と。

　ここでの「認識は歴史的、社会的、もしくは経済的諸条件を持つ」という言葉は、肝心である。行間から読み取ると、青年フーコーは、1845年以降のマルクスの思想と近い観点を表しているかのようである。すなわち、人間の認識の枠組みは、歴史によって限定される（「一定の歴史的条件」）のものであるが、同時に、それは、一種の社会における、個人に先立つ超越論的な知の形式の生成を導く—このような思想である。とくに、工業生産の上に立脚する資本主義社会の発展の中では、この知の先験性の基礎は、近代の歴史的・社会的・経済的条件となるというのである。これは正確な判断であろう。

　　ここでは、エピステーメー決定論と矛盾しながらもここそこに見え隠れる、あの現実から出発するという論理を、我々はまた見たようである。これは、フーコーのテキスト中に存在する複調の構造の手がかりになるかもしれない。

第3に、コギトと思考されぬもの（Le cogito et l'mpensé）と近代的人間との関係である。青年フーコーは、明らかにデカルトの「我思う。ゆえに我あり」に同意していない。彼は、人間は「コギトの直接的で至上の透明さの中に示されることはできない」と見ているのである。

　フーコーから見ると、この意味では、デカルトの「コギト」は、まさに「思考されぬもの」なのであるということになる。

なぜなら、もし、人間が、上述の有限の経験性と先験性という知の枠組みの矛盾の中にいるのなら、人間は「コギト」の中で、必ずや、自身にとっての「思考されぬもの」に出会うことになるからである。

　フィヒテの自我と非我の関係は、この問題に対するある程度の自覚だと言えよう。

フーコーはこう問いかけている。

　人間がみずから思考しないものを思考し、無言の占有（mode d'une occupation muette）といった様態のもとにみずからをのがれていくもののうちに住み、いわば凝固した運動（mouvement figé）ともいえるものによって、頑固な外部性という形態のもとで彼に示される彼自身のあの形象に生気をあたえる、そうしたことがいかにして可能か？[17]と

フーコーのこの３つの「いかにして」は、近代的主体としての人間が面している、コギトと思考されぬものとの弁証法的な関係を暴露している。なぜなら、デカルトのコギトは、正常な理性的思惟であるが、まさにそれゆえに、フーコーが関心を持った「不正常な」（狂人・同性愛・庶民など）思考されぬものと面することができないからである。この特殊な思想的情況構築の中では、近代的主体は、伝統的な在場性の空無へと逃避する中で、人間自身の思想的形象を生み出し構築するのである。まさにこのさらに深い情況構築に意味においては、コギトは、思考されぬものによって、反対の方向へと向かう形式構築をなすのである。

　続いて、青年フーコーは、３つの「いかにして」を用いて、自身の有限的存在の中に潜む超越性に対する近代的人間の「思考されぬもの」を分析する。すなわち、人間は、いかにして、有限の生命しか持たない感性的存在としての経

験を超越するのか、人間は、いかにして、一種の外在的強迫性の法則として労働を受け入れるのか、人間は、いかにして、無人の言語システムの中の木偶になるのか、という3つの問いかけである。我々は、自身が本来、主体的理性の主動的な思考によってもたらされた存在であると認識しているが、近代においては、それは、存在の中の思考されぬものという矛盾論に反転してしまうのである。フーコーの目からは、「我思う」は「我あり」を導かないのである。なぜなら、「思考されぬものは思考の中に潜んでいる」からである。

　以上のことは、ラカンを想起させる。ラカンも、デカルトの「我思う。ゆえに我あり（cogito ergo sum）」を書き変えようとした。彼はこのように宣言している——「哲学的なコギト」は一種の「幻像の中心」[18]であり、「我」は偽の主体であり、「思う」はシニフィアンの観念の悪魔である。ゆえに、「我」（偽の主体）が「思う」（ロゴス的理性）時、真実では、我は存在せず（ハイデッガー）、我は、我が思わざるところにて思うゆえに、あるのだ（ハイデッガー）と。すなわち、「我は、我が思いの慰み物であるところにはない。我は、我が思わざると思うところにて我がありようについて思う」(je ne suis pas, là où je suis le jouet de ma pensée; je pense à ce que je suis, là où je ne pense pas penser)[19]というわけである。

青年フーコーは、「思考されぬものは、十九世紀以来、人間にたいして聾の忠実な伴侶として役立ってきた」[20]と見ている。思考されぬものは「＜他者＞であり影である」なのである。そして、この思考されぬものは、以下のようなものでもあるとさえ言うのである。
　ヘーゲルの現象学では、《対自》(Für sich) にたいする《即自》(An sich) であり、ショーペンハウエルにとっては、《無意識なもの》(Unbewusste) であり、マルクスにとっては、疎外された人間（homme aliéné）であり、フッサールの諸分析では、潜在的なもの、非顕在的なもの、沈殿させられたもの、非充実態であった。ともかく、それこそ、……汲みつくしえぬ裏面にほかならない[21]と。
　正確に言えば、疎外された人間は、フォイエルバッハと1845年以前の青年マルクスの思想的情況構築であるが。

青年フーコーの冷徹な目は、いわゆる「即自」や「無意識」や「労働疎外」は、

近代的主体がコギトから離れていく過程であり、近代哲学史は、思考されぬものの秩序構築と異質性の思想的情況構築の思想史にほかならないことを、すでに透視していたのである。

　興味深いことに、1954年に出版された『精神疾患とパーソナリティ』の最後の節の結論の中では、彼は、反対にこのようなことを述べている。「心理学が、あらゆる人間についての科学（science de l'homme）と同様に、人間の疎外からの解放（désaliéner）を目的とするのであれば、真の心理学はこうした心理学主義から脱却すべきである」[22]と。こうした観点は、おそらく、青年フーコーの頭の中の、いまだ除去されていなかった人間学という他者性の鏡像であろう。

　第4は、起源（originaire）の歴史的消失である。フーコーによると、近代的人間の登場後、古典主義的思想の中の、交換・自然の秩序・物の表象の中から起源を求めるという、あの情況構築は、もはや功を奏しなくなった。それに対して、近代的エピステーメーにおいては、労働・生命・言語はそれぞれ各自特有の歴史性を得たが、この歴史性は、人間の新たな起源となるというものではなく、「人間」は、19世紀に発生した、いくつかのこのような歴史性の活動という意味において、真にはじめて構築されたものとしか言えないのである。フーコーは以下のように述べている。

　　人間がみずから生物として規定しようとこころみるとき、人間が人間固有の始まりを発見するのは、それ自体人間以前に登場していた生命を下地としてにすぎない。人間が労働する存在（être au travail）としてみずからをとらえなおそうとこころみるとき、人間が労働のもっとも初歩的な諸形態をあきらかにするのは、すでに制度化され（institutionnalisés）、社会によってすでに制御されている、人間の時間と空間との内部においてにすぎない。そして人間が実際に構成されているあらゆる言語の手前で話す主体としてのみずからの本質を規定しようとこころみるとき、彼が見出すのは、如何なるときにもすでに展開されている言語の可能性にほかならず、そこから出発してすべての言語と言語それ自体が可能となった、口ごもり、すなわち最初の語、ではない[23]と。

　換言すれば、近代的人間の存在は、確実に、19世紀の資本主義社会の中で発

生したばかりの特定の生物学・労働価値説・言語の機能的なシステムと密接な関係があるが、両者のこのような関係は、伝統的な意味での、原初の起源というあの関係だとは理解されてはならず、本体の起源が存在しない歴史的に構築された関係であるというのだ。近代的な一般的人間なるものは、何千年もの間不断に改造され、革新されてきた連続的な実体ではなく、ブルジョア的な近代性という背景のもとで、突然出現した歴史的構築物であるというわけである。

この論点は、マルクスの『1857〜1858年経済学批判要綱』「序説」の議論を想起させる。ここでは、マルクスは、古典派経済学中のロビンソンクルーソー式の抽象的個人を否定して、現実的個人は、資本主義的生産様式の中で歴史的に生成された存在であると説明しているのだ。

同様にこの意味において、青年フーコーは、「人間は起源のない存在、『祖国も日付もない』者、その誕生がかつて『生起』しなかったがゆえにその誕生にけっして近づきえぬ者」[24]であると指摘するのである。これこそが、フーコーのあの有名な「人間は最近発生した事件にすぎない」という断言の真の本質にほかならない。

この行間に、ラカンのフーコーへの密かな影響を見て取るのは難しくないだろう。すなわち、ヒューマニズムへの「帰郷」という郷愁の徹底した消去である。

3. 人文科学は終始存在していたか

青年フーコーの論理によれば、17〜18世紀の古典主義的エピステーメーの中では、歴史的に構築されたはずの人類という主体的存在の生命・労働・言語はまだ出現していなかったと言うのなら、当時は、主体性として登場するはずの人間も当然「不存在」ということになる。同様な論理で、近代的人間を対象とする人文科学（sciences humaines）も、19世紀以前には、真の意味はで存在できなかったということになる。そのゆえ、当然にも、フーコーは次のような結論を打ち出すのである。主体的な「人間」と同様に、ブルジョア・ヒューマニズム（humanisme）の思潮や人文科学は、終始存在していたものではなく、19世紀以降に誕生した新しい事物であると。

フーコーは、『狂気の歴史』の中で、比較的早くこの人間についての科

学について言及している。そこでは、彼は、この人間についての「科学」は、その基盤を「過去ずっと西洋文化にとって神聖とされてきた事象を道徳化する営みのうえにおいてきた」[25]と意味深い指摘をしている。

これも、この本の副題「人文科学の考古学」の真の意図の存在するところである。

1966年のインタビューの中で、青年フーコーは、ヒューマニズムの歴史的地位の問題について答えているが、彼はまず通常の考え方をこうまとめている。

中等教育では、16世紀が人間主義の時代で、古典主義が人間の本性（nature humaine）に関する遠大なテーマを展開させ、18世紀において実証的科学が誕生し、生物学や心理学や社会学によってわれわれがついに人間を、実証的に、科学的且つ合理的に知るに至るようになったという風に教わります。人間主義は、われわれの歴史的発展を促した偉大な力（grande force）であると考えられている（後略）[26]。

しかし、青年フーコーは、この一切が錯覚だと鋭く指摘するのである。彼の見方によれば、真のヒューマニズム運動は19世紀末に始まったゆえに、16〜18世紀の文化（エピステーメー）においては、主要な言説の地位を占めていたのは、依然として神や外部的世界であり、近代的な「人間自身はそこにはまるでいません」[27]というのである。

この観点は、我々はすでに充分熟知しているだろう。

青年フーコーはこう指摘している——19世紀以降のブルジョア的な近代的エピステーメーの中で、表象の空間が捨てられ、生物が生命の特殊な深みに位置づけられ、財富が生産様式の漸次的な推進の中に位置づけられ、言葉が言語の変化の中に位置づけられた時に、また、主体的な人間なるものが新しい社会関係の中で機能的に構築された時にのみ、人間ははじめて認識の対象になったのであると。このようにして、人間についての科学的な知がはじめて生まれ、いわゆる人文科学が出現したというわけである。フーコーは、「人文諸科学が姿をあらわしたのは、人間が西欧文化のなかで、思考しなければならぬものとして、と同時に、知るべくあるものとして、成立せしめられた日からである」[28]と、あるいは別の表現では、「人文諸科学は、実際のところ、生き話し生産するか

ぎりにおいての人間を対象とする (s'adressent à l'homme dans la mesure où il vit, où il parle, où il produit)」[29]と断言するのだ。これが、あの近代的エピステーメーの中の生物学（生きる）・生産理論（生産する）・言語学（話す）の根本的な秩序・形式構築であるのを見出すのは難しくないだろう。フーコーは、人文科学が、歴史的な特定の思想情況の産物であることを証明しようとしているわけである。これには道理があるだろう。

　青年フーコーにあっては、人文科学自身は、抽象的な「人間の本性」なるものについての議論ではないのである。それは、フーコーの目からは、

　　　　人文諸科学は……むしろ、人間がその実定性(positivité)においてそうであるところのもの（生き働き話す存在）と、その同じ存在にたいして、生命とは何か、労働の本質(essence du travail)とその諸法則とは何に存在しているか、どのようにして話すことができるか、知ること（もしくは知ろうとつとめること）を可能にするものとの、その二つのもののあいだを覆う分析である[30]のだ。

　主体性を持つ人間なるものの実定性の構築は、19世紀にはじめて出現した生物学（生命という有機体の存在を確証した）・近代工業における意味での生産的労働（まったく新しい社会的存在の質を確証した）・言語学（今台的な言説の存在方式を確証した）の運用のフォーマティングと形式構築によって始まったのであり、いわゆる人文科学は、この現実的な構築情況に対する、一種の科学的「分析」にすぎないというわけである。しかし、人文科学自体は、生物学・経済学・言語学そのものではなく、これらの科学的表象の誕生とその展開の歴史的限定性を説明するものにすぎない。ゆえに、それは、「メタ＝認識論 (méta-épistémologique)」の位置に置かれているようである。この思想的情況構築の脈絡をめぐって理解すれば、人文科学は、近代的エピステーメーが、具体的な科学研究に対象化されてその作用を発生させた歴史的な構造性のパラダイムであるかのようである。これは、フーコーの人文科学についての新たな形式構築である。

　近代的エピステーメーの3つの領域と相対するように、人文科学も3種のモデル構築（構成的モデル）[31]の形で表現される。1つ目は、生物学からの投影の中で生まれた「機能的」モデルである—実体中心論から機能的な関係主義的存在論への転変。二つ目は、経済学からの投影の中で形成された「規範・葛藤・

規則」のモデルである――規範は経済的関係の中から鋳造されたもの。3つ目は、言語学からの投影の中で形成された「意味作用とシステム化」のモデルである――言説実践の秩序構築。フーコーの見方によると、この3つのモデルは、今日「人間についての認識領域全体をあますところなくおおうわけだ」[32]。彼は、この3つのモデルから出発して、19世紀以来のすべての、ブルジョア的な人文科学の生成と変化を描くことができると宣言している。まさに近代的エピステーメーは、ブルジョアイデオロギーによって今日の人文的世界の見取り図を組み立てているというわけである。そして、その本質はやはり強制であるというのだ。

　フーコーは、後にこのように述べている。「人間諸科学のあらゆる知の発展を権力行使と切り離すことなど絶対にありえない」、人間諸科学は「新たな権力機構の創設とともに生まれたのである」[33]と。これは、もちろん、後のさらに深い政治哲学の思考の先取りにすでになっている。ハーバマスは、フーコーの人文科学に対するこの審判を次のように概括している。「人間諸科学は、認識主体の自己テーマ化というアポリアが切り開いた領域を占めている。それは、表面では普遍妥当をもった知を打ち立てるが、それは尊大な決して実現されることのない要求である。そしてこの表面の背後には、知によって力を得ようとする純然たる意志が隠れ潜んでいるのだ――知の生産を無限に高めようとする意志、この高まりの渦のなかでこそ、まず最初に主体性や自己意識が掲載されるのである」[34]この概括は、正確さを失っていないだろう。

　最後に、青年フーコーは、主体性を持つ人間なるものが構築されたこと、および人文科学の歴史的発生という2つの事件と関連する大文字の歴史（Histore）の凋落について議論している。彼は、人間と人文科学の出現以前に、人々が大文字の歴史についてすでに語り始めていたこと、および、すべての西洋文化の進展の中で、大文字の歴史は、文化史自体を形づくるいくつかの主要な機能を果たしてきたこと――これらのことは認めている。例えば「記憶、神話、〈言葉〉と〈事例〉の伝達、伝統の運搬、現在についての批判的意識、人間の運命の解読、未来にたいする先どり、もしくは回帰の約束」[35]などである。青年フーコーの見方によると、伝統的なこの種の「大文字の歴史」観の中では、

　　すべての人間、それにともなって、物、動物、生きているにせよ生命を

もたぬにせよそれぞれの存在から、大地のもっとも静まりかえった表情にいたるまで、すべてを、おなじ偏倚、おなじ下降からおなじ上昇、おなじサイクルの状態において引きずってとでもいったような、そのさまざまな時点それぞれにおいて画一的な、なめらかで大きな一種の歴史（grande histoire）を人々が考えていた[36]ということになる。

　しかし、青年フーコーは、この伝統的な歴史観に対して、きわめて率直にこう述べるのだ―大文字の歴史観は、本質的に一種の連続的な壮大な叙事詩にほかならず、このなめらかに連続する歴史の故事の中では、真に発生した歴史的事件は、同一性の物性的な実体の連続した変化や上昇と凋落と仮定されており、その実質は、まさに、同一性の知の権力を駆動力とするいわゆる大文字の歴史の進展が、すべての存在に強暴な力をふるう過程なのであると。続けて、青年フーコーは、自分の新しい創見を宣言する。すなわち、この大文字の歴史の言説が形作った同一性の歴史観は、19世紀に始まった近代的エピステーメーによって中断されたことを、自分は発見したのだと。青年フーコーの見方によれば、近代的エピステーメーは、「＜言説＞とその単調な統治の消滅・・・とつながっている」ということになるのである。彼はこう述べている―19世紀から、人類の活動についてのまったく新しい歴史性が始まり、このような歴史性は、物と人間が共有する壮大な叙事詩の中には席を占めることはできず、周囲の環境が持つ特有性に、自然に適応した中で発生した歴史性であり、資本主義的生産の歴史的発展モデル（資本の蓄積様式と価格の波動的変動法則）のもとで発生したものであり、言語の歴史的転換と生成のモデルのもとで発生したものなのである。よって、新しい歴史観は、どうであれ、「時間の連続する秩序と平面という観念を捨て去ったばかりか、中断されることのない進歩の観念をもひとしく捨てさり」、「人間と同じ時間継起を物に課していたあの連続的空間から、物を解放したのである」[37]と。こうした観点は、我々に、近代的エピステーメーの本質が、一種の特殊な非連続的な歴史性であることを訴えているのである！その生成は、まさしく同一性・総体性の大文字の歴史観の脱-構築にほかならない。

　　この観点は後の『知の考古学』で大幅に深化された。

　青年フーコーは、我々に次のことを見せようとしているのだ―伝統的な大文

字の歴史が消滅したのならば、まさに19世紀より、大文字の歴史の消滅という意味において、「人間は『非歴史化』(déshistoricisé) されているのにほかならない」[38]ということを。

　このdéshistoricisé の意味は、脱-大文字の歴史ということである。

　しかし、このような意味での非歴史化は、また、人間自体を「徹底的に歴史的存在にする」ことにもなる。そして、フーコーはこのように結論づけるのだ——このような意味での歴史的存在としての人間は、昔から存在する連続体ではなく、「われわれの思考の考古学によってその日付の新しさ (date récente) が容易に示されるような発明 (invention) にすぎぬ。そしておそらくその終焉は間近いのだ」[39]と！　人間は、ブルジョア階級による最近の発明であり、すでに衰え死に近づいているというわけである。

　ゆえに、「人間は波打ちぎわの砂の表情(visage)のように消滅するであろう(que l'homme s'effacerait)」[40]——青年フーコーは、『言葉と物』の最後で、このような意味の深い断言をしている。そして、その余韻は、今に到るまで嫋々としてこだましているのである！

[注]

1　『王国と栄光』の中で、アガンベンは、「原始キリスト教やビザンティンの聖堂の迫持や後陣に姿を現している空虚な王座 (hetoimasia tou thronou)」について考察しているが、彼は、ある意味において、空虚な王座は、ちょうど権力のもっとも重要な象徴になっていると指摘している。これはかなり深い意味があるだろう。ジョルジョ・アガンベン、高桑和巳訳『王国と栄光——オイコノミアと統治の神学的系譜学のために』(青土社、2007年) 11頁を参照のこと。
2　ミシェル・フーコー、渡辺一民・佐々木明訳『言葉と物——人文科学の考古学』(新潮社、1974年) 327頁。
3　同上328頁。
4　同上同頁。
5　同上338頁。
6　同上328頁。
7　同上330頁。
8　同上331〜332頁。

9 　拙著『マルクスへ帰れ』（中野英夫訳、情況出版、2013年）第6章を参照のこと。
10　フーコー前掲書332頁。
11　拙著《不可能的存在之真——拉康哲学映像》〔『不可能な存在の真実—ラカン哲学のイメージ』〕（商務印書館、2006年）を参照のこと。
12　フーコー前掲書332頁。
13　同上333頁。
14　同上334頁。
15　同上337頁。
16　同上339頁。
17　同上343頁。
18　Jacques Lacan, *Écrits* (Paris: Seuil, 1966), 517.
19　*Ibid.* ジジェクは、この発言について興味深い指摘をしている。「ラカンは、デカルトの『我思う故に我あり』を『我は我ある故に思う者である』に書き換えた」と。Slavoj Žižek, *Interrogating the Real* (London: Continuum, 2005), 233を参照のこと。
20　フーコー前掲書347頁。
21　同上同頁。
22　ミシェル・フーコー、中山元訳『精神疾患とパーソナリティ』（ちくま学芸文庫、1997年）207頁。訳文は変更した。
23　フーコー『言葉と物』351頁。
24　同上353頁。
25　ミシェル・フーコー、田村俶訳『狂気の歴史——古典主義時代における』（新潮社、1975年）115頁。
26　ミシェル・フーコー、根本美作子訳「人間は死んだのか」『ミシェル・フーコー思考集成II　1964-1967　文学／言語／エピステモロジー』（筑摩書房、1999年）366-367頁。
27　同上367頁。
28　フーコー『言葉と物』366頁。
29　同上370頁。
30　同上374頁。
31　モデル構築（modeling）という言葉は、私が、イギリスの科学社会学者のピッカリングから流用したものである。それは、現在的かつ機能的に一つのモデルを作り上げ、これによって、マルクスの生産様式の観念をさらに正確に表そうとする意図を指すものである。当然にも、同様に、このモデル構築は、さらに複雑な思想論理の構築の中で形作られるものでもある。拙稿《劳动塑形、关系构式、生产创序与结构筑模》〔「労働によるフォーマティング、関係の形式構築、生産の秩序構築、構造モデルの構築」〕《哲学研究》（2009年11期）を参照のこと。
32　フーコー前掲書378～379頁。
33　"Du pouvoir," in *L'express* No 1722, 6-12 juillet 1984; reprinted in *Ecrire, lire et en parler,*

ed. Bernard Pivot (Paris: Robert Laffont, 1985), 361-362.
34 ユルゲン・ハバーマス、三島憲一ほか訳『近代の哲学的ディスクルス Ⅱ』(岩波書店 1990年) 460頁
35 フーコー『言葉と物』388〜389頁。
36 同上389頁。
37 同上390頁。
38 同上同頁。
39 同上409頁。
40 同上同頁。

付論1―科学の考古学
　―青年フーコーのエピステーメーと認識論的断絶に
　　ついての答弁

　『言葉と物』の出版後、サルトルなど人間主義的な哲学者からの批判を受けたが[1]、それでもやはり、すべてのフランス社会に大きな反響を引き起こし、好評が潮のように奔流したのである。しかし、哲学界内部では、この本はいくらか特殊な関心を集めた。例えば、師にあたる人物からのコメントやいく人かの優秀な学生からの質疑があった。これらの深みのある追問は、数が少なかったとはいえ、青年フーコー自身の深い反省を引き起こし、彼の思想上の第一回目の「転折」を促したのである。これらの質疑の声の中では、『言葉と物』の中で打ち出されたエピステーメーの概念が議論の中心となった。以上のような師と学生による追問をめぐって、青年フーコーは、1968年に「科学の考古学について―＜認識論サークル＞への回答」(*Sur l'archéologie des sciences. Réponse au Cercle d'épistémologie*)[2]という文章を発表した。同様に、この文章の発表にともない、「五月革命」の後、青年フーコーの思想は、学術界のさらに広い関心も引き起こしたのである。この付論では、この重要なテキストを解読していくことにする。

1. 非連続性―質問と回答

　青年フーコーに質問した主体は、アルチュセールが高等師範学校で指導下の、当時の比較的若い10数名の青年学者で組織された「認識論サークル」(Cercle d'épistémologie) で、その中には、今日フランスの新世代の思想の大家になったバディウとミレール[3]がいた。すべての問題をめぐる核心のキーワードは2つあった。エピステーメー（épistémè）と認識論的断絶（rupture épistémologique）である。
　　　疑いなく、これは我々が関心を寄せている問題である。

　バディウなどは、フーコーが「科学とその歴史、概念のステータスとの関わりにおいて」、このキーポイントとなる概念に含まれるものを、一歩進んで確

認してほしいと希望した。彼らはこう認識していた—パシュラールの科学史研究の中では、「認識論的断絶」が科学史の発展の中の非連続性を描述するために用いられたが、青年フーコーも、同一の基礎の下に「一時代の認識論的布置（configuration épistémique）とその次の時代の布置とのあいだの垂直的な非連続性（discontinuité verticale）〔を示した〕」[4]と見ていたのである。

すなわち、『言葉と物』の中の伝統的エピステーメーから古典主義的エピステーメー、さらに近代的エピステーメーへという縦方向の断絶である。

問題の焦点は、認識論の形式構築の水平性（horizontalité）と非連続的なエピステーメーの変化の垂直性（verricalité）の関係はどのようなものであるかという点であった。

たいへん興味深い細節は、垂直と水平の比喩を意識的に使用しており、すでにイデオロギー的色彩を持っていた歴史主義的な継起性と構造主義的な共時性というカテゴリーを使用しなかったことである。

かつ、認識論サークルの若者たちは、フーコー自身の師である、カンギレムのこの問題に関連する評論[5]の中の批判を悪ふざけのように引用している。すなわち、青年フーコーは、それぞれ異なる時代を支配する認識論の形式構築の、それぞれ異なる知の間の関係を絶対的断絶として描いているが、カンギレムはこう明確に指摘しているのだ—17、18世紀のエピステーメー、例えば「自然史（博物学）」のような言説は、確かに19世紀のエピステーメーによって放棄されたが、いくつかの言説は、新しいエピステーメーの中に組み入れられた（intégrés）のであり、ニュートン物理学は、動物経済の周縁とともに消え去ったわけではなく、前者は後者のモデルの役を果たしたのである。アインシュタインにあっても、ニュートンは論駁されたとは言いがたい[6]と。若者たちの質問と思考は、明らかに鋭く深いものであった。彼らは、『言葉と物』の中に存在していた内在的矛盾と理論的破綻を鋭利に発見していたのである。

このような追問に面して、青年フーコーの態度はたいへん真摯なものであった。彼は、新世代の研究者の鋭敏な観察と質問におそれず向き合い、同時に「認識論的断絶」は、自分のオリジナルのものだというわけではないことを承認したのである。彼は、当時のすべてのフランス思想史の研究の中で、人々は、長期（longue période）の連続性の観察を一般的に放棄し始めたと語っている。す

なわち、

　　思考の広大な連続性（grandes continuités）や、精神の集合的で均質な諸表現（manifestations massives et homogènes de l'esprit）、あるいはまた、その始まりからみずからをなんとか存在させ完成させようと躍起になる一科学の執拗な生成運動などの下に、いまではひとびとは諸々の断絶（interruptions）の出来事をこそ探そうとしているのだと[7]。

　フーコーがここで列挙している思想的先駆者には、自分の師であるカンギレムとバシュラールやゲルー（M. Gueroult）[8]の哲学的言説空間中の封鎖システムである「概念建築術」（architecture conceptuelle）も含み、さらに、さらに小規模ではあるが、テキスト内部の執筆構造について思考した文学分析なども含まれている—彼が指しているのは、言語学的構造主義思潮の中の文学テキスト分析理論にちがいない。青年フーコーはこう解説している—これらの努力の共通の理論的趣旨は、ともに思想史中の非連続性をすでに指向しているが、真には横方向と縦方向の、さらに深い層での思想の交叉（entrecroisement）もまた存在している。例えば、ゲルーの哲学的言説内部の概念建築術と文学的構造主義は、横方向の構造性という思想の形式構築に集中しているが、バシュラールとカンギレムは、縦方向の科学史中での、構造的な断絶をさらに多く思考している。しかし、この両者は確かに非連続性という点で交点を形成しているのだと。ここから、青年フーコー自身が、これらの質問の焦点がどこにあるか、はっきりとわかっていたことを見て取るのは難しくないだろう。

　しかし、続く議論の中からは、フーコーが、自分がすでに意識している、認識論サークルの追問の核心の思考点を、狡猾にも回避しているのも見て取ることができるのだ。すなわち、エピステーメーの横方向の構造的制約と縦方向の単純な断絶の間の関係である。彼は、七重八重のどうどうめぐりの中で、問題に答えるための議論を彼自身の思想的独白へとゆっくりと導いていくのだ。このような独白の行間から、彼自身の思想のある種の変化、いや、『知の考古学』で提出することになる、系統的な言説のグレードアップが生まれ始めたことさえも予感できるであろう。以下では、まず先に、彼の非連続性についての新たな説明を見ていこう。

　青年フーコーは、人を煙に巻くようにこう述べている—私は、上述のこのような双方向の交叉が、非連続性の勝利と等しいと思っているわけではない。な

ぜなら、歴史研究における、非連続性の概念の実際的学術的効用はすでに変化しているからだと。彼の判断によると、伝統的な歴史研究の中では、非連続性は、「様々な事件や諸制度、様々な観念やばらばらに分布した諸実践」の中に真実存在していたが、それは、「諸連関 (enchaînements) の連続性が明らかになるためには、歴史家の言説によって、迂回され、還元され、消し去られるべきもの」[9]であったということになる。伝統的な歴史家にあっては、歴史とは、時間の持続過程の中で発生した過去の出来事にほかならない。ゆえに、連続性の総体を損なう断絶や偶然は、必然的に削除されなければならないというわけである。こうした思考に対し、青年フーコーはこう指摘するのだ—実際には、歴史の縦方向の連続性を構築するための、このような主観的な故意の諸連関は、人々の主観的な「意識的繋がり」にすぎない、あるいは「連続的な歴史、それこそは意識の相関項である (L'histoire continue, c'est le corrélat de la conscience.)」[10]と。意識こそが、縦方向の連続性の歴史を形式構築する真の本質だというわけである。このことは、連続性の歴史観は、方法論の論理上、一種の隠れた観念論史観であることも意味している。なぜならば、まさしく意識が、歴史的諸現象をなめらかに連係させ、あの隠蔽された合成物 (obscures synthèses) を、言説の再構築 (reconstituter) によって、繋ぎ合わせフォーマティングして、一つの連続性の総体を形成するからであり、ゆえにまた、意識の背後で奔走するあの「光を追う主権的主体 (sujet souverain)」が再確認されるからである。

　　ここでの光とは理性的知の光の照射である。この本質的な光は、我々に現象を見せ、その主観的な情況構築は、この光の中で可視的な歴史的事件も編成するのである。

この意味で、青年フーコーは、エンゲルスの精彩に富む言葉を模倣しているかのようである—「歴史は、意識のもっともよい避難場所 (abri privilégié) である」。

　　エンゲルスはこう述べている—マルクスは、史的唯物論を創立した時、観念論を社会・歴史領域の最後の避難場所から駆逐してしまったのであると。

ここで、我々は次のことを密かに体得できるだろう—『言葉と物』の中で、フー

コーが、ある時代のすべての文化現象への横方向の支配的力である、エピステーメーの概念を打ち出した重要な意味は、観念論的な縦方向の連続性という、総体的な歴史観に反対するためだったということ—フーコーは、たいへん曲折した経路を通じて、このような情報を伝えたかったのであろうと。

　フーコーのここでの連続性の歴史観に対する批判は、道理のあるものだと、私は思う。方法論上、連続性の総体的歴史観という論理的枠組みのもとには、観念から出発した一種の「ゾレン」が隠されており、連続性自体は、主体の歴史の様態に対する性起式の仮設であるのだ。しかし、上述の議論ですでに指摘したとおり、『言葉と物』全体の議論の中では、確かに単純な歴史の連続性には反対しているけれども、別の層の次元では、依然としてエピステーメーを用いて、現実に対して観念論的論理の暴力を加えているのだ。換言すれば、フーコーは、多くの場合、ある観念論によって別の観念論に、ずれた形で反対しているにすぎないということである。

　続いて、青年フーコーは、現在の状況には、以下のような真に新しい変化が見られると述べている——一方では、「歴史学、そしてより一般的に、歴史的な学問領域は、見せかけの継起的連続（enchaînements）のかなたに諸々の結びつきの連鎖を再発見（reconstitution）することをやめたと言うことが出来る。それらの学問はいまや非連続なものを働かせるということを体系的に実行しているのである」[11]。さらには、非連続性は、すでに、歴史家の言説の中に内化され、ポジティヴな自覚的要素にさえなっている（これはやや誇大な表現であると思うが）。また一方では、20世紀以来、精神分析学・言語学・民族学の研究が登場し、すでに、あの歴史の連続性を構築した統治者—近代的主体の資格取消を行なったと。まとめると、歴史研究の主体と客体の２つの次元でともに、大きな変化が発生したというわけである。このような変化を迎えて、当然にも悲しみを感じる人もあろう。彼らは、非連続性を主張する人物に対し「歴史の殺害（effacement de l'histoire）！」と言う。これに対し、フーコーの態度は次のようなものであった—密かにしかし全面的に、主体の総合的活動（activité synthétique du sujet）へと結びつけて考えられていたあの歴史の形式（forme）の消滅（disparition）である[12]と。消滅したのは歴史ではなく、歴史を大文字の歴史に形式構築した、あの先天的統合という統轄の枠組みの方式なのだということである。

神学の情況構築中の創世記のような、ヘーゲルの絶対理念の統轄下の世界史観のことを指す。

明らかにわかるように、青年フーコーは、故意に、問題のある所には入らなかったのである。彼は、認識論サークルの提出した、縦方向の非連続性と横方向のエピステーメーとの間の関係の問題に直接回答もせず、エピステーメー断絶論の単純性が、科学史の真実の事実と符合しないというカンギレムの批判にも向き合っていないのである。彼は、狡賢なトリックを使ったわけである。すなわち、これらの問題が指し示すものを超越するように見える、新たな観念を打ち出し、これを借りて、自分のエピステーメーというカテゴリーが、歴史を再構成する中で、切り裂いた傷を和らげようとしたわけである。この新しい観念こそが、いわゆる言説的出来事の場である。

2. 言説的出来事の場の登場

ここでも、青年フーコーは、依然として非連続性の情況構築の次元から出発して、剛性すぎるエピステーメーに対する、人々の多くの注意をそらそうとしている。彼は、非連続性を承認することは、いくつかの否定（négations）も意味すると述べている。例えば、連続性の歴史研究の中でキーとなる構築作用を果たす、あの「伝統（tradition）」・「影響（influence）」・「発展（développement）」・「心性（mentalité）あるいは時代の精神（esprit d'une époque）」のような概念を偽であると証明しなければならないというのである。

これらの概念は、確かに、歴史研究とりわけ思想史研究の中で、我々が通常の概念だと思い慣れているものであり、我々は、連続性の歴史観というある種のイデオロギー的形式構築が、その中に含まれていることについて、従来子細には考えてこなかった。ハーヴェイはかつてこう指摘したことがある。「フーコーは、ある種の「時代精神」あるいは「世界観」なる観念を正確に論破した。相異なる制度的な権力基盤が、みずからの環境と規律の目的とに適合する、それぞれ非常に異なる言説をいかにして生み出したのかを説明したのだ」[13]と。これは正しいだろう。

青年フーコーは、いわゆる伝統的な歴史の形式構築のメカニズムは、連続的

なものとして設定された歴史の座標体系を通じて、いくつかの歴史的現象に特定の地位を与えるとともに、いくつかの歴史的事件の新しさも表示するというものであると分析しているのだ。

例えば、ある民族文化の伝統の生成・持続的発展・復興などである。

影響とは、ある歴史的現象と別の歴史的現象との神秘的な過度である。

例えば、マルクスの弁証法の中のヘーゲル的要素である。ここでは、フーコーは、自分の師のカンギレムが発した疑問の中の、あの「ニュートンの物理学は、動物の生理学の出現にともなって消えたわけではなく、前者は後者の一つのモデルに充てられたのである。アインシュタインにあっても、ニュートンは断絶式にひっくり返されたわけではない」という言葉について、さらに語ろうとしたのではないだろうか。これは、ちょうど旧来の歴史の連続性パラダイムの中の「影響」と「発展」を指すものであろう。フーコーの聡明さがわかろうというものである！　彼は、師を直接罵倒できなかったが、仕方ないという顔つきで先輩に警告したのである―老先生のパラダイムは古臭いよと。

発展。この意は、いくつかの歴史的事件は「同一種の組織づけられた原則の実現」であり、ある種の事物の低級なものから高級なものへの形態の進歩であるというところにある。

例えば、唯物論哲学の、古代の素朴実在論から近代の機械的唯物論への形態の転換である。

心性や時代精神の観念は、「同時的あるいは継起的な現象（phénomènes simultanés ou successifs）のあいだに、感覚の共通性、象徴的結びつき、類似と反映の作用を見いだすことをゆるすものだ」[14]

これは、反対にヘーゲルが我々に残してくれた思想史上の遺産ではあるが。

青年フーコーはこう指摘している―伝統的思想史研究の中で通常のものだと思い慣れている、これらの非反省的な観念の構成要件は、まさに、無意識のうちに歴史の連続性というイデオロギー的概念を構築してしまい、その本身は、

実質上、まったく経験的に実証することができない意識の合成物（synthèse）であると。

私は、フーコーのこの思考の中には、批判者に対する深みのある反駁が、また存在していることを発見した。すなわち、共時性と継起性という一対のパラダイムを慎重に用いることにより、言語学的構造主義の中の学問的概念が、認識論サークルの横方向と縦方向という常識的概念に映射されており、そのゆえに、依然として伝統的パラダイムのコンテクストにある、この種の質問自身を不当なものとして貶めようとする反駁の仕方である。なんと巧妙な方法であろうか！

明らかに、優位の立場に立った青年フーコーは、いささか得意げに、まず何よりも非反省的なパラダイムを用いて質問することはできないと述べているのである。

彼は、密やかに全面的反撃に出たわけである。

なぜならば、フーコーから見ると、通常の学術研究においては、非反省的なパラダイムの使用は、すでに隠された暴力になっているからである。例えば、「文学」と「政治」という概念は、それ自体、資本主義社会ではじめて発生した「最近のカテゴリー（catégories récentes）」にほかならないのに、かえって歴史学研究の中では、常に「回顧的な仮説（hypothèse rétrospective）」によるか、新たなアナロジーあるいは意味論的類似の作用によってのみ適用しうるものである」[15]というわけである。

これは新たな反撃への追加論点となっている。

フーコーはまたこのようにも述べようとしている―事実上、我々が、ただ一定の時代にしか属さない、規範的で体制的な形式構築の言説を使用して、すべての歴史について普遍的に思考した時は、一種の見えざる強制が、すでに無形の中に生まれているのだと。

ボードリヤールが『生産の鏡』で使用した批判的方法は、まさにこれに由来する。

ゆえに、縦方向とか横方向とかという抽象的な関係について議論するよりも、

フーコーは、それぞれ異なる歴史時期に深く入り込み、それぞれの特殊なフォーマルタングと形式構築を生み出した、具体的な歴史のパラダイムについて考えた方がよいと述べているわけである。

次に、フーコーから見ると、認識論サークルの若い学生たちは、テキストが、同質のものでもなくまた言説的出来事でもないこと、また言説的出来事も独立したものではないことを根本的に理解していなかったのである。このことは、『言葉と物』というテキスト自身が、必ずしも同質のものではないこと、ましてや『言葉と物』の意味域が、可視的な文字で直観的に理解できるものではなく、見えざる言説的出来事であり、言説的出来事群でさえあるということを意味する。これこそが、フーコーが、ここでその端緒を見せた新しいものにほかならない。ここで注記しておかなければならないことは、ここでの言説の概念は、すでに『言葉と物』のブルジョア的な古典主義的エピステーメーの中では、普通語文法（一般文法）として登場した、あの言語の運用システムではなく、まったく新しい方法論的カテゴリーであるということである。

　　フーコーのこの発言は、まさに、巧妙に問題の縄をすり抜けるに充分な方法だろう。

よって、フーコーは、質疑からうまく脱け出て、別のいくつかのさらに複雑な新しい考え方の、フォーマルタングと展開に着手するのである。ここにおいて、やや生硬に流れたエピステーメーの枠組みは、軟化して機能的な言説の出来事の場に変わったわけである。

青年フーコーは、神秘的な口調で続けてこう述べる——1人の思想家の学術的思想情況構築を真の意味で捉えようとするのなら、幻像の中の思想の統一体（unités）を粉砕しなければならない。1人の学者の思想の同一体——通常「書籍と業績（livre et de l'oeuvre）」とされているものである——とは、例えば、認識論サークルが見て取った文字・言葉・テキストの中での可視的な観点という意味での、『狂気の歴史』・『臨床医学の誕生』・『言葉と物』のようなものである。しかし、学術思想の情況構築の事実上の真相は、これらのテキストやテキスト群の言葉という事実とは、平面的で単純な同質性を共有しているわけではないと。

　　ここで私が興味を感じた思考点は、フーコーの言う同一のテキストの非同質性という点である。なぜなら、これは、私が発見した、青年フーコー

が近代的エピステーメーを描いた時に出現した複調の言説の重なりの情況（孫伯鍨教授の「二重の論理」）を証明しているのではないかと思うからである。すなわち、主導的なエピステーメー決定論と、密かに発生しつつあった、経済の現実から出発する社会的唯物論的思考との併存である。かつ、筆鋒がここまで至ると、フーコーが、すでにこっそりと、論説の重心を広大な文化知の構造—エピステーメーから、1人の学者のテキストと思想的情況構築のメカニズムの探求へとミクロ化したのに、我々は気付くだろう。これも大きな変化である。同様にこのゆえに、彼は、ある方向上でアルチュセールのテキスト解釈学に近づいたのである。

続いて、フーコーは具体的分析をさらに一歩進めていく。

第1に、テキストの同一性という観点が偽であることの証明である。青年フーコーは、1冊の本の統一性とは、「同質の統一性（unité homogène）」ではないと述べる。これは、いっそう展開された説明であろう。1人の作者の1冊の本は同質の思想体ではなく、その境界はしっかりとしたものではなく、ちょうど他者に向かって開放されているというわけである。フーコーはさらにこう述べている。

> 1冊の本の縁はけっしてはっきりしているわけでも截然と決められているわけでもない。いかなる本もそれ自身では存在できない。一冊の本はつねに他の本と支え合い依存し合う関係（rapport d'appui et de dépendance）にある。一冊の本はネットワークのなかのひとつの点（un point dans un réseau）であって、明示的であるにせよないにせよ、他の諸々の本、他の諸々のテクスト、他の諸々の文へと送り返す参照指示のシステム（système d'indications）を備えている[16]と。

疑いなく、フーコーのここでの言い方は、ロラン・バルトークリステヴァ[17]の後の「間テキスト性」にかなり接近している。クリステヴァは、1986年の論文「言葉、対話、小説」（Word, dialogue and novel）の中で「間テキスト性」の概念を打ち出した。彼女は、いかなるテキストも引用のはめ込みによる構成物であり、いかなるテキストもその他のテキストの吸収であり転化であると指摘している。ここから、間テキスト性は、間主体性に取って代わり[18]、バルトは、この観点を系統的に展開したわけである。

青年フーコーのこの言葉に隠されている意味は、『言葉と物』の中のエピステーメーの概念は、パシュラール、カンギレムさらにはアルチュセールのテキストと複雑に絡み合っているということであろう。エピステーメーというパラダイムにもし誤りがあれば、それは、ある時代における、間テキスト性の言説的出来事の場の中の共通の誤りであるというわけである。ゆえに、フーコーが挙げたこのような例は、このような意味であろう――我々は、長方体の形で目の前にある、物的対象としての書物を軽々と手に取ることはできるが、もし、各種の支持物や依頼関係のネットワークが構築する言説の場（champ de discours）を通すことがなければ、この本に含まれている示唆は、根本的に獲得することはできない――このような意味であろう。

　　注意してほしい。フーコーのここでの議論には、上記で私が指摘した、マクロの文化の形式構築からミクロのテキスト内部の構造への転換というものがまた一つ存在しているのである。すなわち、あるテキスト中の機能的な言説と各種の他者性の支持や依頼関係とが構築する示唆のシステム（言説の場）という観点である。フーコーのここでの思考は、明らかにエピステーメーよりずっとミクロな情況構築の場についてのものである。それは、往々にしてあるテキスト・ある思潮内部の複雑な言説実践である。明らかに、この言説の場という観点は、アルチュセールのプロブラマティックよりずっと精細なものと言えよう。私は、これも同様に、フーコーが使った巧妙な縄抜け術だと思う。

　第2に、1人の思想家のテキスト群の雑多性と異質性についてである。青年フーコーは、表面上、1人の学者の作品は、彼の名前によって示唆されるすべてのテキストの総和であるかのように見えるが、同じ表面上の同一の示唆によっては、彼のすべての文献を完全に覆いつくすことはできないと見ている。例えば、学者が仮名（筆名）で作品を発表する可能性もあるし、彼の亡くなった後で、部分的なオリジナル原稿・ノート（notes）・覚書の断片・随意の悪筆（griffonnage）がはじめて発見されることもあるのだ。また、その学者が中途で放棄したテキストや書こうとしたものの要綱・未発表未記録のもの・残された書簡・インタビューと対話などもあるだろう。

　　私の見方によれば、これらは、本人が世に知らせたくなかったテキストと、考えることができると思う。ジャック・マルタンとフーコー本人は、

かつて、その死の前に自分たちのすべてあるいは部分の手稿を焼却したとのことである[19]。

青年フーコーは、1人の人間は、その死の際にやっと徹底的に「多岐にわたる交錯においてかくも多様な言語を語り、それが消え去るまでには何世紀も、おそらく何千年さえもかかるであろう、ことばの痕跡の膨大な集積」を残す[20]、と深みのある指摘をしている。ゆえに、誰であろうと、その全集なるものは、永遠に完全なものになるのは不可能である。なぜなら、かつて発生した数多くの言説的出来事の中には、意識的にであれ無意識であれ削除されたものがあり、それは、全集の中には入っていけないからである。1人の思想家の作品の同質の統一性というものは、後人の解釈的操作（opération interprétative）の結果にすぎないのだ。

この統一性なるものは、永遠に、隠されたイデオロギーの色彩を帯びた再秩序構築としてしか存在できないのである。

第3に、思想の起源および明白な言説と隠された言説との関連の仮象についてである。青年フーコーから見ると、1人の思想家の学術の要諦を真に深く理解するには、その思想家に関する思想的同一性という形式構築に存在している、2種の解釈的仮設を打破しなければならないという。一つ目は、それぞれの思想の表面上の発端のほかに、いつも一種の「隠された起源（origine secrète）」というものが存在するという解釈である。この起源は、普通の意味での起点ではなく、原初の真実性というものである。

マシュレーの考証によると、カンギレムが、もっとも早く認識論の面からこの発端と起源とを区別したとのことである。このことは、後のポストモダンの思潮の中で、「本質主義」的な伝統的第1次性論の標識として用いられたものにほかならない。後に、ニーチェの系譜学に対する改造の中で、この起源論は、総体的な線形的歴史観の論理の構成要件として位置づけられた。

二つ目は、「すべての顕在的な言説（discours manifeste）は暗黙のうちに〈既に言われたこと（déjà dit）〉にもとづいているというもう一つのテーマである。しかもその〈既に言われたこと〉は、たんにすでに発話された文とか、すでに

書かれたテクストとかではなくて、〈消して言われなかったこと（jamais dit）〉、身体なき言説、息吹と同じほどに沈黙した声（voix aussi silencieuse）、それ自身の痕跡の窪み（creux）に他ならないような文字（エクリチュール）だというのである」[21]——このような解釈である。

　　仔細に考えてみると、フーコーのこの言葉は、師のアルチュセールを批判しているかのようである。なぜなら、まさにアルチュセールは、パリ高等師範学校の『資本論』研究グループにおいて、いわゆる「症候的閲読」を提起したその当の人であり、その提起の中で、マルクスのスミス閲読のように、テキストの中の「空白」を読み出すようにと人々に求めたからである[22]。

青年フーコーは、このような連続性と同一性を構築するものを除去できれば、1人の思想家の学術的情況構築の中に真に存在するものが、断続的な出来事としての闖入（irruption d'événement）、すなわち言説的出来事でしかないことを見て取ることができると見ている。

　　注意してほしい。これは、フーコーが生み出した、エピステーメーとは区別される新鮮な情況構築物であることに。それは、この後の『知の考古学』の核心となる思考点でもあるのだ。

フーコーはこうまとめている。
　　言説の個々の瞬間をその出来事としての闖入（irruption）において迎え入れるべきなのだ。言説が出現するその時宜性そのものにおいて遇するべきなのだ。言説が反復され、知られ、忘却され、変形され、もっとも微細な痕跡にいたるまで消し去られ、あらゆる眼ざしから遠く離れて、本たちの埃のなかに埋もれてしまうことをゆるす、あの時間的な分散（dispersion）そのものにおいて言説を遇するべきなのだ。遠くに起源が存在する（présence de l'origine）ところにまで言説を遡らせることはない。言説を具体的な作用の場において扱うべきなのだ[23]と。

これは、学術的散文詩のように簡潔な一文であろう。青年フーコーは我々にこう訴えかけているのだ——学術思想の発生の中で真に存在するものは、現時点で活性化された言説的出来事の場（champ des événements discoursifs）にすぎな

い。それは、学者が言説と思考の過程から構築した学術思想の情況構築の中で、かつて突然に発生したものであり、言説的出来事は、持続して実在するものでもなく、永遠に登場するものでもない。それは、不断に、突然に押し寄せ〔闖入し〕（情況の成立）また急速に離散してしまう（情況の消滅）のである。学術の情況構築とは、言説的出来事群の構築的機能の現時点での集合にほかならないのだと。まことに深く精緻である！

　もちろん、この部分は、フーコーの言説理論が最初に私を励ましてくれた部分でもある。それは、ほとんど私の情況構築論のフランス版と言ってよい。

フーコーから見ると、言説的出来事は、言葉あるいは意味するところによってすべてが尽くされるという一つの出来事ではない。いったん我々が、とくに、それについて語りあるいは思考しようとすれば、突然に現れたこの言説出来事はすでに不在なのである。

　ゴルドマンは、かつてこう述べたことがある—我々は自分の怒りを研究することはできない。怒りが理性の対象となった時には、それはもう消失しているのだと。1970年、フーコーは、ドゥルーズの『差異と反復』と『意味の論理学』の書評—「哲学の劇場」の中で、ドゥルーズの指摘した出来事の哲学をニーチェの系譜学研究と関連付けた。フーコーから見ると、出来事とは、差異性の反応であり、それは、往々にして通常の歴史研究の中では、粗略に扱われる存在の細部となる。系譜の研究とは、あらためて捉えなおした出来事の実際の歴史（die wirkliche Historie）の研究である。これは深みのある解釈であろう。

フーコーの言いたいことは次のようなものであろう—言説的出来事は、もとより一種の具体的な執筆行動あるいは言葉と関連するものであり、手稿・書籍（現代ではデジタル映像もある）などの、物質的記録の記憶の場（champ d'une mémoire）の中に、一種の物性の剰余存在（スティグレールの指摘する「第3の保留物」）として残されることも可能である。しかし、かつて構築され活性化された思想的情況構築のもとでの言説出来事は、唯一無二のものであり、そのテキストや音声を編集・描述・記録したいかなる物的実在とも等しくはない。それは、いつも構築的に登場するが言説や思考の終了とともに脱-構築さ

れるのだ。だが、物的遺跡としてのそれは、「また反復（répétition）、変形（transformation）、再活動化（réactivation）に供されてもいる」[24]と。ここから、解釈学と歴史学研究の新たな情況化の本質が生まれたわけである。

たいへん深いものがある。これは、率直に言って情況構築論の言説理論である！　ここで、私は、少し前に南京大学を訪問した、現代フランスの哲学者スティグレールと自分との議論を取り上げるべきであろう。スティグレールは、『技術と時間』の中で、シモンドン、ジル、グランの技術と人類学研究の基礎の上で、「第３の保留物」と「代用道具」という技術概念を使用して、近代の技術統治の現象学的本質を分析し、人類に対して外在的なそのシステム的発生を明らかにした。しかし、私の疑問は、代用道具としての技術体系は、本質上客観的物体としての対象として存在している。例えば、CDや文字のデジタル化の過程は、実は可視的な対象であり、事実上、マルクスとハイデッガー以来、多く強調されてきたことは、可視的な存在が構築したものは、記載されることが根本的にできない関係─機能的場の情況なのではないかということであった。スティグレールの当時の回答は、私を満足させるものではなかった。

私はあえて断定しよう。認識論サークルのあの若者たちは、フーコーの、あのわけがわからない描述に頭が混乱したのだと。しかし、私は、この時に発生した事情は、青年フーコーの思考にとって重要な出来事になったとも思うのである。すなわち剛性の文化構造（エピステーメー）から機能的な言説実践への転換という出来事である。この意味において、このことは、すぐ後の、『知の考古学』での換骨奪胎の先行的な歩みであったと見ることができるのである。

3.　アルシーブと知の考古学

青年フーコーは次のような観点を打ち出した─思想史の中に真に存在するものが、場の情況に突然出現した言説的出来事であるとするならば、「文化における言説的出来事の存在様式（mode d'existence des événements discursifs）」を研究することは、たいへん急を要する事情になるだろうと。彼はまた、言説的出来事の存在様式は、固定化された枠組みではなく（エピステーメーを一種の固定化された、知識の構造体として理解することを暗喩している）、一連の状況

(ensemble des conditions)²⁵であるとも述べている。

その研究が目指すのは、一つの社会のある時点において、言表の出現、言表の保存、言表間に打ち立てられる結びつき、言表を資格分類するやり方、言表の果たす、言表が帯びている価値や聖別化の働き、実践や行動において言表が使われているやりかた、言表が流通したり（circulent）、抑制されたり（refoulés）、忘却されたり、破壊されたり、復活させられたり（réactivés）する原則などを司っている諸条件を明るみに出す（déterminée）ことなのだ²⁶というわけである。

上述の言説的出来事への転換があったので、いまや青年フーコーは、認識論サークルの若者たちは、自分のエピステーメーの概念を真には理解していないと、胸を張って批判する。それは以下のようなものであった―言説的出来事が、その時点で構築されまた脱-構築されるものである以上、エピステーメーの存在様式は、言説的出来事が随時活性化されるための、外部的要因であり条件にすぎない。エピステーメーは、言説的出来事と直接等しいわけではなく、言説のその時点での発生条件なのである。しかし、伝統的な歴史研究においては、突然出現する言説的出来事自体は、常に歴史の中には入って来ない、あるいは、真実の思想的情況構築は、従来からそのまま記載されることはないとも言えよう。我々が見てとることができるのは、言説と思想がフォーマルタングされ発生する、一連の条件と運動ルールという物的な遺跡（「第3の保留物」）だけなのであると。同様にここで、フーコーは突然以下のようなことを述べ始める。

私は、アル̇シ̇ー̇ブ̇（archive）という言葉で、一つの文明によって保存されてきたテクストの全体（totalité des textes）ではなく、また人々が災厄から救い出すことが出来た痕跡の総体をでもなく、ひとつの文化において、言表の出現と消失（effacement）を決定づけ、言表の残存と消去を決め、出来事にして物であるという言表の逆説的な存在（existence paradoxale d'événements et de choses）を規定している規則（règle）のゲームを呼ぶことにする²⁷と。

明らかに、ここでのアルシーブとは、あのいささか剛性のエピステーメーを、歴史研究の中で弱めた代替物にほかならない。

アルシーブという要素の中で言説的出来事に向き合おうとするのならば、これを直接事実の記録とすることはできず、すでに不在の言説的出来事の記念碑

（monument）と見なさなければならないだろう。
　フーコーは、「記念碑」という言い方の功はカンギレムに帰すべきだと、もっぱら指摘している。ホネットは、この特殊な言葉の流用について注意を払っている[28]。この点で、スティグレールは、いわゆる「第3の保留物」という、特別に設定した遺跡性の意味には明らかに慣れていない。

　遺跡が、言説的出来事の場の再現を再活性化できなければ、それにはいかなる意味もない。同様にこの情況構築の意向において、青年フーコーは、人々に伝統的歴史学と哲学における、あの地質学的隠喩を捨て去るようにと呼びかけるのだ。すなわち、「起源」と「本源」（archè）の発端と原初的情況の探求の放棄である。青年フーコーは、このような新たな情況構築の中での「アルシーブ」は、まさに考古学（archéologie）の研究対象となると見ているわけである。これは重要な告白であろう。
　青年フーコーは、認識論サークルの若者たちに、自分の『狂気の歴史』・『臨床医学の誕生』・『言葉と物』は、すべて考古学とアルシーブ学研究の試みであったと告げている。
　　フーコーのこの整理は、明らかに事後の新たな地位の引き上げであろう。

　同様にこれらの研究は、限定された領域の非常に「部分的な探究」（exploration très partielle）にすぎないゆえに、どのテキストもどれ一つとして「自律的なものでもそれだけで十分なものでも」ないのである。このゆえに、これらのテキストには、いくつかの「裂け目」が含まれているが、これは充分正常なことであると、フーコーは述べている。
　　明らかに、彼は詫びを入れようとは思っているわけではない。これは、多く見積もっても高い位置から頭を下げるというような態度であろう。

　青年フーコーは、アルシーブの考古学的研究の中で、自分がもっとも関心を寄せたのは、言説的出来事のフォーマティング〔形成〕（formation）とポジティヴィテ（positivés）の問題であると言い張るのである。
　　この小節の標題は、「言説のフォーマティングとポジティヴィテ」（*Les formations discursives et les positivités*）となっているが、中国語版訳者は、

ここで非常に重要なformationを配置と訳しており、フーコーのここでの基本的情況構築の意向の基礎を見失っている。

フーコーはこのように述べている―このことにより、「テキスト」・「著作」・「科学」のような、あの「伝統的単位（unités traditionnelles）」に基づく、テキストの語義穿鑿的解釈学のうっとおしい情況から離脱し、機能的な言説実践に向き合う考古学に真に入っていけるのであり、ここから、はじめて、言説の生成を決定づける機能的なルール（フォーマティングのメカニズム）を捉えることが可能になると。

考古学は、何よりもまず解釈学に反対するものであるというわけである。この点について、フーコーはさらに詳細に説明している。次に、指摘しておかなければならないのは、フォーマティングというパラダイムは、西洋哲学の中で早期に出現した、きわめて重要な方法論的カテゴリーだということである。それは、アリストテレスの形式因に由来するもので、後に、多くの観念論哲学者の思弁的演繹の中で、キーポイントとなる役割を演じた。とりわけ、ヘーゲル―マルクスの労働によるフォーマティングというコンテキストの中では、実践的存在論の根本的起動因となった。その後、フォーマティングは、フッサール―ハイデッガーの現象学の意向の内在的支持点ともなり、また、ハイデッガーの交流―干渉という創世論の基礎にもなった。私は、フーコーのここでのフォーマティング概念の使用は、一種の重要な転形を示しているものと思う。すなわち、外部構造の剛性の決定論から機能的な言説の構築の場の突然の出現へという方向転換である。

青年フーコーは、言説のフォーマティングには4つの重要な基準があると指摘する。

最初の基準は、言説の統一性を、その言説のすべての対象の形成〔フォーマティング〕の規則（règle de formation de tous ses objets）によって定義する。第二の基準は、その言説のすべての統辞的タイプ（types syntaxiques）の形成〔フォーマティング〕の規則によって定義する。第三の基準は、その言説のすべての意味論的（sémantiques）諸要素の形成〔フォーマティング〕の規則によって定義する。第四の基準は、その言説のすべての操作的蓋然

性 (*éventualités opératoires*) の形成〔フォーマティング〕の規則によって定義する[29]と。

ここでのフォーマティングとは限定である。私は、この時のフーコーは、フォーマティングの概念に含まれる内容を、真の意味ではまだ規定できていなかったと思う。なぜなら、フォーマティングの情況構築は、たんなる限定性よりもずっと豊富なものになるからである。かつ、言説のフォーマティングの限定の力は、言説の対象・そのシンタックス・その語義・その実際の運用に及んでいるが、ここでの話は、フーコーのこの時の頭に浮かんだ、言説のフォーマティングのすべての面が現われている。

　私は、フーコーは、この時はまだ、言語学の外部にある、新しい言説の形式構築の術語を創出していなかったと思う。ゆえに、これらの説明は、いまだ、すべて伝統的な語句の格式の中にあったのであろう。

フーコーから見ると、この4種の言説のフォーマティングの限定性は、同時に、一種のコントロールのシステムでもある。「四つのレヴェルをもったそのシステムは、言説形成体〔フォーマティング〕(formation) をつかさどっており、その諸々の共通要素をではなく、その偏差、隙間、その距離の作用を——いうなればその充溢した表面をではなく、その空白を——担っているものであり、私がその実定性〔ポジティヴィテ〕(positivité) と呼びたいのはまさにそれなのである」[30]というわけである。

　後の『知の考古学』では、この観点は、強化され言説実践理論となった。

フーコーのこの表述は、伝統的言語学のコンテキストによって、直接理解するのは難しい。彼の言いたいことは大体このようなことだろう——言説のフォーマティングの作用は、伝統的な学術の情況構築では、ほとんど空無に近いものである。なぜなら、それは、自身が不断に消失する機能的なポジティヴィテの中に現われるからである。そして、この見えざる空無こそが、まさに、自分が言説のフォーマティングの考古学的研究の中で捉えようとしたものにほかならないと。これは、彼が、言説理論の今までの情況構築から軌道を外れようとした始まりを意味する。

さらに重要なことは、青年フーコーが、こんな幻覚を信じないようにと我々

に呼びかけていることである。すなわち、事物によって構成される区域や領域というものがあたかも先在し、それ自身が、理想化された仕事や科学的な言語運用に対し自身の姿を自発的に現す―このような幻覚である。

（経験の幻像 illusion de l'expérience によって）、自然発生的に理念化の活動や科学的言語の作業に供されるような地帯や事物の領域が存在すると考えるとすれば誤りである。それらの対象が、歴史、技術、諸発見、諸制度、諸々の人類の道具がそれらを作り出したり発見したりした秩序（ordre）のなかに、自らすすんで自分たちを繰り広げたのであり、すべての科学的錬成（élaboration scientifique）は、自然的経験（したがって一般的価値を持つ経験）のなか、あるいは文化的経験（したがって、相対的かつ歴史的価値を持つ経験）のなかに与えられているものを、試み、解読し、中傷し、分解し、再構成する（recomposer）一種のやり方にすぎないとのだ、と考えるとすれば誤りである（の中に陥るということである）[31]と、フーコーは我々に警告しているのである。

そのとおりである。青年フーコーは、我々すべての人間が誤りを避けられないと指摘しているのだ。なぜなら、この経験の幻覚は、まさに過去のすべての連続性という総体的歴史観の経験的基礎にほかならないからである。すなわち、歴史が連続的なものであるのは、主体の統治を保証するためであり、それに相応して、同種の連続的主体と一種の超経験的な目的論が歴史を貫徹するという思考である。主体の統治と超経験的な目的論という観点は、まさに連続性の総体的な歴史観の基礎なのである。

こうした思考は、すぐ後の『知の考古学』での直接の批判の対象にもなった。

しかし、我々がこのような幻覚から抜け出したとしたら、どんなものが獲得できるのだろうか。フーコーの答えはこのようなものであった―非連続性の匿名の知（savoir）であると。「諸科学があらわれる歴史性の場（champ d'historicité）としての知は、一切の構成的活動（activité constituante）から自由であり、起源や歴史的-超越論的目的論へのあらゆる準拠から解放されており、制定的な主体性（subjectivité fondatrice）へのあらゆる依拠から切り離されている」[32]というわけである。注意してほしい。これは、フーコーのsavoir（知）の概念

についての重要な再構築であることを。savoirは、もはや死んだ概念・理念・カテゴリーである知識（connaissance）の体系ではなく、一種の言説実践の意味での場の存在になっているのである。

　　これは、まさに、間もなく『知の考古学』で真摯に向き合おうとする事柄になるのである。

　主体の抹殺・起源と目的論の消去・各種の意図的な構築活動の脱-構築—我々が歴史と向き合う理由は、匿名の科学知が、歴史という場において各種の死板化した歴史アルシーブに遭遇した時、その中に眠っている言説的出来事を新たに活性化してこそ、言説のフォーマルタングとかつて発生した言説の場のポジティヴィテを見つけ出すことができるからにすぎない—これらの作業こそが、科学の考古学の主要な任務にほかならないと、フーコーは提起しているのである。当時のあの若い学生たちが、フーコーのこのような複雑な学術の太極図を理解できたか否は、まったくわからない。

　しかし、私は、フーコーの、歴史の超経験的な目的論に反対するという観点には、一定の合理性があることは承認できる。しかし、知の場という用語を突然出現させることによって、「歴史、技術、諸発見、諸制度、諸々の人間の道具」という、客観的な実践的秩序構築が生み出した「事物の秩序」に取って代えようとしたのは、依然として観念の優先論であろう。このことは、この時のフーコーの思想的情況構築の中の方法論は、いまだ隠された観念論的史観から抜け出していなかったことを説明している。

［注］
1　この本の出版後まもなく、サルトル主編の『レ・タン・モデルヌ』誌に2篇のかなり長い批判的な文章が発表され、『言葉と物』は実証主義のマルクス主義への進攻であるとの批判的指摘がされた。この年の年末、サルトルも『ラルク』誌に講話を発表し、フーコーは「新しいイデオロギー、すなわち、ブルジョア階級がマルクスに対していまだ構築しうる最後の堤防を築き上げた」と述べた。
2　この文章は、もっとも早くは『分析手帖（Cahiers pour l'analyse）』第9号に掲載された。ミシェル・フーコー、石田英敬訳「科学の考古学について——〈認識論サークル〉への回答」『ミシェル・フーコー思考集成Ⅲ　1968-1970　歴史学／系譜学／考古学』

（筑摩書房、1999年）100-143頁を参照のこと。
3 ジャック・アラン・ミレール（Jacques-Alain Miller 1944-）。現代フランスの有名な精神分析家・作家。1962年パリ高等師範学校に入学、アルチュセールに師事した。1963年アルチュセールが彼にラカンに関心を持つように仕向けたので、ラカンと接触し始め、ラカンの好感を得た。1966年ラカンの娘ジュディットと結婚し、ラカンの娘婿になりラカン学派の後継者となった。1992～2002年世界精神分析学会の会長となった。彼はまたラカンのセミナール手稿出版の唯一の編集者でもある。おもな著作には、*Un début dans la vie*（2002）、*L'anti-Livre noir de la psychanalyse*（2006）、*Vie de Lacan*（2011）などがある。
4 フーコー前掲書100頁。
5 学術界とくにサルトルなどのフーコーへの批判に面して、カンギレムは『クリティーク』誌1967年7月号に長篇の論文を発表し、フーコーを直接擁護している。
6 フーコー前掲書101頁注1から転用。
7 同上102頁
8 ゲルー（M. Gueroult 1891-1976）。フランスの哲学史家。おもな著作には、*L'Antidogmatisme de Kant et de Fichte*（1920）、*Nouvelles réflexions sur la preuve ontologique de Descartes*（1955）、*Histoire de l'histoire de la philosophie*（1984～1988）などがある。
9 フーコー前掲書103頁。
10 同上105頁。
11 同上104頁。
12 同上106頁。
13 David Harvey, *Justice, Nature and the Geography of Difference* (Oxford: Blackwell, 1996), 90.
14 フーコー前掲書107頁。
15 同上同頁。
16 同上108頁。
17 クリステヴァ（Julia Kristeva 1941-）。ブルガリア系のフランスの文芸批評家・哲学者。1966年フランスに移住し、現在はパリ第7大学の教授である。主な著作には、『ことば、この未知なるもの──記号論への招待』（国文社　1983年）、『恐怖の権力──「アブジェクシオン」試論』（法政大学出版局　1984年）などがある。
18 Julia Kristeva, "Word, dialogue and novel," in The Kristeva Reader, ed. Troril Moi (Oxford: Blackwell,1986), 37.
19 私は、『マルクスへ帰れ』・『レーニンへ帰れ』・《回到海德格尔》〔『ハイデッガーへ帰れ』〕の中で、テクストロジーの客体的視角から、公開発表された文献・手稿類の文献・ノート書簡類文献・閲読コメントの類の「擬似テキスト」という4種類のテキストの存在についてすでに指摘している。そして、テクストロジーの主体的視角からは、演技性・表現性・秘密文献・現身性文献という4種類のテキストを区分した。ここでは、

私はまた、遺失したあるいは故意に削除された、登場せざる文献というものがあることも意識するようになったのである。『レーニンへ帰れ』の中で、私は、削除されたデボーリンのテキストに触れた時、この類の文献に言及したことがある。この新しい種類の文献は、テクストロジーにおける客体と主体の視角の間にちょうど位置しており、その果たす作用は情況はきわめて複雑である。私の教え子である楊喬喩博士は、ジャック・マルタンの「登場せざる著作」事件をはじめて取り上げ、これについて具体的な議論を行った。楊喬喩氏の博士論文《形式断裂中的逻辑延续——阿尔都塞与阿尔都塞主义研究》〔「形式の切断中の論理の延続—アルチュセールとアルチュセール主義の研究」〕(2015年、南京大学文書館所蔵) 参照のこと。

20 フーコー前掲書109頁。
21 同上111頁。
22 アルチュセールの「徴候的読解」については、拙著《问题式、症候阅读与意识形态——关于阿尔都塞的一种文本学解读》〔『プロブレマティック・徴候的読解・イデオロギー—アルチュセールのテクストロジー的解読』〕(中央编译出版社、2004年) 第2章を参照のこと。
23 フーコー前掲書111-112頁。
24 同上114頁。
25 conditionという言葉は、フランス語の中では「条件」と「状況」などの意味を同時に持っている。フーコーのここでの情況構築のコンテキストによると、私は、機能性的な「状況」と訳したほうがよりぴったりすると感じた。
26 フーコー前掲書115-116頁。
27 同上116頁。
28 アクセル・ホネット、河上倫逸監訳『権力の批判——批判的社会理論の新たな地平』(法政大学出版局　1992年) 155-158頁。
29 フーコー前掲書128-129頁。
30 同上129頁。
31 同上140頁。
32 同上142頁。訳文は変更した。

付論2―言説方式中の不在の作者
―青年フーコーの『作者とは何か』の解読

　1969年2月23日、青年フーコーは、フランス哲学学会で「作者とは何か」と題する有名な講演を行なった[1]。この講演は、公衆の『言葉と物』に対する重ねての質疑への、フーコーの回答の一歩進んだ努力と見なすことができよう。しかし、この講演の中に、フーコーが、いつも、反撃式の思考によって、問題域をさらに複雑にして、推し量ることのできないものに変えてしまう傾向を、われわれは再度見て取る。この時、彼は、あの海辺の砂浜に随意に描かれた図形のような、近代人の執筆主体としての消失をきっぱりと宣言したのである。「マラルメ以後絶えることのない事件であり続けている作者の消滅（La disparition de l'auteur, qui depuis Mallarmé est un événement qui ne cesse pas）」[2]であると。それは、作者の肉体的死亡ではなく、彼の言説方式中の不在である。ここでは、不在は、フーコーの思考の焦点の問題になっているのだ。

1. 作者はいかなる意味で不在なのか

　演台に上がって、フーコーは、すぐに、フランス哲学学会の学術的正統のマナーにしたがって語り始めた。彼はこう語り始めた―みなさんにここでお話をするには、通常「既に完結した業績の果実（résultat de travaux déjà achevés）をたずさえ」なければならない。それは、完成された学術論文あるいは具体的な結論の成果の報告を指す。だが、「残念なことに、私が今日たずさえてきましたのはあまりにも取るに足らぬものではないか」[3]と。
　私の理解によれば、これは、『知の考古学』の言説的出来事論へと向かう、第2回目の予備的思考であったと思う。第1回目は、前述の付論で言及した『科学の考古学』であろう。

　フーコーはこう述べている―まだ形になっていない、自分のこの新しい研究計画に入って行こうとするなら、2つの新しい情況構築点を持つ必要がある。一つ目は思想の不確定性（incertitudes）であり、2つ目は言説の存在方式の不在性（absence）であると。不確定性は、フーコーの哲学的思惟の基本的な存

在方式であり、彼の哲学方法論の情況構築は、つねに以前の自分を解消する中で、変化を発生させるというものである。これは一生そのとおりであった。不在性（欠席）は、ラカンの本体論の原則であり、フーコーがここでこの概念を引用したのは、彼自身が説明しようとする、爆発的観点を引き出すためである。実際の執筆の場においては、作者は不在であるというのである！青年フーコーから見ると、エクリチュールでは作者は不断に消失し、テキストの中では誰が語っているかはどうでもいいことであり、サインは、作者を示すものではなく言説群の象徴にすぎないということになるのだ。フーコーの言葉はいつも人を驚かせてやまない。

　私は、この思想を語り始めた時、フーコーは、台下の聴衆が、自分のこの奇怪な話を聞いた後、その心の中に疑問が生じるのを避けられないと予知していたはずだと思う―ここで自分が指摘した、執筆者あるいは作者としての主体の不在という言葉に対して、人々は、わざとらしく、ひねくれすぎるのではないかと必ず疑うだろうと。ゆえに、彼は、ただちに緩衝的な解釈を行った。青年フーコーはこう語ったのである―現在に到るまで、少なくとも言説中の一般的作用、および自分の著作の中で起きた作用から見ると、例えば、『言葉と物』の中でも、「作者」は依然として未解決のままの問題である。もちろん、その原因は第1に私の不注意に帰するがと。

　　まず自己を点検する。これは、確かに一歩後退二歩前進のよい姿勢であろう。かつ、これは、なかなか見られない、フーコーのはじめての公開の自己批判でもある。しかし、この内省が、かえって、さらに驚くべき思想の爆発のためのものだったことを、我々はまもなくすぐに見ることになる。

青年フーコーは、自分の具体的なテキストである『言葉と物』を例にして以下のように分析している。

　　『言葉と物』のなかで、私は本とか作品とか作者とかの慣習的な単位によって区分されてないさまざまな言葉の塊（masses verbales）、いわば水面のように広がるさまざまな言説の平面（nappes discursives）の分析を試みました。私は「博物学」、「富の分析」、「経済学」について一般的に語ったのであり、作品とか作者についてはまったく語らなかった（point d'ouvrages ou d'écrivains）。しかしこの著作の全体を通じて私は無邪気に、つま

り野蛮な仕方でさまざまな作者の名（noms d'auteurs）を用いました。ビュフォン、キュヴィエ、リカード等の名を語り、そしてこれらの名が、ひどく困惑をもたらすような曖昧さのなかで機能してしまうのを、そのまま放置してしまいました[4]と。

　付論1で向き合ったあの「科学の考古学」の回避の態度と比べると、この時のフーコーは、反対に誠実な自己点検の態度をとっている。『言葉と物』の論理に基づくと、言説のフォーマティングの次元において、多重なêtreによって作用が引き起こされる「言葉の塊」（『言葉と物』でのエピステーメー）が、ある時代の文化総体の制約構造であるとするならば、この言説のフォーマティングの方式の在場は、まさに、一切のテキストと具体的な作者の外部に位置するということになる。フーコーの見方によれば、すべてのテキストの言葉が組織的に秩序構築されるということは、このような言説のフォーマティングの方式の展開とその具象化の実現にすぎず、この別類の言説実践の状況構築の中では、名前を持つ1人の作者は、フォーマティングの方式（エピステーメー）の直接的な肉身に代替する、あるいはその役割を果たすことはできないということになる。しかし、ちょうど『言葉と物』の議論の中では、自分自身は、「ビュフォンあるいはマルクスを論述する子tでもなく、彼らが語ったことあるいは語ろうとしたことの全貌を復元することでもなかったからです。私はただ、かれらの著作のなかで出会う若干数の概念あるいは理論集合（ensembles théoriques）を彼らが編成した（avaient formé）とき、彼らが従ったもろもろの規則（règles）を見出そうとしたにすぎませんにすぎない」[5]と語っている。通俗的に言えば、見えざるエピステーメーを探し出そうとするために、時には、フーコーは、名前のある作者を「エピステーメー」の在場に直接換えたというのである。ここでは、フーコーは、自身の論説中に漏れがあったことを承認しているのであり、この漏れあるいは思考の盲点とは、まさに作者の在場の問題であったというわけである。青年フーコーは、現在に至るまで、「ある概念なり文学ジャンルなり哲学基型なりの歴史を語ろうとするとき、思うに、だれしもどうやらやはりこうした単位を、作者と作品という堅固で根本的な第一の単位にくらべて、比較的弱い、二次的で付帯的な区分とみなしているようなのです」[6]とさえ見ているのだ。これは、明らかに、すでに、自己の落ち度を反省している口調ではなくなり、現実のすべての学術思想域をあてこすっている態度であろう。ここか

ら、彼が、自分が打ち出した「作者とは何か」という問題の正当性を、一歩進んで認証しようとしているのを見て取ることができよう。このため、彼は、また皮肉っぽくベケット[7]の話を引用している。「だれが話そうとかまわないではないか（Qu'importe qui parle ?）」[8]と。

　この言葉に含まれている意味のさらに一層深い追問は、通常の言説の中でも、エクリチュールの中でも、「あの名前を持っている誰かは、本当に在場しているのか」という問いである。青年フーコーのこの時の答えは、もちろん否定的なものであった。真相は、作者が書いているのではなく、言説が彼に話させ書かせているのであるというのである。作者は常に在場しているかのように見え、その肉身は現場で講演しているように見える。しかし、その「誰か」は、実際には不在なのであるというわけである。もちろん、この人騒がせな宣判のために、フーコーは、多重の関係の転倒を通じてそれを証明しなければならなかったのである。

　第1に、個人の主観的意図による表現と言説のフォーマティングの方式との関係の転倒である。通常、作者は主体として在場し、まず言説とエクリチュールによって自分の主観的意図を表すとされている。しかし、青年フーコーは、今日においては、表現主体であるはずの作者は、言説分析の次元では反対に消失しつつあると見るのである。彼は、「今日のエクリチュールは表現という主旋律（thème de l'expression）から解き放されたと言うことができます。エクリチュールはエクリチュール自身にしか照合されない、といってまた内面性の形式（forme de l'intériorité）のなかに取り込まれてはいない。エクリチュールはエクリチュール自身の展開された姿としての外在性（extériorité déployée）と同一化している」[9]と述べている。フーコーによれば、このように言えるのは、このようなゆえんである—作者は、そのエクリチュールと発言の中で、自主的に自分の考えを表しているように見えるが、実際には、エクリチュールは、さらに大きな尺度の中の一種の言説運用という、「外部」の決定の結果すぎないのであり、人間の自主性なるものは、まさしく、生まれてきた無意識の他者性の存在にほかならないゆえであると。

　例えば、前ソ連・東欧のスターリン教条主義の言説のフォーマティングのもとでは、人々は、みな自分自身がマルクス、レーニンのテキストに向き合っていると思っていたが、実際に起きていた出来事は、あの見えざるイデオロギーという大きな他者が、それぞれの無主体の作者にその思考を

強制していたということにすぎない。例えば、『ソ連共産党(ボルシェビキ)史』が、当時の史学のフォーマティングの基準であったと言うならば、当時のすべての歴史のエクリチュールは、この「輝ける歴史」のミクロ的対象化にすぎないということになる。これに対して、フーコーは、このような歴史の執筆の中では、作者の真実の在場性は根本的に存在しないと語っているのである。もちろん、これは、極端な例にすぎないが、フーコーは、このような可視的で暴力的な偽の情況構築が、すべての言葉や執筆の中に広がっていくだろうと予想していたわけである。

フーコーから見ると、作者が開始し進めているように見える、一切の言葉とエクリチュールの過程は、実際には、ある種の外部の見えざる言説のフォーマティングの方式が、作者を規制しているということになる。我々の先生の1人は授業でこう語ったことがある—大多数の情況下では、自分の自主的で創造的な言葉というものは、実は真のものではなく、自分が意識できない、ある隠れた知識のシステムが自分に語らせているのだと。これは、後のポストモダン的雰囲気の中での「話が私に語らせている」という言葉にほかならない。作家や学者にあってもそうである。文芸作品での意図的に見える人物やストーリーの創造は、実際には、作者が背負っている、文学的言説フォーマティングの枠組みと無形の世界観によって決定づけられており、学術研究は、それ以上に、言説フォーマティングと思想的情況構築の無意識の展開だということであろう。青年フーコーはこのように見ているのである—このような個人の主観的意図による表現と言説の方式との関係は徹底的に転倒され、エクリチュールは、記号の一種の相互作用に変わってしまった。それは、さらに多くの場合、浮遊するシニフィアン自らによって、その関係の構築が干渉され、主観的表現というシニフェによって、その内容が支配されるのではないと。

この点は、ラカンのあの象徴記号が構築する大文字の他者を想起させる。

青年フーコーはこう語っている。

エクリチュールとは、記号のゲーム (jeu de signes) であり、記号によって意味された (signifié) 内容においてというよりもむしろ、記号の作用面の性質 (nature même du signifiant) それ自体において序列を与えられた、

その遊びの姿だということです。しかしまた、このように「ゲームの規則」に従ったエクリチュールは、つねにその限界をめがけて実地にテストされている、という意味でもある。エクリチュールはみずから受容し使用するこの規則性をつねに侵犯し転倒しつつあるのです。エクリチュールはいわばひとつの遊びとして——それも、かならずその諸規則を乗り越えた彼方にまで行ってしまう遊びとして、展開され、こうして外部へと移り出てしまう。エクリチュールにおいては、書くという動作の表明とか顕揚とかはかかわってこない。ある主体（sujet）をある言語のなかにピンで留める必要などない。問題はある空間が口を開き、そこでは書く主体が消滅してやまない（sujet écrivant ne cesse de disparaître）ということなのです[10]と。

　これは、フーコーにはあまり見られない、ソシュールのシニフィアン－シニフィエ論への敬意であろう。

　注意してほしい。これこそが、青年フーコーのあの有名な「作者の消失」の第1の現場なのだとうことを。すなわち、エクリチュールは、多くの場合、自身の外部にあるシニフィアン記号のシステム的干渉関係に制約を受け、エクリチュールの意図をもともと構成していた、主体によるシニフェの内容から不断に離脱するゆえに、作者の主体性の基礎は空にされてしまうということである。エクリチュールが、シニフィアンのゲームと大騒ぎならば、作者は、そのゲームの開始から消失してしまう幻影にほかならないということになるのだ。

　第2に、エクリチュールと死亡との関係の転倒である。青年フーコーは、我々にこう訴えている―伝統的なエクリチュール観は、エクリチュールは不死のためのものであり、西洋においては、エクリチュールは、ギリシアの叙事詩あるいは史詩の中の古い概念であり、「それは、ある英雄の不死性（immortalité）を保証する概念として用いられた」。エクリチュールとは不死性を意味していたのである。しかし、今日の文化においては、これら一切が転倒された。エクリチュールは、もはや作者を不死にさせず、それ自身は、反対に作者を抹殺する過程に変わったのであると。これは、一つの関係の転倒の弁証法であろう。フーコーは続けてこう語っている。

　　いまやエクリチュールは、供犠に、生の供犠そのものに結びつく。エクリチュールをとおして、いわば意志的な消滅が行われ、それが作家の生存そのもののなかでなしとげられてしまう以上、書物のなかで表象＝代行さ

れる必要はない。かつては義務として不死性をもたらすべきであった作品（œuvre）が、いまでは、自分の作者を殺す権利、自分の作者の殺害者（meurtrière de son auteur）であるという権利を受け取ってしまっているのです[11]と。

またまた人騒がせな断言である。この言葉に含まれている意味は、伝統的な古典的作品の不朽性とは異なり、現代的な文学の創作の中では、作者は、故意に消滅させられるというのである。青年フーコーは、フローベル、プルースト、カフカなどを、作品が作家を抹殺するという上述の現象の「明白な実例」として挙げている。

　私は、フーコーのこの観点についての論証は不十分なものと思う―フローベル、プルースト、カフカなどの作品が自殺であるということを拠り所にはしているが、それぞれの原因と論理はいかなるものかについては、フーコーの言葉は詳細ではない。フーコーのここでの理解の情況構築中に入って行こう。もし、この話が指すものが、伝統的な古典観の目から見ると、いまや古典は存在せず、エクリチュールは流行に堕し、よって古典作家はすでに死亡しているという意味ならば、まだ理解できるものである。しかし、このような古典が不在という否定的な情況構築は、フローベル、プルースト、カフカの作品がもはや不朽のものではなくなっている事情に押し付けることはできないだろう。

これと関連して、青年フーコーはさらに次のように指摘している―上述のエクリチュールと死亡との関係の転倒は、作者の個人的特徴（individualité particulière）の作品中での完全な消失を表す、あるいは、今日では、作者の存在の標識は、まさに反対に、その「特殊な不在（singularité de son absence）」にあると。ゆえに、今日の作者を理解しようとするのなら、その切込み点は、彼の欠席の独特性、あるいは作者と死亡との関連でなければならず、しかも、この関連は、ちょうどまた作者を自分の作品の犠牲品にするのであると。この指摘は、いったい大衆文化中の作者の個性の死を指しているのか、または、ポストモダンの情況構築の中の「零度のエクリチュール」（バルト）を指しているのか、本当にわからない。私は、言説のフォーマティングの方式の強い統轄の中での、作者の特色の消失を指しているものと推測している。ここでは、フーコーの思

考の回りくどさと技巧の一班が見て取れるだろう。

　第3に、作者とエクリチュールとの間の関係の転倒である。青年フーコーは、作者の不在は、またエクリチュール自体の消失も表すと指摘している。青年フーコーの見方によると、いまや真に発生している「エクリチュール（écriture）」の活動の中では、

エクリチュールは、

　書くという動作も、だれかが何かを語ろうとのぞんだ〔意味しようと思った〕かもしれないということの刻印（徴候あるいは記号（symptôme ou signe））も問題ににならず、あらゆるテクストの一般的な条件、テクストが散乱してゆく（disperse）空間と展開してゆく（déploie）時間との条件（condition）を考えようと、注目すべき深さをもって、ひたすら努力がつづけられているのです[12]ということになる。

　エクリチュールは、もはやエクリチュール自体に関心を持たず、ただ、一種のテクストの特定の空間と時間の中での展開状態を切り開くにすぎず、「作者というもののもつ経験的な諸性格を、超越的無名性（anonymat transcendantal）へと転移させる〔中略〕。作者というものの経験的事実性のあまりにも目につく刻印を消し去る〔後略〕」[13]というわけである。一言で言えば、作者が書いているのではなく、特定の時代に生まれた言説のフォーマティングの方式がテキストの中で展開されているのである。私が書くのではなく、言説のフォーマティングの方式が私を書いているのである！　フーコーに代わって、我々がまだ何かを言えるのならこう言おう―かつては、作者にとっては「我書くゆえに我あり」だったが、現在起こっている出来事は、「我書くゆえに言説フォーマティングの方式あり」なのである。なぜなら、エクリチュールの過程は、まさに作者の死の過程であり、作者としての私は、エクリチュールの過程ではすでに不在であるからである。君は、自分が書いていると思っているのか。だが、君は、本当は不在なのだécriture comme absence（不在としてのエクリチュール）！これ以上恐るべきことはあるかと。

　今日の中国では、文学のエクリチュールや映画のエクリチュール、さらには学術的著作の中にさえ、作品が切符売り場の玩具に堕し、論文が職位アップのための功利的な指標に陥っている現象が出現している。しかも、それを恥と思わず、かえって光栄と思っているのである。このことは、フー

コーがここで暴露した、深層に潜む言説フォーマティングの支配より、ずっと浅はかなもう一つのエクリチュールの死かもしれない。

2. 作品と作者の名の空心化

　青年フーコーは、自分の作者の不在という思考は、ある種の単純な空洞を技巧的に作り上げようとする断言式のスローガン―例えば、「神は死んだ」(ニーチェ)と同じような意味での「作者の死」ではないと分析している。そして、これについて真の意味で厳粛な議論が行われるのを希望すると語っている。彼は以下のように見ていたのである。

　　なさねばならぬことは、作者の消滅によってこうして空無のまま (vide) 残された空間を標定し、間隙と断層 (lacunes des lacunes et des failles) の配分に具合を眼で追い、この消滅が現出せしめる場所と自由な機能との動静を窺うことです[14]と。

　では、消失しつつある作者との関係がもっとも密接なものは、どんなものなのか。明らかに、作品 (œuvre) および作者の名前 (nom) であろう。ではまた、作品と作者の名前と、あの欠席中の作者が残した空白と断層との関係とは、どんなものなのか。

　第1の面について。先に、作品と消失しつつある作者との断層関係について分析することにしよう。青年フーコーは、学術思想の領域では、このような隠された断層の発見という任務が、真の意味での批評に与えられると、まず指摘している。

　　批評の本来の務めは作品と作者との関係 (rapports de l'œuvre à l'auteur) を再構築しようとすることでも、さまざまなテクストを通してある思考なり経験なりを再構成 (reconstituer) しようとすることでもない、批評はむしろ作品をその構造 (structure)、構築 (architecture)、内在的形式 (forme intrinsèque) において、そしてまた内的諸関係 (relations internes) の関わりあいにおいて分析しなければならない[15]と。

　フーコーの言いたいことはこのようなことであろう―真の批評は、従来から作品と作者を関連付けるためにあるのではなく、作品分析の目的は、作者の同

一性を維持させることではないのだ。それは、まさしく、作者から離れて、作者を抹殺したテキストの言説フォーマティングの構造を深く追究することなのであり、作品が、なぜ、かくの如き形式構築によって生み出されたのか、という過程と原因を思考することであり、作品の情況構築に内在する形式と複雑な関連性を透視することであると。

　　　ここで言われている「批評」の背後にあるものは、実際には、彼のいわゆる考古学と後の系譜学が構築した批判的現象学であろう。

　ここから、青年フーコーはこのような問いを発する——我々がある作者について議論する時、彼が書き語ったものの一切、彼が残した一切は、彼の作品の中に含まれているのか否かと。フーコーは、ニーチェ全集を整理し出版しようとした時発生した問題を再び取り上げたのである。

　　　事実上、この問題は、この時ドゥルーズとともに従事していた仕事についての話でもある[16]。

　不断に発見される、大量のニーチェの文献に面して、フーコーはこう述べた。

　　　どこで停まるべきなのか？　もちろんすべてを出版しなければならない、だが、この「すべて」とはどういう意味か？　ニーチェがみずから出版したものすべて——言うまでもなくそれは入る。彼の作品の草稿はどうか？　もちろんです。アフォリズム草案は？　入ります。削除部分も同様か？　手帳の下の方に記されたメモはどうか？　それも入る。しかし、アフォリズムで満たされた手帳のなかに、何かへの参照指示、待合せの約束や住所の記載、洗濯屋のメモが見つかるとき、それは作品ではないのか？しかしなぜ作品ではないと言えるのか？　これが無限に続くのです。だれかある人が死後に残す何百万という痕跡のなかから、いかにして作品を限定＝定義することができるのか？[17]と。

　これが、上述の応答文章（「科学の考古学」）の中で言及された、あの「全集は完成できない」という観点であるのは容易に見て取れるだろう。すなわち、1人の思想家の統一性なるものは、必然的に後人の解釈的操作（opération est interprétative）のイデオロギー的統轄の結果であるということである。批評の任務は、作品の再構成の中に存在する、断層と空白を遮断する迷霧を除去する

ことであり、作者の不在という真相を出現させることであるというわけである。

　第2の面は、作者の名前の空心化の問題である。これまた奇怪な概念である！彼の追問は、「作者名とは何か。それはどんな役割を果たすのか」というものである。青年フーコーは自ら、この問いは、固有名詞（nom propre）にまつわる問題をすでに提起していると見ている。「固有名は（そして作者名も同様に）指示以外の機能をもっています」[18]というのである。固有名は、単純にそれ自身を指すだけではなく、一種の反指関係中の他者性の機能も持つ。すなわち、「指示以外の機能」も持つというのだ。例えば、固有名詞であるアリストテレスという名前は、アリストテレスというこの人物の名前を指すばかりでなく、「『分析前論』(Les Premiers Analytiques)の作者」、あるいは西洋形而上学の「実体論の創始者」という意味を含む、名前以外の彼と関連する一連の学術的出来事を象徴するというのである。同様に、コペルニクスやカントは、この2人の名前だけでなく、科学革命と認識論革命の言説フォーマティングと総体の形式構築の転換という出来事の専有名称にもなっている。作者の名前は、すでに作者の個人的存在の外部にある、学術上の他者性の存在になっているというわけである。

　では、畢竟作者の名前とは何であるのか。青年フーコーは、普通の人間の名前と作者の名前という両種の名前について、変動が発生した時に導かれる、それぞれの異なる結果を比べている。彼はそれをこう描いている——我々がピエール・デュポンという人物を発見した時、意外にも、彼は、我々が想像していたような青い目ではなく、パリに住んでおらず、医者でもなかったとしても、これらの新発見によって、ピエール・デュポンという名前が、我々の心の中では、この人物をもはや指さなくなるというわけではない。しかし、シェークスピアの名前に帰されていたソネットや史詩劇が、シェークスピアの書いたものではないと、人々が気付いたならば、疑いなく、その結果が重大な変化が発生し、これにより、必然的に、作者の名前が生み出す作用のあり方に影響を与えるだろうと。

　　作者名はたんに言説のなかの（主語とも補語ともなりうる、また代名詞で置換しうる、等々の）一要素（élément dans un discours）ではない。それはさまざまな言説に対してある役割をはたす。いわば分類機能 (fonction classificatoire) を受けもつものです。しかじかの名前が、若干数のテクストを集め直すこと、限定すること、いくつかのテキストを除去すること、

あるテクスト群を他のテクスト群に対立せしめることを可能にする。その上、それはそうして集められた諸テクストを相互間に関係づける[19]というわけである。

普通人の名前と異なり、大文字の作者の名前は、通常の意味での人物の姓名のコードであるばかりでなく、特定のテクスト群を指したり、テクストの差異を指したりするのにも用いられるのである。同じ名前であっても、我々が時期的に判別する時には、1人の作者の異なる時期のテクストの性質を、つねに差異的に区分さえできるのである。

例えば、本書の「青年フーコー」と「フーコー」の使用は、異なる時期のエクリチュールに異質性が生じている同一の作者を区分するためのものである。

もちろん、青年フーコーは、別の部分的なテキストの存在についてもとくに指摘している。すなわち、作者のそれらのテキストとは異なる無作者の「その他のテキストとは何か」と問いかけているのである。フーコーはこう言うのだ。「ある私的な手紙が署名者をもつことはあっても作者をもちはしない。ある契約が保証人をもつことはあっても作者をもちはしない。待ちの壁の上に読む匿名のテクストが起草者をもつことはあっても作者をもちはしないでしょう」[20]と。簡単に言えば、エクリチュールの主体という意味での作者がいないテキストというものも存在するということである。青年フーコーから見ると、

作者名は固有名のように言説の内部から言説を産出した外部（extérieur）にいる現実の個人へと向かうのではなく、いわばテキスト群の境界を走り、テキスト群を輪郭づけて浮き上がらせ、その稜線をたどって、その存在様態を顕示する、あるいはすくなくともその存在様態（mode d'être）を性格づけるという考え方に。作者名はある一定の言説総体（ensemble de discours）という出来事を顕示し、ある社会や文化の内部におけるこの言説の身分に照合するのです。作者名は人びとの戸籍のなかにも、作品の虚構のなかにも位置づけられているのではなく、ある一定の言説グループ（groupe de discours）とその特異な存在様態とを創設する断絶（rupture）のなかに位置づけられているのです[21]ということになる。

何と複雑な思想的情況構築であろうか！　青年フーコーの見方によれば、作者の名前は、多くの場合、言説群の存在の一種の特殊な方式の特徴を表現し、それは、エクリチュールの主体の不連続性の断裂口の中に位置するというのである。1人の作者の名前を含む言説実践は、すぐには消失することなく忘れ去られもしない。例えば、本書で議論している青年フーコーの数々の複雑な哲学的言説実践は、通常人の発する普通の言葉に対する、ほんのしばらくの注目というようなものではなく、それよりもずっと幸運なのである。それらの指すものは、「エピステーメー」、「考古学」、「作者の不在」のような言説群であり、これらの言説的出来事の社会と文化の中の地位にも関係してくるのである。そして、その地位とその受け入れのあり方は、それがその中で伝播していく「文化」によってコントロールされるのである。フーコーのそれぞれ異なるテキストを解読する時、テキストのエクリチュールの主体としての作者である、フーコーは不在であり、彼は、上述の言説群の一つの機能的集合の状態の表現にすぎないのである。ゆえに、我々がこれらの言説群について議論する時は、フーコーという名前は、一種の空心化された存在にすでになっているのである。

3. 機能的存在への脱-構築と言説実践方式の中の作者

青年フーコーは、いわゆる作者とは、実名の実体性の肉身ではなく、言説存在としての一種の作者－機能〔機能としての作者〕(fonction-auteur) であると唱えている。我々がすでに進入し始めた、フーコーの以上のような別類の思想的情況構築の中で、我々は、フーコーの言う「エクリチュールの主体としての作家は不在である」という情況構築の意味を大体理解できたものと思う。そして、ここでは、彼は、もし、在場の存在があるとすれば、真に在場しているのは、一種の機能的な言説の形式構築の群にすぎないと、再び我々に告げているのだ。では、フーコーの筆下のこの作者－機能とは何か。彼は、作者－機能とは、社会における、あるいくつかの言説の存在・流通・運用の機能的特徴にほかならないと解釈している。

作者－機能〔機能としての作者〕は、言説の世界を取りかこみ、限定し、分節する法的・制度的システム (système juridique et institutionnel) に結びつく。それは、あらゆる言説の上で、あらゆる時代を通じて、文明のあらゆる形態 (formes de civilisation) において、一律に同じ仕方で作用するも

のではない。それは、ある言説をその産出者へと自然発生的に帰属せしめることによって定義されるのではなく、特殊で複雑な一連の操作（opérations spécifiques et complexes）によって定義される。それは純粋かつ単純にある現実の個人に送り返すのではなく、複数の自己、分類を異にする個人が占有しにやってくることのできる複数の立場-主体を同時に成立させることができる[22]と。

　この部分の説明自体は、たいへん複雑な言説フォーマティングについての情況構築であろう。青年フーコーは我々にこう告げているのだ——一種の言説フォーマティングの機能としての作者は、実は歴史的な存在であり、従来から、個人としての作者が、孤高に創作を進めるという情況は存在しなかった。なぜなら、すべての創作は、一定の社会システムが構築した言説の産物だからである。このゆえに、それぞれ異なる歴史時期の中で、作者-機能は、みな完全に異なる形式で姿を現すのだ。唯一変わらないことは、人々は、一定の方式、一定の範囲内でしか書けないということである。一切のエクリチュールは、実際には、特定の言説フォーマティングと形式構築の操作の結果にすぎないのであると。

　　この話の口ぶりは、1845年に史的唯物論を創立した後の、マルクスの言説の気勢を有している。これは、我々が先に発見した、あの・社・会・的・現・実・か・ら・出・発・するという観察・認識活動の隠された言説系統と見ることもできよう。

　同様に、この特殊な情況構築の意味において、フーコーから見ると、独立した個人の創作者としての作者は根本的に存在しないのである。例えば、「作者-機能」は普遍的あるいは永久的なものではなく、ヨーロッパの歴史文化においては、同様な類型のテキストが、すべて作者を必要とするわけではない場合もあるのだ。「今日われわれが《文学》と呼んでいるテクスト類（物語、小説、叙事詩、悲劇、喜劇）が、それらの作者を問題にすることなく受けとられ、流通し、価値をあたえられていた時代があった」[23]のである。これらの作者のいないテキストは、個人の私有財産とすることはできないし、占有の対象（objets d'appropriation）とすることもできない。これは正しいだろう。フーコーはさらにこう言う——西洋社会が17,18世紀に到った時、まったく新しい科学的言説

のフォーマティング方式が発展し始めたが、

  人びとは科学的言説（discours scientifiques）をそれ自体として、すでに確定された真実ないしはつねに新たに証明しうる真実、という無名性（anonymat）において受け入れはじめました。それらに保証をあたえるのは体系的全体（ensemble systématique）へのそれらの帰属であり、それらを創り出した個人への照合ではないのです。機能としての作者は消失してしまう、発明者の名はせいぜいある公理、ある命題、ある注目すべき効果、ある特質、ある物体、諸要素のある全体、ある病的な症候群（syndrome pathologique）を命名するのにしか役立たなくなったのです[24]と。

これは、近代的な科学的言説も、作者の個人性を解消していることを指している。万有引力はニュートンに等しいものではなく、相対性理論はアインシュタインとは等しくないのである。それらは、すべて匿名の科学理論の集合系統の中の一つの言説的出来事にすぎない。数学でさえ、作者の地位は、その持つ内容が、一つの特定の定理あるいは一つの命題のために、ついでに持ち出されたにすぎないという付属物に堕しているというわけである。これはおそらく事実だろう。

青年フーコーは、作者－機能は、「ある言説をある個人に帰属させるものとして自動的に形成される（construit）ものではないということです。それは作者と呼ばれるある純理的存在を構成する複雑な操作の結果（résultat d'une opération complexe）なのです」[25]と宣言している。理性的実体の意味での作者とは、実際には、言説操作と運用によって構築されるものである。ゆえに、

  個人のなかで作者と名指されるもの（あるいは個人をして作者たらしめるもの）は、テクストに加えられる処理の、つまり比較とか、弁別関与的な特徴の認定とか、連続性（continuités）の容認とか、排除（exclusions qu'on pratique）の実施といった操作の、多少とも心理主義化（psychologisants）の傾向をもつ語法による投影（projection）でしかない[26]というわけである。

主体と仮定された作者は、我々が、事後テキストを処理した際の言説の投射と情況の再構築物にすぎないというわけである。青年フーコーは、さらに我々に告げている―作者なるものを構築するこれらすべての操作は、関連する言説

方式のそれぞれが基づいている、異なる歴史時期と形式にしたがって変化する。「《哲学の作者》が《詩人》と同じようにして構成されることはないし、十八世紀においては小説作品の作者は今日と同じようにしては構成されなかった」[27]というわけである。この点については、哲学者としてのハイデッガーと詩人としてのツェランを、あるいは、18世紀のヴォルテールと現代のプルーストを連想すれば、その独特の情況構築をただちに完全に理解できるだろう。

　フーコーはさらに一歩進んでこう言う—我々が、作者個人と 1 冊の本との関係を真に飛び出すことができたならば、新しい言説的出来事を発見するだろう。すなわち、「個々の言説を超えた」立場 (position < transdiscursive>) にある作者であると。これまた新発見である！　青年フーコーから見ると、1 冊の小説を書き上げた小説家とは異なり、言説を超えた作者は、「言説態〔既約の訳語では、共通言説性〕の創始者」（< fondateurs de discursivité >）と指摘できるというのである。

　　言説方式は、この後他人に語らせるあの大文字の他者になるのだ！

　なぜなら、彼らは、自身の作品を生み出すばかりでなく、さらに多くの事物 (chose de plus)、すなわち、「その他のテキストのフォーマティングのルールと可能性（la possibilité et la règle de formation d'autres textes）」も生み出すからである。

　　この言説のフォーマティングという言葉は、重要なキーポイントとなる。

　例えば、「フロイトはたんに『夢分析』あるいは『機知——その無意識との関係』ではありません。マルクスは『共産党宣言』や『資本論』の作者ではありません。彼らは言説産出の無限定の可能性を打ち立てたのです」[28]というわけである。フロイトとマルクスは、ともに 1 冊あるいは数冊のテキストの執筆者というだけではなく、新しい言説の生産様式の創立者でもあるというのである。

　　フーコーの師のアルチュセールの言葉を借りれば、彼らは、ともに世界に向かって独特の形で問うた、理論的生産様式であるプロブレマティック (problèmatic) を創立したということになる。

これについて、青年フーコーは、たいへん感慨深げにこう語っている。

　私が《言説態の創立者》としてマルクスやフロイトの名前を挙げるとき私の言いたいのは、彼らがたんに若干数の類同テクストを可能にしただけではなく、若干数の差異をも（しかも類同テクストを可能ならしめたのとまったく同じ程度に）可能ならしめたということなのです。彼らは自分たちとはちがう何ものか、しかも彼らの創始したものに帰属する何ものかのための空間を開いたのです。フロイトが精神分析を創始したと言うことは、リビドーの概念や夢分析の技術がアブラハムやメラニー・クラインにも見出されるという意味ではなく（それだけの意味ではなく）フロイトは、精神分析的言説（discours psychanalytique）そのものに依拠している彼のテクスト類、概念、仮説に対する、若干数の差異を可能ならしめたという意味なのです[29]と。

　フロイトとマルクスの登場の意味は、彼らの作者やエクリチュールそれ自体としての意味にあるのではなく、さらに重要なこととして、彼らの「言説態の創立者」の背後から、すべての精神分析学とマルクス主義という壮大な言説実践が出現した事実なのである。この両種の学術的言説フォーマティングと形式構築は、巨大な可能性の空間を生み出した。歴史も、彼らがもたらしたこの新しい言説実践が、世界と人間の存在に影響を与え、あるいはそれを変えたことを証明している。青年フーコーは、フロイトとマルクスのほかにも、また無限に名前を列挙できると人々に告げている。例えば、ガリレオ、キュヴィエ（Georges Cuvier　1769-1832）、ボップ（Franz Bopp　1791-1867）、ソシュールなどである。彼らは、テキストの作者ではなく、世界の改造者なのである。

　これは、あの言説が現実を決定するという観念論の残滓でもある。フーコーは、マルクスの言う「世界を変える」という言葉は、観念的な説話方式が、客観的な社会的存在に直接作用するという意味ではなく、物質的な実践的対象化に転化することによって、真に存在を変えるという意味であることを理解できなかったのである。

　青年フーコーは、言説方式の創始者のほかに、もう一つの方面で注目に値するもの、すなわち後継の言説実践者の創始者の情況構築への「始原への回帰（< retour à l'origine >）」の努力もあると指摘している。

本書も、またこの種の努力の試みであると言ってよい。

こうした後継の言説実践者は、「避けがたい必然として（nécessité inévitable）」次から次へと、この言説の創始者の原初のコンテキストに回帰しようするのである。フーコーは、言説実践者のこうした「回帰」は、科学的活動での「再発見（< redécouverte >）」あるいは「再現在化（< réactualisation >）」とは完全に区別される（distinguer）と、とくに強調している[30]。青年フーコーはこのことについて、こう分析している―科学活動でのいわゆる「再発見」は、流通している知識の形式との類比あるいは同じ構造の上で、すでに忘れ去られた、あるいは黙々として知られざる人物の見方を受け入れることであり、「再現在化」は、「ある言説を、それにとっては新しい一般化と適用と変形の領域へと挿入し直す」ことである[31]。言説実践の情況構築の中の「回帰」が上述の2者とは異なるゆえんは、「創立行為への回帰」が必要とされるのは、反対に、解釈学の意味での理解の困難、あるいはその他の障壁のゆえではなく、言説実践それ自身の「本質的で構成的な忘却（oubli essentiel et constitutif）」のゆえだからであると。

明らかに、この忘却はハイデッガー式のものである。

フーコーはこう説明している。

　　創立行為とは、その本質そのものにおいて、忘却されないではいられぬもの（être oublié）であり、創立行為を顕示するもの、そこから派生するもの、それは同時に、隔り（dérive）を定立するもの、隔りを変装せしめる（travestit）ものなのです。それゆえにどうしてもこの非偶発的な忘却は、明確な諸操作（opérations précises）において――この創立行為への回帰そのものによって、位置づけ、分析し、還元しうる明確な諸操作において、いわば備給〔エネルギーを再充当〕されねばならないのです。忘却の閂（empêchement）は外部からつけ加えられた（surajouté de l'extérieur）のではなく、問題となっている言説態に所属しているのであり、この言説態そのものが忘却の閂の提を定めるものなのです。こうして忘却された言説創立は閂の存在理由であると同時にそれを開くことを許す鍵であり、したがって忘却も回帰への障害そのものも回帰によってしか取り除かれないのです[32]と。

être oublié とは、ハイデッガーのあの Sein に対する存在論的忘却にほかならないが、フーコーにあっては、être の動詞の形式構築の中での言説フォーマティング作用に対する遮蔽にほかならないのである。そして、「回帰」はこの遮蔽を暴露することである。ゆえに、一切の回帰は、「テキスト自体（texte même）への立ち戻り（revient）」になるのである。具体的に言えば、それは、このようなことでもある。

　　ひとはテキスト自体に、素裸のテキスト（texte dans sa nudité）に立ち戻るのであり、といって同時にまた、テキストのなかに空洞として、不在として、欠落として（en creux, en absence, en lacune）印されているものへと立ち戻るのです。ある独特な空白、──忘却が忌避するか隠蔽したあとで、偽りのまたは悪しき充足によって覆ってしまった空白へと人は立ち戻るのであり、回帰はかならずやこの欠落、この欠除を再発見しないではおかないのです[33]と。

　フーコーのこの分析には非常に深いものがある。私のすべての「帰れ」シリーズ（『マルクスへ帰れ』・『レーニンへ帰れ』・『ハイデッガーへ帰れ』、そしてこの『フーコーへ帰れ』）は、この情況構築の意味の中でのある種の意向を持った「覆いをはずす」行為であろう。

　青年フーコーから見ると、テキストへの回帰は、言説実践に総体的転形を引き起こさせるための、一種の有効かつ必須の手段である。例えば、テキストへの回帰というまったく新しい情況構築の中で、「フロイトのテキスト群の再検討（réexamen）は、精神分析そのものを、マルクスのそれはマルクス主義を変えてしまうのです」というわけである。これは正しいだろう。

　明らかに見て取れるのは、このいわゆる「回帰」は、また、フーコーの考古学と系譜学の本質とも一致していることである。さらに見て取れることは、その後間もなくの政治哲学批判の中で、フーコーが、「マルクスへ帰れ」の再検討もほんとうに実践したことである。

　すべての講演が終わりを迎えた時、青年フーコーは、得意げさを隠さずに「まずこのような質問をしてみよう」と呼びかけた。

　　「真の作者とは誰か」

　　「我々は、彼の真実性とオリジナリティを証明できるのか否か」

「彼は、自分の言葉で自分のもっとも深いところの自我に対して、どのような暴露をしたのか」

しかし、いまや人々は、いくつかの新しい質問もできるのである。
「この言説は、どの存在の模倣態なのか」
「それは、どこから来たのか。どのように流通したのか。誰のコントロールを受けているのか」
「各種の可能な主体に対して、どのように按配するのか」
「誰が、主体のこれらのそれぞれ異なる機能を実現できるのか」

だが、これらの問いの背後に、我々は、一種の漠然としたつぶやきだけを聞き取るかのようである。
「誰が話そうと構わないではないか」

4. 一つの興味深い論争—構造は街へ行くのか

フーコーの講演が終わった後、参加していた学者たちは紛々と発言した。批判もあり、また少なからぬ肯定の言葉もあった。フーコーも一定の応答をした。批判の声は、おもにフーコーが指摘した、言説実践の中の理性的実体としての「作者の不在」の問題に集中した。明らかに、フーコーのこの観点は、いく人かの人にとっては、『言葉と物』のあの「人間の死」という断言の具象化、すなわち作者の死というように聞こえたのである。

その質問と評論において、発言がもっとも長かったのは、フランスの有名な西洋マルクス主義文学理論家、「発生論的構造主義者」の代表的人物であるゴルドマン[34]であった。フーコーの学術上の先輩と言える彼から見ると、青年フーコーの思想は、一種の「人間一般（l'homme en général）の否定」の観点であり、「ミシェル・フーコーは、作者の否定をはっきりとは言明しない」けれども、「結論部で、作者の消滅という考え方へと道を開いた」[35]ということになる。彼は皮肉を込めてこう語っている。

私も発言者にまったく賛成です。ミシェル・フーコーは、彼が今日語ってくれたことの作者でもないし（n'est pas l'auteur）、ましてや（certainement）その創始者でもない。主体の否定は今日では、何人もの思想家のグループ、

いやより正確にはある一つの哲学的な流れ全体の主要な概念なのです。そしてこの流れのなかでフーコーはきわだって個性的で輝かしいポジションを占めているわけですが、それでも彼を、非発生論的構造主義（structuralisme non génétique）のフランス学派とでも呼べるもののなかに位置づけて考えなくてはなりません。レヴィ=ストロース、ロラン・バルト、アルチュセール、デリダといった人たちの名前を含む学派のことです[36]と。

明らかに、ゴルドマンは、フーコーをからかっているのである。「君はそんなにしゃべっているが、君は作者じゃないというのだね。そうならば、これらの先人が考えたことがないと君が思っている君の考えは、実は、他人のテクストによる、間テクスト性の結果じゃないのかな」と。明らかにこれは理解しがたい矛盾である。この矛盾の原因は、まさにフーコーを、ゴルドマンが排斥している、いわゆる「非発生論的構造主義」に帰属させるところにある。これに対して、ゴルドマン自身が標榜しようとしている「発生論的構造主義」とは、ピアジェの「発生論的認識論」に追随したもので、共時性の構造の視角と歴時的性の発生論の視角の統合を強調することによって形成された、一種の新しい構造主義の観点である[37]。ゴルドマンの論理的情況構築は、まず、フーコーを非発生論的構造主義に帰着させ、次に、「君は確かに作者じゃない。オリジナルな成果を生み出した独立した主体じゃない。なぜなら、君はもともと構造主義の語群に属しているからだ」と指摘するものであろう。

ゴルドマンは、ここでミスをすでに犯している。脱-構築理論の創始者デリダは、当初から構造主義陣営の1員ではなく、前言を翻したバルトも複雑な情況に置かれているからである。そして、フーコーの思想も、もともと構造主義には属しておらず、この時、彼は、まったく新しい思想的情況構築も形成しつつあったのである。一種の二元論の論理で学術思想の質を判断するのは、それ自身正当なものではないだろう。

ゴルドマンは、フーコーが打ち出した「誰が話しているのか」という問いは、重要なものだが、「だれが話しているのか（< Qui parle? >）」はもっと大切だと言う。ゴルドマンも、「現代の人文科学と照らし合わせると、ある一つのテクスト、とりわけ重要で意味深いテクストの最終的作者としての個人という考えは、しだいに支持しがたいものとなっているように思えます」と認めている。

だが、彼は、この点を見て取ることは、「主体という考えを取り消すわけではない」という認識を堅持している。なぜなら、すでにゴルドマンがなしたように、集団的主体と脱個人としての主体（sujet collectif ou transindividuel）によって、これに取って代えることができるからである。このことは、人間の死を宣言することでも、主体を消失させることでもまったくない。ゴルドマンは、学術界では、「誰が話しているのか」というこの意義のある問いに対して、個人主体の否定という共通の基礎の上で、その回答は二つに分かれると宣言している。一つは、フーコーが属している非発生論的構造主義のそれである。そこでは、「主体を否定し、主体を構造（structures）（言語学的、精神的、社会的等々）に置き換え、人間や人間の言動を、これら構造の内部の役割、機能としてしか考えません。そしてこの構造が研究や説明の終着点となるわけです」[38]というのである。「言語の構造」とは、バルトの構造主義的記号学であり、「心知の構造」とは、レヴィ・ストロースの構造主義的人類学であり、「社会の構造」とは、アルチュセールの「主体なき社会歴史過程」論であろう。ゴルドマンの言いたいことは、上述の非発生論的構造主義者の、主体を消去しようとするやり方は採用できないということであろう。無主体の歴史というものは、想像もできないというわけである。もう一つは、ゴルドマン自身のいわゆる発生論的構造主義のそれである。この構造主義も、歴史と文化の次元においては、個体の主体というものを否定するが、固体の主体は、これによって消失するものではなく、脱個体としての集団的主体によって取って代えられたと見るのである。ゴルドマンは続けてこう言っている。「構造も、自律的でほぼ最終的な現実（réalités autonomes）として把握されるわけではおよそなく、あらゆる人間的実践（praxis）ならびに人間的現実の普遍的特性にすぎない。構造化されていない人間的な事実（fait humain）などなく、意味のない構造もまた存在しない」[39]と。構造は考えることはしない。したがって、それは、歴史的意義を創造する原動力にはなりえないというわけである。

　発言の最後に、ゴルドマンは、とくに、自らも非常に面白いと感じる話をした。

　　私は、この発言の締めくくりとして、ある学生が五月にソルボンヌの教室の黒板に書いて有名になった文章を挙げたい。この文章が、非発生論的構造主義に対する哲学的ならびに科学的な批判の本質を表明していると私には思えるからです。曰く、「構造は巷に繰り出しはしない」("Les structures ne descendent pas dans la rue.")。つまり、構造が歴史を作りだすのでは断じてない、人間が歴史を作るのです。たとえ人間たちの行為がつねに構造化され、意味を有する（structuré et significatif）ものであるとしても[40]と。

ゴルドマンは、この有名な「構造は巷に繰り出さない」を引用した後、明らかに得意げだった。しかし、これは、真の意味では最後の笑いにはならなかった。

記録から見ると、ゴルドマンの話が終わった後、フーコーはただちに次のような応答をしている――まず、「最初に申し上げたいのは、私自身は構造という言葉（mot de structure）を一度も使わなかったということです。『言葉と物』のなかを探していただいても見つからないはずです。ですから構造主義に関する安易な見解はどれもご免こうむりたい」[41]と。

これは、フーコーが、公開の場で、自分に対する構造主義というレッテルを明確に拒否したという意味を持つ。しかし、私が行った『言葉と物』の語彙頻度統計の結果から見ると、フーコーは、この本の中で51回structureを使用している。正確に言えば、フーコーは、この言葉を重要な理論的方法論のフォーマティングパラダイムとしては使用しなかったということであろう。

続いて、フーコーは、怒り気味にこう語った――「私は、作者が存在しない（l'auteur n'existait）とは、私は言わなかった。そうは言っていません。私のお話がそのような誤解を生んだのは意外です」と。自分自身はこう見ているのだ――自分のたった今の発言は、「作者というものは、言説に固有な形態に道を譲るかたちで、消えなければいけない（"L'auteur doit s'effacer."）、あるいは消されなければならない」という問題を議論しているにすぎない。さらに言うならば、「人間という概念がどのような法則に従って形成され、どのように機能したのかを検討する」ということを考えようとしたのだ。すなわち、作者の機能が発生させる作用の方式・条件・領域を考えようとしたのだと。

彼の発言に含まれていることは、ゴルドマンが、こうした重要な区別すら感知できないという非難であろう。そして、自分の思想の情況構築に入り込むことについては、言うまでもなくできないという意味であろう。

さらに、自分は、従来から人間の死について断言したことはないと語る。それは、次のようなことにすぎないというのである。

　人間は死んだと断言するのではなく、人間は死んだ（あるいは消滅しつつある、あるいは超人に取って代わられるであろう）という主旋律——これは私の発明ではなく、十九世紀の終わりから繰り返し語られてきたことですが——それを出発点として、人間という概念がどのような法則に従って形成され、どのように機能したのかを検討する、これが問題なのです。作者という概念についても私は同じことをしました。ですから涙を流すのはやめましょう[42]と

フーコーの回答は、明らかにあわただしく、おざなりなものである。怒りさえ含んでいる。

議論の最後に、学術の大家ラカンが発言した。彼は、まず、フーコーの講演の最後の部分の「回帰」の問題の思考を肯定した。なぜなら、彼は、いま自分が「フロイトへの回帰」というスローガンのもと、新しい仕事を進めていたからである。実際には、ラカンのいわゆるフロイトへの回帰とは、自分の学術上の父を殺害した後の再生を意味していた。ゆえに、彼はフーコーの苦心を完全に理解できたのである。続いて、ラカンは、軽蔑した口調で、ゴルドマンの「構造は巷に繰り出さない」の浅薄な引用に反駁したのである。なぜなら、ラカンから見ると、

　五月の出来事（événements de Mai）が何かを証明しているとすれば、それはまさに「構造が巷に繰り出していった」（descente dans la rue）ということにほかをならないからです。そのことを、巷へと繰り出していったまさにその場所に書くということは、行為がみずからを誤認する（méconnaît lui-même）ものであることを証明しているにすぎません、[43]というわけである。

これは、何にも比較できないほど精彩のある反駁であろう。すなわち、ラカンが言いたいことは次のようなことだったのである——構造は、人々がそれを認識しないところで作用を発揮するもので、構造に反対することも、まさに構造の一種の作用の方式にすぎない。人々はみな狂気にとらわれている。しかし、我々はこの苦境を意識することはなかった。人間は死んだわけではなく、従来

から真の意味では登場しなかったのであると。

　ラカンの「構造はすでに街頭に行っている」という反駁は、明らかに、ゴルドマンには耐えられないものであった。当時その場にいた学者のルネ・ルローの回憶によると、「このあつかましい表現には、みなが縮み上がりました」。そして、家への帰路、ゴルドマンは、強打を受けたボクサーのように意気喪失していたそうである[44]。青年フーコーは喜んでいたにちがいない。

[注]
1　ミシェル・フーコー、清水徹・根本美佐子訳「作者とは何か」『フーコー・コレクション2　文学・侵犯』（ちくま学芸文庫、2006年）371-437頁。
2　同上385頁。
3　同上同頁。
4　同上375-376頁。
5　同上376頁。
6　同上376-377頁。
7　ベケット（Samuel Beckett 1906-1989）。20世紀フランスの作家・不条理劇の重要な代表的人物。1969年、「一種の新しい小説と演劇の形式によって、崇高な芸術によって、人類の苦悩を表現したことにより」ノーベル文学賞を獲得した。主な作品には、『マーフィー』(1939)、『名づけえぬもの』(1953)、『ゴドーを待ちながら』(1953) などがある。
8　資料によると、フーコーは、1968年の「五月革命」後、ベケットを読み始めたとのことである。同時期に再読した文献の中には、マルクス、ルクセンブルク、トロツキーが含まれているそうである。
9　フーコー前掲書379頁。
10　同上379頁。
11　同上380頁。
12　同上384頁。
13　同上同頁。
14　同上386頁。
15　同上382頁。
16　1964年から、フーコーはドゥルーズとともに『ニーチェ全集』のフランス語版の編集を主宰していた。
17　フーコー前掲書382-383頁。

18　同上386頁。
19　同上388-389頁。
20　同上390頁。
21　同上389-390頁。
22　同上399頁。
23　同上同頁。
24　同上392-393頁。
25　同上394頁。
26　同上同頁。
27　同上同頁。
28　同上401頁。
29　同上402頁。
30　同上405頁。
31　同上406頁。
32　同上406-407頁。
33　同上407頁。
34　ゴルドマン（Lucien Goldman 1913-1970）。現代フランスの哲学者・文学評論家・社会学者。西洋マルクス主義の発生学的構造主義の代表者である。1913年にブカレストに生まれた。ルーマニア大学を卒業後、1933年ウイーンに赴きアドラーに師事した。1934年パリに求学した。第二次大戦中ドイツ軍によって集中営に監禁され、後にスイスに逃亡し、スイスの心理学者ピアジェに救われた。1945年チューリヒ大学で、論文「カント著作中の人類社会と宇宙」によって哲学博士の学位を得た。戦後パリに戻り、前後してフランス全国科学研究センターとパリ高級研究実験学校に死去するまで勤務した。おもな著作には、『人文科学と哲学』（1952）、『隠れたる神』（1956）、『弁証法の探究』（1959）、『小説社会学』（1964）、『精神構造とマルクス主義』（1970）、『マルクス主義と人文科学』（1970）などがある。
35　フーコー前掲書414頁。
36　同上415頁。
37　拙著《文本的深度耕犁——西方马克思主义经典文本解读（第一卷）》〔『テキストの深き耕し―西洋マルクス主義古典テキストの解読（第一巻）』〕（中国人民大学出版社、2004年）428〜447頁を参照のこと。
38　フーコー前掲書416頁。
39　同上417頁。
40　同上421頁。
41　同上同頁。
42　同上422-423頁。
43　同上429頁。

44 フランソワ・ドッス、仲澤紀雄訳『構造主義の歴史〔下〕 白鳥の歌——1967〜1992』(国文社、1999年) 157頁より転用。

第 2 篇

言説フォーマティング転換中の系譜
―青年フーコーの『知の考古学』中の
方法論的言説

私の研究対象は言語ではなく、アルシーブ、すなわち言説の蓄積の存在である。

－フーコー

　1969年、青年フーコーは『知の考古学』[1]を書き終わった。まさにこの本の中で、フーコーは、20世紀中葉の学術思想史研究には、ある種の新しい歴史学の転換がすでに出現していると宣言したのである。具体的に言えば、フランスの科学認識論のコンテキストの中に突然出現した新しい方法論に基づき、人々は、歴史的言説のフォーマティング中の断絶と中断に関心をすでに持ち始めたというのである。フーコーは、このことは、非常に重要な歴史観の革命であり、その根本的特徴は、これ以前の歴史研究中に存在していた目的論・起源論・連続性を拒絶したことにほかならないと断言する。この断言の根拠となったものは、青年フーコーが思想史研究の中で発見した、現在構築され、また脱‐構築されている言説実践の運用の場であり、こうした言説的出来事の変化を導くものは、さらに深い次元での言説フォーマティングの場の転換である。これは、青年フーコーの知の考古学が真の反省のもとに得た、あの見えざる歴史の対象である。『言葉と物』と比べて、フーコーの思想には、明らかに方法論上の深い変化が発生したのだ。剛性のエピステーメーは、その地位を言説フォーマティングとその実践的形式構築に譲り始めたのである。このことは、青年フーコーの思想方法論中の観念論的な観念が、その響きを真に失い始めたことも意味する。

　　この点で、私は、コイのこのような判断に賛成する。「フーコーは、自分の著作には欠落があることを見て取った。表現は、言葉や概念によって決定されるばかりでなく、実践によっても決定されることが欠落していたことである」[2]。ゆえに、シェリダンが、『知の考古学』は「前作〔『言葉と物』〕の理論的補遺の増補版」[3]と言ったのは、明らかに正しくない。

　私は、『知の考古学』という本は、比較的よく書けている哲学書であると思う。この点については、私は、ドゥルーズの評価にだいたい同意する。ドゥルーズは、フーコーは、『知の考古学』の中で、「活動する『言説』が私の生と私の死に無関心な、ある『外』の要素においてフォーマティング〔形成〕される、革命的実践と一体であるべき、様々な生産の一般理論への呼びかけ」[4]と見てい

る。この話は、いささか故意に誇張された感じがあるが、意味には深いものがある。かつ、ドゥルーズは、この本は、「単なる反省の本、一般的方法についての本ではなかった。それは、以前の書物に対して逆作用を及ぼす新たな折り曲げに似た、新たな方向付けであった」[5]とも述べているのである。

［注］
1 ミシェル・フーコー。慎改康之訳『知の考古学』（河出文庫、2012年）
2 柯伊:《米歇尔·福柯——一位深受学子赞美又备受同济憎恨的社会学家》（コイ「ミシェル・フーコー—賛美と憎しみを受けた社会学者」），崔君衍译,《东南学术》2005年第6期。
3 Alain Sheridan, Michel Foucault: The Will to Truth (London: Routledge, 1980), 88.
4 ジル・ドゥルーズ、宇野邦一訳『フーコー』（河出文庫、2007年）33頁。
5 同上63頁。

第6章 非連続性―総体性と目的論に反対する新しい歴史観

　青年フーコー自身の指摘はこのようなものである―この本の執筆の目的は、以前に完成させた『狂気の歴史』・『臨床医学の誕生』・『言葉と物』という秩序構築史の研究について、方法論的小括を与えるためであり、それによって、それぞれ異なる領域において完成させた、これらの研究成果相互間の「総体的連関」を説明しようというものであると。だが実際には、これは、青年フーコーの表面的な言い方にすぎない。なぜなら、このテキストの中では、フーコーの思想的情況構築に、新たな学術のフォーマティングの方法がすでに出現していたからである。この本の序論の中で、青年フーコーは、自分の新しい歴史研究方法を打ちたてるという意思を、はじめて明確に打ち出した。この方法は、伝統的な総体性―起源論の歴史観に対する根本的な否定であり、その中には、文献解読についての新たな位置付け、非連続性への自覚的な関心、線形の歴史進歩論の観点の排斥などが含まれている。青年フーコーは、この新しい歴史の研究方法は、マルクスとニーチェの総体的歴史観からの「二重の脱中心化」に由来するとさえ述べているのである。

　　　ブランショは、この本は、フーコーの思考の前段階の終結の「しるし」[1]になっていると見ている。そして、それは、また、私が指摘した青年フー・・コーの時期の、最後の重要なテキストでもあるのだ。

　本章では、青年フーコーのこの新しい歴史研究方法論についての探索を議論していくことにする。

1.　非連続性―歴史文献学に対する質疑

　青年フーコーから見ると、伝統的な歴史学者は、長い期間の歴史の進程に関心を寄せている時、変幻常ならざる歴史事件の背後に、一種の安定した線形の連続性の発展をつねに見出そうとしており、ここから、歴史は、一種の「総体的意味」を持つ、無意識の情況構築の産物として構築されてきたということになる。

　　　これは、エレア学派から始まった、現象の「多」から本質と法則たる「1

第6章 非連続性―総体性と目的論に反対する新しい歴史観　359

なるもの」を見つけ出すという、あのロゴスの詮索である。

　例えば、人間性の歴史的進展・社会形態の転換の進展・思想の発展変化などは、歴史研究中で普遍的に認められている習慣的なやり方にすでになっている。
　　後に、スローターダイクは、これを「出来事の流れに投射された臆面もない線形性という目標を密かに持ち込むこと」によって構築された、歴史哲学という「欺瞞の体系」であり、「それは、暴力的に引かれた直線上にみずからの素材をあわただしくつなぎ合わせるという行為をつねにもたらす」²と概括した。しかし、この発言は、イデオロギー的情況構築を根本的に意識できていない。

　青年フーコーは、このように通常と思われている歴史研究の中では、歴史家たちは、以下のような問題に熱中していると見る。
　　いかなる道を経て数々の連続性（continuités）が打ち立てられたのか、ただ一つの同じ意図が、いかなるやり方によって維持され、相次いで現われるさまざまな精神にとっての唯一の地平を構成しえたのか、継承、再開、忘却、反復の作用は、何を支え（support）としてどのように働く（mode d'action）のか、どのようにして起源（origine）は、自分自身をはるかに越えて、決して果たされることのない完成に至るまで君臨し続けることができるのか³と

　一定の意味で、これは、青年フーコーの、伝統的な歴史研究の方法に対する皮肉を込めた総括であると言ってよいだろう。ここには、偽と証明すべき、4つのキーポイントとなる歴史の情況構築点がある。線形の時間の中の連続性―人間性・社会形態・文化がもう一つの形態へ向かうという仮説のもとでの系列・転変・更新である。合理的意図を持った目的論―神の正義論、あるいはその面貌を変えた絶対理念の進歩と自由・解放を不断に獲得するという理想である。相互転化の総体的な弁証法的関係―隠れた暴力のもとでの社会有機体論、あるいは同一性の歴史システムの構造である。起源論―存在すべき真の価値という架設、例えば、神の城や、疎外あるいは淪落以前の人間の本質あるいは原初の人間性などである。
　　フーコーは、この本の中でcontinuitéを24回使用し、origineを56回使用

している。これらは、多くの場合否定の対象として使用されている。

　青年フーコーから見ると、このいくつかの隠れた暴力的論理こそが、まさしく、伝統的な歴史研究の深層の思考方式と見えざる擬制の情況構築空間を支えているということになる。私は、フーコーのここでの分析は、啓発性に富んでいるものと思う。
　しかし、青年フーコーがさらに指摘したかったのは、20世紀中葉の学術思想史研究の中に、ある種の新しい転換がすでに出現しているということだった。人々が、歴史の中の断絶（ruptures）と中断（Interruptions）に注目し始めたというのである。
　フーコーは、この本の中でruptureを31回使用している。

　彼は、これは非常に重要な歴史観の革命だと断言している。同様にここにおいて、青年フーコーは、多くの彼の先輩と学生の名も集中的に列挙している。前者は、すでに承知のフランス科学認識論の中の重要な思想家たちで、1人はバシュラールであり、もう1人はフーコーの博士論文の指導教官のカンギレムである。バシュラールは、科学思想史における認識論上の構造的断絶、すなわち「認識論的断絶」（rupture épistémoloque）を打ち出し、ここから、思想史認識の中にもともとあった、起源を求めるという連続的進化論を打ち破った[4]。カンギレムは、科学史中の概念である「転位と変換（déplacements et transformations）」から手をつけ、それぞれ異なる概念が「構成され有効性を持つ多様な領野」を構築することから、伝統的な思想史の、あの「連続的に増大するその合理性」の「段階的な洗練」という歴史観を否定した[5]。この革命的「断絶」という情況構築の点において、この両者の努力は同じ方向を向いていたのである。同時に、フーコーは、数学の分野でのセール（自分の学生であり同僚である）[6]と文化研究におけるゲルー[7]の2人が開拓した、相似た研究にも言及している。最後の1人は、直接は指名していないが、彼のパリ高等師範時代の直接の復習教師であるアルチュセールである[8]。青年フーコーは、括弧付きの引用によって、このかつての師に敬意を表している——アルチュセールの「理論的変換（transformation théorique）」に関する研究は、「一つの科学（science）をその過去のイデオロギー（idéologie）から切り離し、イデオロギー的なものとして暴露する（révéler）ことによって、その科学を創設する」[9]と。

この本の中では、フーコーは、idéologieをもはや多用せず（ただ10回だけである）、かつ、『言葉と物』の時のような、大文字の語（Idéologie）も使用していない。これは、明らかに、師のアルチュセールの言説からの、一定の離脱がすでに生まれていたことを吐露している。

明らかに、これは、自分がよしとする歴史研究方法論の変革の前提、あるいは支援背景の明確な指摘である。彼から見ると、まさに、フランス科学認識論のコンテキスト中に突然出現した、この新しい方法論こそが、意義深い思想史研究の方式の根本的変革を招いたということになるのだ。我々は、青年フーコーのこの重要な自認の中に、言語学的構造主義が取り上げられていないことを発見できるだろう。これも、また自己の学術の淵源についての質的な説明となっている。つまり、人々が誤って自分のことを構造主義者と指摘するのを婉曲に拒否しているわけである。

青年フーコーは、最近多くの領域（科学史・認識論・数学・文化史など）の思想史研究の中で発生したこの変化は、何よりもまず、一つの重要な歴史研究の方向を指し示していると宣言する。すなわち「ドキュメント（document）の問題化」である。

　このドキュメントとは、伝統的な史学におけるモニュメントのことでもある。

青年フーコーから見ると、歴史的ドキュメントは、伝統的な歴史の研究においては、通常、第一次資料（＝客観的事実）としてその真偽が弁別されるだけであり、その後、そのドキュメントの解読を通じて、直接「人間たちがなしたり語ったりしたこと、消え去ってしまいその航跡だけが残っているものを、再構成しようと試み」られてきた。大まかに言えば、それによって、「それらのドキュメントが由来する過去、今やそれらの背後に遠く見失われてしまった過去を、それらが―時にはほのめかしによって―語っていることから出発して再構成」してきたということになる。その過去とは、すなわち歴史である。青年フーコーは、このような伝統的なドキュメント（「史実」）解読の正当性に、次のように自分の疑問をぶつけた―まず、ドキュメントは、非反省的にそのまま歴史的事実に等しいものとされてよいのか。モニュメントは、直接、客観的な歴史がかつてあったことと等しいものとされてよいのかと。フーコーは、この

ような伝統的な歴史研究のドキュメントに対する態度においては、以下のようになると述べている。

　　自然発生的ないし組織的な諸々の残存形態を、常に、至る所で、あらゆる社会において提示するものとしての、ドキュメントの物質性（書物、テクスト、物語、記録簿、議事録、体系、制度、規則書、技術、オブジェ、慣習など）を扱う仕事、それが、歴史学である[10]となると。

　ここでは、人々は、無意識のうちに、歴史記載中の主観的故意やさらに広い社会圏におけるイデオロギー的強制を排除してしまい、いかなる史料も、一定の時代の具体的環境についての選択性のある記載にすぎず、事実上、いかなる記載も、生活していた存在を完全には復述したり複製したりすることができないことを忘れてしまうのである。つまり、支配階級が見たくはない生活上の出来事は、必ずや不在となるはずである。ここから、青年フーコーは、一種の無反省なドキュメント物神崇拝が、この歴史観の中では支配的地位を占めているのだと指摘する。歴史ドキュメントの扱いに対する、ここでのフーコーの反省が、観念の統轄論からすでに離脱しているのを強く感じざるをえない。彼は、社会の政治的支配による、歴史ドキュメントに対するある種のイデオロギー的遮蔽を透視したのである。

　次に、歴史研究における、研究者自身に対する擬制の構築活動という無意識の遮蔽の問題である。歴史ドキュメントや物質的遺跡に面した時、伝統的な歴史研究者は、いつも自分の仕事が、客観的に「痕跡をして語らしめる」ことだと設定して、ドキュメントの情報を区分し組み合わせ、その中から「関係づけたり、諸々の集合体として構成したりする（constituer en ensembles）のであ」[11]った。「諸々の集合体として構成」することは、すなわち連続的な歴史を構成することにほかならない。しかし、人々が意識していない事実は、ドキュメント研究の目的は、歴史モニュメントをある目的をもって縫合し、それによって、合理的一貫性を持つ連関性についての歴史の総体を作り上げるためにあるという事実である。ここから、伝統的な歴史研究における、いわゆる「モニュメントに語らせる」の本質は、まさに、我々自身が再形式構築された形で語ることなのである。

　これについて、マシュレーは精緻な分析をしたことがある。彼はこう述べている。すべての歴史学者——科学者なる存在は、ドキュメントやモニュ

第6章 非連続性―総体性と目的論に反対する新しい歴史観　363

メントに面した時、「歴史を書くよりも、伝説を、自分なりの伝説を書くのであり、自分がいま関心のある事柄に応じて過去を再組織し、歴史的要素をみずからの根本的な情熱が属する規範に、自らが知る科学、すなわち今の（actuel）科学の論理に従わせる」[12]と。この観点は、フーコーのここでの考え方と一致している。

　事実上、我々は、ただ自分の知ることができる生活情況をもってしか、過去に発生した一切を再建し再構築するほかはないのである。これこそが、歴史学研究の真相なのだ。
　青年フーコーはこう見ている―上述の非連続性に注目するという、あの新しい歴史研究の方法が出現した後は、伝統的な歴史学の研究の一切は、突然出現した新しい研究の情況構築によって変えられたと。つまり、
　　歴史学は、ドキュメントを解釈して、ドキュメントが真なることを語っているのか、その表現的価値はいかなるものであるのかを決定することではなく、ドキュメントにその内部から働きかけてそれを練り上げる（le travailler de l'intérieur et de l'élaborer）ことを、自らの第一の任務とすることになる。つまり歴史学は、ドキュメントを組織化し（l'organiser）、切り分け（le découper）、分配し、秩序づけ（l'ordonner）、諸々のレヴェルに配分し、諸々の系列を打ち立て（établit des séries）、関与的なものとそうでないものとを区別し、諸要素を標定し、諸々の統一性を定義し、諸関係を記述するものとなるのだ[13]というわけである。

　これは、既存の「何か」から、これらのドキュメント自身が生み出され制作されている過程での「いかにして」への転変である。ここから、ドキュメントは、もはや客観的な歴史事実としては仮定されないことになる。なぜなら、ドキュメントの史実についての記載自身が、構築されたものである可能性があるからだ。よって、新しい歴史研究は、もはや単純にモニュメントを解釈したり、その真偽を判定したりすることではなく、これらのモニュメント自身の上でかつて発生した制作と加工を経た、その真実の出来事に注目を向ける仕事になるわけである。すなわち、これらのモニュメントが、過去と現在においていかに組織化されたかに注目を向ける仕事である。それは、これらのモニュメントが、いかにして、目に見える一定の視線によって切り分けられたのか、いかにして、

一定の秩序のある構造と次元区分が与えられたのか、そして、このことから、いかにして、特定の合理的な歴史発展の主軸が構築されたのか——これらを考察する仕事なのだ。

実際には、この「死者の誤りを探す」ことは非常に難しいのだが。

これによって、故意に遮蔽された真相はやっとその覆いがはずされるのである。伝統的な歴史研究の視野の中の歴史とは、まさに、見えざる暴力による暴力的秩序構築が形作ったものなのである。

フーコーは、この本の中で、76回ordre（秩序性）とdésordre（無秩序性）を使用している。かつ、ここで使用されている秩序賦与（ordonne）は、新しい語彙である。

ここに至って、長期にわたって無意識のうちに遮蔽されてきた、解釈学のコンテキスト中の二重のイデオロギーの手がかりを見て取ることができよう。1つは、我々が軽視してきたもので、ドキュメントの記載（解読されたテキストやモニュメント）の中に隠されていた、支配者層によるコントロールである。もう1つは、我々の（解釈主体の視野）歴史研究中に隠されていた総体的論理の強制である。このように、新しい歴史研究の方法の自省の中には、新たな批判的で、反省的な史学の深い情況が、出現している可能性があるのだ。

私はこう感じている——伝統的史学方法論の中に存在している非反省性に対する、フーコーの警告には道理があるが、単純に歴史の連続性を否定したり、史学ドキュメント中の辺縁性やイデオロギーによる遮蔽を誇大視したりするのは、実際には、根本的に通じないポストモダンのロマン主義的情緒の生み出したものであると。それは、漫画的な手法によって、歴史的存在の暗黒部分へ光をあてたものと見ることができよう。しかし、このような限度のない過激な方法は、野火のようにまず自己を焼き尽くしてしまうのである。このことは、彼の仲間であるデリダやドゥルーズも、学術上の災難から逃れられないことも意味しているのだ。

2. 伝統的な総体性の歴史観の断裂から出現した新しい史学方法論

青年フーコーの見方によると、このような新しい歴史研究方式による、ゲシュ

タルト的変革の結果には、具体的に4つのものがあるという。

第1は、伝統的な総体性の目的論的歴史観に対して、明確な疑問をぶつけたことである。歴史研究の中では、新しい史学の方法は、直接、

　　意識の進歩、理性の目的論（téléologie de la raison）、人間の思考の進化
などによって構成されていた長いセリーを分断し、収束や完成といったテーマを問い直し、全体化の可能性（possibilités de la totalisation）を疑いに付したのである[14]というわけである。

　フーコーは、この本の中で、批判的対象という意味で12回téléologieを使用している。

青年フーコーから見ると、伝統的な進歩史観の本質は、実際には意識の進歩論と理性の目的論によって構築されたもので、このような主観的思惟の中で生み出された、完成されたモデルは、いつも、本来異質であり、粗削りであり、偶発的な生活を、平滑で同質のものとしてフォーマティングした「歴史の主体」なのであり、それは、低級なものから高級なものに到る、その起源から終結に到る発展の過程なのだということになる。そして、青年フーコーは、新しい歴史の研究方法は、伝統的な歴史研究における、暴力的に規制された「線的な図式（schéma linéaire）」を根本から拒絶するものだと見ているのである。

　　フーコーは、この本の中で、14回このlinéaireを使用している。すべて否定的な意味においてである。1971年、チョムスキーとの対談の中で、フーコーは、科学と知の進歩観の脱-構築を例としたことがある。彼はこう述べている―「長い間、科学、そして知は『進歩』（< progrès >）のある一定の線をたどり、『成長（< croissance >）』の原理と、あらゆる種類の知識の集約という原則に従っていると考えられてきた」が、科学中のいくつかの特定の理解方式と科学知との関係を子細に観察した時、我々は、この線型の進歩なるものが、我々の幻像にすぎないことを発見するだろう。例えば、動物と植物の分類は、中世以来、それぞれ異なる知の枠組み（「博物学」・「比較解剖学」・「進化論」）により、どれぐらいかわからないほど「書き変えられてきた」。しかも、それらは、毎回異質的なものとして書き変えられてきたのだ。「知は、その機能においても、エコノミーにおいても、内的関係においても、まったくちがったものになっています」[15]と。

第2は、非連続性の概念（notion de discontinuité）が、歴史科学の中で重要な位置をすでに占めているということである。青年フーコーはこう述べている——伝統的な目的論的な総体性の歴史観においては、歴史は、一つの合理的な目的（近代性の中の啓蒙、あるいは人間の解放）に向かう発展過程の連続的な編纂であるゆえに、不連続性は、往々にして、歴史家にとっては、意識的にであれ無意識であれ「歴史から取り除くべき時間的散乱の傷跡」だったのである。歴史の進展に連続性を与えるため、線形の進歩性を中断させるような現象や出来事は、歴史家によって、自覚的にであれ無自覚であれ「迂回し、縮減し、消去」されたのである。これに対して、現在の新しい方法論においては、非連続性は、「歴史的分析の根本的要素の一つ」をだんだんと構成し始めたのである。1つ目は、非連続性が、歴史研究中の一種の「意図的な操作」をすでに可能にしていることである。これは、一種の方法論上の自覚であろう。2つ目は、非連続性が、歴史研究の直接の結果になったことである。「なぜなら、歴史家が発見しようと企てるのは、一つのプロセスの限界であり、一つの展開の変曲点であり、一つの調整運動の反転であり、一つの変動の限度であり、一つの働きの端緒であり、円環的因果性が乱れる瞬間であるからだ」[16]——と。よって、伝統的な歴史研究中の、あの総体性の論理の「完成への欲求」は消失し、中断・辺縁・偶然が歴史家のドキュメント解読の中に真に出現するのである。これによって、すでに消失した存在と生活の場の環境自体が再構築される、その可能性がはじめて出てくるのである。このようにして、非連続性は、歴史研究の情況を再構築する道具ともなり、それが向き合う真実の対象ともなるのである。実際に、フーコー自身も、歴史研究をこのような形で実践している。彼は、文化史総体の中での、各エピステーメー間の断裂に不断に注目しているのである。例えば、近代西洋絵画史の中にも「深刻な断裂」（マネ[17]）を発見しているのだ[18]。いや、自分のテキストのエクリチュールにおいてさえ断裂を直接生み出しているのである。

第3に、包括的歴史（histoire globale）というテーマとその可能性が消失し始めたことである。伝統的な歴史研究においては、歴史家は、いつも、一種の完全な認識という基礎に基づく包括的な歴史観察の可能性が存在すると仮定してきた。すなわち、「包括的歴史の企画、それは、一つの文明の総体的形態（forme d'ensemble）や、一つの社会の—物質的ないし精神的な—原理や、一つの時期のあらゆる現象に共通の意味作用や、それらの現象の凝集を説明してくれる法

則（loi）を―隠喩的に一つの時代の『表情』と呼ばれるものを―復元することである」[19]ったというわけである。青年フーコーから見ると、このいわゆる包括的歴史による観察は、ちょうど、このようないくつかの主観的仮定の上に建てられているとうことになる。一つ目は、以下のような仮定である―ある特別に限定された時空間の全部の出来事の間に、その痕跡が見いだされた各種の現象の間に、ある種の「等質関係のシステム（système de relations homogènes）」すなわち「因果性のネットワーク」が構築可能であり、これらの現象は、このような関係のネットワークの中で「互いに象徴化し合」い、かつ「同一の中心的核（même noyau central）」を一致して表現する―このような仮定である。

　ここにおいて、『言葉と物』での、それぞれ異なるエピステーメーにおける「相似性」の関係のネットワークと「表象」の関係のネットワークが構築する、同質性の関連システムについての描述に思い至るであろう。フーコーは、この本の中で、この relation を24回使用している。

２つ目は、「ただ一つの同じ形態（même forme）の歴史性が、経済的構造、社会的安定、心性の不活性、技術的習慣（habitudes techniques）、政治的行動様式を突き動かし、それらのすべてを同じタイプの変換（même type de transformation）に委ねる」[20]という仮定である。

　例えば、我々の教科書体系の中で常に口にされる、すべての歴史の同一の社会構造の類型―「社会の基本矛盾」である。しかし、実際には、原始的部族生活の中には、近代的な意味での経済的土台と上部構造は根本的に存在しなかったのである。

３つ目は、「歴史そのものが、自らの擬集の原理をそれ自身のうちに保持するいくつかの単位（grandes unités）に―いくつかの段階ないしいくつかの局面に―分節化される」[21]という仮定である。例えば、地域の発展は、国家の歴史の進展と連接され、それぞれ異なる国家の歴史は、世界史の歴史的進展内部にある凝集力の体現である、というような発想である。

　しかし、今日では、この一切の歴史研究の伝統的な形式構築の原則には、すべて疑問がぶつけられている。新しい歴史研究は、もはや包括的な歴史観察には注目せず、以下のことを発見しようとしているのだ、とフーコーは指摘するのである。

それらの互いに異なる系列（différentes séries）のあいだに正当なやり方で記述されうるのはいかなる形態の関係（forme de relation）であるのかを決定するという問題である。それらの系列はいかなる垂直的なシステム（système vertical）を形作ることができるのか。それらの系列同士の相関関係や優位関係（des corrélations et des dominances）の作用はいかなるものであるか[22]、ということを発見しようとしているのだと。

この垂直的なシステムの系列とは、『言葉と物』で指摘されていた、異質性のエピステーメーでもある。ドゥルーズはこう語っている—フーコーは、このような自分の系列概念をアルチュセールの構造概念と対立させようとしている。なぜなら、系列間の切断とプロブレマティック間の切断は異なるものであるからだ[23]と。

このことは、歴史研究は、憶測の中の総体性を作り上げるものではなく、まさに、これらの非連続的なそれぞれ異なる系列中のものが、いかにして偽の連続的な総体として構築されたかを分析することにほかならないと言える。つまり、それらが、「いかなる『一覧表』（quels"tableaux"）を—構成することが可能であるか」[24]を分析する仕事であり、かつ、この実際に発生した構築自身が、また、いかにしてうまく隠されてしまったのかを考察する仕事でもあるというわけである。

第4に、新しい歴史方法論（méthodologique de l'histoire）の建立である。青年フーコーから見ると、この新しい歴史方法論の主旨は、上述のような理性主義的目的論・同質性・連続性の意味において構築された総体的歴史観からの脱却のためであり、具体的には、歴史研究において、ドキュメントの「整合的で等質なコーパス」の隠れたメカニズムの、選択原理の、歴史の情況構築の各次元を分化する際に依拠すべき、特定の「意味論的領野（champs sémantiques）」と「形式構造（structure formelle）」の秩序構築のあり方を探るものとして表現される[25]ということになる。

フーコーは、この本の中で、依然としてstructureを61回使用している。もとより、彼は、自分に対する「構造主義」というレッテル貼りには反対しているが、この事実は、一定の意味において、彼が、構造主義と無意識のうちに親近性を持っていることも説明しているのである。

第6章　非連続性―総体性と目的論に反対する新しい歴史観　369

　青年フーコーが指摘している新しい歴史方法論は、明らかに、モニュメント（「ドキュメント」）に向き合う時の問題に集中していることを、見て取ることができるだろう。すなわち、それは、モニュメントを整理する際、記録を選択し出来事を放棄するという、無意識のうちに発生した隠れている原則―歴史家の前意識による選択の視線の中では、「整合的で等質的なコーパス」という論理的手がかりが、必然的に一種の隠された強制になっているという原則である。しかし、この強制がいかにして発生するのかについては、青年フーコーはここでは何事も語っていない。ただ、新しい方法論によって、人々は、少し前まで歴史哲学を構成していたものから離脱したとしか述べていない。「生成の合理性ないし目的論をめぐって、歴史的知の総体性をめぐって、過去の不活性および現在の未完の全体性に一つの意味を発見ないし構成する可能性をめぐって」[26]という例を挙げるのみである。

　　フーコーの新しい歴史観が、すぐに歴史学界に影響を与えたことを見て取ることができる。それは、フランスの「新史学」の出現を促したのである。1971年、フランスにおいてその影響力が巨大な、ガリマール出版社の歴史学編集担当者ピエール・ノラは、フーコーの観点による、「歴史文庫」と題する1シリーズの叢書を企画したが、この叢書の名称だけでもフーコーを興奮させそうである。『知の考古学』出版の前、フーコーは、ノラにその原稿を読んでもらったが[27]、そのおかげで、その後、いく人かの歴史家がこの新史学の隊伍に加わったのである。

これについて、ドゥルーズは以下のように評論している。

　　フーコーは、歴史哲学者とはまったく違う歴史との関係（un tout autre rapport que celui des philosophies de l'histoire）を築いた哲学者なのです。フーコーの考えた歴史は私たちを包囲し、私たちの境界を定めるわけですが、しかしそれは私たちが何者であるのかを告げるためではなく、私たちが何と違うものになろうとしているのかと言うことを教えてくれるのです。私たちの同一性（identité）を見定めるのではなく、同一性を完全に排除して、私たちの本性である他者（autre）をきわだたせるのです[28]と。

　ドゥルーズの哲学の練り上げには深いものがある。しかし、フーコーのこのいわゆる他者性の歴史観は、ほんとうに非同一性の歴史研究を構築できるのだ

ろうか。これには深い疑問が残る。

3. 歴史を救う偽の総体性―再構築されたマルクスとニーチェ

　興味深いことに、青年フーコーは、意外にも、新しい歴史研究方法の創立について、その最初の契機は「マルクスに見いだす（remonter à Marx）ことができる」[29]と指摘している。

　　　これはマルクスの史的唯物論にちがいない。私は、これは、重要な思想的観念と立場上での変化だと思う。なぜなら、フーコーは、マルクスを直接肯定するようになったからである。バリバールの分析によれば、フーコーは「『言葉と物』を書いているときには、彼はアルチュセールによるマルクスの読解を知りませんでした。ただ、『知の考古学』では、アルチュセールによって見直されたマルクスに言及していますよ」[30]とのことである。もちろん、これは、発生したばかりの「五月革命」の現実的影響でもある。

　フーコーは、我々にこう告げている―マルクスに基づく歴史観の変革である、新しい歴史研究方法の誕生は、すでに1世紀以上経っているが、「それが効果を発揮するまでには。長い時間を要し」、マルクスの歴史理論は、歴史研究分野の基本状況を根本的に変えるには至らなかった。この理由は、人々に、あのしっかりと根を張っている総体性の歴史観を相手にするなと要求するのは、容易なことではないからであると。

　　　注意してほしい。ここでの青年フーコーのマルクスへの態度と『言葉と物』の時のそれとを比べると、明らかに重要な変化が発生していることを。『言葉と物』の時は、彼は、「マルクス主義は実際にはいかなる断層も生じさせはしなかった」[31]と批判していたが、ここでは、マルクスを新しい歴史観の思想の先駆者と見なしているのである。

　フーコーによれば、ここでの原因は2つあるということになる。
　その1。総体性の歴史観の起点は、抹消できない根源的基礎（fondement originaire）論であるという点である。これは、歴史研究の情況構築における、一種の底に潜む意識による思惟的慣性にすでになっており、「合理性を人間の

テロス（le telos）としつつ、思考の歴史の全体を、そうした合理性の保護、そうした目的論の維持、そうした基礎への常に必要とされる回帰に結びつけようとするものであった」[32]というわけである。これには、ブルジョア的啓蒙思想において追い求められた、人間性の基礎・正義の基礎・自由の基礎などが含まれている。このような抽象的な価値架設の起源は、歴史の前進方向と目的でもあるのだ。ゆえに、人々の心の中では、「差異を思考し、隔たりや分散を記述して、同一的なものの安心させる形態を分断することに対し、特別の嫌悪感が抱かれているかのようである」[33]と、フーコーは指摘するのである。これは、一種の思惟的慣性になり、知らず知らずのうちにモニュメントの中に「同じきを求め異を捨つ」という態度を生みだすのである。

　その２。総体性の歴史観の真の基礎は、主体（sujet）と切り離すことはできないということである。

　　　この主体は、もともとは神や絶対理念でもあったが、19世紀から始まった近代的人間という主体に代替されたのである。

　フーコーによれば、伝統的な歴史研究においては、「連続的歴史とは、主体から逃れたすべてのものが主体に返還（restituer）されうるであろうと保証してくれるものであり」、この偽の情況構築の中では、それは、「差異によって遠方に置かれている事物のすべてを、主体がいつの日にか—歴史的意識のかたちで—再び我が物とし、自らの統御を立て直」[34]すことを認めるというのである。彼の師であるアルチュセールによる、ブルジョア的な人間主義的疎外史観の批判の中では、このような主体の疎外と回復の論理の表現は、とくに明らかにされている。

　　　人間主義的疎外史観は、まず、人間の真の類本質なるもの（フォイエルバッハの自然的存在としての類本質、ヘスの交通の類本質、青年マルクスの労働の類本質）を設定し、しかる後、この架設に依拠して、現実においてのその淪落と疎外を見い出し、さらに、その疎外の止揚を通じて、真の起源を回復するというものである。

　ここで、フーコーがとくに使用している「歴史的意識の形で」という言葉は、重要な規定である。すなわち、このような主体の疎外という論理の本質は、観念論的なものであるということである。ここから、我々は、フーコーの思想の

中に突然出現した重要な学術傾向を感じ始めた。すなわち、現実の生活へという傾向である。もともとテキストに隠されていた複調のコンテキストの中で、知らず知らずのうちに発生していた言説の手がかりが、この時に、公開された言説フォーマティングの意図に向かって走り始めたわけである。

これは、彼が真にマルクスと接近し始めた原因でもあろう。

青年フーコーは、19世紀以来、マルクスとニーチェによって、伝統的な歴史研究の論理からの二重の脱中心化がすでに切り開かれたと述べている。

一つは、マルクスの「生産関係（rapports de production）、経済的決定（déterminations économiques）、階級闘争をめぐる歴史的分析」であり、それは、総体的な歴史観から脱中心化された、新しい歴史研究の思考経路を切り開いた[35]というのである。青年フーコーのこの判断は、疑いなく正しい。彼は、正確にも、青年マルクスの人間主義的な労働疎外史観を回避して、マルクスの新しい歴史観が、1845年以後に創立された史的唯物論であることを、直接確認しているのである。しかし、フーコーの不正確な部分は、以下のことを見て取らなかったことである—史的唯物論は経済決定論ではなく、さらに的確に言えば、ただ狭義の史的唯物論の情況構築次元の中においてのみ、マルクスは、工業生産における資本主義的生産様式の歴史的性質を理解することを通じて、はじめて、人間が創造する経済的力が、経済的社会形態の主動的要素になったことを突出させて説明ができた—このことである。そして、フーコーは、マルクスが、3大物神性批判を通じて、ここから根本的に、ブルジョア階級の非歴史的な永久な事物の幻像を打ち砕いたことも、見て取ってはいなかったのである。私は、フーコーの理解するマルクスは、史的唯物論とは一致しないものと思う。彼は、ただ史的唯物論の新しい方向のみに賛同したにすぎず、一般的な歴史方法を指南するものとしての広義の史的唯物論と、経済社会形態に対する批判を行なう狭義の史的唯物論とを、仔細に区分することはできなかったのである。

もう一つは、ニーチェの系譜学（généalogie）が生み出した、伝統的な歴史研究中の起源論を核心とする歴史観からの脱中心化である。

フーコーは、この本の中で、généalogieを3回使用している。もっぱらこの点に関して、フーコーは後にこう説明している—系譜学は、起源論に反対するものであり、事物あるいは現象の発生についての、ある種の論理起点と終点というものを承認はしない。それは、ある一つのものに還元さ

れぬ、事物のミクロの細節に注目するのだと。

　以上のことから、フーコーは、マルクスとニーチェは、新しい歴史観の真の創始者だと宣言するのである。
　しかし、青年フーコーは、マルクスとニーチェが一種の新しい歴史研究の進路を切り開いたといっても、19世紀末まで、伝統的な総体的歴史観は、依然として自分の学術陣地をしっかりと守ってきたと見ている。人々は、歴史研究においては、一切の伝統的歴史観からの脱中心化に依然として反対し、主体の主宰としての地位を、「人間学と人間主義（l'anthropologie et l'humanisme）」という双子の学術的観念のイメージを救おうとしており、そのため、種々の思想史と歴史研究の中では、歴史の連続性というテーマが、また復活してきているというのである。

　　　これは、フーコーのテキストの中にはあまり見られない、明確に人間主
　　義を批判の対象の位置に置いた発言である。

　フーコーから見ると、今日に到ってさえ、人々は、マルクスとニーチェにあらためて偽の化粧を施しているのだ。
　一つは、「マルクスは、人間学化され、全体性の歴史家とされて、彼のうちに人間主義の主題が見いだされる（à retrouver en lui le propos de l'humanisme）」[36]という現象である。青年フーコーのこの表述は重要でありかつ深いものがある。彼は、いく人かの学者が、『1844年経済学哲学草稿』の中の、青年マルクスの人間主義的な総体的疎外史観の論理を利用して、マルクスの後の史的唯物論という新しい歴史観に代替させているのを、鋭敏にも気が付いたのである。

　　　このやり方は、実際には、いく人かの研究者が、意図的に、『資本論』
　　と晩期のいわゆる『人類学ノート』の中から人間主義を再発見したという、
　　ある種の復活の論調としても表現されている。フーコーの理論的意向は、
　　明らかに師のアルチュセールと一致している。

　もう一つは「ニーチェは、超越論的哲学（philosophie transcendantale）の観点から解釈され、彼の系譜学（généalogie）は、根源的なものに関する探究の平面へと誘導される」[37]という現象である。ニーチェの系譜学は、ちょうど起源論に反対するものにもかかわらず、反対に、表面的な生物の連続した系譜の

ようなものと故意に誤解釈され、総体的な歴史観のように化粧されしまったというわけである。青年フーコーから見ると、このマルクスとニーチェについての偽の情況構築の本質は、歴史研究中の旧勢力による、総体性と起源論という伝統的歴史観の防衛なのである。

　フーコーはこう述べている。

　　文化的全体性（totalité culturelle）というテーマ—そのためにマルクスが批判され、次いで歪められてしまったテーマ—においても、根源的なものの探究（recherche de l'originaire）というテーマ—まずニーチェに抗するために用いられ、次いで彼がそこに移し入れられてしまったテーマにおいても、そして生き生きとして連続的で開かれた歴史というテーマにおいても、同じ保守的機能が働いているのだ[38]と。

　明らかにわかるように、人々は、総体性の歴史観の脱-構築を受け入れられないのである。なぜなら、それは、「歴史の消失」と見なされるからである。

　　フーコーは、この本の中で、totalitéを21回使用している。多くの場合は、批判の対象として位置づけられている。

　歴史の総体の進展が否定されれば、真実の歴史はまだ存在しうるのか。このゆえ、人々は心が痛むのだ。もちろん、彼らの心をもっとも痛めつけるのは、歴史の消失ではなく、このような歴史形態（forme d'histoire）が抹殺されることである。なぜなら、このような歴史形態は、かつては、ひそかに、しかしまた全面的に「主体の総合活動（synthétique du sujet）」にかかわっていたからである。まさに、歴史研究の主体において発生した、この思想活動中の総合分析と論理の形式構築こそが、総体的な線形の歴史本体という情況構築を登場させたのである。フーコーはこの事情を以下のように述べている。

　　嘆き惜しまれているのは、意識の至上権に対して一つの避難所を提供してくれるはずだった生成である。つまり、神話、親族システム、言語体系、セクシュアリティ、欲望などよりも安全で危険の少ない避難所が、生成によって提供されるはずだったのに、というわけだ。嘆き惜しまれているのは、物質的決定（déterminations matérielles）、実践の規則（règles de pratique）、無意識的システム、厳密ではあるが反省を経ていない関係、あらゆる生きられた経験から逃れる相関関係といったものの作用に対し、投企

や意味の働きや全体化の運動によって生気をと取り戻せる可能性である。嘆き惜しまれているのは、一世紀以上のあいだ絶えず人間から逃れ去ってきたもののすべてを人間に対して返還するための、歴史のイデオロギー (idéologique de l'histoire) 的使用なのだ[39]と。

これはこうとも言える―伝統的な歴史研究においては、人々は、いつも、「歴史的事実から出発する」ことが、史学研究に神話や親族システムよりも、さらに正確な客観的史実の描写を提供すると考えているが、こうした「歴史的事実」自体が構築されている過程に存在している歴史のイデオロギーという強制的言説には、誰も気付いていないと。

　フーコーは、この本の中で、déterminationを28回使用している。多くの場合、否定的な情況構築の範囲で使用されている。

青年フーコーは、歴史研究の分野の中の、この複雑な思想闘争の様子に面して、マルクスとニーチェの側にしっかりと立って、彼らが切り開いた新しい歴史のフォーマティングの方法を推し進め、歴史研究中のこのような総体―起源論の「古い城砦」を真に打破しようとしているのだ。青年フーコーは、自分の長年にわたる学術研究は、まさにこうした努力を体現するものであり、『狂気の歴史』・『臨床医学の誕生』・『言葉と物』は、こうした研究の輪郭を描いたものだが、意を充分には尽くしていなかったと述べている。

　実際には、フーコーがマルクスの側に立ったのは、ちょうど発生したばかりの出来事であった。

彼はこう思っていた―自分が進めようとしている研究は、歴史の分野ですでに発生した、新しい変化を明らかにし、かつ、歴史研究を人間学の隷属から離脱させて、さらには、「そうした隷属がどのようにして生じえたのか」[40]を説明しようとするものにほかならないと。

そして、この『知の考古学』の中では、彼は、さらに一歩進んで、これらの自分の前期の研究成果の「全般的な連接」を説明しようとしたのである。もちろん、この本は、上述の三冊の本の単純な繰り返しではなく、まさに以前の研究の深化である。

　まさにこの点において、ドゥルーズは、「『知の考古学』は、単なる反省

の本、一般的方法についての本ではなかった。それは、以前の書物に対して逆作用を及ぼす新たな折り曲げに似た、新たな方向付けであった」[41]と評しているが、これは正しいだろう。

青年フーコーは、率直にこう述べている。
『狂気の歴史』は、そこで「経験」として指し示されているものに対し、あまりにも大きな、そしてかなり謎めいた重要性を与えていた。そしてそれによって、この著作は、歴史の匿名で一般的な主体（sujet anonyme et général de l'histoire）を認める立場の近くにとどまっていることを示していた。『臨床医学の誕生』においては、幾度も試みられた構造分析への訴えによって、提起されたもの大の種別性および考古学に固有のレヴェルが回避されそうになった。最後に、『言葉と物』においては、方法論的な標識の不在によって、文化的全体性（totalité culturelle）の観点からの分析がなされているのだと信じられることにもなった[42]と。

しかし、この『知の考古学』という新しい本の中では、青年フーコーは、研究自体の重複を拒否し、かつ、「固有の方策を講じ」て、自分の前期の研究に対する疑問に答えたいと宣言している。「ここから、このテクストの慎重でややちぐはぐなやり方が生じる。すなわち、このテクストは絶えず、あちらからもこちらからも距離をとって自らの方策を打ち立て、自らの限界へと手探りで進み、自分が言わんとしているのではないことにぶつかって、自らに固有の道を明確にするために溝を穿つということだ」[43]というわけである。明らかに、青年フーコーは、我々にもこう警告しているのだ―線形の論理で自分の思想の場所を決めないでほしい。重要なことは、自分のそれぞれ異なるテキストの間の距離を理解することなのだと。

青年フーコーが序論の最後に、インタビューの形式で残した言葉は、「私が誰であるかと訊ねないでくれたまえ。私に同じままであり続けるようにと言わないでくれたまえ」[44]というものであった。

[注]
1 モーリス・ブランショ、守中高明訳「ミシェル・フーコー わが想像のうちの」『他処からやってきた声——デ・フォレ、シャール、ツェラン、フーコー』(以文社、2013年) 139頁。
2 Peter Sloterdijk, *Im Weltinnenraum des Kapitals: Für eine philosophische Theorie der Globalisierung* (Frankfurt am Main: Suhrkamp, 2005), 12.
3 フーコー・慎改康之訳『知の考古学』(河出書房新社 2012年) 15頁。
4 Gaston Bachelard, *Le matérialisme rationnel* (Paris : Presses universitaires de France, 1953).
5 フーコー『知の考古学』13〜14頁。
6 セール (Michel Serres 1930—)。現代フランスの有名な哲学者。1930年フランスのアジャンで生まれた。1952〜1955年パリ高等師範で学び、その期間、フーコーは彼の教師であった。1954年バシュラールの指導のもと数学史に関する論文を完成させて学位を取得し、1955年アグレガシオンに合格した。1968年フーコーの招きで、パリ大学ヴァンセンヌ校の哲学科に就職し、同年博士論文の「ライプニッツのシステム」を提出した。セールは、科学・文学・哲学を横断する思想家であり、同時に、ギリシア・ラテンの古典研究の学位と数学の学位も持っている。1990年コレージュ・ド・フランスに入った。主な著作には、『ヘルメス』(全5巻 1969〜1980)、『五感——混合体の哲学』(1986) などがある。
7 ゲルー (Martial Guéroult 1891-1976)。フランスの哲学史家。おもな著作には、*Spinoza, T.1: Dieu (Ethique, I) et T.2: L'Âme (Éthique, II),* (Paris: Aubier-Montaigne, 1968- 1974) などがある。
8 フーコーは、あるインタビューの中で、アルチュセールの『「資本論」を読む』の歴史概念の解明について言及したことがある。ミシェル・フーコー、石田英敬訳「歴史の書き方について」『フーコー・コレクション3 言説・表象』(筑摩書房、2006年) 81頁。
9 ルイ・アルチュセール、河野健二ほか訳『マルクスのために』(平凡社ライブラリー、1994年) 291頁;『知の考古学』15頁。
10 フーコー『知の考古学』19頁。
11 同上20頁。
12 Pierre Macherey, *De Canguilhem à Foucaul : la force des normes* (Paris : La Fabrique, 2009), 38.
13 フーコー前掲書18頁。
14 同上21頁。
15 ミシェル・フーコー、石田英敬・小野正嗣訳「人間的本性について—正義対権力」『ミシェル・フーコー思考集成V 1974-1975 権力／処罰』(筑摩書房、2000年) 22-23頁。
16 フーコー『知の考古学』22〜23頁。
17 マネ (Édouard Manet 1832-1883)。19世紀の印象主義の創始者の1人。1832年パリに

生まれた。彼は従来から印象派の展覧会には参加したことはなかったが、モネ、セザンヌ、ゴッホなどの新興画家に深い影響を与え、さらには、絵画をモダニズムの道へと進ませた。

18 マネの絵についての議論の中で、フーコーは、有名な《フォリー・ベルジェールのバー》の中に、絵画の規範と伝統上の、3種の共存できない断絶を発見した。「〔一〕画家はここにいると同時にあちらにいなければならない。〔二〕ここに誰かがおり、また誰もいないのでなければならない。〔三〕見下ろす視線と見上げる視線がある」(ミシェル・フーコー、阿部崇訳『マネの絵画』(筑摩書房、2006年) 43頁)。《フォリー・ベルジェールのバー》は、1882年に完成されたものでマネの最後の作品である。マネは、その得意とする光と影の変化を生かして、当時のパリで流行していた宴会の場面を描いたのである。その絵の中では、フォリー・ベルジェールのホステスが観衆に向かって立ち、装飾物・酒瓶・花瓶の中の花が、その女の子の面貌に夢幻の姿を賦与しており、非日常的なにぎやかさの会場が、女の子の背後の大きな鏡を通して表現されている。興味深いことに、伝統的な透視法の論理にしたがうと、鏡像中には女の子の背面の姿があるべきなのに、マネは、女性に向かい合っている男性客(別の視角と視線の中にこそ、はじめて登場できる表象であろう)を直接キャンバスの右側に登場させているのである。この普通ではない現象は、フーコーによって、マネによる伝統的な絵画の論理の中断と見なされたわけである。

19 フーコー『知の考古学』24頁。
20 同上24〜25頁。
21 同上25頁。
22 同上25頁。
23 ジル・ドゥルーズ、宇野邦一訳『フーコー』(河出文庫、2007年) 48頁。
24 フーコー前掲書26頁。
25 同上26頁。
26 同上27頁。
27 フランソワ・ドッス、仲澤紀雄訳『構造主義の歴史〔下〕 白鳥の歌──1967〜1992』(国文社、1999年) 317頁。
28 ジル・ドゥルーズ、宮林寛訳『記号と事件──1972-1990の対話』(河出文庫、2007年) 192-193頁。
29 フーコー前掲書29頁。
30 フランソワ・ドッス、清水正・佐山一訳『構造主義の歴史〔上〕 記号の沃野──1945〜1966』(国文社、1999年)473頁。
31 ミシェル・フーコー、渡辺一民・佐々木明訳『言葉と物──人文科学の考古学』(新潮社、1974年) 281頁。
32 フーコー『知の考古学』31頁。
33 同上29頁。

34 同上30頁。
35 同上31頁。
36 同上32頁。
37 同上同頁。
38 同上32〜33頁。
39 同上33〜34頁。
40 同上34〜35頁。
41 ドゥルーズ『フーコー』63頁。
42 フーコー前掲書37頁。
43 同上38頁。
44 同上40頁。フーコーのこの自問自答式の文体は、明らかにブランショが発明した自己インタビューの文体を模倣したものである。

第7章　フォーマティング―エピステーメーから
　　　　　言説的出来事の場への転変

　『知の考古学』の中では、青年フーコーが以前用いていた、歴史を把握するためのキーとなるフォーマティングのパラダイムに、少々の変化が発生した。『言葉と物』の中では、断裂性の知のモデルに当てられていたエピステーメー（épistémè）が弱化して、いまや新しく出現した考古学の対象は、言説運動を秩序構築の内容とする言説の場（champ du discours）に変わった。青年フーコーが注目した非連続性は、もはや、たんに物に対する秩序構築式の強暴と構造性の断裂を示すだけでなく、主体の支配下に出場した言葉自身をも解消したのである。その背後で、現在構築され、また脱-構築されている、見えざる言説の運行の場が明らかにされた。この言説実践は、実体的存在という意味においては、まさに不在という出場の形で存在するものである。この言説実践は、同時に社会的存在の中の客体と主体をフォーマティングして、まったく新しい社会生活中の戦略的統治を生み出したのだが、これこそが、青年フーコーの知の考古学の真の反省の対象にほかならない。ここからまた、フーコーの思想的情況構築中の観念論的な観念も、最終的に学術的言説のプラットホームから退場したのである。

1. 言説の場―現在発生している言説の構築活動

　青年フーコーはこう宣言している―自分が歴史研究中に「非連続性（discontinuité）、断絶（rupture）、閾（seuil）、限界（limite）、系列（série）、変換（transformation）」といった概念を投入したやり方は、歴史分析の手続き上の問題でなく、方法論の意味での深い「理論的諸問題（problèmes théoriques）」中のゲシュタルト式革命である[1]と。
　　　自分の師たちと比べて、フーコーのここでの方法論的変革は完全に自覚
　　　的である。

　その根本から見ると、この理論的変革の主旨は、歴史研究中に存在している各種の連続性のテーマを徹底的に否定することにある。青年フーコーは、こう

第7章　フォーマティング―エピステーメーから言説的出来事の場への転変　381

鋭く指摘している―以前の歴史研究中で常用されていた、「伝統」・「影響」・「発展」・「進化」などの概念は、すべて、歴史モニュメントの無形のフォーマティングの分析の中で、「相次ぐ分散した出来事を、グループ化し、ただ一つの同じ組織化の原理（principe organisateur）に関係づけて」、位置付けするための道具なのである[2]と。これこそが、連続性の総体的な歴史の秩序構築の秘密にほかならないというわけである。例えば、思想史あるいは文化史の研究中で、人々は、「精神（esprit）」や「心性（mentalité）」というような概念（例えば、ヘーゲルの絶対精神やウェーバーの文化的心性など）によって、「ある一つの時代の同時的ないし継起的な諸現象のあいだに、意味の共通性、象徴的な結びつき、類似と反映の作用を打ち立てること―あるいは、一つの集合的意識の至上権を、統一および説明のための原理として出現させ」、これによって、完成された思想の変転と進展の過程を構築してきたというのである。こうした伝統的な歴史研究中の類似のやり方に対し、青年フーコーは断固としてこれを拒否しているのである。

　　しかし、注目すべき価値があるのは、『言葉と物』とはやや異なって、フーコーが、ここでは自然的存在の秩序構築と自然史（博物学）が生まれる問題を取り上げていないことである。

　これについて、私は、フーコーが、我々に総体的な歴史観のミクロな構築に注意するようにと呼びかけているのは、通常と思われている、思惟慣性の中の隠れた概念のメカニズムを意識せよという意味であると思う。これは意義のある警告であろう。しかし、我々が歴史に面する時には、彼が単純に否定し去った、上述の概念を使用しないわけにはいかない。皮肉なことをあえて言うならば、彼は、自分がそこに身を置いているフランス認識論の伝統をどう説明するのだろうか。師のカンギレムの影響はどうなのだろうか。彼が模倣していると宣言している、ニーチェの系譜学の自分による発展はどうなのだろうか。フーコーのようなラディカルな思想家が、自分が学術の雲上まで登ってきた梯子を、身をひるがえしてはずしてしまった時、彼らは、自分が空中から落下することに思い至らないのでは、と私は感じている。

　私は、青年フーコーは、ここでは、文化思想史の角度から彼独特の思考の情況構築の着手していることに気付いた。彼はこう述べている―伝統的な文化思想史の研究は、いつもあるいく人かの偉大な思想家・文学者・科学者個人、お

よび彼らが残した目に見える物性の書籍や作品を主要な分析対象としてきた。このゆえに、我々は、実体的なテキストの生成、あるいはそれが世に問われた前後の時間系列を手がかりとする、連続的な発展の姿を容易に打ち立てることができるかのように見えるのだと。

　　これは、確かに、我々がなじんでいる数々の哲学史・文学史・科学史研究中に頻繁にみられる基本的情景であろう。

これに対する青年フーコーの追問には、人を反省させるものがある。すなわち、彼はこう問うのである——この連続的な文化史を構築するのに用いた、これらの書籍の目に見える「物質的統一性（unité matérielle）」は、ほんとうにそんなに重要なものかと。詩のアンソロジー・死後出版の断片集・カトリックのミサ典書——は、畢竟それらの物的実在（「物質的統一性」）が重要なのか、それとも、その物的実体が引き受けている、かつて突然の形で登場した情況構築による、見えざる言説の統一性（unité discursive）がより重要なのかと。

　　注意してほしい。これは、フーコーがはじめて、見えざる言説（discours）によって、目に見える言葉（mot）や言語に代替させたものであることを。フーコーは、『臨床医学の誕生』のフランス語版第2版の修訂中、もともと「言語」を使用していたところの多くをdiscoursに換えている。明らかに、この「言説」は、以前の言語学的コンテキスト中にあった意味を、はるかに超越したものになっている。彼は、このテキストの中で、discoursを427回使用している。これは、明らかに、この本の中でもっとも重要な高使用頻度のキーワードである。

しかし、青年フーコーは、ここでは、自分が言う言説とは何かについては、直接解釈していないが、物的なテキストの統一性には含まれることのない、特殊ないわゆる言説的諸関係の束（faisceau de rapports）を解釈的に与えている。スタンダールの小説とドストエフスキーの小説とでは、『人間喜劇』と『ユリシーズ』との間では、それ自体が目に見える言葉によるテキストを除いては、これらの作品は、すべて「他の書物やその他のテキストや文章へとそれらを送りだす一つのシステムのうちにとらえられている」というのである。

　　私の理解によれば、さらに深く推断すれば、テキストさえ残さなかったジャック・マーテインも含まれるべきだろう。彼の重要な思想は、アルチュ

第7章　フォーマティング―エピステーメーから言説的出来事の場への転変　　383

セールとフーコーの思想的情況構築の中にこっそりと同居している形で
在場しているのである。フーコーが引用符号を付けなかった、あのマルク
スの影の言説もそうである。この本の中で、フーコーは、rapportを129回、
faisceau de rapportsを3回使用している。フーコーのこの間の表述は、明
らかに、師のアルチュセールのテキスト解読の思考回路の中に含まれてい
た、深さのあるプロブレマティックの論理の影響を受けていると同時に、
クリストヴァ―ロラン・バルトのあの「間テキスト性」理論にも暗合して
いるのである。

　目に見える文字と比べて、これらの相互参照的な言説関係のシステムは、直
接目にすることはできない。青年フーコーはこう指摘している―これらの目に
見えない参照システムは、時には、引用文献や参考文献の目録の中に直接出現
せず、思想という血液に流れ込んでいるある種のものであるのだと。彼の言葉
で描述すれば、それは、その他のテキストと相互参照される、非物質的な言説
の関係の束にほかならないということになる。これは、明らかに、言説の概念
についての一種の新しい情況構築の意向である。
　青年フーコーは、オリジナル性の意味から見ると、我々が同質物と見なして
いるすべてのテキストは、実際には「自らの自明性を失う。書物の統一性は、
言説の複雑な領野（champ complexe de discours）から出発して初めて示される」[3]
と断言している。
　　　私は、フーコーが、この本の中で、champを160回使用しているのに気
づいた。これは、『言葉と物』での使用頻度をはるかに超えている。この
ことは、champが、この時のフーコーの思想的情況構築の中では、重要な
地位にあることを説明している。マシュレーの分析によると、カンギレム
が、科学史研究中でもっとも早く、場（champ）という方法論的観念の重
要性を唱え、かつ、「技術の場、想像の場、科学の場どうしの干渉、ある
いは科学の場と非科学の場―例えば、実践的・技術的・イデオロギー的と
いう非科学の場―との間の交渉」[4]について議論したとのことである。フー
コーがここで使用しているこの言説の場（領野）（champ de discours）はき
わめて重要である！　と、再度指摘しておかなければならない。私は、作
者のミクロ的な次元を超えて、この概念が、『言葉と物』の中のキー作用
となったあのエピステーメーに取って代わった！　と見ている。ドッスと

ハーバマスは、フーコーが『知の考古学』の中でエピステーメーの概念を放棄した[5]と判断しているが、これは正確ではない。実際には、フーコーは、この本の中では、ただエピステーメー概念の作用を弱化させただけであるのだ。この本の中では、依然としてépistémèは、14回も使用されている。

以上のことは、フーコーが「作者とは何か」の中で語ったものと近い観点を想起させる。あの中では、主体としての作者が、話やエクリチュールの中から消失することが議論されていたとするならば、ここでは、さらに一歩進んで、それが、テキストの非主体性にまで押しやられているのだということになる。テキストの自存性は、その背後の情況構築式の言説の場にあるというわけである。

このことは、前面の付録の中での、「作者とは何か」の講演についての、我々の位置付けが基本的に正確だったことを説明している。あの講演は、まさに、この本のこの部分での深い情況構築式の転換の予熱だったのである。

では、青年フーコーが指摘している、この新しい言説の場とは、畢竟いかなるものであるのだろうか。ここから、青年フーコーは、異なる作者のテキスト間の間テキスト性から作者とその作品とのミクロ的関係に転じて、さらに一歩進んだ議論を行なっている。彼は、伝統的なテキスト解読史の歴史の中では、人々は、いつも、作者とそのテキストは同一のものであると設定してきたと指摘している。テキストは作者に等しく、その言葉は真実に等しい。ゆえに、我々が「あるテキストを今閲読し解読している」と語ることは、「作者の意図が現れている、その中のオリジナルの客観的コンテキストを、テキストから見つけ出し固定化している」ということを語っているというわけだ。事実上、これは伝統的な史学の出発点でもある。

『レーニンへ帰れ』の中で、私は、これは、また、近代哲学の解釈学の出発点でもあると述べたことがある[6]。

これに対し、青年フーコーは、ちょうど、伝統的な歴史研究とテキスト解読中のこの自明性の観点から出発して、これに対する追問を開始しこれを脱-構築したのである。彼はこう述べている―作者が一つの名前の名義によって一つ

の作品を書き下ろした時、このテキストは、表面的には、当然にも、言葉の組み合せによって生まれた単純な物質的統一性に見える。よって、それは、考える間もなく当然のこととして、必然的に作者の真実の意図と同質の作品ということになると。しかし、青年フーコーは、怪しむ口調でこう発問するのだ—1人の作者が本名で発表した作品、筆名で発表した作品、また、「彼の死後に草案の状態で見出されることになるテキスト、なぐり書きや手帳や『紙きれ』などにすぎぬテキスト」はすべて同質だろうか。そうであるならば、なぜ彼は筆名を用いたのか。正式に発表されたテキストとノート・手稿・作者が紙きれの上に随意に書き散らしたものは、完全に同質なのかと。そして、続けてこう追問するのである—我々がある思想家あるいは文学者の全集を編纂する時、通常は、すでに完成された作品だけを入れるわけだが、「書物の下書き、最初の計画、訂正、削除された箇所も、やはりそこに含めなければならないのか。捨て去られた構想も加えなければならないのか」[7]と。実際には、この目録の中には、さらに、その思想家あるいは作家がかつて書いたが、正式に発表されなかった書簡や談話や講義ノートなども加えなければならないだろう。

　　ここでの思考のポイントは、前面での「作者とは何か」をめぐっての議論の中ですでに出会っている。同時に、私は、フーコーのこの観点は、私の『マルクスへ帰れ』での、マルクスの3種のテキストの異質性についての線引きと同工異曲であると思う。ただ、マルクスの名義の講義ノートの類のテキストはいまだ発見されていないが。

　青年フーコーはこう指摘している—もし、我々が思想家や作家のテキスト中に存在している、これらの完全に異なるものにほんとうに面したならば、自分が、実は「際限のない交錯のなかでかくもさまざまな言葉を語る言語的痕跡」に遭遇していることに気付き、作者が故意に我々に見せている正式のテキスト中の「物質的統一性」として姿を現している、あの単純な同質性なるものを見出すことは不可能になるだろうと。フーコーはニーチェを例にしてこう述べている—若き日の自伝・学校での小論文・文献学の論文・『ツァラトゥストラ』および「クリーニング店の伝票やアフォリズムの草案が混在している無数の紙の綴り」の間には、上述の同質の連続性は根本的に構築されえない。ゆえに、いくらかの表に出たテキストによる物質的統一性なるものによっては、根本的に同一の作者名義の、それぞれ異なるテキスト間の深層の関係を解釈できない

のであると。

　実際には、正直なフーコーには、ハイデッガーのような「古狸」が、演技性テキスト・表現性テキスト・秘密テキスト・現身性テキストという情況を故意に生み出したことなど思いも至らなかっただろう。これらの主観的視角から生み出された異なるテキストの中にこそ、作者の真実の思想が差延（デリダ）として登場するのである[8]。

　青年フーコーはこう断言している―作者が指摘した直接の外部ドキュメントとの関係であろうが、作者が書き下ろした作品間の内部的呼応の関係であろうが、それらは、現に与えられている物質的統一性の物的実在になることは不可能である。真に作品の本質を構成するそれらの出来事は、テキストの中に存在し、無形の言説実践によって、不断に突発的に発生しているのである―簡単に言えば、「ひとつの操作によって構成される」[9]場の状況の存在―すなわち、非物質性の運用者による言説の場なのであると。

　私は、ホネットが、ドイツ語の「Handlungsgeschehen（テクスト形成物）」と「Aktionszusammenhang（行為の連結）」という言葉を用いて、フーコーの思想的情況構築を象徴させたことに注意した。これは翻訳における深い接合であろう[10]。しかし、具体的に『知の考古学』を解読した際は、ホネットは、かえって、フーコーをいわゆる「言語学的構造主義」の表層的な情況構築の中に、単純に回帰させてしまっている。彼が
　　名の記号体系という自らとは疎遠な言語のうちに書き記されていると言うことを、それは冷徹に見据えるのである」[11]ことを意識していたと。フーコーの「無主体」を強調する際には、ホネットには深いものがある。しかし、彼が、この無主体性を言語の記号システムによる、偶然の秩序構築と見なした際には、フーコーがすでに軌道を外れて、非言語システムである言説の場というさらに深い情況構築に到っていたことについて、彼がいまだ分析をしていなかったことをちょうど証明しているのだ。とくに、ホネットが、フーコーのいう言説（ディスクール）は「シンボル的に表象された知の現象領域〔…〕に現れる言語単位」[12]にすぎないという認識を堅持している場合には、この論理の軽薄さは、恐るべき程度に達しているとさえ言えよう。

青年フーコーから見ると、これらの見えざる言説の場での働きが、一つの作品あるいはテキストの生成時の内在的な秩序性を構築し、テキストが解読される過程で突然出現する理解の情況構築をも構築するということになる。それで、テキストが存在していることの根本になっているのは、文字で表現されている言葉の中の理念や概念ではなく、概念がいまだ死滅していない時の当時の言説の秩序構築であり、その後のテキスト解読も、もはや概念が固定化した原義ではなく、そのすでに消失した言説の秩序構築と情況構築の場の再活性化ということになる。このことは、実は、近代的な解釈学の情況構築に比べ、さらに困難な度合いが多い事情である。筆がここまで進んで、我々がいま目にしているのは、青年フーコー自身の真の意味でのオリジナリティである。青年フーコーがここで明らかにしようとしていることは、次のようなことなのだ—まさに、現下において操作、運用されている言説の場によって、一種の見えざる、同一ではあり得ない、相互に断裂しているテキストの質と特殊な言葉の境界の思想的情況が構築されるということである。これは、今まで見ることができなかった、言説の存在における秩序構築−情況構築の秘密である。

　師のアルチュセールの、1人の思想家におけるプロブレマティック—理論問題の生産様式という観点の啓発のもとで、青年フーコーは、『言葉と物』では、巨大な文化尺度としてのエピステーメーの概念を生み出したが、ここに到って、ミクロのテキストの情況に回帰した時には、アルチュセールのあの隠れた理論的枠組みよりさらに機能化された、言説の場という概念をまた引き入れたわけである。

　もちろん、青年フーコーは、物質的統一性のテキストという実在から、見えざる言説の場での行動というものを指摘したわけだが、本質主義の泥沼に再び落ち込まないように、彼は、新しいファイヤーウォールを用意しなければならなかった。ゆえに、青年フーコーは引き続いて、すでに進入した言説研究の分野の中で、さらに一歩進んで、2種のさらに深く隠されている言説の連続性の観念の偽たるゆえんを証明したのである。一つは、言説の秩序構築(ordre du discours)の中に「秘められた起源（origine secrète）」が存在するという仮定である。フーコーから見れば、この起源自体は一つの空虚（vide）ということになる。秩序構築は、原初の起源ではなく言説の運用の場の情況にすぎないゆえに、起源なるものは、実在という意味では無であり、完全に復元することは不

可能で、ただ再構築できるだけだというわけである。もう一つは、あらゆる「明白な言説（discours manifeste）」は、「決して語られなかったこと」によっても、ひそかに立つという仮定である。「明白な言説は、結局、それが語っていないことの禁圧された現前でしかないことになるだろう。そしてその語られざること（non-dit）は、語られていることのすべてを内部から浸食する一つの窪みであることになるだろう」[13]というわけである。このいまだ語らざれるのに明白な言説を支配するものこそが、論理の本質にほかならない—こうした観点に対し、青年フーコーは、徹底的に一切の起源論を否定し、見えざる言説実践を旗印にして、かつ、いわゆる「明らかな言説の背後に存在する支配的な隠れた言説」という説を拒絶するのである。これらの仮定は、すべて、さらに深い次元では、実は言説の意義を解消してしまう研究の中に存在する論理的連続性の強制であると、フーコーは見ているのだ。突然出現する言説の場は、それ自身であるほかはなく、いかなる他者の表現やその出現でもないというわけである。青年フーコーは、このような言説の連続性を導いてしまうような、「絶えず更新される不在（absence）の作用のなかでの言説の自己へのひそかな現前（secrète présence）」[14]を徹底的に排除しようとしているのである。

　しかしながら、興味深いことに、本質主義に反対するコンテキストの中では、登場しないはずのフーコーは、別の学術的情況構築の中では、反対に、沈黙の考古学と系譜学によって、歴史の暗闇の中の**不在**の物を狩る名ハンターになっているのである。

　青年フーコーが明らかにしようとしたものの真相は、彼が指摘した言説の場とは、言説の背後に存在している、ある種の基礎的本質や連続的な同質の枠組みではなく、現下に発生している**言説の構築活動**にほかならないという点にある。私は、以上の試みは、自分が少し前に使用していた、**構造性のエピステーメ**を乗り越えようとした探索でもあると、感じることができた。あの時には、フーコーは、西洋文化における異なる時期のエピステーメーの輪郭を描きだし、それらを前後して「相似的な図」・「表象の世界の図」・「近代的な世界の図」と表現していたのである。

2. 言説的出来事の場―社会の客体‐主体のフォーマティング

　青年フーコーはこう述べている―いったん、これらの「明白な言説」の同質性と隠された言説の連続性が偽であると証明されたならば、我々は、現下で構築さている、言説の場という一つの新しい領域に面することになると。「それはすなわち、あらゆる実際の（語られたり書かれたりした）言表（énoncés effectifs）の総体が、それらの出来事としての分散において、それらの各々に固有の具体的事件において構成する領域である」[15]といわけである。この意味は、それは言説の場において現下で発生し構成されているというものである。この時の青年フーコーが我々に注意してほしかったのは、実際に発生している各種の微細な言説的出来事（événements discursifs）なのである。彼は、続けてすぐに、この関心の焦点を突発的に発生した言説的出来事の場で（champ des événements discursifs）あると、さらに一歩進んで指摘している。
　　　フーコーはévénements discursifsを6回使用している。

　青年フーコーは、いわゆる突発的な言説的出来事の場の分析は、伝統的な総体性の思想史（histoire de la pensée）の研究とはまさに正反対のものであると述べている。言説的出来事の分析は、フーコーが総体性の歴史観を具体的に脱‐構築しようとして行ったミクロの行動であるとも言えよう。
　青年フーコーから見ると、従来の研究は、
　　　思考の歴史においてもやはり、一つの思考システムを再構成することができるのは、言語の一つの限定された集合（ensemble défini）から出発することによってのみである。しかし、そうした集合が扱われる際に試みられるのは、諸言表そのものの彼方に、語る主体（sujet parlant）の意図、主体の意識活動、主体が言わんとしたことを見出すことであり、さらには、主体の語ったことのなかで、あるいは主体の明白な発言のほとんど知覚不可能な裂け目のなかで、主体の意志に反して明らかになった無意識の作用を見いだすことである[16]というものであった。

　フーコーはこう見ているのだ―伝統的な思想史の分析は、いつも寓意的（allégorique）である。それは、最初から終わりまで、言説中に、その言説の連続性をコントロールしているある種の支配的なロゴス（例えば、プラトンのイ

デア・神学中の神・ヘーゲルの絶対理念など）を探し求める。文化史や思想史も、一種の理性的主体（思想家・テキストの作者・芸術家などの創作主体）の意図の連続的な発生と発展にほかならないのだ。それは、時には、偶然に非理性的なものとして表現されるが、そのような特異性は、無意識のうちに現れた総体性からの乖離として処理されると。これに対し、言説的出来事の分析は、ちょうど、それとは別の方向へと向いた思考の理論的経路であり、あの隠されたあるいは明白な連続性の総体性の論理の仮定から離脱して、「言表を、その出来事としての狭さと特異性（l'étroitesse et la singularité de son événement）において把握することである。つまり、言表が存在するための諸条件（conditions de son existence）を決定すること、言表の諸限界をできる限り正確に定めること、言表とそれに結びつけられうる他の諸言表とのあいだの相関関係を打ち立てること、言表が他のいかなる形態の言表行為を排除するのかを示すことが、問題となるのだ」[17]というわけである。このことは次のことも意味する—言説の場の分析は、もはや、明白な言表の後ろに、支配的な観念の「内緒話」（例えば、ヘーゲルの歴史研究中の「理性の狡知」や「馬上の絶対精神」など）を探し求めることにあるのではなく、この言説自身の特定性を直接説明することである—このことである。あるものは、あるもの自身にほかならないというわけである！言説的出来事の場の分析の中で追問すべき主題は、「あるものはなぜ現下のあるものであるか」であり、「どんな別の本質の表現あるいはその目的の実現なのか」ではないというわけである。

　第1に、青年フーコーから見ると、言説の核心は、連続的な言語システムではなく、ある言表的出来事の突発的な情況の発生なのである。これは、元来言語学的情況構築の中に位置づけられていた、言表理論をフーコーが突破したことを意味する。言説の言表という出来事（événement）は、エクリチュールと語句の生成の瞬間の情況構築の中で発生し、いつも「手稿や書物といったあらゆる形態の記録の物質性の中に残存して存在する（existence rémanente）道を、自身のために切り開く」[18]というわけである。言説的出来事は、言葉・図表・記号が記載されている物的存在（スティグレールの「第3の残留物」）ではなく、作者によってテキストあるいは作品の物質的統一性の中に構築された、一つの暫時的な場の情況の存在にすぎないということになる。作者がそれを気に留めない時には、この暫時的な場の情況の存在はただちに消失するのであり、すべての言説の発生に関する物質的な記録物（テキストや音声・映像記録）の中に

は、この場の情況は存在していないことになるのだ。フーコーによれば、新しい読者や聴衆者が、この「ドキュメント」をあらためて活性化した時にのみ、言説的出来事の場の情況が再構築されるのであるが、この再構築された場の情況は、もともとの、あの場の情況の単純な復活というわけではないというのである。もともとの、あのexistence rémanenteは、完全には再現されえないというわけである。

　この点については、スティグレールは思ってもみなかったらしい。私と彼との交流の中から考えてみても、彼は、フーコーが、この点の情況構築の次元にすでに到達していたことさえ意識できていなかったように思われる。

　フーコーはこんな認識さえしている—言表的出来事は、事実上、唯一無二のものであり、ある種の固定された論理の本質の表現ではなく、ただ「反復、変換、再活性化に捧げられる（offert à la répétition, à la transformation, à la réactivation)」[19]のみであると。

　フーコーが医学から移植してきた、この再活性化の概念には、たいへん興味深いものがある。私は、この概念は、作者自身が自分の書き下ろした作品に再度面した、あるいは解読者が閲読した時の情況の再構築を指すものであると思う。私は、自分が書き下ろしたテキストを再読した時、違和感がほんとうに生じたと、かつて述べたことがある。

　フーコーの言に従えば、そうである以上、いかなる読者も、テキストや作品に再度面した時に真に捉えるべきものは、あの物質的な言葉や明白な意味ではなく、読者は、かつて登場していたあの言説の場の情況の再構築に努力を尽くすべきなのである。ほんとうにそうであるならば、テキストに向き合うということは、たいへん複雑なことになる。しかし、私はやはりこう言おう—情況構築論は近代的な解釈学よりも明らかに深いと。

　第2に、青年フーコーは、きわめて真剣に我々にこう警告しているのだ—言表という言説的出来事を主体の手の中に（フッサール—ハイデッガーが議論したあの「現前の物在」）けっして置いてはならないと。それは、例えば、通常の思想史研究中に常に出現する、いわゆる「作者の意図、作者の精神的形態、作者の思考の厳密さ、作者につきまとうテーマの数々、作者の実存を貫きそれ

に意味を与える投企など」[20]を指している。以上のことは、彼が反対している、思想史における目的論の形式構築の具体的な措置である。青年フーコーの観点によれば、言説的出来事は、非目的論的な配分を通じて相互に連関されるのであり、理性的推論の総体を一つのロゴスの分有的存在とすることを通じて実現できるものではなく、事実上、言説的出来事には、それ自体の「分散のシステム（systèmes de dispersion）」[21]があるだけである。換言すれば、言説的出来事は、それ自体の活動による「一つの順序、諸々の相関関係、諸々の位置と働き、諸々の変換」の中で生成された言説形成（言説のフォーマティング formation disursive）であるのみなのだ[22]。

　フーコーは、この本の中で、formationを181回使用している。これは、明らかにこの本の中で高使用頻度のキーワードになっている。私は、フーコーの師の1人であるパシュラールが、1938年に『科学的精神の形成（フォーマティング）—客観的認識の精神分析のために』という本を執筆したことに気が付いた[23]。前面ですでに取り上げたように、フォーマティングという概念には、アリストテレスの『形而上学』（古代ギリシア語のplastikos）に始まり、後のドイツ語のAusformung、Formgebung、Gestaltなどの概念が含まれ、その相関規定は、ヘーゲル、マルクス、フッサール、ハイデッガーの哲学においても重要な地位を占めていたが、終始本来あるべき関心を受けることがなかった。ヘーゲルとマルクスにあっては、この概念は、往々にして労働による事物のフォーマティングを指し、フッサールとハイデッガーの筆下では、多くの場合、観念のフォーマティングを指していた。フーコーに到って、それは、影も形もない言説のフォーマティングにまで拡張されたのである。

　私はこう推測している—少なくともフランスの現代の哲学思想界の中では、特定の情況構築次元での言説のフォーマティングという概念は、青年フーコーの新発明の一つに数えられるだろうと。なぜなら、それは、すでに、師であるアルチュセールが用いた「科学」と「イデオロギー」、あるいは「理論」と「客観性の領域」などのような壮大な論理ではなく、彼自身が先に使用したエピステーメーの中の、あの構造化された総体的な支配的カテゴリーとさえ区別されるからである。フーコーがこの時打ち出した言説のフォーマティングとは、一種の言説活動中の現下での形式賦与の構築なのである。青年フーコーの筆下で

第7章　フォーマティング—エピステーメーから言説的出来事の場への転変　393

は、言説のフォーマティングには自身の規則があり、その「形成（フォーマティング）の諸規則（règles de formation）とは、ある一つの言説配分（répartition discursive）における、存在の諸条件（さらには、共存、維持、変容、消失の諸条件）のことである」[24]というのである。

このrépartitionは、以後フーコーの権力的言説批判の中で重要な役割を果たすことになる。

　言説のフォーマティングという概念が指向するものは、凝固した剛性の構造ではなく、言説実践中の「分散のシステム（systèmes de dispersion）」における、現下構築され脱-構築される動態的な機能的情況なのである。これは、深化させることが可能な思考の手がかりであろう。

　　例えば、青年マルクスが書き下ろした、複調式のテキスト『1844年の経済学・哲学草稿』の中での言説実践は、3重の情況構築に分けることができる。1つ目は、マルクスの主観的意図の中にある哲学的唯物論の観念と政治的立場としての共産主義である。これは、表面的に見る限り剛性の観念の構造である。2つ目は、彼がこの時ブルジョア的商品−雇用体制を批判するために用いた、人間学的な疎外の論理である。この疎外の論理の起源は、価値的架設の中の真の類的本質—理想化された労働であり、かつここから、疎外の止揚後の共産主義という目的論的な復帰が推断されるわけである。ゆえに、このような方法論的情況構築の中では、マルクスの言説の分散は、隠された観念論史観の無意識のフォーマティングだったのである。3つ目は、経済学の具体的情況に接近した時、マルクスが、無自覚のうちに、現実の歴史から出発するという、まったく新しい言説のフォーマティング方法を生み出したことである。以上のことが、最終的に一つのテキストの中の複調の言説の交叉というものを導いたのである[25]。

　ここから、フーコーは、この言説フォーマティングの議論より別の2つの重要な問題を引きした。すなわち、言説操作中の客体と主体のフォーマティング（formation des objets et du sujet）の問題である。事実上、この問題提起は、伝統的な哲学中の理解における客体と主体という二元モデルの、言説実践上の脱-構築でもある。客体と主体とは、ともに言説フォーマティングによる臨時の情況構築の産物にすぎないというわけである。

しかし、私は、フーコーがここで指摘している客体と主体とは、おもに社会生活中の対象的出来事と主体の存在状態のことだと推測している。この本の中では、自然的対象を取り上げることはたいへん少ないからである。

まず、青年フーコーの言う、客体のフォーマティングとはどのようなものであろうか。青年フーコーの挙げた例は、やはり彼がもっとも熟知している、狂人の社会的フォーマティングのストーリーであった。狂人は、一種の実体的な物性の存在ではない、換言すれば、生理的かつ自然的存在という意味での狂人というものは、真には存在しないというのである。狂人は、まさに、一種の言説フォーマティングによって構築された、特殊な社会的客体だというわけである。狂人の不正常とは、正常人という標準に対応して言われたものであり、狂人の狂気とは、規律・訓練化された生活に対応して言われたものなのだという意味である。狂人というこの特殊な対象的客体が存在するゆえんは、ちょうど、心理的健康という概念の操作中の「精神病理学の言説の場」での、人々に対する調査・分類・命名・選択の結果のゆえであり、かつ、これらの暴力的な言説フォーマティングの過程が起こった後には、この客体にはさらに「語と文から成る網」[26]がかぶせられるというのである。このようにして、何事も起こらなかったかのように、言説フォーマティングの犯罪の痕跡はきれいに消し去られてしまうというわけである。青年フーコーから見ると、社会生活中の存在という言説の対象の多くは、まさに、これらの複雑な言説関係の分散の産物なのである。

この言説関係は、以後、権力関係と指摘されるものとなる。

よって、過去、我々がマルクスの中から見て取った各種の経済関係や社会関係も、青年フーコーの筆下に到ると、まとめて言説関係になってしまうのだ。まさに、これらの言説関係こそが、自身の隠された暴力の配分の中で、社会的客体をフォーマティングし構築するというのである。

これと接近している観点には、ボーヴォワール[27]の女性に関する言説フォーマティングがある—女性は、天然の自然的属性ではなく、父権制のもとでの文化的フォーマティングによって構築された第2の性という観点である。

第7章　フォーマティング―エピステーメーから言説的出来事の場への転変　395

　青年フーコーの言葉を借りれば、「対象は、諸関係の複雑な束（faisceau complexe de rapports）から成るポジティブな諸条件のもとで存在するのである」[28]ということになる。
　　ここでのfaisceauが指すものは、一束の花束のようにしっかりまとめられたものではなく、光学の光の伝播理論の中の、あの無数の光子の相互吸入と衝突によって形成される光の束に近い。これは、フーコーによる言説理論の革新中のたいへん深い情況構築の次元である。

　私は、この言説の関係の束には、特別な強調と関心が与えられるべきだと思う。なぜなら、それは、対象のフォーマティングの本質のはずだからである。
　　一定の意味において、これは、まさしくマルクスの言う「社会関係の総和」の、一種の観念的反映であろう。指摘しておく必要があるのは、実際には、フォーマティングと形式構築によって生み出された、社会的存在中の真の客体的対象は、たんなる言説フォーマティングの産物ではないということである。そのさらに重要な現実的基礎は、経済や政治などの社会関係のフォーマティングであるはずなのだ。例えば、それは、生活の一つ一つの細かな細節に浸透している商品－市場関係（金銭の王国）であるのだ。言説フォーマティングは、これらの社会関係の、言説上に現れた一種の方式にすぎない。以上のことは、フーコーがこの時はまだ深く入って行けなかった情況構築の次元である。だが、彼がその後しばらくして開始した、現代の生の政治権力の内政の研究の中では、これらの重要な側面は、すべて真剣な思考の対象となったのである。

　青年フーコーはさらに一歩進んでこう説明している―言説関係の束は、言説運用中の概念あるいは言葉を連結してできた、ある種の凝固した構造ではなく、「それらは、言説がしかじかの対象について語ることができるようになるため、言説がしかじかの対象を扱ったり、名指ししたり、分析したり、分類したり、説明したりすることができるようになるために、言説によって作動させられるべき諸関係の束」[29]なのであると。まさに言説的出来事の中で、一種の言説フォーマティングの関係の束こそが、特定の客体的存在を分類し、命名し、構築するというのである。このような関係は、すでに、言説が使用している言語システムではなくなり、「実践（pratique）としての言説そのもの」[30]！　なのだ

というわけである。この実践という言い方にはたいへん深いものがある
　　　　私は、ポスターが、フーコーの思想中のこの重要な転変を指摘していることに気付いた。彼は、「『言葉と物』（1966年）で突出していた、言語およびその自律性への構造主義的な関心は、言説/実践といううまく定義されてはいないが、示唆的なカテゴリーにその席を譲った」[31]と述べている。これは正しいだろう。しかし、彼の「言説/実践」自身に対する解釈は、反対に完全な誤りである[32]。この点に関し、ドッスの２点の評論は注目に値する。１つは、彼が「『知の考古学』がもたらした主要な革新とは、まさしく言説実践という概念の角度から実践を考察することだった。この重大な革新によって、フーコーは構造のパラダイムを方向転換させることができ、このパラダイムを言説の領域の外にも適用し、マルクス主義へと近づけた」[33]と述べている点である。これには一定の道理があるだろう。もう１つは、彼が、フーコーが『知の考古学』で「エピステーメーを言説実践という概念に置き換えてしまっただけでなく〔…〕、唯物論的アプローチへとさらに進んだ」[34]と見ていた点である。実際にも、1980年にフーコー自身が執筆した『哲学辞典』の「フーコー」の項目の中では、彼は、実践の分析法を自分の重要な方法論の一つに高めている。その際にフーコーはこう述べている―いわゆる狂人に対する態度をやはり例として挙げて、狂人に関する概念や知識から生まれた標準をもって、狂人について判断し研究することは可能だが、自分自身は、「まったく異なる方法をとる（aborde les choses tout autrement）」という態度で向き合う―これこそが実践的な方式にほかならないと。フーコーから見ると、「主体と対象の相互的構築（constitution corrélative）を理解するための鍵を与えてくれるのは、行動および思考双方の様式（comme mode d'agir et de penser）としての「実践」なのである」[35]ということになる。フーコーが実践方式について相当自覚を持っていることがわかるであろう。ホネットも、フーコーの言説実践の概念に注目している。だが、彼は、意外にも、フーコーの「実践概念は、アルチュセールのそれに対応する概念がすでにそうであったように、構造主義の枠組のうちへとサルトルの実践概念を解釈し直すことから生まれた」[36]と指摘している。これは、明らかに正しくないだろう。もちろん、フーコーのここでの言説実践は、マルクスの実践的唯物論思想の中の、現実を変革するという物質的実践と等しいわけではないが、現実へと向かう観念

第7章　フォーマティング―エピステーメーから言説的出来事の場への転変　397

的なフォーマティングの作用を意味している。

　青年フーコーから見ると、言説実践とは、一種の言説運用の場閾の存在、すなわち言説の対象が「形成されたり変形されたり、出現したり消え去ったりする」「重ね合わされていると同時に欠落のある (superposée et lacunaire)」[37]場だということになる。
　この言説実践は、フーコーが後に入って行く生の政治権力の配分理論と深く繋がっている。しかし、ここでは、フーコーは、この言説実践について直接説明しているわけではない。ブランショの解釈によると、言説実践とは「告白することのない証人である、なぜならそれらはすでに言われたこと以外に言うべきことを持たないから」[38]とのことである。伝統的な思想研究の分野においては、言説実践は、実体的存在という意味では空無なのだ。

同様にここから、青年フーコーはこう宣言するのだ―我々は、あの永久不変と見なされている実体的な社会的客体なるものを脱-構築しなければならず、それどころか「物（« choses »）」さえも徹底的に放棄して、「言説以前の『物』の謎めいた財宝（trésor énigmatique des « choses »）を、言説のうちでしか姿を現すことのない諸対象の規則的な形成によって置き換え」[39]なければならないと。フォーマティングによって物に取って代えること―これは、実体的な社会的客体を解消する、明確な機能的行為である。興味深いことは、社会生活中のこれらの実体的な対象が消失すれば、あの連続性の進歩史観はまだ存在しうるのだろうかという点であろう。回答は明らかに否定的なものである。事実上、青年フーコーの思想的情況構築の中では、歴史的存在は、すでに、言説実践によるフォーマティングの対象かつ出来事の歴史になっているゆえに、「言説的諸対象の歴史を研究するために、根源的な地盤の共通の深みのなかにそれらの諸対象を沈め込むのではなく、それらの分散を規制する諸々の規則性の連鎖関係を繰り広げ」[40]なければならないということになるのである。
　同様にこの意味において、フーコー自身が、いまや『言葉と物』に関連する研究は、反対にアイロニカルな標題になってしまったと述べている[41]。

次に、凝固した実体的な客体とともに消失したものには、フォーマティング中の言説の主体もあるという点である。これは明らかに新しい問題ではなくなっている。なぜなら、非連続性の言説実践の中では、「誰が話しているのか（Qui parle?）」が、すでに真の問題になっていたからである。

　この問いは、間もなく、「言説の領界」（1970）と題する講演の中で深化することになる。

ここで青年フーコーが挙げた例は、自分のかつての身分的役割－医者である。医者は主体なのか。彼は、話し、問診をし、記録し、診断する。だから、医療過程の主体に違いないように思われる。しかし、フーコーはこう言うのだ。よくよく考察してみると、我々は次のことを発見する―医者は、実際には、特定の医学の言説関係の束（内科・外科・婦人科・幼児科など）によって構築されているものなのだと。フーコーはさらにこう続ける―さらに話を拡張するのが許されるならば、ブルジョア階級の時代のすべての医学的言説は、ちょうど同時代のすべての自然科学の言説の場で決定されていると。

　これは、フーコーが『臨床医学の誕生』で明らかにしたかったことである。

ゆえに、フーコーはこう述べている。

　主体の位置はまた、諸対象の多様な領域ないしグループに対して主体が身を置くことのできる立場によっても定められる。この主体は、明白であったりなかったりするある種の質問の格子に従って問いを発し、ある種の情報収集プログラムに従って耳を傾ける者である。この主体は、特徴の一覧にもとづいて視線を注ぎ、描写の一つのタイプに従って書き留める者である[42]と。

青年フーコーは、これらの要素は、西洋の17〜18世紀の資本主義の古典時期に医者という主体を構築した、すべての言説実践（もともとは『言葉と物』中の「エピステーメー」である）を決定したが、近代の始まり以後は、完全に変えられてしまったと指摘している。すなわち、「医学的言説の主体が身を置くことのできるこうした多様な立場は、十九世紀初頭に、新たに定義し直されることになった。すなわち、全く別の知覚的領野が組織化されることによって

—中略—医学的言説の主体の多様な立場が定義し直されたのである」[43]というわけである。この発言は以下のような意味を持つであろう—これは、フーコーのゲシュタルト心理学に対する敬意の表現であり、医学の知覚的領野は、それぞれ異なる医学的言説実践によって決定され、19世紀のブルジョア的な医学的言説実践の改変は、必然的に医者（主体）が、一種のまったく新しい言説実践の中で、以前とは異なる形にフォーマティングされたという結果を導いたという意味である。ゆえに、青年フーコーの見方によると、主体は、絶対に実体的な永久物ではなく、ちょうどそれぞれ異なる言説実践の中で現下にフォーマティングされているものであり、真に発生した出来事は、実際には、終始「言説が私に語らせている」ということになる。私なるものは、言説フォーマティング中に暫定的に生まれた偽の主体にすぎないというわけである。フーコーにとっては、言説の客体と同様に、言説実践によって構築されたこの主体は、「『認識すること』も『認識』も問題ではないのであ」[44]り、現下において「形成されたり変形されたり、出現したり消え去ったりする」言説の主体にすぎないのである。

　　そのとおりである。これは、まさしくフーコーの言う作者と主体の不在にほかならず、「人間の死」の内在的な根拠である。同様にここにおいて、我々は、ラカン哲学のあの自我－偽主体論の影響を見て取ることができよう。かつ、フーコーのこの観点が、アルチュセールのイデオロギーによる呼びかけ（interpellation par l'idéologie）の主体説[45]との相互影響という、複雑な関係の中にあることも見て取ることができるのである。

3. 言説実践としての政治戦略のフォーマティング

　もし、社会生活中の主体と客体が、ともに言説実践の非連続的なフォーマティングの結果であるとするならば、伝統的な社会生活中のあの支配と隷属という、実体的な主体と客体の機械的な固定化の統治体制も、これにしたがって崩壊するはずである。

　　しかし、フーコーは、通常の歴史研究中の封建的専制から西洋の民主的統治という転換の背景について、その真相を明らかにしたわけではなかった。なぜなら、それも、彼が反対している総体的な歴史研究の方式だからである。

これについての彼の結論は、ブルジョア社会の統治形式は、新しい近代生活の言説実践中の戦略的フォーマティング（formation des stratégies）だというものであった。
　　　フーコーは、この本の中で、stratégieを19回使用している。

　戦略とは、ある種の無形の言説の謀であり、まさに実体的な社会歴史観の中の見えざる暴力でもある。私は、これは、青年フーコーが、西洋の民主社会の政治学研究の分野に、はじめて直接関わったことを示すものでもあり、1968年以後の生の政治学という、まったく新しい学術的情況構築がいまや出現しようとする理論的プレリュードでもある。
　青年フーコーは、我々が見て取ることのできるあの西洋の「経済学、医学、文法、生物の科学のような諸言説によって、いくつかの概念が組織化され、いくつかの対象がグループ化し直され、言表行為のいくつかのタイプが生じる。そしてそこから、その整合性、厳密さ、安定性の度合いに応じて形成されるのが、以下のような諸々のテーマないし理論である」[46]と述べている。

　　『言葉と物』の中の論述を根拠にすれば、我々は、これが、19世紀の資本主義的近代社会における言説実践を暗に指しており、かつ、これらの科学を意図的に製造したいかなる具体的な生身の統治者もいないことがわかるはずである。

　青年フーコーの観点にしたがえば、言説実践は、客体と主体をフォーマティングすると同時に、言説的出来事を現下フォーマティングし脱-構築する支配方式もフォーマティングしたことになる。それは、言説実践中に発生した隠された戦略のフォーマティングである。
　　もし、言説的出来事がエピステーメー自身の代替物と言うのなら、ここでの言説フォーマティングの戦略は、エピステーメーの規制作用の代替物と言えよう。
　ここで、青年フーコーは、『言葉と物』で古典主義的エピステーメーによる規制下にあると自分が指摘した、18世紀の西洋資本主義の社会生活に突然立ち戻る。フーコーがここで指摘した言説戦略の例証は、18世紀の文法中の「言語の記憶を解読可能なかたちで持つこともあるものと見なすテーマ」であり、「進化を、時間のなかで自然の連続性を繰り広げるものであり、そして、分類学的

一覧表の目下の欠落を説明するものと見なすテーマ」であり、さらに「重農主義者たちにおける、農業生産から出発した富の流通の理論」[47]である。我々は、以上の3者が、まさに青年フーコーが指摘した、ブルジョア的古典主義的エピステーメーの3つの主要分野であることを知っているはずである。ただし、いまや、それらは、もはや言葉と物に関する一般的なエピステーメーの烙印ではなく、ブルジョア社会の統治のための、秩序構築による言説分散の戦略になっている！というわけである。

　明らかに、フーコーの政治学研究中の別の動向は、政治は、政治の実践領域だけで発生するわけではなく、まさに、政治の支配を受けないように見える、その他の中立的な領域—科学研究・経済関係・言説活動においても発生するのだという観点である。

青年フーコーから見ると、現在重要な問題は、「そうした諸々の戦略が、歴史の中でどのようにして分配されるのかを知ることである。何らかの必然性が、それらを連鎖させ、不可避とし、正確にそれら自身の場所へ呼び寄せて、それらをただ一つの同じ問題に対する相次ぐ解答のようなものとするのだろうか」[48]というものになる。この時のフーコーはすでに次のように見ていたのである—人々の通常の認識の中では、言語・科学・経済活動中に出現したこれらの戦略は、直接政治的統治と見なされるわけではないが、これらは、まさに、無形の非政治的な生活の情況において、もっとも重要な統治の秩序構築の戦略になっているのだと。

　以後のフーコーは、ブルジョア階級にとっては、経済こそが最大の政治である！　ことを意識するようになる。

青年フーコーは、戦略分析というテーマは、自分の過去の研究の中では、充分な関心が寄せられていなかったことを承認している。なぜなら、これらの戦略に対し細かな分析を進めるのは相当困難だったからである。このゆえに、『狂気の歴史』では、彼は「言説フォーマティング」の中で構築された不正常な狂人だけを研究したにすぎなかった。『臨床医学の誕生』では、彼の研究の重点は、18世紀末と19世紀初めの医学的言説の言表形式の改変方式であり、かつ、その分析は、構造、制度的場所、言説主体の地位（mode d'insertion du sujet discourant）、環境などに偏っていて、概念的システムあるいは理論選択のフォーマティ

ングは、その対象とはなりえなかった。そして、『言葉と物』に到って、「研究は主に—中略—諸概念のネットワーク（réseaux de concepts）とそれらの形成の諸規則（règles de formation）にかかわ」[49]るようになったのである。これらの研究は、もとよりすべて権力の支配の問題に関わるものではあるが、社会政治の戦略研究の高みまでには、真の意味では上昇しなかったのである。しかし、ここでは、戦略問題は、いまやすでに、彼の思考の情況構築中の焦点となったわけである。

青年フーコーの言う戦略研究の次元には、おもに次のような側面が含まれている。

一つ目は、社会生活上の一切の面の「言説の可能な回折点（points de diffraction）を決定すること」である。

> 回折とは、大気物理学の概念であり、通常、波が、その伝播過程で障害物あるいは隙間を経る際に発生する伝播方向の湾曲現象のことを指す。

フーコーは、ここで、この大気物理学の概念を借りて以下のようなことを形容しているのである—波の伝播と同じように、言説実践においても、言説フォーマティングの分散は、障害を受けた後、数々の非相容性や相等性や分類上の連接を生み出し、よって、言説の分散の中での「隔たり、非同一性（non-identités）、非連続的系列（séries discontinues）、欠落（lacunes）を構成するだけでなく、言説的部分集合（sous-ensembles）を—中略—形成することもある」[50]と。通常、人文科学の領域だけを泳ぎ回る研究者にとっては、フーコーのこのような議論と解釈の情況構築の次元は、当然にも理解しがたいだろう。フーコーのこの種の言説に不慣れな解読者も、当然、彼の話は思弁的なデタラメと感じるだろう。だが、私はこう思うのだ—青年フーコーの言葉に含まれているものは、伝統的な「見え感じるもの」の直接の専制的統治に比べると、言説戦略のフォーマティングは、まさに、見えざる回折の方式を通じて自身の分散を実現するものであり、この分散は、とくに、障害に当たれば当たるほど、いっそう湾曲と変形を通じて伝播を実現するものだという意味ではないかと。

> 例えば、後の『性の歴史』の観点は、性的タブーは、かえってそれをさらに深く広く伝播させるというものなのである。

私は、フーコーのここでの発見は重要なものであると思う。以後、彼は、ブ

ルジョア階級の政治的統治は、もはや伝統的な専制のような直接的暴力ではなくなり、まさに、抵抗を許す空間における分散という、一歩進んだ形になることをまた発見したのである。ここから、フーコーは、その批判の刃をブルジョア階級の政治的言説策略の心臓に直接向けることになる。

　二つ目は、「言説が帰属する言説的布置のエコノミー（économie de la conatellation discursive）を研究」することである。これまた、人を驚かす新しい名詞である。

　　アガンベンの『王国と栄光』での解釈によると、フーコーがここで使用した'économieは、通常の近代的な意味での経済と解釈はできず、とくに設定された一種の神学上の安済であるとのことである[51]。だが、私は、アガンベンのこの深読みには賛成できない。

フーコーから見ると、

　　一つの言説形成は、その対象、その言表行為、その概念の形成システムによって権利上それに開かれる可能なヴォリュームの全体を占めるのではない。言説形成には本質的欠落（lacunaire）があるということ。そしてそのことをもたらすのが、戦略的選択（choix stratégiques）の形成システム（système de formation）なのである[52]ということになる。

　フーコーは次のように見ているのだ―自身の分散の中で、言説の戦略的フォーマティングは、つねにコントロールできない権力の欠落を故意に保留する―換言すれば、圧迫やコントロールの欠落というものは、支配の別の方式なのだと。例えば、公開での政府批判が容認された場合、これは権力不在という欠落に見えるが、実はこれこそが、ブルジョア階級による、政治的言説の戦略的フォーマティングの実現にほかならないというわけである。

　　我々は、ホワイトハウスの前の芝生に、抗議のテントをいつでも見ることができるし、多くのヨーロッパ諸国政府の門前に、反対者のプラカードを終始見ることができる。これらの様子は、西洋の民主主義の外部的注釈の１例となろう。

　分析をさらに深いところまで進めると、これもまた、ブルジョア的商品－市場経済の自発的－自然的な秩序構築の本質であることが明らかになるのだ。

3つ目は、「非言説的実践の領野（champ de pratiques non discursives）において果たすべき機能」[53]への注目である。

マシュレーの考証によると、この実践の場（領野）という概念は、カンギレムの科学史研究からのものだということである。

私から見ると、青年フーコーが直接の説明をしていない、この非言説的実践の情況構築論的解読には、2つの情況構築の側面の可能性があると思う。1つは、直接的な主導的言説フォーマティングの外部に位置する、その他の言説活動だという可能性である。こう言うのは、青年フーコーがここで列挙しているものが、すべて、特定の時期において主導的な地位を占めてはいなかった言説であるからである。例えば、16世紀には、経済的な言説は、従来から共通の言説ではなかったが、それは、文学の言説や医学の言説と同じような作用を果たしていたのである[54]。もう1つは、文字通りの非言説的実践である、現実社会での実践の可能性である。しかし、このことは、まさに青年フーコーが深く研究しなかった分野でもある。当時のフランスのマルクス主義者が、『知の考古学』の中に表現された唯物論への接近を「半端」な情熱と形容としたのは怪しむに足りない。なぜなら、言説実践と現実社会との関係に言及するたびに、青年フーコーの思考経路の中には理論的盲点が出現するからである。例えば、ルクールは「フーコーは最初からこの〔イデオロギーという科学的〕概念を捨てているために、イデオロギーと生産関係の『連関』という本質的な困難が生じてしまうと、何も言うことができず、ある問題の所在を「欺瞞的な」仕方で指し示すほかない」[55]と述べている。

私の判断によれば、この時期は、フーコーの複雑な思想転変の過度期であり、言説実践から真の社会の革命的実践に到る第1歩であり、この後の『監獄の誕生』において、その境界をはじめて踏み越えたのだと思う。

青年フーコーは、言説実践の戦略は、おもに見えざるフォーマティングのシステム（système de formation）を通じてその作用を発生させると、我々に訴えている。

フーコーは、まず、このいわゆるフォーマティングのシステムとは、異なる言説が「並置されたり共存したり相互作用したりするということ」だけでなく、さらに主要なことは、言説実践によって「それらの要素が—十分に明確なかた

ちで（forme bien déterminée）―関係づけられるということである」と指摘している。彼は、「諸々の戦略的選択は、しかじかの語る主体に固有に帰属するとされる世界観ないし利害の優位から直接的に生じるわけではない」[56]と、とくに強調している。換言すれば、戦略は、どの具体的主体（資本家あるいはブルジョア政客）の故意の行いでもなく、主体自身も、言説フォーマティングの突然の構築の結果にすぎないゆえに、当然にも、いかなる固定した主体の世界観や利益もまた根本的に存在しないということである。ここから、フーコーは、戦略は、言説フォーマティングの関係システム中の客観的な分散であり、かつ、それぞれ異なる言説運用の相違点の中からまさに生み出されると指摘するのである。

　　ここでのフーコーの思考をマルクスのコンテキストに移し替えれば、２人の間の同構性を発見するのは難しくない。資本の関係の支配と統治は、どの１人の資本家の主観的故意によるものでもなく、まさに資本主義的生産様式自身の形式構築の結果にほかならないのである。具体的に言えば、資本の空間的流動や内部の有機的構成の変化は、ともに主体的な意図による結果ではなく、資本関係の市場での客観的分散の結果にすぎないということである。あの目に見える肉体を持った資本家は、「資本関係の人格化」の結果―エコノミックアニマルにすぎないのである。

　次に、フーコーは、「これらの４つの形成システムを、外部から言説に課され、その言説の特徴および可能性を一度で決定的に定めるような、不動の塊、静的な形式とみなしてはならない」[57]と述べている。この観点と上述の論点とを関連させて、彼はさらにこう指摘している―統治戦略を生み出すものとしてのフォーマティングのシステムは、神の意志ないしある資本家などが、外部から我々に強制するようなものではなく、動態的な社会生活の中での自己生成的な「複雑な関係のネットワーク」なのだが、かえって、それは、言説的出来事の系列と、出来事、変換、変異、プロセスの他の諸系列とのあいだの連接の原理および「連絡の図式」を制約している。青年フーコーから見ると、「それらは、人間の思考もしくは人間の表象の作用の中にその起源を持つような制約ではない。しかしそれらは、諸制度のレヴェル、あるいは社会的ないし経済的諸関係のレヴェルにおいて形成され、諸言説の表面に無理やり自らを転写しにやって来るような決定でもない」[58]ということになる。まとめると、フォーマティン

グのシステムの活動性は、構築された諸関係の各成分の次元の上で作用が発生するというところにあり、これと同時に、言説実践は、反対にこの関係も変えてしまうというものであろう。

　明らかにわかるように、青年フーコーのここでの議論の中では、政治的な言説フォーマティングのような思考は、すべて一種の抽象的なものにまだとどまっているにすぎない。一切の具体的な規定性は、この後の生の政治の研究の中で、はじめて真に充分に展開され完成されたものになるのである。

4. 言説の原子としての言表

　自分が発明したこのワンセットの新しい考え方（例えば言説フォーマティングのような）に対して、青年フーコーは明らかに得意げのようである。彼は、将来、書籍や作品群のような目に見える実体物は脇にのけられてしまうだろうと宣言している。換言すれば、伝統的な解釈学の対象である**テキストは消失し**、ここから、**解釈学自身も自身の正当な存在資格を失ってしまい**、我々もまた、方法論の変革の方向に従わなければならなくなり、言説フォーマティングという構築性の出来事の場に直接向き合うことになるという意味であろう。

> 　　ハーバマスは、フーコーがこのように「解釈学がたもとを分かつ」ことに注目し、フーコーの新しい歴史学は「作用史的な連関を理解することに努めるものではない〔…〕。歴史家はその連関のなかで自己自身を再び見出すためにのみ、その対象とのコミュニケーションを行うと見なされているが、彼の新しい歴史学は、むしろそのような作用史的な連関を破壊し、粉砕することに努める」[59]ことを発見している。ハーバマスは鋭敏である。

　以上から、以下のような結論を導き出すのは難しくはないだろう。すなわち、非解釈学的な考古学によってこそ、はじめて、このような非テキスト的な言説的出来事の場に向き合うことができるという結論である。ここから、青年フーコーは、ここでの「言説構築の諸規則（lois de construction）（そしてそこから帰結する形式的組織（l'organisation formelle））、あるいは語る主体の立場（situation du sujet）（そしてそれを特徴づけるコンテクストおよび心理学的核（le contexte et le noyau psychologique））が、統一性の原理としてはとり上げられることはもはやないこと。もはや言説は、一つの経験の最初の地盤にも、一つの

認識のアプリオリな（a priori d'une connaissance）審級にも関係づけられることはないということ。その代わりに、言説そのもののなかで、言説形成の諸規則（règles de sa formation）についての問いかけがなされる」[60]ととくに強調している。

　　私を驚かせたのは、situationという言葉のここでの出現が、まさに私が期待していた位置にあったことである。ただし、このsituationは、言説フォーマティングの結果にすぎず、私の情況構築論のさらに高い次元にあるようなものではないが。

　青年フーコーのこの研究方式の転変は、実際には、テキスト解釈学からの最後の乗り越えであった。それは、二重の消失と改変を意味している。1つは、テキストの正当性の消失であり、直接意味を表している語句が、さらに深い次元の言説フォーマティングの構築によって取って代えられたことである。もう1つは、作者の正当性の消失であり、自主的なエクリチュールと説話の主体が、突然出現した主観的な情況構築の状態によって取って代えられたことである。これはきわめて重要な指摘である。

　　この点についての具体的な議論は、「作者とは何か」および、以下で対象とする「言説の秩序」の中で読み取ることができる。

　続いて、青年フーコーは、新たな追問を発する—言説が、我々の向き合う思考対象となったならば、言説自身はまた何によって構成されているのかと。そして、青年フーコーのここでの回答は言表（énoncés）であった。

　　青年フーコーは、この本の中で、énoncéを総計583回使用している。ブランショは、フランス語の中では、これは「威光のない名」[61]であると述べている。

　言説は、抽象的なものであり、言説活動の真の構成要素は、意思を形容して生み出す言表、正確に言えば、一群の言表（population d'énoncés）であるというわけである。注意してほしい。この言表というものは、言語学や論理学で議論している、目に見えるセンテンスや命題やスピーチ・アクトではなく、青年フーコーの発明した、言説フォーマティング分析（analyse des formations discursives）の中においてのみ、はじめて捉えることができる幽霊のようなもの

であることを。

　青年フーコーは、この概念について以下のように特徴づけている。

　　言表は、他から切り離して扱うことが可能で、それに類似した他の要素と関係づけることができるような、分離不可能な最終要素として現れる。配分の諸々の平面およびグループ化の種別諸形態の中で標定されうる拡がりのない点 (point sans surface)。自身が構成要素 (élément constituant) となっている織物の表面上に現れる肌理 (grain)。言説の原子 (atome du discours) [62] と。

　言表は、言説の原子であり、言説の最小の構成単位でもあるというのである。言説は、機能的な活動の形で登場しているゆえに、言表も、また必ず「拡がりのない点」、すなわち直観の前には現れないパロール・思考・エクリチュールの微小な肌理だというわけである。

　だが、実際には、フーコーのここでの「点」と「肌理」は、ともによい比喩とは言えないだろう。私の情況構築によるとしたならば、これを言説中の閃きと言ったほうがよいと思う。

　ここで、青年フーコーは一つの例を挙げて説明をしている——「1台のタイプライターのキーボードは言表ではない。しかし、それと同じ文字列、つまり、A、Z、E、R、Tという文字列が、タイピングのマニュアルのなかで列挙された場合、それは、フランス語のタイプライターによって採用されたアルファベット順の言表である」[63]と。明らかにわかるように、フーコーの言いたいのは、言表は、言説のミクロの領域での発生の中に内在する一種の秩序だということである。言表は、言説の中の機能的な秩序構築であるというわけである。

　そのとおりである。この言説の原子としての機能的な言表は、まさに、青年フーコーが繰り返し強調している、あの言説実践中に突然出現する、いかなる起源と主体性も拒否するものの基礎なのである。これについて、ドゥルーズは一つの解釈を示したことがある。彼は、以下のように指摘している——フーコーの言う言表中では、

　　言表を生み出すために、特定の誰かである必要はないのである。そして言表は、どんなコギトとも、言表を可能にする先験的な主体とも、言表を最初に発する（あるいは再開する）「私」とも、言表を保存し、流通させ、

第7章　フォーマティング―エピステーメーから言説的出来事の場への転変　409

また更新する「時代精神」とも関係がない[64]と。

　ドゥルーズの評論は正確である。言表は、主体としての人間の言表ではなく、理性的思惟の登場でもないのだ。ゆえに、言表の中では、いかなる先験的な主体や客観的な時代精神も立足の余地はないのである。フーコーの言う言表は、19世紀以前の一切の思弁哲学を排斥しているわけである。
　第1に、青年フーコーは、言表は一つの単位（unité）ではなく、一つの機能（fonction）であると繰り返し強調している。言表というものを描述しようとするのなら、「この機能の働き（exercice）、その諸条件、それを制御する諸規則、それが実行される領野（場、champ）を、これから記述しなければならない」[65]というのである。この意味において、言表は、存在論の意味での情況構築による出来事であり、通常の文字や発言中の一般的な表述ではないということになる。それは、現下発生し、突然登場しているものであり、物性の持続的存在ではなく、いかなる言表の記録も、あの機能を構築したものの屍だとうわけである。
　第2に、フーコーによると、言表は、独立した形で出現した、言説の機能ではないということである。一つの言表は、総じていくつかの「他の諸言表によって満たされた余白（marges）をも」つが、これらの余白は、一種の線形の秩序（ordre linéaire）のようなものでもなく、テクストロジー中の間テキスト性を持つコンテキスト上の関係（rapport contextuel）でさえなく、一つ一つの機能性の秩序のある、突然出現した複雑な骨組み（trame complexe）であるというのだ[66]。
　　同様にこの意味において、ブランショは、フーコーの言う言表をこう理解している―言表とは「非統一的な多数多様体なのである。すなわち、それはセリー的なのだ、というのもセリーがその集結の様態だから」である。そして、一定の次元では「偶然的であると同時に必然的な諸断片――明らかにセリー音楽の倒錯した試みの数々（と、トーマス・マンは言っている）に比較し得るような――として書き込まれるのである」[67]と。ブランショの解釈では、言表は、新音楽における無調式の音素のようである。

　第3に、フーコーによると、言表の同一性は、他者性の条件と制限の総和に従うということである。言表は、自身ではその限界を確定することはできず、つねに自身の外部の言表の総体によって、自身の作用の発揮と応用の範囲を強

いられるというのである。例えば「地球は丸い」あるいは「種は進化する」というこの２つの断言は、コペルニクスとダーウィンの登場前後を比べると、同じ言表を構成することはできない。このような非同一性は、表述の意味が異なるゆえではなく、言表自身の質が、自身の外部の条件と制限によって決定されたゆえである。同様にこのゆえに、青年フーコーは、言表は「一つの純粋形式と同じくらい自由であるには自身を取り囲み自身を支えるものにあまりに縛りつけられている（言表は、諸要素の一つの集合にかかわる構築法則とは別物である）」[68]と述べるのである。

　以上のことから、我々は、すでに、フーコーの言説についての議論の核心に移ることができただろう―言説は、記号の序列（séquences de signes）の総体的な構築物であり、その前提は、これらの記号の序列が外部から言表を規制する質、すなわち、その特殊な存在条件（modalités d'existence）を確定できることにある―このことである。概括すれば、言説とは「同じ一つの形成（フォーマティング）システム（système de formation）に属する諸言表の集合（ensemble des énoncés）のことである」[69]というのである。再構築された新しい情況における言表の散らばりが、暗闇の中に存在する言説の世界を構築するというわけである。これは、詩的な情況構築であり、非学術的な言説ではないのであるが。

[注]
1　ミシェル・フーコー、慎改康之訳『知の考古学』（河出文庫、2012年）43頁。
2　同上44頁。
3　同上48頁。
4　Pierre Macherey, *De Canguilhem à Foucault: la force des normes* (Paris: La Fabrique, 2009), 66.
5　フランソワ・ドッス、仲澤紀雄訳『構造主義の歴史〔下〕　白鳥の歌――1967～1992』（国文社　1999年）288頁、およびユルゲン・ハーバマス、三島憲一ほか訳『近代の哲学的ディスクルス　Ⅱ』（岩波書店、1990年）476頁。
6　張一兵、中野英夫訳『レーニンへ帰れ―「哲学ノート」のポストテクストロジー的解読』（世界書院、2016年）35頁を参照のこと。
7　フーコー『知の考古学』48頁。

8 拙著《回到海德格尔——本有与构境》（第一巻，走向存在之途）〔『ハイデッガーへ帰れ―性起と情況構築』（第1巻　存在への道）〕（商務印書館、2014年）10-18頁を参照のこと。
9 フーコー『知の考古学』49頁。
10 アクセル・ホネット、河上倫逸監訳『権力の批判――批判的社会理論の新たな地平』（法政大学出版局、1992年）134頁。
11 同上160-161頁。
12 同上176頁。
13 フーコー『知の考古学』51頁。
14 同上同頁。
15 同上54頁。
16 同上56頁。
17 同上56～57頁。
18 同上58頁。
19 同上同頁。
20 同上同頁。
21 同上76頁。
22 同上77頁。中国語版訳者は、ここでのformationを「生成」と訳しているが、この訳では、フーコーが、言説的出来事のある種の機能的な形式改変を強調しようとした意図が見失われてしまう。ゆえに、私はこれをすべて「塑形（フォーマティング）」と改訳した。フーコーのこの章の第2節の標題はまさにLes formations disursivesなのである。
23 ガストン・バシュラール、及川馥訳『科学的精神の形成―対象認識の精神分析のために』（平凡社ライブラリー、2012年）
24 フーコー『知の考古学』77頁。
25 張一兵、中野英夫訳『マルクスへ帰れ―経済学的コンテキスト中の哲学的言説』（情況出版、2013年）第3章を参照のこと。
26 フーコー前掲書84頁。
27 シモーヌ・ド・ボーヴォワール（Simone de Beauvoir）。フランスの有名な実存主義作家・哲学者。フェミニズムの創始者の1人で、ジャン・ポール・サルトルの終身の伴侶である。20世紀フランスでもっとも影響力があった女性の1人である。パリ高等師範学校を卒業し、1929年サルトルと同時にアグレガシオンを獲得した。以後、サルトルの事実上の婚姻関係を結び終身の伴侶になった。おもな著作には、『第二の性』（1949）などがある。彼女は、一生女性解放の理論とその道を探索し実践し、広範な影響を与えた多様な大量の作品を残した。その中には『レ・マンダラン』（1954）など6部の長編小説、短篇小説集や戯曲など4部の作品、2部の紀行文、7部の自伝、エッセーや雑記などがある。
28 フーコー前掲書89頁。

29 同上91頁。
30 同上同頁。
31 Mark Poster, *Foucault, Marxism and History: Mode of Production Versus Mode of Information* (Cambridge: Polity Press, 1984), 9.
32 ポスターの解釈によれば、フーコーが提起した「言説/実践」の重心は、労働を除去した「情報操作」の言説にあるとのことである。そして、ここから、彼は、情報様式という概念を用いて、史的唯物論の生産様式のカテゴリーに反対するという理論的意向を論証した。これは、まったく荒唐無稽の故意による曲解であろう。*Ibid.*
33 ドッス前掲書288頁。訳文は変更した。
34 同上299頁。
35 ミシェル・フーコー、野崎歓訳「フーコー」『ミシェル・フーコー思考集成Ⅹ 1984-1988 倫理／道徳／啓蒙』（筑摩書房、2002年）106頁。
36 ホネット前掲書184頁。
37 フーコー『知の考古学』96頁。
38 モーリス・ブランショ、守中高明訳「ミシェル・フーコー わが想像のうちの」『他処からやってきた声——デ・フォレ、シャール、ツェラン、フーコー』（以文社、2013年）139頁。
39 フーコー前掲書95頁。
40 同上同頁。
41 同上97頁。
42 同上103頁。
43 同上104頁。
44 同上107頁。
45 アルチュセールは、1969年に「国家と国家のイデオロギー諸装置」論文を書き下ろしたが、その中で、彼は、明確に、主体はブルジョアイデオロギーの問いが構築したものであると提起している。彼は、ほかにも「あらゆるイデオロギーは、主体というカテゴリーの機能によって、具体的な諸主体としての諸個人に呼びかける」と述べたことがある。アルチュセール・西川長夫ほか訳『再生産について 下——イデオロギーと国家のイデオロギー諸装置』（平凡社ライブラリー、2010年）232頁を参照。
46 フーコー前掲書123頁。
47 同上同頁。
48 同上124頁。
49 同上125頁。
50 同上126 〜 127頁。
51 ジョルジョ・アガンベン、高桑和巳訳『王国と栄光 オイコノミアと統治の神学的系譜学のために』（青土社、2010年）215-218頁参照のこと。

第 7 章　フォーマティング―エピステーメーから言説的出来事の場への転変　　413

52　フーコー前掲書129頁。
53　同上130頁。
54　同上同頁。
55　Dominique Lecourt, "Sur l'archéologie du savoir (à propos de Michel Foucault)," *La Pensée* 152 (August 1970): 83.
56　フーコー前掲書139頁。
57　同上141頁。
58　同上同頁。
59　ハーバマス前掲書443頁。
60　フーコー前掲書149頁。
61　ブランショ前掲書144頁。
62　フーコー前掲書151頁。
63　同上162頁。
64　ジル・ドゥルーズ、宇野邦一訳『フーコー』（河出文庫、2007年）18-19頁。
65　フーコー前掲書164頁。
66　同上184〜185頁。
67　ブランショ前掲書145-146頁。
68　フーコー前掲書198頁。
69　同上203頁。

付論3　秩序構築から脱-秩序へ—言説中の暴力的構造の脱-構築
　　—フーコー『言説の領界』の解読[1]

　1970年の春、コレージュ・ド・フランス[2]のメンバーに選ばれたフーコーは、『言説の領界』と題する就任講演を行なった。これは、きわめて重要な学術テキストである。なぜなら、この講演の中で、フーコーは、秩序構築（ordre）を暴力的で強制的な構造等級のパラダイムであると、はじめて明確に指摘したからである。この講演の内容は、以下のような事柄を我々に暴露したのである——人々の日常生活の中では、気にも留めないで使用している、その時その時の言説・エクリチュール・思考の中には、実際にはコントロールされ、別のものを排除するように仕向ける圧迫が存在する。すなわち、そこですでに構築されている、見えざる権力のもとでの言説の発生・その運用法則・その秩序という圧迫である。そして、このような言説の秩序構築の中では、何人かの人間は、言説の権利を奪われ、言説の権利を持つ別の人間は、一定の言説フォーマティングの方式の支配下で語り、物を書き、思考しなければならなくなると。では、我々は、いかにして、言説中に存在するこの強制的な秩序構築から、はじめて逃れることができるのだろうか。フーコーによれば、それは、ただ一つの道、すなわち転覆的な脱-秩序であるというのである。

1.　排除としての真理への意志—見えざる言説の背後の見えざる手

　講演者として、フーコーは、開口一番「私は、自分が創始者である言説を話しているわけではない」と語り、しかる後、彼自身が創始者ではないこの言説が、自分に語ることを迫り、続けて語ることができるようにさせているのだということを説明するために、ベケットの『名づけえぬもの』の中のセリフを引用している。

　　　続けなければならない、私は続けることができない、続けなければならない、言葉がある限り語らなければならない、彼らが私を見つけ出すまで、彼らが私のことを語るまで、言葉を語らなければならない——奇妙な罰だ、奇妙な過ちだ、続けなければならない、すでに済んでしまったのかもしれ

ない、私を私の物語の入り口まで、私の物語に開かれる扉の前へと運んだのかもしれない、もっともその扉が開くことはまさかあるまいが[3]

　明らかに、フーコーは、ここで聴衆にこう告げようとしているのだ―現在発生している出来事は、言説が私に話しをさせているということなのだと。
　　こうした観点は、後に、いわゆるポストモダンの思潮によって安売りされたものである。フーコーは、自分は、自分の背後ですでに以前から語り始められた声を、聞き取ることさえできると人々に訴えている。講演の最後に、彼は、この先に発せられたという声の中には、3人の先達、デュメジル、カンギレム、イポリットがいると指摘している。

　続けてフーコーはこう述べている―私は、すでに始まっている話を受け継いで、その先を述べているのだ。私は、偶然に裂けたほんのわずかな欠落（mince lacune）の中に現在を滑り込ませたにすぎない。私は、その中における「言説が消滅するかもしれぬ地点（point de sa disparition possible）」[4]にすぎないと。この言葉を表面的に聞く限り、フーコーは、気ままに故事を細かく語っているにすぎないようだが、かえって、それは、充分に準備され構築された思想の深い情況を示している。『言葉と物』中での言説という言葉の非反省的な使用とは異なり、『知の考古学』の精緻な情況構築を経たいまでは、フーコーのここでの言説という言葉は、言説の背後の一種の見えざるもの、当人に語らせる（思考させる、書かせる）一種の機能的システムにすでになっているのである。人が語り、書き、思う時、それは、無形の支援背景の中で突然構築され、当人の思想的情況構築を支配する、隠れた権力のシステムになるのであるが、当人の話（思考の端緒、エクリチュール）がいったん発せられた時には、それは、それに応えるように、悄然として脱-構築され、暗闇の中に消えてしまうというのである。それは、従来からすべてアリバイを持っているというわけである。フーコーによれば、言説には、物質的な支え（語ること・思うこと・書くこと）のように見えるものがあるが、それは、実は、実体的な物質的実在というわけではなく、瞬間的な構築と脱-構築の突然の出現・消失という機能的な場の情況なのである。これは、フーコーが言うあの「言説が消滅するかもしれぬ地点」の情況構築の意味でもあるのだ。
　　　　　point de sa disparition possibleは、まさに消えつつある情況構築の点なの

である。この表現は実に精彩に富む。以後、我々はブルジョア的政治権力のアリバイとなる言説が消滅するかもしれぬ地点の存在方式を見ることになるだろう。

フーコーは、今日の講演は、つかの間の舞台であり、自分がこの舞台の上で面している思考の仕事は、ある仮説に由来すると語った。

あらゆる社会において、言説の産出（production du discours）は、いくつかの手続き（procédures）によって、すなわち言説の力と危険を払いのけ、偶然の偶発的な出来事（événement aléatoire）を統御し、言説の重々しく恐るべき物質性（matérialité）を巧みにかわすことをその役割とするの手続きによって、管理され、選別され、再分配される（redistribuée）[5]——このような仮定であると。

この新しい仮定が政治哲学のコンテキストにすでに接近している断言であることを、発見するのは難しくないだろう。なぜなら、この断言の中でフーコーが前提とした、あの自分の言説を支配する隠れた背後の言説が、社会的存在の中に置かれているからである。

注意すべきは、これが、フーコーの思想中の、主観的知－言説研究から社会政治領域の批判へと向かう過度であるか否かということであるが、少なくとも、これは一つの重要な始まりとは言えるだろう。

彼は、言説自身は見えざる言説によって生産されたということを、議論し始めようとしているのであり、とくに、この言説生産をコントロールしている、背後にある支配的な手続きについて議論しようとしているのである。事実上、これは、彼が間もなく集中的に思考することになる権力のことにほかならない。しかし、ここでの手続きと特殊な技術としてのコントロールの力は、フーコーが後に透視することになる、あのブルジョア階級特有の生産性を持つ権力にはまだなってはいない。

しっかりと覚えておいてほしい。この一切の思考の対象は、すべて、物質的な実在（「第3の遺留物」）中にある直観でき、また捉えることのできるものではないことを。

フーコーはこう語っている—言説をコントロールするこれらの手続きの中で、もっとも知られている第1の方式は排除の手続き（procédures d' exclusion）である。それは、次のいくつかの側面として表現される。1つ目は禁忌（interdit）である。例えば、政治的な話題と性的な問題についての禁句は、言説の中では、もっとも表面的に排除される。2つ目は分割と廃棄（un partage et un rejet）である。例えば、自分が議論したことのある理性と狂気の関係については、いわゆる理性的な正常の標準によって、不正常な狂人を区別し、さらに、社会からそれを駆逐したり分割したりする。そして、分割と廃棄は、「怪しきもの」を生み出すようになるのである。3つ目は真と偽（vrai et faux）の区別である。これについては、実際には、それが隠れた形での排除であると、弁別することがもっとも容易ではないものである。この「真理」なるものは、明らかに、フーコーのここでの批判的思惟の情況構築の中の重点になっている。

ゆえに、フーコーは、まさに上述の第3点目の情況の中に、我々の言説の中をつねに貫いている真理への意志（volonté de vérité）が出現していることを指摘するのである。

　　注意してほしい。このvolontéは、フッサールの現象学においては、志向性とソフトに表現されるが、ニーチェにあっては、これは、直接権力への意志と関連するものであることを。フーコーのここでの情況構築の意向は、明らかに後者と重なり合う。

表面的に見ると、真理の追究という願望自体は、強制的な暴力ではなく、反対に、我々の伝統的な理解では、「真理を求めること」は、ちょうどブルジョア階級の啓蒙精神の核心であり、人々は、暗黒の中世の神学の統治下から、まさに理性の言説の光を通じて真理と解放の道へと向かったということになる。これは、カントの『啓蒙とは何か』の中心の立論にもなっている。しかし、フーコーは、反対に、人々にはっきりとこう訴えているのだ—まさに、我々がすでに当たり前だと思っている、神学の魔術から脱して獲得した、この科学的な理性的言説中の真と偽の分割（partage）こそが、今日のすべての知的活動の内的動力としての「我々の知への意志（notre volonté de savoir）」を決定づけているのだ[6]と。

　この「知への意志」に関する断言はたいへん重要である。しばらくして、フーコーは、これを用いて、自分の『性の歴史』の第1巻の標題としている。

フーコーは、さらに、この真と偽の対立は、過去のすべての人類社会の「歴史的構築」の進展自身を貫いているとさえ指摘している[7]。彼の見方によれば、過去に遡れば、紀元前6世紀には、その時の真なる言説（discours vrai）なるものは、ギリシア詩人にとって「敬意と恐怖の対象とされていた言説」であり、ヘシオドス[8]とプラトンの間の時期に到って、真なる言説と虚偽の言説は、明確に分割され始め、ここから、後の我々の「知への意志の一般的形態（forme générale）」が生まれたということになる。彼は、それは以下のような歴史であったと語っている。

  まるで、プラトンの大いなる分割（grand partage platonicien）を出発点として、真理への意志は、拘束力を持つ諸々の真理（vérités contraignantes）の歴史とは異なる自分自身の歴史を持っているかのようです。つまり、真理への意志は、認識すべき諸対象（objets à connaître）の見取図の歴史、認識する主体の機能および位置の歴史、認識の物質的、技術的、道具的充当（investissements）の歴史を、自分自身に固有のものとして持っているかのようです、と。[9]

これは、まさに、真理への意志が、認識の対象—本質と法則（大文字の「一なるもの」）・知の主体の機能と位置・知識内部の言説の形式構築を形作ったことを語っている。フーコーによれば、もちろん、ブルジョア的啓蒙思想が生まれた後にこそ、はじめて、この真理への意志は、さらに一歩進んで、我々が今日世界を構築する際の重要な前提となる、知への意志に生まれ変わるわけである。

  ここにおいて、我々はおおよそこう感じることができるだろう—この知への意志は、まさに、元来のあの硬化したエピステーメーの、脱-構築後の活性化された継承物であり、異なるところは、この知への意志の中では、すでに一種の政治的傾向が嵌め込まれているところであると。それは、以後のまったく新しい権力概念の登場、あるいは、知のシステムと権力との内在的関連を示唆しているのである。

フーコーから見ると、その他の排除のシステムと同様に、真理への意志は、現下同様に制度的（institutionnel）支持を受けており、かつ、各次元の実践によって不断に強化され更新されているという。ここでの制度ないし機構とは、あか

らさまざまな政治的統治機構だけを指すわけではなく、見た目には非強制的な中立の立場の科学的学術の力を指している。例えば、各種の学術委員会・科学協会・メディアなどの言説の共同体である。形式合理性の尺度では、それらの発生メカニズムは民主的で正当なものであり、歴史的に見ると、それらは、まさに外部にあった専制の対立物であったゆえに、無反省にたいへん持ち上げられているというのである。フーコーがさらに列挙した具体的な実践次元のものには、教育・図書に関するシステム・出版・図書館・過去の学術団体・現在の実験施設 (laboratoires) などが含まれている。私は、科学的実験施設の出現は、フーコーの実践概念をさらに現実へと向かわせたと思う。この点において、彼は、明らかに『知の考古学』での言説実践という観点を乗り越えたのではないだろうか。

　　この意味において、スマートは、フーコーはここで「言説実践を管理する規則から距離を取り、言説が分節化される社会実践へと向かうという、分析の重点の明確な転換」[10]を見せたと指摘している。これには一定の道理があるだろう。ホネットも、正確にこの点を見て取っており、フーコーのこの講演の中では、「知の産出の制度的枠づけとともに、社会の構造連関そのものが理論の前面に出てくる」ことが示されており、ここから、フーコーの理論は「社会的権力関係の分析へと次第に変容した」と指摘している。かつ、ホネットは、まさに「政治的かつ個人史的なレベルで、フランスの学生運動という出来事がこの動きを促した」[11]と断言している。この判断も基本的に正確なものであろう。

　フーコーは、さらに深い次元では、真理への意志は、理性の秩序構築による知の運用・評価・分配・性質を定める方式などによって、不断に更新されていると見ている。例えば、教育は、真実を求めるための一種の基礎的訓練であり、書籍は、既定の真理の言説を伝播し、科学的実験施設は、科学的真理の言説を製造し検証するものと称されているのであるが、これらの一切は、真理をめぐって構築された、教化の性質を帯びた「実践」だというのだ。この中で、知らず知らずのうちに発生したものこそ、まさに言説の秩序構築という権力の支配にほかならないというわけである。

　続いてフーコーは、このことに関連して、さらにまた連想される重要な例証を挙げている—第1は、何世紀もの間、西洋文学が「自然的なものや本当らしいもの、誠実さ、さらには科学」——要するに真なる言説 (discours vrai) を自

らの支えとすべく、いかに探し求めてきたかという動向である。フーコーがここで指しているのは、明らかに西洋近代のリアリズム啓蒙文学、および、ここから打ち立てられた、すべてのブルジョア文学の中でその存在をフォーマティングされた真なる言説なるものである。

　例えば、中世の終わりとともに、西洋の絵画の表現対象は、天上の神霊から世俗の人物の肖像や現実の人間の生活に変わっていった。

　第2は、コード化された教えないしは処方（préceptes ou recettes codifiées）となり、最終的には道徳（morale）にさえなった西洋の経済学の実践である。それは、16世紀以来の、一種の冨と生産の理論の中からその根拠を見いだすことにより、いかにして自身を合理化し正当化してきたかという動向である。明らかに、これは、たいへん深いブルジョア的倫理の根拠の指摘である。すなわち、ブルジョア的自由主義道徳の基礎は、まさに古典経済学の商品市場の流通関係の運行の分析の中から生まれたということにほかならない。

　この観点は、すでに社会的唯物論[12]の立場になっており、フーコーの思想的情況構築の性質がだんだんと変わってきたことを示している。この点に関しては、後半の議論の中で再び出会うことになるだろう。

　第3は、西洋ブルジョア階級の刑罰システムが、いわゆる法権利（justification）の理論—自然法や後の社会学・心理学・医学などの知識体系の真理の言説の中から、いかにしてその根拠を見いだしてきたかという動向である[13]。フーコーから見ると、資本主義的商品—市場の法則によって構築された法権利の原理は、ブルジョアイデオロギーによってあらためて情況構築された天然の秩序—自然法がフォーマティングし秩序構築したところの、価値判断を除去し事実—形式だけからなる、すべてのブルジョア階級の法律体系であり、および、ここから展開された、科学的真理という名を持つすべてのブルジョア的学術的言説の知識体系であるということになる。これは、後に、資本の世界史としての歴史の進展の重要な形式構築の内容—近代文明の進歩という名のもとの、ヨーロッパ中心論と他者性の文化構築であるポストコロニアリズムの真の本質ともなる。私は、この点においては、フーコーの思考の情況構築はきわめて深いと言わざるを得ない。

　フーコーは、自分の過去の研究の中では、上述の第3方式の言説の排除シス

テムについての議論と思考がもっとも多かったと感じていた。
　　　　これは、不正常の狂気という認識から近代の医学体制の誕生に到る過程には、真実を求めると称するエピステーメーの、すべての文化生活に対する暴力的な秩序構築と統轄が含まれていたことを指している。

　彼がこう語ったゆえんは、前二者の言説の排除システムの方式が、最終的にはブルジョア階級の真実を求める意志に接近し、ゆえに、その力が自身の暴力性をいっそう隠されたものにするゆえである。フーコーの見方によると、ブルジョア的啓蒙という新しい世界に入って以来、欲望と権力を内に含む真理への意志と知への意志は、「温和で巧妙に普遍的な力（force douce et insidieusement universelle）」である言説方式によって、それを我々に強いているが、我々は、その膨大な排除のメカニズムと隠された暴力については、それをまったく意識していないということになる。そして、フーコーはこう語っている―ニーチェ、アルトー、バタイユに到って、我々は、ブルジョア的啓蒙思想の情況構築中の「温和で巧妙に普遍的な」真理への意志に対する、真の疑問の声を初めて聴くことになったのだと。フーコーは、自分の進んでいる道は、まさしくニーチェ、アルトー、バタイユが切り開いたものだと、我々に伝えているわけである。かつ、彼は、彼らの道は「我々にとって日々の仕事のためのおそらくは気高いしるしとして役立つはず」[14]と見ていたのである。
　　　　これについて、ホワイトは、この時のフーコーは、「西洋人の『知への意志』の近代史は、『啓蒙』への進歩的な発展というよりも、様々な種類の社会を可能にした、排除のシステム内部での欲望と権力との終わりなき相互作用の産物である」[15]ことをすでに意識していたと見ている。この評論は基本的に正確であろう。後に、フーコー自身も、西洋マルクス主義の内部では、啓蒙−近代性への総体的批判は、フランクフルト学派のホルクハイマーとアドルノから始まったことを発見している。

2. 言説統御の内的な手続き

　フーコーは次のように我々に訴えている―言説内部には、もう一種の言説を統御する内的な手続き（procédures internes）というものがまた存在している。

すなわち、「そこでは言説が言説自身によって管理される（propre contrôle）からです。それらの手続きはむしろ、分類、秩序立て、分配の原理として作用します。ここでは、言説のもう一つの次元、すなわち出来事と偶然性という次元 (dimension de l'événement et du hasard) を統御することが問題となっているかのようです」[16]と。第1種の言説の排除システムには、一定の目に見える外部的強制があるというのなら、続いて議論しようとする言説の内的な手続きとは、ある種の秘かに発生している自己拘束的な言説の秩序構築と言えるというわけである。

　その1は、言説統御の内的手続きにおける注釈（commentaire）の原理である。この注釈とは、通常の文学・哲学・科学の言説運用中の注釈のことであるが、フーコーは、まさに、これらの専門的な注釈が現すある種の肯定ないし否定の解釈こそが、特定の言説のクラス分けを生み出すということに、我々の注意を向けさせる。フーコーは、日常生活において、絶対多数の言葉とエクリチュールは、出現したとたんに消失するが、「それを言述する行為を超えて際限なく語られ、語られ続け、さらになお語られるべきであるような言説」[17]もあると語っている。彼の言わんとするところは、注釈とは、言説のイデオロギーの情況構築であり、それは、言説の生死の大権を握っているということである。簡単に言うならば、言説注釈のネットワークの内部でフォーマティングされた格子の中で、一方では、無数の二流の言説が大量に削除され忘れ去られてしまい、他方では、いわゆるオリジナリティのある古典的テキストが、休むことなく作られるというのである。例えば、それは、伝統的な宗教経典や法律の条文、文学や哲学の古典であり、ブルジョア的近代以降は、これに特定の科学的言説や知のパラダイムによって生まれた科学的テキストが加わるのである。

　　ここで、前述した、歴史研究中の「ドキュメント」は切り刻まれているという、フーコーの判断を想起できるだろう。ここでの注釈の格子が生み出したというクラス分けとは、まさしく、あの歴史観のミクロのメカニズムの一つにほかならない。ここで生産された古典的テキストは、後の人間の歴史研究と繰り返される解釈の対象となるのである。

　もちろん、フーコーによれば、注釈によって生まれたこの種の言説のクラス分けは、安定したものではなく、だんだんとあいまいになったり、不断に消失したりするものであるということになる。

フーコーは人々にこう提起している——真に自覚的にこのようなクラス分けを打破する努力は、ただ遊戯、ユートピア、不安の中にしかない。例えば、『言葉と物』の中で引用したボルヘス式の注釈などのようにと。ここで、我々は次のことを体感できるであろう——フーコーがアルトーとサドを熱烈に賛美したいくつかのゆえんは、言説のクラス分けの秩序構築は、現実生活と平凡な存在を乗り越えようとする、残酷劇の痛苦と変態的で荒唐無稽な遊戯の中でしか、打破することはできないと考えたからであることを。

フーコーは我々にこう告げている——言説の内的統御としての注釈は、目だたない無数の重複性の情況構築の中でその作用を発揮し、言説（テキスト）中の無視しうる出来事と偶然の要素をひそかに消し去っている。なぜなら、往々にして「新しいものは、語られる内容のなかにではなく、語られる内容が回帰するという出来事（événement de son retour）のなかにある」[18]からだと。注釈の中で不断に繰り返される言葉は、古典を作り上げ、言説の秩序を構築するというわけである。

その２は、言説の統御の内的な手続き中の、いわゆる言説の稀少化（raréfaction d'un discours）の原理である。それは、作者（auteur）ないし同質性の唯一の真実の原理でもある。

　　raréfactionは、フランス語では同時に稀少性と暇を見つけるという意味を持っている。

フーコーは、繰り返される注釈が形式構築する古典の言説は、通常、作者と関連するわけだが、作者は、一般に「言説の意味作用の統一性および起源としての、言説の整合性の源」[19]に位置付けられると語っている。

　　フランス語では、auteurは創始者の意味も持つ。

この点について、フーコーは以下のように語っている。

　　〔17世紀〕以後、作者に対し、以下のことが求められます。作者の名のもとに置かれるテクストの統一性（unité du texte）を説明すること。テクストを貫く隠された意味を明かすこと、あるいは少なくとも作者の手元にその意味を所持すること。テクストを、作者の私的な生および生きられた

経験に連接させ、その誕生を目にした現実の歴史に連接させること。作者、それは、不安定な虚構の言語（langage de la fiction）に対し、統一性を与え、その整合性を結び合わせ（noeud de cohérence）、それを現実のなかへと挿入するもの（insertion dans le réel）なのです[20]と。

フーコーはまた次のようにも語っている—ある作者の死後、我々は、必ずと言ってよいほど、彼が、注釈の中に体現されているような思想的同一性とは、完全に異なるドキュメントを残していたのを発見する。しかし、こうした異質性は、まさに、言説の稀少化の原則あるいは作者の原則によって偶然な出来事として除去され、そのために、人々は、一種の秩序（ordre）と一貫性を引き入れるために、作者を新たに作り上げ（réinventer）なければならなくなると。

　例えば、前ソ連におけるマルクス主義の古典文献の整理の過程では、1930～50年代の期間、文献の専門家の主要な任務の一つは、「未熟な」青年マルクスと青年エンゲルスのテキストを隠蔽することであった。科学的マルクス主義の古典作家のイメージを維持するためである。あるいは、レーニンの『唯物論と経験批判論』の立場を維持するために、レーニンの『ベルンノート』での突破性の進展を、故意に隠したり歪曲したりしたのである。これは、言説の稀少化の典型的な事例であろう。こうしたことから、１人の作者の同質性のただ一つの真実という幻像の維持が強行されるのである。

その３は、言説統御の内的な手続きの中の研究分野〔ディシプリン〕（discipline）の原理である。
　　フランス語では、このdisciplineには規律や訓練の意味もあり、この重要な概念は、しばらくして、フーコーが発明したまったく新しいブルジョア社会のコントロールの方式—規律・訓練の意味になる。

この原理は、第１に、前の二つの原理とは異なり、「一つの研究分野を定義するのは、一つの対象領域（domaine d'objets）、一群の方法、真であるとみなされた（considéré comme vrai）諸命題、規則と定義の一式、技術と道具の一式であり、それらのすべてによって、一種の匿名のシステム（système anonyme）が構成される」[21]と、フーコーは語っている。

前述のエピステーメーのような、さらに大きい尺度の文化的存在による
フォーマティングのシステムとは異なり、ここで議論しているディシプリ
ンは、バシュラール－カンギレムの科学史の構造に回帰しているようであ
る。もちろん、フーコーのここでの科学的言説の形式構築に対する思想的
情況構築には、師たちよりはるかに深いものがある。

　例えば、物理学・生物学・経済学など、専門の学科であるかぎり、近代化す
ればするほど、一連の特殊な実験方法・一連の研究規則・一連のカテゴリーや
定理がますます形成されていくことになるというのだ。これは、科学研究中の
ミクロのエピステーメーに似たものと言ってよいだろう。
　例えば、クーンやラカトシュなどの科学的パラダイムと研究要綱であ
る。アガンベンの見方によると、フーコーは、クーンがカンギレムの科学
認識論の役割について指摘しなかったことに、不満があり、意図的にクー
ンの学術的影響を遮蔽しようとしたとのことである[22]。

　だが、さらに深化した思考の情況構築の中では、フーコーは、科学的言説の
フォーマティングによる、無形のsystème anonyme（匿名のシステム）という
表述をより強化するようになる。明らかに、匿名のシステムというこの表述は、
ディシプリンの本質をたくみに表している。一種の見えざる拘束と規範のシス
テムとして、それは、形を見せずに一つの真偽の境界を守っているというわけ
である。

　第2に、フーコーは、さらに一歩進んで、一種の特定の情況構築の境界では、
ディシプリンは、重複の中の同一性でもなく、再発見を待っている意味がある
のでもなく、新たな言表のある種の必要条件を構築すると語っている。一つの
分野のディシプリンは、ある事物に関する「真なることすべての総和」ではな
く、いくつかの新しい科学命題を真と決定する、まさしく一連の標準なのだと
いうのである。これはきわめて正確な断言であろう。
　ここで、フーコーは、19世紀の生物学者が見て取ることができなかった、メ
ンデル[23]の手中にあった、登場できなかった「真理」を例として、ディシプリ
ンの原則が、現下構築されている、新しい無形のシステムの機能的条件になっ
ていることを説明している。彼は、メンデルの手中には、新しい生物遺伝学の

法則と真理がすでに握られていたにもかかわらず、当時の学界には受け入れられなかったと指摘している。フーコーは、それは以下のような理由からだと語っている。

> メンデルは真なることを語ってはいましたが、しかし、彼の時代の生物学的言説の「真なるもののなかに」(dans le vrai) 身を置いてはいませんでした。すなわち、生物学的な対象および概念が形成される際に従っていた規則（règle qu'on formait）は、メンデルが従ったような規則ではなかったということです。メンデルが真なるもののなかに参入し、彼の命題が（そのかなりの部分について）正しいものとして現れるためには、生物学において尺度が完全に変化し、諸対象の全く新しい見取図が展開されるようになる必要があった[24]からであると。

この観点は、ディシプリンという無形のシステム自体の、ゲシュタルト式変革の観点にすでになっている。

この観点は、クーンの言う科学革命のような要素を確実に持っているだろう。

ここでのいわゆる「真理の中」とは、フーコーの師であるカンギレムの言葉であり、その意味は、現下において認められた科学的真理の言説ということである。メンデルの遺伝学上の新しい観点が、生物学の分野のディシプリンが承認する真理になれるか否かは、それ自身が真であるか否かにあるのではなく、そのディシプリンが形作っている規則や条件によるというわけである。

1人の人間が狂人であるか否かを確認するための、精神病理学の中で作られたあの正常と不正常の境界のようなものである。

第3に、科学的言説が「真理の中」に場を占めようとするなら、必ず「言説の『取締り』(police) の諸規則を自らの言説の一つひとつにおいて再活性化 (réactiver) しつつ、それに従わなければならない」[25]ということである。

これは、フーコーが比較的早くpoliceを特別の意味で使用した例である。ここでのpoliceは、通常の言説中の「警察」の意味と見なすことはできず、自律と規律・訓練理論の段階での学術的な意味での内政と統治のことである。以後、我々は、この概念が、生政治批判の中において、複雑な言説の

情況構築の意味を持つのを見ることになる。

　この言葉の意味は、いかなる科学的言説も、自身を終始真理の主導的位置に置きたいのなら、一種の言説の内政的秩序を構築しなければならないとうことである。この言説の内政とは、自身の統治を合法化し日常化させることであり、かつ、一つ一つの言説実践中において、自身を繰り返し再活性化させなければならないというわけである。この再活性化とは、言説が、「アルシーブ」という石化状態から、あらたに情況構築されて突然に出現するという意味である。
　これこそが、ディシプリンが、また別の意味において、それによって、言説の分割とクラス分けを実現するための、多層の統制手続きになっているということなのだ。まさにこの意味において、フーコーは、「研究分野〔ディシプリン〕はの産出を管理するための一つの原理であるということ。研究分野は、諸規則の絶えざる再現動化というかたちでの同一性の作用によって、言説に限界を定めるものであるということです」[26]と称しているのである。この永久の再起動という言葉は意味深長である。

3. 言説の権利―誰が話をする資格を持つのか

　フーコーは、言説を管理する第3番目の方式は、言説の権利が生み出す条件であると指摘している。フーコーは以下のことを発見したのである―それぞれの人間が、話ができるという言説の権利を持っているわけではなく、特定の条件と資格に符合する人間だけが、言説の領界に仲間入りして言説の権力を占有できるという事実を。
　　　フーコーにあっては、言説の権力という学術的思考は、しばらくして、
　　　ブルジョア的政治権力についての現実的関心に取って代えられた。

　第1には、語る主体（sujet parlant）の資質限定である。これは、言説の領界に仲間入りできるか否かを判断するための、資格と条件の設置を指している。これをもとに、どの人間が言説の権利を持ちうるのかを判断するというわけである。フーコーは、主体の言説のこの特殊な資格（qualification）をまとめて儀礼（rituel）と呼んでいる。前面で誰が話をしているのかについて議論したと言うのなら、ここでは、この「儀礼」は、誰が話をできるのかについての議論

であると言えるだろう。フーコーはこれを以下のように説明している。

儀礼は、語る個人 (individus qui parlent)（対話、尋問、朗唱といったものの作用のなかでしかじかの位置を占め、しかじかのタイプの言表を言述すべき個人）が所持すべき資格を定めます。儀礼は、言説に伴うべき身振り (gestes)、行動様式、状況、しるしの全体を定めます。最後に、儀礼は、言葉に想定されたり課されたりする効力、言葉が差し向けられる相手に対してその言葉がもたらす効果 (effet)、言葉が及ぼす拘束力の限界を定めます[27]と。

フーコーによれば、このいわゆる儀礼とは、言説の主体が言説の場に入る時に、具備すべきある種の資格と条件のことである。これらの資格と条件によって、ある人々は、高い地位にある言説の権威あるいは権力的言説を獲得するというのである。儀礼は通常次のような事象として表現される―1つ目は、話の主体がそこにいる特定の位置である。例えば、学術的言説圏の中の大学の有名教授あるいは研究機関のトップ、文学圏の中の有名作家や評論家、演芸圏の中の有名な監督やスターなどである。これらの特殊な位置は、往々にして、それぞれ異なる言説圏の中の権力関係を決定するというわけである。

今日の中国の儀礼の制定者は、多くの人が取り巻き崇めたてる、各業界の「演芸の大家」や「学術界のボス」たちである。彼らは、往々にして、一般のタレントや下層の研究者に対する「生殺与奪」の大権と運命を握っているのである。

2つ目は、言説の権利を保持する、これらの話し手が持つ特定の言説の姿勢・行為・特殊な記号である。例えば、大学や研究機関での教学やシンポジウムの際、文学界での創作や注釈の際、舞台でのプロデュースや演技の際、これらの特殊な言説の秩序構築の場に割り込むことができない人々は、言説の権利を根本的に持つことはできないというわけである。

これは、無数の若いタレントや若い研究者がこのような場に割り込むためには、「ボス」と知り合いになり、結びつきを深めなければならない原因ともなっている。

3つ目は、言説の権利の成立には、それを受け入れる大衆が存在しなければ

ならないということである。言説の権利は、大衆の心服とファン心理があってこそ、はじめて形作られるというわけである。

　　例えば、今日のインターネット世界では、ファンの注目と心服によって生み出された「注目ブロガー」の言説という幻像などがそれに当たるだろう。

このことは、ラカンの指摘した、大文字の他者と、その反射として構築されたそれに心服する主体の存在という観点に相通ずるだろう。

　　ブルデューにあっては、この言説の権利は、その名望と特殊な地位にもとづく学術資本と文化資本であると指摘されている。

第2には、言説結社（société de discours）によるコントロールである。いわゆる言説結社とは、フーコーによると、特定のグループの中で「言説の保存ないし産出をその機能としていますが、しかしそれは、一つの閉じられた空間（espace fermé）のなかで言説を流通させて、言語の分配を厳格な規則に従って行い、言説がその所有者から奪われることのないようにする」[28]という。実際には、それぞれの言説の権利の出現には、すべて、それを受け入れる内部のメンバーの存在が伴う。言説の権力ラインは、それを受け入れるメンバーによる伝播と散布を通じて、「閉ざされた空間」を生み出すのであり、よって、その中において特殊な言説の主権が行使されるというわけである。フーコーは、この言説結社は、そのもっとも古い例は「吟遊詩人」に見られると語っている。それは、秘伝の言説行動を行なうサークルであり、その内部では、秘密の言説の権利を握っている師と弟子の立場は変えることができなかったという。フーコーは、今日の各種の言説的出来事の中でも、類似の言説の権利の秘密の占有（appropriation de secret）と変えることができない立場とは、依然として存在していると指摘している。いわゆる秘密の言説の権利とは、以下のことを指している―特定の言説圏の中では、言説の創始者は、ある種の言説のフォーマティングと秩序構築の特殊な方式と技能を制定したり生み出したりするが、それによって、この言説の儀礼と効用が、この圏内の情況構築の中で、随時活性化され構築されることになる。だが、外部の人間は、この閉ざされたには根本的に割り込むことができず、かつ、この特定の言説の権利は、この言説結社の創始者だけが持つことができる―このようなことである。

あるいは、フーコーの眼中では、学術の場での学派（例えば、現象学の言説の権利を握っている大家フッサールと彼に追随する多くの学者たち）や演芸界の流派（例えば、現代中国の演劇発展史の中の、特定の風格を持った巨匠とそれに続く伝承者）などは、すべてこのように構築された言説結社に属するのかもしれない。

第3には、宗教・政治・哲学の教説（doctrine）の中で生み出された言説の権利である。この点は比較的理解しやすいし、過去、人々が比較的多く議論してきたことでもあるが、フーコーは、教説の言説の権利の伝播ルートを探究したのである。彼の見方によれば、教説は、閉ざされた言説結社とは異なり、物理的空間中の閉ざされ、固定された少数のメンバーのサークル内にあるのではなく、往々にして拡散的なものであるという。それは、同じ真理を認めること（reconnaissance des mêmes vérités）を通じて、同一性の教説への無形の忠誠心を集めるというのである。フーコーはこう説明している。

　教説は、一方では、個々人をある種のタイプの言表行為に結びつけ、それによって他のすべてのタイプの言表行為を彼らに禁じます。しかし他方、教説は、個々人を互いに結びつけて他のすべての人々と差異化するために、ある種のタイプの言表行為を利用するのです。教説は、二重の従属化を行うということ、すなわち、言説に語る主体を従属させるとともに、語る個々人によって少なくとも潜在的なやり方で形作られるグループに言説を従属させるということです[29]と。

教説というものはつねに排他的である。ある宗教の信者は、通常その他の宗教の神霊を礼拝せず、オリジナリティのある哲学者は、安易に他人の方法論を使用せず、ある固い信念を持つ政治家は、安易にその他の政治的信念を信じたりはしない。教説の力は巨大である。それは、無形の言説の権力ラインであり、さらに広い範囲の言説を受け入れる大衆と自身を区別するとともに、同一の教説の信徒と連関し合うのである。

最後に、言説の社会的占有（appropriation sociale des discours）によって生み出される言説の権利である。簡単に言えば、新しい言説の権利を伝達し、また不断にそれを生み出す教育（éducation）のことである。フーコーは、「教育システム（système d'éducation）の全体は、知と権力（savoirs et pouvoirs）を伴う

ものとしての言説の占有を維持したり、それに変更を加えたりするための、政治的なやり方なのです」[30]と語っている。

　注意してほしい。これは、フーコーが知と権力を関連付けようとした試みであることを。この関連は、フーコーの中・後期の思想的情況構築の主軸になる。フーコーのこの観点が、師のアルチュセールが1969年に発表した「国家と国家のイデオロギー諸装置」論文の影響を受けているか否か、あるいは相互影響なのかは、知ることはできないが、この著作では、アルチュセールは、家庭・教育・宗教における国家イデオロギーの隠れた教化の機能を、すでに明確に指摘しているのである。

フーコーはこう語っている。

　結局のところ、教育システム（système d'enseignement）とはいったい何でしょうか。もしそれが、発言の儀礼化（ritualisation）でないとしたら。もしそれが、漠然としたかたちにせよ教説グループの構成でないとしたら。もしそれが、権力と知（ses pouvoirs et sessavoirs）を伴うものとしての言説の分配および占有でないとしたら[31]と。

　この言葉の意味は、前述の言説の資格・特定の言説結社・信仰する大衆群は、すべて、教育システムの情況構築の中で培養され、フォーマティングされたものであるということであろう。教育自身はクラス分けの活動であり、高等教育は言説権力の授権過程というわけである。

　フーコーは、これと近いものとして、「エクリチュール」・法律システム・医療システムも、事実上、言説の社会的占有の方式であるとさえ語っている。ブルデューもまた、『国家貴族——エリート教育と支配階級の再生産』や『結婚戦略—家族と階級の再生産』などの中で、このテーマについて深い議論をしている。

　同様にここで、フーコーは、形而上学としての西洋哲学の言説授権のメカニズムについても、もっぱら議論している。通俗的に言えば、西洋において、いかにして専門の哲学者になるかという道筋について議論しているのである。フーコーから見ると、哲学は、「言説の法として理念的真理（vérité idéale）を提示する」ものであり、展開の原理（principe de leur déroulement）として合理

性 (rationalité) を提示し、真理そのものへの欲望と真理を思考する能力 (pouvoir de la penser) とに対してのみ真理を約束するという認識の倫理 (éthique de la connaissance) を存続させるものだということになる[32]。真なる言説、理性の展開、知識の至善が哲学者の3つの内在的原則になっているというわけである。だが、フーコーは、哲学という学科の特点は、言説の現実性 (réalité du discours) に対する否定を通じて、ある種の貴族的な自立生と排除性という限定を実現するという面も持っていると指摘しているのだ。

第1に、創設的主体 (sujet fondateur) の設定である。フーコーから見ると、哲学的言説の中では、

> 時間を超えて意味作用の地平 (horizons de significations) を基礎づけるのもやはり、創設的主体です。こうして、歴史はもはやその地平を後から明確化するだけでよいことになり、命題や科学や演繹的総体 (ensembles déductifs) はその地平に自らの基礎を見いだすことになるわけです。意味との関係においては、創設的主体は、記号 (signes)・標識 (marques)・痕跡 (traces)、文字を持ち合わせています。しかし、創設的主体は、それらを表明するために、言説という特異な審級を経由するには及ばないのです[33]

ということになる。

オリジナリティを持ついかなる哲学者も、つねに一種の本源的な第一次性の存在を設定する。例えば、フッサールの純粋現象、フロイトの生命の本源的欲望、ハイデッガーの性起などである。しかる後、世界の総体およびその存在は、この第一次性の存在を取り囲む、一連の複雑な解釈・秩序構築・形式構築の結果と見なされるわけである。ここから、この世界を創造する言説の情況構築の中で、哲学者は、創造者としての言説の主体になるというのである。

第2は、哲学における根源的経験 (expérience originaire) の設定である。これは、哲学者が、自身を普通人から超越させるための形式構築の秘儀の一つである。フーコーはこう語っている—現実の経験に比べて、根源的経験は、あらかじめの意味作用 (significations préalables) を持ち、我々が自身の形式によってそれを把握する前に、根源的経験は世界をさまよっている。「かくして、世界との元来の共犯関係 (complicité première avec le monde) が、我々に対し、世界のなかで世界について語り、世界を指し示して名づけ、世界を裁き、最終的に真理の形式において世界を認識する可能性を基礎付けてくれることになるで

しょう」³⁴と。これは、きわめて深い情況構築である。例えば、常識では外部の対象的な客観的で自生的な世界は、ハイデッガーにあっては、人間同士の交流（マルクスの実践）がその中の関係性を操作し、それに介入する機能的存在と見なされる。「自然」は、主体の欲求に向かって涌いて出るものなのだ。ここから、性起の大地は、対象化された存在の世界によって遮蔽される。だが、この原初的存在が占有する経験は、かえって忘れ去られてしまうのである。この新しい情況構築は、いったん我々が、あらためてこの経験（存在）に立ち戻ったならば、常識的な経験の世界（存在者）は、たちまち崩れ去ってしまうというような情況構築なのである³⁵。

第3は、哲学的言説中の普遍的媒介（universelle médiation）の観念である。実際には、それは、形而上学の本質としてのロゴス（logos）でもある。フーコーは、プラトン以来の理念としてのロゴスは、持つことが義務付けられた専門用語になっており、それは、自身の秘密の本質を繰り広げる時に、意外にも、「事物そのものと出来事（les choses mêmes et les événements）こそが〔…〕言説となるのだ」と指摘している。これは、一種の観念論的な論理の転倒と本体論の支配的地位を示している。よって、フーコーは、哲学的思弁の中では、以下のようなことになると語るのである。

　　言説は、ほとんど、自分自身の目の前で生まれつつある一つの真理の照り返し（miroitement）以上のものではない。そして、すべてがついに言説の形態をとりうるとすれば、すべてが語られ、すべてのことに関して言説が語られうるとすれば、それはあらゆる事物が自らの意味を表明し交換した（manifesté et échangé）ことによって、自己意識の沈黙した内面性（intériorité silencieuse）のなかに帰り着くことができるからである³⁶と。

これは、言葉と物の暴力的な秩序構築についての再度の表明である。現在とは、真理の言説が一切の事物を照らし、それを存在させる関係なのだというわけである。ハイデッガーの存在論の視野にこれを移せば、ロゴスは、まさに、あの忘れ去れた存在の存在者のレベルにおける、抽象的な論理の枠組みであるということになろう。形而上学は、まさに、形而下の自然の事物という、具象的な存在者に対する形而上の抽象を仮定した後で、理性的ロゴスを生み出すものだということである。ロゴスは、すなわち哲学的な理性の言説の中の真理の光源であり、それは、ロゴスの格子の対象物の普遍的関係に入り込む媒介なの

であり、世界の一切のものは、それに照らされて（自らの意味を表明し交換することで）、人々に見られるものになるというのである。ここから、事物の性起はロゴスの内部にこっそりと入り込みことになる。ロゴスの言説の中では、事物は沈黙するのである。

4. 脱-秩序—言説中の造反は存在するのか

　人をかなり意気消沈させるような、言説世界の秘密のまがごとを、くどいぐらいに暴露した後、フーコーは、我々が関心を寄せている問題にも回答してくれている。すなわち、これらの隠れた強制に面して、我々は、自分たちに強いられている無形の言説の秩序から脱却できるのかという問いである。換言すれば、我々には、言説の中に存在する暴力と圧迫に反抗する希望があるのかという問いである。私の体感によれば、フーコーが出した回答総体について言えば、ポジティブなものと言えるだろう。

　　これは、フーコーの批判的言説の中でも数少ないポジティブな内容であり、とりわけ貴ぶべきものでもある。なぜなら、彼は、畢竟、この中で解放の可能性とその道を打ち出したからである。

　ここで、フーコーは、4つの造反あるいは無秩序（désordre）の原則を打ち出している。
　1つ目は、逆転の原則（principe de renversement）である。このいわゆる逆転の原則とは、言説中に仮定されているすべての理想状態の進行に対する、反方向の思考にほかならず、伝統的な一切の論理と原則をすっかり転倒することにほかならない。明らかに、これは、いままでフーコーが用いていた主要な批判的反省の手法でもある。もちろん、それは、単純な転倒では決してなく、徹底した脱-構築の基礎の上での転覆である。

　　例えば、正常と不正常の分割の基準の根本的な転覆であり、常識中の現前の自然・歴史・人間の概念の歴史的転覆である。

　2つ目は、非連続性の原則（principe de discontinuité）である。これは、我々が充分熟知している主張であろう。それは、連続性の論理的仮象を突き破り、真なる言説の非連続な実践（pratique discontinue）に回帰すべきだと主張して

いるのだ。

　　例えば、沈黙の考古学における、暗闇の中の「汚辱に塗れた人々の生」への関心である。

　3つ目は、種別性の原則（principe de spécificité）である。これは、普遍的なロゴスに対しての、反対方向への解消の情況を指している。
　同様に、ここでフーコーは以下の面についても語っている。

　　言説を、あらかじめの意味作用（significations préalables）の一式のなかに解消しないようにすること。世界は我々の方へと読解可能な顔を向けており、我々はそれを解読するだけでよいのだ、などと思い込まないようにすること。世界は、我々の認識の共謀者（complice de notre connaissance）などではありません。世界を我々のために配置してくれるような、前言説的な摂理（providence prédiscursive）などないということです。言説を、我々が事物に対して及ぼす一つの暴力（violence que nous faisons aux choses）として、いずれにせよ我々が事物に押しつける（imposons）一つの実践として考えなければなりません。そしてまさしくその実践のなかに、言説という出来事が自らの規則性の原理（le principe de leur régularité）を見いだすのです[37]と。

このように長い引用をしたのは、フーコーのこの論断が、実際において、たいへん重要だからである。それは、主体的な言説権力の真の秘密を直接暴露している。言説は事物に対して我々が押しつける一つの暴力だと見なさなければならない—この暴力的実践は、まさに言説的出来事の規則の真の起点だというわけである。

　　私は、フーコーのこの意味での、先在的な原初の言説と第一次性を持つ神意なるものへの反対表明は、正確なものだと思う。しかし、彼は、「知識は世界の共謀者に見える」ことの背後に存在する、ハイデッガーの意味での主体的存在自身の暴力を見て取ってはいない。あるいは、マルクスの言説の情況構築における、近代的存在の強暴の背後にある資本の論理を見て取ってはいないのである。

　4つ目は、外在性（extériorité）の原則である。ここで言う外在性の意味は、

言説の隠された核心の内部と中心の本質という仮定に反対するということにある。これに対して、外に向かうということは、多重の可能性と出来事の偶然性を承認し、そうした「外」だけが存在し、深い内在的本質なるものはないことを承認することを指している。

　ブランショもこの点を鋭く指摘している。彼は、フーコーは「深さという観念」[38]なるものにたいへん反感を持っており、この点から、いわゆるポストモダンの零度の平面に到ることができたと述べている。

　同様にここから、フーコーは、一歩進んで、言説の造反には、そこに立脚すべき４つの主要な無秩序の概念が必要とされると提起するのである。出来事（événement）、系列〔セリー〕（série）、規則性（régularité）、可能性の条件（condition de possibilité）である。彼は、この４つの概念が、ちょうど、伝統的な観念史の中で主導的な位置を占める、４つの暴力的秩序構築の概念に対応していると指摘している。「出来事は創造（création）に、系列は統一性（unité）に、規則性は独創性〔起源性〕（originalité）に、そして可能性の条件は意味作用（signification）に（…）対立している」[39]というのである。偶然の出来事は主体の意図による創造を解消し、分散的な系列は強制的統一性に抵抗し、活動の規則性は専一の独創性を否定し、多重で流動的な可能性の空間は凝固した意味を脱-構築するというわけである。

　ブランショはこう判断している——フーコーがここで４つの反抗的な概念を提出したのは、「彼によれば伝統的な思想史を支配してきた諸原理に一語一語対立させるべく用いる」ためで、かつ、このことは、彼がその後力を込めて従事しようとした、主体的任務にもなったと。ただし、ブランショは、この後の生涯の中では、フーコーは自身の約束をすべて実現することはなかったと見ている[40]。

　フーコーは、言説の脱-秩序の真の存在は、実際には、言説的出来事の集合（ensemble d'événements discursifs）という情況のことであると、とくに指摘している。すなわち、

　　出来事は、実体でもないし、偶有でもないし、質でもないい、プロセスでもありません。出来事は、物体に属するもの〔有形の秩序構築〕（ordre des corps）ではないということです。とはいえ、出来事は、非物質的な

付論3　秩序構築から脱-秩序へ—言説中の暴力的構造の脱-構築　437

(immatériel) ものではありません。出来事が効果(effet)を得たり効果であったりするのは、常に、物質性のレヴェルにおいてのことです。出来事は、物質的諸要素の関係、共存、分散、交叉、集積、選別のなかに自らの場を持ち、それらから成り立っています。出来事は、一つの物体（corps）のはたらきでもその属性でもありません。しかし出来事は、物質的分散（dispersion matérielle）のなかに、その分散がもたらす効果として産出されるのです[41]と。

　これは、フーコー自身の言説の脱-秩序論の正面からの指摘のようである。彼から見ると、言説の秩序構築から逃れた出来事は、物体式の実在—それは物質性を確かに持つ場の情況の存在である—というわけではなく、ちょうど実際の効用の構築の中で、はじめて生まれる一種の物質的で、拡散式の客観的な情況構築による存在である。これゆえ、フーコーは、毫も韜晦さなく明確にこう指摘しているのである—自分の「出来事の哲学（philosophie de l'événement）は、いわば、非物体的なものの物質主義〔唯物論〕（matérialisme de l'incorporel）という、一見すると逆説的な方向へと進まねばならないでしょう」[42]と。この非実体論的な唯物論という言葉は、きわめて重要なメルクマールである。
　　バディウの後の出来事の哲学は、明らかにフーコーのこの観点の影響を受けている。

　フーコーは我々にこう訴えている—言説の脱-秩序を実現しようとするなら、必ず二つの分析方法を把握していなければならない。すなわち、批判（critique）的分析と系譜学（généalogique）的分析であると。批判は否定であり、系譜学は否定の実現のメカニズムである。フーコーの観点を以下で対照的に見てみるのもいいだろう。彼はまずこう語っている—いわゆる批判的分析では、「逆転の原則（renversement）を作動」させなければならず、表層を剥離することによって、上述の排除、制限、占有という言説のメカニズムを透視することができるようになる。批判とは、問題の所在を明確に見て取ることなのである。系譜学的分析では、上述の言説のメカニズムの「出現、増大、変動の条件」を深く分析しなければならない。これは、問題の発生のメカニズムに対する深い追究であると[43]。次に彼はこう語っている—批判的分析の過程は、稀少化のプロセス（processus de raréfaction）であり、そこには、言説の再組織化と統一の過程も

含まれている。系譜学的分析では、言説の「分散しており非連続的かつ規則的なやり方でなされる諸言説の形成〔フォーマティング〕(formation)」を研究しなければならない。これは、非総体性の歴史の深い研究であると。さらにこうも語っている——批判的分析が対峙するものは、言説を包む（enveloppement）システムであり、この分析によって、これらの規範、排除の原則および言説の稀少化を確定し把握して、解消的な諸力の中でそれに反抗を試みるのである。そして、系譜学的分析は、言説の有効なフォーマティングに対峙し、肯定的な諸力の中でそれを把握しようとするのである[44]と。

注意してほしい。これは、フーコーがはじめて明確に系譜の研究を打ち出した方法論的問題であることを。この後、彼は、翌年の『ニーチェ、系譜学、歴史』の中で、再度この方法論のオリジナリティを深化させた。ホネットは、フーコーの『知の考古学』とここでの『言説の領界』は、前期の『狂気の歴史』・『臨床医学の誕生』・『言葉と物』のような具象的な研究のために、事後的に初めて得られることになる「メタ理論的研究」を提供しているにすぎないと述べたことがあるが、この時、彼はフーコーの思想の深い変化を見て取らなかったと、私は思う[45]。

［注］

1　1970年、フーコーはコレージュ・ド・フランスのメンバーに選ばれた。この時から、彼は、根本的に現代政治哲学の思考へと方向を転換し始めた。その、思考の焦点は、後に広く知られるようになる資本主義的政治権力の本質、すなわち生の政治である。ゆえに、私は、この「始まり」を青年フーコー時代の思想の終わりであるとも見る。よって、本書では、1970年後のフーコーについて議論する際には、もはや「青年フーコー」という言い方を使用しないことにする。しかし、同時に、この就任講演のテーマと『知の考古学』の核心の情況構築点とは、また直接的関連性もあるので、私は、この文章の解読を前章の付論としてこの位置に置いた。

2　コレージュ・ド・フランスは当時のフランス学術思想の最高の学術機構である。フランスのロイヤルアカデミーとして、コレージュ・ド・フランスは、国王フランソワ1世が1530年に設立したものである。コレージュ・ド・フランスには50人の講座教授がおり、それぞれ現下の各領域の最優秀の研究者が就任している。それぞれの教授は、公衆に向けた講演を1年に12回公開して、自身の最新の研究成果を紹介しなければならない。イポリットやデュメジルなどの推薦で、フーコーは1970年に「思

考システムの歴史」の教授に選ばれ、かつ、それは、ちょうど1968年に亡くなったイポリットの席であった。コレージュ・ド・フランスの公開講演の時期は、毎年の11月から翌年の5月までであり、フーコーの講演は、通常この時期の金曜日の夜に配置されていた。名声が海外にも広がっていたゆえに、聴衆者はかなり多く、最高時にはなんと2000名あまりにもなり、そのうちの300名はその他の教室で、内線テレビを通じて講演を聴いたという。当然、このような講演では深い交流は不可能であり、聴衆にも野次馬が多かったとのことである。また、講演自体も、事実上、表演の巧みさを競うものに堕してしまい、フーコーはどうすることもできなかったという。ただ、ちょうど周1回のセミナーでの集中的議論があり、そのセミナーの結晶が、フーコーが主編となった『ピエール・リヴィエール』（1973～1974）と『治療機械』（1976）である。

3　サミュエル・ベケット、安藤元夫訳『名づけえぬもの』（白水社、1995年）263頁。
4　ミシェル・フーコー、愼改康之訳『言説の領界』（河出文庫、2014年）7頁。
5　同上11-12頁。
6　同上19頁。
7　同上19頁。
8　ヘシオドス（Hésiode、紀元前750―650）。古代ギリシアの詩人・学者。
9　同上22-23頁。
10　Barry Smart, "Foucault," in *The Blackwell Companion to Major Contemporary Social Theorists,* ed. George Ritzer (New Jersey: Wiley-Blackwell, 2003), 211.
11　アクセル・ホネット、河上倫逸監訳『権力の批判――批判的社会理論の新たな地平』（法政大学出版局、1992年）195-196頁。訳文は変更した。
12　社会的唯物論（中国語表記 社会唯物论）については、張一兵、中野英夫訳『マルクスへ帰れ』（情況出版、2013年）を参照のこと―訳者注
13　フーコー前掲書25頁。
14　同上27頁。
15　Hayden White, *The Content of the Form: Narrative Discourse and Historical Representation* (Baltimore: Johns Hopkins University Press, 1990), 113.
16　フーコー前掲書29頁。
17　同上同頁。強調は原文。
18　同上34頁。
19　同上35頁。
20　同上36-37頁。
21　同上39-40頁。
22　この点に関し学術上の争いがあった。すなわち、フーコーとクーンとの関係である。アガンベンの説明によると、「フーコーは、『言葉と物』の完成の後、『人々が賞賛するクーンのあの権威的』著作をはじめて読んだと称して」、意図的にクーンとの距離

をとったという。ミシェル・フーコー、西宮かおり訳「フーコーは答える」『ミシェル・フーコー思考集成IV 1971-1973 規範／社会』（筑摩書房、1999年）156頁を参照のこと。しかし、アガンベンの推測によると、フーコーは、クーンが、自分の師であるカンギレムの影響を取り上げなかったことに報復するため、クーンの業績について故意に回避したのだとのことである。この点については、私は、原則上ハッキングの判断に同意する。彼はこう見ているのだ—1950～60年代にクーンが打ち出した科学的パラダイムの理論に比べると、フランス科学認識論の思想の由来はさらに古くに遡る。なぜなら、バシュラールの「認識論的障害」や「認識論的断絶」の思想は1920年代に生まれ、それに加え、後にカンギレムがそれをさらに深化させたからである。クーンのものは「フランスではかなり時代遅れのものとして受け止められたのである」と。イアン・ハッキング、出口康夫ほか訳『知の歴史学』（岩波書店、2012年）199頁を参照のこと。しかし、実際には、問題の要害は、クーンのものが「時代遅れ」か否かというところにあるのではなく、フーコーにさらに深い影響を与えたのは、カンギレムであり、クーンではないというところにあるのだ。

23 メンデル（Gregor Johann Mendel 1822-1884）。オーストリアの遺伝学者。エンドウ豆の交雑実験を通じて、メンデルの法則（遺伝子の分離の法則と遺伝子の自由な組み合わせの法則を含む）を発見した。
24 フーコー『言説の領界』46頁。
25 同上47頁。
26 同上同頁。
27 同上51頁。
28 同上52頁。
29 同上56-57頁。
30 同上57頁。
31 同上58頁。
32 同上59-60頁。
33 同上61-62頁。
34 同上62頁。
35 拙著《回到海德格爾——本有与构境》（第一卷，走向存在之途）〔『ハイデッガーへ帰れ—性起と情況構築』（第1巻 存在への道）〕（商務印書館、2014年）を参照のこと。
36 フーコー前掲書64頁。
37 同上69頁。
38 モーリス・ブランショ、守中高明訳「ミシェル・フーコー わが想像のうちの」『他処からやってきた声——デ・フォレ、シャール、ツェラン、フーコー』（以文社、2013年）135頁。
39 フーコー前掲書70頁。
40 ブランショ前掲書146頁。

41　フーコー前掲書74-75頁。
42　同上75頁。
43　同上79頁。
44　同上90頁。
45　ホネット前掲書139頁。

第8章　知の考古学―活性化された言説アルシーブと断絶の系譜の発見

　我々は、青年フーコーの『言葉と物』の副標題が「人文科学の考古学」ではあるが、この本の中では、考古学自身について具体的議論を進めているわけではないことを知っているはずである。『知の考古学』の最後の部分に到って、青年フーコーは、自分の新しい考古学の方法と研究の道筋について、ようやく集中的に議論し始めたのである。この新しい考古学の方法は、明らかに、伝統的な歴史研究におけるような、物的遺跡に面した際、古代の歴史に対峙するという考証ではなく、一種のまったく新しい、言説アルシーブの活性化という基礎上の、情況構築論の意味での観念的考古の方法である。私はこう思っている―このような考古学の方法は、後にフーコーが再認識したニーチェの系譜学とともに、彼独自の歴史思考の方式を形作っており、かつ、この独特な思考の情況は、ちょうど、ある種の他者性の空間―非在郷に対する斜めの視角を通じることにより、はじめて歴史の真相の再構築の中に入って行ったと。

1.　テキストに反対する―歴史的アプリオリとしての言説アルシーブ

　我々は、ここに到るまで、青年フーコーの主要な精力が、すべて、社会歴史的生活中でもっとも重要である言説の実践システムに用いられてきたことを見て取った。しかし、ここにおいて、新たなさらに深いいくつかの問題が出現した。すなわち、現実生活中でもっとも重要なものが、その時発生した、非連続的で直観することのできない言説実践だとするならば、後人がすでに過ぎ去った歴史に面した時、彼らは、実証的にそれらに面することができるのだろうか。換言すれば、人々は、かつて発生した言説フォーマティングの突然の出現の場の情況を再構築できるのだろうか―このような問いである。驚くべきことに、青年フーコーの回答は、意外にも肯定的に見えるのである。
　青年フーコーはこう宣言している―人々は、歴史研究の中で客観的なポジテヴィテ（positivité）と遭遇できるだろう。だが、このポジテヴィテは、コントの言うような、ある場所に置かれた目に見える実在物、あるいは「事実」の直観―物的遺物というわけではなく、ちょうど、ある種の「歴史的アプリオリ」

(priori historique) に類似したものとして出現するものなのであると。

フーコーは、この本の中で、priori historiqueを9回使用している。これは、彼が、1948年の「ヘーゲル『精神現象学』の中の歴史的先験性の構造」の中ですでに関心を寄せていた問題であった。しかし、彼は、この論文の中では「少し不都合な」概念になっていたことも認めている。

ここでのprioriは、もちろん、カント式の先験的理性の枠組み、あるいはヘーゲルの絶対的理念ではなく、言説機能の実施（fonction énonciative）において随時活性化される、ある種の先験的なの場(champ)の存在なのである。フーコーによると、この場の情況の存在は、「一つの言説実践を特徴づける諸規則の総体として定義される」、あるいは「変換可能な一つの集合（ensemble transformable）」[1]なのである。これは、きわめて理解が難しい情況構築の次元であることを認めなければならないだろう。伝統的な実在論による歴史研究の学術的情況構築においては、この非実物的な歴史的アプリオリなるものは、ちょうど一種の見えざる「空白」として表現されるだろう。しかし、それは、また、言説実践の発生の瞬間の構築と脱-構築を現わしめる言説の場の情況でもあるのだ。

私は、この観点は、マルクスの指摘した、一つの時代に対して先在する社会的アプリオリ——一定の生産力水準の上に構築された社会関係と似ていると思う。例えば、資本主義社会での商品・貨幣・資本の関係である。これらは、物体ではなく、市場の流通・交換・生産の過程の中で構築された場の情況の関係の存在なのである。

問題は、我々が、どこで、このポジテヴィテという社会的アプリオリに出会うのかということにある。フーコーは言う。アルシーブであると。この回答は、奇異には感じないだろう。なぜなら、すべての歴史学者にとって、研究に従事するための主要なドキュメントの来源は、アルシーブ施設（史料館）にほかならないからである。

フーコー自身も、各種の図書館や史料館の常連であった。

だが、フーコーがここで指摘しているアルシーブとは、明らかに、すでに新たに規定され直されたものなのである。

フーコーは、伝統的な歴史研究の中では、人々は「歴史の大いなる神話的な

書物の上に、かつて他所で構成された思考を可視的な文字によって翻訳する諸々の語が並べられているの」を見たが、現在は異なると言う。

　　言説実践の厚み（l'épaisseur des pratiques discursives）のなかに、言表の数々を出来事（événements）（その諸条件とその出現領域を持つ出来事）および事物（choses）（その可能性とその使用領野を伴う事物）として設定する諸々のシステムが得られるのだ。こうした言表のシステムのすべて（一方では出来事であり他方では事物であるようなものとしての言表のシステムのすべて）を、私は、アルシーブ（archive）と呼ぶことを提案する[2]と言うのである。

　　前述したように、青年フーコーの使用する概念の語義は、すべて、これらの言葉の「正常な」使用方法とは異なる。『知の考古学』で、我々は、この特殊な「アルシーブ」のパラダイムをすでに見て取ったことになる。

　フーコーから見ると、言説実践が向き合うアルシーブの中では、言表は、言葉ではなく、かつて発生した出来事、すなわち当時構築され突然に出現した場の情況なのである。それはまた、独立した物でもなく、事物がその中に置かれたシステムの状況なのである。

　明らかにわかるように、フーコーにあっては、アルシーブに向き合う態度に変化が起こっている。

　まず、フーコーのこの時の解釈によると、自分が「アルシーブ」に向き合う時の関心の焦点には、根本的な変化が発生したとのことである。第1に、伝統的な史料分析のあの過去の事物とテキストの部門分類には、もはや関心がなくなったことである。このような部門分類は、往々にしてアルシーブを死んだ物品に変えてしまい、それをもってある種の連続的な歴史の同一性を証明しそれを繋ぎ合わせてしまうからである。第2に、この「アルシーブ」は、もはや直接歴史事実と等しいものではなくなり、「その記憶を保持しそれを自由に使用し続けることが望まれる諸言説を記録したり保存したりすることを、ある人一つの社会において可能にするような諸制度」には注意を払わない？ものになったことである。なぜなら、アルシーブ中のドキュメントは、故意に篩にかけられ保留されてきたものだからである。この点については、フーコーが前面で非連続性について概述した、新しい歴史観の中ですでに充分理解できたものと思う。

第8章　知の考古学―活性化された言説アルシーブと断絶の系譜の発見　　445

次に、アルシーブ概念の否定的境界をあらためて確定したことである。青年フーコーは、自分が構築したアルシーブのパラダイム（概念ではない！）の特殊な包含内容についてこう指摘している。

　　かくも長い年月にわたってかくも多くの人間たちによって語られてきたかくも多くの事柄が、思考の法則や状況の作用（circonstances）のみに従って出現したわけではないということ。語られたことは、ただ単に、精神の次元（l'ordre de l'esprit）もしくは事物の次元（l'ordre des choses）において展開されえたものを、言語運用のレヴェルにおいて示すものではないということ。そうではなくて、語られたことは、言説的レヴェルを固有に特徴づける（niveau discursif）諸関係の一式のおかげで出現したものであるということ。語られたことは、外来的形象として無言のプロセスに少々でたらめに接ぎ木されたものであるどころか、諸々の種別的な規則性に従って誕生するものであるということ[3]と。

明らかに、青年フーコーがここで指しているアルシーブとは、すでに死んでしまい、そのままにしておかれた現前のテキストや物（chose）ではなく、これらのテキストや物が、一定の状況での関係や、観念的秩序構築や現実のフォーマティング（秩序構築）の中で生み出した記号ですらない。彼は、アルシーブを通じて、言説実践の次元において、あの突然に出現した情況構築の関係とその情況を打ちたてた規則を見いだそうとしているのである。このことは、すなわち、フーコーが現在なそうとしていることは、アルシーブの中から、言説実践の中でかつて発生した「言説性のシステム（système de la discursivité）」を捉えることなのだとも言えるのである。

　　フーコーは、この本の中で、choseを57回使用している。

これは、一見すると、根本的に不可能なことであるように見えるが、青年フーコーは、「アルシーブ、それはまず、語られうることが従う法則であり、特異な出来事としての諸言表の出現を規制するシステム（le système qui régit l'apparition des énoncés comme événements singuliers）なのだ」[4]と自説を堅持している。アルシーブは、物的なテキストではない、あるいはそれと等しいものではない―換言すれば、再構築されたアルシーブのパラダイムは、ちょうど伝統的解釈学の研究対象としてのテキストに反対する、ある種の新しいものなのであると

いうことであろう。それは、歴史的なテキストと物の中では直観できない、現実的存在と精神の場の情況の中にかつてあった、秩序構築・形式構築・情況構築という言説実践の中の規則やシステムなのであり、それ自身は、一種の非物性的存在なのであるというわけである。

同様にここで、伝統的な解釈学の基礎—テ・キ・ス・ト・の問題も、徹底的に解決されたのである。

だが、青年フーコーがここで述べているアルシーブ中に存在する、歴史的アプリオリとしての言説の規則と言表のシステムとは、いかなるものであろうか。

第1に、青年フーコーがアルシーブの中から捉えようとしたものは、死んでしまったテキストや資料ではなく、言説実践を発生させた各種の機能的な「複合的な関係（rapports multiples）」だということである。

この点については、ホネットの理解は基本的に正しいだろう。彼はこう述べている—フーコーは、アルシーブを過去の「意味投企（Sinnentwürfer）の客観化」と捉え、アルシーブと向き合うことは、死んだ文字の中から本来の言説を再構築することにほかならないとしている。だが、このような意味投企は、単一の主体による独自の意味の創造過程というわけでなく、一種の「二つの主体の相互行為」によるものである[5]と。私は、ホネットの前半部の分析は、フーコーの情況構築に近いものだが、ホネットが主体という言葉を用いてアルシーブという意味投企を説明した際には、彼は、またフーコーから遠ざかってしまったと思う。

実際には、この機能的な言説関係自身は、ある種の非物性的存在であり、ここからこれ自身を再構築しようとすることは、構築的な言説関係を求めることとなり、その難度と大変さは想像できよう。フーコーは、伝統的な歴史研究と解釈学とはまったく異なる、一種の情況構築論の空間を構築しようとしているのだ。このような情況構築論の空間の本質は、もともと存在していた生活の場の情況をあらためて活性化させることなのである！　例えば、人々が狂人の病理と治療記録を見る際に、フーコーは、そこに、一連の科学的言説の規則・訓練における正常と不正常に関する、機能的な複合的関係のシステムを発見したのである。また、警察当局の刑事事件案件の中にも、彼は、完成された権力の布置の機能的システムを見て取ったのである。青年フーコーはこう解釈してい

る—「アルシーブはまた、生気をなくしてしまった諸言表の塵を集め、場合によっては、それらに対して復活の奇跡を起こすようなものではな」く、言説実践の「機能する仕方にかかわるシステム（le système de son fonctionnement）」の情況を再活性化するもの、すなわち、「複数の言説を、それらの多数多様の存在において差異化し、それらに固有の持続性において種別化するものなのである」[6]と。明らかに、この再活性化という言葉はきわめて重要である。再活性化とは情況の再構築にほかならないからである。だが、いかなる情況の再構築も、真に原初の情況を再建することはできない。フーコーによれば、このような言説実践の機能的システムを捉える目的は、アルシーブを通じて「語られたことは、時間と同じ歩調で退いていくのではなく、実は非常に遠くから我々のもとに届くものが近くの星々のように非常に強い輝きを放っていることもあれば、全く同時代のものがすでにほとんど精彩をなくしていることもあるのだということ」[7]を知ることにあるのだということになる。何と霊妙なことか。これは、詩的な言説による隠喩となっている。言説の複合的な関係の束であるアルシーブが、突然それらが再活性化された情況が出現した時、夜の空に非常に強い輝きを放っている星々になり、現在の事物を失色させるという事態を、我々は、この中から見出すことができるのだ。これは、誇張した物言いではあるけれども。

　第2に、「アルシーブはとは、その全体性を記述することが不可能なもの（descriptible）」[8]だということである。上述の分析から見ると、「歴史的アプリオリ」や「複合した関係」のような表現の中から、我々は、青年フーコーのこの新しいアルシーブのパラダイムは、直接記述することも、把握することもできない、一種の現下構築されている場の情況の存在のようなものに違いないことを、すでに感じ取ったはずである。ゆえに、それは、死んだ文字や物的な遺物の中から直観できるものではないのである。同様にここから、青年フーコーはこう我々に訴えているのだ—　一面では、我々は、一つの社会、一つの文化あるいは文明のアルシーブを透徹して描くことはできず、一つの時代のアルシーブを描くこともできない。すべてのアルシーブが形作っているものは、イデオロギーが格子化されたものであり、支配者は自分に有利な物証しか残していないからである。また一面では、我々は、自身のアルシーブも描くことはできない。その根本原因もまた、すべてのアルシーブの本質は差異（différence）だということにあると。

フーコーは、この本の中で、différenceを30回使用している。

アルシーブの生成とは、もともとの言説の秩序構築－形式構築の実践との間に発生した存在論的差異にほかならず、構築的な現下の言説実践がアルシーブになった時は、もはやそれ自身ではなくなっているというのである。これは、きわめて深い指摘であろう。フーコーは以下のように説明している。

> アルシーブの記述は、自らの可能性（possibilités）を（そして自らの可能性の統御を）、まさに我々のものであることをやめたばかりの諸言説から出発して展開する。その記述の存在の閾（seuil d'existence）を設定するのは、我々を、我々がもはや語ることのできないことから、我々の言説実践の外に脱落していることから切り離す切断である。その記述は、我々自身の言説の外とともに始まるということ、その記述の場所は、我々自身の言説実践からの隔たり（l'écart）であるということだ[9]と。

まさに、この存在論上の歴史的隔たりこそが、我々をあの虚構の連続性の歴史の中から分離し、時間上の虚構の同一性を消去し、「超越論的目的論という糸」を切断するのだというわけである。

フーコーは、まさに、このような学術研究の細節のミクロ的操作から、目的論式の連続的歴史観に対する自分の拒否を現実化したわけである。

フーコーから見れば、さらに重要なことは、

> それが明らかにするのは、我々が差異（différence）であるということ、我々の理性が諸言説の差異であり、我々の歴史が諸々の時間の差異であり、我々の自我が諸々の仮面（masques）の差異であるということである。差異とは、忘却され（oubliée）覆い隠された（recouverte）起源であるどころか、我々が現にそうであり、現に生じさせている分散（dispersion）であるということを、そうした診断は明らかにするのである[10]ということになるのだ。

我々は差異である。我差異ゆえに我ありというわけである。同一化され同質化された理性のロゴスは、言説のフォーマティングの差異を遮蔽し、線形の総体的歴史は、真実の時間の差異を遮蔽し、原初の本我は、仮面の下に生存して

第8章　知の考古学―活性化された言説アルシーブと断絶の系譜の発見　　449

いる差異を遮蔽するというのだ。
　　この点では、彼とドゥルーズの差異観は基本的に一致している。

　差異は同一性の反面であり、差異は我々の本質であり、歴史の本質でもあるというわけである。フーコーの知の考古学のアルシーブの中では、差異はまさしく歴史を構築するのである。反対に言えば、人々の差異への忘却こそが、伝統的な総体的歴史観を生み出したのである。青年フーコーは、「決して完了することも完全に（intégralement）果たされることもないこの任務が、言説形成の記述、ポジテヴィテの分析、言表領野の標定が帰属する一般的地平（l'horizon général）を形作って」[11]おり、このようなアルシーブへの探求は、新しい考古学のテーマを生み出すと見ているのである。すなわち、「すでに語られたことのうちで作動する言表機能のレヴェル、すでに語られたことが属するアルシーブの一般的システムのレヴェルにおける探査が、そこでは問題になるということだ。考古学は、言説の数々を、アルシーブの境域において種別化された実践（pratiques spécifiées）として記述するのである」[12]というのである。フーコーの言いたいことはこのようなことであろう―新しい考古学の真の対象はアルシーブであり、このアルシーブとは、死んだ文字と物性的遺物の中から、言説のフォーマティングの中でかつて突然出現した、言表の機能的な情況構築の場の存在を再活性化させるもので、それは、言説のフォーマティングという出来事の場の、それぞれ異なる情況構築の次元を復元するものなのである。考古学的研究は、このアルシーブの中から言説実践の発生を再構築するのであると。この活性化された歴史的な言説実践という思考について、我々は、その複雑な情況構築が孕むものをすでに教えられたはずである。
　筆がここに到って、本人も「考古学」という概念を使用するのは「重々しい」とは感じてはいながらも、青年フーコーの新しい考古学が、ついに文字の上に登場したわけである。
　　しかし、ブランショは、フーコーの『知の考古学』という題名自体には、危険性があると見ている。「というのもそれは、そこから顔をそむけるべきもの、すなわち始原のロゴス、起源の言葉を喚起するからだ」[13]というのである。考古学の直接的な意味が総じて連想させるものは、あの見えざる原初の物を探し求める努力だからという意味であろう。この弱点は、おそらく、フーコーが後に系譜学を切り開いた原因の一つになっているかも

しれない。

2. フーコーの考古学とは何か

　青年フーコー自身の説明によれば、哲学が思想を「診断する」事業ならば、考古学は、さらに高い次元で「思想を描く方法」だという。私の見方によれば、青年フーコーのいわゆる考古学は、実際には、隠された言説実践を重視することに基づく、歴史研究上の方法論的自覚だと思う。このような方法論的自覚は、どの時代にとっても重要なものであろう。

　　フーコーのテキストの中で、考古学の概念がもっとも早く出現したのは、1960年の博士論文の副論文の『カントの人間学』である。この論文の中で、フーコーは、はじめて「テキストの考古学」という概念を使用している。また、前述のように、早期の『狂気の歴史』のフーコー自身によって削除された第1版の序言の中では、「沈黙についての考古学」について言及したことがある[14]。この「沈黙の考古学」は、彼の師であるデュメジルが打ち出した、伝統的な考古学とは異なる考古学の研究方法に由来する。同様に、このテキストの中で、青年フーコーは、早々と「知の考古学」という概念も使用しているのである[15]。

　『言葉と物』でも、彼はすでに明確にこの方法について命名していたけれども、『知の考古学』の最後の部分になって、自分のこの特殊な方法論について、やっと比較的詳しく議論し始めたと言ってよい。

　　1966年のインタビューの中では、フーコーは、ただ、『言葉と物』での考古学は、「ひとつの学問ではなく、ひとつの研究分野（domaine de recherche）」[16]と語っているだけであった。考古学は伝統的な意味での学科ではなく、一つの新しい思考の情況構築の領域であるというのだ。

　青年フーコーは、『知の考古学』の中で、伝統的な考古学科に関する、先人の専門的な理解域、すなわち「無言のモニュメント、不活性な痕跡、コンテクストなき対象、過去によって捨て置かれたものに関する研究分野」[17]という観念を、はじめて明確な形で突破したわけである。

　　これは、具体的学科としての考古学に対する、意図的な貶めであろう。

第 8 章　知の考古学―活性化された言説アルシーブと断絶の系譜の発見　451

　フーコーは上から目線でこう宣言している―自分が向き合おうとする「考古」の対象は、かつて実在していた物質的遺留物ではなく、「アルシーブ」を透視した後に姿を現す、物性的な尺度からは不在と見なされる「語らざるもの」であると。
　ハイデッガー式の現象学の言説で形容すると、それは、もはや対象的な意味での「何」（Was）ではなく、存在者を歴史的に位置づける追問としての「いかにして」（Wie）であろう。

　よって、青年フーコーが標榜する新しい考古学の趣旨は、普通の歴史家の目には見えざる、それらのものを見て取るところにあるのだ。
　この点については、我々はすでに充分な体得をしているものと思う。だが、誰が、かつて発生した言説のフォーマティングと言表の秩序構築の場自体を見て取ることができるのか。それは可能なことなのか！？

　青年フーコーは、自分が考古学という言葉によって策定したこの研究領域は、まさしく、過去の人々が「思想史」[①]として標識づけた空間にほかならないと述べている。彼から見ると、新しい考古学は、古物や遺跡の考証でもなく、すべての伝統的な思想史（histoire des idées）の中の、あの目的論に着眼した連続性の研究パラダイムとはさらに異なるものだとうことになる。考古学は、まさに「唯物論」・「弁証法」・「本源」・「存在」・「真理」などの概念の、昔から今に到る発展史の研究を拒否するものであり、断絶の中にあるそれぞれの概念の歴史の情況に着眼するものだというわけである。青年フーコーはこう明確に指摘している―自分の新しい考古学の出発点は、「言説の断絶（scansion du discours）」を探し求めることであるゆえに、この研究の根拠は、もはや「作品・作者・書籍・テーマ」などの伝統的な連続体ではなく、差異性の情況構築の中にある「言説実践」と「言説の場」の背後の、言説の秩序構築とフォーマティングのアルシーブの再活性化の上にあるのだと。
　1983年のインタビューの際、フーコーは、自身の考古学は「ズレ（décalé）の分析方法」であると称している。フランス語では、décaléには、現実上

──────────
[①]訳者注――著者はこれを「観念史」と訳しているが、ここでは日本語訳に従って「思想史」と訳した。原注25も参照のこと。

のズレと脱節の意味がある。このズレの分析の考古学は、「時間においてではなく、それが位置づけられるレベルにおいて、他とずれていることを言おうとした」のであり、「私の問題は、諸観念の歴史をそれらの展開の中で研究することではなく、むしろ、諸観念の下であれこれの対象が認識の可能な対象として現れえたのはいかにしてなのかを見ることです」[18]と、フーコーは説明している。この点においては、ハーバマスの「フーコーの知の考古学は、異質なるもの（Heterologie）に光を当てようとするバタイユの物の見方を継承している」[19]という判断には、一定の道理があるだろう。だが、ハーバマスのフーコーの考古学に対する具体的な理解は、浅薄に流れていると思われる。彼は、意外にも、伝統的な認識論の視野に基づいて、フーコーのいう考古学者を、「言説の内部でその時々に真ないし偽として妥当すべきものは何かをともかく最初に確定する下部構造の方を手を尽くして掘り起こし、この埋もれた意味の基層へとまなざしを向ける」[20]と指摘しているのである。この指摘は、たいへん荒唐無稽で笑うべきものであろう。

このゆえに、新しい考古学は、「一連」の奇妙な装置を使用しなければならない、換言すれば、長期にわたって「思想史研究」という名を被されてきた領域で発生していた、真の事情をはっきりとさせるためには、「まったく新しい方法と測定の手段を使用しなければならない」というのである。青年フーコーは、このために「私は一連の諸観念を準備し（言説形成、ポジテヴィテ、アルシーブ）、一つの領域を定義し（言表、言表領野、言説実践）」[21]と、得意気に自慢している。新しい概念のシステムと新しい研究のプラットホーム—ここでのキーとなる言説の改変は、機能的で突然出現する形での、**構築的なフォーマティング（形成）・場（領野）・実践**なのである。もちろん、彼自身も、新しい考古学が面している仕事がたいへん困難なものであることを認めている。これは、畢竟まったく新しい試みなのだ。

青年フーコーは、自分の考古学研究と伝統的な思想史研究には、方法論上４つの大きな原則的区別があると称している。１つ目は、研究対象中の新しい事物（nouveauté）に関する指定である。考古学の対象は、もはや、思想史中のあの主体の周囲をめぐる凝固した「思考や表象やイメージやテーマや強迫観念」ではなく、かつてある時点で構築され脱-構築された「諸言説そのものであり、

第8章　知の考古学―活性化された言説アルシーブと断絶の系譜の発見　453

諸規則（des règles）に従う実践としての諸言説そのものである」[22]というのである。言説は、死んだドキュメントでもなく、記号の背後の本質でもない。言説の考古の実質は、新たに再構築されたモニュメント（monument）としての言説だというわけである。

　例えば、五月革命に関する史料についての考古学的研究は、何人かの人物や暴力事件を指摘するものではなく、まさに、当時運動を引き起こした、隠れた言説実践の場の情況を再構築するものなのである。まさにこの意味において、ドゥルーズは、フーコーの考古学を「ある面からすると常に現在時にセットされているともいえる」[23]と評している。この「現時点」とは、1968年にフーコーがいた「現時点」であるというわけではないが。

　この情況構築においては、考古学の対象は、総じて、活性化されたアルシーブの中での言説の再構築という新しい事物ということになる。2つ目は、非連続性と差異性という矛盾（contradiction）の分析法である。考古学は、もはや、伝統的な思想史のように、あの連続的で数々の歴史事件を貫く「同一性」・「一致性（cohérence）」・「集中力」の類を発見することに努めるものではなく、あの光と勝利に向かう科学や文化というような、思想史中の「ドクサ論 « doxologie »」を意図的に構築するものでもなく、まさに、主流の視線が疎んじた、直接には登場しない言説方式自身に対して差異分析をおこなうものだというのである。ドクサ論が、ある力が、勝利から次の勝利へと向かう輝かしい歴史であるのに対し、考古学は、歴史的記述の暗闇の中で沈黙している、差異と語られざる矛盾に向かうのであるというわけである。

　例えば、「五月革命」をプロレタリア革命の新たな勝利と見なすような見方と、まったく新しい異質な社会運動（目標のない「バラの革命」）と見なす見方との差異である。

　3つ目は、主体の覇権意識と相対するようなミクロの特殊な描述である。考古学は、もはや、研究の対象としての至上の（souveraine）形象を打ち立てようとするものではなくなり、言説フォーマティングの「個別化（individualisation）」をミクロな形で描き、言説実践の「諸々のタイプとおよび諸々の規則（types et des règles de pratiques discursives）を定めるもの」になったというのである。抽象と一般からミクロ的な個別へ―まさしくこのような態度こそが、フーコー

自身を沈黙の史実への特別な関心（狂人・ハンセン病患者・乞食など社会の辺縁に生活する者たち）へと向かわせたのである。

　4つ目は、変換の標定である。考古学は、人々が語った時の瞬間に起こった、本来な思考・感情なるものを再構築しようとするものではなく、その「書き変え（réécriture）以外の何ものでもない。つまりそれは、維持された外在性の形態において、すでに書かれたことを規則的なやり方で変換するものである」[24]というのである。書き換えは、もとの情況構築への復元ではなく、変換だというわけである。

　さらに具体的に、さらにミクロ的に見るならば、考古学と伝統的な思想史との異質性は、以下のように表現される。

　第1は、考古学の根本的着眼点は非連続性だということである。この点については、我々は、これこそが、フーコーの新しい歴史学の根拠であることをすでに熟知しているはずである。伝統的な思想史の研究の中の、完備された歴史的事実が、過去・現在から未来に到るまで、ある種の同一性の持続状態を保つという仮定、また、ここから歴史の連続性と同質性に関心と寄せるという思想史の情況構築のパラダイムに対して、考古学は、同一性の事物の連続性という歴史が持つように見える幻像の暴露に力を注ぐのである。青年フーコーはこのように述べている―伝統的な思想史の研究が採用している、あのすべての出来事とディスシプリンを貫く透視法（perspective）は、「始まりと終わり（commencements et des fins）に関する研究分野であり、漠とした連続性と回帰（retours）に関する記述であり、歴史の線的形状（forme linéaire de l'histoire）における諸々の発達の再構成である」[25]と。

　　例えば、ブルジョア階級が作りだした啓蒙思想の進歩史観である。それは、現在すべての非西欧社会に強いられている必然的な道となっている。

　彼は、伝統的な思想史は、総じて一種の論理的秩序構築についての「同心円」の描述であり、この描述は、総じてある種の「ひそかな誕生であり、遠くからの合致であり、見かけの変化の下の執拗な永続性……」に注目を寄せるものであると述べている。青年フーコーから見ると、歴史の形式構築中の「発生、連続性、全体化（Genèse, continuité, totalisation）。これらが思想史（観念史）の大いなるテーマ」[26]となるが、これに反して、考古学の研究対象は、まさにこの伝統的な思想史の論理的秩序構築の否定となる。考古学は、さらに多く断絶・

第8章　知の考古学―活性化された言説アルシーブと断絶の系譜の発見　　455

欠陥・欠落について語るのだというのである。それは、人々に伝統的な支配者と歴史家が、無意識のうちに遮蔽したものを見て取らせる。換言すれば、「考古学はむしろ、歴史家たちが辛抱強く張ってきた糸のすべてを緩めようとする。つまり、考古学は、差異を増殖させ、コミュニケーションの線も数々を混乱させて、移行をより困難にしようと努める」[27]というのである。

　　青年フーコーは、『言葉と物』の中で、連続的な啓蒙の進歩という幻像を、エピステーメーの異質性の展開をもって、3種のそれぞれ異なるブルジョア的文化世界の秩序構築－形式構築の存在に分断した。

　一言で言えば、考古学の役割は、連続性の歴史の鎖の中に位置するモニュメントや化石を探し求めることにあるのではなく、まず、このような連続性の歴史のネットワークとその幻像の情況自身を打破しようとすることにあるという意味であろう。

　　これは、明らかに、カンギレムの非連続性の科学認識論史観の影響の結果であろう。

　第2は、考古学の仕事は総体的な歴史が作られた秘密を暴露することにあるということである。伝統的なあの「ドクサ論（« doxologie »）」の思想史研究との根本的な異質性は、フーコーの考古学が、もはや、合理的論理の普遍的な光を持つ主体性の「正史」ではなく、「末節と余白の歴史（l'histoire des à-côtés et des marges)」であることなのだ。例えば、客観的に存在する自然の発生史を語らず、自然史の概念自身が、歴史的に作られたエピステーメーが出来事を規制した結果であることを議論したり、真理を追究する堂々たる科学史を語らず、あの不完全で不厳格に見える主観的な知の歴史を語ったり、古典を列挙する輝かしい文学・芸術史を語らず、「側面的な風聞の歴史、そして、日常的なあっという間に消し去れ、作品としての地位を決して獲得することがなかったりその地位からただちに失墜したりする書かれたものの歴史」[28]について語ったりすることである。

　　後に、フーコーのこの面についての歴史に対する態度は、いく人かのポストモダンの思想家によって「卑賤の歴史」と概括された。

　第3は、考古学の本質が主体性の脱-構築だということである。新しい考古

学は、「意識と認識と科学（conscience-connaissance-science）を結ぶ軸（主体性との関連から解放されえない軸）を踏破する代わりに、言説実践と知と科学を結ぶ軸を踏破する」[29]というのである。ここでのキーポイントは脱-主体性にある。考古学は、歴史の秩序構築のネットワーク中に存在するとされる、主体の強力な意志なるものを作り上げることに反対するというのである。「意識と認識と科学」の軸の内核は、意識の主体が引き起こす対象的活動であり、ここから、自然に対する立法である知識の概念と科学の見取り図が構築されるのだが、これと反対に、考古学が描くもののさらに多くは、あの主体の作用が見えない客観的な言説実践に対するものなのだというわけである。ここでは、言説実践と知と科学を結ぶ軸は、「いかなる価値のヒエラルキーも打ち立てず」、また「誰かが初めてある種の真理に確信を持った瞬間に対し（確かにそれは感動的な瞬間であろうが）、考古学は無関心なままにとどまる」[30]のである。なぜなら、このいわゆる「発見」・「発明」なるものは、一定の歴史的アプリオリによる言説構造の、特定の歴史的秩序構築と形式構築の結果にすぎないからである。

第4は、考古学の真の対象が、客観的に発生している知（savoir）であり、主体における知識（connaissance）ではないということである。

　ここにおいて、我々は、また、フーコーによる知識（connaissance）と知（savoir）の意図的な線引きを見て取ったわけである。

いわゆる知とは、脱-主体の後に獲得される、場の情況の中に位置している言説実践のフォーマティングシステムと科学に関する用語である。フーコーは、「一つの言説実践によって規則的なやり方で形成される諸要素の集合 (ensemble d'éléments)、必ずしも科学を生じさせるわけではないとはいえ科学の構成に不可欠であるようなそうした諸要素の集合のことを、知と呼ぶことができる」[31]と述べている。知は、伝統的な科学の理性の枠組みの中の、あの死んだ概念的知識ではなく、一種の過去と現在が語るべきものであり、「一つの言説実践の中でそれについて語ることのできるものであり、そのことによってその言説実践を種別化するものである。つまりそれは、科学的地位を獲得することもあれば獲得しないこともあるさまざまな対象（différents objets）によって構成される領域（domaine）である」。知とは、言説実践における知の場ということであり、「そこで（champ）概念が現れ、定義され、適用され、変換される」[32]というのである。

第8章　知の考古学―活性化された言説アルシーブと断絶の系譜の発見　457

　　ここにおいて、我々は、*L'Archéologie du Savoir*を《知识考古学》（中国語訳書名。日本語に再訳すると、『知識の考古学』となる―訳者注）と訳することがどれだけその意図から離れていることを、ついに理解できたはずだ。私は、『狂気の歴史』の中で、フーコーが比較的早く「知の考古学」について言及していたのに気付いた。しかし、この時は、フーコーは、まだこの新しい具体的な思想的情況構築を完成された形では生み出してはいなかった[33]。

　同様にここで、青年フーコーは、また師のアルチュセールが、科学とイデオロギー (idéologie) との間に線引きした、異質性の断絶の境目にも反対している。我々は以下のことを知っているはずである―アルチュセールにあっては、バシュラールの科学認識論と科学史研究の中での常識と科学との認識論的断絶が、マルクスの思想的発展史中の、ブルジョア的な人間学的疎外史観のイデオロギーと、史的唯物論の科学との断絶に拡大されたこと、すなわち、イデオロギーとは、幻想的な虚偽の関係によって、真の存在である現実の社会関係に取って代える粉飾物であるという見方である。この見解は、かつて、1代のフランスのマルクス主義研究と急進的な言説総体の深い影響を与えた。だが、この時の青年フーコーから見ると、アルチュセールのこの科学とイデオロギーを対立させたやり方には、問題があるというのである。なぜなら、彼から見ると、科学の思考構成は、言説実践の知の中から生まれるものであるが、科学の生成は、「それを取り囲む知を―誤謬や先入観や想像力から成る前史にそれを送り返すため」[34]のイデオロギーを否定し放棄するというわけではないからである。これでは、単純な真偽二元論になってしまうというわけである。

　　真実とは何かという問いに対し、フーコーは疑念を持っている。換言すれば、イデオロギーと科学的真理とを対立させること自身が問題となるというのである。

　フーコーは、イデオロギーは、認識論的構造（structure épistémologique）と同様に、科学の一種の機能にすぎないと宣言している。ゆえに、「イデオロギーは科学性を排除するものではな」く、イデオロギー自身が「科学的言説の機能」にほかならない場合さえあるというのである。これは、明らかに別種の思想的透視であろう。フーコーは、「一つの言説は、自らを訂正し、自らの誤謬を修

正し、自らの形式化を強化することによって、必ずしもイデオロギーとの関係を緩めるわけではない。イデオロギーの役割は、厳密さが増大し誤りが消散するのに応じて減少するわけではないということだ」[35]と述べているのだ。明らかにわかるように、青年フーコーのイデオロギーと科学との関係についての見方は、師のバシュラールやアルチュセールとその趣を大いに異にしている。

同時に、青年フーコーは、また、考古学におけるいくつかの、さらにミクロの否定的な境界を線引きしている。1つ目は、考古学は、史的現象学（Phénoménologie historique）ではなく、「逆に、現象学の影響力から歴史を解き放つ」ものだという点である。

この点に関して、フーコーは、本質主義的な古典的現象学（アリストテレス、カント、ヘーゲル）、すなわち、直接的な現象世界の背後から、一つの絶対的本質を再透析するやり方に反対しているようである。このように言うゆえんは、フーコーの方法論中には、フッサール－ハイデッガーの現象学の要素が明らかに依然として存在していたからである。もちろん、これは、私が『マルクスへ帰れ』で指摘した、マルクスの科学的批判に基づく歴史現象学でもありえない。

2つ目は、考古学は、構造主義（structuralisme）ではなく、構造主義を歴史の領域に持ち込んだ結果でもないということである。もとより、考古学は、言説フォーマティングの機能的構造に向き合おうとするものだが、それは、言語学的構造主義のある種の拡張物というわけではないというのである。これは、フーコーが何度も繰り返して述べていることでもある。

この点について、ポスターはこう指摘している―フーコーが考古学と系譜学の概念を打ち出したのは、人々が彼に対して「史的構造主義」というレッテルを貼るのを避けるためであると[36]。これには一定の道理があるだろう。

3つ目は、考古学は、伝統的な意味での一つの科学ではないということである。それは、専門的知識体系の中に繰り入れられる一つの学科になることはできず、まさしく、存在者の意味での知識概念の枠組みを離脱した後に進められる、言説実践とその運用メカニズムに関する探究になるというのである。

私は、青年フーコーはが直接指摘してはいないが、しかしたいへん重要な境

第8章　知の考古学―活性化された言説アルシーブと断絶の系譜の発見　459

界が、ここにあると思う。すなわち、**考古学と解釈学との否定性の境界**である。同様に、青年フーコーが、言説フォーマティングへと向かうアルシーブによって、伝統的なテキストに取って代えたゆえに、このテキストの死亡に面して、この言説アルシーブを活性化する考古学も、当然にも、伝統的なテキスト研究中で支配的地位を有していた、解釈学に取って代わったことになるわけである。換言すれば、考古学は、まさに**解釈学に反対するもの**でさえあるのだ。

　　私は、アメリカの研究者ハッキングも、この対立を鋭く捉えていることに気付いた。彼はこう指摘している―「テキスト」と「閲読（読むこと）」を対置させる解釈学に対して、「フーコーの考古学は、解釈学とは対極に位置するものだ」。なぜなら、テキストの原初のコンテキストを追究する解釈学と比べると、「知の考古学はこれとはまったく対照的な営みだ。それはテクストを解釈しようとするのではなく、文と文との間の関係を示すことで、なぜこれらだけが文として書き表され、他のものはそうならなかったのかを説明しようとする」[37]と。これは大体において正確な判断であろう。

同様に、この本の最後のところで、青年フーコーは、考古学を、自分の以前のあのエピステーメーのカテゴリーと牽強付会気味に結びつけている。ここでは、彼は、エピステーメーを科学史という狭い空間の中に位置づけているにすぎない。

　　実際には、このような限定には意味があるもので、少なくともエピステーメーの**普遍的適用**という広範化を拒否しているのである。

ここでは、『言葉と物』の主要なカテゴリーであったエピステーメーは、その他の２種の科学史研究のパラダイム、すなわち、形式化の次元での再帰的分析モデルや師のバシュラール、カンギレムの歴史的分析モデルとは異なる科学史研究の道筋になっている。フーコーはこう我々に告げている―とくに後者、すなわち、事実上彼とアルチュセールに直接的影響を及ぼしたあの科学認識論史のモデルは、構成された科学を規範とするゆえに、「その記述が語る歴史は、必ず、真理と誤謬、合理的なものと非合理的なもの、障害と産出力、純粋と不純、科学的なものと非科学的なものの対立によって区分を設けられるということだ。これが、諸科学に関する認識論的な歴史（histoire épistémologique）であ

る」[38]と。これに続いて、青年フーコーは、自分のエピステーメー理論を第3種の歴史分析の類型であると指摘している。もちろん、エピステーメーは、ここでは、特別に設定した形において、考古学による科学史研究の中の一つの具体的運用として定義されているのではあるが。フーコーは以下のように説明している。

> 言説形成の数々、ポジティヴィテの数々、そして知を、それらと認識論的諸形象および諸科学との間の関係において扱う分析、それが、科学史の他の可能な諸形態と区別すべく、エピステーメーの分析と呼ばれたものである[39]と。

これは、留意すべき、フーコーのエピステーメーに関する、非常に重要な新たな位置づけである。もともとは、師による科学知の構造を、フーコーが1時代のすべての文化的フォーマティング－秩序構築に拡大したものであったが、いまや、フーコーは、それをまた反対の向きに科学内部に復帰させたのである。

青年フーコーは、『知の考古学』の意図が「いくつかのあらかじめの困難を遠ざけるため」のものであることを認めている。人々は、総じて、純粋な透明さの中に天才の非凡さを余すことなく見て取るのだが、フーコーの言説は、反対に、不朽であることのない実体の「つぶやき」を、我々に真に与えようとしているのだ。これらの言説の中では、「自分が生き延びること」はなく、「自分の死を確立する」[40]と仮定すべきなのである。

3. 系譜学―総体性の歴史的知の中での辺縁の造反

事実上、後のフーコーにあっては、考古学と近いパラダイムの意味を持つ、透視の魔法の鏡には、また系譜学（généalogie）も含まれる[41]。

ロバート・ヤングは、『知の考古学』の後、フーコーは「エピステーメーの分析を放棄し、よりニーチェ的な『系譜学』へと向かった」[42]と見ている。ドッスは、1970～1971年前後、フーコーにあっては、研究方法上でいわゆる「系譜学的転回」[43]が出現したとさえ称している。私は、これらの判断は言い過ぎだと思う。

フーコーの系譜学は、考古学を補充し完成されものとするための、一種の段

階的歴史観のパラダイムと見なすことができるはずである。
　　　あるいは、考古学自身に強すぎる専門性の痕跡があったからかもしれない。

　具体的に言うと、フーコー自身のものである、新しい系譜学の概念のシステムについての説明は、もっとも早くには『ニーチェ、系譜学、歴史』(*Nietzsche, Généalogie, Histoire*, 1971) の中に出現している。
　　このテキストについては、我々は、この章に続く部分で、付論の形で具体的解読を進めることになる。実際には、『臨床医学の誕生』や『言葉と物』などの中で、彼は、系譜学の概念を提起したことがあるが、それは、伝統的な生物学における種の連続性の系譜というコンテキストの下で使用されたものであった[44]。前面ですでに議論した『知の考古学』の序論の中でも、我々は、青年フーコーがマルクスと肩を並べるほどのニーチェの系譜学に言及したことも見て取っているはずである。

　事実上、ニーチェ思想系譜学は、生物進化の研究中の「連続する種の系統樹」という観念を伐採しようとする意味を持っていた。フーコーの系譜学の概念は、このニーチェの系譜学の重要な精緻化と深化なのである。この点については、フーコーは明らかに自覚的であった。
　アガンベン[45]の解読によれば、フーコーが新たに情況構築したこのいわゆる系譜学は、起源に反対し主体の脱-構築を行なうという、同様な二重の否定性の前提があるという。
　１つ目は、「フーコーがニーチェにモデルを求めている系譜学的なるものを、起源 (Ursprung) を追求するあらゆる研究に対抗させること」である。ここでは、「起源」は、通常の歴史学中のあの事物の発端への追究と見なされており、これに対し、ニーチェの系譜学が用いる語彙は、「フーコーが provenance と訳している〈由来〉(Herkunft)、および point de surgissement と訳している〈成立〉(Entstehung)」[46]ということになる。これは、ニーチェが『道徳の系譜』で行ったように、伝統的な倫理思想史の起源に関するすべての結論を拒絶するものであり、近代的道徳の真実である血生臭い出自を深刻な形で暴露している。
　　私は、また、フーコーの師であるアルチュセールも、思想史の尺度としての起源論を直接批判したことに気付いた。アルチュセールにあっては、

いわゆる起源論とは、ある種の原初的起源によって事物や思想を評価することを主張する発展過程理論にほかならないのである[47]。実際、1964年のあるシンポジウムで、青年フーコーは、近代的エピステーメーのこの共通の特点を指摘し、とくに「マルクス、ニーチェ、フロイトの表現方式は相当接近しており、ともに端緒を拒否している（refus du commencement）」[48]と指摘している。また、これと接近している観点として、『言葉と物』の中で、青年フーコーは、古典的エピステーメーの構成要素としての「起源論」を確認し、かつ、この「起源」の近代的エピステーメーの中での脱-構築を歴史的に説明できたと確認している[49]。『知の考古学』に到ると、情況はやや異なるものになった。なぜなら、青年フーコーは、考古学の方法論の意味において、すべての伝統的な思想史のテーマ「起源、連続性、総体性」については、「考古学的記述は、反対に思想史を捨て去るものであり、その公準とその手続きをシステマティックに拒絶するもの」[50]であると明確に説明しているからである。フーコーにあっては、総体性の起源論は、連続的なものであるが、新しい歴史観としての考古学の方法の「モニュメント論」と系譜学は、断裂を強調するものなのである。

換言すれば、系譜学は、フーコー前期の考古学と同様に、それ自身は、起源を追究するという意味においての、かつて存在した存在者の客観的な原状を単純に探し求めるといったものではなく、現象学的に「事物自身へ帰り」、それ自身の発生と呈現のその時点を観察しようとするものなのである。私は、この意味では、系譜学は、ちょうど歴史研究の中で先行した発生を捉えようとする現象学的考察であると思う。

注意してほしい。これは、カント－ヘーゲル式の本質主義的な古典的現象学ではないことを。

2つ目は、系譜学の本質は、まさに「主体の構造から離脱することにより主体自身から離脱」しようとするものだということである。この点は知の考古学と完全に同質である。アガンベンから見ると、フーコーの系譜学の本質は、主体の脱-構築なのである。この判断は、同時に次のことを意味している―系譜学は、歴史の編纂の中では、最初に主体から離脱するためには、主体が構成されたものであること描述しなければならないことを要求する―このことであ

第8章　知の考古学―活性化された言説アルシーブと断絶の系譜の発見　463

る。私は、この言い方は、多かれ少なかれ、フーコーの系譜学が、構造による
制約メカニズムを明らかにすることによって、主体中心論を取り除くという構
造主義の趨勢への順応であるように感じる。
　　　　同様にこの意味において、クリフォードは、フーコーの系譜学は、「依
　　　然として概念の中で人間を抹消する（effacement）ことの最大の保証になっ
　　　ている」[51]ときっぱりと言っているが、この判断はやや単純すぎるであろ
　　　う。

　私は、フーコーが、1976年の『社会は防衛しなければならない』というコレー
ジュ・ド・フランスでの講演で、再度比較的集中的にこの新しい系譜学の研究
方法について言及したことに注意した。この時、フーコーは、これを、考古学
研究の後の、一種の歴史研究の中の革命的な闘争の方法だと指摘したのである。
しかし、系譜学という言葉も、その「暫定的な定義（définition provisoire）」の
一つにすぎなかった。フーコーによれば、考古学と系譜学の研究の指摘するべ
き重要な判別については、考古学的思考の対象が、やはり、忘れられた言説実
践の場の情況とその活性化のメカニズムであると言えるなら、系譜学の研究は、
現実社会の中に存在する権力のコントロールに、すでに明確に反対するものに
なっているところだというのである。
　　　　この点については、フーコーは、明らかに、ニーチェの道徳系譜学の中
　　　の現実批判の意向に得るところが大きい。

　これは、フーコーが系譜学研究の本質を「闘争」と定義した根拠になってい
る。例えば、フーコーの見方によれば、伝統的な科学理論体系の中では、少数
の人間の手に握られている科学権力は、真理の言説という名義で、大部分の局
地的な知（記憶）をすべて「濾過」してしまい、真理の言説の規範の下での知
識をヒエラルキー化して整理して、これによって、覇権的体系の中の総体性の
理論を生み出すというのである。しかし、彼自身のいわゆる系譜学は、いかな
る権力のコントロールにも反対する、歴史研究中の一種の知の蜂起（l'insurrec-
tion des savoirs）であり、系譜学の役割は、「ローカルで、非連続的で、失格さ
せられ、正当性を認められなかったそれらの知を、それらの知を濾過し、序列
化し、秩序立てようとするような統一的な理論審級に対抗して働かせる」[52]こ
とであるというのである。

ハーバマスが、フーコーの系譜学を、「言説がどのように編成され、な
ぜそれが登場し、なぜ消滅するのか」[53]を説明しているにすぎないと解釈
した時、彼は、系譜学の研究におけるこの権力と総体性の言説に対する反
対というキーとなる革命の規定の問題を、しっかりと理解していなかっ
た。

フーコーは、意識的または無意識のうちに削除されたあの「生の記憶（mémoire
brute）」を我々に注目させようとしているわけだが、これは、権力によってヒ
エラルキー化された科学知識体系に反対する闘争であり、系譜研究は、歴史家
によって削除された、この暗闇の中の記憶を発見しようと努めることにほかな
らないのである。一言で言えば、「系譜学が導こうとする闘争とは、科学と見
なされているものに属する、言説自身の権力に反対するためのものなのだ」[54]
というわけである。権力に反対すること―これが系譜学の根本なのである！ゆ
えに、フーコーはこう述べているのだ。

系譜学というのは、まさに厳密な意味で、反科学（anti-sciences）であ
るのです［中略］。ここで起こっているのは、まさに知の反乱なのです。
しかも科学の内容、方法あるいは概念に対する反乱というよりは、まずな
によりも、中心化しようとする権力（pouvoir centralisateurs）作用、私た
ちの社会の内部で組織される科学的言説の制度と機能につきものの中心
か権力作用に対する反乱であるのです[55]と。

私は、この系譜学には、「68年五月革命」の印象が深く隠されていると見て
いる。
毛沢東の「造反有理」は、フランスの「毛沢東主義紅衛兵」だけではな
く、フランスの左翼知識分子の心も深く揺り動かしたのである。

系譜研究は、伝統的な科学的言説体制における造反を、さらに明確な形で打
ち出したのである。とくに、それは、「大学、あるいはより一般的に、教育機関」
によって身体化された「科学的言説の制度化（institutionnalisation du discours
scientifique）」[56]という権力支配に反対することなのである。事実、フーコー自
身の説明に基づくと、細部の断裂に注目する考古学とは異なり、系譜学は、「総
体性の言説およびそのヒエラルキー体系の理論上の特殊な地位を廃止した」後

第8章 知の考古学―活性化された言説アルシーブと断絶の系譜の発見　465

に作り上げられるものなのである。
　　青年ルカーチから、我々は、総体性とは主体性の一種の隠れた変形にすぎないことを知ることができる。アドルノもこの意味で総体性に反対している。

　総体性に反対することは、権力、とりわけ見えざる権力のコントロールに反対することにほかならないのだ。
　1983年のインタビューの中で、フーコーは、自分の権力支配に抵抗する政治闘争を以下のように概括している。
　　私がしてみたいのは、抽象的かつ限定的なあらゆる全体化（toute totalisation）の外に、可能な限り具体的（concrets）かつ一般的（généraux）である問題を切り開く（ouvrir）ということです――そうした具体的かつ一般的な問題は政治を背後から襲い、社会を斜めに貫く（traversent les sociétés en diagonale）ものであって、それはわたしたちの歴史を構成すると同時に、わたしたちの歴史によって構成される（la fois constituants de notre histoire et constitués par elle）ものでもある[57]と。

　これは、非総体化の政治系譜学の方法でもある。フーコーは次のように語っている―系譜学は、まさに、伝統的な歴史家が削除したあの「諸々の闘争の正確な再発見と戦いの生の記憶」でもあるようなもの、「諸々の学問的知識と局所的な記憶」を結合するものである。このように、「局所的で、非連続的で、失格させられ、正当性を認められなかった諸々の知を、統一的な理論機関に対抗して働かせること〔…〕がめざされているのです」[58]と。
　　ある思想史の例を挙げよう。例えば、旧ソ連・東欧の史学の枠組の中の、『ソ連共産党（ボルシェビキ）史』をパラダイムとする輝ける歴史は、典型的な総体性の言説と歴史のヒエラルキー化の体系にほかならない。イデオロギー的同一性にとって有益な「史実」のみが歴史の中にやっと取り入れられるのであり、そうでなければ、すべて日の目を見ない暗闇の中に閉じ込められてしまうのだ。系譜学は、このようなイデオロギー的に削除されたものの発生をあらためて再現しようとするものにほかならない。この意味では、私は、この「系譜学」の方法を採用しようと思うものである。なぜなら、私は、削除されていたプレハーノフ、ボグダーノフ、デボーリ

ンに関するテキスト上の事件を再現したことがあるからである[59]。
　フーコーにあっては、系譜学は、総体性の権力的言説を消去し、ヒエラルキー化された体系などを脱-構築するための、新しい歴史観として生まれたということになるのだ。このため、フーコーは以下のようにもっぱら指摘している。

　　系譜学というのは、歴史的な諸々の知を、脱-従属化し自由にする、つまり、統一的、形式的、科学的な理論言説の強制に反対し戦うことができるようにする企てのひとつであるといえるでしょう。知識の科学的な序列化（hiérarchisation scientifique）及びそれに内在する権力作用に抗して、諸々の局所的な——ドゥルーズであれば「マイナーな」とおそらく言うでしょう——知を活性化すること、無秩序〔脱-秩序〕（désordre）でバラバラ〔断片性〕（charpie）のそうした諸々の系譜学の企図とはそのようなものであるのです[60]と。

　脱-秩序（désordre）と断片性（charpie）は、系譜学が権力に抗するための基本的な造反の武器なのだ。フーコーは明確にこう指摘している——考古学は、「局所的な諸々の言説態の分析（l'analyse des discursivités locales）に固有な方法」を指しており、系譜学は、「そのように記述されたそれらの局所的な言説態をもとに、そこから解き放たれる脱-従属化した諸々の知を働かせる戦術である」[61]と。別の著作では、フーコーは、考古学・系譜学・戦略論の３者を「同一の分析に必然的に同時的な３つの次元」ではあるが、「連続的な次元」ではないと見なしている[62]。彼は「非連続的なもの」とは言っているが、私は、まさに、この連続した３つの次元で構築された先在的なパラダイムこそが、初期フーコーの非凡な歴史研究方法上の天文的天目になっていると思う。
　私は、1984年に、フーコーが『啓蒙とは何か』（Qu'est-ce que les Lumières?）の中で、再度考古学と系譜学との関係について説明していることに気付いた。この時、彼は自分の批判的方法を、歴史的存在論（ontologie historique）と指摘しているのである。
　　歴史的実体論ではない！

　彼はこう説明しているのだ。

　　批判は、その目的性（finalité）においては、〈系譜学的〉であり、その方法においては〈考古学的〉なものなのだ。〈考古学的〉である——超越

論的ではない——というのは、この批判が、あらゆる認識（connaissance）、あらゆる可能な道徳の普遍的な構造（structures universelles）解明することを求めるのでなく、私たちが考え、述べ、行うことを分節化している、それぞれの言説を、それぞれに歴史的な出来事（d'événements historiques）として、扱うことをめざすという意味においてである。この批判が〈系譜学的〉であるというのは、私たちに行いえない、あるいは、認識しえないことを、私たちの存在の形式から出発して演繹するのでなく、私たちが今のように在り、今のように行い、今のように考えるのではもはやないように、在り、行い、考えることが出来る可能性を、私たちが今在るように存在することになった偶然性（contingence）から出発して、抽出することになるからだ[63]と。

　後期のフーコーのこの説明は、あの考古学から系譜学への方法論的「転向」説を破産せしめるに足りる。事実上、フーコーにあっては、考古学派と系譜学は、新しい史学の方法論の一つの総体をなしているのであり、ただ重点が異なるだけなのだ。

　だが、ここでは、フーコーは、系譜学の方法論の本質は、後に彼が指摘した混在郷（hétérotopie）—事物がもはやそうであることもなく、なすこともなく、思うこともない異質性の登場状態—であることを説明している。これは、たいへん理解が困難な他者性の空間概念である。フーコーのこの奇怪な思想的情況構築の中に入ろうとするなら、時間を再び60年代に戻さざるを得ない。

4．混在郷—斜めの視線の中の他者性の空間

　系譜学の真の対象の一つは、現実存在の中の別類あるいは他者性空間の物としての混在郷である。これは、青年フーコーが60年代に生み出した、重要な反方向の存在論の観念、すなわち現実中に存在する他者性の物や非常な出来事を指摘することにより、この他者性の存在自身が、現実体制を脱-構築しようとするための正当性となるという観念のことである。このような他者性の存在は、非現実的な理想上の設定であるユートピア（l'utopie）と区別するために、フーコーによって混在郷（ヘテロトピア）（hétérotopie）と名付けられた。
　実際には、フーコーによって新たに情況構築され混在郷という概念にされた

この hétérotopie という言葉は、フランス語では、フーコーが熟知している生物学と医学の領域でまず使用されたものであり、動植物の異なる部位の器官と組織間の移植（原位移植に対するもの）を指し、このゆえ、異位移植とも呼ばれる。フーコーが別の情況の中ではじめてこの言葉を使用したのは、1966年の『言葉と物』の序においてであった。前述のように、そこでは、フーコーは、すでにこの言葉の原義の情況構築を飛び出して、直接ユートピアの概念と相対させ、新しい情況を完全に新たに構築したのである。すなわち、他者性の実有空間としての混在郷という概念を情況構築したのである。

　ここで、もう一度『言葉と物』の序の中のあの著名な爆笑シーンに戻ってもいいだろう。前述のように、フーコーの笑いは、ボルヘスの本の中で取り上げられた、中国の百科全書の中の異形の動物分類を読んだ後のことであった。なぜなら、この奇妙な分類（同一性の秩序構築になっていない）が、伝統的な西洋文化の存在自身への命名（分類）の秩序性を脱-構築するものだったからである。多様な感性的出来事の中にある「皇帝に属するもの」・「香の匂いを放つもの」・「飼いならされたもの」・「お話に出てくるもの」・「算えきれぬもの」・「いましがた壺をこわしたもの」などの動物区分は、西洋の古典主義的エピステーメーの自然歴史と種の分類学の命名の同一性の秩序構築に相対して、反対の方向に、「場所と名にかかわる『共通なもの』が失われている」事態を呈現しているのである。それには、設定された同一性の理性的論理という共通の場所はないのである。愉快になったフーコーは、このような現実の異域（中国）から来た他者性の分類法は、「空間のない思想、宿るところをもたぬ語と範疇に導く」ものであり、西洋文化の固有の分類秩序に対して、人々に困惑をもたらす無秩序性であると述べている。西洋の同一性の理性的論理による分類が、文化的な慰めを与えてくれるユートピアであると言えるならば、この中国から来た他者性の無秩序の「分類」は、実在する混在郷（hétérotopie）にほかならないというわけである。この混在郷について、フーコーはこう述べている。

　　《混在郷》は不安をあたえずにはおかない。むろん、それがひそかに言語を掘りくずし、これ《と》あれを名づけることを妨げ、共通の名を砕き、もしくはもつれさせ、あらかじめ「統辞法」を崩壊させてしまうからだ…他方、混在郷は（しばしばボルヘスに見られるように）言葉を枯渇させ、語を語のうえにとどまらせ、文法のいかなる可能性に対しても根源から意義を申し立てる。こうして神話を解体し、文の抒情を不毛のものとするわ

第8章 知の考古学―活性化された言説アルシーブと断絶の系譜の発見　469

けである[64]と。

ここからわかるように、『言葉と物』の序の中での混在郷とは、西洋文化のエピステーメーの中の、言葉の物に対する秩序構築を揺るがす異域であり外部であるにすぎない。それは、言葉の秩序構築における共通な場所というものを破壊し、秩序性が構築されている統辞法の構造を脱-構築するものである。混在郷は、現実中の存在の脱-秩序なのである。だが、この時のフーコーの混在郷の概念は、明らかに一つの方法論的パラダイムにはグレードアップしていなかった。しばらくして、事情に変化が見られた。

1967年3月14日、フーコーは、建築研究サークルにおいて「他なる場所（Des espaces autres）〔『思考集成』の邦題は「他者の場所」〕」[65]と題する講演を行った。まさにこの講演の中で、フーコーは、混在郷に関するまったく新しい見方を系統的に述べたのである。この時は、やはりまずは、ユートピアと反対方向の参考対象として、混在郷についての自分の精緻な設定を開始した。彼はまずユートピアをこう定義している。

　　ユートピア〔非在郷＝理想郷〕とは実在の場（lieu réel）をもたない場所である。まさにこの場所が、社会に実在する空間とのあいだに、直接的なあるいは反転した（inversée）類似という一般的関係を維持している。この場所は社会そのものの完成された像であるか、社会を反転させたものであるかだが、いずれにせよ、こうしたユートピアとは、基本的かつ本質的に実在しない（irréels）場所である[66]、と。

これは正しいだろう。ユートピアは、つねに現実存在の中には存在しない、ある種の美しい理想についての架設である。例えば、中国のぼんやりとした「桃花源」・「大同世界」・空想的社会主義者の「烏有之郷」である。ユートピアは、つねに現実を超越した光り輝く彼岸の世界への橋渡しである。フーコーは、混在郷は、このユートピアとは異なり、虚無の彼岸の世界ではなく、此岸の目に見えるある場所に客観的に存在しているのであり、まさに真実の地点と空間が存在する場所なのである。フーコーはこう述べている。

　　あらゆる文化や文明のうちには、実在する場所（des lieux réels）、実際の場所、社会制度自体のうちに描かれた、いわば反-場所（contre-emplacements）でありながら、実際に現実化しているユートピアのようなものがある。そこでは実在の場、文化のなかにあるその場以外の実在の場がこと

ごとく表象され、かつ異議を申し立てられ、反転させられている。あらゆる場の外にある場所だが、位置は実際に特定できる。こうした場所は、それが映し出し、物語るどんな場所とも似ても似つかないところなので、それを私はユートピアと対比させて、混在郷（ヘテロトピア）と呼んでみたい[67]と。

　明らかに、『言葉と物』での混在郷の概念と比べると、フーコーは、ここでは一種の新しい批判的な情況構築をすでに生み出している。混在郷は、真実の場所がないユートピアとは反対に、現実に存在するものであり、これらの真実の存在は、自身の存在を通じて時には現実に反対しそれを解消するものとなるというのである。彼は、混在郷は、現実の転倒された存在にほかならず、現実に対し危険性を生みだす一種の他なる場所（espaces autres）─反-場所（contre-emplacements）であるとさえ述べているのだ。

　　ここにフーコー自身による一つの典型的な例がある。サンフランシスコの同性愛者のコミュニテイでの、その「同志たち」への彼の講演である。この他者性の空間の実在こそが、現実の異性愛体制に反抗する「混在郷（heterotopia）」をまさに構築していたのである。フーコーは、1975年にサンフランシスコのベイエリアをはじめて訪れた。本来はカリフォルニア大学バークレー分校で講演する予定であったが、同性愛者の同僚たちが、すぐに彼をサンフランシスコのカストロ通りなどの地区へ連れて行ったのである。その後、フーコーは、1979年、1980年、1983年の春にカリフォルニアを訪れ、日中はバークレー分校で活動をし、夜はサンフランシスコで過ごした。この現実体制に反対する混在郷の人々の熱狂的な歓迎の中で、フーコーが得た代価は、致命症となったエイズの感染であった。

　混在郷とユートピアとの異質性を、さらに一歩進んで説明するために、フーコーは、また一つの例を挙げている。すなわち、ユートピアと混在郷との間を介する二重の関係によって構築された鏡像空間である。フーコーは以下のように述べている。

　　鏡（miroir）とは場所をもたぬ場所（un lieu sans lieu）である以上、結局のところ一つのユートピア（utopie）であるからだ。鏡の中で、私は私がいない場所に私を見る。その表面の奥に仮想的に開かれる非実在空間（es-

第8章　知の考古学―活性化された言説アルシーブと断絶の系譜の発見　471

pace irréel）に私はいる。私は、私がいないその場所において、私自身の目に見える姿を与えてくれるひとつの虚像として存在している。その虚像のおかげで、私は不在の場所において私を見ることができるのだ。鏡というユートピア。しかし、それはまた混在郷でもある。なぜなら鏡は実在している（existe réellement）からであり、さらに鏡は私がその前に立っている場所へとある種の作用をはねかえしてくるからである。すなわち、鏡の向う側という仮想的な場所からいわば私に向けられる視線によって、私は私自身へと戻るのであり、ふたたび私自身へと目を向けて私が立っている場所において私を再構成（reconstituer）しはじめるのである。鏡とは、私がそれを覗き込んで自分の姿を見るときに、私の位置する場所を、それを取り巻く空間とともに絶対的に現実的なものとして与える。と同時に、絶対的に非現実的なものとして与える。なぜなら私の位置が知覚されるためには鏡の中という仮想的な場所を通過しなければならないからである。鏡とはこうした意味において混在郷なのである[68]と。

　これは、混在郷についての非常に重要な論理的説明であり、かつ、ここでの解釈は、明らかにラカンの鏡像理論中のa1（小文字の他者1）の投映関係を借用している。
　　ラカンとフーコーの関係を考えると、当然ラカンはフーコーに影響を与えている。1953年前後、フーコーは、ほとんど毎週のように、ラカンのサンタンヌ病院でのゼミナールに参加していた。

　ラカンの鏡像理論では、6か月から18か月の幼児（まだ自分の不完全な体を有効にコントロールできない）は、鏡の中に自分の統一された映像を見た時、一種の完成された形のゲシュタルト式図形を生み出すとされる。この完成された形の本質は、想像性の認定関係であり、かつ、これは、まだヘーゲルの言うような別の自己意識にはなっておらず、「私」の別の映像なのである。当初から「その相手」は、すぐにその映像－幻像に変わる。そして、ただちに彼はこの図形を自分だと誤認する。この時発生したことは、まさしくフロイトの言うあの自己愛段階中の自認（認定）関係の幻像化にほかならない。ラカンのコンテキストの中では、それは、本体論上の一種の誤認（méconnaissance）関係となる[69]。ここでの混在郷についての説明の中で、フーコーも鏡を例としている。

まず、私が鏡の前に立った時、鏡像中のあの真実の場所がないところで自分を見るわけだが、その自分は真実のものではないけれども、私に自分を本当に見せているのだ。この意味においては、それは一種のゲシュタルト式に完成された形のユートピアなのである。次に、私の現実に存在する身体では、私は自分（容貌）を直接見ることができず、鏡像というバーチャルな空間の中でのみ、自分のイメージをあらたに構築することしかできない。ゆえに、鏡像は同時に混在郷の役割も果たすのである。真実は、つねにバーチャルな空間での反方向の構築を通して現れるのである。これは、混在郷の深層の情況構築の意味でもある。

事実上、この混在郷の空間設定において、フーコーが伝統的な空間についての議論の域をすでに飛び越えているのを、発見するのは容易であろう。

第1に、彼から見ると、中世の天国と地獄や、聖地と俗世などのような、クラス分けの空間の位置付けとは異なって、17世紀以来、ガリレオが延長性を用いてクラス分けの位置付けに替えたが、今日では、関係性が構築する生存の位置が、また延長性に代替したことになる。ゆえに、真実の場所がある混在郷の空間は、物理的な意味での三次元の存在であるばかりでなく、一種の人々の生存活動の「諸連関の総体（ensemble de relations）」にも転化しているのだということになる。フーコーは、「たがいに還元できず、絶対に重なることのないさまざまな場所（emplacements irréductibles ... non superposables）を規定する諸連関の総体」[70]と述べている。これは、他者性の空間としての混在郷は、一種の社会生活上の「関係のネットワーク（réseau de relations）」式の関係の形式構築物でもあることにほかならない。

これは、ルフェーブルが生み出した空間生産の思考経路でもある。

実際には、フーコーから見ると、今日のすべての「世界は、時間と共に次第に発展してゆくひとつの大いなる生というよりむしろ、さまざまな地点を結びつけ、さまざまな縺れを交錯させる空間的ネットワークとして体験されるように思われる」[71]のであり、混在郷は、こうした関係のネットワークの存在の中の他者性の構築物であるということになるのである。

第2に、バシュラールと現象学が切り開いた道によると、「われわれは、同質的で空虚な空間（espace homogène et vide）ではなく、さまざまな質に満ちていて幻影にもとりつかれているような空間に生きている」[72]とフーコーは述べ

第8章 知の考古学—活性化された言説アルシーブと断絶の系譜の発見　473

ている。これは、混在郷は、ちょうど非同質性の空間を構築する「外の空間（l'espace du dehors）」であることも意味している。
　これはブランショの言葉である。

　混在郷とは、異質の空間であり、換言すれば、「たがいに還元できず、絶対に重なることのないさまざまな場所を規定する諸連関の総体の内部に生きている」[73]というわけである。フーコーの混在郷とは、現実に存在する外と他所にほかならないのである。
　第3に、混在郷は、往々にして「互いに相容れない複数の空間ないし場所を唯一の実在する場に併置させる力をもつ」、かつ、時間の断片を結合していわゆる異時間（hétérochronies）を生み出すこともできる[74]という。
　　フーコーは、時勢に合わせて新語を生み出すのが本当に上手である。明らかに、これは、空間性の混在郷のパラダイムを時間の中の他者性に流用したものであり、ここでの時間は、ちょうど共時性の中における異形の雑合である。その役割は、まさに総体的な線形の時間の脱-構築である。

　これについて、フーコーが挙げた例は、意外にも博物館と図書館であった。なぜなら、ここでは、
　　ひとつの場所にあらゆる時間、時代、形態、趣味を閉じ込めようとする意志、あらゆる時間を含んでいながらそれ自体は時間の外にあって時間の腐食を受け付けない場所を構成しようとする理念、したがって不動のひとつの場所に永遠で無限定な一種の時間の堆積を組織しようとする計画、こうしたものはみな、われわれの近代性に属している。博物館と図書館は、19世紀の西洋文化に固有の混在郷なのである[75]からである。

　最後に、「混在郷は、現実空間、つまり人間が囲い込まれているあらゆる場所が、実は幻想であることを告発する幻想空間（espace d'illusion）を創造する役目を担っている」[76]という。ここでの幻想は、裏義の情況構築の次元で用いられているわけではなく、混在郷の幻想は、ちょうど現実の存在に対する系譜学という照妖鏡に映った像なのである。
　しかし、フーコーは我々にこう告げている—伝統的なすべての文化と歴史の研究の中では、混在郷はすべて暗闇の中にあるが、自分の系譜学的研究は、混

在郷式の他者性の空間と時間の中の異形の出来事（「異時間」）の姿を示そうとするものであると。彼は、混在郷の第1の形式は危機の混在郷であると具体的に指摘している。

　　いわゆる「原始的」社会には、危機の混在郷（hétérotopies de crise）とでも呼びうるようなある種の混在郷が存在する。すなわち、社会と対立して危機的な状態で生きている環境にある個人のために特権化され、神聖化され、禁域とされ、保持された場所が存在するのである。そうした人々とは青年、月経中の女性、妊婦、老人などである[77]と。

これに対して、彼が挙げているもう一つの例は「駆け落ち」現象である。これは、ずっと20世紀まであまり見られなかった現象、すなわち「若い女性にとっては、20世紀半ばまで、『新婚旅行』と呼ばれる伝統が存在していた。処女喪失は『どこにも』起こらなかったのであり、当時は新婚旅行の汽車やホテルはまったくどこにもない場所であったのであり、地理的目印のない混在郷だったのである」[78]。まさにフーコーがこのような例証を考え出したのを歓迎しなければならないだろう。娘たちは自分のもっとも大切なものを失うのだ—この「喪失」は、場所固定された空間ではあり得ず、随時運動し変換する「どこにもない場所」—混在郷で実現されるのである。

しかし、このいわゆる危機の混在郷は、近代に至るとだんだんと消失し、これに取って代わったのは、混在郷の第2の形式—混在郷から逸脱した混在郷である。フーコーから見ると、

　　従うべき規範や中庸から逸脱した振る舞いをする人々が収容される場所であり、療養所や精神病院がそれに当たる。監獄も無論そのひとつである。また、老人ホームも恐らくそこに数えられると考えるべきかもしれない。老人ホームは、いわば危機の混在郷と逸脱の混在郷との境界に位置する場所である[79]ということになる。

フーコーのここでの象徴によれば、この混在郷から隔離された混在郷は、すべて人々の正常な生活空間の外の辺縁化された場所であり、彼が本当に関心を寄せた異形の生存場所でもある。さらに続いて、フーコーの挙げた例には、墓地・映画館・花園・ヨーロッパの海外植民地さえ出現する。

実のところを言うと、私は、フーコーの指摘したこれらの歴史現象が、彼の

第8章　知の考古学―活性化された言説アルシーブと断絶の系譜の発見　475

混在郷についての観点を完全に説明しているとは思わない。明らかにいくつかの例は牽強付会を示し始めている。同様にこの原因のゆえかもしれないが、フーコーは、後にこの混在郷という観点を強化し普遍化してはおらず、彼自身も、この「発明」に言及することはあまりなくなるのである。しかし、フーコーの混在郷のパラダイムは、後の空間理論と批判的と都市研究の中で、ますます大きな影響と深化を生みしたのである。例えば、現代の空間研究の思想家ハーヴェイのフーコーの混在郷の疑念についての評論は、フーコーは「この概念をも用いて、人間の想像力（ついでに言えば、本人の反人間主義を含む）を閉じ込める規範と構造の世界を逃れ、さらに空間の歴史を研究し、その異種混交性を理解することを通じて、差異と他性、「他者」が活躍し、あるいは（建築家と共に行うように）実際に構築されるような空間を同定するのである」[80]というものである。これは基本的に正しいだろう。ハーヴェイから見ると、フーコーの混在郷は、

　　選択と多様性、差異を強調する空間的戯れの同時性という考え方を強める。この概念は私たちに、都市空間で生じる逸脱的かつ侵犯的な振る舞いや政治の多様な形態（興味深いことにフーコーは混在郷空間のリストに墓地や植民地、売春宿、監獄を加えている）を、異なるイメージによって都市の一部を形成するある種の権利についての正当かつ潜在的に有意義な主張として考慮するよう促す[81]というのである。

ハーヴェイはこう宣言しているのだ―フーコーの混在郷の概念は、「異なる生活を体験」する空間の重要性を私たちに理解させるのである。そして、現実に存在する混在郷の中で「『他者性』、他性、したがってオルタナティブがたんなる想像力の産物としてではなく、すでに存在する社会過程との接触によって探究されるような豊かな空間が存在することをフーコーは私たちに確信させる。こうした空間内でこそ、オルタナティブは形成されうるのであり、こうした空間からこそ、既存の規範や過程への批判が最も効果的になされうるのである」[82]と。ハーヴェイの解釈の情況構築は、精緻で正確なものであり、フーコーの、我々にとってはいままで体験したことのないこの奇怪な混在郷の情況構築の中に進入していく助けになるだろう。

[注]

1 ミシェル・フーコー、慎改康之訳『知の考古学』（河出書房、2012年）243～244頁。
2 同上245頁。
3 同上246頁。
4 同上同頁。
5 アクセル・ホネット、河上倫逸訳『権力の批判——批判的社会理論の新たな地平』（法政大学出版局、1992年）155-156頁。
6 フーコー前掲書248頁。
7 同上247頁。
8 同上248頁。
9 同上250頁。
10 同上250～251頁。
11 同上251頁。
12 同上同頁。
13 モーリス・ブランショ、守中高明訳「ミシェル・フーコー　わが想像のうちの」『他処からやってきた声——デ・フォレ、シャール、ツェラン、フーコー』（以文社、2013年）144頁。
14 ミシェル・フーコー、田村俶訳『狂気の歴史——古典主義時代における』（新潮社、1975年）8頁。
15 同上268頁。
16 ミシェル・フーコー、廣瀬浩司訳「ミシェル・フーコー『言葉と物』」『ミシェル・フーコー思考集成II　1964-1967　文学／言語／エピステモロジー』（筑摩書房、1999年）304-305頁。．
17 フーコー『知の考古学』20頁。
18 ミシェル・フーコー、黒田昭信訳「構造主義とポスト構造主義」『ミシェル・フーコー思考集成IX　1982-1983　自己／統治性／快楽』（筑摩書房、2001年）315頁。
19 ユルゲン・ハーバマス、三島憲一ほか訳『近代の哲学的ディスクルスII』（岩波書店、1999年）446頁。
20 同上439頁。強調は原文。
21 フーコー『知の考古学』255頁。
22 同上262頁。
23 ジル・ドゥルーズ、宮林寛訳『記号と事件—1972-1990年の対話』（河出文庫、2007年）195頁。
24 フーコー前掲書264頁。
25 同上259～260頁。私自身は「観念史」と訳した。中国語訳では、ここのidéesを「思想史」と訳しているが、実際には、フーコーは概念とあるいは観念の歴史を説明しようとしているのである。

第 8 章　知の考古学―活性化された言説アルシーブと断絶の系譜の発見　477

26　同上261頁。
27　同上319 〜 320頁。
28　同上258頁。
29　同上344頁。
30　同上272・273頁。
31　同上342頁。
32　同上342 〜 343頁。
33　フーコー『狂気の歴史』268頁。
34　フーコー『知の考古学』346頁。
35　同上350頁。
36　Mark Poster, *Foucault, Marxism and History: Mode of Production Versus Mode of Information* (Cambridge: Polity Press, 1984), 89.
37　イアン・ハッキング、出口康夫ほか訳『知の歴史学』(岩波書店、2012年) 198 〜 199頁。
38　フーコー『知の考古学』358頁。
39　同上359頁。
40　同上394頁。
41　系譜学は、もともと生物学の中での種の系譜を研究する学科である。ニーチェは、『道徳の系譜』の中で、はじめてこの言葉を用いて、進化的な史学観を脱-構築する道徳の分析方法を表した。
42　Robert J. C. Young, *White Mythologies Writing History and the West,* 2nd Edition (London: Routledge, 2004), 117.
43　フランソワ・ドッス、仲澤紀雄訳『構造主義の歴史〔下〕　白鳥の歌――1967 〜 1992』(国文社　1999年) 302頁。
44　ミシェル・フーコー、渡辺一民・佐々木明訳『言葉と物――人文科学の考古学』第5章を参照。
45　ジョルジョ・アガンベン（Giorgio Agamben, 1942- ）。現代イタリアの著名な思想家・欧州ポストマルクス主義の代表人物。EGSバールーフ・デ・スピノザ教授、イタリアヴェローナ大学美学教授、パリ国際哲学コレージュ哲学教授などを歴任した。アガンベンはローマ大学を卒業し、シモーヌ・ヴェイユの思想の研究により博士号を得た。博士課程の後半段階の1966年と1968年には、マルティン・ハイデッガーの南フランスのル・トールでのゼミナールを受講した（講座はヘラクレイトスとヘーゲルについて）。また、ベンヤミンの著作のイタリア語訳の仕事も主宰している。おもな著作には、『到来する共同体』(1990)、『ホモ・サケル』(1995)、『目的なき手段』(1995)、『アウシュビッツの残りもの』(1998)、『例外状態』(2003) などがある。
46　ジョルジョ・アガンベン、岡田温司・岡本源太訳『事物のしるし――方法について』(青土社、2011年) 128頁。
47　ルイ・アルチュセール、河野健二ほか訳『マルクスのために』(平凡社ライブラリー、

1994年）340頁。
48　ミシェル・フーコー、大西雅一郎訳「ニーチェ、フロイト、マルクス」『ミシェル・フーコー思考集成II　1964-1967　文学／言語／エピステモロジー』（筑摩書房、1999年）304-305頁。
49　フーコー『言葉と物』第9章を参照。
50　フーコー『知の考古学』261頁。
51　Michael Clifford, "Hegel and Foucault: Toward a History Without Man," *Clio* 29, No. 1 (Fall, 1999), 19.
52　ミシェル・フーコー、石田英敬・小野正嗣訳『社会は防衛しなければならない』（筑摩書房、2002年）12頁。
53　ハーバマス前掲書440頁。
54　フーコー前掲書同頁。
55　同上12頁。
56　同上同頁。
57　ミシェル・フーコー、高桑和巳訳「政治と倫理　インタヴュー」『ミシェル・フーコー思考集成X　1984-1988　倫理／道徳／啓蒙』（筑摩書房、2002年）37-38頁。
58　ミシェル・フーコー、石田英敬訳「一九七六年一月七日の講義」『ミシェル・フーコー思考集成VI　1976-1977　セクシュアリテ／真理』（筑摩書房、2000年）226頁。
59　張一兵、中野英夫訳『レーニンへ帰れ』（世界書院　2016年）181〜221頁、436〜455頁を参照のこと。
60　フーコー前掲書228頁。同時に、フーコー『社会は防衛しなければならない』13-14頁も参照のこと。
61　　フーコー「一九七六年一月七日の講義」『ミシェル・フーコー思考集成VI』228頁。
62　ミシェル・フーコー、中山元訳『私は花火師です』「批判とは何か」（ちくま学芸文庫、2008年）110-111頁。
63　ミシェル・フーコー、石田英敬訳「啓蒙とは何か」『フーコーコレクション6　生政治・統治』386頁。
64　フーコー『言葉と物』16頁。
65　ミシェル・フーコー、工藤晋訳「他者の場所――混在郷について」『ミシェル・フーコー思考集成X』276-288頁。
66　同上280頁。邦訳は変更した。
67　同上同頁。邦訳は変更した。
68　同上280-281頁。
69　拙著《不可能的存在之真――拉康哲学映像》〔『不可能な存在の真実―ラカン哲学のイメージ』〕（商務印書館、2006年版）第三章を参照のこと。
70　フーコー前掲書279頁。
71　同上276頁。

72　同上279頁。
73　同上同頁。
74　同上283頁。訳文は変更した。
75　同上284頁。
76　同上286頁。
77　同上281頁。
78　同上281-282頁。
79　同上282頁。
80　David Harvey, Spaces of Hope (California: University of California Press, 2000), 184.
81　Ibid.
82　Ibid.

付論4　系譜研究―総体性の歴史連鎖の断裂中に暴露される歴史的出来事の現出
　　―フーコー『ニーチェ、系譜学、歴史』の解読

　1971年、イポリットを記念する論文集の中で、フーコーは、非常に重要な学術論文「ニーチェ、系譜学、歴史」[1]を発表した。この論文は、もっぱらニーチェの系譜学を解読した研究性が強い論文である。同様にこの論文の中で、彼は、伝統的な歴史学と根本的に対立する、歴史的に再構築する系譜学の研究方法を、直接精錬してそれを系統的に概括している。すなわち、起源を排斥し、総体的な歴史の線形的発展を否定し、歴史の細節の真実の系譜の効果を復帰させるという史観である。ここから、彼は、系譜の研究が、考古学の後を引き継ぐ自分の新しい歴史研究の方式の補充であることも、はじめて示した。私は、また、これが、フーコー現実と向き合うことにより真に観念論から離れた重要な文献の可能性があるとも断定する。

1.　起源の拒絶―歴史の暗闇の中の独特の他者

　我々は、青年フーコーが、早くも『言葉と物』の中で、常識的な意味での系譜学の問題を提起していたことを記憶しているだろう。そこでは、系譜学は、伝統的な生物学での種の連続する系統樹と分類の系譜の研究を指していた。しかし、このニーチェの系譜学（généalogie）についての論文の中では、彼は、ニーチェの系譜研究の転倒性の再構築を直接認めている。それは、考古学の情況構築後の、自分の歴史研究方法についての重要な深化でもある。
　まず、歴史文献に面する基本態度の上で、フーコーはこう指摘している―伝統的な歴史研究中の、あの光り輝きつねにまばゆい勝利へと向かう、文献の選択的な記述と線形の秩序構築とは根本的に異なり、「系譜学は灰色（gris）のものである。細かなことを問題とし、忍耐強く資料にあた」り、それは、あの重大な歴史的変転や王朝の交替などという故事に意図的に関心を寄せるのではなく、その反対に、「系譜学は、微細にわたる知識（minutie du savoir）、多数の素材（matériaux）の集積、忍耐が要求される」[2]と。我々は、『知の考古学』の中で、彼が伝統的な歴史研究方法を批判した際に提起した第1の問題が、伝統的な文

付論4　系譜研究―総体性の歴史連鎖の断裂中に暴露される歴史的出来事の現出　481

献解読方式の否定であったことをまだ記憶しているだろう。ここでのフーコーの系譜学の文献研究は、その正面からの形式再構築と見なしてよいのである。明らかに、彼は、系譜学による歴史研究は、オリジナル文献の蓄積を重視しないのではなく、系譜学のオリジナル文献に対する視角と態度が、独特のものであることを強調しようとしているわけである。

　私は、フーコーが、ここでは『知の考古学』中の「アルシーブ」や「言表」など、彼自身が再構築した奇怪な言葉をもはや使用しなくなったことに気付いた。これは、言説フォーマティング方式改変の一種の兆候であろう。

　次に、系譜研究は、いかなる歴史的出来事に面した時も、いかなる単一な究極指向性（finalité monotone）を考慮しないという形で、「出来事の独自性」を表示するという点である。これは、歴史的出来事は、つねにある種の大きな目標の中の必然的契機に向かうというわけではなく、系譜の研究は、「理念的なもろもろの意味の超歴史的な（métahistorique）展開や無限定な目的論（indéfinies téléologies）のメタ歴史的展開に反対する」[3]というわけである。

　この点では、フーコーのここでの観点は、『知の考古学』の総体的歴史観への批判と同じ方向を向いている。

　換言すれば、系譜研究は、それぞれの歴史的出来事の独特性を弁別しようと努力し、現象と出来事をある種の偉大な線形の進展の中に織り入れたり序列付けたりする、すなわち、1人の君主あるいは革命を指向するという目標が実現した時にのみ、出来事は歴史的意味を持つというような観点ではないということである。これに対して、フーコーが賛同している新しい観念は、出来事はそれ自身であるというものなのだ！

　ヘーゲルの総体的な目的論的歴史観念を断ち切った後は、ナポレオンは、彼自身にすぎず「馬上の絶対精神」などのようなものではないということである。

　これこそが、総体的歴史観を爆裂する系譜学の根本なのである。

　フーコーは、ニーチェの系譜学は、つねに「起源（Ursprung / origine）の探求を拒んでいる」と具体的に解釈している。では、フーコーの目の中にある、ニー

チェの言う起源とは何か。フーコーの見方によると、伝統的な総体性の歴史研究の中では、取り上げられた事物はつねに自身の「高貴な起源」を持つとされる。フーコーはこう述べている。

> ものはそもそもの始めにはその完全な状態にあったとひとは信じたがる。ものは創造主の手(mains du créateur)きらめきを放ちながら出てきた、あるいは最初の朝の陰のない光の中にきらめき出たと信じたがる。起源はつねに、失墜(chute)の前、、肉体の前、世界と時間の前のものである。起源は神々のがわにあり、これを語るのに、ひとはつねに神々の発生の系譜(théogonie)を歌いあげるのだ[4]と。

実際には、この起源なるものは、神の世界の非凡なエデンの園―価値架設中のゾレンであり、人間性はもともと善良であるはずで、人間は本質的に自由であるはずで、当初の生活の中では罪悪は存在しないはずであるという架設―にほかならない。その後、この本来の真実である原初性は、現実の俗世の塵の中で堕落し疎外され、続いて、この疎外の揚棄と堕落からの離脱が叫ばれ、よって、原初の発端へとあらためて向かう。このような過程は、一切の目的論的価値批判という通常の論理の求めるところになり、一切の神学的想像と人間主義的イデオロギーにおける、疎外の論理の情況構築内部の法則ともなるのである。

フーコーは、同様にこのような情況構築の域内では、起源は神の真理(vérité)があるところでもあると指摘している。歴史の本源は当初は正しいものであるが、後に誤った曲道を進んでしまうというわけである。

> 前半の議論の中で、我々は、フーコーの以後の議論の域内では、「真理自身は悪いものである」という観点が打ち出されたことを、すでに知っているはずである。だが、この時点での議論も、比較的早い真理の問題についての質疑となっているのだ。

よって、起源の存在する場所では、「さまざまなものの真理(vérité des choses)と言説の一つの真理(vérité du discours)とつながり」、真理は、表象と異なる権利と誤りに反駁する権利をつねに持つ以上、それは、感性的現象(「多」)によって覆い隠された本質と法則(「一なるもの」)にほかならないということになる。ここから、歴史研究もまた、現象の覆いを取り除いて真理の本質を明らかにする過程となるわけである。だが、フーコーは、反対に、これをさげす

むように我々にこう告げているのだ—伝統的な歴史研究の中では、真理の発展方式は実際には敗退の道なのだ。通常、賢者の手中には真理があるが、しかる後、信者がそれを受け入れ、最後には「ひとの手の届かない世界にひっこんでしまう」（カントの物自体のような）。結局、必然的に過去の真理は、無用なものとして捨てられてしまうのだ。フーコーは、ここから、それを転覆するかのように、いわゆる歴史とは、「真理の名をもつ一つの誤謬の歴史なのではなかろうか」[5]と断言するのである。なぜなら、それぞれの時代においては、統治者の粉飾したイデオロギーが強制的に真理であるとされるからである。例えば、封建的専制の中での王道と今日の市場での経済的物神性とはともに、実際上は、その時代にしか属さない合理性という誤謬なのである。これは、真理とイデオロギーの弁証法なのだ。

　フーコーはこう述べている—ニーチェにあっては、起源（Ursprung）を探究することは、「すでにあったもの」（"ce qui était déjà"）を探し求めることにほかならない。すなわち、伝統的な歴史研究においては、人々が通常見て取る出来事はそれ自身ではなく、ある終結点としての本質的出来事（例えば、天意・絶対的理念・文明・近代化など）の発生の契機なのであり、歴史の中で真に発生したにもかかわらず、このような目的へと向かう事象と同一化できない一切の現象は、仮象あるいは偶然的なものとして、惜しみなく削除されてしまうと。換言すれば、歴史的出来事がそれ自身であるならば、それは光り輝く真理の歴史には入らず、真理の光が照らすことのない暗闇の中にとどまったままなのだというのである。この暗闇は、理性の目的の光によって覆い隠された（削除された）独特な出来事の見えざる場所である。ここに、一つの矛盾が我々の目の前に横たわっている。歴史的な可視物は、出来事の真実の登場というわけではなく、出来事は、自身に接近すればするほど、ますます不可視のものになってしまうという矛盾である。

　　　事実、我々は、前半部で、フーコーのもっぱら暗闇の辺縁に関心を寄せた沈黙の考古学的研究をすでに見て取ったはずである。

フーコーは、この暗闇の中にある、それ自身である独特な出来事こそが系譜研究の対象であると我々に訴えている。

　　　形而上学を信ずるよりはむしろ歴史に耳を傾けようとしたら、何を教えられるであろうか？さまざまなもの背後に「まったく別のもの」（< tout autre chose >）があるということである。それらのもの本質をなす、日付のない秘密（secret）ではなくて、それらが本質をもたないという（sans essence）、あるいはまた、それらのもの本質は、その本質とは無縁の（étrangères）さまざまな形象を出発点として徐々に作りあげられた（construite）のだ、という秘密である[6]と。

　本質のない事物を探し求めることは、歴史の中の他者を探し求めることでもある。これは、伝統的な生物系統樹式の系譜の連鎖を断ち切った後に生まれた、新しい系譜の真相であり、ニーチェは、このまったく新しい倒置された情況構築次元の中で、伝統的な道徳を透視し、一切の文化価値の再評価を行なったのである。まさに、この系譜の秩序転倒という情況構築の意味域において、フーコーは、ニーチェのこの倒置された新しい系譜の観念をさらに深く発展させたわけである。彼はこう提起している——系譜研究は、あの総体性の歴史のプリズムによって削除された暗闇の中の独特な事物や現象に、あらたに向かい合おうとするものであり、それを重視させようとするものである。すなわち、それは、ある重大な歴史的目的や偉大なる進歩の目標の「段階的な」出来事や「未成熟な」雛形ではもはやなく、本質のないそれ自身にすぎない。すなわち、非目的論中の歴史的他者なのである。これこそが、起源に反対する系譜研究の真の歴史的対象でもあると。このように、系譜学は、「さまざまなもの歴史の始まりに見出されるのは、それらの起源にある、まだ他から守られているアイデンティティーではない——そこに見出されるのは他のさまざまなもの（autres choses）の葛藤（discorde）、不調和状態（disparate）」[7]であり、それを研究するものだというのである。歴史の中で発生した不一致を認め、非同一性の争いを発見すること、これが系譜学の歴史観による観察の着眼点であるというわけである。

　さらに読者に注意しておくべきことは、フーコーがここで歴史的出来事についての議論をすでに開始した時、可能なかぎり観念論的色彩を帯びた言説概念の使用を避けているのを、見て取ることができるということである。私の判断によれば、これは、現実の闘争へと向かう進展過程の中における、フーコーの観念論的立場への最終的決別だと思う。

　ゆえに、総体性の秩序構築による歴史研究とは異なり、系譜研究は、総体・起源・真理の光の場所から出発するのではなく、「どん底をほじくり返して」

付論4　系譜研究―総体性の歴史連鎖の断裂中に暴露される歴史的出来事の現出　　485

("fouillant les bas-fonds") ことに視点を移動する。すなわち、伝統的な歴史家によって無用のものと見なされ、無情にも切り捨てられた各種の小さな出来事を観察する。「それは、微細なこと、さまざまな始まりの偶然（hasards）にゆっくりつき合うことであろう。それらの嘲弄するような意地悪さに細心な注意をはらうことであろう。それらが、ついには仮面をおろして、他者の顔立ち（visage de l'autre）をもって現われてくるのを見ようと予期することであろう」[8]というわけである。系譜は、もはや連続する総体性の連鎖ではなくなり、歴史の細部における、線形の系統樹式の系譜の断裂の中の他者となるのだ。この新しい系譜の真相は、まさに有機的発生論の情況構築の中の系統樹式の連鎖の断裂なのである！

2.　系譜研究―高貴な血統論の脱-構築と存在論の現出

　フーコーはこう宣言している―ニーチェの系譜学においては、彼が真に関心を寄せているのは、目的論的な起源論ではなく、事物自身の由来（Herkunft）とその独特の出現（Entstehung）であると。
　　フーコーは、この二つの重要なドイツ語がともに、通常誤って「起源」と訳されてしまっていることを我々に訴えているのだ。

　まず、フーコーは、ニーチェにおける「由来」とは、事物と現象の由来（provenance）のことであると述べている[9]。由来は、目的論的な真の意味での起源とは異なるというのである。フーコーは、ニーチェのHerkunftについての思考は、かつて高貴な血統論を自認していた種族における混雑を証明していると見ている。なぜなら、壮大な歴史叙事詩の主人公と仮定されたいかなる「私」の血統上の同一性も、最終的に発見されるものは、それが編集されたものであり虚偽であるという事実だからである。このゆえに、フーコーは、ニーチェの系譜研究における由来の分析は、まさに「自我を解体させ、その空虚な綜合のあとにいまは失われた無数の出来事をはびこらせることをゆるす」[10]と述べるのである。
　　これは、ラカンのあの個人主体発生の空無の本体論に対するサポートとなっているだろう。

このことは、総体的な歴史観におけるあの偉大な族譜の中の高貴な血統なるものは、実際には、嘘で作り上げられたものであることも意味している。天子や主権を持つ者としての統治主体は、永遠に、雑物を取り除き異質な存在を覆い隠した偽の情況構築物でしかないというわけである。
　　中国史上のかなりの「天子」は、草の根の農民造反の成功者であり、その成功の後に生まれた偽の情況構築は、神霊に託した夢や星の動きの異常などのイデオロギー的故事による創造物であった。

　事実上、ニーチェがここで批判している血統論は、具体的な歴史的人物の血縁上の一貫性を指しているばかりでなく、同時に、一切の民族・国家・社会形態・文化思想など歴史研究中に存在する、壮大な連続性の論理という偽の像も暗に指している。系譜研究は、この種の一貫性のある秩序構築による歴史の詮索を打破するものにほかならない。ゆえに、フーコーは、ニーチェの系譜学は「時間をさかのぼり、忘却の拡散のかなたに大いなる連続（grande continuité）を再建しようというものではなく」、この種の大いなる連続なるものは、まさに無数の忘れ去られた真実の出来事の死体の上に築き上げられたものなのだ！と述べるのである。ニーチェの眼中の系譜は、ある種の「進化（évolution）、一つの国民の命運（destin）ににたようなものとはまったくちがう」というのである。新しい系譜学の真相は、まさしく反進化なのである。
　総体的な歴史観のやり方とは明らかに相反して、系譜研究は目的論的起源を拒絶し、転じて歴史的出来事の由来（provenance）を深く追究するものなのである。フーコーはこう説明している。

　　由来の複雑な糸のつながりをたどることは、それとは逆に、起こったことをそれに固有の散乱状態（dispersion）のうちに保つことである。それは、偶発事、微細な逸脱――あるいは逆に完全な逆転（retournement）――、誤謬、評価の誤り、計算違いなど、われわれにとって価値のある現存物を生み出したものを見定めることである。それは、われわれが認識するものおよび、われわれがそれであるところのもの根にあるのは、真理と存在（vérité et 'être）ではなくて、偶発事（accident）の外在性（extériorité）であるのを発見することである[11]と。

　系譜研究の中では、もともと偉大なる起源、真実の発端として虚構化され、フォーマティングされた場所は、出来事自身の由来であり、この由来とは、ま

さに本質的な真理や必然的な宿命の起点ではありえず、反対に偶然で散乱した出来事の断片にすぎないというのである。

　これは、ラカンが、自我と主体の本体の位置の上にあの空無を見て取ったことに似ている。

フーコーは、それは、断層（faille）、裂け目（fissure）、異質の層（hétérogène）によって構成された「不安定な総体」であるとさえ言うのである。

　この３つの概念は、フーコーの以後の系譜研究の中のキーワードになる。

フーコーは、この由来についての系譜学の発見は、安定した基礎を打ち固めるものではないばかりか、反対に「ひとが不動だと認めていたものを危くさせ、ひとが単一だと考えていたものを断片化する。ひとがそれ自体と合致していると思っていたもの異質性を示すのである」[12]と述べている。系譜研究は、固定化された不変の総体的歴史観と起源論を脱-構築するものにほかならないというのである。

　ここで、我々は、フーコーの系譜学が、確かに前述の考古学のある種の深化であることを発見できるだろう。

次に、ニーチェの言う現出（Entstehung）という概念も深い意味を別に持っている。ニーチェは、すでに存在している事物あるいは現象の持続的変化と発展なるものについては、もはや語らず、出来事の現出について語るのである。フーコーは、この現出とは、それぞれの事物あるいは現象独特の構築性の現出（émergence）を、あるいは「出現の点（point de surgissement）」をとくに指しており、「それはある出現現象の原理であり、特有の法（principe et la loi singulière d'une apparition）である」[13]と説明している。これは一つの重要な認証である。フーコーの解読によると、ニーチェの言う出現とは、現出の形の存在論あるいは構築的な登場論であり、このような現出の形での登場は、まさに物性の持続的存在に反対するものだということになるのだ。

フーコーは、過去の伝統的な歴史研究の中では、「中断のない連続（continuité sans interruption）のうちに由来（provenance）を探し求めようという傾向があまりにもしばしばみられるが、それと同様に、最終項（terme final）によって

現出（émergence）を説明するのは誤りだろう」[14]と述べている。この発言の意味は、連続的歴史観を持つ人々は、ある事物あるいは現象の由来に面した時、この構築式に基づいて突然出現した物在の最終的な姿と誤認するというところにある。

　ここで、一種の重要な歴史的関連性を見ることができよう。すなわち、フッサール現象学中の眼前の対象とその発生メカニズムについての区分から、ハイデッガーの物在性と用在性との区分に到る関連性、とくに、用在という概念に込められている存在と後の性起の発生（Ereignis）との内在的関連性である。これは、きわめて深い思想的情況構築であろう。異なるところは、フーコーの解読が、出来事の発生の突然の出現の場の情況という特徴をさらに強調しているところである。

フーコーの見方によると、

　現出（émergence）はつねにさまざまな力（force）のある状態において起こる。Entstehungについての分析は、それらの力の戯れ（jeu）を示すべきはずのもの、それらの力がいかにして互いに戦う（luttent les unes contre les autres）か、それらの力がこれに逆らう状況に面して行なう戦い（combat）のさま、あるいはそれらが退化（dégénérescence）をまぬかれて、、自身の表弱を出発点として活力をとり戻すために行なう──互いに分裂しながら──試みのさまを示すべきはずのものである[15]ということになる。

換言すれば、フーコーの指摘するニーチェの系譜研究の中では、事物や現象の現出は、物在的な対象としての実在でも、たんなる言説的出来事でもなく、各種の現実的な諸力が角逐する場の情況の存在であり、闘争と競争はこのような突発的出来事を支える基礎だということである。

　この部分を集中的に見ると、フーコーが、ここでいくつかの政治闘争と準軍事的な術語をすでに使用し始めたことが発見できるだろう。これは、「五月革命」の後の彼の基本的な思想情況の中では、社会の現実に対する革命的批判が、すでに彼の主要な思考対象となったこと、すなわち、これについて何事かを筆にしようとしたことを示している。そして、主観的な言説実践の位置もだんだんと下がっていったのである。

このゆえに、フーコーは、その興奮を隠そうともせず、「現出は、さまざまな力の登場（entrée）場なのである。さまざまな力の闖入（irruption）、それぞれ独自の活力、若さをもって舞台裏から舞台へとそれらがおどり出るその跳躍」なのであり、同様にこの意味において、ニーチェは、この現出を、総じて、多重の力の共同の現出である現出源（Entstehungsherd）だと指摘できたのである[16]と述べるのである。この現出源という概念は重要なものである。それは、同様に発生と現出の規定性を強調するフッサール－ハイデッガーの哲学との異質性、すなわち多重の主体的力量の衝突という特徴を示しているのだ。フーコーは、ニーチェの言う現出源は、諸力の共在を示しているばかりでなく、「まさに強者と弱者が向かい合ったり、あるいは上下の関係になったりして配置されるその舞台（théâtre）」も意味していると述べている。これは、主と奴の弁証法の再筆である！かつ、フーコーはこう続ける―現出源は、諸力間の対抗関係でもあり、この意味において、それは物理空間中の非-場（non-lieu）でもあるのだ。なぜなら、それは、社会生活空間自身にほかならないからである[17]と。

　　我々は、後にフーコーの権力の角逐をめぐる諸力の場についての研究の中で、さらに深くこの点を会得するだろう。不在の場所である社会生活空間は、現在の西洋の社会関係空間研究の思考の情況構築の中軸でもある。だが、後のルフェーブルとハーヴェイはともに、社会関係中の諸力の現出と現出源という特徴を見落としている。

3. 実際の歴史として出現した系譜の研究

　フーコーから見ると、ニーチェは、系譜研究を伝統的な歴史学と区別したが、その中でもっとも重要な差異は、系譜研究が歴史自身の実際の歴史（wirkliche Historie）にさらに多く着眼するところにあるという。
　　Wirklicheは、ドイツ語では現実的、有効的という意味を持つ。

　フーコーの見方によると、これが、本当の「歴史的感覚（sens historique）」ということになるのだ。
　フーコーは、ニーチェは、伝統的な歴史学研究の中に存在している、無意識の仮定である「超歴史的な観点（point de vue supra-historique）」を発見したと述べている。なぜなら、歴史家は、つねに「時間の外に支点（point d'appui）

をこしらえ」(例えば、絶対的理念・啓蒙・人間の解放など)、ここから、一つの終局的な前進目標を構築し、進んでは歴史中にはある種の不変の「永遠の真理 (vérité éternelle)、不死の魂、つねに自己の同一性 (identique à soi) をもち続ける意識を想定した」[18]からである。ここから、歴史は、これらの不変の実体の連続的な進歩の過程にすぎないものになるわけだが、このような抽象的な論理的形式構築とは異なり、ニーチェの系譜研究は、現実から出発する歴史研究であるというわけである。

　この話は史的唯物論の観点とかなり似ているように聞こえる。

　まず、現実の歴史の系譜研究は、弁別式の脱-構築であるということである。フーコーはこう述べている──それは、歴史の同一性という秩序構築の論理に関心を寄せずに、「偏位や周辺を識別し (distinguer)、分配 (répartir) し、分散させ、それらの自由な動きをゆるすあの鋭い視線 (regard)」なのであり、まさにこの独特な視線こそが、「人間存在を至上権をもってその過去へと送りやるものと考えられているその人間存在の統一性を、消滅させることのできる、一種の解体力をもつ視線以外のものではないはずである」[19]と。伝統的な歴史研究が、総じて統一性と同質性の部分に関心を寄せたのに対し、系譜学は、往々にして総体性を破砕する分散・脱-秩序・脱-構築を見て取るというわけである。

　　実際には、少し前フーコーが突然語った、あの「人間は最近発明された出来事である」もこの意味であったはずである。

　次に、現実的歴史の系譜研究は、歴史的効果というものをさらに突出させるということがある。フーコーによれば、伝統的な歴史研究とは異なり、系譜研究は、歴史のある種の同一的基礎なるものの関心を寄せないという。「歴史の方をふりむいて歴史を全体 (totalité) としてとらえるためにひとがよりかかるあらゆるもの、歴史を忍耐強い不断の運動 (mouvement continu) として再びあとづけることをひとにゆるすあらゆるもの」をめぐり、系譜研究は、まさにこのような歴史の総体性を除去するので、それが「歴史はわれわれの存在自体のうちに不連続を導入するかぎりにおいて『実際の』(＜ effective ＞) ものとなるだろう」[20]というのである。フーコーはこう説明している。

　　実際の歴史は、生あるいは自然の、あの安心感を与える安定性 (stabilité) をもつような何ものも、自分の下に残してはおかないであろう。いかなる

付論4　系譜研究―総体性の歴史連鎖の断裂中に暴露される歴史的出来事の現出　491

無言の執拗さによっても、千年もへだたる終極（fin millénaire）へと向けられることはないであろう。ひとが好んでその上に歴史をいこわせようとするものを掘りかえし、いわゆる連続性なるものに執拗に抵抗するであろう。それは、知は理解する（comprendre）ためにできているのではなくて、裁断する（trancher）ためにできているものだからである[21]と。

歴史は、偉大なる目標などのようなものに向かう過程ではなく、永久不変の人間性あるいは文明の進歩などのような連続体でもなく、独特の偶然の歴史的出来事自身の発生という現実的効果にほかならないというのである。総体性を強制する秩序構築意識の連鎖に対して、このような現実的効果は、往々にして同一性の幻像の断裂を示すというわけである。

　この点においては、フーコーの考え方は、アドルノの同一性と総体性に反対するやり方（『否定の弁証法』）とも一致している。

その三に、現実に注目する系譜研究は、独特の歴史的出来事に向き合うということがある。これは、前述のような「それ自身であること」を捉えるという、歴史的出来事への観点と一致しており、総体性の歴史の一貫性を断ち切ることを通じて、独特の歴史的出来事（événement）を「目的論的な運動あるいは自然的な連鎖（mouvement téléologique ou enchaînement naturel）」の中に暴力的に嵌め込むことを拒絶し、真実の存在である歴史的出来事を「独自で鋭いものうちに」姿を現すように仕向けるゆえに、この独特な歴史的出来事が出現する歴史は、はじめて現実に発生した実際の歴史となる[22]というのである。系譜研究は、出来事の発生の特殊性に関心を寄せ、抽象的な普遍的適用性を排斥するというわけである。系譜研究の中では、普遍的な価値なるものは人を欺く幻像にすぎないのである。

フーコーは、感慨を込めて、これらのそれ自身である歴史的出来事は、伝統的歴史研究の中には従来から出現したことはないと述べている。なぜなら、後者にあっては、一つの結局は単純である世界しか存在せず、「本質的特徴（trait essentiel）、窮極の意味（sens final）、最初にして最後のものである価値（valeur première et dernière）」しか残っておらず、そこでは、特殊な歴史的出来事は、すべて消失し見えざるものになっているからである。このことは、伝統的な歴史記述と研究の中に出現した歴史的存在の尺度は、本質（最終的な意味）によっ

て統轄されており、無意味な出来事と存在それ自体は、本質の論理の仕切りによって削除されているとも言える。だが、フーコーは、実際には「この世界は、もつれ合った無数の出来事」であり、その中には、貴重な「誤謬」や「幻想」が少なからずあると述べ、続けて、ニーチェ流の真の歴史的感覚（sens historique）とは、「われわれは始源的な目印（repère）も（coordonnée originaire）もない」[23]ことに気付くことであるとも述べている。真の歴史的現実においては、光り輝く偉大な里程碑や不変の必然性なるものは根本的に存在せず、存在するのは、雑然として形になっていない出来事の堆積でしかないというのである。フーコーから見ると、伝統的な歴史家は、その視線を遠いところ高いところに向け、「高貴な時代」・崇高な理念・神聖な信仰を追うことによって、自分を歴史の高峰の麓に置くが、ニーチェの系譜研究は、視線を下に近くに向け、懐疑的な批判性を持って「分散や差異」を、偉大で高貴なものとは異なる「野蛮な口に出せないようなもの」の中に存在する真の出来事を、喜ぶに溢れながら見るのだということになる。

　事実上、ニーチェーフーコーの歴史観は、一種の歴史観に反対しているばかりでなく、すべての形而上学の歴史についても反省を求めるものだということを感じ取れるだろう。なぜなら、一切の概念と理念は、感性的で具体的な存在と特性の抽象から一般（本質）へとなるからである。これは人類文化の実質であり、「概念は実在の不在である」（ヘーゲル）、「言語は存在の屍である」（ラカン）という言葉は、こうした反省の先駆けにすでになっている。このことは、ニーチェがハイデッガーを心から感動させたところでもある。

　第４に、現実的な系譜研究は、自身の独特な視角（perspectif）というものを認めるというところである。
　ハイデッガーにあっては、これを「視線の位置（Blickstand）」と呼ぶ。彼は、同時にこれをさらに複雑に「視線の方向（Blickrichtung）」と「視線の域（Blickweite）」および、対象性的関連の情況(der gegenständliche Zusammenhang)の中の「視線の軌跡（Blickbahn）」に分けている[24]。

　フーコーは、伝統的な歴史家は、つねに「彼らの知の中で、自分がどこから眺めているかというその地点（lieu）、自分の身をおいている時点（moment）、

付論 4　系譜研究―総体性の歴史連鎖の断裂中に暴露される歴史的出来事の現出　493

自分の選んでいる立場、立場、自分の情念（passion）の曲げられない点を暴露するかもしれぬものを、できるかぎり消しさろうとする」[25]と述べている。確かにそのとおりである。人々は、自分の限られた主観的認識を偏見のない神の視線に粉飾するものである。しかし、ニーチェの系譜研究の中の歴史感覚は、まさに「自分がある展望に立っていることを認めており、自身に固有の不公正の体系をもつことを拒否しない」のである。これは誠実な態度であろう。フーコーはこう説明している。

　　評価し、イエス、ノーをいい、毒のあらゆる痕跡をたどり、最良の解毒剤をみつけようという明白な意図をもって、ある角度（certain angle）から対象を眺めるのである。自分の眺めるもの前で控え目に自分を消すふりをするとか、自分の眺めるものうちにその法則を探し求め、これに自分の動きの一つ一つを従わせるとかするのではなくて、これはむしろ、自分の眺めているものも、自分がそれを眺めている場所がどこからなのかもよく知っている視線なのである。歴史的感覚は、知（savoir）がその認識（connaissance）の運動そのもの中で自分の系譜を作製する可能性を、知に与えるのである[26]と。

フーコーは、伝統的な歴史学とは異なり、系譜学は、まさに自身の観察の特殊な視角を明らかにし、自分の好みによって一種の新しい客観性を説明することを認めるものであり、自分の有限な観察結果を、普遍的な真理あるいは客観的法則と見なしはしないものだと見ているわけである。これは、系譜の観察が、神の視線とはまさに反対のものであることも意味している。

「歴史はどこからやって来るのか。平民からである。歴史は誰に話しかけているのか。平民にである」。歴史は自身を非凡なものだと自認する歴史家には属していないのである。

　　フーコーのこのような歴史観は、後のランシェールに直接影響を与えた。

［注］

1 ミシェル・フーコー、伊藤晃訳「ニーチェ、系譜学、歴史」『フーコーコレクション3 言語・表象』（ちくま学芸文庫、2006年）349-390頁。
2 同上350頁。
3 同上同頁。
4 同上354頁。
5 同上356頁。
6 同上353頁。
7 同上354頁。
8 同上356頁。
9 英訳では、provenanceはdescent（血統）と訳されている。
10 フーコー前掲書358頁。
11 同上359頁。
12 同上360頁。
13 同上362頁。
14 同上同頁。
15 同上362-363頁。
16 同上364頁。
17 同上同頁。
18 同上367-368頁。
19 同上368頁。
20 同上370頁。
21 同上同頁。
22 同上同頁。
23 同上372頁。
24 拙著《回到海德格尔——本有与构境》（第一卷，走向存在之途）〔『ハイデッガーへ帰れ—性起と情況構築』（第1巻　存在への道）〕（商务印书馆、2014年）301-304頁、および Martin Heidegger, *Gesamtausgabe Band 62. Phänomenologische Interpretationen ausgewählter Abhandlungen des Aristoteles zur Ontologie und Logik : Ausarbeitung für die Marburger und die Göttinger Philosophische Fakultät (1922)* (Frankfurt am Main: Vittorio Klostermann,2005), 345 を参照のこと。
25 フーコー前掲書373頁。
26 同上374頁。

第3篇

自己拘束性の規律・訓練社会
── 『監獄の誕生』の中の権力哲学の言説

私の仕事は、あの当たり前だと思われ、公認されているかに見える正確な概念に付着している鱗を剥ぎとることにほかならない。

―フーコー

　『監獄の誕生』（Surveiller et Punir）は、フーコーが1975年に出版した重要な著作である[1]。
　この時、彼はコレージュ・ド・フランスにすでに5年在籍していた。

　現実の闘争の必要以外にも[2]、フーコー自身の認識によれば、これは、後期の彼の「第1部の著作」、換言すれば、50歳近い彼が、もはや青年フーコーの時期の思想的態度をもってではなく、面目を一新して再度登場した思想的情況構築のテキストでもあったのである。私の判断によれば、この本は、フーコーが、知－言説秩序研究から政治権力の布置の研究へと転換し、自分のもっとも輝かしい政治哲学の研究域へと入って行った基盤をなす作品であると思う[3]。同時に、これは、フーコーの学術思想の情況構築の、深層で発生した根本的な哲学的立場からの転変、すなわち観念論的史観から社会的唯物論への転変でもあったのである。このことは、伝統的なフーコー研究が、注意し弁別をしなかった面であるかもしれない。
　ドゥルーズは、『監獄の誕生』は「知から権力への移行」の明らかな転変の印を帯びていると明確に指摘している[4]。ある研究者は、まさに「五月革命」の失敗こそが、「言説への一方的な陶酔からフーコーを目覚めさせた」のであり、このゆえに、一種の新しい認識（知）と権力の関連についての議論域を創造させたと見ている[5]。これに一定の道理があるだろう。ビデ[6]は、さらに直截に「ポスト68年の10年間、1971年から1976年のコレージュ・ド・フランス講義とそれを元にした著書に集中すれば、発言と議論の展開についての選集をたやすく編むことができるだろう。フーコーは、「社会階級」、「ブルジョワジー」、「プロレタリアート」についてはっきり語っていた」[7]と指摘している。ポスターの判断はさらに正確だろう。彼は、「『監獄の誕生』と『性の歴史』を、フランスの「1968年5月」の出来事に対するフーコーの応答と見なしてもよいだろう」、あるいはさらに大きなスパンで見れば、「フーコーの近年の著作は、60年代の蜂起とそれにともない出現した新しい社会編成にうまく対処できない西洋マルクス主義へ

の理論的な応答ともみなしうる」[8]と述べているのである。この点では、ポスターには透視の感覚がたいへんあると言ってよい。

　この本の中で、フーコーは、近代資本主義社会における統治形式の深い変化を整理している。すなわち―規律・訓練社会は、工業―科学の進展の中でひっそりと生まれたものであること。それは、伝統的な専制社会の直接的暴力とは区別されること。一種の新しい無形で匿名の権力の、肉体的馴らしの中での展開にともない、新しいミクロの権力の物理学が社会の政治的コントロールの本体となったこと。ここからパノプティズムによる資本主義的な新しい鉄の檻が作り上げられたこと―これらのことである。

　　ウォーリンは、反語的にこれを一種の「柔らかい全体主義」（"soft totalitarianism"）[9]と指摘している。ここでのsoftは、無形で血を見ることがないものと解読することもできよう。私の見方によれば、この見解は、アレントの『全体主義の起源』よりもさらに深く実りの多い掘り下げであると思う。

　フーコーのこの断言は、21世紀の資本の世界史におけるグローバルなネットワークという枠組みの中で、さらに全面的に実現されたと言うべきであろう。本篇では、我々は、フーコーが、全部の伝統的な政治哲学の論理を転覆した後に実現させた、この重要な学術的進展について議論することにする。

[注]

1　ミシェル・フーコー、田村俶訳『監獄の誕生――監視と処罰』（新潮社、1977年）。surveillerには、フランス語では監視・監督・保護・点検の意味がある。だが、フーコーのこの本の中の情況構築の意味からは、それは、資本主義社会中の工場・学校・社会生存中の「規律（法規）」についての自己認識の基礎の上で生まれた自己拘束をとくに指している。通常、中国語訳では規訓と訳されており、本論もそれに従う。この言葉は、この本の中の核心のキーワードになっており、ともに172回、直接使用されるか、あるいは、それぞれ異なるその変形の用法として使用されている。この時点では、フーコーの本はすでに学術上の流行となっており、1冊出版されるとたちまちブームとなった。出版当時（1975年）の1年で、『監獄の誕生』は8千冊売れ、1987年までに7万冊の売上となった。

2 『監獄の誕生』は1971〜1974年の間に書かれたものである。この時期コレージュ・ド・フランスに在籍していたフーコーには、この本の執筆に没頭しただけでなく、熱い現実社会の闘争の中にも積極的に投身していた。1971年、彼は、歴史家のピエール・ヴィダル-ナケ（Pierre Vidal-Naquet）とカトリック左派系のエスプリ誌の編集者ジャン＝マリー・ドムナック(Jean-Marie Domenach)とともに「監獄情報グループ」を創立し、監獄の生存条件の改善や「犯人を犬扱いにする」現象の除去を要求していたのである。
3 ブランショの判断によれば、「『監獄の誕生』は、言説実践だけの研究から、その背景を構成する社会的実践の研究への移行をしるしづけている。これは、フーコーの仕事と人生への政治の出現である」とのことである。私は原則的にこのブランショの論点に賛同するものである。モーリス・ブランショ、守中高明訳「ミシェル・フーコー　わが想像のうちの」『他処からやってきた声——デ・フォレ、シャール、ツェラン、フーコー』（以文社、2013年）151頁。を参照のこと。
4 ジル・ドゥルーズ、宮林寛訳『記号と事件——1972-1990年の対話』（河出文庫、2007年）211頁。
5 イアン・ハッキング、出口康夫ほか訳『知の歴史学』（岩波書店、2012年）175頁。もちろん、フーコーのこの転変は、1968年に彼がチュニスで自ら体験した政治闘争に始まっている。1968年3月、チュニス大学で大規模な反政府の学生運動が爆発したが、フーコーはかたく学生の立場に立ったのである。彼自身は、これは、自分のまったく新しい政治哲学思想形成の重要な「経歴」となったと認めている。1968年10月に帰国後、フーコーは、新しく創立されたパリ・ヴァンセンヌ実験大学の職を選び、熱い革命実践の中に投身した。同様にこの現実の政治実践の中で、フーコーは、マルクスの文献をあらためて読み始め、それについて思考を進めた。このことは、彼が理論上「マルクスへ帰る」現実的基礎になったのかもしれない。後にフーコー自身も「六八年五月なしには、私が監獄について、犯罪について、性現象（セクシュアリティ）についておこなった何ごともおこなうことはなかったでしょう」と述べている。ミシェル・フーコー、増田一夫訳「ミシェル・フーコーとの対話」『ミシェル・フーコー思考集成Ⅷ　1979-1981　政治／友愛』（筑摩書房、2001年）246-247頁を参照のこと。
6 ビデ（Jacques Bidet 1935-）。現代フランスのマルクス主義研究者。パリ第10大学名誉教授。国際マルクス主義大会議長。*Actuel Marx*誌主幹。
7 Jacques Bidet, "Foucault et le libéralisme : Rationalité, révolution, résistance," *Actuel Marx* 40 (2006/2): 170.
8 Mark Poster, *Foucault, Marxism and History: Mode of Production Versus Mode of Information* (Cambridge: Polity Press, 1984), 1.
9 Richard Wolin, "Foucault the Neohumanist?" *Chronicle of Higher Education* 53, no. 2 (1 September, 2006): 106.

第9章　政治的肉体のコントロール
―知－権力存在の反応メカニズム登場の魂

『監獄の誕生』は、近代資本主義社会における政治的コントロールに関する、フーコーの研究の発端を示している。『言葉と物』のマクロな存在における、言葉の物に対する暴力的な主観的秩序構築についての詮索とは異なり、フーコーがこの本で示そうとしたものは、ブルジョア的な新しい政治権力の「肉体」（人間）に対する現実の統治関係、すなわち知（道具的理性）の展開の中での、政治的肉体に対する隠れた規律・訓練の支配の実現である。この本の中では、フーコーは、西洋の伝統的な政治学研究の基本的経路によらず、また、民主・公正・権利など類の抽象的議論にも向かわず、西洋民主社会の標榜する一般的な法治社会の運行モデルの背後から、伝統的な政治の領域には直接存在しない、新しい形のフォーマティングによる、見えざる隷従を透視したのである。その中でとりわけ重要なものは、この種の隷従のフォーマティングは、まさに、伝統的な専制的暴力に対する代替物である「民主」と「科学」として登場したということである。フーコーはこう断言している―まさに、知をコントロールと支配の力とする隠れた権力ラインの下で、資本主義的民主政治は、有史以来もっとも精巧な存在である形式構築の中での、ミクロの権力の物理学を構築し、ここから、人類文明における第1の近代の魂の監獄（ウェーバーの言う「鉄の檻」）を生み出した。そして、今日のブルジョア世界に暴力が存在すると言うならば、それは「同意」（ブランショの言葉）[1]でもあるのだと。

　　フーコーのこの発見は、グラムシがかなり以前に述べた文化的ヘゲモニー（hegemony）に関する思考と同工異曲のものであろう。

1. 公開ショーとしての馬裂き刑から隠された無形の刑罰へ

興味深いことに、この本の冒頭は、もはや『言葉と物』の『官女たち』のような美しい光景ではなく、血腥い殺人のシーン―国王を刺殺しようとした罪で1757年にフランスで公開処刑されたダミヤン（Damiens）の、ノートルダム寺院前での馬裂きという残酷な刑罰の描述である[2]。

　　この描写法は『狂気の誕生』の実証的な方法を継承している。

フーコーから見ると、これは、伝統的な可視の暴政の中で「公共景観」として存在した殺戮の言説ショーであり、残酷な刑罰について舞台劇のような公開の宣伝を進めることにより、人々に警告を与えたものということになる。しかし、18世紀末になると、すべての西洋社会ではこのような残酷な刑罰が徐々に消滅していき、社会的な刑罰の方式の上では、残忍で苦痛のある直接的なものは減少し始め、ブルジョア階級の「残酷さがすくないほど、苦痛が少ないほど、穏やかさは増し、心遣いはふえ《人間らしさ》は増大する」という観念に基づく形式が生まれてきた。フーコーによれば、この専制から「博愛」へは、政治的言説実践の改変ということになる。新しい民主社会の運行の中では、刑罰の儀式的要素は徐々に衰え、「処罰の見世物の消滅（La punition a cessé peu à peu d'être une scène）」[3]が実現するというわけである。しかし、可視的暴力の影がないという形式で、一種の見えざる隠蔽状態への転換が始まるのだ。私は、フーコーのこの本全体の思考の情況構築の転換は、まさしくこの公開から隠匿へという刑罰の形式構築の転変から始まると見ている。

さらに注意すべきテキストの情況構築の方法的転換は、このテキストの中では、・考・古・学（archéologie）がもはや主要な研究方法ではなくなったことである。彼は、archéologieという語を使うことさえなく、「断裂」や「非連続性」などの、かつて標榜した言葉も使用しなくなった。彼は、意外にも、資本主義の新しい時期の中での、ある種の特殊な社会法制の実施形式の中に隠されているフォーマティング方式の転変に気づいたのである。これは、私が指摘した、彼の観念論史観の脱-構築の言説運用の証拠の一つである。

フーコーは、19世紀の初めよりヨーロッパ各国が、前後して公開処刑という残酷な刑罰を廃止し、「身体刑（punition physique）の大がかりな見世物は姿を消している。人々は身体がさいなまれるのを避け、苦痛を与える芝居がかった（scène）処置を懲罰（châtiment）から除去するのである」[4]と具体的に分析している。

punitionはこの本のキーワードの一つであり、この本の中では、この言葉および関連する異なる品詞の言葉は382回使用されている。

だが、刑罰がもはや肉体に直接加えられなくなったならば、それは、どこに

向かうのだろうか。その答えは魂（coeur）である。ただし注意してほしい。この魂とは、肉体と対立する精神的存在というわけではないのだ。フーコーはこう述べている。

　　重要な契機だ。処罰の派手な見世物の古くからのパートナーたる、身体と血が場所を譲る。仮面をつけて（masqué）の、新しい人物の登場である。一種の悲劇が終わって、一つの喜劇が始まっている。黒っぽい輪郭（silhouettes d'ombre）を浮かびあがらせ、顔（visage）を隠したまま声を出して、手ではさわれぬ（impalpables）本体を見せながら。処罰中心の司法機構は今やこの身体なき現実（réalité sans corps）を補足しなければならない[5]と。

このimpalpables（不可触）は極めて重要な言葉である。鮮血したたる殺戮を秩序構築の内核とする伝統的専制の悲劇は幕を閉じ、君主の聖旨と獰猛な首切り役人はもはや登場しない。そして、自由で民主的な司法の喜劇が大きな幕を開け、登場するのは仁慈の顔つきをした笑面虎[①]であり、ブルジョア社会の形式的合法性を持つ刑罰には、公正の声が伴いつつも反対に自身の暗所にある影は遮蔽されるというのである。これは、たいへん複雑な分層的情況構築である。可視的な合法性という仮面と見えざる政治的実在の矛盾である。

　　フーコーは、この本の中でmasquéを４回使用している。このmasquéは、明らかにイデオロギーの意味を持っている。

この仮面とは、ブルジョア階級が鼓吹する「人間性の勝利」にほかならず、この輝かしい自由・民主・博愛の仮面の下で、ブルジョア階級の社会的刑罰は、司法機構上、無形の「身体なき現実」すなわち人間の魂の存在へと向かうというわけである。フーコーは、新しいブルジョア的法制の中では、「司法の当事者の遠慮深さはなんという空中楼閣だろう。死刑囚に痛みを感じさせずにその生存をうばいとろう、苦しませないですべての権利を取り除こう、苦痛をともなわない刑罰を課そう、というわけだから」[6]と述べている。空中楼閣という言葉は、通常ある種の非現実的な幻想を指すのに用いられるが、ここでは、それは、反対に資本主義社会の中ですでに発生している政治的現実を表しているの

①訳者注——『水滸伝』の108人の好漢の１人、笑面虎・朱富。表は居酒屋の愛想のいい主人であるが、その裏に怖さを潜める人物である。

だ。ブルジョア階級の新しい刑罰の中では、痛苦のない、感じ取られることのない暴力が統治と支配の形式構築の核心になったのだが、それは、現実に発生しているにもかかわらず、ある種の真相を覆い隠した空中楼閣の性質を帯びた物的な幻像となっているというわけである。

マルクスの物神崇拝という言説を借りれば、これは、一種の新しい民主政治の物神崇拝となっている。

こうした変化については、まず、過去人々を恐れさせた犯罪は、今や科学の対象となったということがある。これについて、フーコーは、「もろもろの犯罪を、科学的認識の対象となりうる客体の場へ正式に加え入れることによって、それらの学問は、もはや犯罪にたいするのみならず当の個人に対する、もはや個人が行なった事柄にたいするのみならず個人が現に、将来、また可能性においてどんな人間であり、人間でありうるかという点に対する弁明可能な把握を、法律上の処罰機構に提供するのである」[7]と述べている。犯罪が科学的認識の対象となった時、刑罰は合法的で正当なものになり、その手段は科学的手続きと弁明可能性を持ったものになり、そのコントロールの力は事前の予想と防備を可能にするものになるというのである。

注意してほしい。フーコーがここで意を込めてなした、思想的情況構築の転換は以下のような意味を持っていることを、すなわち、彼がオリジナリティを発揮して政治・法律領域の事柄を直接科学的認識の領域に挿入した、この流用式の情況構築の転換の結果は、まさに爆発的な出来事—伝統的な政治学研究の非政治化となったという意味を持っているということである。この進路は、マルクスに直接反対する見解、すなわち科学は、資本に駆使されるものではなく、科学自身が新しい資本主義的隷従を引き起こす主犯であるという見解でもある。以下で、我々は、この転覆的な異質の情況構築のテーマに何度も回帰することになろう。

次に、刑罰の執行者においてソフトな転換があったということである。フーコーはこう述べている—過去の刑場でのあの大刀を振り回す首切り役人のような、肉体的苦痛と肉体破損を直接実行する人間は、科学的知識を身にまとった「一団の専門家たち」によって取って代えられ始めた。「すなわち、看守、医師、司祭、精神病医、心理学者、教育者である……彼らは司法が入手したがってい

る讃歌を歌っているわけである。というのは、彼らのおかげで司法は、身体と苦痛が自分のくだす処罰行為の最終的な対象ではない、という保証を得るからなのだ」[8]と。これが、ブルジョア階級の刑罰のフォーマティングの実現過程における人間らしさという装飾なのである。

　上述のあの科学の政治化というテーマと同様に、現在、政治的謀殺に参与する主体は、政客だけではなく、さらに多くの場合は、数々の科学知識で武装した専門家なのである。これらの「一団の専門家たち」こそが、ブルジョア社会が取りこんでいる先生方なのだ。例えば、今日つねに白衣を着てテレビに登場している専門家たちである。視覚的意図とある暗示を与える「白衣」は、科学の権威と拒否できない新型のイデオロギーとを示しているのである。

　実際には、ここでのフーコーの情況構築には、さらに第3の観点も含まれているはずである。それは―私がフーコーのテキストに対する兆候的閲読の中で発見した空白の部分でもあるが―すなわち、刑罰の対象は、犯人から犯人ではないすべての人間までに広がったという点である。フーコーは、ブルジョア階級の政治権力のもっとも核心となる、情況構築の次元を解読しているのである。それは、まさに、監獄中の犯人への有形の刑罰からすべての存在に目を向けた無形の規律・訓練への深化である。この点を理解しなければ、我々は、フーコーの政治哲学のまったく新しい思想的情況構築の扉を開くことはできないのである。

　フーコーは、19世紀以来の西洋社会における司法制度の中では、まったく新しい「一つの知（savoir）、若干の技術、《科学的な》若干の言説、それらが形成されて、処罰権の実際 (la pratique du pouvoir de punir) とからみあうのである」[9]と宣言している。注意してほしい。これは、権力（pouvoir）概念の比較的早い登場であり、しかも、知（savoir）と時を同じくして登場しているのである。

　pouvoirは、この本の中での核心となるキーワードであり、計530回使用されている。pouvoirとsavoirは、後綴りがともにvoirであるが、このvoirは、フランス語では「見て取る」または「目撃」の意味を持っており、この後、ベーコンのあの観察と実験を基礎とする「知識は力なり（Knowledge is power）」を、フーコーがあらたに情況構築し直した「知は権力なり」のための、重要な伏筆となっている。フーコーはこの本の中でsavoirを110回

使用している。

　注意してほしい。ここでは3つの重要な新しい情況構築の意向が発生しているのだ。1つ目は、知（もともとの言葉と言説）が、自然存在への秩序構築の力を持つものから、社会存在へのフォーマティング・秩序構築・形式構築の中でさらに深い支配と統治の力を持つものへと転変していることである。これは、フーコー自身の思想的情況構築における関心点の遷移を示している。
　　これは、青年マルクスのもっとも早い時期における、フォイエルバッハ式の自然哲学から社会生活のそれへの転変を我々に想起させる。

　2つ目は、知と権力の同体作業という事態に対する了解である。このまったく新しい情況構築の支点と意向は、フーコーのもともとの観念論的な言説決定論を打ち破っているのだ。知と言説は、いまやブルジョア的政治の現実的実践と結びつけられたわけである。
　　これは、フーコーの思想の真の成熟の表現でもある。それは、もちろん、知の言説研究から現実存在の形式構築へという内省的断裂である。

　3つ目は、ここでのpratique（実践）とは、もはや、たんなる言説の運用を指すものではなくなり、言説実践よりもさらに地に着いた現実存在の基盤―現実の政治権力運用という客観的な社会的実践を指すものになっているという点である。
　　これは、フーコーの思想的情況構築が唯物論の立場へ向かったというきわめて重要な変化でもある。

　我々は、フーコーがいささか謎めいて、こう宣言しているのを見て取ることができるだろう。
　　この書物の目標は以下のとおりだ。近代精神と新しい裁判権との相関的な歴史。処罰権がその根拠を入手し、その正当性と諸規則を受け取り、その影響を及ぼし、その途方もない奇抜さに仮面をかぶせている、こうした現今の科学的で司法的な複合体の系譜調べ[10]と。

　これがこの本の要旨である。フーコーは、ニーチェに由来するが、自身がそ

第9章　政治的肉体のコントロール―知－権力存在の反応メカニズム登場の魂　505

れをあらためて情況構築した（1974年）いわゆる系譜学を用いて、西洋近代の司法制度中の刑罰方式の転換に焦点を合わせ、進んで、すべての西洋の政治権力運用の秘密の戦略（tactique）を探究したのである。

　フーコーは、この本の中で、généalogieを8回使用している。これに比べて弱化しつつある考古学概念のあり様も、自身があらたに補充した研究方法に対する明確な指摘を意味している。

彼は、この刑罰方式の変化を研究するまったく新しい「政治的な技術論」（technologie du pouvoir）の中から、「われわれは権力関係にも客体の諸関連にも（des rapports de pouvoir et des relations d'objet）共通な歴史が読み取れるかもしれないのである」[11]と述べている。

　フーコーが故意に科学技術用語を用いて、皮肉な形で伝統的政治学を改造し始めたことを感じ取ることができよう。以後も、我々は、このようなまったく新しい治技術の言説フォーマティングの方式を見て取ることになるだろう。このようなフーコーの系譜研究は、一石二鳥の効果があった。すなわち、さらに正確な科学術語も採用でき、隠蔽された科学技術と政治的統治との内在的関連も説明できたという二つの効果である。

ここに到って、言葉と物の秩序構築の関係は、権力と客体（対象化された政治的肉体も含む）の支配と統治の関係に正式に転換したのである。青年フーコーのあの見えざる知の秩序構築関係への関心は、同様に見えざるかつ触れ得ざる（impalpable）ブルジョア階級の近代的権力支配に対する関心へと転換し始めたわけである。これが、我々が前にすでに指摘したあの形式構築の領域の中での「断裂」なのである。

　ここには、たいへん重要な新しい理論的質、すなわちブルジョア社会の政治戦略の中では、権力は、もはや占有可能な所有物ではなく、一種の突然出現する諸力の賭博関係であるという観点もまた存在している。一方で、もともとフーコーが関心を寄せていた主観的な言説の出来事の突然の出現は、客観的な社会の現実の中の支配的権力の布置による、複雑な諸力の賭博の突然の出現によって代替され、他方のさらに深い哲学的情況構築の面では、関係本体論の一種のグレードアップが見られるのである。マルクスやハイデッガーにあっては、存在の本質が、すなわち関係あるいは相互干渉であるとするならば、フーコー

は、ここではこのような相互干渉を闘争の様態に変えたのである。マルクスとハイデッガーにあっては、それは、社会的実践の場であり内意のある場であると言うならば、フーコーは、ここではそれを一種の硝煙のない戦場に変えたと言えるのである。これこそが、我々がとりわけ注目すべき理論的フォーマティングの突出した変化点なのである。

フーコーから見ると、ブルジョア階級の新しい規則・訓練権力の質性は、占有可能な所有物ではなく、一種の見えざる効応的な支配関係なのである。
　　　この点では、資本の質性は物ではなく機能的な支配関係であると解読した、マルクスの観点に接近している。

これについて、ドゥルーズは、フーコーの言う「権力は本質をもたず、操作的なものである。属性ではなく関係なのだ。権力関係は力関係の集合であり、支配される力も支配する力も、同じようにつらぬき、二つの力は両方とも特異性を構成する」[12]と解読している。感じ取れる自由の本質とは、目に見える形で形式化された法理タイプの社会の枠組みの属性であり、これこそが、ブルジョア的政治の守護者たちが熱心に民主政治について語る宝物なのである。しかし、フーコーによるブルジョア権力への透視は、反対に、見えざる操作性の関係の情況構築の中から始まるのである。ドゥルーズから見ると、フーコーの提起したこの新しい権力観は、重要な政治学上の転換であり、それは、ブルジョア的自由主義政治学の全部の基礎―圧迫と反抗を打ち砕き、新しい権力の形式構築の本質は、まさに可視的な権力の圧迫ではないことを提起しているのだということになるのだ。ドゥルーズはこう述べている。

　　　権力に関するフーコーの偉大な理論は、三つの項目に展開される。つまり、権力は本質として抑圧的なものではない（権力は「扇動したり、喚起したり、生産したりする」からだ）、権力は所有される以前に、実践される（権力は、階級のように規定可能な形態、国家のように規定された形態においてはじめて所有されるからだ）、権力は、被支配者も支配者も、同じように貫通する（権力は、関係するあらゆる力を貫通するからだ）[13]と。

「偉大な理論」とは、いささかオーバーであり追従の疑いがあるが、その意味するところは正しいだろう。フーコーの目の中のブルジョワ権力は、可視的な圧迫や隷属強制を行使するものではなく、ちょうど反対に圧迫をともなわな

い幸福な生活と創造的な生産の中に実現されるものなのである。この新しいタイプの権力は、ミクロ的な生活のフォーマティングへの運用に成功した後、はじめて資本によってしっかりと保有されるのである。ブルジョア権力は、まさに、政治機構の中から実施されるものではなく、こうした政治機構は、往々にして反権力的な民主の演技として表現されるのだ。この社会の中の隠れた権力は、まさに被統治者という存在によって、下から上へとフォーマティングされ形式構築されるのである。

　事実上、この転換された深い情況構築の次元については、早くもこの数年前に、フーコーは明白に説明していた。1971年のチョムスキーとの対話の中で、フーコーは、明確に自分の政治に対する関心を認めたが、この関心の重点となる思考対象は、まさに、覆い隠されているところの「実際に社会全体（corps social）を統御し、弾圧し抑圧もしている政治権力のあらゆる関係（toutes les relations）」であると語っている。彼は、過去のヨーロッパ社会では、伝統的な政治学の影響のゆえに、「権力は政府の手中に位置づけられ、ある一定数の、例えば行政府や警察、軍隊や国家装置のような特定の制度のおかげで行使されていると考えられがちだ」[14]と見ていたわけである。すなわち、上から下への権力の実施であり、その権力実施の対象は罪を犯した犯人だというのである。だが、いまや、フーコーは、あの「政治権力から何も共通なところがないように見える〔中略〕政治権力から独立しているように見える」出来事と現象を発見するようにと我々に仕向けているのである。なぜなら、今日のブルジョア階級の最大の政治は、まさに政治の外にあるからなのだ。

　　　後に、我々は次のことを見ることになるだろう―フーコーは、工業生産と商品－市場経済が、毎時つねに政治の外の日常生活の肉体の細部の上にフォーマティングされた存在であるがゆえに、その本真こそがブルジョア階級のもっとも重要な政治運用であると見ていることを。アガンベンは、フーコーは、「権力の問題に対する司法的－制度的範型（主権の定義、国家の理論）を基礎とする伝統的な取りくみかたを決然と放棄し、それによって、権力が主体の身体そのものとさまざまな生の形式とに浸透していく具体的な様態を先入見なしに分析しようとする」[15]と見ている。

　フーコーは、資本主義という新しい社会の現実の中では、ブルジョア階級の「政治権力は考えられているよりもずっと奥深いものだからです。それは複数

の中心と、ほとんど知られていない不可視の複数の支点（des centres et des points d'appui invisibles）をもっています」と宣言している。これらの見えざる支点は、根本的にもはや、過去の専制政治権力の演技の中心―監獄や刑場などの形では出現せず、ブルジョア階級が公開・公正の場所として標榜する場所―警察局や裁判所にあるのでもないというのである。彼の見方によれば、今日の社会生活の中で真に権力のコントロール作用が発揮されているところは、まさに「中立的で独立しているように見える制度」―犯人のいない家庭・学校・工場なのである。だが、非政治的で中立しているように見えるこれらの機構は、反対に、その表面的な平和の中で、不断にある種の「ひそかに行使されていた政治的暴力（la violence politique qui s'exerçait obscurément）」を生み出しているということになる。例えば、すべての教育制度は「一見、知を流通させるために作られているように見えるものの、ある社会階級に権力を維持させ、権力装置から他のあらゆる階級を排除するために作られている」[16]というわけである。学校は、未来のエリートを生産する場所であり、知識を通じて、主体の社会的存在のクラス分けと未来の社会的権力の秩序ある構造の予備設定をフォーマティングする役割を演じているということである。別のインタビューの中で、フーコーは、「五月革命の運動がはっきりと露呈させたように、この知は二重の抑圧として機能しています。この知から排除されている人々と、この知を受け容れて、あるモデルや諸々の規範、格子などを押しつけられている人々、この双方に働く抑圧として」[17]と語っている。

　フーコーのこの批判的な思想的情況構築は、後にブルデューによって光を当てられ再構築された。

2. 知と肉体の馴らし―権力のミクロ物理学

　フーコーは、西洋のブルジョア的刑罰制度の改変の真の現実的基礎は、資本主義的近代工業であると我々に訴えている。私は、これは極めて深い理論と現実の位置付けだと思う。

　　これは、フーコーが社会的唯物論に向かったという、もう一つの重要な情況構築の支点でもある。細かく見れば、もともとの『言葉と物』の中の人為的設定である、多種の観念的なエピステーメー間の差異は消え去っており、エピステーメーの言説構成要件としてのスミス―リカードなどの抽

第9章　政治的肉体のコントロール―知―権力存在の反応メカニズム登場の魂　509

象的理論も弱化されている。いまや、フーコーが関心を寄せ始めたのは、すでに現実中の資本主義的工業の生産過程になっているのだ。これは、マルクスの史的唯物論に接近している理論経路である。

なぜなら、資本主義的「工業システム（système industriel）が必要とするものは自由な労働市場である」からである。これは、明らかにマルクスの政治経済学研究中の歴史的判断でもある。
　　前面の『言葉と物』の中のマルクスに対する直接的反感とは異なり、『監獄の誕生』の全執筆過程では、フーコーは、意外にも、マルクスの政治経済学の思想的情況構築にかなり密接に依拠していることを見出すのは難しくないだろう。とくに、彼の『資本論』の中の大量の論述の間テキスト性の引用がそうである。このような変化は、『知の考古学』の最後の部分の論述中に徐々に現れ始めていた。

フーコーの筆下では、かつては刑場で高々と振り上げられた首切り刀が、もはや存在しなくなったばかりでなく、19世紀からは、刑罰制度の中の強制労働もだんだんと少なくなったと描写されている。そして、現在では、西洋のブルジョア階級が創造した新たな刑罰制度が、一種の普通の民衆の身体にかかわる「政治経済学」（« économie politique » du corps）としてすでに姿を現しているという。
　　我々は、このテキストの執筆過程でフーコーが「人間」という概念を極力使用しないようにして、多くの場合「肉体」（corps，身体）という言葉を使用しているのを見て取るであろう。この本のもう一つの特点は、フーコーがマルクスの政治経済学の言説を直接流用しているところである。

我々が前に見たような、あの直接肉体に施す残虐な殺戮とは異なり、ブルジョア的な肉体の政治経済学は、もはや単純に犯罪者の肉体を消滅させるものではなくなり、一切の人間を経済的に馴らし、成長させ、利用するのである。
　　一切の存在を利用して世界を支配することこそが、ブルジョアイデオロギーの本質である。

フーコーは、これは、一種の新しい政治の場（champ politique）であると述

べている。

　　フーコーは、この本の中でchampを42回使用して、社会生活の構築的な群の出現の場の情況という属性を突出させている。

　フーコーは以下のように述べているのだ。

　　身体のこの政治的攻囲（investissement politique du corps）は、複合的で相関的な諸関連（relations complexes et réciproques）②に応じて身体の経済的活用と結びつく。身体が権力関係と支配関係（rapports de pouvoir et de domination）によって攻囲されるのは、かなりの程度までは生産力（force de production）としてであるが、その代わりに、身体を生産力として組み込むことができるのは、身体が服従の強制の仕組（système d'assujettissement）（そこでは欲求もまた注意深く配分され計量され活用される政治的道具の一つである）の中に入れられる場合に限られる。身体は、生産する身体であると同時に服従せる身体である場合にのみ有効な力となるわけである[18]と。

　これはまことに驚くべき記述である。フーコーの新しい政治批判の情況構築によると、ブルジョア的な新しい政治の核心の質は生産力概念だというのだ。我々はみな、生産力という概念は、マルクスが、スミスの労働生産力・ヘスの協働・リストの国民的生産力に基づき、その総体を総合して創造した科学的概念であることを知っているだろう[19]。それは資本主義的近代工業の秩序構築の存在論的本質を反映しているのである。フーコーが近代政治の本質を説明するのに、まず使用したのは生産力概念だったのである。これは非常に深い思考ポイントであろう。刑罰の対象を残酷に消滅される肉体のフォーマティングから、経済的機能を発揮する道具的力量、すなわち「身体の経済的活用」に変えたわけである。これは、まったく新しい服従の秩序構築のシステムであろう。このような服従は、通常の外部的な政治統治よりずっと徹底的でありラディカルで

---

②訳者注——著者は、この部分の中国語訳に訂正を加えて、rapportとrelationをそれぞれ「关系」「关联」と訳し分けている。その理由は、フーコーは、大きな尺度での相互関連（ネットワーク）にはrelationを使っているからというものである。また、著者は、『監獄の誕生』の中ではrapportは153回使用され、relationは59回使用されていると指摘している。

ある！　私は、これこそが、フーコーの政治哲学に対するもっとも重要な思想的貢献だと思う。

　　フーコーのここでの理論境界の突破には、さらにマルクスの生産過程と政治支配の間についての分離、すなわち生産無罪論―資本主義的生産様式における真の悪しきものは、生産力の基盤の上の生産関係のみである！という観点の突破も含まれる。フーコーは、これに対し、明確にこう指摘しているのだ―資本の論理を真に世界支配の論理にさせているのは、まさに生産自身の中で発生している対象への支配とコントロールの原理であり、自然の物質的対象を支配するという、労働によるフォーマティングがブルジョア社会の秩序構築によって生まれた存在の現実的基礎である。生産力こそが最大の政治だ！と。このような観点は、ボードリヤールがマルクスの史的唯物論を批判した原因の一つでもある。もちろん、私は、フーコーの観点に全面的に賛成するわけではない。なぜなら、彼のここでの批判の表面張力は、一種の非歴史的なロマン主義的空想に由来しており、人類が、ある日このような社会的存在の現実的基礎としての物質的生産労働に従事しなくなるということは絶対にあり得ないからである。だが、私は、フーコーは、的確に、我々が今日社会主義の名義で生産力を発展させている時に、真剣に考えるに値するさらに深い次元の問題―生産の秩序構築の存在自身に対する病変のメカニズムを提起していると思うのである。

　　フーコーは次のように述べている―この新たな服従の秩序構築の仕組みは、もはや、伝統的な政治統治の中の「単に暴力本位の手段だけによっても、また単に観念形態を主とする手段だけによっても（par les seuls instruments soit de la violence soit de l'idéologie）実現され」ず、肉体に向かっては「武器も使わず恐怖に訴えなくてもよい」。それは、肉体を消滅させることも、肉体に耐えられない苦痛をあたえることもなく、肉体に対するコントロールと「身体の一つの『知』（« savoir »du corps）」を通じて肉体を解放しコントロールするのだと。

　　上述の議論を通じて、知は、秩序構築を通じて自然の存在（物）をコントロールし、さらには肉体（人間）を隷属化し強制を加えるための、資本主義世界の中の重要な道具であることを、我々はすでにわかったものと思う。

続けて、フーコーは、ブルジョア階級による「この知とこの統御こそが、身体の政治的技術論（technologie politique du corps）とでも名付けていいものを構成するのである」[20]と述べている。これは新たな命名である。肉体の「政治経済学」（マルクスの言説）は、肉体の政治技術論へと向かい始めたのである。この政治技術論は、肉体を具体的にコントロールするものではあるが、伝統的な可視の直接の肉体的強制に比べて、その肉体のフォーマティングの方式は、反対に見えざる分散的な方式のものになるというのである。フーコーは、さらに広いマクロの次元の上では、類比しうるもののバリエーションも発生する。例えば、当今の国家装置や各種の社会機構が運用するものも、すべて一種の権力のミクロ物理学（microphysique du pouvoir）なのであると宣言している。

フーコーは、この本の中で、microphysiqueというこの特殊な表現を6回使用している。我々は、先に遭遇したこの種の科学的言説の世界にすでに全面的に入ったことになるのだ。

これこそが、フーコーが、この本において構築した政治哲学の情況構築の中で、提起したもっとも著名な論断にほかならない。

まず、ブルジョア的政治権力のミクロの物理学は、一種の戦略（stratégie）だということである。

フーコーは、この本の中で、stratégieを24回使用している。我々は、『知の考古学』の中でブルジョア階級の戦略論についての議論をすでに見て取っているはずである。そこでは、このような戦略は、無形の言説による策謀であり、実体性の社会歴史観の中では無主体の見えざる暴力であった[21]。

フーコーは、いまや、肉体に加えられる権力は、もはや過去の奴隷主が自分の所有物に対する占有権を実施するというような形で実現するのではなく、無形の戦略のネットワークを通じて実現するものなのだと述べている。

この点では、ホネットの理解は正確なものであろう。彼は、フーコーが「複雑な権力構成体の編成と再生産をも、戦略的行為のモデルという基礎にのみ基づいて理解しようとする」ことを発見した。ホネットは、フーコーの言う権力関係は、以下のようなプロセスとして理解されていると見ている——「このプロセスでは、それぞれの状況で、異なった場所で獲得された

第9章　政治的肉体のコントロール―知－権力存在の反応メカニズム登場の魂　513

もろもろの権力の座が、網の目のように、中心を欠くシステムへと編み上げられる。水平的に、すなわち、出来事の流れ（Ereignisstrom）の中で持続してゆくもろもろの闘争を共時的に切るという擬制的観点から考察すると、さまざまな社会の前線で獲得された戦果が、一つの共通の目標設定という総体へと補完されてゆくことをとおして、いずれの瞬間にも支配秩序が形成される。権力システムは、何はさておき、社会の生活連関の異なった場所での同じような行為の結果を一時的に結びつけたものにほかならないと言える」[22]と。ホネットのここでの分析には深いものがある。

フーコーは、ブルジョア階級のこの新しい権力の戦略的ネットワークを次のように見ている。

　その権力支配の効果（effets de domination）は、一つの《占有》（«appropriation »）に帰せられるべきではなく、素質・操作（manœuvres）・戦術（tactiques）・技術・作用などに帰せられるべきであること。その権力のうちにわれわれは、所有しうるかもしれなぬ一つの特権を読み取るよりむしろ、つねに緊迫しつねに活動中の諸連関がつくる網目（réseau de relations）を読み取るべきであり、その権力としてわれわれは、ある譲渡取引を行なう契約とか、ある領土を占有する征服を考えるよりむしろ、永久に果てない合戦を考えるべきであること[23]と。

戦略。それは『知の考古学』の中で議論された新しい観点である。そこでは、フーコーは、近代資本主義社会の政治運用の中での新しい統治形式の出現を指摘していた。すなわち、言説実践中の戦略的フォーマティング（formation des stratégies）である。

　私は、フーコーが、この『監獄の誕生』の中で、この重要なフォーマティング（formation）という概念を42回使用しているのに気づいた。例えば、「知のフォーマティング」・「関係のフォーマティング」・「伝統のフォーマティング」などである。だが、中国語訳者は、この言葉の原意を基本的に抹消している。これは、一つのテキストの翻訳に存在する、テキストの思想的情況構築における最大の遺憾事である。『知の考古学』の中でも、フーコーは、言説のフォーマティングについて深い議論をしている。彼から見ると、言説フォーマティングとは、凝固された剛性の構造を造りだそうとするこ

とではなく、言説実践中の「分節化されたシステム」（systèmes de dispersion）の中で現時点において構築され脱-構築されている、動態の機能的情況を実現しようとすることなのである[24]。だが、『監獄の誕生』の中では、政治哲学の情況構築における戦略論は、おもに思想史の中の言説実践を対象とするものではなく、今日の資本主義社会の現実の中で発生している政治統治の実践と権力の運用のメカニズムを対象としているのだ。

　ここまで具体的に説明したフーコーの意図はまさに以下の点にある——権力のミクロ物理学の中では、すでに見えざるものになった暴力と強制に取って代わったのは、無形の言説の戦略である。そして、この新しい権力は、もはや点状の打撃という形ではなく分散式の網状の分節という形を取り、対象の占有という形を取らずその行使中の戦略と計略という形を取る——この点である。
　　例えば、今日の市場経済の中で生まれた商品消費戦略は、もはや押し売りではなく、まず先に虚構の欲望を作り出し、人々が自発的にその対象（ルイ・ヴィトン、ニコン800、iPhone……）を狂気のように追求するように仕向けることである。これも、またフーコーの指摘する見えざるミクロ権力の物理学の支配のあり方の典型である。同様にこのゆえに、ドゥルーズがこう述べたわけである——フーコーの「権力の戦略的な関係の研究は、『監獄の誕生』とともに始まり、逆説的にも『知への意志』において頂点に達するのだ」[25]と。

　次に、ブルジョア的政治権力のミクロの物理学は、ちょうどそれを拒否する反抗の中で分節化されるということである。私は、これは人を興奮させる政治哲学上の発見だと思う。ブルジョア階級の新しい権力の実施は、被支配階級に対してある種の禁止や圧制を強制するだけのものではなく、反対に「彼らを攻囲し、彼らを介して、また彼らを通して貫かれる。まったくちょうど、それに対する戦いで今度は彼ら自身が、それがこちらに加える影響力を拠り所にするように」[26]というものだというわけである。
　　これは、フーコーのきわめて深い権力分析であり、彼の権力批判中にある、奇異な思想的情況構築の中の深い観点でもある。これに対して、ドゥルーズは、フーコーは「権力は〔被支配者たちを〕取り囲み、彼らを経由し横断し、彼らに支えを見出し、同様に彼らも、権力に抗する闘争におい

第9章　政治的肉体のコントロール―知－権力存在の反応メカニズム登場の魂　515

て、権力が彼らにむける影響を支えとする」[27]ことを発見したのだと評論している。権力は、権力の保有者（ブルジョア階級）1面だけの事情ではなく、まさに権力によってコントロールされている者、すなわち新しい民主主義の奴隷たちによって現状が維持され構築されているというわけである。

　フーコーから見ると、伝統的な政治によるコントロールにおいては、常に出現していた禁止と反抗の固定した対立関係は、新しい権力の運用中では逆転が起り、現在のブルジョア的権力関係は、「社会の深部に降りていて」、日常生活の細節の中で1系列の複雑な伝播のメカニズムを生み出し、肉体というミクロの存在の中で権力メカニズムを複製し、かつ権力支配は、まさに禁止と反抗を通じて伝播し分節化していくということになるのだ。
　　　　似たような出来事、例えば色情刺激行為の禁止は、知らせないようにすればするほど知りたくなり、見せないようにすればするほど見たくなる。この種の事例は、ちょうど不都合なものがその伝播を拡大する分節化方式なのである。

　現在、我々が西洋社会の中に見る、一定の範囲に規制されているデモ・ホワイトハウスやバッキンガム宮殿前の抗議のテント・新聞・テレビ・インターネットなどのメディアにおける政府への悪罵―これらはすべて民主社会の権力の合法性の標識なのである。一定の意味において、人々を反抗に導くことは、まさに人々を支配する一種の隠された方式なのである。こうしたフーコーの分析はこのうえもなく精彩に富んでいる。
　さらに、ブルジョア的政治権力のミクロの物理学は、一辞一義的ではない分散のメカニズムであるということである。新しいブルジョア権力は、もはや1対1、点対点という直接の圧迫や強制ではなく、無形で分散し空気のように弥漫し浸透していくものだというのである。フーコーはこのことを次のように説明している―「それら諸関連は一辞一義的（univoques）ではなく、それらは多数の対決点（des points innombrables d'affrontement）を、また不安定性の根源を規定するのであって、その根源のそれぞれが争いや戦いや、力関係（rapports de forces）の少なくとも一時的な逆転などの危険性を含んでいる」[28]と。伝統的な政治統治の中の可視的なマクロの権力支配に比べて、フーコーは、このよう

な資本主義社会の中で生まれてきた分散式の新しい権力を無形の「ミクロ的権力」(« micropouvoirs »)と指摘しているが、ちょうどブルジョア階級が鼓吹する自由な市民社会という原子的な生存の中では、このような権力による「処罰権が、いたる所で、連続的、しかも社会体の最小単位にまで行使されうるような、同質的な回路のなかに、懲罰権が割り当てられるようにすること」[29]が求められるのだというのである。

  マシュレーの考証によれば、フーコーのこの引用記号が付いた「ミクロ的権力」は、スピノザの『エチカ』の第3部に由来するという[30]。

ゆえに、それは、感知可能な禁止あるいは、超えてはならない明確な境界ではなく、その分節化は、無数の接触点と衝突点を通じて侵入のネットワークを構築するのである。このミクロ的権力の真の作用対象は、人々が常態だと思っている日常生活の小事のフォーミングなのである。それは、見えざる権力の微粒子の形をとって、生活の中に弥漫し人々にそれを空気のように離れがたいものと思わせるのだ―これこそが、ブルジョア階級の新しい社会コントロールの要諦なのだ。

  当然にも、ブルデューは、「フーコーの権力分析論は、支配のミクロの構造と権力闘争戦略に着目し、普遍概念を、とりわけ普遍的に受け容れうる道徳性の探究を排除する」[31]と見ている。これは、我々にとっても注意が必要なところである。

3. 知は権力である―堂々たる知識は見えざるミクロ的権力を負っている

上述のまったく新しい政治哲学の思考の情況構築に基づき、我々はさらに一歩進んだ追問を必要とする。資本主義社会の中のこうした新しいミクロ的権力は、なぜまた何によってすべての人間の肉体と魂を捉えることができるのか。それは、過去の奴隷主の手中に握られていた皮の鞭と、とうていどんな根本的な違いがあるのか。権力は、畢竟具体的にどんな形で一種の無形の戦略に転換するのか―などである。これに対するフーコーの回答は驚くべきものであった。彼は、新しいミクロ的権力の分節化において、その最大の共犯者は、我々がずっと追随し推戴してきた(科学)知だと宣言するのである。

第9章 政治的肉体のコントロール―知―権力存在の反応メカニズム登場の魂　517

　　これは、青年フーコーが関心を寄せていた知のカテゴリーと権力概念との最初の連接である。もちろん、『知の考古学』の思想的情況構築の中には、ここまで達するようなさらに深い次元は見当たらなかった。あるいは、これは、ホルクハイマーとアドルノの『啓蒙の弁証法』が道具的理性による自然と社会の隷属化を指摘した後の、すべての人々を震撼させたもう一つの断言かもしれない。同様にこの時から、ベーコン以来ずっと科学と啓蒙の旗であったスローガン―Knowledge is powerは、知は権力である！　としてあらためて情況構築されたわけである。これは、青年フーコーの以前の憂愁の予感、「認識によってえいえんのひかりに導かれると思っていたら、じつは、これによって闇と禁止された世界へと導かれる」[32]を裏付けるものとなっている。

　フーコーはこう述べている―我々は、カントが宣言した、あの「理性的知識は人間が自主的意識を獲得する啓蒙の前提である」という言葉を信じるべきではない。それは、あたかも「権力を捨てさることが人が学者たりうる諸条件の一つである」[33]と言っているかのようだからだと。
　　フーコーの批判の矛先は、明らかにブルジョア的啓蒙思想に向かっており、これは、ホルクハイマーやアドルノの『啓蒙の弁証法』の攻撃方向と一致する。このため、フーコーは、晩年に皮肉を込めて『啓蒙とは何か』をまた書いたのである。この論文については、我々は後に議論することにする。

　フーコーは、資本主義のまったく新しい政治的統治の中では、往々にして事情の真相とその表層はまさに転倒した形になると、我々に訴えているのだ。これは、またマルクスの歴史現象学の批判の形式構築でもある。一方で、知は権力と離れることはできない。フーコーは、かつて「コミュニケーション、記録、蓄積、転移、これらからなるシステムなしにみずからを形成する知は一つとしてない。それ自体が一つの権力の形式であるこのシステムは、その存在と機能において、他の諸形式の権力と結びついている」[34]と述べている。また他方では、ブルジョア的権力の運用も、知の「抽出、横領、分配、貯蔵」と離れることはできないのである。フーコーは、この新しいブルジョア的世界の中では、以下のような点が姿を現すと見ているのだ。

権力は何らかの知を生み出す (le pouvoir produit du savoir)（ただ単に、知は奉仕してくれるから知を優遇することによってとか、あるいは、知は有益だから知を応用することによってとか、だけでなく）という点であり、権力は知と相互に直接含み合うという (pouvoir et savoir s'impliquent directement l'un l'autre) 点、また、ある知の領域 (champ de savoir) との相互関係が組み立てられなければ権力的連関は存在しないし、同時に権力的関連を想定したり組み立てたりしないような知 (savoir qui ne suppose et ne constitue en même temps des relations de pouvoir) は存在しないという点である[35]と。

これこそが、私が先に指摘した重要な転変である。『言葉と物』では、フーコーは、言葉（知）の物（自然存在）に対する暴力的な烙印について議論し、『知の考古学』では、知が歴史方法論次元で隠れた暴力を生み出す可能性について議論したが、ここでは、フーコーは、知の社会的存在自身に対する権力的支配についてさらに多く関心を向けているのである。

フーコーの言わんとするところは、今日の資本主義社会においては、外部的専制から脱却した新しいタイプの権力は、まさに知との共生物であり、両者は相互依存しているということである。マルクスの観点と異なるところは、科学的知は、一種の価値中立的な道具として資本によって利用されるのではなく、それがブルジョア的政治統治の権力と根本的に共生・共謀の関係にあるという点である。正確に言えば、それは、まさにブルジョア階級が生み出した、新しい知－権力関係であるということである。「自然を拷問して」（ベーコン）もたらされた科学知が構築した知の場は、ブルジョア社会の中の新しい権力（一切を支配する力）の分節化のベースであり、同時に、この隠された権力も、知の誕生の必須の前提であるゆえに、両者は相互依存の関係でありどちらかを欠くことはできないというわけである。ここから、フーコーは、この新しいタイプの「権力－知」(« pouvoir-savoir ») 関係の分析は、「自由であるはずのひとりの認識主体 (sujet de connaissance) をもとに」するというブルジョア政治学の偽の問題の上に立つべきではなく、反対に、「認識する主体、認識されるべき客体、認識の様態 (modalités) はそれぞれが、権力－知の例の基本的な係わり合いの、またそれら係わり合いの史的変化 (transformations historiques) の、諸結果であるという点」[36]として見なされるべきであると述べているのである。

第9章　政治的肉体のコントロール—知－権力存在の反応メカニズム登場の魂　　519

　　私は、connaissanceは、フーコーがsavoirと区別された専門用語として
　使用したものであり、通常は静態的知識に偏したものであるということを
　すでに述べたはずである。さらに、私はこれを知̇識̇と訳したいと考えてい
　る。フーコーは、この本の中で、このconnaissanceを36回使用している。

　フーコーから見ると、ブルジョア階級が確証している人間主義的な主体性（個
人）は、知－権力関係の情況構築物にすぎず、知の対象・それをもって枠組み
を作り上げるフォーマティング・秩序構築のパラダイムは、すべてこの関係の
場が実現させた結果なのである。
　　これは、『言葉と物』で指摘した「人間は最近の発明である」の具体的
　な認定でもある。

　伝統的なブルジョア的政治観念においては、まさに神が倒されたゆえに、自
由な人類主体というものがはじめて実現でき、まさに理性と知識を持つ人間が、
権力に対する反抗の過程で反封建的な知の体系を創造し、脱魔法の中で啓蒙的
な近代科学の枠組みを生み出したということになるが、フーコーは、「権力に
有益な知であれ不服従な知であれ一つの知を生み出すと想定されるのは認識主
体の活動（activité）なのではない。それは権力－知〔の係り合い〕であり、そ
れを横切り、それが組み立てられ、在りうべき認識形態と認識領域を規定する、
その過程ならびに戦いである」[37]と、我々に訴えているのである。これは、着
実で、正確で、容赦ない真正面からの打撃であろう。
　これと関連して、フーコーは、科学的知にもっとも接近している知識層の地
位も当然に根本的な変化が見られたという。1972年のドゥルーズとの対談で、
フーコーは権力と知識層についてこのように語っている。
　　　検閲という上層機関（instances supérieures）のなかだけでなく、社会の
　すみずみに深々と抜け目なく浸透している権力があります。知識人たち
　は、みずからこの権力システム（système de pouvoir）の一部をなしている。
　自分たちは「良心」と言説の代弁者だという考えそれじたいが、このシス
　テムの一部なのです[38]と。

　フーコーの見方によると、現代資本主義社会の生活の中では、従来から現実
批判の使命を賦与されてきた知識層も、ブルジョア権力の分節化自身の一種の

隠れたフォーマティング方式になったしまったというのである。これは、恐るべき逆行した言説の運用である。ゆえに、フーコーは、知識層が労働者に対しあれこれと口出しするのにとくに反感を抱いていた。彼は、明らかにサルトルらが、自分たちを圧迫された民衆の代弁者と見なすような高踏的なやり方を嫌っていたわけである。このことについて、彼は、「労働者は自分たちが何をしているのかを知るために知識人を必要とはしていない」。なぜなら、「知識人とは、生産機構ではなく情報機構につながっている人間だ」[39]と述べたことがある。私は、このフーコーの断言にはよいところも誤ったところもあると思う。封建的専制に反対する歴史情況において、科学知は当然にも専制権力に反対する有力な武器になった。知は新しい解放された世界を切り開いたのである。この点を否認することは非歴史的観点であろう。だが、フーコーの深い部分は以下のところにある——彼は、鋭敏にも、まさにこの新しい政治的解放の中で、知がひっそりと新しい非外部性の強制的権力、すなわちすべての存在をコントロールし支配する権力を孕んだことを、および、この権力は、また、知の存在自身に対する本質的な占有のための可能性の空間も提供したことを発見した——この点である。しかし、知識層がブルジョア階級の共犯者だと言うのなら、それは、ブルジョア的学術体制内の非批判性の言説を操る知識層だけを指すのではないだろうか。そうでなければ、フーコー自身はどこにいるというのか。別の非ブルジョア的な星にいるというのか。彼は、なぜ、サルトルとともに1968年以降のフランスの学生運動の前列に立ったのだろうか。

　このような判断に基づいて、フーコーは、さらに一歩進んで、資本主義社会における「身体の政治的攻囲（l'investissement politique du corps）および権力のミクロ物理学」についての分析を行なおうと提起するのである。

　　investissementにはフランス語では投資や包囲の意味がある。

彼は、「われわれは—権力については—例の暴力と観念形態（violence-idéologie）との対比や『固有性』の比喩や契約ないしは征服というモデルを断念しなければならず、他方、知については、《利害関係のある》ものと《利害関係なき》ものとの対比や認識というモデル（modèle de la connaissance）や認識主体の最優位性を断念しなければならない」[40]と我々に要求するのだ。このように、総じてフーコーは、すべての政治学の伝統中の権力（可視的な暴力）と知（価値中立）に関する見方を放棄し、これによって、一種のまったく新しい政

第9章　政治的肉体のコントロール―知−権力存在の反応メカニズム登場の魂　521

治「解剖学」(« anatomie » politique)（ペティの言葉）を受け入れることを我々に要求しているのである。仔細に見れば、この政治解剖学の内容は確かに新しいと言えるであろう。続けて彼はこう述べている。

　　われわれは《政治体》(body politic) を、物質的構成要素（éléments matériels）ならびに技術の総体として取り扱うであろうし、その技術たるや、人体を攻囲してそれを知の客体（objets de savoir）となしつつ服従させる、権力と知の関連（relations）にとって、武器・中継地（relais）・伝達手段・拠点として役立つのである[41]と。

　我々は、フーコーが先に、19世紀から始まった資本主義社会の刑罰が肉体に対する残酷な刑罰から肉体の「経済的活用」へと変わったと、述べていたのを見て取ったはずである。しかし、具体的な議論の中では、彼が、今日の懲罰が「目標としてもっぱら犯罪者のひそやかな精神しか狙っていないと言っているわけだから、懲罰の歴史を身体の歴史を基礎として書き上げることができるだろうか」[42]などと考えているのも、すぐに見出せるのである。この魂＝精神として登場する政治的肉体とは理解に苦しむものであるが、私の見方によれば、この政治的肉体とは、生物学上の肉体ではなく、政治の場の存在の中で再構築された関係的な生命体のことであろう。

　　これは、後にアガンベンが言ったあの「剥き出しの生」と深く関連している。私は、ホネットが、この政治的肉体として登場する特赦な「魂」について理解できなかったことに気付いた。彼は、「心的なものは社会的に強制された告白による人為的産物」であり、魂の概念とは「人間の概念におけるその反映」であるという主観的情況構築において、フーコーの言う魂説の「奇妙さ」と「説得力のなさ」を指摘しているのだ[43]。

　フーコーは、資本主義という近代社会の中の政治権力は、すでに暴力的な刑罰権力から近代の「魂」（精神＝政治的肉体）に対して隠されたフォーマティングが支配するミクロ的物理学に変わったと宣言している。
　まず、物理学と言うゆえんは、ちょうど、この種の権力は、主観的言説を運用するだけでなく、それが支配する「精神は実在する。それは、一つの実在性（réalité）をもっている」「しかも精神は、身体のまわりで、その表面で、その内部で、権力の作用（fonctionnement）によって生み出される」[44]からである。

ブルジョア階級の新しい権力は、見えざるものではあるが、情況構築の意味では客観的実在なのだというわけである。
　　私の判断によれば、これは、自身の本来のエピステーメー観念決定論に対する内省と改正であり、彼が唯物論哲学の立場を確立した基本原則でもあると思う。

　次に、この種の権力作用の対象は一種の特殊な魂だということである。この魂は、過去の宗教・神学のコンテクスト中で語られたあの精神・魂とは異なり、それは、もはや「生まれつき罪を犯していて罰せられるべき」ものとして賦与された魂ではないのだ。「実在的な、だが身体不関与のこの精神はまったく実質的（substance）ではない。ある種の型の権力の成果と、ある知の指示関連（référence）とが有機的に結びついている構成要素（l'élément）こそが、しかも、権力の諸連関が在りうべき知をさそいだす場合の、また、知が権力の諸成果を導いて強化する場合の装置こそが、実は精神の姿である」というのである。このような魂は、場の情況において突然出現した関係的存在にほかならない。このような魂は、「処罰・監視・懲罰・束縛の手続き」[45]という情況の突然の出現から生まれるとさえ言えるのである。これは、きわめて興味深い言い方である。上述の専制式のマクロ的な支配からの転換と一致して、ブルジョア階級のミクロ的権力の物理学が向き合うこのような魂は、独立して存在する一種の実体ではなく、知の指示連関によって構築された関係的な情況構築の対象にほかならず、その現実存在は、権力がある種の見えざる刑罰・監視・強制を施した結果であり場の情況の存在にほかならないのだ。これは、フーコーの言う資本主義社会に存在する近代的主体性を持つとされる政治的肉体でもあるかもしれない。それは、新しいタイプの権力的存在の依存方式でもあるのだ。これは、たいへん理解に難しい新しい思想的情況構築であると言うべきであろう。
　　私は、これは、師であるアルチュセールが1969年に執筆した「イデオロギーと国家のイデオロギー諸装置』論文中の主体構築説の改造であり深化であると思う。この著名な著作の中で、アルチュセールは、イデオロギーの主体に対する呼びかけ式の構築を指摘し、主体は実体ではなく、国家のイデオロギー諸装置は、家庭・学校・日常生活を通じて、毎時構築される場の情況の存在であると指摘した[46]。フーコーは、イデオロギーについての見解は直接放棄して、それをブルジョア階級のミクロ政治権力の分節化

第9章　政治的肉体のコントロール—知—権力存在の反応メカニズム登場の魂　523

として透視し、個人主体なるものは、まさにこのミクロ的権力の作用の結果と見たわけである。それは、同じく一種の構築論ではあるが、権力の分節化(さらに以下で規則・訓練について議論する必要があるが)によって突然出現するものとしたのである。1984年去世前のインタビューの中で、フーコーは次のように主体について言及している—「私は主権をもった創設的な主体、、遍在する主体という普遍的形式（forme universelle de sujet）は存在しないと考えています。私は、主体のこうした考え方に対してはとても懐疑的ではっきりと反対です。私は逆に、主体は従属化の諸実践をつうじて構成される（constitue à travers des pratiques d'assujettissement）ものだと考えています」[47]と。

フーコーの筆下では、資本主義社会の中の新しい権力支配によって変化させられた「魂」とは、まったく新しいものであり、それは、すでに我々の常識中のあの肉体と対立する精神的存在ではなく、近代社会の権力の分節化に対応する場の情況の存在の受け皿なのである。さらに重要なことは、フーコーが指摘しているこの新しい魂なるものは—過去の思想史研究の中では—まさに、我々によって「人間」あるいは主体的なもの呼ばれていたものなのだということである。
　そこでは、それはまさしくブルジョア的な個人の主体性なのである。

しかし、フーコーは、これを透視して別の一種の関係性的存在そのものだとしたのである。フーコーは、この主体性という魂は、近代的権力の一連の分節化のメカニズム（engrenage）にすぎず、それは、「権力の諸連関が在りうべき知をさそいだす場合の、また、知が権力の諸成果を導いて強化する場合の装置」[48]なのであると述べている。
　カントの啓蒙の定義によれば、主体性は、知(理性)と共同に発生し、知と相互依存のものであるということになるが、フーコーの観点は、皮肉な情況構築の次元の中では、これと逆に一致してしまうのである。

その具体的表現は—この知の空間の「実在性—指示関連（réalité-référence）」を取り囲むように、人々は各種の概念をつくりあげると同時に、各種の主体性関連の存在の分析領域、すなわち心理主体・主観的世界・人格の構造・意識の

次元などを切り取ってきた。さらに、この主体的人間なるものを取り囲むように、「諸技術と学問的な言説（des techniques et des discours scientifiques）」および「人間中心主義の道徳的（morales de l'humanisme）な権利要求」さえ形成されてきた——というものである。これこそが、資本主義世界の中で天にまで持ちあげられる科学と民主、すなわち我々が「德先生」と「賽先生」③と呼ぶブルジョア的精神の中のあの二つの最重要なキーワードにほかならないのだ。フーコーは続けてこう述べている。

　　人々がわれわれに話しているその人間像（l'homme）、そして人々が解放（libérer）しようと促しているその人間像こそは、すでにそれじたいにおいて、その人間像よりもはるかに深部で営まれる服従［＝臣民］化の成果（l'effet d'un assujettissemen）なのである。ある一つの《精神》がこの人間像に住みつき、それを実在（l'existence）までに高める、だが、この実在それじたいは、権力が身体にふるう支配のなかの一つの断片なのだ。ある政治解剖の成果にして道具たる精神、そして、身体の監獄（prison du corps）たる精神[49]と。

これは、フーコーのブルジョア的啓蒙イデオロギーに対する宣戦布告である。人間は、神の影から脱け出し現実の専制の大地から脱け出した——もともとの政治的設定の中では、このことは、啓蒙の光の中の人間の政治的解放であると見なされている。

　　フーコーは、この本の中で、hommeを26回使用しているが、corpsは359回も使用している。明らかに、彼は、人間という概念ではなく肉体という概念を使用する傾向にある。

しかし、フーコーの新しい透視鏡の中では、このような啓蒙と解放自身に「はるかに深部で営まれる服従」が隠されていることになるのだ！これに対し、ブランショは賛同の口ぶりでこう評論している。

　　われわれは相変わらずいっそう隷属＝臣下化させられているのだ。もはや粗野なものではなく繊細なものであるこの隷属＝臣下化から、われわれ

---

③訳者注——「Mr.Democracy」および「Mr.Science」という意味である。1919年の五四運動および新文化運動の中で、陳独秀が『新青年』で打ち出したスローガンである。

は主体であるという輝かしい帰結を引き出しており、しかもこの主体たるや、自由であり、ある嘘つきの権力——われわれが神的起源の法に代えるにさまざまな規則や合理的な諸手続をもってすることによってその超越性を忘却しなければならないかぎりにおいて嘘つきの権力の、およそ最も多様な様態を知に変容させることのできるもの[50]、であると。

　人間は、啓蒙化された理性的知が構築した主体であり、その真の本質は、反対に政治的肉体に対する深層の支配を受けているものである。この支配は、啓蒙という外衣を被った内在的な自己拘束性を通じて実現されるものである。同様にこの意味において、フーコーは、それを「身体の監獄」と指摘するのである。政治哲学の上で、フーコーがマルクスよりもラジカルであるのを見出すのは難しくはないだろう。

［注］
1　モーリス・ブランショ、守中高明訳「ミシェル・フーコー　わが想像のうちの」『他処からやってきた声——デ・フォレ、シャール、ツェラン、フーコー』（以文社、2013年）158頁。
2　ミシェル・フーコー、田村俶訳『監獄の誕生——監視と処罰』（新潮社、1978年）9〜11頁。
3　同上13頁。
4　同上19頁。
5　同上21頁。
6　同上16頁。
7　同上16頁。
8　同上16頁。
9　同上27頁。
10　同上同頁。
11　同上28頁。
12　ジル・ドゥルーズ、宇野邦一訳『フーコー』（河出文庫、2007年）56頁。
13　同上133頁。
14　石田英敬／小野正嗣訳「人間的本性について——正義対権力」『ミシェル・フーコー思考集成Ⅴ　1974-1975　権力／処罰』34頁。
15　ジョルジョ・アガンベン、高桑和巳訳『ホモ・サケル——主権権力と剥き出しの生』

(以文社、2003年) 12頁。
16 フーコー前掲書同頁。
17 Paul A. Bove, "The End of Humanism: Michel Foucault and the Power of Disciplines," in *Michel Foucault Critical Assessments, ed. Barry Smart* (London: Routledge, 1994), 2: 318 より引用。元の発言は、ミシェル・フーコー、西宮かおり訳「善悪の彼岸」『ミシェル・フーコー思考集成Ⅳ　1971-1973　規範／社会』(筑摩書房、1999年) 134頁。
18 フーコー『監獄の誕生』30頁。
19 杨乔喻：《探寻马克思物质生产力概念的历史形成》〔「マルクスの物質生産力概念の歴史的形成の探究」〕《哲学研究》2013年第5期を参照のこと。
20 フーコー前掲書30頁。
21 ミシェル・フーコー、慎改康之訳『知の考古学』(河出文庫、2012年) 124頁。
22 アクセル・ホネット、河上倫逸監訳『権力の批判――批判的社会理論の新たな地平』(法政大学出版局、1992年) 204頁。
23 フーコー『監獄の誕生』30〜31頁。
24 フーコー『知の考古学』94〜95頁。
25 ドゥルーズ前掲書138-139頁。
26 フーコー『監獄の誕生』31頁。
27 ドゥルーズ前掲書56頁。
28 フーコー前掲書31頁。
29 同上84頁。
30 Pierre Macherey, *De Canguilhem à Foucault: la force des normes* (Paris: La Fabrique, 2009), 94.
31 ピエール・ブルデュー、加藤晴久訳『パスカル的省察』(藤原書店、2009年) 182頁。
32 ミシェル・フーコー、神谷美恵子訳『精神疾患と心理学』(みすず書房、1970年) 136頁。
33 フーコー『監獄の誕生』31頁。
34 ミシェル・フーコー、高桑和巳訳「刑罰の理論と制度」小林康夫ほか編『フーコー・ガイドブック』(ちくま学芸文庫、2006年) 110頁。
35 フーコー『監獄の誕生』31〜32頁。
36 同上32頁。
37 同上同頁。
38 ミシェル・フーコー、蓮實重彦訳「知識人と権力」『フーコー・コレクション4　権力・監禁』(ちくま学芸文庫、2006年) 81頁。訳文は変更した。
39 ミシェル・フーコー、石田久仁子訳「知識人は考えをまとめるには役立つが、知識人の知は労働者の知と比べれば部分的でしかない」『ミシェル・フーコー思考集成Ⅳ　1971-1973　規範／社会』(筑摩書房、1999年) 424頁。
40 フーコー『監獄の誕生』32頁。
41 同上同頁。

第 9 章　政治的肉体のコントロール―知－権力存在の反応メカニズム登場の魂　　527

42　同上29頁。
43　ホネット前掲書241-242頁。
44　フーコー前掲書33頁。
45　同上同頁。
46　拙著《问题式、症候阅读和意识形态――一种关于阿尔都塞的文本学解读》〔『プログレマテイック・微候的読解・イデオロギー―アルチュセールに関するテクストロジー的解読』〕（中央編訳出版社、2004年）第 4 章を参照のこと。
47　ミシェル・フーコー、増田一夫訳「生存の美学」『フーコー・コレクション 5 　性・真理』（ちくま学芸文庫、2006年）344-345頁。
48　フーコー『監獄の誕生』33頁。
49　同上34頁。
50　ブランショ前掲書155-156頁。

第10章　規律の遵守―資本主義の自己拘束性の規律
　　　　　―訓練社会構築の秘密

　フーコーは、専制権力の外部的強制と異なり、ブルジョア階級は、近代社会のコントロール方式を一種の支配の芸術に変えたが、その隠された隷属の本質は、規律－訓練、すなわち、自覚的に規律を遵守することを生存の原則とする、自己拘束性を形成することにほかならないと見ている。彼から見ると、理性の光へと向かうブルジョア階級の「自由［の概念］を発見した《啓蒙時代》は、規律・訓練をも考案したのだ」[1]ということになる。フーコーは、『監獄の誕生』の第3部第1章の中で、この規律－訓練の本質について次のように重点的に議論している―資本主義社会における新しい肉体のコントロールの方式の中では、人間は一つの自動運転装置となり、この自動運転装置の核心となるメカニズムはある種の自発的な馴らしである。そして、この自発的な従順の基礎は、規律に対する自己認定（不断に持続する訓練と操作の中で、外部の規律が、自身が遵守すべき身体化された規律－訓練として内面化されること）にあり、社会は、肉体に対する根本からのフォーマティング操作と根本的な支配をここから実現するのだと。以前のような、エピステーメーが主観的にすべての存在に強制するという観念論的図表とは根本的に異なり、ここでのフーコーは、マルクス陣営の1人の戦士になっているかのようである。本章では、このフーコーの重要な政治哲学の観念を議論していくことにする。

1.　匿名の懲罰技術と自動的な従順機械

　フーコーは、封建的専制時代と比べて、資本主義社会の中の「人間」の存在状況には、確かに重大な転変が発生していると深く読み取っている。資本主義社会においては、人間は土地から解放され、工業生産と商品－市場関係の中では「資本の蓄積（formes d'accumulation du capital）と生産関係（rapports de production）と所有権の法的地位とが新しい形式をおびてきた」というのである。
　　　これは、すべてマルクスの資本主義社会の質に関する記述の観点の肯定的な復唱である。このやり方は、『言葉と物』や『知の考古学』での態度とはまったく異なるものであり、まさにこのころから、フーコーは「引用

記号なきマルクス主義」の賛同者になったのかもしれない。もちろん、これは二重の様子を示している。一方では、フーコーは、いくつかの重要な思考の思想的情況構築の支点として、史的唯物論の現実から出発するという客観的な論理を遵守し始め、他方では、マルクスのもともとの研究の形式構築の限界を不断に突破しようとしていたのである。これは、真剣に弁別すべきものであろう。

よって、社会のコントロールの次元では、「無駄と過激さを生み出した例の経済策に替わって、連続性と恒久性が生まれる経済策（économie de la continuité et de la permanence）（今後もしばしば用いられるが、「調節・節約策」である）が用いられるような、処罰の戦略（stratégie）ならびに技術を規定する必要性が力説される」[2]ということになる。

　上述の議論を通じて、我々は、フーコーがここで言うブルジョア社会の統治の新戦略の顔のなさとそのミクロの分節化のメカニズムをすでに見てきたはずである。

フーコーはこう述べているのだ―資本主義的工業生産様式の世界に対する深刻な改変にともなって、原子化された個人を基礎とする「市民社会」の中では、社会の秩序構築・コントロールの対象・フォーマティングの範囲なども、すべて深い変化が生じ、伝統的な専制社会では節制のなかった暴力的処罰方式は、この新しい社会にはもはや適用できなくなった。このことは、さらに微妙に変化しかつ社会にさらに広く散布すべきその目標に対応するために、新しい戦略を確定するようにとブルジョア階級に迫るのである。反専制の結果は、外部的なフォーマティングの上で根本的に暴力を直接除去するというものであったがゆえに、見えざるソフトな支配がブルジョア的政治統治の出発点になったと。フーコーは、この種の新しい戦略は、「処罰権を一段と正規な、より効果的な、より恒常的なもの」にしなければならなくなると述べている。換言すれば、これこそが、新しいタイプのブルジョア階級の社会支配の技術的な情況構築だということである。統治は技術になったのである。これは、政治哲学中の最重要の質の変化である。

　フーコーから見ると、資本主義社会における社会コントロール形式のこのような改変は、主観的な次元上の「人間化」と物的なコントロール次元上の「綿

密な計算」という二つの原則に依拠するものであり、ここから、権力の具体的な運用の中で「処罰権の新しい《経済学》(économie calculée du pouvoir de punir)」が徐々に生み出されるということになるのである。
　　　フーコーが、ここで、マルクスの政治経済学研究の批判的言説の、政治学への領域の移植を繰り返していることを見出すのは難しくないだろう。

　　前者の次元は、人間化はブルジョアイデオロギーが標榜する光り輝くマスクであるということである。啓蒙的なブルジョアイデオロギーの核心は、自由・平等・博愛であり、それは、人間主義的な民主方式をもって専制統治下の直接的暴力に反対したが、近代資本主義社会においても、人々をコントロールし隷属化させることは依然として必要なのである。しかし、この人間主義という旗は、ブルジョア社会の支配方式を、さらに温和で人情味に富むものするようにと迫るのである。
　　フーコーの見方によれば、まさにこの改変こそが、政治権力の作用点に重要な改変をもたらしたということになるのだ。新しい統治者として、ブルジョア階級は以下のように作用点（適用される場）を改変したというのである。
　　　その場はもはや身体であってはならない。身体刑の祭式における、極度の苦痛と派手な極印をもたらす祭式中心の営みであってはならない。それは精神（esprit）でなければならない、いやむしろ、すべての人々の精神のなかに、控え目に、だが明確に、是非とも、拡がってほしい表象と表徴の作用（jeu de représentations et de signes）でなければならない[3]と。

　　この表象と表徴の作用（遊戯）とは、フーコーがすでに指摘していたものにほかならない。すなわち、新しい権力は、もはや直接には肉体に作用せず政治的な魂に作用するという見方である。では、それは何によって実現されるのか。フーコーの答えは次のようなものである——ブルジョア階級が人々の魂をコントロールする手段は、まさに「＜観念学派＞による既成のさまざまの言説」だと。すなわち人間主義の旗の下の民主と科学の言説だというのである。これは我々を震撼させる断言である！続けてフーコーはこう指摘している。
　　　事実その言説は、利害関心・表象・表徴についての理論によって、その言説みずからが再構成していたもろもろの系列（série）ならびに生成によって、人間に加えられる権力の行使のための一種の一般的な処方箋を示して

いたのである。たとえば、権力にとって文字記入の表面（surface d'inscription）としての《精神》、ならびに道具としての記号学（sémiologie）であり、観念を制御することによる身体の隷属化であり、身体刑の祭式本位な解剖学にくらべてはるかに有効な、身体への一種の政治学（politique des corps）における原理としての表象分析である[4]と。

　我々は、このいわゆる利害関係・表象・表徴が、『言葉と物』の中での、いわゆる西洋の資本主義の古典主義的時期のエピステーメーに関係する枠組みにかなり接近しているように見えると、いくらか想起するかもしれない。そこでは、表象と表徴（記号）は、同様に言葉の物に対する烙印と見なされ、それによって一種の暴力的な秩序構築と支配関係を表していた。しかし、ここに到って、フーコーは、表象を、ブルジョア的社会生活中の、「観念を制御することによる身体の隷属化」の道具と指摘しているのである。表象は肉体の政治学の原則となったというわけである。同様にここから、フーコーは、それは「身体刑の祭式本位な解剖学にくらべてはるかに有効な、身体への一種の政治学」になったと断言するのである。この期間には、言説と存在の関係の情況構築の次元において、少なからざる唯物論式の言説を内包する再構築が発生したわけである。

　まず、人間化された統治という表現は、自己認定による自発的隷属であるということである。この観点を説明するために、フーコーは、フランスの政治家セルヴァン[5]の言葉を引用している。その中にこんな１節がある―「ばかな専制君主は奴隷たちを鉄の鎖でもって束縛するかもしれないが、しかし真の政治家は、それよりもはるかにしっかりと彼らを彼ら自身のいだく諸観念の連鎖でもって拘束する」[6]と。これはきわめて深い隠喩である。フーコーの目の中では、資本主義社会が発明した新しい統治方式は、まさしく以前の外部的強制（高く振り上げられた鞭）とは明らかに異なり、「彼ら自身のいだく諸観念の連鎖」、すなわち人々をコントロールする内在的思想中の情況構築の自己認定を通じて、彼らを自発的隷属に導くというのである！

　　続いて、フーコーは、さらに一歩進んで、このことを資本主義における社会コントロールの中の独特な規律－訓練下の自己拘束性として深化させるのである。

　人々が自覚的に認定しまた追い求めるように仕向けられた、この思想の連鎖

こそが、啓蒙による解放の旗にほかならないのである！　人々が、もはや神のために生きるのでもなく、君主の命を奉じて戦うのでもないと言うのなら、いまや人々は、自由・平等・博愛の世界で、ただ自分の幸福のためだけに生きるのである。そして、この幸福の根源は金銭に基づくゆえに、Time is Money となるわけである。人間の一切の存在は、自身の追求する金銭化された時間がフォーマティングしたものの上にあり、人々は、この幸福へと向かう理想を自発的に認定するのである。こうした中で発生した資本の権力の諸存在に対する支配とコントロールは、無形の様相で、人々が心から願う自発的隷属に転化するのである。いわんや、こうした一切は、また科学知の記号技術と科学的管理のフォーマティングの方式の下で進行していくのである。フーコーは、これこそが、一種の新しいブルジョア的権力関係だと見ているわけである。

　次に、フーコーは、このような新しいタイプの人間化された「記号技術論（sémiotechnique）」による統治術を「≪観念重視の権力≫（« pouvoir idéologique»）」と定義している[7]。

　これは、イデオロギー論の中の一つの発明になっている。

　フーコーから見ると、このイデオロギー的権力と伝統的な外部的専制権力との最大の差異は、後者が具備していたある種の情況が無形性と匿名性（anonyme）へと変化したことである。伝統的な権力モデルにおいては、権力は、つねにはるかに高いところにあり、「垂直線は支配し、突出し、引き潰す。上にも下にも延びる、建物の巨大なピラミッド。上からまた下から吠えられる命令」がある[8]。しかし、いまやこの垂直的な権力構造は排除され、新しいブルジョア的な権力関係は以下のように変化したというのである。

　　　規律・訓練は、権力上の諸関連を活動させる場合には、多様性の上部においてではなく、その織目そのものの中で、しかも可能なかぎり最も慎重で、この多様性の他の諸機能と最も巧みに結びついた、さらに最も費用がかからぬ、そうした仕方で、活動させなければならない。つまりこの課題に呼応するのが、階層秩序的な監視や連続的な帳簿記入や常時行なわれる判断と分類などの、匿名の権力手段（instrument de pouvoir anonymes）、しかもそれら手段によって組織化される多様性と外延を共にする権力的手段なのである。要するに、権力を行使する者の華々しい輝きで明示される権力（絶対王政のような）のかわりに、権力が適用される相手の者を狡い

第10章 規律の遵守―資本主義の自己拘束性の規律―訓練社会構築の秘密　533

やり方で客体化する（objectiver）権力（つまり規律・訓練の）で対処するのであり、君主権の豪華な表徴（signe fastueux）を誇示するよりもむしろ、権力が適用される相手にかんする知を形づくるのである[9]と。

　伝統的社会における、君主のあの高みに座す威嚇的演技、および人々の肉体に直接強いる可視的な暴力とは区別されて、ブルジョア階級が作り出した社会のコントロール方式は、まさに大統領や首相のあの顔のある権威（ここでは、彼らは、もともとの「君主」の空位を占拠はしているが、これらの顔のある権威は演技的な設定にすぎない）に基づくものではない。ここでは、権力は、すでに占有されることはなく、庶民の日常生活に浸透した顔のない匿名の権力に転化しているのだ。権力は、毎日の尋常な生活の場の情況の中で、見えざるまた温和な身体化の方式によって、機械のように、その隠れたフォーマティングのメカニズムを自動的に運用しているのである。
　さらに、このような、表象と記号によるコントロールを核心とする権力技術は、表面的にはさらに温和な懲罰方式になるということである。一定の意味において、それは、人に暖かさを感じさせる、人間化された懲罰技術（芸術）（art de punir）とさえ称することができよう。技術（芸術）は美と享受であり、その美と享楽の中で人々は楽しげに支配され隷属化されるのである。これこそが、ブルジョア的統治の新しい情況構築の次元なのである。
　　ゆえに、近代美学は、ブルジョアイデオロギーの場において構築された重要な表象の属性の一つになっているのである。

フーコーはこう述べている。
　　戦い合うエネルギー（énergies qui se combattent）の技術、相互に結びつく（s'associer）心象の技術、時間に挑戦する安定した諸関係の創出。つまり問題となるのは、たがいに対立する価値をもつ対の表象をいくつか組み立てることであり、向かい合う力のあいだに量的な差異をつくりだすことであり、様々な力の動きを一つの権力関係に従属させうるような表象＝妨害（signe-obstacle）の或る作用を確立することである[10]と。

今日のブルジョア社会の生活の中では、政治権力のコントロールと社会への支配は、もはや暴力的強制として表現されるのではなく、反対に、技術（芸術）

を享受するような自主的推戴の姿をとるのだというわけである。これこそが、資本主義社会の新しいタイプの社会コントロールの形式上の顕著な特徴なのである。

あるいは、ボードリヤールの言葉を借りれば、「鎮圧は、後退という迂回路を通ってこそ有効なものになる（La répression opère par le détour de la régression.）」[11]というわけである。

このような、そそのかされた自己認定によるコントロール技術（芸術）は、ブルジョア階級のそそのかしによる、いわゆる自由・平等・博愛などの心象の組み合せを通じて、近代的「人間」の外部の、さらに文明的な人間化の形象という姿を構築し、それによって、実質的に存在する社会的不平等が作り出したエネルギー同士の衝突を操作し、最終的にある種の見えざる権力のネットワークに人々を屈服させるのである。よって、権力は、もはや直接的圧迫としては表現されず、人々が自覚的に追求する他者性の鏡像（解放・自由・民主へのあこがれ）にさえなるのだ。フーコーは、ブルジョア階級による「懲罰は、一種の祭式であるよりむしろ一種の学校であるほうがましであり、一つの儀式であるよりむしろ一つのいつも開かれている書物であるべきなのだ」[12]と鋭利に述べている。

いま流行の言葉を借りれば、それは、自覚的な法制観念にほかならない。

フーコーはまたこのようにも述べている——いまや処罰権は、「情景・見世物・表徴・言説としていたるところに現存する。開いてある本のように読み取られる。市民たちの精神の恒常的な再記号化体系を介して働きかける」[13]と。市民意識の鏡像とは、すなわち臣服性の身体化のための教化の結果にほかならない。

この意味において、ハーバマスは、フーコーのここでの無主体の「懲罰技術」を解読して、それをブルジョアイデオロギーの中の理性的主体の視線に基づく、いわば新たな「監理的理性」としたのであるが[14]、これは完全に誤りであろう。

次に後者の次元（物的コントロールの次元）であるが、それは、綿密な計算の中では「人間は機械である」ということである。人間は、ブルジョア的権力の布置の下では自動的に馴らされる政治的人形になるのというのである。ブル

ジョア階級の新しいタイプの権力は、綿密な計算と謀略を通じて生まれ出るのであり、その現れ方においては、統治そのものには見えないある種の技術として表現されるだけではなく、非人為的な道具性という科学技術の姿としても現れるのである。

　　この点では、ウェーバーが、すでにブルジョア的官僚制の計算可能性と操作可能性の論理の基礎を作り上げている。

　フーコーは、資本主義社会の「古典主義時代」（17～18世紀）から、「身体は権力の対象ならびに標的（objet et cible de pouvoir）として完全に発見された」が、もちろん、この時には、肉体は、もはや専制的暴力の下での残酷な刑罰による折檻や殺戮の対象ではなく、ブルジョア階級の新しいタイプの権力モデルの中の「操作され、造られ、矯め直され、服従し、呼応し、能力が与えられるか、もしくは力が多用になる」[15]肉体となると指摘している。被統治者は、もはや鞭と斬首刀の下の「しゃべる道具」ではなく、訓練しうる独立した法的主体となり、啓蒙とその発動によって、1台の新しい法理上の政治装置にされ、1台の自動運行の労働機械にされるのである。

　　後に、スローターダイクは、この種のブルジョア階級の新しいタイプの奴隷的な主体性構築を「命令する権力をその命令を聞く者の内部に位置づける方法を探し出すことで、服従するときにはその内なる声だけに従っているように見える」[16]と描写している。この観点には深いものがある。

　フーコーは、ラ・メトリー[17]の『人間機械論』は、まさにこのような「綿密な計算」による社会コントロールの方式の転換の深い反映であると述べている。彼は、この本は、

　　精神の唯物論的還元（réduction matérialiste）であると同時に訓育の一般理論（théorie générale du dressage）でもあって、それらの立場の中心には、分析可能な身体へ操作可能な身体をむすびつける、《従順》（« docilité»）の概念がひろくゆきわたっている。服従させうる、役立たせうる、つくり替えて完成させうる身体こそが、従順なのである。他方、例の名高い自動人形（自動人形の世紀と言われる18世紀には、この種の人形が多数制作された）は単に人体を説明する一つの手段にとどまっていたわけではなかった。それは政治に関わる人形（poupée politique）、権力の縮約されたモデ

ル（modèle réduit）でもあった[18]と述べているのだ。

　ここでのréduction matérialisteという言葉は、哲学的立場の公開の宣言と見なすことができよう。我々は、ここでフーコーの思想の思想的情況構築の3つの（それぞれ断裂した）時期を再度振り返ってみよう。第1の時期は、『言葉と物』でのエピステーメー（言葉）の物性的存在（自然と社会生活）に対する観念論的な秩序構築の時期である。第2の時期は、『知の考古学』での、エピステーメーの言説フォーマティングとテキストアルシーブへの縮減という再構築の時期である。第3の時期は、資本主義社会現実では資本がすべての社会生活をコントロールし支配する（機械的運転のように）という事実に直接向き合うという、ここでの唯物論的な観察の時期である。それぞれの時期の最終段階では、すべて新しい異質な情況構築が突然に出現しているのだ。
　フーコーのここでの解読がラ・メトリーの原意に的中しているか否かは、我々は知ることはできないが、この部分の解釈は、確かに今日のブルジョア民主政治の真の本質を暴露している。フーコーから見ると、「人間は機械である」という言葉の深い意味は―人間は、すでに新しい肉体コントロールの方式の中である種の自動運転装置になり、その自動運動装置の核心的メカニズムは、政治的人形の本質たる自発的従順にほかならない―このことである。
　　この本の中で、フーコーはautomateを10回、docilitéを13回使用している。マシュレーの判断によれば、フーコーの自動装置という言葉は、スピノザとも関連があり、「スピノザのもっとも有名な論述の中で、彼が理解能力を『精神のオートマトン』(automate spirituel)と見なしたことと関連がある。この自動的に思考する機械という比喩を通して、知の起源と一種の特殊な『技術』が関連付けられる。それは、同時に知と権力に関する技術なのである」[19]とのことである。

しかし、このような自発的従順はいかにして生まれたのだろうか。
　　これこそが、フーコーのこの本の考えるべきキーポイントの問題である。

フーコーはこう我々に訴えている―18世紀の資本主義社会で、「身体は権力の対象ならびに標的として完全に発見されたのであった」と。この「完全に」が指すのは、外部的暴力の方式を通じて肉体に課せられる強制のことではなく、

第10章　規律の遵守―資本主義の自己拘束性の規律－訓練社会構築の秘密　　537

権力が肉体内部に加える深層のコントロールのことである。
　　ここでのフーコーが実際に議論しているコントロールの対象は、真の意味での肉体に再度なっており、彼がこの前の部分で強調した政治的肉体（「魂」）ではないことは容易にわかるであろう。これは、彼の論述中の前後矛盾する一つの小さなミスになっている。

　フーコーは、我々がいま関心を寄せている、この新しい綿密に計算された身体コントロールの方式の中に存在する多くの「斬新なもの」に注意するようにと呼びかけているのだ。
　まず、取締りの尺度（échelle du contrôle）に変化が起きていることである。新しいコントロールの方式の中では、身体は、もはや不可分な統一単位ではなく、「細部にわたって身体に働きかける（travailler le corps dans le détail）こと、微細な強制権を身体に行使すること、力学の水準そのものにおける影響―運動・動作・姿勢・速さを確実に与えることが重要である。つまり、活動的な身体へおよぶ無限小の権力（pouvoir infinitésimal）である」[20]というわけである。ほんとうに精緻である。フーコーのここでの「細部にわたって身体に働きかける」という表現と「活動的な身体へおよぶ無限小の権力」という表現は、ブルジョア階級の社会コントロールの範囲（尺度）とその次元の根本的変化を、鋭く暴露している。資本主義制度下では、肉体への圧迫という形式は、もはや以前の封建的専制の時期の牢獄に送りこむ、あるいは酷刑を加えるなどの単純で粗暴な方式ではなく、一人一人の肉体の細部に加えられる見えざるコントロールと隷属化にあるのだ。
　　私は、これは、ちょうどウェーバーやファヨール[21]が、テイラーの流れ作業理論の下で生み出した肯定的な科学的管理の政治学への批判的な翻訳だと感じる。これは、おそらくレーニンがテイラーの作業分節化計算を肯定的に記述した時には、思いつかなかった、情況構築の反転という事件かもしれない[22]。

　その次に、取締りの客体（objet du contrôle）が異なることである。ブルジョア階級の新しい社会コントロールの対象は「行為の意味表象的な構成要素もしくは身体言語ではなく、またそれらではもはやなく、［身体の］運動の経済や効果や内的な組織である。束縛の対象は［身体の］表徴であるよりも体力」[23]

であるというのである。ここでは、コントロールの対象は、もはや肉体の存在状態を指向する、目に見え耳に聞こえる直接の命令（聖旨・判決書・禁令）ではなく、見えざる各種の力の活動と闘争の具体的存在のメカニズムの秩序構築と、事情を形作る内在的行為のフォーマティングの構造なのである。コントロールは、もはや人々の察知可能な意識の次元では発生せず、無意識中の肉体存在の内部の運転メカニズムに転換し、そこでは、権力は、肉体自身の生存の支配的な力のラインにすでに秘かに転化しているのである。フーコーは、さらに上述の内在的メカニズムを日常的な運作にする「唯一の儀式は訓練（exercice）のそれである」と述べている。訓練の目的は、肉体をコントロールしようとするミクロ的権力の運転メカニズムを、一種の身体化された存在にすることである。

　　フーコーは、この後また、この訓練についてもっぱら議論している。

その3は、取締りの様相（modalité）の改変である。伝統的な刑罰のあの一挙に皮膚を打つ鞭や突然刃の落下するギロチンとは異なり、今日のコントロール方式は、絶え間ない、また明白な苦痛のない隠れた強制の姿をとる。「それは活動の結果よりも活動の過程に留意する……最大限に詳細に時間・空間・運動を碁盤目状に区分する記号体系化にもとづいて行なわれる」[24]のである。新しいコントロールモデルは、時間・空間・活動自身のある種の秩序構築と再構築されたコードの中にあり、生命の過程に対する総体的なコントロールの形になるのである。

　　後に、フーコーは生きている人間に対する支配の問題についてもっぱら議論することになる。

以上の議論の中では、我々は、もともとの「エピステーメー」・「言説フォーマティング」・「非連続性」という思弁哲学者のフーコーの姿を見て取ることができない。我々の目の前に立っているのは、激情と闘志に満ちたプロレタリア革命の批判家フーコーである。これは、まことに人に大きな刺激を与える改変である。

2. 規律－訓練―身体化の規律－訓練による自己拘束性の生成

　フーコーは、資本主義社会が発明したこのような「身体への運用への綿密な取締りを可能にし、体力への恒常的な束縛をゆるぎないものとし、体力に従順＝効用の関係（rapport de docilité-utilité）を強制するこうした方法」[25]こそが、ブルジョア階級によるいわゆる法理タイプの「規律・訓練」(« discipline »)にほかならないと指摘している。

　　　disciplineは、フランス語では懲戒の意味もあり、この本の重要なキーワードである。フーコーは、この本の中で、この言葉を130回使用している。

　私から見ると、この法理タイプの規律－訓練は、この本のもっとも重要な政治哲学的発見である！

　我々は、規律－訓練は、人々の日常生活上の言葉であり、近代の工場生産・軍事管理・学校教育において使用される言葉だということを知っているはずである。通常、近代の日常性生活の中では、規律－訓練は、無反省に正面から肯定される有効管理と社会的教化の措置になっているのだ。

　　　「ルールを守ろう」は、今日、幼稚園の時から、先生が子供たちをしつけるために繰り返す決り文句になっている。

　だが、フーコーにあっては、規律－訓練は、は、ブルジョア階級によるまったく新しい一種の社会コントロール論の核心を代表するものとされる。その由縁は、資本の力が、工場の中の生産運転メカニズムと一致する規律（技術規範の要求）への自覚を通じて、労働者にそれを認定させることによるものであり、絶え間ない訓練と操作を通じて、外部的な規律（法規）を、自発的遵守という身体化された規律－訓練に内面化させ、それによって、肉体への根本的な操縦と支配を実現するというものである。これは、まさに、ブルジョア階級のいわゆる民主社会の中で普遍的に発生している自発的隷属化という自己拘束性（法の支配）の真実の基礎なのである。私は、これは、フーコーの思想が史的唯物論に依拠するようになった重要な始まりだと思う。

　　　さらに指摘しておくべきことは、フーコー自身は従来言及していなかったマックス・ウェーバーや青年ルカーチが、まさにフーコーの政治哲学中の根本的な思想史的淵源になっていたということである。ウェーバーは、

近代的法理社会というものを線引きする過程で、実質的合理性の社会的本質を明らかにすると同時に、形式合理性（すなわち道具的理性）を通じて、社会生活を可視的な事実の次元にしっかりと定め、かつ、知－技術によって生産（流れ作業）と社会的存在の標準化・計算可能性・操作可能性が構築されていることを明らかにした。だが、ルカーチは、このウェーバーの合理化の構造を転倒し、近代資本主義社会の流れ作業の生産プログラムの中の工業技術による、労働者の肉体と観念に対する新しい物化現象への批判を直接引き出した。そしてここから、ルカーチは、マルクスが従来関心を寄せることがなかったコントロール－支配の次元、すなわち生産有罪論という問題に進入していったのである。フーコーのこの間の議論は、明らかに青年ルカーチの思考の延長線上にある。ただし、フーコーは、一歩進んで、ルカーチの思考を社会的政治コントロールの情況構築の領域の中に引き伸ばしたにすぎないのである。

フーコーは、17〜18世紀に近代的工業生産が発明した「規律－訓練」は、西洋資本主義社会に存在する「支配の一般方式（formules générales de domination）になった」と称している。これは、伝統的な社会コントロールとは完全に異なるものであり、明確に拒める外部的強制ではもはやなくなっている。規律－訓練がコントロールする第1の情況構築の次元は、伝統的な強権の下の命令や臣服ではなく、ルールに対する内心からの自覚的認定と遵守である。

これは、上述の相似た観点の具体的論証の一つである。

フーコーから見ると、ブルジョア階級が発明した規律・訓練によるコントロール（法治）は、支配技術の新紀元を切り開き、根本的に社会コントロールの外部的圧迫という質を変えたことになる。同様にこの意味において、フーコーは、啓蒙運動は、自由を発見したと同時に規律・訓練も発明したと心から宣告するのである。

フーコーは、ベンヤミンの、近代文明の進歩は同時に野蛮でもあるという論断を知らなかったかもしれないが、フーコーのこの深い見解はベンヤミンのものと同工異曲である。このフーコーの言い方に対して、ブランショはこう異義を唱えている—フーコーは誇大な表現をしている。なぜなら、「諸々の規律は先史時代まで遡るものなのだから。たとえば、巧みな

調教によって、熊を、番犬あるいは勇敢な警官が後にそれとなるものにするといったことだ」[26]と。この点については、私はフーコーを弁護したい。なぜなら、工業生産の中で生まれたあるいは突然出現した規律－訓練式の自己拘束性は、肉体的生理反応に基づく繰り返しの馴らしとは根本的に異なるからである―このような見解の分岐は、ブランショが、フーコー筆下のブルジョア的工業化の中の規律－訓練の本質を真に理解していなかったことを説明しているにすぎないのだ。

同様にまた、資本主義社会の規律－訓練と伝統的社会の外部的圧迫の間の異質性を、さらに一歩進んではっきりとさせるために、フーコーはさらに精細に４種の差異の境界の線引きをしている。

第１に、このような新しいタイプの統治方式は、過去の奴隷制（esclavage）とは異なるということである。なぜなら、それは「身体の占有関係（rapport d'appropriation）にもとづかない」からである。これと比べると、規律－訓練はさらに「端麗」でもある。なぜなら、粗暴な直接的隷属関係を通じることなく、顕著な実際的効果を得ることができるからである。規律－訓練は、占有関係に基づくあの野蛮な隷属ではなく、反対に、支配対象との関係はまさに非暴力・非強制的なものになっている。一定の意味において、規律－訓練（自発的遵法）の時代に入ることは、ある種の文明化と教養の特徴を持っているとさえ表現できるのである。ゆえに、人々は、規律－訓練という自発的な秩序構築を排斥しないばかりか、かえって積極的にその秩序の中に入ろうとしそれに服従するのである。

　　土地に縛りつけられていた農民が工業化に接触していく過程で、その旧小ブルジョア的「主体性」を清算し、機械システムと同質の客観的規律を自覚的に遵守することは、重要な前提の一つになる。

第２に、規律－訓練の関係は、通常の奉公（domesticité）関係とも異なる。ヘーゲルの主と奴の弁証法はここでは効力を失うのだ。奉公人の存在は、主人の個人的な《気まぐれ》な情況に左右されるが、規律－訓練の関係は、主従関係中の主人の単独の意志によるものではなく、まさにそれを行なう者の自主性という特徴が現れるのである。規律を自発的に遵守するのは支配される者であり、規律を遵守させるのは主人ではあるが、彼もまた、規律が指向する客観的な支

配のメカニズムに従っているのである。ゆえに、後悔の念のない自発的な規律遵守は、長期間にわたって有効な支配の手段になるわけである。

　第3に、規律－訓練の関係は、封臣関係（vassalité）とも異なる。封臣関係は、「高度に記号体系化された、だが遠回りな服従関係、そして身体の運用によってよりも労働の所産と祭式中心の忠義のしるしによって支えられる服従関係」であるが、規律－訓練による支配関係は、服従を内在する基礎の上に立つ、人体自身の自発的な従順と自動運作によるものである。このような自己認定的な服従という情況構築の中では、被支配者は、かえってそれを自主的な民主と自由の実現と見なすのである。近代の法制社会では、遵法は誇るべき事柄なのだ。

　第4に、規律－訓練の関係は、禁欲主義（ascétisme）および修道院式の「戒律」とも異なる。宗教的な禁欲は世俗を超越するためのものであり、その目的は「私欲放棄」であるが、規律－訓練の関係は「個々人による自分自身の身体の統御の増大を主要目的とする」のであり、その意図はまさに俗世での効用の増加にあるのである[27]。もし金儲けが神聖な天職になったならば、規律－訓練と自己抑制は成功へと向かう道となるわけである。

　　　一定の意味では、ウェーバーの新教の形而上学に対する解読も、こうした次元の情況構築の含蓄があるだろう。

　同様に上述の意味に基づき、フーコーは、ブルジョア階級が発明した「規律－訓練」は、社会コントロールの中の「人間の身体にかんする一つの技術、つまり、単に人体の能力の拡大を目ざすのみならず、また人体の拘束の強化を目ざすのみならず、同一の機制のなかで、人体が有用であればなおさら人体を服従的にする、しかもその逆も成り立つ」[28]ような技術を代表していると指摘している。有用の中の支配、これは、ブルジョア階級の規律－訓練による支配の秩序構築の第2の情況構築の次元である。伝統的な隷属化形式である鞭の下の服従は、必ずしもベストの労働力の利用を実現したわけではなく、反対にブルジョア階級の「規律－訓練」を通じた肉体の支配は、さらに効率的な有用の中の服従という段階までに達したというのである。なぜなら、この新しい服従は、肉体的存在の自主性を調節するという基礎に立つ、内部的有効性から発生するものだからである。これこそが、フーコーの筆下の規則－訓練の本質にほかならない。彼から見ると、まさにこのような規律－訓練―規律に対する自己認定と訓練は、以下のようなものだということになる。

そのさい形成されるのが、身体への働きかけたる、つまり身体の構成要素・動作・行為にたいする計算された操作（manipulation calculée）たる強制権による政治である。人体は権力装置の中に含みこまれ、その装置は人体を検査し分解し再構成するわけである。一つの《権力の力学》（« mécanique du pouvoir »）でもある《政治解剖学》（« anatomie politique »）が誕生しつつあるのであって、その《解剖学》は、単に他の人人にこちらの欲する事柄をさせるためばかりでなく、こちらの望みどおりに、技術に則って、しかもこちらが定める速度および効用性にもとづいて行動させるためには、いかにしてこちらは彼らの身体を掌握できるか、そうした方法を定義するのである。こうして規律・訓練は、服従させられ訓練される身体を、《従順な》身体（corps « dociles »）を造り出す[29]と。

　このことは以下のようなことを語っているだろう—皮鞭とは異なる規律－訓練は、資本主義的生産様式が必要とする特殊な肉体を作り上げ、その肉体能力をいわゆる正常人の「才能」・「能力」・「創造性」に変える。そして、その能力が自主的に発達するように仕向けそれを不断に増強させて、有用なもの（成功）にする。これによって、人間が主動的に秩序の中に入り自発的な従順状態に入ることを実現させるのだと。

　　ホワイトは、ブルジョア階級は、「従順で、生産的で、よく働き、自制心があり、良心に従う——あらゆる面で「正常」であること」[30]が求められていると概括している。これは正しいだろう。正常人なるものは、まさにカンギレムやフーコーの批判的情況構築の起点であった。

　フーコーは、「経済的な搾取によって［身体の］力と労働生産物とは切り離されるが、他方、あえて言うならば、規律・訓練を旨とする強制権は、増加される素質と増大される支配とのあいだの拘束関係を、身体において確立するわけである」[31]と分析している。前の句は明らかにマルクスの言説であるが—フーコーは、ここではマルクスが注目していた経済的搾取の次元とは異なることを強調しようとしている—フーコー自身は、ブルジョア階級の規律－訓練は、まさに生産的労働の訓練の中で、人間を能力のある者に変え仕事の効率を高めることを通じ、財と成功へと向かう過程で人間を無意識のうちに支配されるように仕向けるのだと見ているのである。一定の情況構築の意味においては、成功

は、ブルジョアイデオロギーの言説の中の重要な導きの言葉になっている。「成功者」とは、ブルジョア階級の自身を指す一種の別称なのだ。

　バリバールは、フーコーのマルクスの言説の自覚的運用について気が付いていた。彼は、「『監獄の誕生』において、フーコーは、マルクスが『資本論』で行ったマニファクチュア的分業の分析を再検討し、規律プロセスが身体の抵抗を無効化しつつ身体の有用性をいかに増大させているのか、より広くは、人の蓄積と資本の蓄積という二つのプロセスの統合をいかに可能にしているのかを示した」[32]と述べている。ただし、バリバールは、フーコーの言葉に挟まれている、悪意のある差異の印には気が付いていなかった。

フーコーは、その淵源に遡って、この新しい「政治解剖学」の発明は、単純な形の登場ではなく、「起源のさまざまな、出所もバラバラの、しばしば些細な過程（processus souvent mineurs）の多種多様な集まりとして理解する必要があるのだ」[33]と述べている。
　この本の中で、フーコーは、ペティから流用したこの anatomie politique を9回使用している。

強調しなければならないことは、ここでのしばしば些細な過程という言葉がキーポイントになっているということである。ブルジョア階級の規律－訓練の政治は、通常、激烈で明白な政治的変化という姿では現れず、ちょうど、顕著ではない分散的で微細な質点の変移を通して徐々に実現されるのだ。このたいしたことには見えない「小過程」は、それぞれ異なり、領域もまた分散している事柄にその起源があるようだが、さまざまに裁ち直されたり、くり返し現れたり、互いに模倣したり、相互に支えあい、適用領域のちがいで区別され、近似的なもの」を、支配の秩序構築次元で生み出し、最終的に「徐々に、総括的な方策の完成図を描きだす」というのである。この様相の平静に見える表面的特徴は、フーコーが認定したブルジョア階級の政治的運用の、重要な隠されたメカニズムでもある。政治的運用は、伝統的政治学の議論のコンテキストの下では政治活動とは言えない巨大な灰色の盲点地区の情況構築の中からちょうど発生するのである。フーコーにあっては、政治と言えないものが、ブルジョア階級の最大の政治にほかならないのである！これは、おそらくマルクス・エン

ゲルスが関心を寄せなかった事柄であろう。

フーコーは、このような規律－訓練は、最初に西洋の私立高等中学校の中で芽生え、後に小学校に入って行ったと判断している。

シェリダンは、イギリスでは「初等」学校の学年が「スタンダード」（standard）と呼ばれていたが、フーコーが在学した著名なパリ高等師範学校こそが、教師養成機関という「師範学校＝規範となる学校」（écoles normales）にほかならなかったことに注意を向けている[34]。

そして、すぐに規律－訓練は施療院に広まり、さらに数十年のうちに軍隊組織を徹底的に改造し、かつ「17世紀以来たえず、ますます広範な領域に及びつづけ」[35]、これによって、すべての資本主義制度の社会コントロールの基本モデルになったという。

実際には、規律－訓練の誕生の起点は近代工業である。換言すれば、それは、近代的工業生産の基本的技術構造の中の主体に対する要求にほかならない。フーコーは、以下の記述の中で正確にこの歴史的ポイントを取り上げている。

フーコーは以下のことを見出している。

その諸過程の拡がりは時としてたちまちのうちに、ある地点から別の地点（軍隊と技術学校とのあいだ、もしくは私立高等中学校と公立高等中学とのあいだ）へ及んだし、また時にはゆっくりと、しかも一段と控え目に（大規模な工場の老獪な軍隊組織化の例　militarisation insidieuse）及んだ。どんな場合にも、そうした諸過程は、いくつかの局面の要請に応ずるために拡がった。例えば、こちらでは産業上の変革、あちらでは或る伝染病の再発、別の場合には鉄砲の発明もしくはプロシア軍の勝利、といった事態。そうした差異はあれ、やはり結局、その諸過程は一般的で根本的な変容（transformations générales et essentielles）を示している（inscrivent）」[36]と。

私は、この中でもっともキーポイントになるのは、大規模工場で生まれた「老獪な軍事組織化」の規律－訓練であり、まさにこのような生産の秩序構築と関係の形式構築の中のメカニズムが人間の労働存在に刻み込まれたゆえに、それに続いて、その他の社会活動においても、一種の全面的な存在のフォーマティ

ングと秩序構築の場の情況が生まれたと見ている。このことは、社会の変容を示す印が、もっとも根本的な労働生産の秩序構築から始まったことをも意味している。全社会での規律－訓練の自発的な受け入れは、資本主義的工業生産の中に客観的に存在している、秩序構築（組織化）への順応の結果なのである。

　　ハーヴェイは、マルクスがフーコーよりかなり前に、資本主義的規律における「固有の監視空間の構築」を先取りして説明していると明確に指摘するにあたり、『資本論』第1巻から2カ所を長く引用している。それは18世紀の工場という「労役所（ワークハウス）」と軍隊をモデルにして作り上げられた「近代的工場における自然法則」についての記述である[37]。これは、フーコーの思想的情況構築とマルクスとは完全に同質なものであることをほとんど意味している。私は、このハーヴェイの観点に基本的に同意するものである。

　フーコーは、資本主義社会が生み出した「規律・訓練は、細部への一種の政治解剖学（anatomie politique du détail）である」と指摘している。
　　すでに言及した部分から、我々は、フーコーによるペティのこの政治解剖学という用語の流用は、主に、ブルジョア階級による社会権力関係の細節への分解と再構築を喩えていることを見て取ることができるはずである。

　過去の格言の中で言われていた「細節が成否を決定する」という言葉は、ブルジョア階級の規律－訓練の政治の中では、さらに徹底的に具象化されるのである。フーコーは、中世では「細節」は、すでに神学と禁欲主義のカテゴリーの1つ（神性と神は節欲と善へと向かう生活の細節にある）とされていたが、資本主義の現実的生活に到ると、細部（細節）（détail）は、はじめて一切のものを決定するようになったと述べている。ブルジョア階級の政治における細節本体論は、伝統的な権力のマクロ的な運用の対象化とは異質である。後者が象徴するものは、例えば、可視的な鎖・首切り刀・地下牢獄であるが、ブルジョア階級は、明るいところではこのような可視的な利剣を収めてしまうが、反対に暗いところでは隠された権力放射線の刀を振り上げる。可視的な政治的行為の中にすでに見えざる政治の影がさし、それは、規律－訓練の作用の下での、すべての生命存在のフォーマティングと秩序構築の細部に転じるのである。

第10章　規律の遵守―資本主義の自己拘束性の規律―訓練社会構築の秘密　547

　フーコーは、ブルジョア階級の権力戦略は往々にして「一見すると無害無邪気な、だがひどく疑い深い、微妙な配備」であると述べているが、これは精緻な判断であろう。人々が遵守しようとする規律は、不断の訓練を可視的な権力のコントロールによって行なうのではなく、権力を見えざる微細な権力支配の技術に分解することによって行うからこそ実現するのである。フーコーは、「つねに綿密な、しばしば微細な、だが重要性はもっているそうした技術、というのは、その技術こそは、政治上の詳細な身体攻囲の或る様式を、権力の新たな《ミクロ的物理学》を規定するからであ」[38]り、ゆえに、ブルジョア階級の社会コントロール権力に向き合う時には、「それらの記述は、細部にこだわっての足踏み、瑣事への配慮を含むことになろう」と述べるのである。これは、フーコーが、再三にわたってくどいまでに人々に呼びかけている細節の政治本体論なのである。そして、フーコーはこう結論づけている。

　　細部にたいする緻密な観察は、と同時に、人間の取締りと活用を目ざした、例の些細なもの（petites choses）への政治的配慮は、古典主時代をつらぬいて高まっていき、それらには諸技術の一つの総体が、また方策と知にかんする、記述にかんする、対応策と既知の諸条件にかんするそれぞれの全体がふくまれる。そして、こうした些事（vétilles）から、おそらくは、近代ヒューマニズムにおける人間（l'homme de l'humanisme moderne）。が誕生したにちがいないのである[39]と。

　このいわゆる「些細なもの」や「些事」は、ルフェーブル[40]が、近代資本主義の日常生活についての批判の中で言及した「些事における疎外」を思い起こさせる。ルフェーブルのこの観点は、1958年の『日常生活批判』第1巻第2版の序言の中で打ち出されたものである。

　これは、まさしく『言葉と物』の中で宣告した、あの最近の発明品である「人間」にほかならない。近代の人間主義の意味での人間とは主体性を持つ個人であるわけだが、フーコーから見ると、この主体的な近代人は理性的啓蒙の中で誕生し、一連の知・方法・立場・観点が、規律－訓練式に主体という関係的存在の中のすべての些事や生存の細節の存在の場の情況を構築したことになり、すべての人間は、ブルジョア階級の権力関係の布置の構築の結果にほかならないということにさえなるのだ。

　　私は、フーコーのここでの主体構築論は、明らかに、師であるアルチュ

セールが1969年に打ち出したイデオロギーの質問・構築説より深いものだと指摘しておきたい。なぜならフーコーの主体構築論は、存在論の情況構築の中にあるものだからである。

『言葉と物』では、フーコーは、人間は波うちぎわの砂の表情のように消滅するだろうと、こだまのような響きで宣告したが、現在の我々は、彼のさらに深い喩えは、すべてのブルジョア階級の唱える主体性なるものの死の歴史的可能性であると理解することができるのだ。

3. 些事と細節の支配―規律－訓練のミクロ的コントロール論

しかし、ブルジョア階級の権力布置の細節本体論は、畢竟、いかに規律－訓練を通じて主体的人間なるものを構築するのだろうか。フーコーが取り出した興味深い透視鏡の中では、この過程は、少なくとも以下のいくつかの面に表現されている。

第1に、ミクロ的権力の空間区分の等級化による統治処理である。フーコーは、資本主義のミクロ的権力の統治、すなわち「規律・訓練がおこなう最初の処置は、空間への各個人の配分(la répartition des individus dans l'espace)である」[41]と見ている。彼は、17～18世紀の工場・学校・病院・軍隊で始まった規律－訓練の中では、個人に対する「それじたいのために閉じられた場所」が要求されたことを発見している。

フーコーは、このような閉鎖空間は、中世の修道院のモデルに由来しているが、現在では普通の社会空間のコントロール方式になったと指摘している[42]。ボードリヤールは、「製造業での閉鎖空間(renfermement manufacturier)は、フーコーが描いた17世紀の閉鎖空間の状況の驚くべき拡大にほかならない。そして、『工業』労働(非手工業的で集体的で生産材料なしの監視を受ける労働)は、大型総合病院(hôpitaux généraux)の中にもっとも早く出現した(naissance dans les premiers)のではないだろうか」[43]と肯定的に指摘している。

フーコーから見ると、この閉鎖空間の中では「基本的な位置決定」という碁盤割り(quadrillage)の原則が実行され、その空間に入るそれぞれの個人に特

第10章　規律の遵守―資本主義の自己拘束性の規律－訓練社会構築の秘密　549

定の位置を与えるということになる。伝統的社会の意思疎通と作業中の「曖昧な」空間分配と比べると、資本主義社会の中のそれぞれの個人の空間の定位は、もともとの農地上のあの無益かつ有害なコントロールの利かない流動状態、すなわち時には人員過剰、時には過少という情況をもはや出現させることはないのである。

　　空間と資本主義の関係は、ルフェーブルが、60年代にすでに関心を寄せていた問題である。我々は、フーコーが彼の影響を受けていたかどうかは知ることはできないが、フーコーがここで議論している空間問題は、依然として、人体がその状態に置かれている物理空間での隔離であり、ルフェーブルのような非物理的社会関係という情況構築における空間ではないことは、見て取ることができよう。

　フーコーは次のように述べている。

　　逃亡の防止・勝手な移動の防止・集団的な結合の防止をねらう戦術である。重要なのは、ひとりひとりの出欠（les présences et les absences）を明らかにして、どこでしかもどうして各個人を確認すべきかを知り、有益な意思疎通（les communications utiles）をつくりあげて他のは遮断し、個々人の行状の監視と評価と賞罰、その質もしくは長短の測定がたえず可能であることである。したがって、認識するための、統御するための、活用するための手段。規律・訓練は分析本位の空間 (espace analytique) を構成するわけである[44]と。

　フーコーが指摘するこのような空間的隔離の中では、人間は、一種の分析可能な機能性空間の位置に固定される。その目的は、肉体的存在とその活動をさらに監視しやすくコントロールしやすいものにすることであるが、ブルジョア的近代建築学も、このような空間中の機能的位置（emplacements fonctionnels）にかんする思考と結びつき始めた。換言すれば、生命活動の空間が物的構造の中に固定化されたのである。フーコーは、近代的病院や工場建築はともに、すでに、このような特定の空間の分配原則に従って建築されるようになったと述べている。

　　筆鋒がここまで至って、フーコーは、フランス東部の都市ジュイにあるオーベルカンプインド更紗工場で発生した一切の事柄を例として取り上

げている[45]。

　このほか、フーコーはまた、このような閉鎖空間での空間コントロールの中では、規律－訓練の「基本的要素は相互に置き換えが可能である。なぜならば、それぞれの要素は、ある系列の中でそれが占める位置によって、またそれが他の要素と区別される隔たりによって規定されるからである」と指摘している。よって、規律－訓練は「建築的なと同時に機能的で階層秩序的な（fonctionnels et hiérarchiques）空間をつくりだす」[46]と結論付けている。ブルジョア的な建築空間は、その機能的定位の物的な実現であるというわけである。

　フーコーは、これらの近代的大工業生産の中で作り上げられた新しい建築空間においては、「全般的にも個別的にも充分な監視をおこないうる」し、かつ製造過程の連続的段階をたどることもできるのである。こうして、固定された格子状の図表（grille）が形作られるのである。そして、フーコーは以下のように続ける。

　　　生産は区分され、労働過程は一方ではその局面や段階や要素的な作業（opérations élémentaires）に応じて、他方ではそれをおこなう個々人、従事する個々の身体に応じて有機的に配置される。したがって、その力（force de travail）―頑強さ・迅速さ・熟練・粘り強さ―の個々の変数は、観察可能となり、したがって、特色づけられ、評価され、記帳され、その力の特定の支配者たる人（監督、工場長など）に報告されうるものになる。このように個々の身体の系列すべてにわたって完全に解読可能な仕方で把握されると、労働の力は個人単位での分析が可能になるのである[47]と。

　規律－訓練は、近代的大工業生産の基本的運作の中で発生したものであり、労働力自身の個々の作業の情況の場は、生産過程の分割とその精緻な組み合せによって構築されたものであるということであろう。このことは、規律－訓練の誕生が当初から存在論的情況中の事柄であったことを意味している。このような存在の中での生産の秩序構築のメカニズムは、同時にすべての新しい世界も形式構築したわけである。

　フーコーのここでの分析を『言葉と物』の秩序構築論の分析と比べてみると、彼のここでの思想的情況構築が、観念論的な観念制約論から唯物論へと飛び越える大きな1歩になっていることを体得するのは難しくな

い！　彼は、いまや、現実的な社会的生産－労働の秩序構築－その形式構築の面から、すべての存在の質的改変を観察しているのである。

　私は、これは、フーコーによる規律－訓練の誕生に関する第一次性の意味を持つたいへん重要な記述だと思う。なぜなら、彼は、ブルジョア階級の権力コントロールを生産の基本的運作過程と深く連関させた時、マルクスの社会関係の質への批判を徹底的に乗り越えてしまったからである。

　　以上の記述は、新しいタイプの隷属性は、生産力の秩序構築中のコントロールという属性に基づいているということだが、これは、ホルクハイマーとアドルノが青年ルカーチに依拠して執筆した『啓蒙の弁証法』における重要な発見にもなっている。

　私は、フーコーの学術上の知己ドゥルーズが、この観点の重要性を充分意識していたことに気付いた。彼は、「おそらく、刑罰の大規模な体制を生産の体系に対応させることは可能である。規律のメカニズムは、とりわけ、18世紀の人口急増と不可分であり、利潤を増やし、様々な力を組み合わせ、身体から有益な力をすべて引き出そうとする生産の増大と不可分である」[48]と述べている。ドゥルーズはさらにこのように述べている―フーコーのこのような観点は、伝統的マルクス主義の歴史図表の「ピラミッド状のイメージ」―生産力が生産関係を決定し、経済的土台が上部構造を決定するという秩序のピラミッドによる、権力は政治的上部構造の中のゲバルト現象にすぎないという見方―とは絶対的に異なる。フーコーの権力機能論は、このような虚偽の上層－下層という構造の秩序性を打ち破った。フーコーにあっては、規律－訓練権力は土台の生産から直接生まれるのである！　そして、規律－訓練は、近代ブルジョア経済学の内在的対象でもあると。ドゥルーズは具体的にこう述べている。

　　むしろ経済の総体、例えば作業場や工場の方が、権力のメカニズムを前提としているのだ。このメカニズムは、すでに内側から身体や魂に働きかけ、経済的領野の内部ですでに生産力や生産関係に働きかけている〔中略〕。マルクス主義のイメージではまだピラミッド状に存在しているものにかえて、機能的ミクロ分析は厳密な内在性をうちたてる。このような内在性においては、権力の焦点や規律の技術は、たがいに分節しあう数々の線分を形成する。一つの群衆に属する個人たち、身体と魂は、この線分を

通りぬけたり、そこにとどまったりする（家庭、学校、兵舎、工場、必要なら監獄も）[49]と。

私は、ドゥルーズのここでの評論には深いものがあると思う。ドゥルーズの指摘する「マルクス主義のピラミッド状のイメージ」とは、スターリン主義的教科書による偽像にすぎないけれども、フーコーの規律－訓練の権力統治に関する思考の情況構築は、マルクスが本来設定していた経済的な社会の形式構築の比較的単純な上層－下層という社会構造の限界を、すでに突破していると思うのである。この点は、真剣に注目し自省するに値するものであろう。

フーコーは、同様にここでは、資本主義における「規律・訓練の主要な操作の第一は、したがって、雑然とした、無益な、もしくは危険な多数の人間を、秩序づけられた多様性（multiplicités ordonnées）に変える《生ける絵図》(« tableaux vivants »の原義は『活人画』)を構成することである」[50]と述べている。

あのtableauとordreが久しぶりにまた登場している。この本の中では、tableauは18回使用され、ordre（秩序構築）とdésordre（脱-秩序あるいは無秩序）は126回使用されている。

この時点でのフーコーから見ると、表は、資本主義の古典主義時代の「学問的、政治的、経済的な技術論の大問題の一つであった」が、彼はさらに以下のようなことさえ言えるというのである。

18世紀には表は、権力の技術（technique de pouvoir）の一つであると同時に知の手段(procédure de savoir)の一つである。多種多様なもの(multiple)を組織化して、それを端から端までたどり統御するための或る道具の入手が重要であり、しかもその多様なものに«秩序»(« ordre »)を課すことが重要なのである[51]と。

tableauとordreという二つの概念について、『言葉と物』では比較的集中的に分析と議論が行われていたが、そこでフーコーが指しているものは、おもに言葉の物に対する烙印のことであった。だが、ここでは、それとは異なる情況構築域の推移があり、tableauとordreは、もはや、単に、ブルジョア文化のエピステーメーという言説の構成要素にすぎないものではなくなり、現実の資本主義的工業生産－市場経済の秩序構築とフォーマティングという客観的メカニズムになっている。このことは、さらに、権力の生

第10章　規律の遵守—資本主義の自己拘束性の規律-訓練社会構築の秘密　553

命・肉体に対する支配とコントロールを意味していることになる。こうした秩序構築と表を通じて、権力は生命・肉体と政治的魂に烙印を押すのである。これは、まったく新しい思考の情況構築の次元であろう。

　第2に、規律-訓練の生命活動に対する持続的なミクロのコントロールである。上述の空間の定位に対して、これは、ブルジョア階級のミクロ的権力の生命の時間に対する支配でもある。フーコーから見ると、規律-訓練の生命の時間に対するこのようなコントロールは、3つの主要な手段を通じて展開されるという。それは、「拍子をつけた時間区分、所定の仕事の強制、反復のサイクルの規制（établir des scansions, contraindre à des occupations déterminées, régler les cycles de répétition）」[52]である。農耕社会の反復のサイクルとは異なり、工業生産が生み出した近代社会に存在する時間にはリズムがあり、かつこのリズムは、もはや自然のサイクルではなく、工業と経済のサイクルの規制下の日常の生活リズムになっているのである。
　　マルクスの言説を借りて表現すれば、生活は労働力再生産の必要条件であり、労働力の再生産の時間は剰余価値を創造する条件であるということになるだろう。フーコーのこの思考は、この後の生の政治批判に直接繋がっている。

　続いて、フーコーは再び我々にこう伝えている—17〜18世紀の資本主義的工場生活は、過去教会のコントロール下の修道院の中で生まれた、精緻な時間のコントロールを特徴とする生活方式を工場管理に移植したものにほかならないと。いわゆる《工場=修道院》の枠組みがこのようにして生まれたというのである[53]。
　　私は、フーコーのこの言い方は妥当性を欠くと思う。資本主義的近代社会に存在する時間のリズムは、修道院での時間のコントロールの流用ではなく、工業生産における秩序構築とフォーマティングが必要とする内在的なリズムだからである。

　しかし実際には、これは、新しいタイプの持続的な規律-訓練生活なのである。フーコーはこれを次のように形容している—ブルジョア階級の規律-訓練の下にある時間は、かなり精緻に区分され規格化されており、運動のリズムと

規律の姿がはっきりと示されていて、肉体は、高度な「正確さと専念は規則正しさ」をもってその中に投げ入れられ、高効率で高速度に適応する特殊な姿勢 (geste) を生み出すと。

　例えば、『モダンタイムス』での芸術的誇張の情況構築の中での、ライン作業を離れても依然として変な姿のチャップリンである。

　フーコーから見ると、効率的な姿勢とは、肉体がブルジョア階級の規律－訓練による道具本位の記号体系化 (codage instrumental) の重要な契機となるものであり、規律－訓練化された肉体は、効率化された姿勢の前提条件となるのである。

　目の前を不断に流れる生産ライン上で、労働者が規定時間にリズミカルな操作を行わなければ、ただちに機械は傷ついてしまうだろう。ここにおいて、フーコーはさらに、近代化された軍事訓練中の兵士の肉体的経験と機械的な操練の手続きについてもかなり詳しく描写して、「身体の道具本位の記号体系化」[54]の手続きを説明しているのである。

　フーコーは、ブルジョア階級の規律－訓練による「時間が身体深くしみわたるのである。それにともなって権力によるすべての綿密な取締り (contrôles minutieux du pouvoir)」[55]もしみわたるのであると見ている。ここから、フーコーは、肉体は、ブルジョア階級によって、以下のように徹底的に改造されると述べるのである。

　権力は、身体＝兵器 (corps-arme)、身体＝道具 (corps-instrument)、身体＝機械 (corps-machine) という一種の複合をつくりあげるわけである。かつては身体にもっぱら表徴ないしは所産しか、表現形式 (formes d'expression) もしくは仕事の成果しか求めていなかった、あの服従強制の諸形式は、今やすっかり過去のものになっている。権力が課している規制は、同時に、運用を組立てる (construction de l'opération) 規則でもある。こうして規律・訓練を旨とする権力 (pouvoir disciplinaire) のあの性格が現れてくるのである。すなわちこの権力には、先取の、よりも総合化の機能が、［身体の］所産の強奪の、よりも生産装置［＝身体］への強制的関係の機能がそなわるのである[56]と。

第10章　規律の遵守―資本主義の自己拘束性の規律‐訓練社会構築の秘密　555

　上述の一段の議論は、実際には、フーコーの思考とマルクスの政治経済学の批判的論理との、形式構築論上の深い差異の対比をまさに体現していることに注意してほしい。マルクスは、資本は、労働者が生産過程中に創造した剰余価値を無償で占有することによって経済的搾取を実現すると見ていたが、これとは異なって、フーコーは、生産のメカニズムの中で発生したある種の変化、すなわち、労働者が、自身の生産過程の中での作業の「運用の組立て」によって、フォーマティングされるという権力支配を見て取ったのである。彼から見ると、身体＝機械のフォーマティングの過程で発生した隷属化は、マルクスが見て取ったあの外部の経済関係のコントロールよりも、さらに深く抗しがたいものなのだ。

　　この点では、フランス現代のマルクス主義者ビデの評論は、深く考えるに値するものである。彼はこう述べている―「まさにフーコーは、ウェーバー以降にこの道をたどった人々よりも掘り下げて、近代の政治的理性が『市場形態』と平行して、『組織化された形態』においても発展してきたことを明らかにした。フーコーは、病院や監獄、学校、軍隊、都市計画、学術活動の諸領域における曖昧な合理性の組織化された形態を探究し、そうした領域（セクシュアリティや狂気といった領域とも関わるが、こうした領域を理解するにあたっては、市民社会や生産様式、国家等の概念とは別の概念領域が想定されている）で相互に結びつく『権力知』の問いを明るみに出したのである。これをマルクスへの『補完物』とだけ見なすべきではない。なぜなら、知-権力という用語を統治性の領域に用いることで、フーコーは新たな対象、新たに調査すべき大陸を切り開いたからである」[57]と。この分析の基本的要点は、一定の道理があるものであろう。だが、我々は、この点にとどまらず、フーコーが提起した問題をさらに深く思考する必要があるのだ。

　この意味において、フーコーは、上述の支配の技術を通じて、肉体は、一種の新しい客体（objet nouveau）―規律‐訓練化された客体としてフォーマティングされ、それは徐々に機械論的身体に取って代わることさえあるのだと指摘している。フーコーは続けてこう述べている。

　　その新しい客体とは、力を保持し持続の座である自然な身体であり、みずから秩序（ordre）・時間・内的条件・構成要素をそなえる種別化された

作業をいとなみうる身体である。身体は、新しい権力機構（mécanismes du pouvoir）の標的となると同時に知の新しい形式（formes de savoir）の対象となる。思弁的な（spéculative）自然学に属する、というよりむしろ訓練に属する身体であり、動物的精気が染みわたっている、というよりむしろ権力が操作する（manipulé par l'autorité）身体であり、効力ある訓育に属する身体なのであって、それは純理的機械論に属するのではなく、そこではその点からしても、いくつかの自然的要請並びに機能的束縛が現れるようになる[58]と。

我々は、こうした複雑な情況構築の次元の中で、フーコーがさらに深い一種の反駁を進めているのを感じ取れるだろう。それはこのようなものである—ブルジョア階級が宣揚する、あの専制と土地から解放された物理的肉体、動物的精気が溢れる肉体、理性的機械という肉体というものの背後で軽視されている真相は、資本主義的生産およびその経済活動のフォーマティングと特殊な秩序構築によって生み出された規律—訓練化された客体が、知と権力の指向目的としての対象的存在になり、生産自身の時間の歩み・内在的操作状況・構成要素のフォーマティングを通じて、権力によって操作され訓練された肉体—規則—訓練化された客体になったということであると。まったく疑いなく、フーコーの筆下のこのような規律—訓練の客体は、秩序構築化され構造化された近代的生産によってさらに容易に操作されうるものになるのだ。

フーコーのこの観点に対し、ホネットは以下のような評論をしている—「近代の権力技術は、人間の身体行動をもはやただ抑圧したり、あるいは管理するばかりではなく、身体行動を体系づけて生み出すことができるというように特徴づけられる。しかし彼にとって、人間の身体行動の製造と産出は、一方で以下のことを意味する。すなわち、永遠に続く規律化に、基本的に不安定で流動的な身体運動に一様な行動範型という固定的形態を与えること、つまり人間の身体動作の過程を『規範化』することをそれは意味するのである」[59]と。私は、ホネットのこの評論は狭すぎると感じる。ウェーバーの言う標準化の操作は、資本主義の生産ラインの秩序構築の条件の一つにすぎないからである。フーコーのここでの批判的思考の情況構築の次元は、「標準化」よりもさらに深くさらに厚みのあるものなのだ。

第10章　規律の遵守―資本主義の自己拘束性の規律－訓練社会構築の秘密　557

　フーコーから見ると、規律－訓練は、新たな知と権力の形式を通じて、生産と作業の中において肉体をフォーマティングして一種のメカニズムを作り上げ、その各基本的構成要素の組み合せによって最大の効果に達することができるようにした。すなわち、規律－訓練は、肉体中に分散する「さまざま力を組立てて有用な仕組みappareil efficace）を獲得する技術となった」[60]というのである。

　このappareil（装置　仕組み）も、この本の中で、使用頻度が高い言葉であり、128回使用されている。こうしたブルジョア的政治権力支配に関する研究の中で、フーコーが、いくつかの科学技術分野の術語を比較的多く導入しているのを見出すのは難しくない。例えば、メカニズム・操作・装置などである。彼は、伝統的な政治学領域に固有な言説システムを打破しようとしているわけである。アガンベンの考証によれば、自分がイポリットの『ヘーゲル歴史哲学序論』(Introduction à la philosophie de l'histoire de Hegel) と題する著作を閲読した時、イポリットが、ヘーゲルのベルン時期とフランクフルト時期の思想の中に見られるあるキーワードに気が付いていたことを発見したとのことである。それは、すなわち操作実践中のポジテヴィテ（ドイツ語ではPositivität）である。ヘーゲルの指摘したこの実証性とは、宗教神学が日常生活において「外部から個体に強いた信条・規則・儀礼」にほかならない。アガンベンは、イポリットによれば「ポジティヴィテとは、青年ヘーゲルが歴史的要素――外的な力によって個人に押しつけられるが、いわば、信念体系と感情体系に内面化された規則や儀礼、制度を伴うために負荷の掛かった要素――に与えた名であるならば、フーコーは（後に「装置」となる）この述語を借用することで、ある決定的な問題への立場を取ったのである」[61]と指摘している。

　第3には、規律－訓練の進歩発達－個人の段階的形成（organisation des geneses）における役割についてである。フーコーは、規律－訓練は、一種の支配とコントロールの手段であるばかりでなく、一種の創造的な技術でもあると述べている。

　これは、前述のあの規律－訓練の中で発生した機能性と関連がある。

　彼は、フランスで17世紀に設立されたゴブラン織工場の学校[62]を例として、

その中の6年の徒弟奉公と4年の尽力奉仕および資格試験の全過程から話を起こし、この創造的な規則－訓練という新技術の姿を描いている。フーコーは、この新しい技術が「個々人の生存の時間を支配するための、また、時間と身体と力の諸関係を管理するための、時の流れの蓄積を確かなものにするための、しかも、過ぎゆく時の動きを、利益ないしは効用がつねに増大する（profit ou en utilité toujours accrus）ような形に価値転換するための、古典主義時代における新しい技術」[63]になったことを発見している。ブルジョア階級の規律－訓練権力が肉体のコントロールに成功した秘密は、それ自身が、一種の資本の無限の財富追求の過程にともなって生まれた、生産的で前へと向かう創造的な運動であることにあるというのである。

　　すなわち、先に提起した規律－訓練の自己認定の結果としての有用な服従のことである。ホネットは、この点に注目して「社会的権力の規定の諸技術が、抑圧的作用のかわりにいまや生産的作用を展開すること、つまりこれらの技術が社会の行為エネルギーを作り出すのであって、抑圧するのではないということ」[64]をフーコーの社会理論は提示するのだと指摘している。これは正しいだろう。

　ここから、フーコーは、規律－訓練の方式によって「線形の時間が出現するわけで、その一刻一刻は相互に統合され（temps linéaire dont les moments s'intègrent）ており、それは一種の「《進化発展》の時間（temps « évolutif »）」でもあると述べている。フーコーから見ると、資本主義においては、「思いだしておく必要があるのは、同じ時期に、行政面と経済面の管理技術によって、系列化・方向設定・累積を中心としたタイプの社会的時間が出現していた点であって、つまりこれは《進歩発達》（« progrès »）との関連での或る進化の発見である。他方、規律・訓練の技術は個人重視のもろもろの系列を出現せしめるわけで、つまりそれは《段階的形勢》（« genèse »）との関連での或る進化の発見である」[65]ということになる。財富の蓄積と肉体の技術化されたフォーマティングは、ともに成長と発展という方向を生み出し、ここから、資本主義社会の進歩と近代化の進展がはじめて出現するというわけである。これは、大文字の人間の創世記であり、西洋ブルジョア階級の近代的文明進化論と進歩史観の真の起源でもあるのだ。フーコーは続けてこう述べている。

　　社会の進歩発達と個人の段階的形成という、18世紀のこの二大《発見》

こそは多分、権力の新たな諸技術と相関的であろうし、より正確に言えば、時間の管理と活用における、線分単位の分割や系列化（sériation）や総合ならびに総体化などの新たな方法と相関的であるにちがいない。権力にかんする巨視的および微視的な一種の物理学（une macro- et microphysique de pouvoir）のおかげで、なるほど、歴史の創出（invention de l'histoire）が可能になったわけではないが（すでに久しい以前から歴史はもはや創出される必要はなかった）、管理の行使と支配の実務のなかへの、時間的で統一的で連続的で累積的な次元の統合が可能になったのである[66]と。

社会進歩と個人の段階的形成は、ともにブルジョア階級が18世紀に発明したものにすぎないというのである。
　興味深いことに、フーコーの師であるカンギレムがその晩年に発表した「進歩の観念の衰退」（La décadence de l'idée de Progrès）という文章は、18世紀後半の西洋の進歩の観念がいかに歴史的にフォーマティングされたかについて書かれたものである[67]。

フーコーは、今日、多くの人々にとって言わずと知れた歴史の進歩という観念は、実は一種の近代の「権力の或る運用様式と結びついている」と見ているのである。
　疑いなく、これは、『知の考古学』における線形の進歩史観への反対を、さらに深く確証したものでもある。

彼は、規律－訓練中の「身体並びに時の流れにかんする政治的技術論のなかに要素として組みこまれた鍛錬は、彼岸をめざして高まるのではない。それは完結が絶対におこらない服従強制（assujettissement qui n'a jamais fini de s'achever）を目標にしている」と見ている。まさに、科学技術・生産過程・社会改造・文化の変遷の中で発生した、無限の服従強制は、資本主義の特有の進歩史観と段階的に形成される人間という観念を作り上げたというわけである。
　第4には、規律－訓練はさまざまの力の組立（composition des forces）としても表現されるということである。組立とはordre（秩序構築）の別の表現でもある。この点は、上述の人間の段階的形成に関連する規律－訓練のメカニズムであり、それは、肉体の諸力に対して調整を行わなければならないような場の

情況が突然出現した時に、「ある生産力の成果がその生産力を組立てる基本的な諸力の総和（somme des forces）をしのがねばならないような、そうした生産力（force productive）を組織する」[68]という現象として表現されるというのである。

このため、フーコーは、また『資本論』の分業と協業が生み出す巨大な社会的生産力および軍事戦術中の共同作戦に関する二つのパラグラフを書いている。事実上「生産力の総和」もマルクスの言説である。私は、自分の聡明さを気取るポスターが「『監獄の誕生』の偉業とは、近代社会における支配構造の理論化と歴史的分析とを行った点にあり、それは古典的マルクス主義の生産様式概念が切り開いた研究範囲を超えるものだ」[69]と自慢げに唱えていることに気付いた。私は、ポスターはまさに反対のことを述べているように思う。この『監獄の誕生』の中で、フーコーは、まさに、マルクスの切り開いた史的唯物論の生産様式の分析にはじめて秘かに立ち戻ったのだ。

フーコーから見ると、このような諸力に対する組立と秩序づけは、個々の肉体を配置し、移動し、またその他の肉体と結びつけることのできる一種の要素に変え、各種の時間継起上の一系列の複合体を構築し、また、正確な命令組織を通じて、自身を一連の規律－訓練活動の中に位置づけるということになる[70]。規律－訓練は、今やマルクスの指摘した資本主義的生産力の重要な発生のメカニズムになったわけである。この時のフーコーはマルクスと肩を並べて戦っているかのようである。

最後にフーコーは以下のように要約している。

　　規律・訓練は規制する身体をもとにして四つの型の個人性（individualité）を、というよりむしろ、四つの性格（caractères）のそなわった個人性を造りだすのである。つまりそれは（空間配分の作用によって）独房的（cellulaire）であり、（活動の記号体系化によって）有機的（organique）であり、（時間の累積によって）段階的形成（génétique）を旨とし、（さまざまの力の組立によって）組み合せ（génétique）を旨とする。しかもそのために規律・訓練は、四つの主要な技術を用いるのである。つまり、まず一覧表を作り上げ、つぎに操練を規定し、さらに訓練を強制し、最後には、力の組合せを確保するために《戦術》を整える（aménage des « tactiques »）[71]と。

これは、上述の規律－訓練による肉体のフォーマティングにおける４つの方面の簡単な概括である。フーコーは、規律－訓練によって生み出された権力のコントロールは、伝統的な政治学領域のあの可視的な社会統治と隷属化とは完全に異なり、規律－訓練は、まったく新しいブルジョア階級の政治支配の無形の戦術（tactiques）であると、もっぱら指摘している。換言すれば、この新しい規律－訓練権力は、もはや伝統的社会におけるような統治者の手の中にある所有物ではなくなっているというのである。

　　ドゥルーズの解釈によれば、フーコーがここで言う「権力は、所有物ではなく戦略である。そしてその効果はある所有には帰着しうるものではない」[72]ということになる。ドゥルーズは、これは一種の新しい権力の機能主義であり、これは「もはや権力の根源として、特権的な場所を指示することはなく、点的な局在を許すこともない近代トポロジー」[73]を形成していると見ている。トポロジーは、ラカン以後のフランスの急進的言説がたいへん好む分野になっている。

　フーコーの目からは、この無形の規律・訓練の「《戦術》とは、持場の指定された（localisés）身体、記号体系化された（codées）活動、養成された能力などを用いて仕組みをつくりあげ、そこでは各種の能力の所産をそれらの力の計画的な組合せによって増大させる技法（art de construire）であって、こうした戦術は規律・訓練の実務（pratique disciplinaire）の最高形式といってよいだろう」[74]ということになる。これを戦術というゆえんは、このような規律－訓練の権力の支配は、伝統的社会のコントロールの中では見ることのできないような、権力の細節へのこだわりによって実現されるからである。このようなもののすべては、日常行なわれる規律－訓練を通じて実践され、一種の身体化された場の情況の存在になるというわけなのだ。伝統的な政治における圧迫と比べると、人々に当たり前のことと思わせる、このような規律－訓練の存在は、反対に、近代人が文明教化され成熟へと向かう方向という姿で現れるのである。そして、フーコーは、ここから、戦争の場面での戦略と戦術の運用と同様に、ブルジョア階級のまったく新しい政治戦術は、「市民社会（société civile）における戦争不在（absence de guerre）状態の維持のための一原理」となるというのである。表面上の無戦争状態は、ブルジョア階級が発動する最大の政治的戦争なのである。この硝煙のない戦争の中で真に消滅されたのは、規律－訓練下

の自己拘束性的存在である人間自身なのだ。

　フーコーは、ブルジョア階級の賞賛者たちは、つねに、資本主義は自然法則に帰属する「完璧な理想社会」であると標榜しているが、実は、このような規律－訓練権力のフォーマティングの下での生存は、どんな自然状態（l'état de nature）でもなく、「一つの機械装置の入念に配属された歯車（rouages）に存していたのであり、原始的な契約ではなく果てしない強制権（coercitions）に、基本的人権にではなく無限に発展的な訓育に、一般意志にではなく自動的な従順さ（docilité automatique）に存していたのである（否定されている各項の用語は、J・Jルソーのことば）」[75]という深みのある指摘をしている。この４つの否と４つの然りは、線引きがはっきりとしておりきわめて鋭い。

　同様にここで、フーコーは、また、マルクスの軍隊とブルジョア的社会形態との関係についてのエンゲルス宛の手紙を引用して、自分の観点の傍証としている[76]。

　私はこう言いたい——このいかなる場所にも存在している自動的な従順さこそが、すべての資本主義的な政治統治の真の秘密であり、伝統的な西洋の政治学においては、その不在は明らかであると。

［注］
1　ミシェル・フーコー、田村俶訳『監獄の誕生——監視と処罰』（新潮社、1977年）222頁。
2　同上90頁。
3　同上103頁。
4　同上104頁。
5　セルヴァン（Joseph Michel Antoine Servan 1737-1807）。フランスの政治家。
6　フーコー前掲書104頁より転用。
7　同上105頁。
8　ミシェル・フーコー、高桑和己訳「逃げる力——ポール・ルベロルの連作『犬たち』に寄せて」『ミシェル・フーコー思考集成Ⅳ　1971-1973　規範／社会』（筑摩書房、1999年）393～394頁。
9　フーコー『監獄の誕生』220頁。
10　同上109頁。
11　Jean Baudrillard, *Le ludique et le policier & autres écrits parus dans Utopie* (1967-1978)

(Paris: Sens & Tonka, 2001), 21.
12 フーコー前掲書116頁。
13 同上132頁。
14 ハーバマス・三島憲一ほか訳『近代の哲学的ディスクルス Ⅱ』(岩波書店、1990年)435頁。
15 フーコー前掲書142頁。
16 Peter Sloterdijk, *Im Weltinnenraum des Kapitals: Für eine philosophische Theorie der Globalisierung* (Frankfurt am Main: Suhrkamp, 2005), 93.
17 ラ・メトリー(Julien Offroy De La Mettrie 1709—1751)。フランスの啓蒙思想家・哲学者。おもな著作には『人間機械論』(1747)などがある。
18 フーコー前掲書142頁。
19 Pierre Macherey, *De Canguilhem à Foucault: la force des normes* (Paris: La Fabrique, 2009), 77.
20 フーコー前掲書142頁。
21 ファヨール(Henri Fayol 1841-1925)。フランスの近代科学管理論の創始者の１人。おもな著作には、『産業並びに一般の管理』(1916)などがある。
22 レーニンは何度もテイラーシステムについて評論をしている。1918年４月の「ソヴィエト政権の当面の任務」の中で、レーニンは、「資本主義の最新の成果であるテーラーシステムは、——資本主義のいっさいの進歩と同様に——ブルジョア的搾取の洗練された残忍さと、一連のきわめて豊富な科学的成果——労働のさいの機械的運動の分析や、よけいな不器用な運動の除去や、もっとも正しい作業方法の考案や、もっともすぐれた記帳と統制の採用など、とをそのなかにかねそなえている……ロシアでテーラーシステムの研究と教習、その系統的な実験と応用とをやりはじめなければならない」と述べている。1914年 ３月13日付「プラウダ」35号を参照のこと(大月版『レーニン全集』第27巻261頁)。
23 フーコー前掲書142頁。
24 同上142〜143頁。
25 同上143頁。
26 ブランショ・守中高明訳「ミシェル・フーコー わが想像のうちの」『他処からやってきた声——デ・フォレ、シャール、ツェラン、フーコー』(以文社、2013年) 155頁注１。
27 フーコー前掲書143頁。
28 同上同頁。
29 同上同頁。
30 Hayden White, *The Content of the Form: Narrative Discourse and Historical Representation* (Baltimore: Johns Hopkins University Press, 1990), 127.
31 フーコー前掲書144頁。

32 Etienne Balibar, "Foucault et Marx : l'enjeu du nominalisme," in *La Crainte des masses* (Paris: Galilée, 1997), 297.
33 フーコー前掲書144頁。
34 Alain Sheridan, *Michel Foucault: The Will to Truth* (London: Routledge, 1980), 152.
35 フーコー前掲書144頁。
36 同上同頁。
37 David Harvey, *Justice, Nature and the Geography of Difference* (New York: Blackwell, 1996), 225-226.
38 フーコー前掲書144頁。
39 同上147頁。
40 ルフェーブル（Henri Lefebvre 1901-1990）。現代フランスの著名な哲学者。ピレネー地方の官僚の家庭に生まれた。1920年パリ大学（ソルボンヌ大学）を卒業し、哲学博士の学位を得た。1928年フランスマルクス主義の最初の哲学的刊行物『マルクス主義哲学雑誌』を創刊し、1929年フランス共産党に入党した。1930年にはリセの教員となった。第二次世界大戦後ドイツによるフランス占領期間には教師の職を解かれた。1944年以降は、トゥールーズラジオ局の局長・国立科学研究センター研究員・パリ大学ナンテール分校とストラスブール大学の社会学教授などを歴任し、1973年に退職した。おもな著作には、『弁証法的唯物論』(1939)、『日常生活批判』(3巻1947～1981)、『マルクス主義中の現実的諸問題』(1958)、『言語と社会』(1966)、『現代世界における日常生活』(1968)、『都市革命』(1972)、『空間の生産』(1973) などがある。
41 フーコー前掲書147頁。
42 同上148～149頁。
43 Baudrillard, *Op. Cit.*, 253.
44 フーコー前掲書148頁。
45 同上150頁。
46 同上152頁。
47 同上150頁。
48 ジル・ドゥルーズ、宇野邦一訳『フーコー』（河出文庫、2007年）55頁。
49 同上55－56頁。
50 フーコー前掲書153頁。
51 同上同頁。
52 同上154頁。
53 同上同頁。
54 同上157頁。
55 同上156頁。
56 同上157頁。

57 Jacques Bidet, "Foucault et le libéralisme : Rationalité, révolution, résistance," *Actuel Marx* 40 (2006/2): 184.
58 フーコー前掲書159頁。
59 アクセル・ホネット、河上倫逸監訳『権力の批判―批判的社会理論の新たな地平』(法政大学出版局　1992年) 216頁
60 フーコー前掲書166頁。
61 アガンベン・高桑和巳訳「装置とは何か?」『現代思想』第34巻7号、2006年、86頁。訳文は変更した。
62 ゴブラン家はフランスの染色業者の家系で、1667年にゴブラン工場学校を設立した。
63 フーコー前掲書161頁。
64 ホネット前掲書214頁。
65 フーコー前掲書163〜164頁。
66 同上164頁。
67 Georges Canguilhem, "La décadence de l'idée de Progrès," *Revue de Métaphysique et de Morale* 92, no. 4 (October-December 1987): 437-454.
68 フーコー前掲書166頁。
69 Mark Poster, "Foucault, the Present and History," in *Michel Foucault Critical Assessments*, ed. Barry Smart (London: Routledge, 1994), 1: 112.
70 フーコー前掲書166〜168頁。
71 同上169頁。
72 ドゥルーズ前掲書52頁。
73 同上54頁。
74 フーコー前掲書169〜170頁。
75 同上171頁。
76 同上同頁。〔ギベール『戦術概説』についてのマルクスの評論より―訳者〕

第11章　パノプティズムによる治安―規律―訓練社会

　フーコーの新しい政治哲学の中では、ブルジョア階級の規律―訓練権力は、以前の封建的専制を背景とする君主権力（pouvoir de souveraineté）[1]とは異なり、それは、武威をあらわにする勇壮な暴力の誇張と膨大な国家機構という外部的圧迫の姿をもはやとらず、表面的には、自動的で匿名性の規律―訓練―支配的権力の存在のあり方―とその諸力の実施手続きは、ともに取るに足らぬように見えるが、実際には、その独特な見えざる微細な拡がりによって、資本主義体制下の社会生活でのもっとも本質的な、あの無形の場の情況の存在の次元を侵していき、よって、生命の存在の根本的メカニズムを深く変えていくのである。これこそが、いわゆるパノプティズムという規律―訓練―治安権力の展開の中で出現した、資本主義における社会コントロールのまったく新しい形態―規律―訓練社会なのである。『監獄の誕生』第3部の第2章、第3章では、フーコーは、主にブルジョア階級のこの規律―訓練権力の隠れた展開方式について議論している。

1.　規律―訓練権力―自動的従順という隠れた戦略

　前述したように、フーコーはこう指摘している―ブルジョア階級の政治支配のまったく新しい戦略は、伝統的な政治学の領域では焦点となっている、あの可視的な社会統治と隷属とは明らかに異なり、規律―訓練が生み出した一種のミクロ的権力によるコントロールであり、まったく新しい匿名の支配権力のコントロールの下で生まれた、一種の自動的従順という場の情況における隠れた隷属であると。具体的に言えば、規律―訓練権力の支配の手段は主に以下のようなものであるというのだ。

　第1に、フーコーは、伝統的権力下の強制的な徴用とは異なり、ブルジョア階級の政治支配の形である規律―訓練が、肉体をコントロールしフォーマティングするというこの方式は、近代化された大生産の内在的要求として出現した訓育（dressage）という形となると指摘している。

　　生産の秩序構築が政治権力のメカニズムの転換を制約するというのは、

マルクスの史的唯物論の論理である。

　個人的な経験にたよる農業生産は、社会化された工業生産によって乗りこえられたわけだが、後者の工業生産の形式構築にとって必要とされる肉体と技能の訓育は、労働者が最初に受け入れなければならない規律－訓練であり、事実上、これは、軍隊や学校、すべての近代社会における職業においてさえ、それを始める際の前提にもなっているのだ。過去の我々の普通の見方では、訓育は、我々の日常に用いられる訓戒・教化・教育中の中立的な道具にすぎないもののようであり、誰も「今日普遍的に受け入れられているこの訓育の本質は結局何か」などとさらに問いかけようとは思わない。我々には、ブルジョア階級による訓育が、以前の支配者の皮鞭の権力的位置にまさに取って代わられていることを想像できないのだ！訓育は、圧迫とコントロールを直接表現するわけではなく、肉体に属する有用な技能を生み出すのである。皮鞭が象徴する肉体的苦痛とは異なり、訓育は、往々にしてチャンスと前途を象徴する。技能養成機関はブルジョア的主体の登場を学ぶところなのである！これこそが規律－訓練の狡知にほかならない。

　フーコーは、このような近代的訓育は、昔からのものではなく、近代以降の西洋資本主義社会の中ではじめて歴史的に発生したものであり、ブルジョア階級による規律－訓練権力の展開のための重要な手段になっていると、鋭利に指摘している。

　　　これは、伝統的社会には一般的な意味での訓育が存在しなかったと言っているわけではない。かつては練兵や手工技能などの訓育もあった。フーコーが指摘している資本主義社会における訓育とは、新しいタイプの工業労働のフォーマティングや秩序構築と直接関連したものなのである。

　なぜなら、ブルジョア階級の規律－訓練権力が実施している訓育は、「個々人を権力行使の客体ならびに道具として手に入れる、そうした権力の特定の技術」であり、今日の訓育の本質は、「流動的で雑然として無駄な多量の身体ならびに力を、多様性のある個別的な諸要素─切離された小さい独房、有機的自立性 (autonomies organiques)、段階的形成を中心にした同一性と持続性 (identités et continuités)、線分状の組合せ（segments combinatoires）─」[2]に変えたからである。

資本主義的生産の条件のマクロ的な角度から見れば、これは、マルクスの言う自由な労働力のことでもあり、まさにこの自由な労働力こそが、工業生産が訓育を必要とする対象であり主体なのである。

哲学的な意味から見れば、フーコーは、訓育による「規律・訓練こそが個々人を《造り出す》のである」[3]と明確に指摘している。換言すれば、まさにブルジョア階級による持続的な不断の訓育式の規律ー訓練こそが、新しい人間主義が強調する個人あるいは近代的主体的個人を《造り出す》というのである。そのとおりであろう。同様にこれは、フーコーは以前主張していた、あの最近発明されたという「人間」の真実の歴史的内容でもあるのだ。先の議論の中で、我々は、フーコーが、かつて、知の言説が主体を構築するという戦略、すなわち主体性（個人）なるものは、実際には知ー権力関係による場の情況における構築物にすぎないという戦略について指摘していたのを見て取ったはずであるが、ここでは、彼はさらに一歩進んで、知によって生み出された主体という、場の情況における存在の背後には、近代的生産の形式構築による訓育が生み出す主体（肉体）のフォーマティングがあると指摘しているのである。これは、観念論的な形式構築の絵図を転倒した後に現れてきた、現実の資本主義の歴史過程を述べているのである。

第2に、フーコーは、規律ー訓練権力の実施にあたっては「視線の作用によって強制を加える仕組みを前提にしている。見ることを可能にする技術によって、権力の効果が生じる装置（dispositif）」[4]を必要とすると見ている①。

dispositifは、後のフーコーのブルジョア社会の統治メカニズムに関する研究の中で、だんだんと重要になって来る概念である。しかし、ここでは、彼は、このdispositifについて具体的な解釈を行なっているわけではない。フーコーは、この本の中で、43回このdispositifを使用している。ドゥルーズの説明によれば、このdispositifは、フーコーが自分とガタリの「アレンジメントという概念（concept d'agencement）」の影響を受けた結果だそうである[5]。ブロッサは、フーコーは、まさにこの時（1975年）から、このdispositifという重要なパラダイムを使用し始め、かつ「最後まで使用して

───────
①訳者注──原著では「部署」と訳されているが、ここではフーコーの他の著作の日本語訳も参考にして「装置」と訳した。

第11章　パノプティズムによる治安―規律―訓練社会　569

いた」のであり、後期のテーマの中に、持続しつつもやや緩和された方式で登場していたと指摘している[6]。ブロッサの判断は非常に正確である。なぜなら、『言葉と物』と『知の考古学』では、dispositifの使用率はゼロであったが、コレージュ・ド・フランスでの講義全体の中では、1978年の『安全・領土・人口』(67回) を除いて、この言葉は平均10回以下の比較的低い使用頻度を保っていたからである。

　もちろん、ここでのキーワードは監視であり、フーコーによって階層秩序的な監視 (surveillance hiérarchisée) とも呼ばれている。フーコーから見ると、上述の訓育と同様に、これもブルジョア階級が創造したまったく新しい技術であり、「光線および可視的なものについての、世に埋もれた技術が、人間に服従を強制するための諸技術ならびに人間を活用するための手段をとおして、暗暗裡に、人間にかんする新しい知 (savoir nouveau) を準備したのである」[7]ということになる。

　　フーコーのここでの人間についての見方は、抽象的で非歴史的な人間の本性あるいは本質の規定ではなく、資本主義社会の現実中の人間の存在関係が作り上げた具体的・歴史的・現実的な知である。これらの知の発生は、往々にして権力の展開と同体・同構造となる。

　ここでの新しい知とは、規律－訓練の機構が発明した「相手に見られずに相手を見なければならない」監視技術のことである。もともとの奴隷の身に浴びせられた皮鞭は、これと比べると、いまや労働者に対する見逃すところのない一種の監視の視線と無形の圧力に変わったのである。フーコーの筆下では、監視は、ブルジョア階級の規律－訓練権力の展開中の重要な技術的契機の一つなのである。彼はこう形容している―規律－訓練権力の監視の完璧な装置は、その対象の一切の存在状態を一目瞭然のものとし、監視の中心点は、あらゆる物事を照明する光源でもあり、知らなければならない事柄のすべてにかんする集約地点でもある。つまり、何ものをも見落とさぬ完璧な眼であり、すべての視線がその方へ向けられる中心であると。同様にこの情況構築に意味において、彼はこのようにも指摘している―資本主義の規律－訓練の制度は、「人間の行為を調べる顕微鏡 (microscope) として機能する取締装置を広め、その制度によって実現された精密で分析的な区分は、人々のまわりに、観察・記録・訓育

の仕掛を形づくったのである」[8]と。ここでは、肉体の一切の言動と存在は、一種の高度な顕微鏡的観察による監視の視線の範囲の中にあるのだ。見逃すところのない監視という場の情況の存在は、規律－訓練権力がそのコントロールを実現するための重要な前提になっているというわけである。

　フーコーは、規律－訓練権力の監視メカニズムは、資本主義的大工場から生まれたことを鋭く見て取っているが、これは非常に正確な判断であろう。資本主義的な近代的生産の中では、「生産装置がいっそう大がかりで複雑になるにつれて、また職工の人数が増加し労働の分業がいちじるしくなるにつれて、取締りの仕事はいっそう必要かつ困難になるのだ。かくして監視は明確な職務、しかも生産過程に不可欠でなければならぬ職務になり、それは生産過程を初めから終わりまで補強しなければならない」[9]というのである。これは、ほとんど経済学の専門的記述であろう。

　　　同様にここでは、フーコーは、再び、マルクスの「監督が資本の機能の一つになる」という記述について触れている[10]

　フーコーは、この労働・生産過程全体を通しての持続的な監視は、経済の秩序構築の決定的な要素に変わり、それは、生産機構中の重要な技術的組成部分の一つでもあり、その後のすべての資本主義社会の「規律・訓練的な権力における特定の歯車」にもなったと述べている。

　　　私は、この生産過程の機能に属する監視という観点は、生産無罪論を打ち破る重要な内容の一つであり、また、今日のいわゆる科学的管理のメカニズムの一つでもあると思う。

　フーコーは、まさにこの基礎の上に、ブルジョア階級は、全社会に展開される階層秩序的な監視システムを作り上げ、この階層秩序的な監視は、都市計画の中に、労働者の共同住宅地・病院・保護施設・監獄・学校などの建設の中に体現されていると見ている。彼は、この種の野営地式の監視－コントロールモデルは、資本主義下の全社会生活にすでにはめ込まれている（encastrement）と我々に訴えているのだ。

　　　アガンベンは、今日の資本主義的なパノプティズムシステムに関する研究の中で、ここでのフーコーの観点を深化させている[11]。

　資本主義にとっては、「規律・訓練的な権力は、それが行使される装置およ

び経済に内側から結びつく、《統合された》一つの組織になる。またその権力は、多様で自立的で匿名の（anonyme）権力としても組立てられている」[12]というのである。

　　フーコーは、この本の中で、anonymeを7回使用している。彼の近代資本主義の政治的統治の分析の中では、この匿名性は規律－訓練権力の本質的な特徴の一つとなっている。

　かつ、フーコーは、ブルジョア階級が社会に対して階層的な監督を実行する際には、この匿名の権力は、「一つの物として所有されるわけでもなく、一つの権利として譲渡されるわけでもなく、一つの機械仕掛として機能するのだ」とも述べている。資本主義社会においては、時々刻々我々を監視している規律－訓練権力は、見えもせず触ることもできないものなのだ。ゆえに、それは直接占有されることはないのである。しかしまた、フーコーは、その理由についてこのようにも述べている。

　　その理由はこの権力はいたる所にあり、しかもつねに見張っているからであり、原則上はいかなる影の地帯も放置しておかないからであり、取締る役目の者をもたえず取締るからである。他方、同時に完全に《秘密を守って》いる、なぜならばその権力は、いつも大幅にひそかに（silence）機能するからである。規律・訓練は係り合いを中心とした権力（pouvoir relationnel）を《働か》せていて、その権力は自身の機構によって自身を支えている。しかも明確に表沙汰になる折には、その事態のかわりに、計算のゆきとどいた視線の、中断されざる作用をもちこむ。監視の諸技術のおかげで、権力の《物理学》（デカルト的よりもギベール的な、新しい）、身体の支配は、光学と力学の諸法則にもとづいて、また、空間・線・幕・束・度合いなどの作用全体にもとづいて、しかも少なくとも原則的には、過度や力や暴力（violence）に訴えずに営まれている[13]と。

　伝統的社会の統治においては、可視的な外部暴力的暴力と圧迫は恐るべきものというわけではない。なぜなら、我々はそれに対してはっきりと反抗ができるからである。だが、ブルジョア階級が作り上げた現在の「民主」政治においては、もっとも恐ろしいものは、沈黙の中で知らず知らずのうちに隷属化と支配を進める、いたる所に存在するこのような権力なのである。悲劇は、今日隷属

化され圧迫されている人々が、何に対して反抗すべきか、さらにはどの点から反抗すべきかを知らないという点にあるのだ。直接登場しない匿名の権力は、すべての社会的反抗を望みのない絶境に深みに追いやるのである。

フーコーはこう述べている——このような顔のない新技術と一致するように、資本主義の古典時代の建築物でさえ、もはや、たんに居住や使用のために建てられるのではなく、「個々人の変換のための一作用素となる建築物（変換も作用素も数学用語）」にもなっていた。すなわち「その建築物に収容される人々への作用であり、彼らの行為にたいする支配であり、彼らにまで権力の効果を及ぼし、彼らを調べあげ、彼らを変化させる」[14]ためのものになっていたのだと。

この時、フーコーは、近代的病院と学校建築の中の階層秩序的な監視の機能をイメージ豊かに記述している[15]。このような監視機構としての建築は、以後の著名な円形のパノプティコンの端緒となった。実際には、建築の人間存在に対するフォーマティングの作用は、ブルジョア世界においてはじめて発生したわけではなく、ヨーロッパの寺院が、中世における日常的な信仰教化実践の中で直接的な形式構築の作用を果たしていたことも、我々は知っているはずである。

第3に、階層秩序的な監視技術を規格化された制裁技術を結びつけた試験（examen）についてである。監視が存在する以上、規律－訓練の中には、必ず監視の結果としての規格化された制裁と懲罰のシステムもあるはずである。いわゆる規格化された制裁は、監督される者たちの間の差をはっきりと示し、仕事の質・技術・能力などの等級を区別するためのものである。そして、この制裁によって懲罰と奨励が生まれるわけである。

懲罰は、この本の題名の中のもう一つのキーワードになっている。

フーコーは、規律－訓練権力体制の中では、懲罰は一種の技術（芸術）となり、「処罰の技法は、罪の償いをも、さらには、正確には抑圧をも目ざすわけではな」く、比較し差異化し階層秩序化し同質化し排除する、要するに規格化し矯正する機能を持っていると強調している[16]。

事実上、技術（芸術）という言葉は、フーコーのここでの批判的な情況構築の中では、ちょうどイデオロギー的な機能も持っている。ここでの「技術（芸術）」には、またもう一つの重要な情況構築論上の変化、すなわち、

第11章　パノプティズムによる治安—規律−訓練社会　573

　規律−訓練権力がもはや、伝統的な権力が人々に強いたような屈辱や苦痛を象徴するものではなくなり、ちょうど奨励と成功の享受を象徴するものになったという変化も存在しているのである。

　同様にここで、フーコーは、規律−訓練権力の中には「規格化の視線であり、資格付与と分類と処罰とを可能にする監視」、すなわち試験が存在しているとも、我々に告げている。
　　フーコーの筆下では、伝統的な日常生活中の正常に見えるすべての概念は、批判的情況構築の中での一種の新しい意味を獲得する。訓育・装置・試験もまたそうである。これも、フーコーが正常と不正常の基準を転倒させる具体的操作の一つになっている。

　フーコーは続けてこう述べている。
　　権力の儀式と実験の形式とが、また力の誇示（déploiement de la force）と真実の確立とが、試験のなかに集まって結びつく。規律・訓練の諸方式の中心で、試験は客体（objet）として知覚される人々の服従強制を、また服従を強制される人々の客体化（objectivation）を表わす。権力上の関係と知の関連（relations de savoir）との重ね合いが、試験において明白な輝きをおびるのだ[17]と。

　フーコーは、取るに足りず誰でもできるように見えるこの試験技術は、その中で「知の全領域と権力の或る型全体が係り合って」おり、一種の精緻な隠れた権力の操作モデルとなっていると我々に告げているのだ。彼はまたこのように我々に告げている—伝統的な権力は「見られるもの、自分を見せる（montre）もの」であり、昔の王権の儀式は「強さの贅沢な表現（expression somptuaire de puissance）であったし……誇張されながらも同時に記号体系化されている『消費』であった」が、今日のブルジョア階級の規律−訓練権力は「自分を不可視（invisible）にすることで、自らを行使するのであって」、同様にこうした情況の場の中で、道具的手段を巧妙な技術（芸術）に転化するのだと。例えば、試験については、フーコーは以下のように述べている。
　　試験とは、権力が自らの強さの表徴を明らかにするかわりに、また自らの標識を当の相手［＝主体］に押しつけるかわりに、ある客体化の機制

(mécanisme d'objectivation) のなかで当の相手をつかまえる場合の、そうした技術である。規律・訓練的な権力は、自らが支配する空間のなかでは、客体を計画配置（aménageant des objets）することで、根本的に自らの勢力を明らかにする[18]と。

疑いなく、これは一種のコントラストがはっきりとした対比である、伝統的な専制的王権の外見的顕著さとは異なり、ブルジョア階級の規律－訓練権力中の試験は、それと感じ取れるある種の外部的圧迫ではなく、まさに、コントロールの対象がそれにまったく気が付かない状態において、見えざる非暴力的な計画配置（aménageant）のメカニズムが、それ自身の権力を展開していくものなのだというわけである。

　アガンベンは、中世の文献中のこの「計画配置」概念の原初的コンテキストについて考証している。すなわち「統治〔＝計画配置〕は非常に特殊な形式をもつ活動として定義づけられている。その活動は必然的に非暴力的なものであって、その活動は統治される当の事物の本性自体によって分節化される」[19]と。フーコーのこの特殊な計画配置の概念は、以降の生の政治哲学の中ではその影響がかなり深いものになっている。この本の中では、aménagerは39回使用されている。事実上、フランス語のgouvernementも、この計画配置を表徴している[20]。しかし、この言葉は、この時にはまだ、フーコーがこれをもって計画的配置を表示する高頻度の言葉にはなっていなかった。この本の中では、gouvernementは7回しか使用されていない。ただし、後にこの言葉は、フーコーが計画配置のメカニズムを指摘する際の主要なパラダイムとなった。

フーコーは続けてこう分析している―同質化された記号体系と規律－訓練の統括下における試験によって確定された個人の特徴によって、個々人を「記述し分析しうる対象」として、エクリチュールの網目の中に置き、これによって、「エクリチュールに含まれる権力」という規律－訓練のメカニズムが生まれると。このような技術化されたエクリチュールの権力の記号体系の中では、人間は一つ一つの操作可能な「事例」に変えられる。すなわち、それは、「記述され評価され測定され他の個人と比較され、しかも個人性自体においてそうされうるような個人をさす。しかもまた、訓育されるべき、もしくは再訓育される

べき、さらに分類されるべき、規格化されるべき、排除されるべき等々の、そうした個人をもさすのである」[21]というわけである。

　人間の個人性が計量可能な対象となる——これは、まさしくウェーバーの指摘した資本主義的精神の特徴の一つである。

　これについて、フーコーはもう一つの絶妙な論理をもってこう述べている。

　　個人性の形成にかんして歴史［物語］的＝祭式的な機制から学問的＝規律・訓練的な機制への移行がおこなわれた時期、規格的なものが先祖伝来のものにとって替わって、尺度（測定でもある）が身分のかわりをし、しかも記念すべき人間（国王や武将など）の個人性にかわって計量可能な（calculable）人間のそれを持ちこんだ時期、つまり、人間にかんする諸科学が存立可能になった時期とは、権力の新しい技術論（technologie du pouvoir）、および身体にかんする別種の政治的解剖学（anatomie politique du corps）が用いられた時期なのである[22]と。

　マルクスの言うような、ブルジョア階級の冷たい金銭関係が情のある血縁関係に取ってかわったという説明に比べると、フーコーの記述はさらに複雑に思える。彼の着眼点は、もはや一般的な社会関係ではなく、人間の個性の具体的フォーマティングとその歴史的生成なのである。彼はこう見ているのだ——歴史的儀式のメカニズムが科学的な規律－訓練のメカニズムに変わった時、三つの代替が起こった。すなわち、無情の操作可能な規範が動物的な血統の親疎に代替し、無等級の尺度が高貴－卑賤の身分に代替し、計量可能な通常人の個性が記念すべき人間の個性に代替したと。私は、フーコーのここでの観点は、明らかに反ウェーバー的であると思う。なぜなら、ウェーバーにあっては資本主義の合理的体制の進歩的側面だと見なされているところが、フーコーには、すべてブルジョア社会の規律－訓練権力によるコントロールの隠されたメカニズムだと見なされているからである。明らかに、私はフーコーの批判的立場に賛成している。フーコーにあっては、人間の肉体計量可能化は、新しいタイプの規律－訓練権力による支配の必要条件であり、ブルジョア的政治解剖学特有の規律－訓練の技術でもあるのだ。

　これは、上述の政治解剖学という言葉についての、さらに1歩進んだ深い思考であろう。

同様にこの意味において、フーコーは、資本主義社会中の個人は「《規律・訓練》と名付けられる、権力の例の種別的な技術論によって造りだされる一つの現実」になっていると指摘し、それは、確かにブルジョア階級が必要とする独立した法的主体ではあるけれども、「社会の《観念論上の》表象の虚構的な原子であるのにちがいないが」[23]と補足している。明らかにわかるように、フーコーが資本主義における計量化の過程を見る立場は、ウェーバーと完全に対立的なものである。

最後に、規律－訓練権力は積極的に創造と生産を進めることができるという点である。これは先にすでに言及した論点であるが、フーコーから見ると、伝統的な外部的強制の権力とは異なり、ブルジョア階級の規律－訓練権力は、すでにもはや肉体に対する単純な搾取ではなくなり、反対に、労働と作業の生産効率を高める具体的な措置として姿を現しているという。さらには、規律－訓練権力は、マルクスが指摘していた近代社会の生産力の構成要素の一つにさえなっているのだというのである！　これは非常に重要な指摘である。なぜなら、規律－訓練権力は、往々にして「かつて権力の経済を支配していた《先取＝暴力》という古い原則にかわって……《穏やかさ＝生産＝利益》の原則を採り入れる」[24]からである。同様にこの意味において、フーコーは、規律－訓練権力は、すべての資本主義の社会的現実を生み出し、「客体の領域および真実についての祭式を生み出している。個人、ならびに個人について把握しうる認識は、こうした生みだしの仕事に属している」[25]と誇張を隠さず宣言しているのだ。よって、規律－訓練権力は、資本主義社会の存在を維持する第一次性の本体かつ内的駆動力になったというわけである。しかし、私は、フーコーのこのような強調と判断は、明らかに言葉が過ぎているようにまだ思われる。なぜなら、規律－訓練は資本主義の生産メカニズムの一面にすぎないからである。

2.　自動権力機械—パノプティックの円形監獄

フーコーの資本主義的規律－訓練権力に関する議論の中で、もっとも重要な内容の一つは、いわゆるパノプティックである。

これはこの本の第3部第3章の主要内容である。

興味深いことに、フーコーがパノプティックに対して進めた分析は、我々が

第11章　パノプティズムによる治安―規律―訓練社会　577

すでにだんだんと熟知するようになった、資本主義特有の生産の秩序構築たる生産ラインに対するものではもはやなくなり、諸疾病の防疫方式や監獄建築のような、いくつかの新しい歴史的事件の分析に突然転換してしまうのである。これは大幅な跳躍をともなう脱線的な思惟であろう。

　フーコーは、まず、17世紀末の西洋社会中のペスト流行期に隔離と取締りを執行した関連法令について仔細に分析している。彼は、西洋の近代以降の「癩病は排除の祭式をもたらし、その祭式は＜大いなる閉じ込め＞のモデルおよび言わばその一般形式を或る程度まで提供した（この点は『狂気の歴史』の、とくに第一部に詳しい）は事実だが、ペストのほうは規律・訓練の図式をもたらした」[26]と感じているのだ。このとおり、規律－訓練の方式は、フーコーの筆下で突然ペスト防疫の結果に変わっているのだ。

　　これは、それぞれまったく異なる情況構築の意向である。近代的生産メカニズムの形式構築によって生まれた規律－訓練権力から、疾病防疫方式の中での規律－訓練のフォーマティングへの転換である。この間にはいかなる情況構築の橋渡しもなく、単純な断裂と別に発生した情況構築の突然の出現とがあるだけである。これは、一種の随意の視角転換という気ままさであろう。

　フーコーは得意げにこう続けている―まさにペストに対処するためのこの臨時的な隔離と監視の中で、一種の新しい規律－訓練方式の縮小されたモデルが密やかに生まれたと。すなわち、病人を封鎖し隔離したこの物理的な空間においては、「個々人は固定した場所に組み入れられ、どんな些細な動きも取締られ、あらゆる出来事が記帳され……権力は、階層秩序的な連続した図柄をもとに一様に行使され」、かつ、このようなペスト患者隔離の中で生まれた規律－訓練の秩序構築は、「遍在的で全知の権力」を借りて、各人の居場所・肉体・病状・死と幸福を確定し、これによって、「人間の生存最も細部（les plus fins détails de l'existence）への、しかも毛細管にも似たの権力の運用（fonctionnement capillaire du pouvoir）を確保する完全な階層秩序を媒介とした規則の浸透」[27]を実現するというのである。フーコーの言わんとするところは、まさにこのようなペスト患者隔離の中で、規律－訓練権力は、日常生活の中で、人体に血液を提供する毛細血管のような作用を発揮する形で、はじめてミクロ化したと言っているかのようである。

この社会有機体全体に分布する毛細血管という権力についての比喩は、後にフーコーの資本主義社会の支配・管理分析に対する一つの重要な特徴となった。ブルデューの理解によれば、フーコーのここでの毛細血管という比喩による権力分析は、「中央集権的・一枚岩的装置というマルクス主義的観念への反対」[28]とのことである。

　フーコーは、上述の現象を一種のたいへん「細分を重視した戦術的な碁盤割里」であると指摘し、かつ、それは、まったく新しい社会の規律－訓練権力のモデル—パノプティックに変化していくと予言している。いまや我々は、以上の記述が一つのストーリー性のある導入部にすぎず、フーコーは、この感性的な歴史的手がかりにそって、自分がその標識化に力を入れようとしているパノプティックの監獄建築に、我々を進入させようとしていることが理解できよう。
　そのもっとも重要な分析は、ベンサム[29]のパノプティコン（panopticon）[30]の分析から始まる。
　これは、前述のペスト防疫方式とは直接の関連はなく、規律－訓練の一つの新しい例証であろう。もちろん、これはきわめて深刻な歴史の例証ではあるが。

キューバのプレシディオ・モデーロ監獄―現存するパノプティックの円形監獄[31]

　これは円形監獄の一つであり、監視塔が監獄の中心に立っている。フーコー

はこの様子を次のように描写している。

　　周囲には円環状の建物、中心には塔を配して、塔には円周上状にそれを取巻く建物の内側に面して大きい窓がいくつもつけられる（塔から内庭ごしに、周囲の建物のなかを監視するわけである）。周囲の建物は独房に区分けされ、その一つ一つが建物の奥行をそっくり占める。独房には窓が二つ、塔の窓に対応する位置に、内側へ向かって一つあり、外側に面するもう一つの窓から光が独房を貫くようにさしこむ。それゆえ、中央の塔の中に監視人を一名配置して、各独房内には狂人なり病者なり受刑者なり生徒なりを一人ずつ閉じ込めるだけで充分である。周囲の建物の独房内に捕らえられている人間の姿を、逆光線の効果で塔から把握できるからである[32]と。

　これは、フーコーによるベンサムの円形監獄についての非常に有名な描写である。

　　フーコーは、ベンサムのこの設計は、ヴォー[33]が建設したベルサイユの八角形の動物飼育場の影響を受けていると見ている[34]。

　フーコーから見ると、ベンサムが発明したこのような新型監獄は、伝統的な専制政治の懲罰体系における暗闇の土牢という基本原則を覆すものであった。すなわち、「その三つの機能―閉じ込める、光を断つ、隠す―のうち、最初のを残して、あとの二つは解消されている。［この新しい仕組みでは］充分な光と監視者の視線のおかげで、土牢の暗闇の場合よりも見事に、相手を確認できる」というのである。光を差し込ませ、囚人の姿をオープンにするというまったく新しい形式構築は、ブルジョア階級が推し進める新しい監禁の機能を代表し、このパノプティコンは、建築の空間構造でもあり、まったく新しい監視の空間でもあるのだ。具体的に言えば、このパノプティコンの重要な機能には以下のようなものがある。

　第1に、パノプティコンの中では囚人は見られる者であるが、自身は監視者を見ることができないという点である。伝統的な外部からは直接内部を見ることのできない暗闇の土牢とは異なり、このような監獄では、監視の対象は、不可逆の一方的な視線によって直接見られる必要があるのだ。これは、監視と規律―訓練が至るところに存在しうる前提となっている。

フーコーは、かなり以前の『臨床医学の誕生』の中でも、「注視」(regard)という概念を打ち出していたが、ここでは、この概念は、いたる所に存在する一方的な視線のパノプティックという概念を生み出し始めたのである。

フーコーは、「＜一望監視装置＞は、見る＝見られるという一対の事態を切離す機械仕掛であって、その円周状の建物の内部では人は完全に見られるが、けっして見るわけにはいかず、中央部の塔のなかからは人はいっさいを見るが、けっして見られはしないのである」[35]と述べている。
　この一方的な権力の視線という見方はたいへん重要である。ブルジョア階級の新しいタイプの政治的コントロールにおいては、統治者は、随時どこでも人々を見ることができるが、人々は、彼がどこにいるか見えないのである。これこそが人々が反抗できない秘密の一つなのだ。工場の生産ラインにおいても、会社のそれぞれ分かれたオフィスにおいても、まさにそうなのである。

フーコーは、ベンサム自身もすでに意識していた一つの問題は、新しいタイプの権力が「可視的でしかも確証されえないものでなければならない」ということであったと推測している。
　これも、フーコーが先に指摘していたあの規律－訓練権力の匿名性の基礎の一つになっている。

パノプティコンは、拘禁者の身に自分で意識するような持続的な可視状態を作り上げ、それによって、権力が自動的に（automatique）発揮される作用を確保するのである。ここでは「閉じ込められる者が自らがその維持者たる或る権力的状況（situation de pouvoir）の中に組み込まれる」[36]ようになるというわけである。
　フーコーはあまりsituationという言葉を使わない。この本の中では6回しか使用していない。

権力的状況とは規律－訓練権力の場の情況の存在を指している。それは、伝統的な権力のもとの可視性の圧迫とは異質である。それは、もはや点対点の直

接的暴力ではなく、現実の権力関係において構築される拡散式の支配の情況である。このゆえにこそ、それは、いたる所に存在する毛細血管式の分布と突然実現する権力の場の情況を形成するのである。その中においては、支配され抑制されているすべての人々は、権力が発生する源が確認できないのである。なぜなら、規律－訓練権力は、外在的な実体的原動力（首切り役人）や物的なその実行（足枷）を根本的に持たず、被支配者自身の存在によって構築された一種の場の情況の関係的存在だからである。

　フーコーは、この場の情況式の狂人・学生・労働者などへの徹底した監視も、すべて有効なコントロール作用を発生させていると連想している。これは、こうした監視が資本主義社会において広く行き渡るための必要な前提にもなっている。このことについて、マシュレーは、『監獄の誕生』では、刑罰が「規律というかたちで、透明性の原則なるものを展開する行刑制度の内部に、社会全体のものとなるべきイメージとして、〈パノプティック〉（Panoptique）なものの模範的配置として（…）いかに示されうるかが描かれている」[37]と評している。

　第２に、フーコーから見ると、パノプティックは神秘的な自動化された権力の支配装置であるという点である。ここには、強固な鉄格子も重い足枷もきつい鎖ももはやない。いまや「区分が明瞭で、戸口や窓がきちんと配置される」ことだけが必要となるのだ。権力の実施には直接の暴力を通じる必要はない。なぜなら、この新しいメカニズムは「権力を自動的なものにし、権力を没個人化（désindividualiser）するからである。その権力の本質は、或る人格のなかには存せず、身体・表面・光・視線などの慎重な配置のなかに、そして個々人が掌握される関係をその内的機構が生み出すそうした仕掛のなかに存している」というわけである。そして、「ある現実的な服従強制（assujettissement réel）が虚構的な［権力］関連から機械的に生じる」[38]というのである。フーコーから見ると、これは、ブルジョア階級が生み出した一連の「新しい光学」・「新しい力学」・「新しい生理学」なのである[39]。パノプティコンへの監禁は、暗闇の囚人房と思い足枷を通じてではなく、反対に、オープンな隔離、可視性、規律－訓練による服従が、肉体自身の存在の中にひっそりと根を張ることを通じて実施され、そのことが、被支配者自身の慣性的な生存メカニズムになってしまうのである。伝統的な暴力的強制の下での外部的力による服従とは異なり、規律

―訓練権力の下での現実的な服従強制とは、服従する者が心からそれを受け入れ、それを自覚的に身体化することなのである。それは、野蛮から文明への実質的進歩でさえあるのだ。よって、人間は機械となるのだ―この言葉は、ここでは、人間が規律―訓練権力の自動的支配の下で運行し続ける肉体を持つ機械となっていることを意味している。

　　私は、この言葉は、フーコーのブルジョア的規律―訓練権力について発した、きわめて深い批判性の隠喩であると思う。

　第3に、監視の機能のほかに、パノプティックは一つの実験室（laboratoire）でもあるという点である。

　　私は、これは、明らかにフーコー特有の拡張的な理論的連想にすでになっていると思う。

　フーコーは、パノプティックは、人々に対して支配を進めるための実験、また人間改造にとって最適な場所であると見ている。この実験室の中では、研究の内容となるのは、監獄自身の機能というわけではなく、ブルジョア政客たちが規律―訓練権力を実施するためのまったく新しいメカニズムである。ゆえに、フーコーは、それは一つの「実験をおこない、行動を変えさせ、個々人を訓育したり再訓育したりする一種の機械仕掛」とされると述べるのである。

　　現在では、この円形監獄は犯人を改造するにすぎないが、ある日、それは、社会構造全体に広がるかもしれない（パノプティックによる規律―訓練社会）。その時は、それは、我々すべての人間を規律―訓練の下に置くかもしれない。

　フーコーは、ここでは以下のような様子になると述べている。

　　＜一望監視施設＞は、一種の権力実験室（laboratoire de pouvoir）として機能する。自らの観察機構のおかげで、その施設はもろもろの人間の行動へ介入する能力および効力の点で成果をあげるわけであり、知の或る種の拡大が、権力の及ぶすべての突起部（つまり、この施設の末端）で確立され、さらには、権力が行使されるにいたるすべての表面で、認識されるべき客体を発見するのである[40]と。

第11章　パノプティズムによる治安―規律―訓練社会　583

このいわゆる知とは何か。フーコーは明示しているわけではないが、私の答えは、それはブルジョア階級の政治的管理の知識というものである。いわゆる新しい知の対象はパノプティズムの中の知－権力の規律－訓練の対象というわけである。
　　私の理解によれば、これは、フーコーの以降の生の政治批判における、学術的情況構築の導入の前提になっていると思う。

　フーコーは、ベンサムのパノプティコンは、新しいブルジョア的権力のモデルの出現を暗示していると宣告している。前述の「ペストに襲われた都市」とは異なり、パノプテイックは、犯人の改造にも、病人の治療にも、学生の教育にも、狂人の収監にも、労働者の監督にも、乞食や怠け者の強制労働にも用いられるのであり、それは、一種の普遍的な規律－訓練社会の存在の機能的運用のモデルになることができ、人々の日常生活の角度から権力関係の方式を確定するというわけである。そのとおりである。これこそが、フーコーがこのベンサムのパノプティコンについて議論した真の目的なのである。
　　実際に、20世紀総体の近代企業や会社の運営の中では、オフィス空間の大部屋の間取りも、このパノプティックから得た基本理念に沿っている。管理職は、透明なガラスを通して直接一人一人の職員の仕事の情況を見て取ることができる。さらに今日の全方位の電子監視システムに到ると、このパノプティックという形式構築は、その真の意味で徹底的に実現されたのである。

　フーコーの目の中では、すべての資本主義的近代社会におけるコントロールの本質は、このパノプティックによる規律－訓練なのである。ゆえに、フーコーは、悲しさと皮肉さをもって「＜一望監視施設＞は残酷さと学識にみちた檻 (cage cruelle et savante) のすがたをしている」と、我々に訴えているのである。
　　この言葉はウェーバーのあの有名な鉄の檻の比喩を想起させる。

　フーコーは、内在するメカニズムから言えば、「それは空間のなかへのさまざまな身体の定着（implantation）の型であり、個々人の相互比較による配分の型、階層秩序的な組織の型、権力の中心とその通路の型、権力の用いる道具および介入の様式の型」[41]であるという。

ドゥルーズは、これを「何の変哲もない個人からなる多様体に対して、何の変哲もない任務やふるまいを強いるという純粋な機能」[42]として描写している。

しかも、その権力の介入は、「けっして介入せずに (jamais intervenir) 自発的にしかも静かに行使される点、その効果相互に結びつく或る機構を組立てる点に存する」とさえいうのである。これは、このけっして介入しないやり方というものが、ブルジョア的民主政治の本質である無形の介入であることも意味している。表面上の無圧迫は、まさしくブルジョア階級がさらに深い隷属化を進めるための有力な手段になっているのだ。こうした情況構築を考えると、私には、パノプティックによる規律－訓練という場の情況は、人々を隷属化と支配情況の中に沈める美しいオルゴールのようで、直接可視的な鉄の檻のようには見えないのである。あるいは、オルゴールに化した規律－訓練という鉄の檻に見えると言ってよい。フーコーはこう述べている。

　権力の（そして知の）諸関連が、取締るべき諸過程に細部にわたってぴったりと順応できる、そうした複合的な機構を組立てる性能や、《より大きな権力》と《より多くの生産》との正比例をうち立てる性能をもつのである。要するに、権力の行使 (exercice du pouvoir) が権力の攻囲する諸機能に対して、[別の権力による] きびしい強制や重荷の場合のように外部から付加されるようにするのではなく、権力がそれら諸機能のなかにごく巧妙に現れる (subtilement présent) ので、権力が自身の拘束力を増すことで諸機能の効果を増大する[43]と。

ここでの「巧妙に現れる」という言葉は注目に値する。規律－訓練権力の登場は、往々にして可視的な暴力の不在という形で表現される。不在に見えていても、生活の中の無形で細緻な権力の着地点において、権力はいかなる時代よりもさらに深く我々を支配しているのだ。同様にこの意味において、フーコーは、パノプティックは「事実それは、あらゆる特定の用途から切離しうる、しかもそうすべき、政治技術論上の一つの形象なのである」[44]と指摘しているのである。これこそがパノプティズムなのである！

3. パノプティズムと規律－訓練社会

　フーコーから見ると、パノプティックのモデルは、資本主義社会総体の機構に伝搬されるという運命を持っており、それが普遍的なパノプティズム（panoptisme）になるという。
　　　panoptismeは、フーコーが造語した新たな情況構築による新語である。この本の中では10数回使用されている。

　フーコーは、「《一望監視方式》という際限なく一般化しうる（indéfiniment généralisable）機構に到る例の動きのなかでのみ」、まったく新しい資本主義社会の形態―規律－訓練社会が出現した[45]と述べている。
　　　これは、この本の中でもっとも有名な政治的断言である。これは、後の西洋の政治学と社会学が注目する近代社会のモデルの一つにもなった。

　フーコーは、ベンサムの心の中では、この「強権と学識を誇る高い塔を中心にした円周状で透明な名高い檻（つまり、一望監視施設）」は、ブルジョア階級による規律－訓練メカニズムの「完璧」でさらに大きい設計案をすでに暗示していたかもしれないと称している。
　　　だが、これはあくまでフーコー自身の推断である。

　フーコーは、ベンサムは間違いなく以下のような夢想をしていたと、あえて言おうとしているのである。
　　　こうした規律－訓練を、いたるところに常時目を光らせ社会全体に隙間も中断もなく及ぶ網目上の仕掛（réseau de dispositifs）にしようと夢想するのである。一望監視の配置はこうした一般化の定式（formule de cette généralisation）を示す。基本的で移転が容易な或る機構の次元で、その配置は、規律－訓練の機構がすみずみにまでゆきわたり浸透する社会の、基礎的な運用を組立てる[46]と。

　すべての社会を覆い、時間・空間の中断がなく、いたるところに存在するという、このようなパノプティックのモデルは、近代資本主義社会の秩序構築とその運用過程としては、パノプティズムそのものにほかならないのだ。フーコー

は、「一望監視方式とは、新しい《政治解剖学》の一般原理なのであり、その対象ならびに目的は統治権上の関連ではなく規律・訓練上の諸関連である」[47] と述べている。

これまでずっと議論してきた内容からわかるように、この政治解剖学の概念は、フーコーの思想的情況構築の中で一歩一歩深まり具体化されてきている。

外部的な君主権による強制ではなく、多数によって認められた規律（規律－訓練の法制）が社会的存在の内在的フォーマティングと秩序構築のメカニズムになった時には、いわゆるブルジョア的規律－訓練社会（société disciplinaire）もまた生み出され、パノプティズムは、そうしたブルジョア的規律－訓練社会が、それを総体的な形式構築とする内部的基礎になっているようだというわけである。

私も、このパノプティズムを本質とする規律－訓練社会という見方は、事実上、ヘーゲル－マルクス以後のブルジョア的市民社会の内部的メカニズムに関するもっとも良質の解釈の一つであると感じる。

フーコーは、この過程は「十七世紀と十八世紀における規律・訓練装置の漸進的な拡張であり、全社会体に及ぶその装置の多様化であり、概括して名づけうるとすれば規律・訓練的な社会の形成である」[48] と具体的に指摘している。これは、新しい歴史的位置付であろう。以前の彼の観念論的なエピステーメーのパラダイムにあっては、この時期は、古典主義的エピステーメーの時期であるはずなのだが、ここでは、現実の資本主義におけるまったく新しい規律－訓練社会に変わっているのだ。その具体的な表現は次のようなものである。

まず、資本主義の規律－訓練は、すべての社会生活の中で「より重要な、より中心部の、より生産的な部門に」定着することから始まり、続いて、いくつかの重要な社会的職能である「工業生産や知識の伝達と手腕の普及や戦闘の装置」などに徐々に浸透してきたという点である。私は、これは、秩序構築の段階的進展（規律－訓練が、最初に、近代的な機械制大工業の存在自身の客観的秩序構築の配置において始まり、しかる後、社会のすべての生活のフォーマティングと形式構築に拡がっていくこと）の正確な認識であると思う。次に、もともとは円形監獄の中でしか発生しなかった機能である監視センターが、いまや

すべての社会の中に拡散してきているように、規律−訓練は、社会的コントロールの次元に入った後には、だんだんと「しなやかな取締方式、移し替え取込みうる取締方式」に変わってきたという点である。言い換えれば、ブルジョア的規律−訓練社会自身が、無形の巨大な円形監獄になってきたということである。

今日では、社会のそれぞれの場所に据え付けられている電子映像システムの監視下で、すべての世界にはもはやプライバシーは存在しなくなった。

さらに、国家が自覚的に規律−訓練のメカニズムをコントローするようになったという点である。国家は、一切を見て取り、監視し、規律−訓練を行なう、あの顔のない大文字の主人になったのである。だが、これは、国家が規律−訓練の権力を独占しているという意味ではない。なぜなら、フーコーによると、

《規律・訓練》は、或る施設とも或る装置とも同一視されえない。それは或る型の権力（type de pouvoir），であり、その権力を行使するために道具・技術・方式・適用水準・標的をともなう或る様式（modalité）である。規律・訓練は、権力の《物理学》ないしは《解剖学》であり、一つの技術論（technologie）[49]だからである。

フーコーは、規律−訓練権力は、もはや、執行者の手中の皮鞭あるいは刀剣のような獰猛な面構えで人にその力を示すのではなく、反対にちょうど、価値中立（ウェーバー）に見える科学知識（科学的管理論）を道具とする技術的言説のシステム、顔のない専門家の権威（「魂のないテクノクラート」）によって造り出される法理的な認定システムになっている。よって、このことを国家レベルまで拡大すると、この認定された規律は法律となるわけであり、法制社会の本質は、技術化された自動的認定と自動的服従の規律−訓練的存在にほかならないわけである。ここから、フーコーは、ブルジョア階級の形式構築によるまったく新しい社会的統治−内政（治安）技術が誕生しようとしているというのだ。

フーコーは、今日、社会の規律−訓練機構を接収・管理している内政（治安）装置（l'appareil de police）は、すでに、もともとの粗暴な武力の圧迫から『『すべてを』（« sur tout »）対象にしなければならない」「内政（治安）権力」（pouvoir policier）に転換し始めたと指摘しているわけである。

　　このpoliceが指すものは、可視的な警察ではすでになく、一種の新しい統治—自己拘束性であり、再度情況構築された概念であること、そして、このテキストの中での登場が突然であることに必ず注意してほしい。私の作成した語彙頻度統計では、このpoliceは、『言葉と物』と『知の考古学』では頻度ゼロであるが、このテキストでは65回使用されている。1976年、フーコーは、「一八世紀における健康政策」という論文の中で、この再構築された内政（治安）の概念を以下のように再度定義している—ブルジョア階級は、18世紀にすでに一種のまったく新しいコントロール方式、すなわち「秩序と富の増大、健康」を一体化した多重のコントロールの制度をすでに発明しており、「その執行は（中略）、多様な規則と制度の総体によって保証されるが、そうした相対は18世紀には「ポリス」という包括的な名を持っていた」。この内政（治安）とは、もはや機構を指すのではなく、「『内政（治安）』は、秩序（ordre）を確保し、富（richesses）を集中的に増大させ、『一般的な』健康維持の諸条件を保証するメカニズムの集合体を指すものになっていた」[50]と。まさに、このフーコーによって完全に再情況構築されたpoliceは、後に、ランシェールやアガンベンなどの生の政治についての議論中の核心のキーワードになった。私は、フーコーが、初期の『狂気の歴史』の中で早くも提起していたいわゆるpolice問題に注意を向けた。そこでは、policeは、「都市における人間個人の秩序」に関する一連の措置とされていた[51]。

　現在の資本主義社会においては、規律—訓練権力とは相対的に区別される内政（治安）権力は、社会生活中の「埃のような（細かい、無限に多い、つまらない）出来事（poussière des événements）・行動・行為・意見—『起こりうるすべての事柄』」[52]に注目しているというのである。伝統的な権力が、マクロの反抗や大きな矛盾というようなものに注目していたのとは異なり、また、強制の内面化を特徴とする規律—訓練権力とも相対的に異なり、ソフトな内政（治安）権力の展開は、ちょうどミクロの出来事の場の情況を構築するのである。これこそが、いわゆる「政治権力の無限小（infiniment petit du pouvoir politique）」化なのである。伝統的社会の中の政治（階級）闘争のような大きな出来事は、いまや無限小化されて内政（治安）の細節化の融点に変化し、生活の場の情況は、

そのもっとも微細な部分で規律－訓練的に構築されるようになったのである。
　まさにここにおいて、フーコーは、一つのまったく新しい政治概念を情況構築的に発明したわけである。すなわち、内政（治安）権力という概念である。ブルジョア階級による規律－訓練権力の政治機構における実施の形として、内政（治安）権力は、伝統的社会の統治権力とは完全に異なるものなのだ。フーコーはこう説明している。

　　この権力が行使されるためには、すべてを可視的にするが、この場合自らを不可視的（invisible）にするという条件付きでその性能をそなえた、永続的で、尽きざる、遍在的な監視を、その権力は自分に付与しなければならない。その監視は、全社会体を知覚の一分野（champ de perception）に変形する。言わば顔を欠く（sans visage）視線のようでなければならない。つまり、いたる所で待伏せする幾千もの目であり、動きまわり常に目を光らせているさまざまな注意力であり、階層秩序化された長い網目（réseau hiérarchisé）[53]になると。

　顔を欠く内政（治安）権力は、ブルジョア階級の政治機構の中で最重要な展開方式である。これは、人に大きな恐怖を与える幾千もの目を持つ内政（治安）というモンスターである。それは、顔がないはずなのに一切を感じ取るのだ。なぜなら、社会生活中のすべての活動が、内政（治安）権力の知覚の1分野と無形の支配の階層秩序化された網目とになってしまったからである。
　　フーコーは、この本の中で、このsans visageという重要な複合語彙を3回使用している。『言葉と物』と『知の考古学』の中では、この言葉はまったく出現していない。

　フーコーは、「十八世紀全体には、膨大な治安関係文書（texte policier）が、記録作成の複雑な組織のおかげで社会全体をおおうようになる」[54]と述べている。
　もちろん、フーコーは終始次のようなことも抽出している―内政（治安）権力は、その他の権力の単純な代替ではなく、その他の権力の運用方式の中に浸透していくのであり、時にはその他の権力を破壊することもあるが、時には様々なその他の権力間の媒介となるのである。なぜなら、それは、「それらを相互に結びつけ、それらを延長して、とりわけ、それらの最も細かく最も離れた構

成要素にまで権力の効果を及ぼすことを可能にさせるからである。その様式は権力関係の極微な配分を確実にするのである」[55]と。これは重要な説明であろう。ブルジョア階級の内政（治安）権力は、その社会の政治的コントロールの唯一の形式というわけではなく、かつ、内政（治安）権力が発揮する作用は、時には寄生的なものにもなるというのである。

　そして、フーコーは、いまや「その社会秩序において個人は、力と身体にかんする一つの戦術にもとづき注意深く造りあげられている」[56]と総括している。内政（治安）は、規律－訓練の外部的表現形式であって、ブルジョア階級が目的とする自発的規律－訓練―自己拘束性的な主体というものを身体化するルートであり、それは、資本主義社会における社会的存在の秩序構築のミクロ的基礎だというわけである。この自己拘束性という言葉をしっかりと覚えてほしい。それは、すべてのブルジョア的近代政治学の核心の秘密なのであるから。

　マルクスは、歴史に面しては、我々は役者でもあり観衆でもあると述べている。パノプティズムの下での規律－訓練社会の構築も例外ではない。「われわれがその歯車の一つであるがゆえに、われわれ自身が導くその仕掛の権力効果によって、われわれは攻囲されたままである」[57]のだ。初期フーコーの言説で表現すれば、「個人が自己自身の認識において、主体であると同時に客体でありうるという可能性は、有限性の構造における、一つの逆転を意味する」[58]ということになるだろう。我々が向き合っているものは、ちょうど、我々自身が作ったはずなのに、我々がそれに隷属しているあの統治機器なのである。我々は、それを知ることができると思っているが、それは反対にわれわれの外部にあるのだ。そして、我々のそれについての認識は、その発生作用の一つの構成部分でさえあるのだ。これこそが、ブルジョ的規律－訓練社会が真に恐ろしいという意味なのである。

第11章　パノプティズムによる治安―規律―訓練社会　591

[注]
1　フーコーは、後の『精神医学の権力』の講義の中で、この両種の権力の関係の研究に立ち戻っている。1973年11月21日の報告の中では、フーコーは、以下のようないくつかの差異について説明している―1つ目は、君主権力は収奪（prélevement）と浪費（dépense）によって表わされ、それを支えるものは略奪と戦争であるが、規律－訓練権力に収奪があるとするなら、それは、人間の身の健康を前提としているという差異である。2つ目は、君主権力は一つの聖性の原点（即位や神授の式典）から始まるが、規律－訓練権力は日常的な訓練と自動運用に基づいているという差異である。3つ目は、君主権力の対象は等級・身分と家族であるが、規律－訓練権力の対象は個別の肉体のへの訓練から生まれる詳細な観察と監視であるという差異であると。ミシェル・フーコー、慎改康之訳『精神医学の権力　コレージュ・ド・フランス講義一九七三――一九七四年度』（筑摩書房、2006年）を参照のこと。
2　ミシェル・フーコー、田村俶訳『監獄の誕生』（新潮社、1977年）175頁。
3　同上同頁。
4　同上同頁。
5　ジル・ドゥルーズ、宮林寛訳『記号と事件――1972－1990』（河出文庫、2007年）182頁。
6　布洛塞：《福柯：一个危险的哲学家》〔アラン・ブロッサ『フーコー――ある危険な哲学者』〕罗惠珍译（台湾麦田出版、2012年）52頁。
7　フーコー前掲書176頁。
8　同上178頁。
9　同上179頁。
10　同上180頁。
11　アガンベンはこう述べている。今日の資本主義社会においては、電子設備―例えば、クレジットカードや携帯電話―を通じて、人々に対するコントロールは以前には想像できない程度にすでに達しており（指紋や網膜の電子データ化、皮下への入れ墨など）、「公共の言論を統制、操作するメディア装置に対応するのが、剥き出しの生に彫り物を入れて特定する技術装置である。身体のない発言と発言のない身体という二極のあいだで、私たちがかつて政治と呼んだもの空間は絶えずいっそう縮減され、いっそう狭隘になっているのである」。今日の資本主義社会の中の人間は、現代のホモ・サケル（homo sacer）にほかならない！我々すべての人間はみな、一種の新しい生－政治関係の中でだんだんと動物化された剥き出しの生の境地にすでに落込んでいると。Giorgio Agamben, "Non au tatouage biopolitique," *Le Monde,* 10 January, 2004を参照のこと。
12　フーコー前掲書181頁。
13　同上同頁。
14　同上177頁。
15　同上177 〜 178頁。

16 同上186頁。
17 同上188頁。
18 同上190頁。
19 ジョルジョ・アガンベン、高桑和巳訳『王国と栄光――オイコノミアと統治の神学的系譜学のために』(青土社、2010年) 254頁。
20 gouvernementは、フランス語では同時に「管理」・「政府」・「コントロール」・「計画配置」の意味を持っており、ここでは、我々は相対的に平和的な「計画配置」を訳語に選んだ（原著では「治理」という訳語になっている―訳者）。ほぼ同様な意味で、ホルクハイマーとアドルノは、否定的な意味での転喩の情況構築の中で、資本主義の社会コントロール構造を直接「管理された世界」(die verwaltete Welt) だと指摘している。テオドール・アドルノ、木田元訳『否定弁証法』(作品社、1996年) を参照のこと。アガンベンの考証によると、この統治＝計画配置 (gubernatio) という言葉―マルセイユのサルヴァアヌスの『神の統治について』(De gubernatio Dei) から使用され始めたという―は神恩と同義であるという。アガンベン前掲書218頁を参照のこと。
21 フーコー前掲書194頁。
22 同上196頁。
23 同上同頁。
24 同上219頁。
25 同上196頁。
26 同上200頁。
27 同上同頁。
28 ピエール・ブルデュー、加藤晴久訳『パスカル的省察』(藤原書店、2002年) 175頁。
29 ベンサム (Jeremy Bentham, 1748-1832)。イギリスの法学者・功利主義哲学者・経済学者・社会改革家。主な著作には、『統治論断片』(1776)『道徳および立法の諸原理序説』(1789) などがある。
30 パノプティコン (panopticon) はまた円形監獄ともいう。ベンサムが1785年に提案した。ベンサムは、パリのある軍事学校から啓発を受けたという。この学校は管理がしやすいように設計されており、ベンサムの弟サミュエル (Samuel) がこのプランの原型を考え出した。ベンサムのパノプティコンの設計は、1人の監視者だけですべての囚人を監視できるようになっているが、囚人のほうは自分が監視されているかどうかが確定できないというものになっている。ベンサム自身は、このパノプティコンを「普遍的に通用する力の一種の新しい形式」(a new mode of obtaining power of mind over mind, in a quantity hitherto without example) と記述している。ベンサムの話と設計によると、それは以下のようなものである―パノプティコンという円形監獄は、一つの中央タワーとそれを取り囲む囚人房からなる。円形監獄の中心はこのタワーとなっており、すべての囚人房はこのタワーに向いている。それぞれの囚人房には前後二つの窓があり、その一つは中央タワーに向いており、もう一つは中央タ

ワーに背を向けていて、ともに通光用である。このような設計によって、中央タワーの監視者は、容易に囚人房内の囚人の一挙一動を観察でき、犯人の行動を手に取るように扱える。同時に、この監視塔には100の窓があり、囚人は、監視されているのか否か、またいつ監視されているのかを知ることはできない。このゆえに、囚人は、軽挙妄動をなすことができず、心理上、自分が終始被監視状態にあると感じて、時々刻々規律を守るように迫られる。これによって「自己監禁」―監禁状態が到るところで囚人の内心に侵入してくること―が実現するのである。このような構造の監獄の中では、囚人は、生身の刑務官の姿こそないが監視の目が光っているのを始終感じ取るので、気ままに騒ぎを引き起こすことはできず、規律をしっかりと遵守し、またそれを自覚するようになる。

31　キューバのプレシディオ・モデーロ監獄(Presidio Modelo)は、キューバの独裁者マチャド（Gerardo Machado）が1926〜1928年間に建てたもので、キューバのピノス島（Isla de Pinos、1978年、世界各地およびキューバの青年たちがこの島で労働学習をしたので、この島はIsla de la Juventud―「青年の島」と改名された）に位置している。この監獄は、完全にベンサムのパノプティコンの構想とモデルによって建てられ、それぞれの円形監獄の中には監視塔があり、囚人房はタイヤ状に中央タワーを取り囲んでいて、正常の状況では2500人の囚人を収監できる。1953〜1955年、カストロ兄弟（フィデルとラウル）がキューバ革命の成功以前にこの円形監獄に収監されていた。1967年、キューバ政府は、これを永久に閉鎖することを決定し、現在この監獄は博物館兼国家記念遺跡となっている。

32　フーコー前掲書202頁。
33　ヴォー（Louis Le Vaux 1612-1670）。17世紀のフランスの建築家。
34　フーコー前掲書205頁。
35　同上204頁。
36　同上203頁。
37　Pierre Macherey, *De Canguilhem à Foucault: la force des normes* (Paris: La Fabrique, 2009), 72.
38　フーコー前掲書204頁。
39　ミシェル・フーコー、八幡恵一訳『処罰社会――コレージュ・ド・フランス講義1972-1973年度』（筑摩書房、2017年）349-350頁。
40　フーコー『監獄の誕生』206頁。
41　同上207頁。
42　ジル・ドゥルーズ、宇野邦一訳『フーコー』（河出文庫、2007年）135頁。
43　フーコー前掲書208頁。
44　同上207頁。
45　同上216頁。
46　同上210頁。

47　同上同頁。
48　同上同頁。
49　同上216頁。
50　ミシェル・フーコー、中島ひかる訳「十八世紀における健康政策」『ミシェル・フーコー思考集成Ⅵ　1976-1977　セクシュアリテ／真理』（筑摩書房、2000年）16頁。訳文は変更した。
51　ミシェル・フーコー、田村俶訳『狂気の歴史──古典主義時代における』（新潮社、1975年）81頁。
52　フーコー『監獄の誕生』214頁。
53　同上同頁。
54　同上215頁。
55　同上216頁。
56　同上217頁。
57　同上同頁。
58　ミシェル・フーコー、神谷美恵子訳『臨床医学の誕生』（みすず書房、1969年）267頁。

付論5　批判と啓蒙の弁証法―統治されざる状態から隷属化へ到る同謀
　　―フーコー「批判とは何か」と「啓蒙とは何か」の解読

　我々は、『監獄の誕生』から始まって、フーコーの理論上の思考が、抽象的な深層の学術の爆破から資本主義の現実と歴史に対する批判へと、すでに直接転化していったことを見ることができた。これは、フーコーの思考が、1968年以後の現実の革命闘争の実践の中で急進左翼的な批判的言説へと転化したことを意味する。しかし、周知のように、ブルジョアイデオロギーは、まさに神学的ドグマと封建的専制の統治下から離脱しようとする解放の過程の中で生まれたものであり、批判と啓蒙は、すべてのブルジョア階級の政治的言説の基礎となっているのである。このため、フーコーは、一つのさらに深い問いを追求せざるを得なかった。それは、今日においての批判と啓蒙の意味は畢竟何かという問いである。人の意表を突くことに、フーコーの答えは、意外にもフランクフルト学派と同じ調子の声だったのである。すなわち、資本主義という新しい社会の統治形式においては、ブルジョア階級の急進的な批判的言説と進歩的な啓蒙思想は、すでに解放の言説から翻って、自身の新しいタイプの隷属化と統治を支える技術に転化したというものである。このようなまったく新しい批判的思考を支えとして、フーコーは、自分の新しい生の政治批判という情況構築を展開していくのである。この付論では、我々は、彼の晩期の1978年と1984年にそれぞれ執筆された「批判とは何か」(Qu'est-ce que la critique?)[1]と「啓蒙とは何か」(Qu'est-ce que les Lumières?)[2]の両テキストの中の相似た思考を見ていくことにする。

1. 批判―あのようには統治されないための技術

　フーコーは、ブルジョア階級の反専制闘争から生まれてきた批判的思想の基礎は、従来一種の同一性の中における他者との関係であったと述べている。ブルジョア的な「批判とはみずからとは異なるものとの関係においてしか存在しない（la critique n'existe qu'en rapport avec autre chose qu'elle-même）」[3]というのである。

ここでの他者とは、同一性の殻を打ち破った異質性のことである。

かつ、西洋近代思想史においては、批判という新しい情況構築はおしなべてカントという名前と関連させられている。

私は、1980年にフーコーが「自分はカントの批判という手がかりを継承している」と自称したことを発見した。彼は「哲学的伝統のうちに位置するとしたら、それはカント以来の伝統である〈批判的〉伝統（la tradition critique）であり、おそらく彼の企図を「思想的批判の歴史」と見なしてよい」[4]と述べているのである。しかし、その批判の情況構築の意味は、反対にすでに転覆的なものになっていた。

フーコーは、カントにあっては、批判は知識論（倫理や美学に到る）の問題であったが、自分の批判についての解読は、明確にそれを政治領域に置くことから始まっていると主張している。これは重要な差異性の指摘である。

フーコーから見ると、批判的態度の発生の歴史は総じて統治あるいは支配への反省と関連している。

統治あるいは支配への反省は、すでにカントの知識論を超えた政治的言説になっており、フーコーは、カントの認識論革命に秘められた政治的隠喩を明らかにしようと試みているのである。

ここでは、フーコーは、まずもって、西方のラテン教父の統治理念の分析をそれとは異質な思想的情況構築の牽引としている。彼から見ると、キリスト教が発明した聖職者が良心を導く（司牧）という支配理念は、古代の伝統とは当初から異なり、この理念は、人は教義、各人に固有な個別化を行う認識、よく考えられた技術という真理との三重関係のなかで行われるある人物への従属においてなされる、魂の救済を目指して行われる指導の営みであると主張していたという。

司牧というパラダイムに関しての議論は、フーコーは、後にさらに一歩進んだ情況構築の次元でその議論を展開している。この点については、以下でさらに具体的に分析することになるだろう。

フーコーは、何世紀もの間、ギリシア正教会では *techné technôn* と、ローマ・

カトリック教会では *ars artium* と称されたものは、「良心の指導であり、人間を統治する技術であった」[5]と述べており、さらに、伝統的な理解の中での、神学的統治と封建専制による外部的強制という指摘とは異なり、自分が発見したこのような統治技術は、まさに内心から発するものであり、神学信仰という基礎の中のさらに根本となる基礎でもあるとも述べている。

これは、明らかに支配というもの自身についての系譜学の深化と反省になっている。

フーコーは、15世紀以降、このキリスト教の中に潜んでいた統治技術は、西洋資本主義の歴史的進展の中で「市民社会に拡大した」と見ているのである。換言すれば、ブルジョア階級は、その政治的興隆の中で、このような見えざる暴力による統治技術を完全に利用して受け継ぎ、さらに進んでそれを人間の生存領域すべてに浸透させたというのである。

これは、きわめて重要な歴史的出来事の指摘である。

フーコーは、ブルジョア階級の統治の全部の秘密は、形式上非暴力的統治の合理化にあるとさえ称している。私から見ると、フーコーのここでの深い所は、カントに始まる批判思想は、外部的強制に対する一種の単純な拒否として終わらせるのではなく、一歩進めば、ブルジョア階級による新しいタイプの統治方式とそのプログラムへの内部的反省をまさに導くことができるという点にあると思う。

これは、フーコーのカント認識論の批判の枠組みに対する政治学的透視の起点であるかもしれない。

フーコーは、カントの批判のパラダイムから認識論上の革命の意義を取り除けば、その政治的実質は、「どうやってこのように（comme cela）統治されないのか」というものであると透視している。この「このように」という言葉は、伝統的な認識論の形式構築における無限の主体を指すこともでき、また、中世期の政治生活中の専制的統治を暗喩することもできる。同様にこのように再情況構築された意味において、フーコーは、カントの批判とは、「このような形で統治されないでいるための技術（art de n'être pas tellement gouverné）」[6]であるともっぱら指摘している。明らかに、カントの批判の思想に関する伝統的な理

解と比べると、フーコーのこのような思考経路は、たいへん奇怪な再形式構築における定義である。

これを学術上の「頭脳の急転換」に喩えることもできよう。

カントの著名な「認識論革命」という批判的情況構築に具体的に転ずれば、それは、カントの批判は、単純な否定ではなく、表面的否定の中の実質的な肯定、すなわち、理性（知）に対する否定ではなく、理性的主体の能力と知の枠組み（先天的総合判断）がいかに世界を支配するのかという方式への反省—どうやってこのように（comme cela）統治されないのかという問いになる。

フーコーにあっては、この知が、政治学的な意味においてはブルジョア階級の権力と共存共生している（「知は力なり」）ものになったということ、また、このことが、あのカントの「自然に対する立法」の政治的本質であるということも、我々はすでに知っているはずである。

これはまた、ブルジョア的政治のコンテキストの中では、カントの批判は、実質上ブルジョア階級に対する巧妙な拝跪になっていることも意味している！ある人が批判の立場に立っていると思っているならば、実際上は、反対に自ら進んで心からブルジョア階級に膝まずいていることになるのだ。フーコーはこう見ている―カントは、知（道具的理性－「先天的総合判断」）が自然と社会を支配していく過程に潜む不当性を意識することはなく、このような過去にあったような盲目の主体的理性の支配を、制限された「純粋理性」の状態に変えようと試みたのであり、このゆえに、カントの批判の根本は、やはり「どうやってこのように統治されないのか」という点にあると。根本から言えば、これはやはり、さらに精緻に加工された一種の服従の技術だというわけである。これは、まさしくブルジョア階級がまったく新しい方式によって世界を統治するために必須のもの—暴力によらない知性による服従と支配にほかならない。

フーコーは、自分の批判に関する解釈が、伝統的思想史のコンテキストの中にある大多数の人々を呆然とさせると、おそらく知っていただろう。ゆえに、彼はまた、参考となりうる歴史上批判的態度を形作った「いくつかの正確な準拠点（points d'ancrage précis）」を提供している。

第1の参考となる準拠点は、「聖書（biblique）批判」、すなわち、伝統的な神的統治を認めつつも、聖書の伝統的解読への批判を通じて神の真の言葉に立

付論5 批判と啓蒙の弁証法―統治されざる状態から隷属化へ到る同謀 599

ち戻り、それによって、あのようには（教会の力によっては）支配されないための新しい道を提供することである。フーコーは、ここでの批判的態度の実質は、依然として神の統治の正当性を認めることだと見ている。我々は、さらに正確な態度ではあるとはいえ、やはり神の前に跪いているというのである。

　フーコーはここで一つの例を挙げている。すなわち、ヨーロッパの宗教改革[7]である。彼は、宗教改革は「統治されないための技術として最初に登場した批判運動」であった[8]と述べている。なぜなら、ルターとカルヴァンは神を打倒しようとはせず、媒介者無しで直接神霊に向き合ったからである。

　第2の参考となる準拠点は、政治上の断裂、すなわち、封建的専制によって「統治されるのを望まない（Ne pas vouloir être gouverné）」というブルジョア階級の真摯な叫びである！　ブルジョア階級の批判（啓蒙）は、伝統的な封建的ヒエラルヒーによる政治的統治の正当性への根本的な懐疑を意味しており、かつ、政治上の専制体制と法律体系に対するきっぱりとした排斥もここに出現した。これにより、批判は、現実において直接の政治－法律問題に変わった。フーコーは、ブルジョア階級が発明した自然法（droit naturel）は、以前の封建的な「統治する権利の限度（limites du droit de gouverner）」に対する反省にほかならないと述べている[9]。しかし、フーコーから見ると、専制に反対するブルジョア階級の自然法による批判は、真に統治や支配を消滅させるものではなく、依然として知－真理の言説を核心とする新たな統治の原則を堅持しているという。この統治は、見えざる隷属化であり、顔のない知と真理による統治であり、それは、被統治者を根本から反抗できないように仕向けているというわけである。ゆえに、自然法もまた、聖書批判と同様に、人々を跪かせるためのさらに精巧な統治技術にすぎないのである。この見方は一つの転覆的な意味を持つ再情況構築と言えよう。

　この2つの歴史的な参考となる準拠点を提供した後、フーコーは、再度カントの批判理論に対する反省に立ち戻る。フーコーから見ると、カントの批判のパラダイムには、さらに一層深い他者性の鏡像の中で真に発生した出来事が潜んでおり、実際には、それは、ブルジョア階級の統治と批判との間のゲーム（jeu）――一種の相互的な関係（rapport à l'autre）のことであるという[10]。フーコーは、

カントが無意識のうちに表示している、ブルジョア階級の批判的言説の核心的本質は、権力、真理、主体（le pouvoir, la vérité et le sujet）を「たがいに結びつけ、一つのものを他の二つのものと結びつける関係の束」であり、このことは、批判理論は、ブルジョア階級による現実の政治的統治と統合して考察しなければならないというのである。フーコーはこう述べている。

　　統治化（gouvernementalisation）とは一つの運動であり、それによって実際のところ、みずからが真理であると主張する権力のメカニズム（mécanismes de pouvoir）によって、個人を服従させる社会的実践がなされました。そして批判とは言ってみれば、主体がみずからに、そうした権力の効果（effets de pouvoir）から真理を問う権利を、真理の言説から権力を問う権利を与える運動なのです。批判とは自発的不服従の技術、熟慮に基づく御しがたさの技術です。批判とは、とりわけ、一言で言えば真理の政治学（la politique de la vérité）とでも呼べるゲームにおいて、脱服従化（désassujettissement）の機能を果たすものなのです[11]と。

　この 1 節は理解困難な記述である。なぜなら、それは、カントの批判思想の情況構築の転換という意向の中に深く入り込んでいるからである。フーコーはこう述べたいのであろう――ブルジョア階級が発明した社会的統治（gouvernement）は、外部的強制によるものではなく、真理（過去は神の真言であり今日ではブルジョア的知の理性である）による自然への立法に依拠しており、さらには生活中の個人を権力に屈服させるものである。批判は、確かに真理（権威）の正当性とその実際の統治効果を問い質すことができるゆえに、批判は、表面上反抗の技術として姿を現す。しかし、この反抗は、まさに統治自身の実現、すなわち、ブルジョア階級の真理の政治学なのであると。

　同様にこの意味において、フーコーは、批判に関する自分のこの説明は、カントの啓蒙（Aufklärung）についての定義に充分接近していると見ている。

　カントは、1784年に執筆した「啓蒙とは何か」の中で、ブルジョア階級の考える啓蒙を、ある種の権威下にある「未成年状態」から解放されていく過程であると定義した。そして、カントは、「未成年状態とは、他人の指導なしには自分の悟性を用いる能力がないことである」と述べている。彼はまた、この主張のために通常使われる表現を引用している――「服従せよ、論議〔räsonnieren 推論する、理性を使って考えること〕するな」という 1 句である[12]。この言葉は、

いわゆる未成年という言葉が指しているものは、人間が、理性を使用できない愚昧状態において、他人の権威に屈服している状態のことだと語っているわけである。かつ、カントは、まさに、宗教・法律・知識の欠落を、人間が未成年状態に置かれていることの例証としており、このゆえに、啓蒙活動は、これらの部分においても人間の未成年状態を消去しなければならないと主張するのである。もちろん、その人間自身に変化が起きなければ、この盲目的な屈服の中にある未成年状態から離脱できないわけであり、この変化は、理性に対する自覚的使用、すなわち、自発的な意志による理性の使用を通じてのみ、権威への盲従から抜け出ることができるというのである。ゆえに、カントの「啓蒙」は、意志・権威・理性の使用という3者のもともとの関係の新たな変化の中に再秩序構築されているのである。これに対し、フーコーは、カントの啓蒙の中では以下のようなことが起こると指摘している。

　　それに対して、自分の理性を使用するためにのみ、ひとが論議〔推論〕するとき、理性ある（raisonnable）人類の構成員として、ひとが論議〔推論〕するとき、その時こそ、理性の使用は自由で公的なものとなる。啓蒙とはだから、たんに個々人が自分たちの個人的な思考の自由（liberté personnelle de pensée）を保証されるようになるといったプロセスのことではない。理性の普遍的な使用と、自由な使用、そして公的な使用が重なり合ったときに、啓蒙が存在するのだ[13]と。

ここから、フーコーはこう続けてのべている―カントにあっては、「啓蒙」は、直接的関係の紐帯を通じて真理の発展と自由の歴史を結びつける事業であり、今に到るまで我々の眼前に置かれている哲学的問題を構成している。そして、啓蒙の核心は理性の使用であり、理性の啓示する知は、人間を封建専制の機械部品のような状態から離脱させ、自由と解放という成年状態に入って行く唯一の武器となると。だが、フーコーは、この反省を経ていない理性も、ブルジョア的な科学的知と真理性の認識にほかならないことを、我々に注意させようとしているのだ。

ゆえに、フーコーは、カントは我々に「あえて認識する」ことを要求し、「批判は知識（connaissnnce）について認識するというきわめて重要な課題であり、現在と未来のすべての啓蒙の基礎概念であった」[14]と述べているのである。フーコーから見ると、カントの純粋理性批判とは、我々が「どの程度まで認識しう

るのか」を知ろうとすることにほかならず、「みずからの知識〔とその限界〕を適切に理解できるようになった瞬間から、自律（autonomie）の原則を発見できるようになるのであり、もはや服従せよ（obéissez）という命令を耳にしなくても済むようになるということです。むしろ服従せよという命令が、みずからの自律に根拠づけられる」[15]ということになる。注意してほしい。フーコーのこのテキスト解読の最後の1句がたいへん毒を含むものであることを。なぜなら、この1句は、カントの批判は真の意味では服従を消去するものではなく、服従を自覚的な自律の方式で生み出すものだと、指摘しているからである。すなわち、カントの言うことは、「どうやってこのように統治されないのか」の成熟した自律的方案なのだというわけである。ここから、ブルジョア階級による啓蒙活動の表面上の解放への意向は、必然的に自身の真実の情況構築の本質に向かって行くのである。すなわち、自覚的かつ自発的に統治され隷属化されるという本質に。

2. 思想的戦友としてのフランクフルト学派による啓蒙への批判

　啓蒙が解放から隷属化へ向かって行くこと——この逆転式の問責は、ただちにドイツのフランクフルト学派を我々に思い起こさせる。1944年、アメリカに身を寄せていたホルクハイマーとアドルノは、ブルジョア的合理性（統治）を批判した『啓蒙の弁証法』（1947）を執筆したが、この合理性を擬制だとするという、核心となる証明が指向していたものは、知の体系を基礎とする道具的理性の世界支配にほかならなかった。そこにおいては、工業文明のもっとも重要なこの道具的理性という基礎は、はじめて（パスカルの神学への疑義と青年ルカーチの批判的転倒の後で）系統的な哲学的批判を受け、さらに、すべての啓蒙活動の現実的基盤である科学技術の進歩もまた直接叩かれたのである。つまり、「ベーコン以来、公理の顔つきで出現していた、あの自然への拷問を経た自然に対する支配とコントロールは、真に合理的なものか」、「生産力の発展中の技術的成功の結果としての自然の隷属化は、人間存在に対する深いコントロールにも延長され、さらに進んで、社会に対する統治の成功（科学的管理）を導いたのではあるまいか」という問いが突き付けられたのである。啓蒙は、解放の道という入口から出発したが、反対に内在的に隷属化への軌道を走っていたというわけである。これこそがいわゆる啓蒙の弁証法にほかならない。こ

のフランクフルト学派による啓蒙への批判が、ここでのフーコーの論理とかなり深い面で同質の構造を示しているのを見て取るのは難しくないだろう。

この点に関しては、フーコー自身も同様にかなり高度に自覚している。彼は、ドイツの急進的思潮の中に「理性そのもののうちに、権力の過剰（excès de povuoir）の原因があるのではないかという疑いが生まれました」という自身の観点をすでに見て取っていたのである。フーコーは以下のようにさえ見ているのだ。

　　ヘーゲル左派からフランクフルト学派に至るまで、実証主義と、客観性の重視と、合理化（rationalisation）と、技術〔テクネー〕と、技術化について、さまざまな批判が展開されたのでいた。そして科学の根本的なプロジェクトと技術の根本的なプロジェクトのあいだの関係について、さまざまな批判が行われた[16]と。

かつ、彼は、フランクフルト学派の批判的分析の努力を自分と同じ方向の闘争と見なすと公開発表している。なぜなら、フランスの今日の時期においては、「フランクフルト学派の仕事（les travaux de l'École de Francfort）に近接した場所で、まさにこの啓蒙の問題という問題を考察し直すことのできる時期が到来した」[17]からであるという。この意味深長とは同工異曲のことであろう。ゆえに、フーコーは、きっぱりかつ親しみを込めて「われわれ〔現代フランス哲学〕がフランクフルト学派と兄弟のように（fraternels par rapport à l'École de Francfort）なる」[18]と指摘するのである。

　　フランクフルト学派の反逆者としてのホネットは、フーコーと『啓蒙の弁証法』との合流を直接批評するに違いない。彼は、フーコーのこの2篇の重要な論文には言及していないが、『監獄の誕生』[19]には「アドルノの歴史哲学とフーコーの社会理論との間の言葉遣いにまで及ぶ一致」[20]を見て取っているのだ。そして、ホネットは、こうした自己認識も語っている―ポスターは、フーコーのここでの思想傾向を見間違っており、意外にも、フーコーがフランクフルト学派の立場の局限性を「超越し」かつ「カントへの回帰」を発見した[21]と自称していると。この2人の解読はともに、笑うべき理論的偏見であり論理的誤認であろう。

フーコーは、啓蒙の問題に対する反省は、現代ヨーロッパの思想界では「現

象学と現象学が提起した問題によって、フランスでも啓蒙とは何かという問いが再び現れたのです」と告げている。なぜこう語ったのか。フーコーから見ると、フッサールの現象学はまずこのような問題を提起したという。すなわち、「どうして意味のないところ (non sens) に意味があるということになるのか、どのようにして意味は生じるのか」という問いである。そして、この追問の結果は、「意味は、シニフィアンの機械 (machinerie signifiante) に特有の強制システム (systèmes de contraintes) によってしか構成されない」[22]というものだったというのである。フーコーのここでの議論のコンテキストに立ち戻れば、啓蒙の意味は、まさに、政治的な指向の意味がないように見える真理の知の機械によって構築されており、ここから、理性と権力（「強制システム」）の間の問題が、奇特な近道を通じて再発見されるということになる。

　もし、フッサールがフーコーのこの解釈を聞いたら、おそらく気を失うにちがいない。

フーコーは、さらに論理を引き伸ばして、このことは、次のようなことも意味していると述べている——「ここには啓蒙の問題と相互的かつ反転した問いがある。すなわち、なぜ合理化が権力の激しさ (fureur du pouvoir) に至るのか、という問題である」と。

　これは、もちろん、皮肉を込めた情況構築の中において、ウェーバーの崇拝する、すべての資本主義の精神の中に存在するという「価値中立」の合理的論理の否定となっており、我々にとっても、これと相似たもう一つの断言が、アドルノのあの１句—「理性の同一性と全体性が必然的にアウシュビッツに向かう」であることを発見するのは難しくないだろう。

フーコーの追問は我々に反省を迫る—啓蒙による民主・自由・博愛の合理性が、なぜ正反対の形で権力の激しさを導くのかと。換言すれば、「合理化の巨大な運動は、なぜわれわれを、これほどの喧噪、これほどの激しさ、これほどの沈黙と陰鬱なメカニズムへと導いてしまったのか」[23]という反省である。フーコーの見方によると、この点において、ドイツの現象学の深刻な問い掛けとフランスの学界の急進的な反省は一致しているという。時間上から見れば、フッサールの『ヨーロッパ諸科学の危機』とサルトルの『嘔吐』は、ほぼ同時に出現しているばかりでなく、情況構築という手がかりの上では、現象学は、カヴァ

イエス、バシュラール、カンギレムによる科学史の問題化（problématisation de l'histoire des sciences）という反省に関わって、科学権力の言説の正当な地位にも疑問をぶつけていたというのである[24]。もちろん、もっとも深刻な影響を受けたのはフーコー自身である。

　フーコーのかつての若い同僚であったブロッサは、このことについて1篇の論文を書いている。その標題は「フーコーのプロブレマテーィク化の過程」というものである。その中で、ブロッサは、このプロブレマテーィク化を、「脆弱な多くの痕跡を識別する」ことによって、「一つの現実世界の秩序構築あるいは疑わしい思惟の秩序構築に対して還元を進める」技術としている[25]。

　フーコーは、自分の思考とフランクフルト学派の観点は、啓蒙の言説のさらに深層にある隷属化の本質を批判する点において、伝統的な歴史哲学あるいは哲学史とは大いに異なるまったく新しい「歴史－哲学的実践（pratique historico-philosophique）」[26]を生み出しつつあると述べている。フーコーは続けてこう語っている―この歴史－哲学的実践は啓蒙の言説の擬制を直接証明したがゆえに、すべての伝統的なブルジョア的歴史研究の基本的意向も直接転覆するだろう。なぜなら、それは、「真なる言説（discours vrai）」として表現される理性の構造とそれに関わる「隷属化のメカニズム（mécanismes d'assujettissement）」の問題を提起したからである。そして、このことは、「歴史家には馴染みの歴史的対象(objets historiques)を、歴史家が取り組むことのない主体と真理の問題へとずらした」あるいはブルジョア階級が意図的に覆い隠している「権力、真理、主体の関係」にすでに転化したことを意味する[27]と。

　我々は以下のことを体得できるだろう―もともとフーコーが提示していた知の考古学という新しい歴史学の方法がここでは大きく政治化され、ブルジョア的主体を転覆する系譜の研究を通じて、知（真理）と権力（コントロール）を深く結びつけたと。

よって、我々の歴史研究中のあらためての追問はこう変化するというのだ―「わたしとは誰か、人間に、おそらくその周辺に、このときに、普遍的な単一の真理と個別的な複数の真理からなる権力（pouvoir de la vérité en général et des vérités en particulier）に従属する人間の今この瞬間に属するわたしとは誰か」[28]

という問いに。この「普遍的な単一の真理と個別的な複数の真理からなる権力」とは、ブルジョア階級が、これをもってすべての新しい世界を構築する真理たる知にほかならない。フーコーの言わんとするところは、我々が真理の言説なるものに屈服していることの実質は、まさにブルジョア階級の統治に屈服しているという事実なのである。フーコーの問いは以下のようなものであろう——我々が啓蒙活動を通じて封建的専制からやっと離脱した時には、結局、科学的知識の衣をまとっているブルジョア階級の道具的理性の権力に再度屈服してしまうのであり、こうした状況下では、人間としての私は真の意味で解放されたのか。いや、私は、依然として奴隷の身分から立ち上がってはいない！ 封建的専制と比べて、私の拝跪は少しだけ見かけがよく、快適になったにすぎない。ここから、啓蒙とは、ブルジョア階級と資本主義体制による全面的征服と世界支配の戦闘ラッパにすぎないことがわかるのだと。フーコーは以下のように明確に断言している。

> この〔経験的に特定できる一つの〕時代が相対的かつ必然的にはっきりしないとしても、それは間違いなく、近代人の形成〔フォーマティング〕(formation de l'humanité moderne) の契機、カントやウェーバーらが口にする語の広い意味での啓蒙、明確な日付のない時期のことを指しているのです。この時代にはいくつもの始まりがあります。資本主義の形成〔フォーマティング〕(formation du capitalisme)、ブルジョア社会の構成 (constitution du monde bourgeois)、国家システムの確立、近代科学とその技術的相関物全体の形成〔フォーマティング〕、統治される技術とこのように統治されない技術とのあいだの対立の編成です[29]と。

この1節は、フーコーがブルジョア的啓蒙思想の本質を深く見抜いたもっとも重要な分析である。これは、ブルジョア階級が啓蒙の言説の上に飾りたてた、すべての鮮やかな偽装を剥ぎ取った言葉である。彼から見ると、啓蒙の言説の背後にあるものは、資本主義的工業の近代性によるすべての存在に対するフォーマティングであり、ブルジョア的な有用な価値の世界の構築だということになる。その中で、ブルジョア階級がそれをもって自然の存在を征服し支配する道具こそが、近代の科学と技術であり、知と真理の言説にほかならないというのだ。そして、社会生活のコントロールにおいては、それは、新しいタイプの無人の統治という政治統治技術を生み出したが、こうした統治方式は、本

質上、さらに合理的に人間に対する統治を進め、人間を理性化された規律－訓練権力に積極的かつ自主的に屈服させる方式となったというわけである。

このことについての、ウォーリンの評論は正確なものである。彼は、「フーコーは進歩という近代のナラティブを大胆に転覆する。市民的自由の拡大の証拠だと普通考えられているもの——つまり、権利を基礎としたリベラリズム——は、フーコーの視点から見ると、実のところ、社会統制のきわめて効果的なメカニズムを生み出しているのである。フーコーは、洞察と解放との関係についての標準的で、啓蒙的な見方に、正面から果敢に挑んでいるのである」[30]と述べている。これは、たいへん重要で正確な判断であろう。

3. 啓蒙の痛み—知識の濫用の下の権力の統治

フーコーは、カントが啓蒙と批判に間に作り上げた差異の中から、真の問題、すなわち知識と統治の関係が透出されたと指摘している。

フーコーは、この関係を機能的な知と権力の関係に深化させている。

フーコーの見方によると、カントにあっては、「啓蒙という問題は、基本的には知識の言葉（termes de connaissance）で提起されてきたのであり、近代科学の誕生の瞬間に、知識の歴史的な運命（destinée historique de la connaissance）として定められたものを出発点として提起されてきた」[31]という。だが、フーコーは反対にこう見ているのである—ここでの問題の実質は、ちょうど知識の運命の中に「権力の不明瞭な効果（effets de pouvoir indéfinis）」を探すことにあり、このことは、この知識を、考えられるあらゆる知識の構築状況（conditions de constitution）と正統性（légitimité）と結びつけ、必然的に一種の「知ることの歴史的様式（modes historiques du connaître）の正統性の吟味と呼べるような分析手続き」を生み出すと。

このテキストの言説運用の中では、フーコーがconnaissanceの概念を注意深く使用している見ることができよう。なぜなら、カントにあっては、知識は一種のアプリオリな概念の枠組みのシステムであるからである。

フーコーの判断によれば、これは、まさに18世紀以来のディルタイや後のハ

バーマスなどの理解方式だという。そして、このような理解の方式の中では、キーポイントとなる追問が発生するという。すなわち「知識はみずからについてどのような誤った観念を抱いてきたのか、どのような過剰な利用（usage excessif）の対象となってきたのか、そのためにどのような支配（domination）と結びついているのか」という問いである。具体的に言うと、それは、「我々は何によって『自然に対し立法する』と自認しているのか」、「いかなるものによって、我々が断片のような感性的経験現象を世界の姿として統合できるのか」、「我々は、いかなる正統性に依拠して世界を統治し征服しているのか」という問いである。フーコーの目の中では、これこそが真の批判的思考なのである。

また同様に、もう一つの新しい問題も生まれてくる。すなわち、啓蒙活動の中で、人間を愚昧と未成年の状態から解放するという知識（理性）は、権力と畢竟いかなる関係にあるのかという問いである。フーコーは、自分の指摘する知（savoir。カントの概念システムとしてのconnaissance－知識ではない）と権力は、ともに実体（entité）あるいは超越論的な（transcendental）物ではないととくに指摘している。フーコーの定義によればそれは以下のようになるのだ。

> 知（savoir）という語は、ある時期に特定の領域で受け入れられうる手続きの全体と知識（connaissance）の効果の全体とを指しています。次に、権力（pouvoir）という語は、さまざまな行動や言説を誘発しうると思われる、特定の、定義可能であり、かつ定義されている一連のメカニズム（mécanismes particuliers）の全体を指すものにほかなりません[32]と。

これもまた重要な定義である。フーコーから見ると、知と権力は二つの実体的なものではなく、「一つの（un）知あるいは一つの（un）権力が存在すると考えてはなりません。単独で機能するザ・（le）知とザ・（le）権力があると考えるのはまずい」ようなもので、知と権力は、機能的な運行と場の情況の突然の出現の中で、実際には「方法論的な（méthodologique）機能しか持たない」、あるいは「分析のための格子（grille d'analyse）にすぎません」[33]ということになるのである。ここから明らかに見て取れるのは、フーコーがここで、方法論上の機能と分析格子という意味において語っている知と権力とはともに、資本主義社会の統治の中で、実際の機能が交合して発生する群として現れる2種の力の存在のことなのである。フーコーは続けてこう述べている。

> 大切なのは、知とは何か、権力とは何かを記述することではありません

し、片方が他方をどのように抑圧する（réprimerer）のか、あるいは片方が他方をどのように濫用するかを記述することでもありません。むしろ知と権力の結び目（nexus de savoir-pouvoir）を記述することが大切なのです。これによって、これが精神病の体系であれ、刑罰の体系であれ、犯罪行為の体系であれ、性現象（セクシュアリティ）の体系であれ、ある体系が人々にうけいれられる（acceptabilité）ようになるのはどうしてかを、理解できるようになるのです[34]と。

知と権力の存在は、場の情況の存在の中で構築された、見えざる力の交差するネットワークのことだというわけである。まさにこの場の情況式の知－権力のネットワークは、啓蒙時代以降のすべての資本主義社会の日常の正常な社会生活を支えるものを生み出すのであり、それは、いかなる時も、この真理の基準たるネットワークへの一切の背離と反抗をあえて取り除いたりはせず、無形の形で圧迫するのである。

「啓蒙とは何か」では、フーコーは、さらに進んで、この知－権力のネットワークは、資本主義社会の現実生活中で生き生きとした巧みな効果を発生する、統治の実践的総体（ensemble pratique）として姿を現すと指摘している。

彼が列挙しているこの統治の歴史的出来事の実例は、基本的に彼が以前に研究していた狂気の歴史・規律－訓練・性の分野のものである。

フーコーはこう説明している。

それらの〈実践的総体〉は、三つの大きな領域に属している。すなわち、事物に対する支配の諸関係（rapports de maîtrise sur les choses）の領域、他者たちに対する行動の諸関係の領域、自己自身に関わる諸関係の領域のことである。しかしそれは、それらの三つの領域がお互いに全く無関係であることを意味しない。事物に対する支配は、他者に対する関係を経由するものであることはよく知られているし、他者との関係はつねに自己との関わりをともなっている。また、その逆もある。ただ、それらは、それぞれの固有性と絡み合いを分析すべき三つの軸（trois axes）、すなわち、知の軸、権力の軸、倫理の軸（l'axe du savoir, l'axe du pouvoir, l'axe del'éthique）なのである[35]と。

知の軸の基礎は自然への征服である。この自然への拷問を人間に対する支配に移し変えると、社会統治すなわち権力の軸が生まれる。最後に、人間の自発的な隷属化は、自己拘束性の倫理の軸（「心中の道徳律」）となるわけである。明らかに、これは、彼の晩年の自分の思想的情況構築の手がかりついての、あらためての概括である。同様にここで、フーコーは、伝統的なブルジョア的啓蒙と批判の視域の中の歴史学と哲学の方法では、明らかにこの研究に入ってはいけず、カント（啓蒙思想）とは異なる意味の批判的論理による真の批判によってのみ、それが完成できると述べている。

この批判は、明らかにもはや、以前のカントの意味でのような、あの「どうやってこのように（comme cela）統治されないのか」というものではなくなっている。

フーコーから見ると、このまったく新しい情況構築の意味での「〈批判〉は、普遍的な価値を持つ形式的構造（structures formelles qui ont valeur universelle）を求めて実行されるものではもはやなく、私たちが行うこと、考えること、言うことの主体として、私たちを構成し、またそのような主体として認めるように私たちがなった由来である諸々の出来事をめぐって行われる歴史的調査（enquête historique）として批判は実行される」[36]ということになるのだ。

これは、フーコーがその晩年に、再度自分の歴史研究の方法論に立ち戻った議論であろう。

これこそが、彼のいわゆる考古学（archéologie）と系譜学（généalogie）というまったく新しい批判的研究にほかならない。フーコーはこう述べている。

〈考古学的〉である——超越論的ではない——というのは、この批判が、あらゆる認識、あらゆる可能な道徳の普遍的な構造（structures universelles）を解明することを求めるのでなく、私たちが考え、述べ、行うことを分節化している、それぞれの言説を、それぞれに歴史的な出来事（événements historiques）として扱うことをめざすという意味においてである。この批判が〈系譜学的〉であるというのは、私たちに行いえない、あるいは、認識しえないことを、私たちの存在の形式（forme）から出発して演繹するのでなく、私たちが今のように在り、今のように行い、今のように考えるのではもはやないように、在り、行い、考えることが出来る可

能性 (possibilité) を、私たちが今在るように存在することになった偶然性 (contingence) から出発して、抽出することになるからだ[37]と。

　ブルジョア的啓蒙と批判の論理とは異なり、フーコーの考古学と系譜学の研究は、もはや、いかなる抽象的な普遍的価値という架設（民主・平等・自由・博愛）から出発するのではなく、もはや、ある種の先天的な知や道徳律中の「ゾレン」も議論せず、我々の行ったこと、我々の語ったこととして出現した歴史的出来事に正面から向き合い、出来事の偶然な形成の中から新たな可能性を見出すものだというのである。フーコーは、この新たな歴史的批判においてこそ、とくに後者の系譜の研究においてこそ、ブルジョア階級が表面上おおっぴらに標榜する「人類の普遍的利益」なる美しい嘘をはじめて透視できるのであり、資本主義社会において知と権力が発生する「ある特異性の出現の条件を、特異性がその産物としてではなく効果として出現する、多数の決定要素から再構成する」[38]という様相を真に再構築すると、強調するのである。ここで発生したまったく新しい情況構築の手掛かりとなるものは、「AがあるとかならずDがある」という論理ではなく、「DはA、B、Cなどの要素が構成する独特の場の情況における効果である」という論理である。ここから、ブルジョア的な知と権力の、実際的な機能性の展開状況とその効用を生む戦略 (stratégie) についての総体的分析が生まれるのである。フーコーはもっぱらこう述べている。

　　考古学、戦略、系譜学についてお話ししてきましたが、これは次々に段階をおって発展してくる三つの連続的な次元 (niveaux successifs) のようなものとは考えていません。むしろ同じ分析の三つの必然的に同時な特徴であり、この三つの次元 (trois dimensions) を考察することで、その同時性そのもののうちにおいて、実定的なもの、すなわち〔…〕特異性が受けいられるものとなるためには、どのような条件が必要なのかを把握することができるのです[39]と。

　フーコーは、彼の言うここでの考古学・戦略・系譜学がともに3つの思惟の次元を構築するという方法は、いわゆる出来事化 (événementialisation) の分析に他ならないと称している。
　現在では、フーコーのこれらの先駆的な方法論の言説とパラダイムを見て取ることはたいへん難しいものになっている。

具体的にブルジョア社会の権力についての研究の中に入っていくと、フーコーは、「権力を支配として、人々の統御として、基本的な所与として、単一の原則として、説明として、不可避的な法則として考えるべきではありません。重要なのは、権力をつねに相互作用の場（champ d'interactions）のうちの関係として考えることです。権力を知の形式（formes de savoir）と分離することのできない関係のうちで思考すること〔…〕が重要なのです」[40]と述べている。簡単に言えば、ブルジョア階級が発明した新しい社会権力を、単純な外部的強制と見なしてはならず、ブルジョア的な知の体系の中で徐々に展開してきた統治権力、すなわち、見えざる強制のメカニズムと知識の要素の間に、ある種の「相互に交替し合い相互に支え合うゲーム」が存在していることをあらためて発見する必要があるということであろう。ここでは、隠れた権力の反応効果が存在するだけで、可視的な皮鞭は存在しないのである。

　いささかの憂慮とともに、フーコーは、「私は、一体私たちが成人になることがあるのかどうか知らない。私たちが経験して来た多くの事がらは、啓蒙の歴史的出来事が私たちを成人にはせず、私たちはまだ成人になってはいないのだと、思わせるものだ」[41]とつぶやいているのだ。

　フーコーのこの断言は、後にアガンベンによって反方向に情況構築にされつつ、生かされた。彼は、『幼児期と歴史―経験の破壊と歴史の起源』（1978）[42] という1書を執筆している。

[注]
1　ミシェル・フーコー、中山元訳「批判とは何か」『わたしは花火師です』（ちくま学芸文庫、2008年）69-140頁。この論文は、1978年5月23日、ソルボンヌ大学で行われたフランス哲学会の年会での講演で、『フランス哲学協会公報』1990年4-6月号で発表された。この論文は*Dits et écrits*には収録されなかった。フーコー自身は、自分としては題目を「啓蒙とは何か」に変えたほうがいいと思っていると述べている。
2　ミシェル・フーコー、石田英敬訳「啓蒙とは何か」『フーコー・コレクション6　生政治・統治』（ちくま学芸文庫、2006年）362-395頁。1984年6月に発表されたこの論文は、フーコーが最後に世界に残してくれた思想的遺産となった。
3　フーコー「批判とは何か」『私は花火師です』72頁。

4 ミシェル・フーコー、野崎歓訳「フーコー」『ミシェル・フーコー思考集成X 1984-1988 倫理／道徳／啓蒙』(筑摩書房、2002年) 102頁〔訳者――なお「おそらく」まではF・エヴァルトによる追加との断り書きが引用元には付されている〕。
5 フーコー「批判とは何か」『私は花火師です』74頁。
6 同上77頁。
7 宗教改革 (Religious reform) は、ヨーロッパ16世紀のキリスト教における上から下への改革運動である。それは、西洋の新教の基礎を打ち固め、同時にローマ帝国がキリスト教を広め国家宗教とした以後の、カトリック教会が主導した政治－宗教体制を瓦解させ、後の西洋国家での、キリスト教統治下の封建社社会から多元的な近代社会への移行の基礎も打ち固めた。その代表的人物には、マルチン・ルター (Martin Luther 1483〜1546)、カルヴァン (John Calvin 1509—1564) などが含まれる。なお、狭義の新教および宗教改革は、通常、1517年のルターによる「95箇条の提題」から1648年の「ウェストフェリア条約」に到る時期に限定されている。
8 フーコー前掲書89頁。
9 同上80頁。
10 同上同頁。
11 同上81頁。訳文は変更した。
12 イマニュエル・カント、福田喜一郎訳「啓蒙とは何か」『カント全集14』(岩波書店、2000年) 27頁。フーコー「啓蒙とは何か」『フーコー・コレクション6』369頁も参照のこと。
13 フーコー「啓蒙とは何か」『フーコー・コレクション6』371頁。
14 フーコー「批判とは何か」『私は花火師です』85頁。
15 同上88頁。
16 同上同頁。
17 同上90-91頁。
18 同上94頁。訳文は変更した。
19 ホネットが『監獄の誕生』から直接引用している1句は、「自由［の概念］を発見した《啓蒙時代》は、規律・訓練をも考案したのだった」というものである。ミシェル・フーコー、田村俶訳『監獄の誕生』(新潮社、1977年) 222頁を参照のこと。
20 アクセル・ホネット、河上倫逸監訳『権力の批判―批判的社会理論の新たな地平』(法政大学出版局、1992年) 250頁。またAxel Honneth, *The Fragmented World of the Social : Essays in Social and Political Philosophy,* ed. Charles W. Wright (New York: State University of New York Press, 1990), 122.も参照のこと。
21 Mark Poster, "Foucault, the Present and History," in *Michel Foucault Critical Assessments,* ed. Barry Smart (London: Routledge, 1994), 1: 113.
22 フーコー「批判とは何か」『私は花火師です』91頁。訳文は変更した。
23 同上同頁。訳文は変更した。

24 同上92頁。
25 布洛塞:《福柯:一个危险的哲学家》〔アラン・ブロッサ『フーコー——ある危険な哲学者』〕,罗惠珍译(台湾麦田出版、2012年)39-40頁。
26 フーコー前掲書94頁。
27 同上95頁。
28 同上97頁。
29 同上97頁。訳文は変更した。
30 Richard Wolin, "Foucault the Neohumanist?" *Chronicle of Higher Education* 53, no. 2 (1 September, 2006): 106.
31 フーコー前掲書99頁。訳文は変更した。
32 同上103頁。訳文は変更した。
33 同上103-104頁。訳文は変更した。
34 同上105頁。
35 フーコー「啓蒙とは何か」『フーコー・コレクション6』386頁。
36 同上同頁。
37 同上同頁。
38 フーコー「批判とは何か」『私は花火師です』110頁。訳文は変更した。
39 同上112頁。訳文は変更した。
40 同上112-113頁。
41 フーコー「啓蒙とは何か」『フーコー・コレクション6』393頁。
42 アガンベン・上村忠男訳『幼児期と歴史―経験の破壊と歴史の起源』(岩波書店、2007年)。アガンベンは、同書の中で、現代資本主義に生存している人類を成年期の生命体に例え、いわゆる天真爛漫な期待の翼を抱いている幼-年(in-fancy)期をその反対物として遡行式に挙げて、ここから、我々が今日の生活の中で失った内在的部分を見ている。ここでの幼-年とは、1人の個人の生命の進展中に真にあった幼年時期を直接指しているわけではなく、人類という近代的主体への倒置式の内省、すなわち、成年という理性的主体にはいまだなっていなかった人類の原初の存在状態、または、借喩のコンテキストの中で依然として想像を持ち続けている幼年のことを指している。

第4篇

装置に支配される生―外部的強制から
ミクロ権力の身体中の展開に到る転換
―フーコーの生政治の言説

政治は私に接近している

——フーコー

フーコー本人も戦闘の土煙と喧噪を引き合いに出すことが多かったし、彼にとっては思考すること自体が戦争機械の相貌を呈していたのです。

——ドゥルーズ

　最近のヨーロッパのポストマルクスの思潮の議論の中では、生政治が話題の焦点になっているのを見出すのは難しくない。例えば、ランシェール、バディウ、ジジェク、アガンベンの議論は、すべて、現代資本主義社会の存在の中に隠された身体化されたミクロ権力のコントロールを興味深げに語っている。しかし、私は、この何度も取りざたされている、新しい潮流を気取るこの情況構築が顕在的な批判的言説となった真の源頭は、我々がかつてあまり真剣に関心を寄せていなかった晩期のフーコーであることを発見した[1]。1974～1979年にフーコーがコレージュ・ド・フランスで行った一連の講義の中には、一つの重要なテーマがあった。すなわち、現代資本主義の統治の中での生政治の歴史的誕生についてである。1977年の休暇を除いたわずか5年間に、彼は、資本主義社における社会コントロールの新しい諸形式についてそれぞれ議論した——社会的統治の中に存在する、血を見せぬ殺人の真理の刃（『異常者たち』）・ブルジョア階級の権力装置と知の系譜学（『社会は防衛しなければならない』）・生の権利の問題（『安全・領土・人口』）・資本主義と生政治学（『生政治の誕生』）などの重要な政治哲学の専門テーマである。本篇は、晩期フーコーのこの重要な思想的情況構築の手掛かりについて議論していく。

　だが実際には、『監獄の誕生』から生政治論に到る間の、フーコーのブルジョア的社会統治に関する批判的反省の中には新たな一つの断絶が存在しており、フーコー自身もこの問題を回避したわけではなかった。

　　第1の断絶は、観念論史観のエピステーメー決定論から、現実から出発する資本主義下の規律-訓練支配への転換である。

　1976年に書いた『知への意志』の中で、フーコーはこの変化を説明したことがある。彼は、ブルジョア階級の17世紀以後の生への統治方式には実際には2種類あったと指摘しているのである。第1種は規律－訓練とその管理である。

これは、我々が先にすでに議論した規律－訓練（discipline）であり、フーコーは、「機械としての身体に中心を定めていた。身体の調教、身体の適性の増大、身体の力の強奪、身体の有用性と従順さとの並行的増強、効果的で経済的な管理システムへの身体の組み込み、こういったすべてを保障したのは、規律を特徴づけている権力の手続き」[2]と規定している。これは、前述のフーコーのいわゆる「人間の身体の《解剖‐政治学》（anatomo-politique du corps humain）」でもある。そして、フーコーがこの新たな断絶の中で発見したものは、ブルジョア階級による第２種の権力のタイプ—生政治における内政（police）であった。それは、18世紀中葉からやや遅れて形成され始めたもので、フーコーは、「種である身体、生物の力学に貫かれ、生物学的プロセスの支えとなる身体というものに中心を据えている。繁殖や誕生、死亡率、健康の水準、寿命、長寿、そしてそれらを変化させるすべての条件がそれだ。そらを引き受けたのは、一連の介入と調整型管理（contrôles régulateurs）であり、すなわち人口の生政治学（bio-politique de la population）である」[3]と説明している。

レムケの言い方によれば、もっとも早く生政治の概念を使用したのは、1920年代のドイツの「国家社会主義者」の民族の調整と管理に関する著作であるとのことである[4]。だが、私個人は、これは一種の外見的な相似にすぎず、フーコーの生政治論とこの種の議論は同一の情況構築の意味の場にあるものでは完全にないと思う。

生政治は、現代資本主義の社会コントロール形式に関する、フーコーのもっとも重要な発見である。彼は、肉体への規律－訓練と人口への調整は、ブルジョア階級の巧妙な生に対する権力組織（l'organisation du pouvoir sur la vie）の展開の両極だと見ている。そして、資本主義の古典時代に形成されたこの両面の技術は、「権力の至高の機能が爾後はおそらくもはや殺すことにはなく、限無く生を取り込むことにあるような一つの権力の特徴であることを雄弁に語るものにほかならない」[5]というのである。私の判断によれば、フーコーのこの思想的転変は、学術上の変化というだけでなく、さらに多くは、この時期に彼が社会政治闘争の実践に直接参与したこととも関係している[6]。これについて、アガンベンは以下のような小括風の記述をしている。

ミシェル・フーコーの1977～1978年のコレージュ・ド・フランスでの講義は、『安全・領土・人口』というテーマであったが、その趣旨は現代

の「統治」の系譜を整理することにあった。フーコーは、権力関係の歴史上の３種の異なるモデルを区分した。法律体系は領土主権国家の制度モデルに対応している。この体系は、何を許可し何を禁止するかの標準を規定することによって自己定義を進めて、最終的にはこの体系が懲罰体系を構築する。規律－訓練の設置は規律－訓練的な近代社会に対応している。法律の要求に従って、一連の監視コントロール・医学と監獄に関する技術を実践に付す。その趣旨は、主体の身体を規制し、矯正し、形成することにある。最後の安全のメカニズムは、現代の人口国家およびその新しいタイプの実践に対応している。この実践について、フーコーはこれを「人間たちの統治」と称している。アガンベンによれば「フーコーは、この三つの様態は時系列に沿って継起するものでも互いに排除しあうものでもなく、共存従いに分節化しあうものであるが、そのうち一つがかわるがわる支配的な政治テクノロジーを構成する、と注意深く断っている」[7]と。

フーコーの本来の記述と比べると、アガンベンは、規律－訓練社会以前の司法－主権下の懲罰式権力の形態の記述を増加させているが、これによって、フーコーのここでの政治哲学の情況構築の歴史的輪郭がよりすっきりしたものになったと思われる。

[注]
1 実際には、この「晩期フーコー」という表現の中の「晩期」とはあくまで象徴的な意味にすぎない。なぜなら、彼は若くしてこの世を去った（1984年、わずか56歳であった）からである。我々は、彼のまさに壮年期に当たる最後の10年を、強いてフーコーの学術上の晩期とするほかはなかったのである。
2 ミシェル・フーコー、渡辺守章訳『知への意志――性の歴史１』(新潮社、1986年) 176頁。
3 同上同頁。
4 Thomas Lemke, *Biopolitics: An Advanced Introduction* (New York: New York University Press: 2011), 9-10.
5 『知への意志』176-177頁。
6 1968年の五月革命の後、フーコーは、きわめて大きな情熱をもって、フランスで発生した各種の圧迫に反抗する闘争に参加した。1969年１月、フーコーは、パリ大学ヴァ

ンセンヌ校での、リセ・ルイ・ル・グランの校舎占拠運動を声援する集会に参加し、はじめて警察に逮捕された。1971年11月には、彼は、サルトル、ドゥルーズなどとともにレイシズムに反対する会議とデモに参加した。また、アメリカのヴェトナム侵略に反対しパキスタン人民の闘争を声援する公開書簡と声明にもサインしている。このゆえにまた、歴史学者のエマニュエル・ル・ロワ・ラデュリは、「二人のフーコーがいたわけだった。デモのフーコーと、コレージュ・ド・フランス教授会に属するフーコーである」と冗談めかして述べている。ディディエ・エリボン、田村俶訳『ミシェル・フーコー伝』(新潮社、1991年) 345頁。

7 ジョルジョ・アガンベン、高桑和巳訳『王国と栄光——オイコノミアと統治の神学的系譜学のために』(青土社、2010年) 214頁。

第12章　ブルジョア的市民社会における
　　　　新しいタイプの権力装置

　フーコーから見ると、17世紀以来、ブルジョア階級は、科学的真理を形式構築の本質とする規範的権力言説を通じて、正常と不正常の生存の境界線を生み出してきたという。この新しいタイプの権力こそが、我々が今日科学的な「管理論」と称するものにほかならず、ここでは、フーコーは、それを「統治の技術（芸術）」あるいは「統治の技芸」と命名している。そして、19世紀になってからは、知を権力の装置とする規律－訓練が、西洋資本主義のすべての社会において始まったのである。権力によるこの規律－訓練の統治技術は、もっとも微細な次元においてブルジョア的世界の人間の肉体と魂をコントロールし始めたのである。本章では、フーコーのこの重要な思想を見ていくことにする。

1. 規律－訓練と規範の装置
　　―「正常」と「異常」を切り分ける真理の刃

　前述のように、1970年、フーコーは正式にコレージュ・ド・フランスの教授に就任した。そして、1971年1月より、1977年の休暇を除いて、1984年のその死去に到るまで、13のテーマに分けて、「思考システムの歴史（Histoire des systèmes de pensée)」のシリーズ講座をずっと開設していた[1]。
　　フーコーは、コレージュ・ド・フランスの候補者選考の手続きに従って、先に教授会に提出した自己推薦文のなかで「思考システムについての歴史を企てなければならない」（*Il faudrait entreprendre l'histoire des systèmes de pensée*）と述べている[2]。

　予定される聴講者が、大学生ではなく自由に出入りする社会人であるため、フーコーの講義は、学術テキストの言説で進行したわけではなく、比較的通俗な講義の言葉が使われていた。このことは、フーコーの学術的情況構築の中の言説実践上の「断絶」を人々に感じさせた。
　　彼がかつて使用した大量の術語は、ここでは、たまに出現するくらいですべて隠れ去ったかのようであった。例えば、「異常者たち」の講義の中

では、épistémèはゼロ、archéologieは4回、strategiesは1回だけ、discontinuitéは2回、généalogieは相対的にはやや多かったが、それでも20回だけの登場であった。このような学術テキストから公衆向けの講座に到る特定の言葉の調整状況は、後の講座ではまた変化が見られた。もちろん、前述したように、このような語彙の変化は、フーコーの思想的情況構築の中のいくつかの重要な変化も深く反映している。この点については、以下の議論の中で徐々に分析していくつもりである。

　我々は、まず1975年の講義である「異常者たち」(Les anormaux, 1974－1975)を見ていくことにしよう。
　このanormauxは、フランス語では、異常・例外および狂人・精神病者の意味を持っている。

　もちろん、このテーマは、彼の初期の狂気の歴史の研究と一定の内在的関連を持っている。通俗的に言うと、フーコーは、狂人は、天性のものではなく、生理的に固定化されたものでもなく、一種の社会が形作った産物だという事実を指摘しているのである。
　これは、ボーヴォワールの言う「女は天性のものではなく作られたものである」という観点と似ている。サイードは、「当初から、フーコーはヨーロッパの社会生活を、一方にある、周縁的なものや逸脱したもの、他とは異なるものと、他方にある、受容されるものや正常なもの、一般的に社会的あるいは同じものとのあいだの闘争として理解しているように思われる」[3]とかつて述べたことがあるが、これは正しいだろう。

　「誰が、一個人の存在を正常あるいは異常と裁定するのか」。「誰が、社会存在の中に出現するこの異常を疾病と判定する権利があるのか」。このような正常と異常の存在を切り分ける権力こそが、フーコーのこの講義の核心となる追問の焦点になったのである。
　1975年1月8日の講義の中で、フーコーは、「人間の存在の正常と異常の質を判定できるということ―これは一種の「命を奪うことができる言説 (discours qui peuvent tuer)」と直接指摘している。
　言説と殺人の直接の繋がりはここから始まった。『言葉と物』での自然

物への秩序構築である烙印と『知の考古学』での歴史的言表のアルシーブの活性化後の形式構築である歴史的言説実践と比べて、この第3の人間の生の状態に対する殺戮の言説は、政治哲学的情況構築からすでにはるか遠くに飛び出している。

こう言えるのは、このような言説が、人々の自由と監禁、生存と死の裁決になっているからである。もし、ある人が異常な様子で生活していると認定されたならば、存在論的には死んでいるのと同様になる。ここでの情況構築の意味の場において、フーコーは、このような真偽二元論的論理の情況構築の中での裁決を、一種の殺人が可能な真理の言説（discours de vérité）の刃であると指摘している。これが、ブルジョア階級の新しいタイプの政治のフォーマティング方式の真の起源だというのである。

　　この点については、フランクフルト学派のブルジョア的科学イデオロギーについての批判的情況構築と相通ずるものがある。

いわゆる真理の言説とは、科学の資格の衣をまとって語られる権力の言説、あるいは「科学という制度の内部において資格を持つ者のみによって明確に述べられた言説」[4]と呼ぶべきだというのである。
　　今日の中国ではこのような権力の言説が横行している。

フーコーは、この殺人が可能な真理の言説の刃は、まさに、すべての西洋社会の司法制度を支える政治的秩序構築の核心となっていると見ている。彼から見ると、これは、伝統的な司法権力や医学権力とは異なる新しいタイプの権力であるので、彼は、この時、これを「規範化権力（pouvoir de normalisation）」と命名した。

　　normalisationはフランス語では正常化の意味も持っている。この正常化という言葉は、フーコーのここでの思考の焦点と関連しており、それは、正常人の生活存在を形作る秩序構築の過程を指している。この規範化の外部にある者はすなわち異常者であるわけだ。これこそがこの講座のテーマにほかならない。フーコーは、この講座でnormalisationを32回使用している。規範化という概念は、フーコーが師であるカンギレムの著作『正常と病態』から流用した相似た医学的観念に違いない[5]。

まさに、この科学的言説をその形式構築の本質とする真理の言説こそが、正常と異常の生存の境界線を形作るというのである。

　　同性愛者としてのフーコーは、彼自身もその圧迫を被った、西洋社会の17世紀以来の性の規範化技術の過程を激しく憎しみながら列挙している。彼から見ると、いわゆる正常な異性愛なるものは、社会の規範化によって形成されたものにすぎないのである。なぜなら、それは、科学（真理）の文明的様態によるものであり、一方的に判定された人間の「自然」の属性であるにすぎないからだというのである。だが、これに対する反論は、いくつかすでに語られている可能性がある。なぜなら、すべての人類社会の歴史的発展の過程では、大概の多くの民族における異性愛は、すべて科学技術の出現以前に発生しており、さらに辛辣に言えば、異性生殖は生物界の生存競争の中で発生したからである。

フーコーは、このような規範化権力が置かれている位置は、上部構造的な（supra-structurel）場所であり、往々にして「上部構造の領域（ordre de la super-structure）」に属していると述べている[6]。

　　これは、マルクスの「土台と上部構造」の比喩の引用である。ここでの上部構造という言葉は、規範化という科学的言説の・政・治・的・本・質・を示している。

1975年1月15日の講義では、フーコーは、西洋社会の歴史における2つの疾病—ハンセン氏病とペスト—の処置の方式の違いを比較して、このような規範化権力の展開の独特な質を説明している。

　　同時期の『監獄の誕生』の監視に関連する議論の中でも、フーコーはこの両種の疾病の処置について言及している。

中世の西洋では、ハンセン氏病に対する特定の処置が存在していた。すなわち、ハンセン氏病に対する排除（exclusion）である。この排除の意味は、ハンセン氏病患者を社会の正常な生活から隔離することであり、患者は、人々の外部にある接触不可の暗闇の中に追いやられた。排除され駆除された—実際上は正常な生存の権利を奪われること—ハンセン病患者は、正常な生活の中ではすでに死亡しており消失していると宣告されることもありえた。

通常、すでに「死亡」とされていた彼らの財産は譲渡可能であった。

フーコーは、ハンセン氏病に対するこうした方式は、一種の消極的な隔離方式であったと指摘している。続いて、中世が終わった後、とくに17〜18世紀の資本主義社会になってからは、同様に伝染病であるペストに対するコントロール方式に根本的な変化が発生した、すなわち排除とは反対の封じ込め（inclusion）の方式が出現したとも指摘している。ハンセン氏病の排除・遺棄の方式とは異なり、ペスト患者は、「綿密で詳細な分析と細心な網羅的警備の対象」となり、一人一人のペスト患者は、もはや辺縁化された暗闇の中に放置されるのではなく、可視的な光の中に置かれるようになったというのである。「狩り出すことではなく、一人一人に場所を与え、それを指定して、その場所にいるかどうかを隅々まで監査すること（présences quadrillées）。追放（rejet）ではなく封じ込めが問題となります」[7]フーコーの言いたいことは、同類の伝染病の処置方式の中で密やかに深い変化が発生したが、実際には、それは、社会政治権力の運用方式の転換の真実の照射だということであろう。

第1に、ブルジョア階級の政治権力の毛細管化である。フーコーから見ると、伝統的な封建的専制社会の外部的なマクロの強制とは異なり、ブルジョア階級の新しいタイプの政治における「個別化（individualisation）、すなわち、個別性の細かい粒にまで到達する権力の分割と再分割（subdivision）が問題となっている」のであり、可視的な外部的暴力は、見えざるミクロ権力に転換し、「権力の毛細状の（capillaire）分枝が絶え間なく一人一人の個人に到達し、その時間、その住居（habitat）、その場所（localisation）、その身体にまで到達する」[8]ということになる。先の議論の中で、我々は、フーコーこの重要な隠喩—ブルジョア的政治権力の毛細管化をすでに見て取ったはずである。一人の身体の全身に広がる毛細管のように、ブルジョア階級の新しいタイプの政治権力の毛細管は、社会のすべての細部の存在—生活時間のすべての契機・人々の住む住所・一切の可能な行動空間に、彼らの肉体自体にさえ広がっているのである。

同時に行われた監獄に関する対話の中で、フーコーは、このような「ミクロ的、毛細管的な権力形態（pouvoir microscopique）を、イメージ豊かに「シナプス的とも呼べる権力体制」と比喩しており、「私が権力のメカニズムを考えるときは、その毛細管的な存在形態を考える、つまり権力が個人ひとりひとりの肌にまで到達し、その身体を捕らえ、彼らの所作や態

度やものの言い方、さらに学習や日常生活といったものの内にまで浸透してゆくそのレベルで考えるんです」[9]と述べている。フレイザーの言い方によると、まさしくこれらの「様々な『ミクロ技術』は、無名の医師、看守、学校教師によって無名の病院、監獄、学校で完成され、アンシャン・レジームの巨大な権力中心からは遠く引き離される」[10]ということになる。

　私から見ると、これは、実際には依然として『監獄の誕生』の中で我々に提示したあの重要な社会権力の変質過程のことだと思う。すなわち、大宣伝式で儀式化された可視的な酷刑から知の肉体と魂に対する見えざる支配への転換──専制から開明的な統治への、権力意志から真理への、消極的なものから積極的なものへの転換なのである。ここでさらに突出して強調されているのは、その展開方式が、マクロ的強制から、生の細緻な存在の情況構築という無形の支配に向かっており、毛細管と神経へのじかの接触というイメージは、規範化権力の物的構造と精神的伝導の形式構築を示しているのである。
　フーコーがこの講義の中で依拠している主要な思考の手掛かりが、同時期の『監獄の誕生』と一致していることをはっきりと見て取ることができよう。

　第２に、ブルジョア階級の政治権力の積極的な技術である。
　これもフーコーが議論したことのある問題である。

　フーコーは、ここには、また、たいへん重要な歴史的進展、すなわち、資本主義の古典時代における「ポジティヴな権力テクノロジー（technologies positives de pouvoir）の発明」があると指摘している。
　フーコーのここでの議論の中では、pouvoirは500回近く使用されているが、このことは、権力問題が、コレージュ・ド・フランスでの一連の講義の開始時期に突然出現した、中心の思考点になったことを説明している。

　彼から見ると、伝統的統治では人民を抑圧し隷属化させることが習慣化していた消極的権力とは異なり、新しい権力においては以下のような変化が生まれたというのである。
　駆り立て、排除、追放、周縁化、抑圧といった権力のテクノロジーから、

ポジティヴな権力（pouvoir positif）、生産する（fabrique）権力、観察する権力、知る権力、自らがもたらす効果によって肥大する権力へと、移行が起こったのです[11]と。

このポジティヴな権力というものには、二重の情況構築の意味がある。一つは、このような権力は「誤認に結びつくものではなく、逆に、知の形成、知の充当、その蓄積、その増加を保証する一連のメカニズムに結びつく」[12]という意味である。新しいタイプの権力を支えるものは、もはや無知な暴力ではなく、ブルジョア的啓蒙運動の後の科学的知だというわけである。
　これはたいへん深い思想的解釈であろう。

かつ、このような科学知は、ブルジョア世界の富の投資・蓄積・増長の内部メカニズムでもあるのだ。科学的な致富というわけである。知識は銭儲けの力なのである！
　もう一つは、積極性を強調する権力は、知識の獲得を口実にして生産と製造の権力の実施を進めることができるという意味である。あるいは、それは「生産と生産の最大化（maximalisation）」と呼ばれる過程でもある。近代資本主義の秩序構築の駆動力は、すでに科学知識になったのである。科学はすなわち生産力なのである！
　ゆえに、今日では「知識経済学」という言い方があるのだ。フーコーのこの積極的権力という言葉は、同時期の『監獄の誕生』の中の規律-訓練権力の生産性についての議論を連想させる。これについて、フレイザーは興味深い比喩をしている。彼女は「マルクスの用語を借りれば、前近代の権力は単純再生産に適したシステムであり、近代の権力は拡大再生産を指向する」[13]と述べている。この比喩は興味深いが、フーコーにあっては、伝統的権力は生産を迫るが、それ自身は非生産的なものなのである。

事実上、フーコー筆下のこのブルジョア階級による新しいタイプの権力とは、今日我々が「管理理論」と呼ぶものにほかならないが、フーコーは、この講義の中ではこれを「統治術（art de gouverner）」と呼んでいる。
　art de gouvernerは統治の技芸とも訳せる。ここでの使用は、フーコーがこの講義の中でart de gouvernerを使用した唯一の例だが、その後の講義の

中では、この言葉はますます重要なものになってくる。しかし、この講義ではgouvernerやgouvernementなどの関連語彙は30回以上も使用されている。

必ず注意してほしい。この社会的強制と区別される統治は、フーコーのブルジョア階級による新しいタイプの権力理論の中の、キーポイントになるカテゴリーであることを。概括すれば、ここで言う統治とは、ブルジョア階級が発明した毛管と神経へのじかの接触という方式によって展開される、新しいタイプの権力にほかならないのである。

フーコーは、このブルジョア階級による統治のパラダイムには、広義には3つの次元の意味があると我々に告げている。1つ目は、18世紀あるいは古典的時期のブルジョア階級が発明した「権力の司法的－政治的理論（théorie juridico-politique du pouvoir）」であり、これは法制の規律－訓練の本質を指している。2つ目は、すべての国家機関や各種の関連制度およびその派生物であり、この制度化は規律－訓練の運用の保証となっている。

この両者は人々が比較的熟知している分野であろう。

3つ目は、「権力の行使の一般的技術（technique générale d'exercice du pouvoir）」[14]である。

これは、あまり注目されていない方面である。フーコーは、この講座の中でtechniqueを93回使用しており、明らかに高頻度の語彙である。当時のフーコーの思想の中で、この語彙の重要性が上昇しつつあるのを見て取ることができるであろう。

これは、人間に対して行われる統治の一般的技術であり、伝統的な権力意志と比べると、一種の「疎外（aliénation）」[15]と見なすことさえできるという。

フーコーは、この講座の中でaliénationを28回使用している。しかし、それは、伝統的な人間主義的論理の言説の中で出現したものではなく、具体的な転倒現象に対する指摘となっており、かつ、大多数はaliénation mentale（心理的疎外）という情況構築の中で使用されている。

フーコーは続けてこう述べている。

この技術は、代表制（représentation）の法的かつ政治的な諸構造（structures juridiques et politiques）の裏面（envers）を構成し、国家機構が機能し有効性を持つための条件となっています。人間の統治にかかわるこの一般的技術には、昨年お話しした規律的組織（organisation disciplinaire）という、範型としての装置（dispositif type）が含まれています。この範型としての装置は、何を目指しているのでしょうか。それが目指すのは、「正常化＝規範化」と呼ぶことのできるようなものだと私は思います[16]と。

まさにこの見えざる技術が、かえって可視的な法律や政治構造およびその運用体制の条件になっているというのである。この行間に、フーコーがとくに関連付けようとした、いくつかの理論的鏡像の連結点がある。1つ目は、『言葉と物』の中では、彼は、17〜18世紀の資本主義社会で支配的な地位を占めていた「エピステーメー」を表象と記号のシステムと指摘していたが、ここでは、表象-代表制の背景となる法的-政治的構造だけを強調している点である。2つ目は、この統治技術なるものは、彼自身が少し前に議論したばかりの規律－訓練の組織にほかならないが、ここでのその論理の進展は、この統治技術の組織の内部メカニズムを、客観的な装置（dispositif）だと指摘するようになった点だけである。

　　　フランス語では、dispositifには装置という意味もあるが、フーコーのここでの具体的な思想的情況構築から見ると、このdispositifの指すものは、明らかに可視的な具体的機械装置ではない。この講義ではフーコーはdispositifを10回使用している。フランス語では実際には、ほかにも装置（appareil）という語彙があることを指摘しておかなければならないだろう[17]。

まさにこの見えざる権力装置とその展開のシステムこそが、すべての社会をさらに深い次元の支配下に置く正常－異常の規範化効果（effets de normalisation）を構築するというのである。

　フーコーが、ここでは、明らかに重要なこの装置（dispositif）という言葉について詳細には解釈していないことはすぐにわかるであろう。私は、少し後の1977年に、フランスの『Ornicar?』誌[18]のインタビューで、フーコーが、3か所の発言を通じて、具体的にdispositifの基本的な情況構築上の意味範囲について示したことに気付いた。そこで彼はこう語っている。

その１。装置の要素には「もろもろの言説や、制度や、建築上の整備（aménagements architecturaux）や、法規に関する決定（décisions réglementaires）や、法や、行政的措置や、科学的言表や、哲学的・道徳的・博愛的命題を含んだもの」である[19]。明らかに、この中には、社会生活中の主観的な言説・科学的言表・哲学などもあり、客観的な制度・建築様式・政策決定・行政方式などの操作の枠組みもまたあり、ほとんどすべての社会生活を覆っているようである。もちろん、これは、上述のものがすべて装置だとおおざっぱに指摘しているわけではなく、これらのまったく異なっているように見えるものが、ブルジョア階級の新しい社会コントロール戦略の中では、すべて装置という形式構築の方式を通じて、見えざる社会的統治を実現することを強調しているだけである。ゆえに、フーコーは、装置は「ことさら不均質なある全体（ensemble résolument hétérogène）」、あるいは「装置そのものは、これらの要素間に作ることのできるネットワーク（réseau）なのでうす」[20]と、やっとその意味を述べたのである。集合とネットワークは、ともに装置を表象する場の情況の存在の特徴だというわけである。

その２。この装置のネットワークは、一種の「卓越した戦略的機能をもつ」見えざるフォーマティング（formation）を通じてその作用を発揮するものである。これは、依然として隠れた微細なコントロールであり隷属化である。これらの表面的には言説であり、建築物であり、慈善事業であるもの自体は、すべてまさしく、ブルジョア階級による個々人の生活の細節に対するフォーマティングや改造の中に込められているものであり、人々は、かくのごとく、知らずしらずのうちにそうした教化の中に潜む統治を受けいれるというのである。人間が成人になること、成熟すること、成功することは、すべてブルジョア的統治権力装置の段階的な成果なのである！

> 今日、我々の周りで祭り上げられている成功者とは、実は、ブルジョア階級の統治装置の中の、もっとも重要なイデオロギー的幻像による構築物にほかならない。

その３。装置は「歴史の一定の契機において、ある緊急時に応えるという歴史的機能をもつ編成体〔フォーマティング〕」である[21]。装置の本性がその本質上「戦略的」なものだと言うのは、それが「諸力の関係のなかに合理的で準備された仕方で介入すること」だからだというわけである。かつ、フーコーはま

た、このような権力操作の目的は「もろもろの知の類型を支え、またそれによって支えられている諸力の関係」[22]であると見ている。

同様にここで、フーコーは、『言葉と物』で使用したエピステーメーの概念が狭すぎて、自身を袋小路に追い込んだが、ここでの装置の概念は、「エピステーメーのはるかに一般的なケース」になったこと、あるいは、エピステーメーは「特殊に言説的な装置（dispositif spécifiquement discursif）」[23]にすぎないことを承認しているのである。これは、もともとのエピステーメーのパラダイムに対する重要な歴史的関係の説明になっている。この中でのさらに重要な変化は、狭く主観的な言説作用から、社会的権力の装置という客観的な場の情況の制約の作用への転換である。私は、ブロッサも、フーコーの思想の中の「エピステーメーから装置への」転換について言及していることに気付いた[24]。ブロッサのこの判断は正しさ半分誤り半分だと思う。その正しさは、装置のパラダイムの出現が、その象徴的な意味において、以前フーコーが記述したエピステーメーの文化的規制作用にたいへん接近していることを見て取っている点にある。誤っている点は、エピステーメーと装置は、同一の記述方式において線形的交替ができるものではないという点である。

私は、ブルジョア階級の近代的な権力装置についてのフーコーの記述は、驚くべきものであり、その眼光は正確できわめて鋭いと思う。もちろん、伝統的な政治学の概念に比べて、この哲学化されたdispositif概念も政治家たちに理解させることは困難であろうが。

私は、さらにフーコーの知己であるドゥルーズが、この装置の概念について精緻な解読をしているのにも気づいた。彼の解釈によると、装置とは、

　　錯綜した糸の塊であり、多重線形的な総体である。それは、異なった本性をもつ複数の線で合成されている。しかも、装置を構成しているそれらの線は、客観、主観、ランガージュなどといった、それぞれがそれなりに等質であるとされるようなシステムを際立たせるものではなく、つまりその輪郭をはっきりさせるものではなく、かえって、つねにアンバランスなプロセスをいくつかの方向に沿って描き、そして互いに、あるときは近づいたり、またあるときは遠ざかったりするものである[25]ということになる。

これは、ドゥルーズ式の複雑な情況構築の空間である。続いて、ドゥルーズは、さらに一歩進んで装置をそれぞれ異なる構成要素に細分している。例えば、「可視性の曲線」、「言表行為の曲線」、「諸力の線」、「主体化の線」、「裂け目の線」、「断裂の線」などであり、さらに「地層化あるいは堆積の線」[26]などもあるという。ドゥルーズの解釈が、畢竟、フーコーの装置の概念をさらにはっきりとさせたか、あるいはさらに混乱させたかは知ることができないが、私は、率直に言ってだいたい後者のほうに近い。

興味深いことに、ドゥルーズは、フーコーのこの装置のパラダイムをとくに好んでいるようで、1994年に執筆した「欲望と快楽」の中では、フーコーのこの権力装置の問題についてもっぱら議論している。ドゥルーズは、「『監獄の誕生』の重要なテーゼの一つは、諸々の権力装置（dispositifs de pouvoir）に関わっていた」と指摘している。これは正確な歴史的位置づけであろう。彼は、これは、フーコーがすでに、「『知の考古学』にはまだ残っていた言説の編成（形成）（formations discursives）と非言説の編成（形成）（formations non discursives）という二項対立を越え」[27]始めたことを表していると見ている。これはかなりの高評価だろう。なぜなら、装置の登場はパラダイム革命だと指摘しているからである。ドゥルーズの見方によれば、このような重要なパラダイム革命は以下のいくつかの面に表現されているという。第1は、「テーマそれ自身と『左翼主義』との関係で。あらゆる国家理論（théorie de l'État）と対立するこの権力概念の立て方がもつ政治的に深い新しさ」[28]という点である。この言葉は以下のことを語っているものであろう―フーコーの権力観が、「五月革命」後当時の急進的言説を表現するものだと言うなら、その深い変革の意味は、現代資本主義の政治統治戦略の断絶を意識すること、すなわち、伝統的な国家装置直接暴力論（マルクス－レーニンの言説）から、まったく新しい無形のミクロ装置のメカニズム論への転向にあると。第2は、フロイトとアルチュセールの支配の問題上の深い情況構築の次元を僭越すらして、「諸々の権力装置は、抑圧（répression）やイデオロギー（idéologie）によって作動するものではなかった」という見方、すなわち「抑圧やイデオロギーの代わりに、『監獄の誕生』は、正常化〔規範化〕（normalisation）と規律－訓練（discipline）の概念を作っていた」[29]と提起した点である。我々は次のことを知っているはずだろう―抑圧は、フロイトの精神分析の中、で外部的コントロールから人間の内部心理の自我支配へと向かう重要な1歩であり、マルクーゼとフロムが、すでに、それを巧み

に資本主義社会批判に運用したこと、また、マルクスが暴露したブルジョアイデオロギー論は、マンハイムとアルチュセールによって、すでに、現代ブルジョア社会の観念的隷属化面の解釈においてかなりの進展を遂げたことを。しかし、この両者はともに心理と観念の次元での自己拘束現象なのであり、ドゥルーズは、フーコーの権力装置は、抑圧でもイデオロギーでもなく、まったく新しいミクロ権力の物理学であり、まさに、生産と実践という客観的次元で発生する自発的なミクロ装置（micro-dispositifs）であり、自己懲罰のメカニズムだと指摘するのである。つまり、主観面でのものではなく、客観面での身体化された存在だというわけである。第3は、権力装置は一種の物理学であるという点である。だが、それは、「国家装置(appareil d'État)に還元されるものではなく」、一定の意味において、「図表に、すべての社会野（champ social）に内在する抽象機械（machine abstraite）（どんな些細な多様体にも適用される、見られることもなく見るという一般的機能で定義されるパノプティズムのような）に差し向けられるものだった」[30]こと、換言すれば、それは、「『監獄の誕生』の二つの方向、諸々のミクロ装置の拡散し細片化した性格と、社会野全体を覆う図表もしくは抽象機械」[31]というのである。だが、「ダイアグラム」と「抽象機械」などのような、無理やり押し込められた独自表現は、おそらくフーコーの思想をさらにはっきりとしたものに変えることはできないだろう。反対の結果に終わるものと思う。第4は、権力装置は至るところにあるという点である。それは、見えざる「諸力の関係（rapports de force）」を通じて展開されるというのである。この至るところにある諸力の関係なるものは、フーコーがこれから語ろうとしている新しい概念である。第5は、『知への意志』の中で、フーコーがさらに進んで「権力装置は真理の構成要素である」と提起した点である。しかし、ドゥルーズは、フーコーの権力批判の中には「反権力」という急進的力が欠落していると直接批判している。

　私は、同様にここにおいて、フーコーが、自分の規範化の思想が師であるカンギレムに由来していることをはじめて明確に述べたことに気付いた。彼は、カンギレムが『正常と病態』（*Le Normal et le Pathologique*）の中で、歴史上および方法論上から正常性を形作る規範の問題についてすでに議論しており、いくつかの初歩的観念を生み出したことを承認しているのだ。何よりもまず、カンギレムは「規範〔ノルム〕には権力への志向（prétention de pouvoir）が備わっている」とすでに定義していたのである。すなわち、カンギレムは、規範（「正

常」)とは本質的に政治的な概念であると指摘していたわけである。過去ブルジョア階級が標榜していた価値中立論と比べると、これはきわめて重要な論理的導きになっている。次に、カンギレムは、規律－訓練の持つ定性と矯正の機能を示しており、それは「排除したり拒絶したりすることではありません。ノルムは逆に、発明と変容のポジィティヴな技術、ノルムの確立という企図に、常に結びついている」[32]という意味のことを述べていた。ゆえに、フーコーは、自分がまさに師の思想の啓発下で、規律－訓練論から、さらに深く隠されていた規範化の権力装置論の思考をはじめて得ることができたと感じたのだろう。規律－訓練と規範化は、ここにおいて内在的に結びついたのである。このフーコーの回顧は、誠実な他者性の鏡像の指摘となっている。

　また同様にここにおいて、フーコーは、マルクスが政治－法律のような政治権力を単純に「上部構造の次元 (niveau superstructurel)」に切り分けたことにも、明確に反対している。しかし、フーコーの具体的な批判は、一種のマルクス式の比較歴史分析の上に建てられているかのように見える。すなわち、権力を肉体的暴力式の外部強制と見る観点は奴隷制社会のモデルから取ったものにすぎず、権力の機能がおもに禁止したり妨害したり切り離したりするという観念はカースト社会のモデルのものであり、封建社会の権力モデルは富の強制的な移転と搾取にあり、ブルジョア的な君主政体に到って、行政権力のコントロールは「所与の経済水準のもとで決定された生産様式、生産力、生産関係に対し、自らを重ね合わせる」[33]というような観点である。これは、非常に興味深い説明である。明らかに、フーコーのここでの思想的情況構築の中では、マルクスの史的唯物論の言説群が突然使用されるようになったのである。

　　後に、我々は、このようなマルクスからの注釈を加えない引用がますます頻繁になるのを見ることになるだろう。

　まず私が感じたことは、さらに深い思想的情況構築の中に身を置いて見てみれば、フーコーのここでの歴史的説明は、一種の二重の誤りという風刺になっているということである。一つは、マルクスが社会構造を土台と上部構造に分けたやり方に直接対峙している点である。だが、このフーコー流に解釈した「土台－上部構造論」は誤読であった。なぜなら、マルクスのやり方は、ただ一定の歴史的条件の下で発生する特定の歴史現象の反映であり、こうした社会構造を普遍化すること自体が反歴史的だからである。この点については、私はマル

クスのために弁護しなければならないだろう。1859年の『経済学批判』序言の中での、マルクスの社会構造に関するあの有名な「土台と上部構造」の比喩は、実は経済的社会形態についての特別に設定された説明にすぎないのである。この「土台と上部構造」という比喩を、人類社会の基本矛盾と一般的法則に転換したこと自体は、スターリン流の教科書体系による過度な解釈が生み出した厳重な誤りにほかならないのである。もう一つは、フーコー自身の思想的情況構築の中に存在している矛盾である。先に我々は次のことを見て取ったはずである――彼は、『知の考古学』の中で、歴史研究中の連続性の総体観、とくに社会歴史を奴隷制社会－封建社会－資本主義社会－社会主義（共産主義）に分けるという線形のモデルに繰り返し反対していた――このことである。しかしここでは、彼は、かえってこのような線形の歴史論理に沿って社会権力の歴史的生成を説明しているのである。

　　私の感覚では、この時のフーコーの思考には、徐々に変化が起きつつあったのではないかと思う。彼は、ますます歴史的現実に接近し、無意識のうちにますます真実のマルクスに回帰していったのであろう。もちろん、彼は、正確にも、旧ソ連・東欧のスターリン教条主義の枠組みの中の虚偽のマルクスを放棄し、歴史的なマルクスのコンテキストに回帰したものと思う。我々は、これ以降の彼の多くの講義の中に、この点をますます強く感じ取るであろう。

事実上、フーコーが指摘しようとしたものは、奴隷制社会からブルジョア的行政君主制に到る歴史過程での行政権力の支配点の歴史的転移、すなわち社会構造上の上部から生存の根源への降下を見て取ることができるという点である。

　　以下のことが感じ取れると思う――事実上、フーコーのこの思考経路に相対立するものは、まさしく伝統的な解釈のコンテキストによる、史的唯物論の教科書中のあの経済的土台と上部構造という二分法である（フーコー自身でさえ、このような二分法への批判がすなわちマルクスへの批判であると感じている）。なぜなら、教条主義的見解は、資本主義社会の発展における、このような権力支配点の質的変化を見て取っていなかったからである。

フーコーのこの時の見方によれば、18世紀以降、資本主義社会の政治権力の統治方式の中には、まったく新しいものがすでに出現していたという。それは以下のようなものであったという。

　　18世紀そして古典主義時代に起こったことの特殊性、新しさが見落とされています。その時代に起こったこと、それは、生産力や生産関係やすでに存在する社会システムに対して管理や再生産の役割（rôle de contrôle et de reproduction）を果たすのではなく、逆に、そこで実際にポジティヴな役割を果たすような、一つの新たな権力の確立です。18世紀が、「正常化＝規範化の効果をもたらす規律―訓練」のシステム、「規律・訓練による正常化＝規範化（discipline-normalisation）」のシステムによって確立したもの、それは、抑圧的ではなく生産的な（pas répressif, mais productif）権力であるように思われます[34]と。

　「生産力」・「生産関係」・「再生産」、これらのほとんどは、史的唯物論中の重要な概念であり、これらは、マルクスに回帰したという外部的言説の標識である。ここでの「抑圧的ではなく生産的なもの」という言葉は、重要な質的切断であることに注意するべきであろう。なぜなら、ここでの生産的なものが指すものは、具体的なフォーマティングや制作ではなく、権力が積極的存在として行う肯定と創造性の中で発揮する今までとは異なる展開のことだからである。フーコーの観点によると、ブルジョア革命の意味は、それが封建的専制を打倒したことにあるばかりでなく、それがすべての社会制度をあらためて組織し秩序構築したことにもあるというのである。その中でも、規律・訓練―規範化は、その新しい権力技術の発明の主要な構成部分にほかならないというわけである。フーコーは、18世紀以来徐々に発明されてきた新しい権力技術は、一種の権力メカニズムの新たなエコノミー（nouvelle économie des mécanismes de pouvoir）でもあると称している。それは「権力の効果を増大させ、権力行使のコストを削減し、権力行使を生産メカニズムに統合することを可能にする、一連の手続きであると同時に分析」[35]であるという。

　　この講義では、フーコーは、économieを50回あまり使用している。このことは、彼が再度政治経済学に近づきつつあったことを充分に説明しているだろう。我々は、このパラダイムの経済―救世論に対するアガンベンの多義的解読について語ったことがある[36]。

後の「安全・領土・人口」の講義では、フーコーは、再度、規律・訓練一規範化のテーマに戻って来ている。そこでは、フーコーは、規律一訓練の４つの特徴を明確に指摘している。１つ目は、「規律はさまざまな個人・場・時間・身振り・行為・操作を解体する」のであり、そして、この秩序構築可能な諸要素への分解を通じて対象を観察し修正するという点である。２つ目は、諸要素を分類してもっとも有効な行為のフォーマティングの方式を探し出すという点である。３つ目は、最適な順序と相互協調の形式構築を打ち立てる点である。４つ目は、長期訓練とコントロールのプログラムを作成するという点[37]—以上の４点であるというのである。

この４点は、すべて『監獄の誕生』の中で我々が遭遇した思想情況である。

フーコーは、さらに進んで、規律一訓練の規範化の進展は、正常者（normaux）と異常者（anormaux）を区分することにほかならないと、次のように述べている。

規律的正常化（規範化）(normalisation disciplinaire) は、まずモデル（これこれの結果に合わせて構築された最適のモデル（modèle optimal））を立てる。規律的正常化のおこなう操作は、人々・身振り・行為をこのモデルに適したものにしようとする。正常なものとはまさしく、この規範に適合しうるもののことであり、異常なものとは規範に適合しえないもののことです[38]と。

これは、依然として『狂気の歴史』以来の周辺的存在の系譜研究の理論的概括であろう。知を道具とする規律・訓練―規範化は、実際には、ブルジョア階級が、すべての社会に区分の存在状態を提供する正常―異常という真理の刃にほかならないのだ。この真理の刃は、直接には血に塗れてはいないが、かえって、もっとも鋭利な新しいタイプの殺戮道具になっているのである。

狂人、異常な性倒錯、社会の縁辺に出現する異類の人々などは、すべてこの真理の規範化という刃の下で処刑されるのである。

2. 一種の装置としての権力の「いかにして」

1976年、フーコーは、コレージュ・ド・フランスで『社会は防衛しなければならない』と題する講義を開いた。
　同様にこの年、フーコーは、先にすでに議論した『監獄の誕生』を出版している。

この講義の中に、彼が資本主義社会におけるまったく新しい政治権力についての、さらに進んだ研究を見て取ることができる。
　次のようなことをここに見て取るのは容易であろう。すなわち、フーコーによるハイデッガー式の現象学を運用した問いの転換、すなわち「何」から「いかにして」へという問いの転換を[39]。1976年1月7日の講義の中で、彼は、「権力とは何か」という問いについて、権力を「財のように」、直接所有できるものとけっして見なしてはならないと語っている。なぜなら、ブルジョア的な政治権力は、それがいかにして（comment）作用を発生させるのかという具体的な「メカニズム、作用、関係」の中に存在する装置（dispositif）にすぎないからだというのである[40]。この中に含まれている「現象学的還元」の方法論的情況構築による、既存の「物在」的対象に対する拒否をここに見て取るのは難しくはないだろう。フーコーは、我々に事物に関する「用在」の具体的発生を見せてくれているのである。換言すれば、装置とは、ブルジョア権力がいかにしてそれを実施するかという具体的メカニズムにほかならないのである。
　フーコーは、この講座の中でdispositifsを7回使用しているが、その頻度はやや下降気味である。フーコーは得意げに、自分は早くも1970～71年に「権力はいかにして（comment du pouvoir）」という問いについて語り始めたと称している[41]。しかし、私は、これは、ハイデッガーの方法論を読み取った後の事後的コメントだと感じる。

もちろん、私も、フーコーが、ハイデッガーのこのような現象学的問いを、資本主義社会における政治生活のある種の歴史的転換の中に深く移植しつつあると感じている。
　ゆえに、フーコーは、権力理論上のいわゆる「経済主義（économisme）」からの離脱を我々に要求しているのである。

このような観点は、先にすでに見たような、権力が政治的上部構造に属するという議論に反対したフーコーの態度と一致している。

フーコーは、伝統的マルクス主義の権力に関する観点の中では、権力は政治的上部構造に属する、すなわち、それは「生産関係を維持し、階級支配を長続きさせる」ものとされており、このような権力観の中では、権力は、経済的諸力に比べてつねに「二次的な」ものに位置づけられ、かつ、感性的な商品のように占有され譲渡されると、明確に言い切っている。フーコーは、このような権力観に明確に反対しているのだ。

第1に、フーコーは、今日の資本主義社会に基づく政治統治の分析は、権力に関する分析の動向から見ると、上述の経済主義あるいは経済の第1次性という観点から離脱する必要があると強調している。なぜなら、伝統的な外部的強制とは異なり、ブルジョア階級が発明した新しいタイプの権力は、まさに経済的土台と相対立する「上部構造の現象」ではもはやなく、ブルジョア階級が社会コントロールをするための「権力の主要な役割」は、直接的な経済的機能性（fonctionnalité économique）にほかならないからだという。これは、前述の規律－訓練権力の生産性と積極的な能動性と関連している。ブルジョア的権力の真の展開は、創造的な経済的機能の中にあり、ここから、伝統的な上部構造と土台の対立は徹底的に打ち砕かれたというわけである。

第2に、このような新しいタイプの権力は、もはや贈与・譲渡・賦与できる可視的な皮鞭や殺戮の道具のようなものでもない。なぜなら、それは「現勢態においていか存在しない（n'existe qu'en acte）」という場の情況の突然の出現にすぎず、一種の見えざる「諸力の関係（rapport de force）」だからだというのである[42]。例えば、人々が狂気のごとく富と成功を追い求めている時、彼らは、見えない形で、資本によってしっかりと市場のコントロールの遊戯の中にしっかりと据え付けられてしまっているのである。私は、この諸力の関係という概念は、フーコーの政治哲学中の重要な発明だと感じている。それは、上述の装置の概念の質と一致しており、諸力の関係は、また同様に一種の非実体的な機能的規定でもあるのだ。

フーコーは、この講義の中でrapport de forceを60回使用している。私の語彙頻度統計によれば、これは、この時のフーコーの思想的情況構築の中に突然出現したまったく新しい言葉でもある。なぜなら、この言葉は、『言

『葉と物』と『知の考古学』では使用頻度はゼロであり、この講義と同時期に執筆された『監獄の誕生』では、ただ１回の使用記録しかないからである。

では、ブルジョア社会の存在の中に出現した、このような新しいタイプの権力は、いかにして自身に属する諸力の関係を生み出したのか。1976年１月14日の講義の中で、フーコーは、現代資本主義社会の統治の中では、一種の「真理の言説（discours de vérité）－法律規則（règles de droit）－権力関係（relations de pouvoir）」という三角（triangle）関係の場の情況が生み出されたと指摘している。彼の見方によれば、ブルジョア階級のこのような複雑な多重の権力関係が、社会の実体を貫いてこれを構築しており、かつ、このような構築の根本的依拠は、まさに真理の言説であるという。

この観点は、それをもって正常/異常を裁決する上述の真理の刃論と同じ構造になっている。

今日の権力関係は「真理の言説の生産、蓄積、流通、作用なしには、相互に区別されることも、打ち立てられることもなく、機能することもできない」のであり、もちろん、権力関係の実施には、法律規則による承認もなければならないわけで、よって、一種の相互依存によって構築される三角の力の関係という場の情況が形成されるのだというわけである[43]。

フーコーは、正確にブルジョア階級による、このような新しいタイプの権力関係を捕捉しようとするなら、方法論上において以下のいくつかの面に注意しなければならないと指摘している。

第１に、社会政治構造における可視的な中心区域からマクロ的権力を探し出そうとせず、権力を「その末端で、その究極的な輪郭の中で、権力が毛細状（capillaire）になるところで捉えることなのです。つまり、権力の最も局在的な（régionales）、最も局所的な（locales）諸形態と制度の中で〔…〕捉える」[44]という点である。

これは系譜研究の方法の運用でもある。

伝統的な西洋の政治学が注目している、権力運用のマクロの政治闘争の場面とは完全に異なり、フーコーは、マクロの階級闘争からもっとも目立たない局

所とミクロの場へと視線を転換し、それによってはじめて、毛細管のような作用を発揮するブルジョア的権力関係が真に捕捉できると、我々に勧めているのである。

『監獄の誕生』の中で、我々は、この観点の詳細な議論をすでに見て取ったはずである。

別のところで、フーコーは「私が権力のメカニズムを考えるときは、その毛細管的な存在形態を考える、つまり権力が個人ひとりひとりの肌にまで到達し、その身体を捕らえ、彼らの所作や態度やものの言い方、さらに学習や日常生活といったものの内にまで浸透してゆくそのレベルで考えるんです」[45]と語っている。明らかに、これは、権力を「上部構造」に置くということに反対するという、フーコーの上述の観点による具体的分析であろう。すなわち、今日の権力は、まさに伝統的な政治学が注目していた階級対抗・法規の設立・司法の強制などのような可視的な外部的圧迫の中にある装置ではなくなり、ブルジョア階級は、権力支配を、日常生活中のすべての小さな出来事という毛細管に、すでにこっそりと溶け込ませているというわけである。フーコーは、伝統的な政治学がやはり注目していた民主政治や言動の自由などの形式的な政治遊戯の背後にある、労働や生活というミクロの社会構築の過程に注目しそれに接近するようにと我々に勧めているのである。なぜなら、彼は、ミクロの区域や生活の細部の中に近づけば近づくほど、ブルジョア的権力関係の浸透は、ますます深くなり根源的なものになっていくと見ているからである。

これについて、フレイザーは、フーコーが指摘しているようなブルジョア的権力は、「あらゆるところに、またあらゆる人のなかにある。このことが示しているのは、権力は一見もっとも取るに足らない細部にも、また日常生活の関係にも、企業の役員室や工場の組み立てライン、議会の議場、軍事施設と同じく存在しているということだ」[46]と述べ、ゆえに、フーコーの権力研究は「日常生活の政治学」と見なしてもよいと結論付けている。これには道理があるだろう。

第2に、当事者の主観的意図（intention）の次元でブルジョア的権力関係を分析してはならないという点である。換言すれば、権力を握っている人間（肉身）に注目し、彼らの頭にはどんな考えがあるのか、どのような政治モデルを

第12章　ブルジョア的市民社会における新しいタイプの権力装置　　641

追及しているのかなどと、あれこれ考えるべきではなく、その権力作用の実際の場の情況での効果に注目するような方法を設定すべき、あるいは「隷属化の手続きの最中〔…〕、どのように物事が生じるか」に注目すべきだというわけである。重要なことは、ブルジョア政党の方針政策・三権分立・選挙の形式などの、可視的な政治主張や具体的な政体形式ではすでになくなり、現実の社会存在の中で、ブルジョア階級の隷属者に対する支配とコントロールが「少しずつ、徐々に、現実に、物理的に、身体、力、エネルギー、物質、欲望、思想の多様性をもとにして〔…〕、どのように構成されているのか」と問いかけることになったというのである。理念上のスローガンではなく、人間の存在自身をフォーマティングするミクロ装置こそが重要だというわけである。一言で言えば、フーコーは、資本主義の社会生活の客観的な現実の中で「主体＝臣民の構成としての隷属化の物理的審級」[47]を把握するようにと我々に勧めているのである。

　第3に、ブルジョア的権力関係を一種の凝固化した単質の統治力としてはいけない、あるいは、権力の力関係は、「単数」（ドゥルーズの言葉）であったことはないと見なすべきだという点である。ブルジョア階級の新しいタイプの権力は、流動的な契機を持つ、あるいは、「連鎖においてのみ働くもの」にほかならないというのである・フーコーは、ブルジョア階級の新しい「権力は、此処かしこに位置づけられるものでは決してないし、何人かの手の内に保持されているわけでも決してない。権力は財産や富のように所有されているわけでは決してない」と述べている。この新しい権力は、運用されているネットワークや動態的な場の情況そのものなのであり、不断に中継項（relais）となる人々の手中を流転するのだというわけである。ブルジョア政権の大統領や首相などは、すべて暫時的な象徴であり、「権力は個々人を経由しますが、権力は個々人に向けられているわけではない」[48]のである。

　　　これは、何か新しいことを言っているわけではない。ウェーバーは、その多くの著作の中で、ブルジョア的政治構造の中での、個人に依存しないこのような権力の特徴についてすでに語っている。

　第4に、ブルジョア的権力関係は、「お上」に存在するのではなく、社会の下々の個々人の手中にこっそりと存在するという点である。まさに、ブルジョア階級の新しい権力は「上部構造」ではないゆえに、我々は、社会の最底辺から出

発し「権力現象、技術、手続き」を分析して、ブルジョア階級が、いかにして人々の日々の日常生活の中で「権力メカニズムが〔…〕、包囲され、植民地化され、使用され、屈折させられ、転移され、延長されてきたのか」などというミクロな固有の技術を捕捉しなければならないというわけである。過去、権力は他者性の外部的強制であったが、今日では、ブルジョア的権力関係は、まさに人々自身の生活の細節を通じて発生するものなったのである。同様にこの意味において、フーコーは、ブルジョア的権力は、いわゆる公民社会の中のあまり目立たないブルジョワ階級の支配（domination de la classe bourgeoise）を通じて、自己を実現させるのだとはじめて指摘している。今や、「権力のミクロメカニズム体系（micromécanique）こそ、ブルジョワジーにとって、ある時期以降、関心の的となったのです」[49]というわけである。

　フーコーは、この講義の中でbourgeoisを10回使用している。

　第5に、ブルジョア的政治権力は、伝統的権力とイデオロギーというその表面的な共犯者を打破したが、この新しいタイプの権力のネットワークの展開の基礎は、もはや統治階級の意志を直接反映するイデオロギーではなくなり、さらに多くの場合は、自身が標榜しているような中立的な知の形成と蓄積という実用的な道具（des instruments effectifs de formation et de cumul du savoir）に変わったという点である。

　フーコーは、この講義の中でsavoirを400回あまり使用している。明らかに、この語彙は、依然としてフーコーのこの時の思想の中でpouvoirに次ぐ高頻度の語彙になっている。

　知の形成・組織化そしてその社会的交通と生活への進入がなければ、ブルジョア的権力は、自身によるミクロな底層社会へのコントロールと無形の運用メカニズムを、根本的に生み出すことができなかったというのである。これは、フーコーの非常に重要な観点の一つであろう。ブルジョア的権力の装置は、表面上はまさに反-イデオロギー的なものであり、資本主義社会の最大の権力（真理の刃）は、見かけは非イデオロギー的な科学的真理と知にほかならないというわけである。フーコーのこの観点については、我々はすでに了解しているはずである。

　総じて、フーコーは、ブルジョア的権力研究において力を入れるべき方向を、

国家装置・法律・イデオロギーから、社会的存在の構築と生活の中での統治自身のミクロの発生と実際の操作の次元へと転換すること、顔のない「従属化＝主体化の諸形態（formes d'assujettissement）の研究、さらにそうした従属化＝主体化の局所的システムがどのように結びつき使用されるのかという研究、そして最終的には、知の諸装置(dispositifs de savoir)の研究」[50]に転換することを我々に要求しているのである。現代資本主義社会においては、知の関係という装置は権力関係の装置にすでになっているというのである。事実上、フーコーのこの新しい権力観の情況構築は、すべての伝統的な政治史と政治学の研究者に見ず知らずのものだと感じさせるだろう。なぜなら、彼らは、具体的な権力保持者が欠席している権力の場というものを理解できないからである―こう想像するのは難しくないであろう。

　1980年に出版された『不可能な監獄』（*L'Impossible prison*）[51]の中で、フランスの歴史家レオナール(J. Léonard)は、フーコーを激しく批判した「歴史家と哲学者」（*L'Historien et le philosophe*）という論文を執筆している。その中で、彼は、フーコーの権力研究の中で代名動詞（verbe pronominal）や「誰でも」という人称代名詞（prénom personnel）を多量に使用していることに憤慨している。この問題のキーポイントは、フーコーはその権力、戦略、戦術、技術を取り上げているが、「その行為者とは誰なのか、誰の権力なのか、誰の戦略なのかはわからない」[52]という彼の疑問にある。まさにそうである。フーコーは、伝統的な政治学と歴史学の中で余裕をもって過ごしていたすべての人々を、なすすべのない状態に追いやっているのだ。フーコーが形式構築した、このような「無主体」のブルジョア的知－権力の場の情況という装置は、深い透視力とその情況構築への理解力を必要とするのである。

3.　「統治者のいない」市民社会の権力メカニズム体系

　フーコーは、封建的専制の外部的統治権と区別される形で、ブルジョア階級は、17〜18世紀に社会統治と支配のためのまったく新しい権力メカニズム（nouvelle mécanique de pouvoir）を発明したと称している。

　　フーコーは、この講義の中でpouvoirを816回使用している。この語彙が、フーコーのこの時のもっとも重要な高使用頻度の語彙であることがわか

るだろう。

　フーコーは、このような新しい権力メカニズムは「非常に特殊な手続き（procédures bien particulières）、まったく新しい道具、きわめて異なった装備一式（appareillage）を持って〔いる〕」[53]と述べている。一見すると、フーコーの機械にまつわる名詞についての、このように自信あふれる議論は、我々が熟知している政治学の領域では対応できないが、子細にこれを捉えようとすれば、この機械の隠喩が精緻かつ深いものであることを体得するだろう。フーコーは以下のように述べている。

　　この新たな権力メカニズムは、土地（terre）やその生産物よりも、まず身体と身体が行うことを対象としたものです。それは、身体から財（richesse）や富よりは、時間や労働を抽出することを可能にする権力メカニズムなのです。それは、賦課租（redevances）や慢性的債務（obligations chroniques）のシステムによって断続的に行使されるのではなく、監視によって不断に行使されるようなタイプの権力なのです。それはひとりの君主の身体的現前（existence physique）よりは、むしろ身体的拘束に基づく碁盤割り（quadrillage）のような囲い込みを前提とするタイプの権力であって、権力に従えられた諸力は増大させなければならないと同時に、それら諸力を従属させる側の力及び効率をも増さねばならないとする原則にもとづいた、新しい権力の経済（nouvelle économie de pouvoir）を定義するものなのです[54]と。

　これは、きわめて重要な理論的概括である。ここで、フーコーは、ブルジョア階級の新たな権力メカニズムは、封建的専制と比べて多重の異質性を持っていると詳細に指摘しているのだ。1つ目は、支配の対象の異質性である。封建的専制下の土地から生み出された可視的な財物に比べると、ブルジョア階級がコントロールする対象は、生きた人間の肉体、とくに人間の肉体の一定の時間中の労働と生活自身であるというのである。2つ目は、権力による支配とコントロールの方式の異質性である。農耕社会方式での地代や長期債務と比べると、新しい権力の展開方式は、一種の間断なきミクロの監視コントロールと規律－訓練だというのである。3つ目は、権力の存在状態の異質性である。封建的統治者の周りを闊歩するあの赫々たる可視的な権威とは異なり、新しい権力の存

第12章　ブルジョア的市民社会における新しいタイプの権力装置　　645

在は、見えざる細緻なピンポイント支配というコントロールに転換しているというのである。4つ目は、統治者と被統治者の関係の異質性である。それは、もはや統治者の一方的な隷属者からの搾取という形で表現されるのではなく、隷属者の能力と効率の上昇と統治者のさらに大きな利益獲得という「ウィン・ウィン」の基礎の上に成り立っているというのである。このゆえに、フーコーはそれを権力の経済と称しているのだ！

さらに重要なことはフーコーが我々にこう告げていることだ—資本主義による社会統治のための権力運用は、ブルジョア階級が表面上宣揚する、あの専制に反対するという主権（souveraineté）理論とは根本的に異なると。

中国語訳では、フーコーがここで特別な意味を込めて使用している、専制に反対するという意味のブルジョア階級のsouveraineté を一般的な統治権と訳している。このような翻訳では、無形のうちにその中の特定の異質な情況構築上の意味を覆い隠してしまうことになる。フーコーは、この講義の中でsouveraineté を200回使用しているが、これは、主権の問題もこの講義の関心の焦点の一つであることを説明している。

こうフーコーが言うのは、ブルジョア階級が発明したあの新しい権力メカニズムは、彼らが通常大っぴらに標榜する「主権論（théorie de la souveraineté）」によってはまったく表現できないからである。フーコーはこう説明している。

もはや主権のタームに書き写すことができないあの新しいタイプの権力は、私の考えでは、ブルジョア社会（société bourgeoise）の大発明のひとつであったのです。この権力は、産業資本主義（capitalisme industriel）とそれに対応する型の社会が成立するための根本的な道具のひとつだった。この非主権型の（non souverain）権力の、つまり主権の形態とは無縁な権力、それこそが「規律型〔規律・訓練〕（« disciplinaire »)」権力です。この権力は、主権論というタームでは記述することも正当化することもできず、ラディカルに異質で（radicalement hétérogène）、本来ならば主権論というあの巨大な法体系の消滅（disparition）をもたらすはずであったといえる[55]と。

私から見ると、これは、このテキストの中でもっとも重要な理論的指摘の一つであり、きわめて重要なフーコーのポスト・マルクス思潮の政治的立場を表

していると思う。フーコーはこう指摘している—工業資本主義による社会構築という情況下では、ブルジョア階級が自由・平等・博愛と標榜するブルジョア社会[56]の民主政治のメカニズムは、個々人に天賦の平等な権利、すなわち不可侵の主権をすでに与えたと、やかましく自慢されていると。

　この箇所は、フーコーがこの講義で唯一 société bourgeoise を使用した箇所である。ブルジョア社会とも訳せる。後の講義では、彼は市民社会（société civile）[57] を多用している。

　しかし、フーコーは、このような表面的な主権理論と符合しない現実はこのようなものであると語っている—確かにここには、伝統的な専制権力の皮鞭を振り上げる主人（maître）は存在せず、「権力も主人もありはしない、唯一の神としての権力や主人ではない」[58]ように見えるが、ブルジョア階級は、科学的管理のスローガンの下にひそかに一連の規律・訓練—統治を実施し、より深い牢固な支配と隷属化を生み出す—ある場合には、このような支配と隷属化は、まさに統治者のいない〔非主権型の〕民主的な状態の中でさえ発生するのだと。フーコーは、この真相は、すべてのブルジョア的政治主権論の法体系を徹底的に倒壊させるのに充分であると得意げに宣告している。

　私は、これも、フーコーの現代資本主義の政治哲学研究中のもっとも需要な理論的貢献の一つだと思う。これについてのアガンベンの評価は、ブルジョア的権力のこの「空位」は、いっそう支配力を持つものであり、ブルジョア階級の「政治の中心的秘宝は、主権ではなく統治であり〔…〕法ではなく内政（police）—言い換えれば、それらによって形成され運動を維持される統治機械」[59]というものである。これは正確なものだろう。

　フーコーは、ブルジョア階級の政治の主要なイデオロギー（idéologie）である主権論は、かつて封建的君主専制に反対する有力な武器であったが、資本主義社会の中では、まさに反対に、規律・訓練—統治権力を通じて自身の新しい隷属化の本質を覆い隠すものになっており、「規律〔規律－訓練〕の諸実践に仮面をかぶせ、規律に含まれる支配や支配の諸技術を消し去り、最終的には、個々人に対して国家主権を通して各人それぞれの主権を行使することを保証するものだったのです」[60]と深い指摘をしている。この意味は、ブルジョア的主権論の民主化の承諾なるものは、実質上、徹頭徹尾政治的ペテンにほかならな

第12章　ブルジョア的市民社会における新しいタイプの権力装置　　647

いということであろう。なぜなら、このような「民主と集体的主権がともに連鎖し合う公共の権利の実現」なるものも、まさに、その隠された規律－訓練の強制のメカニズムを社会構造に深く嵌め込む過程にほかならないからである。フーコーは、資本主義社会の民主化の運用の中では以下のようなことが起きていると語っている。

　一方では、社会体（corps social）の主権の原則と、各人による主権の国家への委譲をめぐって分節化された、法制（législation）、言説、公法組織があります。そして、それと同時に規律的拘束による周到な碁盤状の囲い込みがあり、これが事実においては同じ社会体の結束（cohésion de ce même corps social）を担保しているということなのです。ところが、この碁盤状囲い込みは、司法にとって必要な対応物であるにもかかわらず、司法に転記されることがいかなる場合にもありえない[61]と。

規律－訓練の強制的権力は、ブルジョア階級の光り輝く法律規定の中に直接保留されているわけではないが、それは、資本主義社会の個々人の日常生活の中で、真実運行され展開されているというのである。フーコーは、主権と直接関連する法律とは別に、規律－訓練には自身の言説もあることを発見している。すなわち、「知の装置（appareils de savoir）や、様々な知（savoirs）、知識の多種多様な領域（champs multiples de connaissance）」[62]による言説である。

　フーコーは、いつもsavoirとconnaissanceを、およびdispositifsとappareilsを、たいへん細かく区別している。かつ、フーコーは、この講義ではappareilを49回、champを70回使用している。これは、フーコーの政治哲学の情況構築の中でたいへん重要な２つの属性のカテゴリーである。

フーコーは、これは、まさに人々が通常特別な関心を寄せていない方面である。なぜなら、このような規律－訓練の装置と知の場は、法律に明示された形でその作用を発生するものではなく、人々の傍にあると思わせる知の創造力と自然的規則（règle naturelle）に依拠して、規範化の動きを発生するものだからだと述べている。規律－訓練による規範化が参考とする理論的視野は、ブルジョア階級が毎日口にする主権論という法システムではなく、「人間科学（sciences humaines）」という高尚な思想情況なのだというわけである[63]。これについてのハーバマスの以下のような概括は正確なものであろう。

監視や隔離という実践と人間科学とは相互にどのような欠くべからざる関係をもつのか〔…〕。たとえば、精神科施設あるいは医療〔臨床医学〕一般の誕生は、フーコーがのちに近代的支配テクノロジーそのものとして記すことになる規律 - 訓練化の典型的な一形式である。彼は、さしあたって医療施設に機能変化した収容所の世界のなかに、閉鎖病棟の原型を見出す。この原型は、工場、監獄、兵営、学校、幼年学校といった形態をとって何度も現われる〔…〕。フーコーにとってはこれらの全的施設こそ、規則を旨とした理性が勝利を収めたことのモニュメントに見える。理性は狂気を支配するだけではない。人びとの有機体の欲求本性やその総体である社会体をも支配するのだ[64]と。

フーコーにあっては、現代の西洋の人文科学は、まさにブルジョア権力装置の重要な共犯者なのである。

1976年1月21日の講義の中で、フーコーは次のような見解を打ち出している——ブルジョア階級が鼓吹する主権論は、自身が創造した複雑な権力関係の分析にはまったく適用できない。なぜなら、資本主義社会の現実の中では、真にその作用を生み出している権力の根本は、伝統的な政治学の意味での強権ではなく、まさに種々の見えざる場の情況の状態中の「能力や可能性や潜在力」だからである。これと鮮明に対照的なものは、ブルジョア的政治学の主権論が事前設定している、民衆・権力の統一体・合法性の3要素が、資本主義社会の現実中に生成される、あの見えざる隷属化の本質をまったく分析も説明もできない点だというのであると。

同様に、まさに、知と知識が規律－訓練権力作用の主要な依拠であると暴露したゆえに、フーコーは、知の保存・伝達・創造を任務とする学校や各種の学習教育機構を例としなければならなかった。フーコーは、学校の社会における一般的教化作用を孤立した形では分析できず、それをすべての統治装置システムの場の情況の存在の中で観察する必要があると見ていたわけである。ゆえに、フーコーは次のように語っている。

　　それらの装置がどのように作用するのか、どのように支え合っているのか、どのようにこうした装置が、無数の従属化〔隷属化〕（子供から大人への、子どもたちの親への、無知な者の知を持つ者への、見習いの親方への、家庭の行政機関へのなどの従属化）から始まって幾つかの包括的戦力

第12章　ブルジョア的市民社会における新しいタイプの権力装置　649

を規定しているものなのかを理解すべきなのです。まさいく、これらすべての支配のメカニズム、支配の操作子たちが、学校装置が構成する、あの全体的制度装置の実効的基盤であるわけです。ですから、支配の局所的戦術（tactiques locales）を横断しつつ、それらを自らのために利用している、包括的戦略（stratégies globales）として、権力の構造を研究するべきなのです[65]と。

　フーコーが言わんとしていることは、政治とは無関係のように見える学校は、実際にはまさにブルジョア階級の規律−訓練権力関係の最初の規範化訓練だということである。あるいは、教育は、まさにブルジョア階級の総体的戦略の局所的な戦場だということである。
　フーコーは、この講義の中でstratégiesを８回使用している。

　子供たちに毎日〜を、各種の楽器や技能を、学習させようと強制している時、我々は、規律−訓練の展開という権力関係を実施していることになる。その間、「子供から大人への、子どもたちの親への、無知な者の知を持つ者への、見習いの親方への、家庭の行政機関への」社会的教化の進展の中で、確かに強権的統治者の顔は見えないが、ブルジョア階級が構築した世界の中でもっとも深い次元の、支配とコントロールが発生しているというのである。
　これは、1969年にアルチュセールが真剣に議論した問題であり、ブルデューなどによって系統的に解明されている。

4.　知の系譜学―ブルジョア法典上の血の跡を識別する

　知の装置と知識の場が、ブルジョア階級による規律−訓練権力の依拠対象であるとしたならば、封建的専制の大きな影が投影されるところは、真の意味では安静と平和があふれるところではないということになるが、フーコーがなそうとしているのは、そのブルジョア世界の表面的な自由と民主による安静の中に、意味深い歴史的戦争をあらためて見出すことである。彼は、ブルジョア法は、羊飼いがつねに訪れる泉の流れ口ではなく、血腥い「虐殺と略奪」の中で誕生したことを充分に肯定しながら語っている。ゆえに、彼は、我々は「隠蔽されていただろうが深く刻み込まれて残されてきた現実の闘争、実際の勝利と

敗北の忘れられた過去を発見し定義することなのです。法典の中で乾いた血を再発見することこそが問題な〔です〕」[66]というのである。

　フーコーのここでの観点は、西洋の植民地主義者が原始的蓄積期に犯した殺戮の罪行を指摘し、資本はその一つ一つの毛穴から血を滴らせていると述べた、マルクスのかつての断言によく似ている。

　もちろん、このような識別は、まず歴史研究に対する批判的な反省によって完成するものであろう。
　私の見方によると、これは、『知の考古学』以後、フーコーが再度、歴史方法論という重要なテーマに回帰したことを意味するものと思う。

　1976年1月28日の講義の中で、フーコーは、以前の歴史研究の言説の本質は、権力の言説（discours du pouvoir）であったと指摘している。なぜなら、それは、従来からすべて現実中に真に発生した権力と婚姻関係にあったからだというのである。
　これは新しい概括であろう。過去フーコーは、歴史方法論中の総体性・連続性・目的論を指摘しただけだったが、ここでは、直接伝統的な総体性の歴史研究中に存在していた君主権力の言説を指摘しているのである。一部分の伝統的な歴史記述は、一つの時代の現実の君主権力が人々に記録を許可したものにすぎないというわけである。

　フーコーはこう語っている――まず、通常我々が聞いているあの歴史故事は、総じて王国のかつての偉大なる祖先の復活や帝王・宰相・将軍の豊かな功績を編集したものほかならず、これにより、権力の神聖性を強め、その統治およびその永続に不朽の合法性を与えるものである。ゆえに、「歴史とは権力の言説（discours du pouvoir）であって、権力が服従させる義務の言説である。それはまた輝きの言説（discours de l'éclat）でもあり、それによって権力は魅惑し、恐怖に陥れ、不動にさせます」[67]というのである。あるいは、過去、歴史の言説は、輝かしい故事によって現実の民衆を魅惑し不動にして、これによって、権力の永遠の固定化を統治の秩序性（ordre）のための保証としたと言ってもよいだろう。総体性や目的論的な歴史観を批判した先の部分においても、フーコーは、直接権力の歴史的秩序構築に対する強暴を指摘していた。

第12章　ブルジョア的市民社会における新しいタイプの権力装置　651

　フーコーは、この講義の中でordreを100回使用している。このことは、この語彙が依然として比較的高い使用頻度にあることを説明している。

　その次に、フーコーは我々にこう告げている―資本主義の発展の開始後、ブルジョア階級は新しい啓蒙の歴史的言説をもたらしたが、それは、ブルジョア階級の「権力のまばゆい輝き」でもあった。まばゆい誇りであると言うゆえんは、まさしく、それがはじめて専制的強権の同一性を分解し、「栄光の継続性（continuité de la gloire）を砕いて」、社会的存在の固定化と前進できないという停滞性も打破したからである。そして、この一切の実現は、まさに啓蒙の言説が、理性的知と科学の言説だったことによるのだと。このように、以前は、啓蒙はつねに解放の言説だと見なされていた。しかし、フーコーは、新しい系譜学研究を用いてあらためて批判的に啓蒙を考察し、これもまた一種の新しい権力の言説だと判断したのである。これこそが、彼が知の系譜学（généalogie des savoirs）と称する研究なのである。

　フーコーは、この講義の中でgénéalogieを42回使用している。このことは、明らかに以前の自身の知の考古学からの超越と再構築を意味している。

　1976年２月25日の講義の中で、フーコーは、通常、知の形成と発展に関する科学史研究の中には「知識－真理（connaissance-vérité）」という軸線があるが、知の系譜学の思考の軸線は透視的な「言説－権力（discours-pouvoir）」であると指摘している。

　フーコーは、この講義の中で、savoirs（知）に対するものとしてのconnaissanceを36回使用しており、かつ、権力を用いて真理と代替させている。

　フーコーは、自分の知の系譜学は、ブルジョア階級が17～18世紀に捏造した光へと向かうと言う「啓蒙の問題系（problématique des Lumières）」を打ち砕こうとするものであるとし、続けてこう語っている。

　　当時（しかも19世紀と20世紀になってもなお）、啓蒙の進歩として、知識の蒙昧に対する（connaissance contre ignorance）戦い、理性の幻想に対する戦い、経験の偏見に対する戦い、合理的推論の誤謬に対する戦いとして描かれていたものから解放されるべきなのです。闇（nuit）を消し去っていく光（jour）を象徴するものとして記述されていたこうした一切のこ

とを捨て去らなければならないと思うのです。[反対に、]この昼と夜のあいだの、知識と蒙昧との関係の代わりに、まったく別のことを見てとること[が必要です]68と。

　啓蒙は光の道だと通常見られているところに、フーコーは、その系譜の情況構築において別のものを見て取ったのだ。フーコーは、自分の知の系譜学は、ブルジョア的啓蒙の進歩の言説に反対するものにほかならないと深い指摘をしている。伝統的な専制と比べると一見美しく見える、ブルジョア階級が作った知の言説の発生の歴史は、光と闇の関係でもなく、野蛮から文明への進歩でもなく、新しいタイプのブルジョア的な知－権力関係の展開の歴史だというのである。
　フーコーのここでの観点は、かなりの程度ベンヤミンに近づいている。

　フーコーは、ここで以下のことを明らかにしている──18世紀には、西洋資本主義社会の中にある種の生産的な専門技術的な知（savoir technique）がすでに生まれており、剰余価値を追い求めるすべての資本家は、もっとも早くから知識＝富、知識は権力であるという奥秘を察知していた人物であった。ゆえに、通常、独占的知（技術）は、資本家によって戦略的に投入・使用され、また機を見て秘密に隠匿されていた。新しい知を握る者は、生産・経済・政治・文化の存在の中で、新しい世界の主導的地位を決定する権力を真に持つことになったと。これが、フーコーが発見したブルジョア的新世界の秘密である。知の系譜研究の軸線の中に、フーコーは、真に発生している知の言説－権力にまつわる闘争をきわめて深く見て取っている。それは、「諸々の知のまわりで、こうした知およびその分散と異質性をめぐって、巨大な経済的・政治的闘争が展開される。知の独占的所有、分散（dispersion et à son secret）、秘密に左右される経済効果と権力効果（effets de pouvoir）をめぐる巨大な闘争」である69。私は、これはたいへん深い思考であると思う。フーコーは、知の発生をめぐるこの恥ずべきブルジョア階級の利益の争いは、明らかに光の闇に対する前身の歩みではないと我々に告げているのである。
　もちろん、この「専門技術的な知を組織化する」ための闘争は、間違いなくブルジョア階級の大勝利をもって終わりを告げた。フーコーは、近代性へと向かうブルジョア階級が、一連の活動・事業・制度の構築を発動し、この知－権

力の闘争に応じたことを発見したのだ。ここで、フーコーが挙げた第1の例は、著名なフランスの「百科全書（Encyclopédie）」運動である！　以前の人々の印象の中では、百科全書運動は、西洋の啓蒙運動の重要な実践の一つだというものであるが、フーコーの知の系譜学の情況構築の中では、それは、反対に、ブルジョア階級が、知（権力）をもって世界を秩序構築したり社会生活を規制したりして、それによって私利を得るための道具とういうことになるのである。フーコーは次のことを明確にしている——　一般的な思想史研究では、百科全書運動は、総じて、哲学的唯物論のはじめての勝利であり、政治の次元からは民主・自由による封建的専制への反対であり、思想上では科学によるキリスト教文化への反対であると見られている。しかし、事実上は、その本質は、反対に「諸々の専門技術的な知の均質化（homogénéisation des savoirs technologiques）というまさに政治的かつ経済的操作」の運動であると[70]。

　これについて、彼は、「『百科全書』は、知と啓蒙のために、非知を撃退することを指名としていました」[71]と分析していたこともある。

　この発言は、百科全書運動は、科学知によって神学上のタブーを打ち破ったわけだが、同時に一種の新しい知によって、世界を同質にフォーマティングし秩序構築したのであり、このような同質性の形式構築は、まさにブルジョア階級がすべての存在を支配し征服する前提となったということを語っているのである。この同質性の知による秩序構築の中に、フーコーは、4種の重要な操作を発見している。それは「選別、規範化、階層化、そして集中化（sélection, normalisation, hiérarchisation, et centralisation）」[72]である。選別とは、無用で通用せず経済的にコストがかかるような知を取り消し、価値のないものとすることを指している。規範化とは、それぞれの知を隔てている障壁を打破し、それによって相互交換を実現することを指している。ヒエラルキー化とは、知の体系におけるヒエラルキーを生み出し、低級の知を別のいくつかの知の秩序のシステムの中に引き入れることを指している。集中化とは、知に対するコントロールを可能にするものである。フーコーから見ると、この一切は、すべて科学的認識自身の進歩と発展ではなく、資本主義的政治経済の現実の秩序構築と社会支配に内在する同一性の需要によるものだということになる。フーコーのここでの百科全書派についての分析は人々に反省を迫るものであろう。

　知の系譜学の情況構築の中で、フーコーが列挙している第2の例は近代の大

学である。彼は、大学の資本主義社会での役割は、知識の独占と選別であり、進んではブルジョア階級のエリート後継者を養成することだと指摘している。そして、大学の中では、知は学科となりアマチュア研究者は消失すると語っている。彼はその様子を以下のように説明している。

> 大学による選別の役割とは諸知の選別なのです。そして諸々の知の段階や質や量を異なるレヴェルに分配する役割。これは大学装置の異なる段階のあいだに障壁を設ける教育の役割です。そしてまたこうした知を、しっかりした規定を持つ一種の科学的共同体を構成することによって均質化する役割。コンセンサスの形成。最後に、国家の諸装置による直接的あるいは間接的な集中化[73]であると。

フーコーの言いたいことは、近代のブルジョア大学は、専門化されたヒエラルキーの最初の線引きの場になり、そこでの科学研究の組織化と規律－訓練は、以後の資本主義社会の社会的な規律－訓練の基礎となり、かつ以降の組織化の秩序構築に観念的前提を提供したということであろう。

> ブルデューの『再生産』(1970) などの重要な著作がこのテーマについて具体的に研究しているのを参照できる。

フーコーは、さらに重要な出来事は、19世紀より知の装置である規律－訓練が開始され、全社会に展開され始めたことであると称している。ここから、権力による規律－訓練の技術がもっとも微細な次元で発生し、人間の肉体と魂をコントロールするようになったというのである。そして、この規律－訓練権力の展開とやや異なる出来事の中には、フーコーが新しく発見した生権力の生成も含まれているのである。

第12章 ブルジョア的市民社会における新しいタイプの権力装置 655

[注]
1 コレージュ・ド・フランスの要求によると、それぞれの教授は1年間に少なくとも26時間の公開の課程を開設しなければならなかった。この公開の課程はオリジナリティのある研究成果でなければならず、その50％はゼミ形式であってもよかった。ゆえに、フーコーは、1年間に13時間の公開講座を行わなければならなかったのである。1971〜1984年に、フーコーは13の専門テーマの講座を開設した。具体的なテーマは以下のとおりである。1、知への意志（La Volonté de savoir,1970-1971）・2、刑罰の理論と制度（Théories et Institutions pénales,1971-1972）・3、懲罰社会（La Société punitive,1972-1973）・4、精神医学の権力（Le Pouvoir psychiatrique,1973-1974）・5、異常者たち（Les anormaux,1974-1975）・6、社会は防衛しなければならない（Il faut défendre la société,1975-1976）・7、安全・領土・人口（Sécurité, Territoire, Population,1977-1978）・8、生政治の誕生（Naissance de la biopolitique,1978-1979）・9、生者たちの統治（Du gouvernement des vivants,1979-1980）・10、主体性と真理（Subjectivité et Vérité,1980-1981）・11、主体の解釈学（L'Herméneutique du sujet,1981-1982）・12、自己および他者の統治(Le Gouvernement de soi et des autres,1982-1983)・13、真理の勇気(Le Courage de la véritéLe Gouvernement de soi et des autres II,1983-1984)。1997年より、フランスのSeuli/Gallimard出版社が録音その他の文献をもとに、このフーコーのコレージュ・ド・フランスでのすべての講義を整理・出版している〔2015年に完結——訳者〕。
2 フーコー・慎改康之訳「研究内容と計画」『ミシェル・フーコー思考集成Ⅲ 1968-1970 歴史学／系譜学／考古学』（筑摩書房、1999年）299頁。訳文は変更した。
3 Edward Said, "Michel Foucault: 1926-1984," in Michel Foucault Critical Assessments, ed. Barry Smart (Routledge, 1995), 7: 263.
4 ミシェル・フーコー、慎改康之訳『異常者たち コレージュ・ド・フランス講義 一九七四——一九七五年度』（筑摩書房、2002年）8頁。
5 ジョルジョ・カンギレム、滝沢武久訳『正常と病理』（法政大学出版局、1987年）213頁以降を参照。
6 フーコー前掲書47頁。訳文は変更した。
7 同上51頁。
8 同上51-52頁。
9 中澤信一訳「監獄についての対談——本とその方法」『ミシェル・フーコー思考集成Ⅴ 1974-1975 権力／処罰』（筑摩書房、2000年）357頁。
10 Nancy Fraser, "Foucault on Modern Power: Empirical Insights and Normative Confusions," in Michel Foucault Critical Assessments, ed. Barry Smart (London Routledge, 1995), 5: 137.
11 『異常者たち』52頁。
12 同上53頁。
13 Fraser, Op. Cit., p. 139.
14 フーコー前掲書54-55頁。

15 同上55頁。
16 同上同頁。
17 訳者注。dispositifとappareilの訳語問題については、本訳書「序」18頁の訳者注④を参照のこと。
18 『Ornicar?』誌はパリ第8大学精神分析学部の主編雑誌であり、その基本的学術背景はラカンの精神分析である。ラカンの娘婿であるミレールもこの時のインタビューに参加している。
19 ミシェル・フーコー、増田一夫訳「ミシェル・フーコーのゲーム」蓮實重彥・渡辺守章 監修『ミシェル・フーコー思考集成Ⅵ 1976-1977 セクシュアリテ／真理』（筑摩書房、1999年）410頁。
20 同上同頁。
21 同上412頁。
22 同上同頁。
23 同上413頁。
24 布洛塞：《福柯：一个危险的哲学家》〔アラン・ブロッサ『フーコー――ある危険な哲学者』〕罗惠珍译（台湾麦田出版、2012年）49頁。
25 ジル・ドゥルーズ、財津理訳「装置とは何か」宇野邦一監修『ドゥルーズ・コレクション Ⅱ 権力／芸術』（河出文庫、2015年）69頁。
26 同上70-74、84頁。
27 ジル・ドゥルーズ、小沢秋広訳「欲望と快楽」同上25頁。
28 同上同頁。
29 同上25-26頁。
30 同上26頁。
31 同上38頁。
32 フーコー『異常者たち』55頁。
33 同上56頁。訳文は変更した。
34 同上同頁。
35 同上95頁。訳文は変更した。
36 ジョルジョ・アガンベン、高桑和巳訳『王国と栄光―オイコノミアと統治の神学的系譜学のために』（青土社 2010年）参照のこと。
37 フーコー・高桑和巳訳『安全・領土・人口（1977〜78）』（筑摩書房 2007年）71頁。
38 同上同頁。
39 ハイデッガーの現象学的な問いについては、拙著《回到海德格尔――本有与构境》（第一卷，走向存在之途）〔『ハイデッガーへ帰れ―性起と情況構築』（第1巻 存在への道）〕（商務印書館、2014年）序論を参照のこと。
40 ミシェル・フーコー、石田英敬・小野正嗣訳『社会は防衛しなければならない コレージュ・ド・フランス講義一九七五――一九七六年度』（筑摩書房、2007年）16頁。

41 同上26頁。
42 同上18頁。
43 同上26頁。
44 同上30頁。
45 フーコー「監獄についての対談」『ミシェル・フーコー思考集成Ⅴ』357頁。
46 Fraser, Op. Cit., p. 141.
47 フーコー『社会は防衛しなければならない』31頁。訳文は変更した。
48 同上32頁。
49 同上35頁。
50 同上36頁。
51 *L'Impossible prison: Recherches sur le système pénitentiaire au XIXe siècle,* ed. Michelle Perrot (Paris: Seuil, 1980).この本はペロー主編の論文集である。この中には、1978年5月2日にパリで開かれた、歴史学者を主体とする学術シンポジウムの論文が収録されている。当シンポには13名の発言者がいた。その中には、フーコー、医学史研究者のジャック・レオナール、歴史家のモーリス・アギュロン、およびフーコーと親しい幾人かの歴史家もいた。例えば、ペローなどである。さらにフーコーのコレージュ・ド・フランスのゼミのメンバーもいた。
52 Jacques Léonard, "L'historien et le philosophe. A propos de *Surveiller et punir ; naissance de la prison," in Ibid.*, 14.
53 フーコー前掲書38頁。
54 同上38頁。
55 同上39頁。
56 訳者注。原文では「市民社会」となっている。
57 訳者注。原文では「公民社会」となっている。
58 ミシェル・フーコー、高桑和巳訳『安全・領土・人口　コレージュ・ド・フランス講義一九七七――九七八年度』(筑摩書房、2007年) 69～70頁。
59 アガンベン前掲書515頁。
60 フーコー『社会は防衛しなければならない』39頁。
61 同上40頁。
62 同上同頁。訳文は変更した。
63 同上同頁。
64 ユルゲン・ハーバマス、三島憲一ほか訳『近代の哲学的ディスクルス　Ⅱ』(岩波書店、1990年) 434-435頁。
65 フーコー前掲書47-48頁。
66 同上58頁。
67 同上70頁。
68 同上179頁。

69　同上180頁。
70　同上181頁。
71　ミシェル・フーコー、根本美作子訳「人間は死んだのか」『ミシェル・フーコー思考集成II　1964-1967　文学／言語／エピステモロジー』（筑摩書房、1999年）370頁。
72　フーコー『社会は防衛しなければならない』182頁。
73　同上183頁。

第13章　生政治と近代の権力統治術

　フーコーの思想的情況構築にはすべてオリジナリティがある。1976年の講義の中で、彼は突然こんなことを打ち出した—18世紀後半以来、ブルジョア階級は、社会コントロールにおいて、規律権力には属さない一種の新しい技術、すなわち生存に直接関与する生権力の技術を発明したと。そして、人間の身体にさらに多く作用する規律権力の技術とは異なり、この新しい生権力の技術の運用の対象は、人間の総体的な生物学的な生体存在であり、また、生権力としての関連物であり知の対象でもある人口（population）でもあると指摘し、さらに、まさにこの人口に対する統治の中でこそ、近代資本主義社会の統治下で、まったく新しい統治技術—内政が誕生したと結論付けたのである。フーコーは、この内政は、ブルジョア階級が政治経済学の法則を政治権力の操作という場に取り入れた結果であり、この内政、すなわち社会統治におけるエコノミーは、今まで述べてきた事象と同様に、人為的強制を通じて実現されるものではなく、社会生活を自然性の上で自律的に運行し自発的に調整させるように導くものであると述べている。近代ブルジョア社会の統治術の本質は、まさに複雑な情況の中で作用するミクロの生権力支配だというわけである。

1.　「どのように」生きるのか—生の権利に向き合う権力技術

　『社会は防衛しなければならない』の講義が終わりに近づいたころ、すなわち1976年3月17日の講義が始まって間もなく、フーコーは驚くべき断言を宣告した—18世紀後半以来、ブルジョア階級が規律権力とは異なる権力の新技術を発明したことを発見したが、それは、直接生存に関与する生権力（bio-pouvoir）の技術であると。

　　　彼が造語したbio-pouvoirについては、私の作成した使用頻度統計によると、この概念がまさにここで実現したことがわかる。なぜなら、これ以前の『言葉と物』・『知の考古学』・『監獄の誕生』・『異常者たち』の中でのbio-pouvoirの使用頻度はともにゼロだからである。

　まず、フーコーの理解によれば、生権力は以下のようなものだという—ブル

ジョア階級の生権力の技術は、規律権力を排するわけではなく、もともとの規律権力を包摂する技術である。この両種の権力技術は、生の存在を支配するそれぞれ異なる等級の次元に位置しており、その間の関係は断絶的なものではなく、一定の意味において、この二つは重なり合ってその作用を発生するのだと。次に、もともとの規律権力とは異なり、生権力技術の運用対象は人間の生の総体であり、もはや「人間-身体ではなく、生きた人間」[1]であるという。身体は人間の既存の実体的存在であるが、生きた人間とは、人間がどのように存在するのかという、生の活動と具体的な場の情況での生活を指しているというわけである。フーコーが新しい重大な発見だと自慢しているのを感じ取ることができよう。フーコーはこう説明している。

> 規律が多数の人びとを管理しようとするとき、この多数の人びとは、監視や調教、利用、また時に処罰の対象となる個々の身体へと変わりうるし、変わらなければなりません。しかし配置された新たな技術は多数の人びとを扱うけれども、その人びとは身体へと縮減されるのではなく、反対に、生命に固有なプロセスの総体、出生や死亡、生殖、疾病といったプロセスに影響を受ける大きな塊（masse globale）を形成するものとして扱われます、[2]と。

規律権力は、人間を直接監視・コントロールができる対象に分解し、身体上からそれをフォーマティングし監視・コントロールするのだが、生権力は、さらに大きな尺度から総体としての生（人口）を支配するというのである。そしてここから、資本主義社会の中に、規律―「身体の政治解剖学」とは異なる「生政治(biopolitique)」が誕生したというわけである[3]。

> フーコーは、この講義の中でbiopolitiqueを18回使用している。この語彙はbio-pouvoirと同様にここで突然出現したものである。以前のすべてのテキストの中では、その使用頻度はやはりゼロである。

ブルジョア階級による近代の生政治は、フーコーのきわめて重要な政治学上の断言である、あるいは、生政治は、フーコーが発見した近代ブルジョア階級による社会統治のまったく新しい秩序構築の方式であると言わねばならないだろう。

　『知への意志』（1976月12月出版）の最終章で、フーコーは（はじめてそ

のテキストの中で) 生政治 (biopolitique) という観点を打ち出している[4]。現代西洋左翼急進派による批判の中にある政治哲学の言説(バディウ、ランシェール、ジジェク、アガンベンなど)の大半が、ここから出発しているのを見て取ることができるだろう。これについて、アガンベンは、フーコーに言及し「フーコーは晩年、セクシュアリティの歴史を扱い、その領域においてもさまざまな権力装置をあばきだしていたが、そのうちに、自分の探索方向を、自分で生政治と定義したものを対象とする研究に執着するようになった。この生政治とは、権力のさまざまな機構や打算の内に人間の自然的な生がしだいに組み込まれていくことを指す」[5]と述べている。

フーコーは、まさにブルジョア階級が新たに生み出したこの生政治の中にこそ、あらためて構築された新しい社会的実体、すなわち個人-身体ではない人口(population)がはじめて出現したと述べている。「生政治は人口と関係し、政治問題としての人口は」まさにこの時から始まったというのである。

これについて、エスポジト[6]は、「生権力の特徴は、政治・法律・経済の領域すべてにおいて人口の増大と質を高めるところにある。ゆえに、その生物性にだけ注目すれば、生は統治の要務となり、統治のすべての意味は生の管理ということになる」[7]と解釈したことがある。

もちろん、ここでの人口の概念は、明らかに伝統的な社会学あるいは経済学での、あの単純な統計学上の人間の数量のカテゴリーではなく、まったく新しく再情況構築された政治学的概念、すなわち人類の生の総体的存在という意味での、政治的統治対象としての概念である。フーコーは、この新しい権力によるコントロールは、もはや身体への規律ではなく、「生命、すなわち人間-種の生物学的プロセスを考慮に入れ、このプロセスに対して規律ではなく、調整(régularisation)を保証する」[8]と語っている。

フーコーは、この講義の中でrégularitéおよびそれと関連する語句を22回使用している。私の理解によれば、このrégularitéは過度的な概念にすぎず、以降は、フーコーはあらためて再情況構築されたgouvernementをそれに取って代えたと思う。

フーコーのこの定義によれば、規律と調整は、ブルジョア階級の手中の2種

の異なる権力運用のモデルということになる。この両者は専制的統治の中のあからさまな暴力支配とは異質で、その存在方式は、労働構造と生の持続という細節の中にひっそりと居着き、その作用の発揮方式は、見えざるソフトな暴力であり、また、この一切のすべては、ブルジョア政治学が民主・自由・博愛の背後に、まさに意図的に遮蔽しているものだというわけである。

フーコーから見ると、生権力は、伝統的な封建的専制の中での暗黒の、つねに人を死地に赴かせる強暴な権力とは異なり、また、ブルジョア階級が身体をフォーマティングする規律権力とも差異がある、ブルジョア階級の新しい発明品ということになるのである。これについてフーコーは以下のように説明している。

「人口」そのものについての、生きた存在としての人間についてのこの権力のテクノロジーとともに、「生かす」（« faire vivre »）権力としての持続的で知的な権力が現れるのです。主権とは死なせ、生きるに任せる（laissait vivre）ものでした。そしていま反対に、調整の権力と呼んでもよいような、生かし死ぬに任せる（laisser mourir）ことからなる権力が現れるのです[9]と。

明らかに、フーコーのこの思想的情況構築の次元は、そこに入って行きそれを理解するのがやや困難であろう。この情況構築の中に入って行くことについての私自身の身判断を言うと、フーコーのこのまわりくどい表現は、以下のようなことを指摘しようとしているのだと思う――伝統的な専制権力下のあのつねに死に面するという消極的で悲惨な生存情況と異なり、また機器運転のような規律の秩序構築とも異なり、近代資本主義社会の統治権力の支配の方式の中で、ある種の重要な深い次元での変化（生権力は、もはや死（多くの国家では死刑さえ廃止している）や身体のフォーマティングに直接関わることなく、人々を「いかにして（« comment »）」生きさせるかに注目するようになったこと）が確実に発生したという指摘である。ブルジョア的言説を借りると、それは、専制下の暗黒の生活から抜け出し、啓蒙の光の下で民主・自由・博愛に基づいて生きるという意味であろう。しかし、フーコーは続けてこう指摘する――人々が思ってもみなかったことは、ブルジョア階級の生権力が、この「楽しく生きる」という場の情況の次元において、人間の生の存在に対して干渉しコントロールするという点である。表面的に見ると、このような干渉とコントロールは、生

の意味と価値を高めるためのものに見えるが、実は反対に、生をさらに深い情況構築の中で生死に如かずという状態に追いやるのであると。これこそが、フーコーが指摘するブルジョア階級が実際に操作する生政治の本質にほかならない。

　フーコーは、このような形で、ブルジョア階級による政治統治の中に相互に重なり合う二つの権力システムが出現したと語っている―「身体-有機体-規律-制度の系列と、人口-生物学的プロセス-調整メカニズム（mécanismes régularisateurs）-国家の系列」[10]である。規律の対象は人間の身体であって、それが依拠する秩序構築の方式は往々にして生産過程と労働機関であり、生権力の対象は広義の生の人口であって、それが生きている生の過程を支配する秩序構築の方式は生物学的調整だというのである。フーコーの見方によれば、19世紀より、ブルジョア階級の生政治の権力は、真の意味で人類の生自身をはじめて完全に占有したという。規律の技術と調整の技術という二重のはたらき（double jeu）を通じて、「有機的なものから生物学的なものへ、身体から人口へと広がる領域全体を覆い」、かつ、

　　生権力の過剰さ（excès du bio-pouvoir）が、生命を改良するだけでなく、生命を繁殖（proliférer）させ、生物を製造し、怪物を製造し（fabriquer du monstre）、そして究極的には、制御不能で普遍的破壊力をもつウィルスを製造することが技術的にも政治的にも人間にとって可能になるときに生じる[11]というのである。

　もし、20世紀70年代に身を置いたならば、フーコーのこのような観点は、占い師の黒い予言のように聞こえるだろうが、悲しむべきことに、この予言は、21世紀の今日にはすでに現実となってしまっている。クーロン技術や遺伝子技術は、人類の倫理の最低ラインを打ち砕く各種の実験や発明の中で、生を製造し、モンスターを製造し、人類自身を壊滅させる病毒をすでに製造してしまったのである。ブルジョア階級の生政治権力の結果はすでに直接姿を現している。私は、フーコーの生政治はたいへん深刻だと言わざるを得ない。一定の意味において、それは、マルクスの資本主義への政治批判の域も超えている。この点は真剣に省察し深く考える必要があるだろう。

　1978年、フーコーは『安全・領土・人口』と題する講義を開始した。この講義の中では、上記ですでに論及した生権力と生政治の思想をさらに一歩進んで

具体深化させている。1978年1月11日の講義の中で、彼は「それは、ヒトという種における基本的な生物学上の特徴が、ある政治（ある政治的戦略（stratégie politique）、ある一般的な権力戦略（stratégie générale））の内部に入りこめるようになるにあたって用いられる、様々なメカニズムからなる総体のことです」[12]と語っている。

　　　フーコーは、この講義の中でstratégieを17回使用している。

　伝統的権力の実施方式とは異なり、ブルジョア階級のこのまったく新しい生権力と生政治の装置の方式はすべて戦略的なものであり、それは、規律権力が持つ、あの時間と空間におけるミクロの身体への操作ではすでになく、生の存在自身に入りこむ無形の秩序構築と支配に転じているというのである。ここでの戦略性とは、生権力の非物資的な操作・見えざる非直接的な方式を指し、それは、往々にして、生の存在の日常的な微細な発生と慣性的な運用の中に、形式構築自身として融け込むのである。ゆえに、生権力往々にして反抗不可能なものになる。なぜなら、それはブルジョア世界の中の生の存在様式にほかならないからである。それを拒否すれば生きていけないのだ。

　　　エスポジトの見方によれば、「いったん生が政治的行為の直接に注目するところになれば、政治は免疫（immunitas）モデルの中に完全に入っていくことになる」[13]とのことである。ブルジョア的秩序構築の方式は、生の存在の天然のモデルとされ、これは、ブルジョアイデオロギーが資本主義下の生存方式という、このもう一つの天然性を確証するための重要な基礎となる。生政治は、ブルジョア階級の政治的免疫モデルにほかならないのである。このゆえに、それは病気の進入を許さないが、それに打ち勝つことはできないのである。これはきわめて深い指摘であろう。

　フーコーは細かく定義しつつこう述べている—自分が議論しているこの新しいタイプの生権力の思想的情況構築の中に進入しようとするなら、まず、自分が指摘している「権力なるものが実体（substance）や流体（fluide）ではない（つまりこれこれのものから生ずるものではない）ということが認められ……あるいはまた権力なるものが、まさに権力を確保する役割・機能・テーマとするさまざまなメカニズムや手続き—実際には確保するに至らないこともありますが—の総体（ensemble de mécanismes et de procédures）だということが認められ」[14]

なければならないと。ここでのメカニズムや手続きの総体とは、秩序構築や形式構築という場の情況の存在の中の権力の展開にほかならない。これは、進入が困難な新しい理解の情況構築の次元であるが、それは、まず伝統的な哲学の理解の中の実体本体論から関係存在論へと向かおうとしており、さらに関係性の構築の中から、生の存在の突然の出現と場の情況による構築性を発見し、最後には新しい生政治の情況構築の次元から、ブルジョア階級の生権力の無形の場の情況の展開を捉えようとしているのである。

　フーコーが不断に発明している権力の力のライン・司牧権力・内政などの概念は、すべて新しい情況構築の次元で構築され生み出されたものである。この点は、私の秩序構築－形式構築－情況構築という思考経路と同じ向きにあるものである。

　フーコーは、自分の生権力研究の方法が以前の権力研究と異なる点は、可視的な感性的な実体や外部的強制に基づいているわけではなく、権力運用中の見えざる機能的な諸力の場の情況および活動のメカニズムに基づいている点にあると、もっぱら示している。彼は、封建性という条件下の強権と比べて、ブルジョア階級の政治権力の異質性は、それが直接には占有できないものにすでに転換し、それは一種の見えざる秩序構築の諸力になり関係のラインになっているとも述べたことがある。

　次に、これらの複雑な権力関係が生み出したものは、独立した実在的なものではなく、「自己発生（autogénétique）」できず「自給自足（autosubsistante）」できないということがある。具体的に言えば、ブルジョア階級の新しいタイプの生権力関係は、封建的専制—それはもはや独立した政治的特権あるいはハードな法規としては出現していない—とは異なり、それぞれ異なる社会関係に依存するだけであり、生産関係・家族関係・性的関係の中に具体的に寄生的に展開されるというのである。フーコーはこう語っている。

　　　諸関係（relations）と権力メカニズムは、互いに互いの原因にして結果である循環的な関係（circulairement l'effet et la cause）にある。もちろん、さまざまな生産関係（relations de production）・家族関係・性的関係に見いだされうるさまざまに異なる権力メカニズムのあいだには、並列（coordinations latérales）・位階的従属（subordinations hiérarchiques）・同形性（isomorphismes）や、技術上の同一性や類似、伝導効果などを見いだすことも

できるだろうし、そのような関係性に注目すれば、これら権力メカニズムの全体を論理的な一貫とした有効なしかたで踏破することが可能になり、またこれらの権力メカニズムが特定の時期・期間・領域においてももちうる特有性を把握することが可能になる[15]と。

明らかに、ここでのrelations de productionは、マルクスの言う生産関係（Produktionsverhältnis）にほかならない。この時この場所におけるマルクスの史的唯物論の哲学的言説の登場は、いったん社会的存在に真に近づけば、フーコーは自覚的にあるいは無自覚のうちにマルクスに近づくという感覚を再度私に与える。以下で、我々はますます強くこの点を感じることになろう。

フーコーから見ると、ブルジョア階級の生政治権力の独特なところは、まさに、独立した可視的な政治的強制や圧迫として単純に表現されないところだというわけである。それは、往々にしてその他の重要な社会関係に寄生し、これらの関係のキーポイントとなる構成要素として、潜在的に場の情況の支配作用を生み出す。それは、一方的に調整作用を生み出すことができ、生産関係や家族関係あるいは性的関係に依拠して密かにその影響を生み出すこともでき、生活現象と政治的出来事との間の同形性や、さらに深い次元での技術上の共振による連鎖反応としてさえ表現されることすらあるというのである。

第3に、ブルジョア階級の生権力の運用は、依然として一種の真理の政治学（la politique de la vérité）だということである。

フーコーは、この講義の中でvéritéを100回近く使用している。これはいかなる意味においても新観点ではない。

伝統的な具象的権力研究とは異なり、フーコーの実際に存在する生権力に対する分析は往々にして哲学式である。彼の脳裏には「権力メカニズムの分析は、私たちの社会で展開される闘争・対決・闘いによって、またその闘争の諸要素であるさまざまな権力戦術によって生産されるさまざまな知の効果がどのようなものかを示すことを役割とするものだ」[16]という観点が存在している。実際には、我々がすでに知っているように、知ー真理によってフォーマティングされた存在としての権力の戦略という観点は、フーコーが現代ブルジョア政治を透視するための重要な武器になっている。しかし、彼は、ここでは、生権力の

真理の言説からの借用という点をとくに強調しているのだ。

　フーコーはかなり得意げに、自分のブルジョア階級の生権力についての研究が、哲学の高みで展開している話だとすれば、それは一種の哲学実践（pratique philosophique）だと語っている[17]。

　　フーコーは、この講義の中でpratiqueを155回使用している。

かつ、自分は、伝統的な政治学の理論領域の中で議論しているのではなく、現在の資本主義社会がコントロールしている真実の運用の進行に直接基づき、そこから「現実の力場の内部」へと入って行こうとしており、またここから入ることによって、人々は、自分とともに、ブルジョア階級の生政治権力の真実の運用のメカニズムを、はじめて知ることができると語っている。

　　これについて、アガンベンはこう評論している——「とくに、資本主義の発展と勝利が可能だったのは、この視点からすれば、資本主義が必要とする『従順な身体』を一連の適切な技術群を用いていわば創造する、新たな生権力によって遂行される規律的制御があったからにほかならない」[18]と。アガンベンのこの肯定的評論は正しいであろう。だが、彼が、ここでは規律権力と生権力との異質性を精緻に区分していないのも見て取ることができよう。

2.　ほぼ自然のようなものとしての人口—生権力による安全統治の対象

　上述の方法論的情況構築の再設定に基づき、フーコーは、自分の真の講義テーマの話に転じた。すなわち「安全・領土・人口」である。ところが、我々は、この話が、フーコーが先に言及していた議論域とは連続的なものではないことを発見した。先にすでに議論した人口を除けば、安全と領土は、ともにこの時のフーコーの思考の中では、突出して奇怪な概念になっているのだ。この間には畢竟何が起こったのか。フーコーの具体的な議論の中からこの学術的情況構築を見ることにしよう。

　フーコーは、今日の資本主義社会においては、「権力の一般的エコノミー（économie générale de pouvoir）は安全という次元のもの（ordre de la sécurité）になりつつある」、あるいは資本主義は、ある種の安全テクノロジー（technologie de sécurité）が支配する「安全社会（société de sécurité）」の状態に進入しつつあると語っている[19]。

　フーコーは、この講義の中でsécuritéを353回使用している。このことは、これが、フーコーのこの言説テキストの中に突然出現した、高使用頻度の語彙であることを説明している。

　安全、この言葉は、ここでは疑いなくたいへん際立っている言い方であろう。
　フーコーは、概念の使用上ますますハイデッガーに似てきている。すなわち、日常的概念を、再情況構築し深化させて、人々にとって完全に見知らぬ新しい語彙に変えるというやり方である。ここで、ある重要な思想的情況構築の面を指摘しておかなければならない。すなわち、フーコーが体得した、ブルジョア世界の社会的コントロールにおいて出現した日常化の傾向である。資本主義社会における統治は、もはや身分高き人々の上からの号令ではなく、密かに日常生活自身を覆う隠れた支配となっているのである。生活の存在自身が統治の実現にほかならないのだ。このゆえに、日常生活の概念が、伝統的な政治概念に取って代わったわけである。これこそが、フーコーの政治哲学の中の秘密の情況構築における一つの意向なのである。

　明らかに、この「安全」は、我々の常識中の平安ではなく、新しい資本主義社会中に生まれた権力の指向をとくに指すものである。それは、伝統的な法典による規制とは異なり、我々が先に熟知となったばかりの規律のフォーマティングとも異なる、声のない「安全装置（dispositifs sécurité）」なのである。
　この安全装置という概念は、フーコーがこの後重点的に議論した内政（police）と内在的関連がある。

　とくに指摘しておくべきは、フーコーから見れば、司法－法律メカニズム・規律メカニズム・安全メカニズムは、もとより資本主義のそれぞれ異なる時代に発生したものだが、これらの間は相互代替ができないというわけではなく、相互融合しているものなのであり、異なる時期においての主導性が異なるにすぎないということである。そして、この見方に基づいて、フーコーは、現在ブルジョア階級の政治生活において主導的地位にあるのは、まさに生政治と関連

する安全装置だと判定しているのである。

　この安全装置と関連して、フーコーは、空間上においても比較のための参照事項を提出している。空間上、安全と相対するものは、主権と規律であり、「主権（souveraineté）は領土の境界内（territoire）で行使され、規律は個人の身体に行使され、そして最後に安全は人口全体に行使される」[20]というのである。ここで我々は再度souverainetéという概念に遭遇したわけだが、上述の議論の中で言及した主権理論とは異なり、この場合は、souverainetéは、人間の神聖な天賦の権利の意味ばかりでなく、国家主権も転じて指している。そのゆえ、我々は今、主権の空間の対応物が領土である理由がわかったはずである。ここから、フーコーは、ここでの国家主権は、領土や都市、とりわけ首都への中心化と関連していることをはじめて明確に指摘している。

　　明らかに、領土概念の登場は一つの歴史的識別になっている。

　ゆえに、上述の３者の活動空間とその具体的作用を再度対比してみれば、自然に以下のような結論が得られるという。

　　　主権は領土を首都化し（capitalise）、統治の座（siège du gouvernement）という主要なもの問題を立てる。規律は空間を建築化し、諸要素の位階的・機能的な配分を本質的問題として自らに立てる。これに対して安全は、出来事（événements）やありうべき諸要素に応じて環境を整備（aménager un milieu）しようとする[21]と。

　主権は、領土の上の政府首脳の存在場所に基づき、規律は、身体に対する空間の区分けと監督を行い、安全は、環境中に広がる出来事に対するものだというわけである。もちろん、フーコーここで重点的に議論しようとしている問題は、明らかに、彼が指摘した、一連の出来事の「環境を整備する」安全メカニズムである。

　　フーコーは、この講義の中でévénementを50回使用している。先に我々はこの概念に遭遇している。それは、知の考古学に基づく言説的出来事であったが、ここでは、événementは、非実体的な社会生活の構築という場の情況を指している。この語彙は、後のバディウの哲学の核心となるキー概念にもなった。

　まず、指摘しておかなければならないのは、ここでの整備の対象としての「環

境」は、ラマルクが打ち出したあの自然環境ではなく、一種の関係的な社会的存在（出来事）の中で形成されたほとんど自然的なもの（quasi naturel）としての「人工的環境（milieu artificiel）」、あるいは「歴史的－自然的な環境（milieu historico-naturel）」だということである[22]。

意外にも、フーコーのこの議論の中で、私も使用したことのある「ほとんど自然的なもの（quasi naturel）」という語句を見たわけであるが、彼は、この講義ではquasi naturelを2回しか使用していないけれども、これは私をたいへん驚かせた[23]。このほか、フーコーは、明らかにヘーゲルには詳しいわけではないので、青年ルカーチやアドルノのようには、「第2の自然」という情況構築における「ほとんど自然的なもの」のさらに深い含意を理解しているわけではなかった─このことも付け加えておくべきであろう。

この「ほとんど自然的なもの」という社会的存在の環境は、まさに生権力が干渉しようとする真の目標であり、その核心部分こそが、フーコーが我々に向かって強調している人口－自然、すなわち「社会的・政治的な関係（rapports sociaux et politiques）に織りこまれ（tramée）ながらも、ある一つの種であるかのように機能するもの」─このような関係的な「ほとんど自然的なもの」の存在が、ここではちょうど別の「人間という種（espèce）」になるということ─にほかならないのである[24]。

ここには、ルフェーブルが伝統的用法を改造した空間概念がある。そこでは、空間はもはや物理的延長性ではなく、社会関係の再生産を意味するものになっていたが、フーコーにあっても、人口はもはや個人の身体の数量と総和ではなく、社会関係が構築する別の一種の「ほとんど自然的なもの」という類的存在になっているのである。

3. 資本主義経済運行中の自然と自由─安全の統治の現実的基礎

我々は、フーコーの学術思想の情況構築の中でもっとも精彩に富む面は、往々にして歴史に注目している時だと知っているであろう。この時も、彼は、依然として17～18世紀のヨーロッパ資本主義の発生史に直接立ち戻り、その中から生権力の存在の例証となる事実を探し求めている。しかし、歴史は、これが、

経済学説史（histoire de l'économie politique）の角度からは、重商主義（mercantilisme）から重農主義(physiocrates)への転換から始まったことを証明している。

フーコーは、この講義の中でéconomieを147回使用している。このことは、フーコーが、学術的コンテキス中の古典経済学に関心を示しそれを直接利用し始めたことを説明している。先にフーコーが集中的に経済学について議論したのは、『言葉と物』においてであったが、明らかに、そこでのフーコーの思想的情況構築には、後にアガンベンが再構築したéconomie—オイコノミア観は存在していなかった。かつ、私の見方によれば、フーコーのここでの経済学説史に関する思考は、マルクスへの無意識の回帰（「マルクスへ帰れ」）の始まりだと思う。私は、バリバールがこう見て取っていることに気付いた—フーコーの思想的進展の中で、このようなマルクスに対する「切断から戦略的同盟への」転変が発生し、まさにフーコーの晩年の生政治の研究の中では「彼がマルクスから獲得した分析と概念との一致もより顕著になってきた」[25]と。これは、正確な情況への進入だと言うべきであろう。

1978年1月18の講義の中で、フーコーは比較論的視角からこう指摘している—実体的な貴金属の追求に基づき、17世紀の重商主義の社会支配の形式は、総じて人為的な禁止とコントロールを前提としており、例えば、食物が欠乏した時、政府の取る政策は、輸出やストックの禁止であり、社会的コントロールは、終始可視的で消極的な制限や監視・コントロールの中にあった。しかし、18世紀の重農主義の時期に到ると、自由貿易と流通がその作用を真に発揮し始めた。だが、人々が一般的に経済政策と経済思想の変化を見て取るこの部分において、自分が識別したのは、かえってブルジョア階級の統治技術（techniques de gouvernement）の重大な変化、すなわち自由放任下の「私が安全装置（dispositifs de sécurité）と呼ぼうとしているものの設置」[26]であると。

フーコーは、この講義の中でtechniquesを88回、techniques de gouvernementを9回使用している。

フーコー自身の判断によると、この時の自分は、もはや知の考古学研究のコンテキストの中にはおらず、「権力テクノロジーの系譜学（généalogie des technologies de pouvoir）という方向」にあるという。

フーコーは、この講義の中でgénéalogieを12回使用している。これは、前述の知の系譜学が現実の政治実践へ向かう一歩前進である。

フーコーは次のことも発見している―同様に食物不足を処理する際、重農主義は、制限や監視・コントロール策を打ち出さず、反対に、重商主義とは完全に正反対の非人為の自由放任という自発性による秩序構築の態度を主張し、「『なすがままにする（« laisser-faire »）』や『なるがままにする（« laisser-passer »）』、あるいは『物事をなるがままに放置する（« laisser les choses aller »）』という意味での『なる』といったものを手段とする」[27]と。このような自由・自然にまかせるという方式の結果は、市場が穀物価格を自動的に調節することによって、最終的に食物不足に対する非人為的な管理が実現されるという事象になるというわけである。ここで発生した重要な秩序構築－形式構築方式の転換は、人為的秩序構築から市場の自動的調節の生成へと向かう（一種の「見えざる手」による自動的組織化という秩序構築）転換である。これこそが、ブルジョア階級の経済運行モデルの中で生み出された、いわゆる安全統治のモデルであり、ブルジョア階級の新しいタイプの生権力の統治―安全装置の真の基礎と核心の運行メカニズムにほかならない。私から見ると、フーコーのここでの経済学説史の分析は、正確でかつ深く、ここから導き出したブルジョア階級による社会・政治統治技術の質的変化―安全統治という観点も、また深く考えるべき価値があると思う。

これは、後にフーコーが強調した、ブルジョア社会における内政の最初の基礎と運行メカニズムにもなっている。

フーコーは、差異性の面からこの安全統治の独特性を見て取るために、新しく出現したブルジョア階級の生権力による、自由放任の中で「人々を生かせる」ための安全統治（調節）のこのような方式を、規律権力の作用メカニズムと対比してもよいと指摘している。その1は、規律権力は総じて求心的なものであり、人間に対する攻囲と封鎖を通じて社会的コントロールを進める傾向があるが、この新しく生まれた安全装置は離心的（centrifuge）なものであり、総じて外に向かって拡張し、生の存在をオープンな形で新しい要素として引き入れることを通じて自身を拡大させるという点である。その2は、規律権力は、いかなる事態も放任せず、ミクロの毛細血管での「不許可」を通じて人為的な細

緻の監視・コントロールを構築する傾向があり、これによって一切を支配するが、より賢い安全装置は放任的で、積極的にコントロール対象に自由に自身の本性を発揮させ、拘束のない放任によって、新しい自発的ではあるがさらに深い臣服を実現するという点である。その3は、規律権力は、法律システムを借り禁止と許可を通じて、特定の秩序を生み出すという一種のネガティヴな思惟モデルによるものだが、戦略的眼光を持つ安全装置は、もともとの禁止や阻止を核心とするネガティヴな思惟からポジテイヴな！　思惟に転変しており、この種のポジテイヴ性は、人間の本性（自然nature）に対する自由主義（libéralisme）による認定の上に建てられているという点である。

　フーコーは、この講義の中でnatureを174回使用している。

　この指摘は、フーコーが、ブルジョア自由主義の核心の政治イデオロギーの情況構築の中に到達していることを意味しているだろう。自由主義は、現代のイデオロギー論争の核心となる形式構築の領域でもあり、それは、すべてのブルジョア階級の経済・政治・文化的存在の安定した質を牽引するものなのだ。

　フーコーの目の中では、18世紀以降のブルジョア階級が主張する「自由のイデオロギー（idéologie de liberté）」は、真の意味で近代資本主義発展の重要な条件になっているのである。

　この発生も一つの歴史的出来事である。

　事実上、フーコーの自由の問題に関する思考は、初期の『狂気の歴史』に始まっている。この本では、彼は、ブルジョア政治学のコンテキスト中のこのような自由について明確に議論しているのだ。そこでは、彼は、ブルジョア階級の鼓吹する「こうした自由は、自然な真の自由とはほど遠い。というのは、いたるところでその真の自由が、個人のもっとも正当な欲求に反する要求によって制約され悩まされるものだから。すなわちそれは、利害と同名と企業合同とにまつわる自由であって、人間と精神と信条とにかんする自由ではない」[28]ことをすでに意識していたのである。ブルジョア的自由は、本質上資本の自由であり、人間の真の自由ではないというわけである。ここから、フーコーは以下のように明確に指摘している―ブルジョア的自由とは、まずもって、経済的交通の中で利益を獲得するための、および商品交換と資本の再構成のための自由であり、商品－市場経済的交通の中でのすべての人間の平等な経済活動と労働

のための自由であるが、人と人との間の実質的な差異は、必然的に、この自由の結果が、ごく少数の人々が多数の人間からの搾取によって利益を得るという事態を導く。これは、資本の手中にある経済関係によって縛られている自由にほかならないと。ここから、フーコーは、このような市場交通の中に生まれた自由は、「人間に再び自己を所有させるどころか、反対に、ますます人間をその本質およびその世界から遠ざけつづける。他の人間と金銭とを絶対的に外在化させる点で（中略）その自由は人間を魅惑するのである」[29]と指摘するのである。私は、フーコーのブルジョア的自由観に対するこの認識の中には、深いものがあり透視力があるものと思う。もちろん、この時のフーコーの自由についての認識は、まだ資本主義総体の社会統治とコントロールの形式構築の次元には達してはいなかったが。

だが、この講義の時期に到ると、フーコーのブルジョア的自由についての見方はさらに深く成熟するようになった。彼は、ここでは、ブルジョア的自由は、確実に一種の抽象的観念にすぎず、一連の現実的経済－政治の中で発生している社会コントロール作用の、公開はされているが透視することはできない、隠れた安全メカニズムのことであると見ている。彼は、ブルジョア階級の「自由—統治イデオロギーでもある統治技術でもあるこの自由—は、権力テクノロジーの変異・変容（mutations et transformations des technologies de pouvoir）の内部で理解されなければならないということです。もっとはっきり特有性に則して言えば、自由とは安全装置の設置と相関関係にあるものに他ならない」[30]と語っているのである。この意味では、自由とは、フーコーがここで指摘している、ブルジョア階級の安全装置の本質をかなり反映しているものなのである！

フーコーは、この講義の中でlibertéを60回あまり使用している。

これは、自由についての新しい観念である。フーコーは続けてこう語っている。

> もはや人間たちの悪い本性を考えるのではなく、まず根本的に事物の本性（nature des choses）のことを考える人間の統治（gouvernement des hommes）、何よりもまず人間たちの自由（liberté des hommes）（自分のやりたいこと、やることに利があること、やろうと考えること）のことをまず考える事物の管理、このような考えはすべて相関的な要素です。権力の物理学（physique du pouvoir）—自分は自然という境位（élément de la na-

ture）における物理的活動であって、各人の自由を通じ、各自の自由に依拠してのみ働きうる調整（régulation）であると考える権力——ここには、何か絶対的に根本的なものがあると思います[31]と。

　フーコーの筆下では、自由は、純粋なイデオロギーというだけでなく、まずもって新しいタイプのブルジョア階級の巧妙な政治権力技術なのである。それは、ブルジョア階級が生きている人間を統治し、事物を調節するためのもっとも重要な安全装置である。それは、人為的な禁止あるいは人間の悪習や犯罪の阻止をもはや重要視せず、人間の自然性（本性）を、過去抑圧されていた「汚らしい」欲望と私的利益を、自由に解き放ってその自由な行動に任せ、最終的には、市場の自動的調整によって、根本的な社会−政治の安全秩序を実現する。このゆえに、市民社会の中で原子化された個人は、このブルジョア階級の安全装置の下の自由な生存に何らの不満を感じないようになる。これこそが生政治のもっとも核心となる本質にほかならないのだ。同様にこの情況構築の意味で、フーコーは、転喩したこの情況構築の中で、安全装置の権力を物理的権力と指摘しているのである。その意味は、伝統的な政治権力の人為的主体性に比べると、ブルジョア階級のこのような新しいタイプの権力は、もはや単純な可視的な禁止という形をとらず、人々の言う天然の「実在的要素（éléments de réalité）」の上に、まさに権力を見えざる客観的な物理作用として発生させるということである。フーコーはまたこう語っている。

　　このメカニズムはまた、不都合な現象をなくすにあたって、「これこれをしてはならない」とか「これこれは起こってはならない」といった禁止の形式を取るのではなく、現象自体（phénomènes eux-mêmes）によって現象を徐々になくすという形式を取る傾向にある。つまり、現象に対して否という法を課すのではなく、いわば受容可能な範囲に現象を局限することが問題となる[32]と。

　私は、フーコーのここでの「物理」の使用には、たいへん深いものがあると思う。この用法は、ブルジョア階級の新しいタイプの生権力は、もはや主体への強制ではなく、資本主義的な生存方式を、生と事物自体の存在の天然の客観的メカニズムに変えているという意味を持っているからである。現象自体を通じて現象を消し去り、人間の「本性」の自由な解放を通じて人間を統治するこ

と、これこそが現代資本主義社会の統治の科学的な秘密なのだ。私は、この分析こそが、フーコーのブルジョア的政治権力に関する研究の中で最も深い内容の一つだと思う。

4．第2の自然—人口に基づく安全統治

1978年1月25日、この日の講義が半分過ぎたころ、フーコーは突然次のような話を打ち出した—西洋の18世紀初頭、「まったく新しい政治的人物」が出現したが、「この新しい人物はそれまでは存在せず、知覚されず、いわば認知されず、議論から外されていました。これが18世紀に驚くべき登場を果たし、非常に早く注目されました。その人物とは人口（population）のことです」[33]と。先の議論で、我々は、ここでの人口とは、一般的な人口学の意味での規定ではなく、「権力の相関物として、また知の対象としての（corrélatif de pouvoir et comme objet de savoir）人口」[34]ということをすでに知ったはずである。伝統的な人口学のコンテキストと比べると、これは、もちろん転覆的な新しい情況構築であろう。

フーコーは、17世紀の重商主義から、すなわち多数の人間が知っている経済学の進展からも、自分は、政治学の意味で政府の統治方式の転変を発見したと再度指摘している。その時期には、人口は、伝統的な統治の対象から、ブルジョア階級が統治の力を汲み上げる源泉—人口は農業や手工業の労働力を提供し、国家の力量の原動力となるということ—に転変したというのである。このゆえに、重商主義時代にあっては、「人口、富の原則、生産力（force productive）、規律的枠組み（encadrement）—このようなことは、すべて重商主義者たちの思考・企図・政治的実践の内部で一体をなしている」のであり、同時に、重商主義は、人口を法律的主体の集合と見なし、おもに「人口という問題を主権者と臣民たちという軸（axe du souverain et des sujets）で考慮していた」[35]というのである。さらにフーコーは、これと反対に、後の重農主義の人口戦略にはかなりの調整があり、彼らは、もはや人口を単純に主体に関する法律-政治的概念とは見なさず、人口は「あるプロセスの集合（ensemble）と見なされることになります。その集合は、その自然的な部分（naturel）において、自然的な部分から出発して管理される（gérer）べきものとなる」[36]と語っている。これは正確な判断であろう。重農主義は、資本主義社会の経済生活を非人為的な自然性

の運行の中に取り入れたからである。

　　　上述の議論の中から、我々は、フーコーがここで言及している自然という場の情況は、実際にはヘーゲルの意味での第2の自然、すなわち、社会生活中で生み出され、人間が介在するほぼ自然のようなもの（quasi naturel）であることをすでに知っているはずである。

　フーコーが重農主義について思考している角度が、同様に経済学の外部にあるのを見て取るのは難しくないだろう。かつ、この時の彼の着眼点が社会支配方式の変化であることもまたそうである。

　　　経済学的コンテキストの中から哲学方法論の変革を体得し、経済学研究の中から政治的統治の基礎を見出すというのは、マルクスの科学的思考経路である。

　では、フーコーが見て取った人口の自然性とは何か。なぜ人口がもはや可視的な法律上の主体の集合ではなく、見えざる生権力の「管理や統治の技術的・政治的対象（objet technico-politique）」に変わったのか。これは、確かに進入しがたい思考の情況構築の次元である。このため、フーコーは、疑問を解くための二つの経路を指摘している。

　まず、安全統治中の人口の自然状態に対する曲線的（ストレートではない）コントロールという特徴に注目することである。曲線的（ストレートではない）コントロールというものは、フーコーのブルジョア社会の統治の形式構築に関する特徴の重要な発見であろう。これに比べて伝統的権力の作用はストレートであるのだ。ブルジョア階級は、自身の権力の動きから直接明らかで直接作用するという特徴を片端から削除し、転じて曲線的な隠れた作用・コントロールの形式を持つメカニズムを採用するようになったというわけである。血を見ない殺人・拳の見えないパンチ・永遠に犯罪現場に見当たらない犯人、ブルジョア階級の安全統治は、人間に対する完璧な謀殺（ボードリヤールの言葉）なのである。フーコーは次のように語っている—18世紀から、資本主義社会における人口は、もはや「領土に住んでいる諸個人の単なる総和」でもなく所与の不変要素でもない、すなわち、統治者の直接支配の対象ではなくなり、「一連の変数に依存するもの」となって、ここから「本性的な現象（phénomène de nature）として現れる」ようになったと。

フーコーは、この講義の中でnatureを190回使用している。このことは、nature概念がこの時のフーコーの思想的情況構築の中で比較的重要なキーワードになりつつあることを説明している。

フーコーは、この本性的な（自然）現象は、伝統的な統治者の法意志論（volontarisme légaliste）と比べて言うならば、さらに「興味深いものになります」[37]と語っている。明らかに、この自然性としての人口が指すものは、生物学の意味での対象ではなく、人口を自身の本来的な状態に位置づけることを指しており、権力がこれに介入しようとするのなら、関連するその他の因子と要素の変化を通じてのみ、人口に対してその間接的な影響が発生するというのである。これが曲線的コントロールにほかならない。例えば、現金の流通域を変えたり輸出量に応じて就業率を調整したりして、人口に影響や作用をもたらすなどという政策である。ブルジョア法の主権者の意志による直接的コントロールと比べると、これこそが、その発生が発見しづらい間接的な作用である、たいへん複雑な曲線的コントロールなのである。よって、フーコーは以下のように、それを一種の新たな生権力の技術だとあえて神秘的に称するのである。

　　主権者の意志に対して臣民たちの服従を獲得することなどではなく、しかじかの事柄に対して働きかけることができるということが重要なのです。その事柄は人口から隔たったものに見えますが、それに計算・分析・考察を加えると、そのような事柄が実際に人口に対して働きかけることができるということがわかります。この直接触れることのできる人口の自然性（naturalité pénétrable）なるものこそが、権力手法の組織化・合理化（l'organisation et la rationalisation des méthodes）において非常に重要な変異をもたらした当のものだと私は思います[38]と。

間接的に人口をコントロールする変数関係の中で、人口を自動的に自然に変化させること——このことは、もはや外部的強制による直接コントロールではない。これは、非人為的な自然性に基づく新しい生政治権力の運用方式なのである。我々は、これがまさに資本主義的商品－市場経済の運行の基本法則であることを知っているはずである。

もう一つの思考経路について言えば、安全統治の中で人口調整を自然現象として実現させる第2の方式が、その本性の中にある欲望（désir）を自由に解放

するという方式だという特徴に注目することである。伝統的な社会が欲望を人間の生の大敵と見なすのとは異なり、ブルジョア的世界観では、欲望は、自然の本性に基づく人間の正当な行為の動機となり、神学の情況構築中の悪魔ではなくなったのだ。

　我々は、ルソーの『懺悔録』の中に、このような自己利益を求める欲望の公開の登場を見て取ることができる。

それぞれ異なる個人で構成されている人口の中では「欲望とは、あらゆる個人がそれによって行動するところの当のもの」であり、かつ、すべてのブルジョア的消費世界は、欲望によって動かされているのだというわけである。

　このゆえに、「消費の引き上げ」は、すべての現代政府の統一スローガンになるわけである。

ブルジョア階級は、まさにこの欲望の自然性という特徴を利用して、それを「権力・統治の諸技術の内部」[39]に直接取り込む。伝統的な封建的専制とは異なり、ブルジョア階級は、もはや人間の金銭・権力・名声・性などの欲望を抑圧しようとせず、反対に、それらの充分な解放を刺激したり奨励したりして、その自然的存在状態の中で自動調節を実現し、これによって安全権力の人口に対する統治を展開するというのである。フーコーは、これこそが、まさにすべてのブルジョア階級の功利主義（utilitarisme）哲学の基礎であると指摘している。

　フーコーの同じページの草稿には、このようなことが書かれている——「功利主義哲学と人口の統治の関係が観念学と規律の関係に少し似ている」[40]と。これは興味深い比較である。観念学が依然として規律権力の共犯者だと言うならば、観念学化を取り去った功利主義は、安全統治の秩序構築の支えになったということになるのだ。

ここから、フーコーは、人口は、一種の自然（本性）現象として、ブルジョア階級の生政治の技術権力の領域の秩序の中に入って行くことになり、「人間がはじめて『人類』（« le genre humain »）と呼ばれることをやめ、『ヒトという種』（« l'espèce humaine »）と呼ばれはじめる」[41]と語っている。フーコーの言わんとするところは、人間は自身と一般的動物との差異的な類別化進めて、動物と自身を区別していたが、資本主義におけるまったく新しい人口という要素

の中では、人間は、反対に、自在の状態中の種として生物圏（biologique première）に再度立ち戻ったということであろう。
　すなわち、マルクスの言う・エ・コ・ノ・ミ・ッ・ク・ア・ニ・マ・ルということである。

　フーコーは、人口は、生物学の意味での自然（自在性）と一致すると同時に、まったく新しい社会の次元での存在の中で、自然に分布活動を行い、自由に物事を語ることにより、自動的に生み出された「公衆」（public）もまたその意味の中に含まれるようになった。すなわち、「臆見・行動の仕方・振る舞い・習慣・恐れ・先入見・要求」から構築された社会的実在にもなったというのである。ここでの公衆は、主体性の概念ではなく、自動的に構築されたという意味での自然の場の情況の存在なのである―これこそが、すべてのブルジョア民主政治の秘密なのである。フーコーは、人口は、「ヒトという種による生物学的根づけから、公衆によって提供される接触表面（surface）に至るまで拡がるあらゆるもの」になったと見ている。これは、自在性を持つ新たな現実の一大領域（場）（champ de réalités nouvelles）である。この自在性を持つ新たな現実の一大領域（場）こそが、ブルジョア階級の新しい権力技術の展開の中のもう一つの対象となるのである。
　フーコーは、この講義の中で依然としてchampを84回使用している。

5.　内政－人口に向き合う統治技術

　フーコーは、自然としての人口に言及すればするほど、君主式の可視的な統治者（souverain）に言及する場合がますます少なくなると指摘している。なぜなら、前述のような自在性を持つ新たな現実の一大領域に向き合うことによって、ブルジョア階級の戦略がまさに非人為的な統治（gouvernement）になったことを意味しているからである。
　フーコーは、この講義の中でgouvernementを568回使用している。このことは、明らかに、これが彼がこの時かなり注目していた問題だったことを示している。
　フーコーはこう語っている。
　あるとき「王は君臨するが統治しない」（« Le roi règne mais ne gouverne pas.»）と言うことさえ可能になったわけです。統治と君臨のこの逆転―

統治が根底では主権（souveraineté）より、君臨より、帝権（imperium）よりはるかに近代における政治問題そのものだということ―、このことは絶対的なしかたで人口に結びついていると思うのです。安全メカニズム（mécanismes de sécurité）―人口―統治という一連のもの（série）と、政治と呼ばれるものの領域が開かれたこと、このようなことすべてを分析しなければならないと思います[42]と。

　アガンベンの考証によれば、「王は君臨するが統治しない（Le roi règne mais ne gouverne pas.）」という言葉を、神学者エーリク・ペーターゾン[43]は、神の単一支配というイメージに関する評論において、「主は君臨するが統治しない（Le roi règne, mais il ne gouverne pas）」[44]に由来すると考えているとのことである。

　フーコーはこう称している―ブルジョア階級による近代の生政治が形作った、このまったく新しい統治の場においては、伝統的な顔のある統治者（奴隷主や国王）はもとより消失したが、顔のない統治という生自身のあり方に基づくコントロールは、「さらに基本的なものになった」と。

　ここでの「顔のない統治」とは、今日の大統領や首相が顔のないモンスターだと言っているわけではなく、このような民主政治における、リーダーたちの人身の仮面性を暴露したものである。

　フーコーは、ケネーから始まる政治経済学の本質は「人口にたずさわる統治」であるとさえ見ている。この新しい人口という問題は、この時はじめて、近代ブルジョア政治の中の統治技術（art de gouverner）の真の対象になったというわけである[45]。

　フーコーは、この講義の中でart de gouvernerを120回あまり使用している。この言葉は統治技芸とも訳せるだろう。

　さらには、すべての西洋の人文科学の出現も、「人口の出現から出発して理解しなければならない」とさえ語っている。換言すれば、西洋の人文科学の中でのちに出現した社会科学（近代の経済学・経営学・社会学・心理学・政治学など）は、大体においてこの新たに情況構築された、ブルジョア階級によるこの人口統治に関連しているということである。

1978年2月1日の講義の中で、フーコーは、西洋での統治の問題のもっとも早い出現は16世紀であり、封建的専制の打破と宗教改革という二つの次元で、一般的な意味での統治というプロブラマティック（problématique）がはじめて生まれたと明確に指摘している[46]。フーコーの見方によれば、まさに社会統治の原則が「個人の操行や家族の管理に至るまで響きわたらせる」時にこそ、日常生活に向き合う内政（police）という問題がはじめて出現するという[47]。

　　前述のように、このpoliceは、転覆的な情況構築論の意味での再概念化である。フーコーは、この講義の中でpoliceを329回使用しているが、前回の講義では6回しか使用していない。このことは、この講義の中では、policeという語彙の使用が、使用頻度統計から見ると、突然出現した現象であることを物語っている。

　フーコーは、このようなブルジョア階級の新しいタイプの内政に内在するメカニズムの論理は、まさに政治経済学の非人為的な自然法則を「政治的実践の内部に」「導入すること」[48]の結果であったと見ている。先の議論の中で、我々は、古典経済学が注目していた資本主義経済の運行の法則が、自由放任の自然性であったことをすでに見て取っているはずである！　フーコーは、内政の本質は「物事の正しい処置（droite disposition des choses）」にほかならないのであり、経済学の原則に従えば、正確な処置とは、それを自然に発生させ自己調整させることであると指摘している。この情況構築の中では、内政は社会統治中の経済学（économie）になり、それは、同様に人為的強制によってではなく、社会生活を自然性にまかせて自動的に運行させ自発的に調整させるというわけである。

　　前述のように、アガンベンは、フーコーのここでのéconomieを遡追的に神性のオイコノミア（oikonomia）と解釈している。これには一定の道理があるだろう。フーコーは、この講義の中でéconomieを147回使用している。

　ブルジョア階級の近代的な統治術の本質は、まさに複雑な情況中でのミクロの権力支配に作用する点である。この意味において、「統治の道具は法ではなく、さまざまな戦術(tactiques diverses)になる」[49]というのである。そうである。フーコーの政治哲学の情況構築の中のこの無形の権力の展開戦略については、我々

はすでに熟知しているはずである。

　同様にこの意味において、フーコーは以下のように指摘している。

　　統治術から政治学（science politique）へという移行、主権の諸構造（structures de souveraineté）によって支配されている体制（régime）から統治の諸技術によって支配されている体制へという移行が、18世紀に人口をめぐって―したがって政治経済学の誕生をめぐって―なされたということです[50]と。

　これはたいへん重要な指摘である。フーコーは、この転変は統治権の消失を意味しているわけではなく、ちょうど反対に、「このときほど主権の問題が先鋭に立てられたこともない」と見ている。今日の統治権は、人口の生物学の基本的性質にさらに根本的に作用し、顔のある帝王に比べると、それはますます識別しがたくなっているということなのである。フーコーは、この統治の問題を提出したゆえんは、「主権社会（société de souveraineté）の代わりに規律社会が出てきたとか、規律社会の代わりに統治社会というようなものが登場したというふうに物事を理解してはならない。ここにあるのはじつは主権・規律・統治管理という三角形なのです。主権的管理の標的は人口であり、主権的管理の本質的メカニズムは安全装置dispositifs de sécurité）です」[51]という見方からだというのである。これは、直線的な代替の過程の結果ではなく、多重の権力作用が重なり合って生まれた、一種の複雑な諸権力の力のラインが構築した内政という場であるというわけである。

　フーコーから見ると、ブルジョア階級が人口統治のために発明した、新しい生権力の技術もしくは安全装置は、彼が研究しようとしている統治性（gouvernementalité）[52]にほかならない。

　　フーコーは、もし自分にこの講義に新しい名称を与えさせてくれるなら、「安全・領土・人口」を使わず、「『統治性』の歴史」（histoire de la « gouvernementalité »）を使うだろうとさえ称している[53]。フーコーは、この講義の中でgouvernementalitéを105回使用している。

　フーコーは、ブルジョア階級のこの生政治に基づく新しいタイプの「統治性」には、現実の権力の操作の中で、3つの運用の次元があると指摘している。すなわち、

1つ目は、「人口を主要な標的とし、政治経済学を知の主要な形式とし、安全装置を本質的な技術的道具とするあの特有な（とは言え非常に複雑な）権力の形式を行使することを可能にする諸制度・手続き・分析・考察・計算（calculs）・戦術、これからなる全体のことです」[54]という点である。これは非常に重要な説明である。統治性は、多くの直観はできない複雑な計算や分析などの技術や戦術によって構成され、その知の形式は主に政治経済学であり―ここでの政治経済学とは、おもには重農主義－スミス－リカードの図式による商品生産と市場の法則を指しているはずである―、その主要な機能の場はまさに経済活動そのものではなく生政治であり、その権力の統治の目標は人口であって、その技術手段は、見えざる内政あるいは安全装置だというわけである。

　2つ目は、このような権力技術は、「統治に特有のさまざまな装置（appareils）」と「さまざまな知」が構成する趨勢を形成し、王権や規律権力と対峙しつつ主導的地位をますます占めるようになってきているという点である。換言すれば、伝統的な王権や規律権力と共存しつつも、統治権力は、すでに主導的な地位を占めているということであろう。

　3つ目は、伝統的な司法国家（État de justice）が、「統治化された」行政国家（État administratif）に転変したという点である[55]。これは政体構造の機能的転変であろう。

　フーコーは、18世紀以来、西洋資本主義は、生政治という統治性の時代（l'ère de la gouvernementalité）に入ったと指摘している。そして、このような統治性の運用の中で、身体への「投入・植民化・利用・巻き込み・改変・転移・拡張」を通じて、ブルジョア階級の生政治権力の運用は、さらにミクロ化され細小化されて、以前のマクロの権力の暴力は、徐々に見えざる「毛細管」と「ネットワーク状組織」を通じた、生に直接作用する統治権力に転化したというのである[56]。ここから、新しいブルジョア階級特有の生政治という統治化国家は、平和で自然な内政の存在の中で、巨大で冷血な権力のリヴァイアサンを生み出すというわけである。ニーチェは、『ツァラツストラはかく語りき』の中で「国家は、冷血な巨獣の中でもっとも冷血である」と述べているが、ブルジョア階級の生政治の場の情況の中でフォーマティングされ統治化された国家は、さらに冷血な存在なのである。

第13章　生政治と近代の権力統治術　　685

［注］
1　ミシェル・フーコー、石田英敬・小野正嗣訳『社会は防衛しなければならない　コレージュ・ド・フランス講義一九七五——一九七六年度』（筑摩書房、2007年）242頁。
2　同上同頁。訳文は変更した。
3　同上同頁。
4　この中で、フーコーは、18世紀より西洋の国家は新しい権力による政治の時期に入って、「歴史における生命の登場——人間という種の生命に固有な現象が、知と権力の領界に登場したという意味での——、政治的技術の領域における生命の登場」と指摘している。ミシェル・フーコー、渡辺守章訳『知への意志——性の歴史1』（新潮社、1986年）178頁（訳文は変更した）を参照のこと。
5　ジョルジョ・アガンベン、高桑和巳訳『ホモ・サケル—主権権力と剥き出しの生』（以文社、2003年）165頁。
6　エスポジト（Roberto Esposito 1950-）。現代イタリアの哲学者。ナポリ大学を卒業し現在はピサ高等師範学校の教授である。おもな著作には、*Communitas. Origine e destino della comunità* (1998)、*Bios. Biopolitica e filosofia* (2004)、*Le persone e le cose* (2015)などがある。
7　埃斯波西多：《生命政治》，載《生产》，汪民安等编，第九辑，江苏人民出版社2014年版，第49頁〔エスポジト「生政治」〕。
8　フーコー前掲書246頁。訳文は変更した。
9　同上同頁。
10　同上248頁。
11　同上252頁。訳文は変更した。
12　ミシェル・フーコー、高桑和巳訳『安全・領土・人口　コレージュ・ド・フランス講義一九七七——一九七八年度』（筑摩書房、2007年）3頁。
13　埃斯波西多：《生命政治》第41頁。
14　フーコー前掲書4頁。
15　同上4〜5頁。
16　同上5頁。
17　同上6頁。
18　アガンベン前掲書10頁。
19　フーコー前掲書14頁。
20　同上15頁。
21　同上25頁。
22　同上26〜27頁。
23　マルクスは以下のように見ていた—人類の社会発展の特定の歴史時期においては、人類主体が創造したはずの、事物化（Versachlichungの著者独自の訳語—訳者注）された経済的諸力が、社会歴史の統治者として転倒的に表現されて（物役性。物の支

配という意味の著者の造語—訳者)、人類主体自身は自己の活動の主人にはなれず、経済関係の人格化に奇形化されてしまい、歴史的発展は、あたかも人間の外部に独立しているかのように発生しまた転換し、自然界に類似した一種の盲目的な運動状態(「ほとんど自然的なもの」)の姿で現れる。ゆえに、人類主体の社会歴史は、自然の歴史過程として不正常な形で疎外され、人類の構成する主体的活動も、総じて個人の意志では転換できない一種の客体的運動に奇形化され、人間の歴史は、往々にして反人間性の性質を呈するのだと。マルクスの「ほとんど自然的なもの」の概念についての具体的議論は、拙著《马克思历史辩证法的主体向度》〔『マルクス歴史弁証法の主体次元』〕(武漢大学出版社、2009年第3版)第3章を参照のこと。

24 『安全・領土・人口』27頁。
25 Etienne Balibar, "Foucault et Marx: l'enjeu du nominalisme," in *La crainte des masses : politique et philosophie avant et après Marx* (Paris: Galilée, 1997), 300.
26 フーコー前掲書42頁。
27 同上51頁。
28 ミシェル・フーコー、田村俶訳『狂気の歴史——古典主義時代における』(新潮社、1975年) 389頁。
29 同上390頁。
30 フーコー『安全・領土・人口』59頁。
31 同上同頁。
32 同上81頁。
33 同上82頁。
34 同上95頁。
35 同上85頁。
36 同上同頁。
37 同上87頁。
38 同上88頁。
39 同上同頁。
40 同上91頁注＊。
41 同上同頁。
42 同上92頁。
43 ペーターゾン(Erik Peterson 1890-1960)。ドイツのキリスト教神学者。1930年カトリックに帰依した。おもな著作には、『神学とは何か』(1925)、『神学論文集』(1951)などがある。
44 Erik Peterson, Ausgewählte Schriften, *Vol.1 Theologische Traktate*. Würzburg: Echter, 1994. p.25.ジョルジョ・アガンベン、高桑和己訳『王国と栄光—オイコノミアと統治の神学的系譜のために』(青土社 2010年) 28頁より引用。
45 フーコー前掲書93頁。

46　同上110〜111頁。
47　同上117頁。
48　同上同頁。
49　同上123頁。
50　同上130頁。
51　同上132頁。
52　同上同頁。
53　同上同頁。
54　同上同頁。
55　同上133頁。
56　ミシェル・フーコー、石田英敬・石田久仁子訳「一九七六年一月十四日の講義」『ミシェル・フーコー思考集成Ⅵ　1976-1977　セクシュアリテ／真理』(筑摩書房、2000年) 242頁。

第14章　司牧から内政へ—近代ブルジョア政治権力のミクロの統治メカニズム

　フーコーの見方によると、18世紀以後の資本主義社会の発展の中で、伝統的な政治における上から下への統治と服従は、新しい生の政治のミクロ的支配とコントロールによって取って代えられ、この新しい生の権力のメカニズムは、いっそう身体の自己統治（se gouverner soi-même）に依拠するようになったという。『安全・領土・人口』の講義の中では、フーコーは、さらに源を遡追する形で、このような自己統治は、カトリックや新教の司牧という考え方に由来すると語っている。この司牧という考え方の発端は、「神は人間たちの牧者」という観念であり、司牧は、外在的暴力ではなく、内心の引導と看護に基づく「人間たちを躁導し、指導し、引き連れ、導き、手を取り、操作する大いなる術」なのである。ゆえに、伝統的な外部強制とは異なり、「人々をよりよく生活させる」近代のブルジョア階級の生の政治権力が、日常生活と人間の内心を徹底的に支配できた真の秘密がここにあるというのである。さらに、フーコーは、内政権力の真の現実的基礎は、資本主義市場経済の運行であるとも指摘している。このことは、彼がマルクスにさらに近づいたことを意味している。

1.　司牧権力－人間を内心から向かわせる臣服

　1978年2月8日から始まった講義の中で、フーコーは、自分が発見したブルジョア階級の生の政治の統治性について具体的な議論を開始している。前述のように、このフーコーの言う統治は、伝統的な統治とも規律－訓練とも異なり、さらに隠された内在的な支配の戦略である。彼は、今日の情況下で統治を理解することの重要性は、ただ「国家が私たちの知るあの形式を取ったのは、人間たちを統治する新たな一般的テクノロジーが出発点になっている」[1]ことにあると草稿に注記している。換言すれば、統治性というものが理解できなければ、現在のブルジョア国家の統治方式は根本的に理解できないのであり、かつ、この統治性の情況構築の真相は、まさにブルジョア的行政管理諸科学が称しているものとは完全に反対なのだというわけである！

　フーコーが新しい思想情況を構築する際の慣例によれば、彼は、いつもまず

歴史的な考古分析を行ってから、新しい情況構築の正当性の基礎を固めている。この時も、フーコーは以下のような考古分析的解釈を行っている—西洋においては、統治の概念は、たった今出現した新しい事物だというわけではなく、早くも13〜15世紀に、統治する（gouverner、原型となった動詞）という語彙の日常的な意味は比較的広いものになっていたが、それには主に二つの情況構築の次元があったと。1つは、客観的に発生したという意味での、人を前進させるとか、物資を提供して養うという次元の意味であり、もう1つは、道徳的な次元に属する意味で（significations d'ordre moral）、「魂の統治」に基づき誰かを指導するという意味だというのである。フーコーは、gouvernerのその原初的な情況構築での意味は、人間に対する統治にほかならなかったと語っている。しかし、歴史的に見ると、人に対する統治という思想は、さらに深くは、キリスト教神学の中の司牧説に由来しているともいう。これもまた一つの新しい発見である。そして、フーコーは、その中には2種の形式が含まれており、「第一は、司牧的権力（pouvoir de type pastoral）という考え方・組織」であり、「第二に、司牧的権力は根本的に善行を旨とする（direction des âmes）権力」[2]だというのである。

　　　　フーコーは、この講義の中でpastoralを210回使用しており、その中でpouvoir pastoralという連語を60回使用している。フーコーはもっとも早くこの司牧権力に言及したのは、『狂気の歴史』の「大いなる閉じ込め」の章の中である[3]。

　注意してほしい。この内心から人々を導き前進させる司牧権力こそが、フーコーが、ここで重点的に思考しようとする方面であり、我々が、近代ブルジョア階級の統治概念を正確に解剖するためのきわめて深い情況構築の入り口でもあることを。私の判断によれば、司牧権力は、フーコーにとって、ブルジョア階級による生の権力の展開を解読するための、もう一つの重要な構成要件になっていると思う。

　1978年2月15日の講義の中で、フーコーは、「司牧（人間たちに対して行使される特有のタイプの権力の中心点としての司牧）の本当の歴史、人間たちの統治に関わる手続きのモデル・母型としての司牧の歴史、西洋世界におけるこの司牧の歴史は、ほぼキリスト教とともに始まる」[4]と指摘している。キリスト教神学の中では、神は、主人ではなく人間たちの牧者（pasteur、導く者とも訳

せる）であり、「司牧的関係とは、完全な実定的方式おいては、本質的には神と人間たちの関係」[5]だというのである。この司牧的関係においては、まさに自発的な内心からの贖罪・懺悔を通じて、隠喩中の地獄が、反対に神性の権力を「灌漑する」という。フーコーは、以下のようなことに注意するようにと、我々にとくに呼びかけている—第1は、いわゆる牧者の権力は、領土に対する固定した統治権とは異なり、移動中の群れに対する権力であり、「牧者の権力（pouvoir du berger）は本質的に、動いている群れに対して行使される」[6]という点である。

　私は、この解釈は、フーコーが、自分の意向をすでに発揮していたことを意味すると感じている。なぜなら、中世を通じて、神権はちょうど土地に結びついた王権と合体していたからである。

　フーコーがここから体得し導き出した道理は、司牧権力は、土地に結びついている奴隷に対するコントロールとは異なり、資本主義の「動産」市場メカニズムの中をさまよう動態的な人群に対して行使されるもの、あるいは、まさに、原子化された個人が交換関係の中で自発的に形成する、市民社会の秘密の支配メカニズムだというものであろう。

　第2は、司牧的権力は根本的に善行（bienfaisant）を旨とする権力だという点である。少なくとも表面上は、司牧権力は、貴族式の権力保有の優越感や気迫に満ちて人に迫る態度のような形では表現されず、反対に、満面に笑みを浮かべた誠意(zèle)や尽きることのない勤勉という姿で現れ、牧者の責務は心を尽くした見守り（veille）なのだというわけである。フーコーは、我々にこう理解してほしいと願っているようである—専制的統治の暴政とは異なり、司牧の本質は、人の願い—富を得る（成功）に従うことであると！　以後の資本主義世界の中では、人々は、自ら望んで市場に入って行き、株式市場の中に飛び込んでいくが、その結果、無一文となり地獄に落ちたとしても、自ら望んだゆえの自己責任だというわけである。

　この自己責任という思考は、ウェーバー以降、ブルジョア階級が意を込めて育て上げた、普遍的イデオロギーの自己認定の核心となった。

　第3は、司牧権力は個人化（individualisant）をおこなう権力だという点である[7]。それは、ある種のマクロの強制ではなく、ちょうど、1匹1匹の子羊を細

心に見守る中に隠された、悪魔の意図の扶植と言える。フーコーが隠喩した情況構築は、司牧は、各個人の内心の根底に直接向かうという意味なのである。

　第4は、まさに、このキリスト教に由来する司牧権力が力を注ぐ面が人々の日常生活であるがゆえに、それは、まさに「日常生活（vie quotidienne）において人間たちを（彼らを実存せしめる細部や物質性（le détail même et dans la matérialité qui fait leur existence）において）統治する」[8]ことを求めるという点である。司牧は、日常生活の細事の中に神の奇跡を見るのであるが、それは生活にほかならないというのである。以後、ブルジョア階級の安全統治の対象は我々の生活になったわけである！　このように、キリスト教の司牧制度は、総じて「人間たちを躁導し、指導し、引き連れ、導き、手を取り、操作する大いなる術」を生み出したがゆえに、この司牧制度の本質は人間を統治する技術と言ってよいのである。フーコーは、これらの重要な特徴は、すべて、我々が真剣に体得すべき、近代ブルジョア階級の生の政治という統治権力の技術にも潜む質的内容なのであると語っている。

　1978年2月22日の講義の中で、フーコーは以下のように明確に指摘している。

　　統治性が政治に入りこんできたということが十六世紀末および十七〜十八世紀に近代国家への敷居をしるしづけたわけですが、その統治性の起源（origine）、統治性の形成される（formation）点、結晶化される（cristallisation）点、萌芽の生ずる点（point embryonnaire）はこちら側に探し求める必要があると思います。近代国家は、統治性が、実際に計算されよく考えられた政治的実践になったときに誕生したのだと思います[9]と。

　司牧制が近代ブルジョア国家を導き出したのであって、その反対ではないということである。ブルジョア的近代国家の萌芽点は、専制支配の土地から解放されたばかりの自由な個々人の内心を支配する司牧から生まれ、それは、ブルジョア階級が人間の存在を形作り生活の細節をフォーマティングした由来となり、そのミクロ権力技術の結晶は、すべてのブルジョア階級の「実際に計算されよく考えられた政治的実践」—非暴力であるのはもちろん暴力に反対しさえする、内心の自己認定と積極的生存を引き出す統治技術—を生み出したというわけである。

　　私は、この点において、フーコーは、この時、グラムシのヘゲモニー概

念の真の基礎をはじめて深く理解したものと思う。

ゆえに、フーコーは、17〜18世紀にブルジョア階級が伝統的な哲学に取って代えたものは、近代的な意味での政治的司牧であり、もう一つの別の哲学ではないと断言している。彼はかなり自信ありげに、これは、ブルジョア階級のキリスト教文化の一種の深層での継承であったと見ている。

ビデの解読によれば、フーコーがここで提起したものは、まったく新しい観点であり、「政治的司牧が神の像によって統治することはもはやない。なぜなら神自身は統治を行わないからだ。神は一般法則によってのみ君臨するが、理性はその法則に到達し、それによって統治するのである。統治は人間の責任と社会的理性の事柄になった」[10]とのことである。私は、このビデの解釈は根本的に誤りだと思う。なぜなら、法は依然として外部的強制であり、司牧は、剛性の司法体制よりずっとソフトな支配であり、かつ、それは、個人の内心の精神的情況構築の中から生まれ、その本質は、その導きの中にある自己認定だからである。このように大きな他者の存在が心中を占めることが、権力装置の前提なのだ。前述の生の権力についての議論の中で、我々は、司法権力・規律−訓練権力・生の権力の明確な境界を直接見て取ったはずである。

1978年3月8日の講義で、フーコーは、キリスト教の神性の司牧についての歴史的思考から、今日のブルジョア的政治統治術へと議論を移動し始めた。フーコーの指摘の第1点は、このような新しいブルジョア的政治統治術の本質は、「世界を司牧的に統治する」ことだという点である。このことは、近代ブルジョア階級の政治活動は、人間の内在の魂に救済を与えるようなものでなければならず、神と真理を通じて人々を心から臣服させるようなものでなければならないということを意味している。実際には、このことは、ブルジョア的啓蒙の幻境の真の意図でもあり、人々を鼓舞してやまない自由・民主・博愛が、神に取って代わったにすぎない。解放とは救済を得ることなのだ。ブルジョア階級は、今日のすべての人々が、心から願って彼らに従い民主の天国へ向かうようにと仕向けているのである。第2点は、ブルジョア的近代国家の中では、近代の「司牧政治」は、市民社会という自然性と国家理性という権力との関係に基づいたもの、およびこの両者の巧妙な交叉として表現されるという点である。以前の

伝統的な封建国家の鎧を登場させるような武威発揚と比べると、ブルジョア国家の理性を登場させる方式は、まさにそうしたものの不登場の形をとる。それは、市民社会の中の人と人との間の自発的な相互行動の関係を通じてのみ展開可能なものとなる。そこでは、内心から人を導く「司牧政治」が明らかに重要なものとなるのである。フーコーから見ると、近代的国家理性の本質は、「導く」タイプの司牧による調整的理念（idée régulatrice）であるという[11]。これは、まったく新しい統治術でもあるのだ。1979年に行ったある講演[12]の中で、フーコーは、「国家が集権的な集権型の政治形態（forme politique d'un pouvoir centralisé et centralisateur）であるなら、司牧（pastoral）を個別化する権力（pouvoir individualisateur）と呼びたい」[13]とし、かつこの新しい「司牧は複雑な技術（technique compliquée）であり、一定の文化水準が——牧者の側ばかりではなく群れの側にも——要求される」[14]と述べている。この羊群とは、分散している原子化された市民のことであり、この羊群に文化があってこそ、カントが言うように、理性的な啓蒙知に依拠した後に生まれる、新しい主体性の内心からの臣服が可能になるというのだ。この情況構築の次元で、啓蒙は、ブルジョア的理性の導きを聞かせる司牧の口笛となるというわけである。

　ここにおいて、我々は、フーコーによるカントの啓蒙の観念への批判の深意をさらに深く体得できるであろう。

1978年3月29日の講義の中で、フーコーは、このような国家理性による調整を「力関係を——競争関係における増強（croissances compétitives）を含意する競合空間における力関係を——操作・維持・配分・再建することになる」[15]ものと解釈している。この言葉は、フーコーが、政治領域を諸力の関係としてはじめて示したもので、機能的な諸力の関連の場（champ relationnel de forces）という言い方をはじめて使用したものでもある。だが、実際には、ここでの諸力の関係の現実的基礎は、資本主義的市民社会の中での、あの非人為的で自然な社会活動間の関係なのである。例えば、市場での価格競争と株式市場での諸力のギャンブル、社会生活の次元での顔のなく主体のない合力を担う公衆のようなものなのだ。このまったく新しい資本主義社会の存在に面しては、政治権力は、マクロの統治として表現することはできず、ミクロの調節の中での内政（police）に転変するほかはないのである。

2. 内政－「生活をより良いものにする」の中の隠された支配

　フーコーから見ると、このような資本主義的市民社会に存在するまったく新しい諸力の競争の場（champ concurrentiel de forces）に面した時、それに対応する統治技術―内政（police）だけがその作用を発揮できるという。先の部分の議論を通じて、我々は、この特殊な内政概念の基本的意味を初歩的に理解できたはずである。ここで、フーコーは、一歩進んで、内政を新しい統治技術の一つの「大いなるテクノロジー的総体（grand ensemble technologique）」[16]だと指摘している。このテクノロジー的総体とは、複雑な諸力の関係とその競争の場に浸透していく見えざる支配技術―内政を意味しているのだ。

　　この点を理解すれば、将来、我々は、現代のアガンベンやランシェールなどの生の政治批判中の内政に関する思想的情況構築の中に入って行くこともできるのだ。

　フーコーは、17世紀まで、policeは、公共権力機構や公共の事物を指すのに用いられてきたが、17世紀に到ると、その情況に変化が起きたと語っている。それは次のような変化だという。

　　17世紀以降、良い国家秩序（bon ordre）を維持しつつ国力を増強しうる諸手段の総体が「内政」と呼ばれはじめるのです。言い換えると、内政は、国内秩序（l'ordre intérieur）と国力増強のあいだに動的な（mobile）（とはいえ安定的で制御可能な）関係を打ち立てることを可能にする計算・技術（être le calcul et la technique）を指すようになるということです[17]と。

　フーコーはこう語っている―社会コントロールのマクロの次元では、内政は、「羊群式」の動態的な市民の相互行動の関係の場に向き合い、国家は、精緻な計算と統治方式を通じて自身の秩序のある方法を維持していくのだが、これは、新しい自然のような社会的存在状態における、ブルジョア的政治権力の秩序の特定の産物であると。

　　フーコーは、この講座の中でordreあるいはdésordresを145回使用している。

　フーコーは同時に、内政もまた一種の公共権力であるゆえに、一種の光り輝

く壮麗さ（splendeur）として表現される。なぜなら、それは、もともとの専制統治の闇を照らすからだとも語っている。

　フーコーは、一種の社会統治のテクノロジー総体として、ブルジョア階級の内政には３つの重要な次元があることを明らかにしている。１つ目は、「さまざまに異なる多様な力のあいだで均衡を維持するというもの」であり、２つ目は、上述の諸力の関係の調節で、３つ目は、統計学と結びついて「さまざまな力を増強し組みあわせ発展させるために設置されるこの手法の総体」だというのである[18]。そうである。このテクノロジーは、直接の力や作用ではなく、異なる諸力の間の均衡と調節を求めるものであり、かつ、ここから特定の社会の秩序構築と統治のプログラムを生み出そうとするものなのである。ゆえに、ここから、後のブルジョア階級特有の政治科学（polizeiwissenschaft）もゆっくりと生まれてきたわけである。必ず注意してほしい。この政治科学なるものは、伝統的な意味での政治学というわけではなく、「民主」・「自由」・「正義」・「司法の独立」・「三権分立」などのブルジョア的政治理論体系でもなく、生の政治の下での技術・科学の実際の運用としての統治テクノロジー総体なのだということを。

　もちろん、内政権力の運用の根本的な面は、おもに人口に向き合うミクロ的生存次元にある。伝統的な政治権力によるコントロールとは異なり、ブルジョア階級による生の内政の本質は、圧制や禁止ではなく、反対に正のエネルギーの解放に目を向けた司牧式の関心なのである。同様にこの点において、フーコーは、ブルジョア自由主義政治学の不当性も宣告しているのだ。

　　　フレイザーは正確にこの一点を見て取っている。彼女は、「フーコーが、近代権力は『生活的なもの』だと表明した時、それは否定的なものではなかった。これは、自由主義的政治学を外に排除するに足りる言葉だ。なぜなら、この種の政治学は、権力は本質的に圧制的だと仮定しているからであるフーコーの説明は、近代権力は否定的なものではなく「生産的」なものであることを立証している。これを見れば、権力が本質的に抑圧的だと仮定する解放運動的な政治を認めていないことには十分である」[19]と述べている。これは奇怪な言葉ではない。なぜなら、ブルジョア階級の見えざる匿名の権力は、まさに、往々にして非圧制的だからである。

　フーコーはこう語っている——まさにブルジョア階級の内政権力は、「人間を

真の臣民（l'homme pour vrai sujet）[①]―理性の啓蒙を経た後の個人主体―とする」のであり、かつ、できうる限り人間を「自分の専心する何ものかへ」向かわせるという存在状態に導こうとするのである。すなわち、人々に活動（activité）あるいは職業（occupation）を持たせようとするのだ[20]と。

ゆえに、就業問題は、すべてのブルジョア政府が関心を寄せる主要な問題となった。

同時に、フーコーは、職業というものは、人間を「完徳へと導く」―成功へと向かわせるものであり、このゆえにまた、国家が真に安定を獲得するための社会的基礎は、ブルジョア階級によるこうした隠された政治的司牧であるとも語っている。

こうした情況構築の中において、我々は、フーコーがここで打ち出した「内政が主体を構築する」という論理とアルチュセールの「イデオロギーの呼びかけが主体を構築する」という論理との差異を発見できるだろう。この両者に関しては、私は前者の方に心を寄せるものである。

フーコーは、政治的司牧は、ブルジョア的内政の中で「根本的な、最も特徴的な要素（des éléments fondamentaux et les plus caractéristique）」である。なぜなら、司牧制的な「内政の目標とは、国力の発展における示差的要素をなしうるものとしての人間たちの活動を制御し引き受けるということなのです」[21]と宣告している。彼は続けてこう具体的に語っている。

　　内政は、この人間の活動が実際に国家（国力とその発展）に統合されるために必要充分なすべてのもの道具として手に入れるのでなければならず、またひるがえって国家が、国家に実際に有用なしかたでその活動を刺激し、規定し、方向づけることができるようにするのでなければならない。一言で言えばここで問題となるのは、人間たちの活動から出発しその活動からなされる、国家にとっての有用性（l'utilité étatique）の創造なのです。職業・活動（人間たちのおこない）から出発して、公的有用性が（l'utilité publique）創造される。そこから出発してこそ、またそこでかくも近代的な内政という理念の核心（le cœur de cette idée si moderne de la police）をあ

[①]訳者注―― 中国語版では「主体」と翻訳されている。

第14章　司牧から内政へ―近代ブルジョア政治権力のミクロの統治メカニズム　697

らためて捉えてこそ、内政がこれ以降引き受けると主張する対象を容易に演繹できるようになると思うのです[22]と。

我々はここから次のことを見て取ることができよう―フーコーの眼中では、このブルジョア階級の内政という道具の目のつけどころは、伝統的な政治・法律領域から人々の具体的労働や生活の次元にすでに転換し、人々に幸福と安定した生活を与えるという、このようなもっとも基本的な内政の活動は、すでに国家にとっての有用性の基礎となったということを。

マクロ的で可視的な政治・法律の領域から見えざるミクロの生活次元への転移は、フーコーが不断に深化させた思考の情況構築の場である。それは、先には、規律－訓練権力の労働と生活の小事への浸透という論理になり、ここで開始されたのは、内政の日常生活に対するコントロールという論理になった―このことを発見するのは難しくないだろう。

ゆえに、伝統的な政治権力とは異なり、内政が掌握すべき内容に発生したこの逆転は、―皮肉な形で言えば―内政は、根本的にいわゆる「上部構造」にはもはやなく、下へ向かって庶民の日常的な生活へと向かっているという意味になる。統治を人々の熱愛する職業・創造的活動・行われているすべての小事の上に立たせるという統治方式。ここから、積極的で向上心のある公衆のための「公的有用性」を創造し、これによって、資本主義制度の永久の正当性と安定性を確保するというのだ。明らかに、市民社会における生活の安定と平和が、すべてのブルジョア王国の政治的安全の基礎だというわけである！

フーコーは、下へと向かう内政が掌握すべき内容は、具体的に言えば、以下のようなものであると指摘している。第1は人間たちの数（nombre）の管理、第2は人間たちの生活必需品（les nécessités de la vie）、第3は健康（santé）と一連の都市空間政策（politique de l'espace urbain）、第4は活動を見張ること（veiller à leur activité）あるいは職業に対する管理、第5は流通（circulation）の保証である。ここから、次のことを見て取るのは難しくないだろう―内政は、生活化した統治であり、ブルジョア階級の生の政治の中で最大の政治であり、まさに、伝統的な政治学の中ではもっとも統治の対象とは見なされないものであったということを。

同様にこの意味において、フーコーは、内政を「秩序（ordre）を確保し、

富（richesses）を集中的に増大させ、『一般的な』健康維持の諸条件を保証するメカニズムの集合体（ensemble）である」[23]と定義したこともある。

続けてフーコーはこう語っている。
　　つまるところ一般的に言って、内政が支配するべきもの、内政の根本的対象(objet fondamental)となるものは、いわば、人間たちの共存(coexistence)の形式全体です。人間たちがともに生きる（vivent ensemble）こと、再生産すること、それぞれにしかじかの量の食物必要とすること、呼吸して生きていくために空気を必要とすること、異なっているにせよ似通っているにせよさまざまな職に就いてそれぞれに労働するということ、流通空間のなかにいるということ、このようなたぐいの（当時の思弁に対しては時代錯誤な単語を用いるなら）社会性（socialité）こそ、内政が引き受けるべきとされている当のものです[24]と。

ブルジョア階級の新しい生の政治の技術は、人間の共同の生活と交流のミクロ的次元を統治するためのものにほかならないというわけである。内政の本質は、人々によりましに生きる（mieux que vivre）ことをなるべく感じさせようという試みであるのだ。よって、フーコーは、生産力の発展こそが第１の要務であり、これは、ブルジョア階級が標榜する社会進歩の根本であると語っている。
　　これについて、ブランショは、「病人たちが街路で死ぬことを、貧者たちが生き延びるために犯罪者となることを、放蕩者たちが悪しき風俗の眺めと嗜好を与えることによって信心深い人々を堕落させることを防ぐこと――これこそは嫌悪すべきことではなく、一つの進歩を、すなわちよき主人らがすばらしいと判断するであろう変革の出発点をしるすものである」[25]と批評したことがある。

フーコーの見方によれば、「内政とは、生きること、それもただ生きるというよりも少しばかりましに生きること、共存することが、国力の構成・増強にとって実際に有用になることを確保するさまざまな介入・手段（interventions et des moyens）からなる総体のことです」[26]ということになる。現在、各個人の幸福とブルジョア国家の繁栄とはすでに一緒のものになっており、個人の豊か

さと社会の安定とは関連している。よって、内政の真の基礎は、必然的に資本主義市場経済の良好な運行と人口の生存の健康な発展ということになるのだ。

3. 内政と市場の論理の隠された関係

1978年4月5日の講義の中で、フーコーは、ブルジョア階級の内政は、「生の良さ、保守、便宜、快適」[27]を目的としていると明確に打ち出している。同時に、フーコーは、この変化の真実の社会的基礎は、政治・法律次元での単純な権力モデルの転換ではなく、総体の資本主義制度下における社会の経済的生産様式の変革であるとも指摘している。これは、非常に深い指摘であろう。

　同様にここにおいて、フーコーのマルクスとの無意識の遭遇も再度見ることができよう。

フーコーは、内政権力とともに真に出現したのは、資本主義的な都市・商業・市場であると見ている。

　これも、彼が、マルクスに接近している政治経済学について再度議論し始めたことを意味している。私は、フーコーのブルジョア的政治統治に関する研究は、この時点で、マルクスの思想的方法の中へすでに回帰したと判断している。これは大きな論理の回帰であろう。それとともに、奇怪な理論的情況構築もここから出現してきた。すなわち、マルクス自身の登場しないマルクスの言説という情況構築である。私は、フレイザーも、正確にこの点を見て取っていることに気付いた。彼女は、フーコーが「時に生権力を階級支配と関連付けるとともに、それについてのマルクス主義経済学的な解釈を（少なくともその要素を）受け入れているように思われる」[28]と見ている。

フーコーは以下のように語っている。

　　内政と通商（commerce）、内政と都市の発達（développement urbain）、内政と広い意味でのあらゆる市場活動（activités de marché）の発達、このようなことすべてが、17世紀には（18世紀初頭まで）本質的な一つの単位をなすことになったと思います。16世紀以降に見られた市場経済（l'économie de marché）の発達、交換の増加・強化、通貨流通（la circulation monétaire）

の活発化といったことすべてが人間という存在を商品や交換価値（la marchandise et de la valeur d'échange）という抽象的な、純粋に表象的な（purement représentatif）世界（monde）へと入らせたように見えます[29]と。

この表述中のほとんどの用語は、完全にマルクスの政治経済学の術語であり、マルクスの切り開いた経済－政治の秩序構築の観念の言説でもある。しかし、フーコーはマルクスに言及せず、いわんや直接引用はしてはいない。

フーコーは、17世紀におけるブルジョア階級の内政権力の誕生の中でもっとも根本的な出来事は、まさに資本主義的「市場都市（ville-marché）が人間たちの生に対する国家介入のモデル（modèle de l'intervention étatique sur la vie des hommes）となったこと」[30]だと明確に指摘している。

フーコーは、この講義の中でmarchéおよびその相関語句を73回使用している。

ここで言及されている「人間の生に対する国家介入のモデル」とは、国家が、ある種の直接的な力を通じて人々の生活をコントロールするという意味ではなくて、国家が、経済を発展させ、かつ人々による財冨追求を鼓舞し、これによって、生活の改善・都市の発達・市場の繁栄・人民の安定した生活を保証し、ここから社会の根本的な安定を促進するということを指している。換言すれば、経済の発展こそが最大の政治だということなのだ！　これは、きわめて深い指摘であろう。直接の政治的統治から経済発展という生活に対する間接的支配へという転換は、ブルジョア階級の生の政治の中での最重要な転換なのである。

フーコーは、一歩進んで、ブルジョア国家があってこそ、はじめて経済生活に真に安楽が生まれたのだと分析している。ブルジョア階級は、人々の生活をよりよいものにし、その生存をより快適なものにしようとするなら、経済を発展させ財冨を蓄積するしかないことを充分に知っている。ゆえに、「内政と商品の優位とのあいだの根本的な結びつきというものがある」[31]というのだ。人々がもはや政治に関心を持たず、「自分の専心する何物かへ（à quelque chose qu'il s'adonne）」向かい、それによって、自身の生の存在を維持してこそ、はじめて社会は安定可能になるというわけである。これこそが、ブルジョア階級の賢いところである。すなわち、政治を語らぬという生の政治である。フーコーは

このような事態を以下のように説明している。

　　　国家の統治性（gouvernementalité de l'État）が、人間の実存と共存（l'existence et de la coexistence humaine）の微細な物質性に、交通と流通の微細な物質性にはじめて関心をもった（国家の統治性がこの存在と安楽（mieux-être）を、都市を通じて、また健康や道や市場や穀物や街道といった問題を通じてはじめて考慮に入れた）のは、このとき通商（commerce）が国力の主要な道具として（つまり国力増強を目標とする内政にとって特権的な対象として）考えられたからです[32]と。

　伝統的な政治権力のコントロール方式とは完全に異なり、経済活動を中心とすることは、ブルジョア階級による新しい統治性が、真に関心を寄せている現実的な立脚点である。ブルジョア国家は、以前の社会的コントロールの政治的情況からはじめて抜け出し、転じて交換と流通という市場メカニズムに興味を持つようになった。国家の内政の理想は、もはや直接的な外部的な政治の安定ではなく、生活をより良いものにするために非直接的に実現する内政なのである。ちょうど人々が一心により快適な生活や夢を追求している時こそが、自然性を持つ内政の実現の時でもあるのだ。このように人間の生に深く嵌め込まれた内政は、近代ブルジョア階級が、細心にフォーマティングし秩序構築した根本的な生の政治の安定装置となったのである。

　フーコーは、このような思考を率先して政治権力統治に導入したのは重農主義者であったと、歴史的に指摘している。

　　　我々は、フーコーが、つねに重農主義に高い歴史的地位を与えているのを感じ取るだろう。彼の筆下では、重農主義がはじめてブルジョア的政治世界を切り開いたということになる。フーコーのこのような態度は、通常の経済学説史の視角とはもちろんまったく異なるものである。

　第1に、重農主義が農業生産・農業の収穫・農民のよりよい生活を一番大切なものとした時、新しいタイプであるブルジョア階級の生の政治という情況構築の中での社会的内政が始まったという点である。

　　　これはフーコーによる歴史的位置づけである。

　第2に、重農主義が、「内政システムの主要な道具立て」は、自発的調整（réglementation）であり、「事物の流れによる自発的調整」[33]であると見ていた

点である。

　フーコーは、この講義の中でréglementationを39回使用している。我々は、この語彙の使用コンテキストにすでに慣れているはずである。

　第3に、重農主義が、人口はもはや財富自身ではなく、可変的な労働力の数量を提供するだけであり、人間は、これより内政機器の「自然の所与（donnée naturelle）」の中に入って行くと見ていた点である。

　第4に、もっとも重要な点であるが、重農主義が、人と人の間の自由貿易を提起し、ここから、個々人のよりよい快適な生存を目標とする、商業と生産活動にすべて任せるという自発的調整を誕生させた、つまり、資本主義的商品－市場という経済活動に基づき自動的に発生した社会的内政の調整機器を誕生させたという点である。

　この後、我々は、フーコーが同一の情況構築の中で、スミスの「見えざる手」に高い関心を寄せたことも見て取るだろう。

　フーコーは、重農主義の社会統治術が、我々を伝統的社会の統治とは異なる、新しい方向へ導いた、すなわち、「近代的・現代的な統治性のいくつかの基本線（des lignes fondamentales de la gouvememenntalité moderne et contemporaine）」[34]へと導いたともっぱら指摘している。フーコーの眼中では、ブルジョア階級のこの近代的統治性こそがもっとも重要なものであり、重商主義以前の早期資本主義社会の統治が「非自然性、いわば絶対的な人工性」の統治モデルの中にあった、あるいは「国家理性は人工主義」（artificialisme de cette raison d'État）」であったと言うならば、重農主義は、非人為的な自然性を、あるいは「別の自然性（autre naturalité）」[35]を突出させたということになるのである。
　この言葉は他者性の自然とも訳せるだろう。

　具体的に言うならば、それは、資本主義的市場経済の中で発生した非人為的な自動現象や自然の出来事に従う、「価格が上昇し、それを放置すると価格の上昇はおのずと停止するというあのメカニズムの自然性です。この自然性によって人口は高い賃金に引き寄せられ、その動きは賃金がおのずと安定するまで続く。そこで人口はもう増加しなくなる」[36]というような自然性のことにほかならない。これが、フーコーがとくに指摘したあの別の自然性—この他者性

の自然性は、通常の外部の自然世界とは異なり、社会生活の中で真に発生するほぼ自然のようなもの—なのである。フーコーは、それをこのように識別している。

> それは、世界の本性という意味に理解されるような自然自体のプロセス（des processus de la nature elle-même）ではなく、人間どうしの関係に特有の自然性（naturalité spécifique aux rapports des hommes entre eux）、人間たちが共住したりいっしょにいたり交換したり労働したり生産したりするときに自発的に(spontanément)起こることに特有の自然性なのです。〔……〕。つまりこれは、つまるところそれまで存在しなかったものの自然性です。これまで存在しなかった当のものとは、社会の自然性（la naturalité de la société）（そのように名指されていないにせよ、少なくともそのようなものとして思考・分析され始めているもの）のことです[37]と。

フーコーは、ここでたいへんいくつかの重要なキーワードを提出している。まず何よりも、自然界とは完全に異質な社会の自然性という言葉である。

我々は、先の議論の中で、フーコーが、それを直接ほぼ自然のようなもの（quasi naturel）として示したのをすでに見たはずである。フーコーは、ここでの議論の中でnaturalitéを40回あまり使用している。フーコーのこの認識は、マルクスに接近していると言うべきであろう。マルクスは、経済運行の過程を支配する主要な法則としての「価値法則」が、資本主義的生産過程の「ただ内的な法則として、個々の当事者にたいしては盲目な自然法則として、作用するだけであって、生産の社会的均衡を生産の偶然的な諸波動のただなかをつうじて維持する」[38]ことを発見したのである。マルクスの見解によれば、「偶然的でつねに動揺している私的諸労働の生産物の交換関係においては、その清算のため社会的に必要な労働時間が、たとえば家が頭上にくずれおちるばあいの重力の法則のように、規制的な自然法則として暴力的に自己を貫徹する」[39]ということになるのである。

フーコーは次のように語っている—この特殊な自然性は、一般的な自然物の自然的属性ではなく、商品－市場経済の中での人と人との活動の関係が作り上げることにより、同時に自発的に生まれる自然のような存在状態という意味での自然性である。それは、たとえば、上述のような市場での価格関係・人口増

長と賃金との関係・失業と労働力需要の自動調節関係・資本の利益最大化への自発的移動などであると。フーコーは、重農主義は、まさしくこのような社会的自然性をもって、もともとの社会統治における外部的関与の「人為性」に直接反対したと規定している。このような情況構築の次元のゆえに、フーコーは、資本主義の存在方式は、まさに重農主義においてはじめて真に形作られたと指摘しているように見える。

> フーコーが西洋政治思想史の伝統的な経路に従わず、古典的な経済学の発生学によりブルジョア政治の生成の奇跡を定義したことがわかるだろう。

フーコーは、ブルジョア政治経済学が示したこの新しい社会的自然性は、資本主義社会のまったく新しい社会統治の真の基礎にほかならないと見ているのである。そして、このことは、3つの重要な場の情況によって支えられているという。その1は、市民社会（la société civile）②の出現である。フーコーはこれを以下のように説明している。

> 人間たちに共通の実存に特有の自然性である社会（société comme étant）、これこそが経済学者（économistes）がつまるところ領域として、対象領域（champ d'objets）として、可能な分析領域として、知と介入の領域（domaine de savoir et d'intervention）として出現させようとしていたものです。人間に固有の自然性に特有な領域（champ spécifique de naturalité propre à l'homme）としての社会、これこそが市民社会（la société civile）と呼ばれることになるものを国家に対して出現させることになる当のものです[40]と。

ここでの経済学者とは、もちろん重農主義の出現後活躍した古典的な経済学者のことである。対象領域とは、社会生活中に出現してきた、人間の外部にあるように見える客観的存在―知と介入によって支えられる自然の運動という客観的な過程―であり、社会的存在の中に形成された特殊な自然性とその領域のことである。そして、このいわゆる自然の領域とは、経済運行中に自動的に調節される価値法則・人と物とのまた人と人との間の各種の力・活動関係の自動

---

②訳者注――原著では「公民社会」と訳されている。

第14章 司牧から内政へ—近代ブルジョア政治権力のミクロの統治メカニズム 705

的な秩序構築の場の情況のことである。
　　ここにおいて、我々は、フーコーの思想的情況構築における場の情況という意識を、強烈に感じ取るだろう。

だが、実際には、これは、ヘーゲル－マルクスの思想的情況構築における、社会表層上の商品生産－市場交換などの経済活動によって形成されたブルジョア社会[3]、あるいは、政治生活の表層上で形成された市民社会（la société civile）にほかならないのである。
　　フーコーは、この講座の中でsociété civileを15回使用している。

重要なことは、この自然の領域としてのブルジョア社会は、フーコーの眼中では、経済メカニズムによって生み出された社会的な権力統治の方式にほかならないということである。
　その２は、この社会的自然性を構築するもっとも重要な道具は知と科学であるという点である。
　　明らかに、フーコーは、この生の権力と同じ構造を持つ知と科学の言説にはここしばらくは言及していなかった。

だが、実際には、以前にすでに、フーコーは、新しい社会統治（介入）の実施方式は知であり、真に社会を統治するものは、もはや君主ではなく、科学的言説を掌握している専門家（「白衣をまとった連中」）だと指摘しているし、この講義でも、最後には「その科学的認識（connaissance scientifique）は良い統治（bon gouvernement）にはまったく不可欠です」[41]と語っているのである。フーコーの見方によると、資本主義社会の生活の中では、真の意味での統治者は、あの大統領や首相の類の道具としての顔ではなく、まさに資本が操縦する知識人－専門家なのだということになるのである。
　その３は、人口という要素が自動調節される自然現象として出現するという点である。この点については、フーコーは、先の議論の中で事実上すでに言及していたが、ここでは、経済活動と同様に資本主義的生産様式においては、人口は「自然的プロセスに実際に従っている（obéissent à des processus naturels）」[42]

---

[3]訳者注── 原著では「市民社会」と訳されている。

と語っている。

　非人為性が構築したブルジョア社会（市民社会）・価値中立の科学と知・自然に調節される人口、この３つの重要な場の情況の存在が、ブルジョア階級の新しい社会的自然性を突然出現させ、かつ、資本主義制度のためのまったく新しい社会統治の真の基礎を生み出したというわけである。

[注]

1　ミシェル・フーコー、高桑和巳訳『安全・領土・人口　コレージュ・ド・フランス講義一九七七——一九七八年度』（筑摩書房、2007年）151頁注＊
2　同上153頁・156頁。
3　ミシェル・フーコー、田村俶訳『狂気の歴史』（新潮社、1975年）71頁。
4　フーコー『安全・領土・人口』183頁。
5　同上154頁。
6　同上155頁。
7　同上158頁。
8　同上184頁。
9　同上205頁。
10　Jacques Bidet, "Foucault et le libéralisme : Rationalité, révolution, résistance," Actuel Marx 40 (2006/2): 179.
11　『安全・領土・人口』356頁。
12　1979年10月10日と16日、フーコーは、スタンフォード大学のタンナー・レクチャーの招きで「全体的なものと個的なもの」と題する講演を行った。
13　ミシェル・フーコー、北山晴一訳「全体的なものと個的なもの—政治的理性批判に向けて」『ミシェル・フーコー、コレクション６　生政治・統治』（筑摩書房、2006年）308頁。訳文は変更した。
14　同上333頁。訳文は変更した。
15　フーコー『安全・領土・人口』388頁。
16　同上同頁。
17　同上389頁。
18　同上390〜391頁。
19　Nancy Fraser, "Foucault on Modern Power: Empirical Insights and Normative Confusions," in Michel Foucault Critical Assessments, ed. Barry Smart (London: Routledge, 1995), 5:133.
20　フーコー前掲書398〜399頁。
21　同上398〜399頁。

22 同上399〜400頁。
23 ミシェル・フーコー、中島ひかる訳「十八世紀における健康政策」『ミシェル・フーコー思考集成VI　1976-1977　セクシュアリテ／真理』(筑摩書房、2000年) 16頁。訳文は変更した。
24 フーコー『安全・領土・人口』403頁。
25 ブランショ・守中高明訳「ミシェル・フーコー　わが想像のうちの」『他処からやってきた声――デ・フォレ、シャール、ツェラン、フーコー』(以文社、2013年) 134頁。
26 フーコー前掲書404頁。
27 同上416頁。
28 Fraser, Op. Cit., p.144.
29 フーコー前掲書420頁。
30 同上同頁。
31 同上同頁。
32 同上420〜421頁。
33 同上426頁。
34 同上430頁。
35 同上432頁。
36 同上同頁。
37 同上同頁。
38 『マルクス・エンゲルス全集』(大月書店)第25巻b『資本論』第3巻第2分冊第7篇第51章1125頁。
39 カール・マルクス、長谷部文雄訳『世界の大思想18　マルクス　資本論1』(河出書房、1964年) 69頁〔大月版全集第23巻a『資本論』第1巻第1分冊第1章第4節101頁も参照〕。
40 フーコー前掲書432頁。
41 同上433頁。
42 同上435頁。

第15章　自由主義という幻像－市場と市民社会の統治技術

　1978～1979年に行われた『生政治の誕生』の講義の中で、フーコーは、資本主義社会の統治実践の現実的基礎は、18世紀以来生まれてきた政治経済学であり、その真の対象は、経済の自発的な活動の中で生まれてきた、統治実践の中に構築された自然性であると指摘している。自然性とは、実際には商品－市場経済中の生産－流通における自動調節のことにほかならない。資本主義的市場経済中のあの無人に見える自動的活動は、無意識のうちに一種の新たな客観的真実を生み出し、それが自動的に形成した「真実の言葉」の場所こそが、ブルジョア社会の生の政治の統治の現実的基礎だというのである。フーコーは、まさにホモ・エコノミクスと無主体性という市民社会の二重の仮定の中で、ブルジョア自由主義という社会統治術が生まれたという。私の判断によれば、このことは、晩期のフーコーがあらためてマルスクスへ帰ったことを示す、きわめて重要な思想的観念の転変であると思う。

1. マルクスへの回帰―社会統治実践の映像としての政治経済学

　1979年1月10日、フーコーは、『生政治の誕生』と題する講義を始めた[1]。開講にあたって、彼は、まず、自身の政治哲学の研究方法の独特なところを突出させて釈明している。フーコーは、自分がブルジョア階級による生の政治の「統治術」（« Art de gouverner »）だと指摘したものは、実際上は、伝統的な政治学中の理論・概念体系に属するものではなく、自覚的に実施された、ある種の理想化された科学的管理方式でもなく、資本主義社会の存在の中で真に発生した現実の統治実践（pratique gouvernementale）なのであると語っている。

　フーコーは、この講義の中でpratique（実践）を180回使用している。この語彙は、晩期のフーコーのたいへん重要な哲学的言説のキーワードになっている。これもまた、フーコーが徹底的に現実へ向かうという理論傾向を反映している。

　フーコーはその方法を以下のように語っている。

　　これはもちろん、最初の基本的な所与（objet premier, primitif, tout donné）と見なされているいくつかの観念、たとえば、主権者（souverain）、主権（souveraineté）、人民、臣民（sujets）、国家、市民社会（société civile）などといった諸観念を、はっきりとしたやり方で脇に置いておくということです。普遍的（universaux）とされるそうした観念を、社会学的分析、歴史的分析は、統治実践を説明するために実際に使用します。私の方は、それとまさしく反対のことをやりたいと思っています。すなわち、与えられるままの実践、ただし、自らを反省的に考察し自らを合理化するようなものとしての実践から出発して、国家や社会、主権者や臣民など、その地位についてもちろん問いかける必要のあるいくつかのものが、実際にどのようにして構成されうるのか（effectivement se constituer）を見ていきたいということです[2]と。

　明らかに、これはたいへん重要な方法論に関する表述であり、フーコーによるマルクスの実践的唯物論の方法への公開の挨拶でもある。抽象的な政治学・社会学・歴史学の概念から出発するのではなく、先に主権者・臣民・市民社会を設定するのでもなく、ブルジョア階級の17〜18世紀以降の政治の統治実践から出発する、すなわち統治と統治対象自身の具体的構築と実際から出発して、現実中の統治に直接向き合うということである——これは、マルクスのいないマルクスという思考論理と言える。

　　フーコー自身の言葉によると「隠れマルクス主義」とのことである。カーツワイルの言葉を借りれば、「フーコーは密かにマルクス主義の考え方を取り入れた」[3]ということになる。ただし、その限定付けをしなければならないだろう。このことは、晩期のフーコーがマルクスにあらためて回帰したことでもあると同時に、彼自身の前期の『言葉と物』などのテキスト中の観念論的な方法論への自省でもあるのだ。この意味においては、シェリドンが、フーコーは「社会・経済・政治諸形態の20世紀における分析での『史的唯物論』の有用性につねに疑問を呈していた」[4]と指摘したのは、明らかに不正確である。なぜなら、シェリダンは、フーコーの、マルクスへの表面的な拒否から史的唯物論の思想的情況構築内部への回帰という歴史的出来事を無視しているからである。

　彼のさらに深い自覚的な方法論の概括を見ることができる。それは以下のよ

うなものである。

　普遍的概念（universaux）から出発してそこから具体的な諸現象（phénomènes concrets）を演繹する代わりに、というよりもむしろ、いくつかの具体的実践の理解のために必要な格子（grille d'intelligibilité）とみなされた普遍概念から出発する代わりに、私は、そうした具体的な実践から出発し、普遍概念をそうした実践の格子（grille de ces pratiques）に通してみたいと考えている[5]—このような概括である。

　そのとおりである。この概括は、マルクスの1845年後の史的唯物論の言説とまさに一つのものかのようである。フーコーが社会の現実や歴史の深部に深く入って行くたびに、彼は、自覚的であれ無自覚であれ史的唯物論に近づいていくのだ—このことを感じ取るのは実際にも難しくないだろう。これは、晩期のフーコーの思想的情況構築の方法の真の本質でもあるのだ。私は、ここでの「理解のために必要な格子とみなされた普遍的概念」とは、まさに、かなり前にフーコーがカンギレムとアルチュセールからヒントを得てそれを改造したあのエピステーメーではないかと推測している。だが、いまや観念的な文化の中のエピステーメーは、具体的な社会実践を制約する（「必ず守らなければならない」）前提ではなくなり、転倒された形式構築—実践の格子が普遍的観念を決定する！—となっているのである。

　実践の格子（grille de ces pratiques）は、きわめて重要な概念である。それは、まさにフーコーが、その研究の中で、マルクス－レーニンが発見した実践の秩序構築の構造－論理の情況構築の次元にすでに達していることを示しているのだ。さらに遡れば、それは、おそらく、以前彼が知の文化領域で発見したエピステーメーによる制約作用の真の現実的基礎でもあるのだろう。「実践の格子」は、フーコーの実践的唯物論の観念を説明しているばかりでなく、その時点で彼が到達した、実践活動の構築と脱-構築を伴う機能的な構造への自覚的認識をも示している。すなわち、実践活動の構造が構築した秩序のある格子は、すべての社会における知の格子の現実的基礎だという認識である。ゆえに、フーコーは、歴史に真に向き合ったこの時に、まさに「普遍概念は存在しない（l'inexistence des universaux）」[6]という重要な決断から出発したのである。彼はこう語っている—これは、一切の史的観念論を拒絶する前提であり、一切の架

設性の普遍的概念がすべて否定されれば、人々は、「狂気」・「異常な人」・「性」が永遠の存在であるか否かを、西洋社会の中でかつて中世に存在していた政治統治が今日も依然として存在し続けているか否かを、自身の目で見て、そこではじめて、今日の資本主義という現実的社会存在の中に、畢竟どんな政治が生まれたのかを判断できるようになるのだと。歴史研究に従事するには、先験的な概念や抽象的で非歴史的な普遍的概念を先に立ててはならず、現実の歴史－社会実践を先に立てなければならないということであろう。これは、フーコーが我々に与えてくれた方法論上の重要な警告である！

　興味深いことに、フーコーは、ここでは「考古学」とか「系譜学」とかの類の標識を使用してない。過去の長い期間、我々の歴史研究は、まさに、表面的には史的唯物論の旗を打ち振りながら、反対にマルクスのいくつかの歴史的な言説を普遍化して、実質上は反マルクス主義的な歴史の枠組み観を作り上げてきたのである。このことは、真剣に反省すべきことであろう。

このことは、なぜ、フーコーが、狂気の社会・歴史の文化的構築性を説明し、性別およびそれに対する支配という統治の本質を識別できたのか、また、なぜ、彼が、ブルジョア的啓蒙運動以来のすべての政治学の言説を排除して、資本主義社会がコントロールする現実の中から、「普遍的概念」や美しいスローガン（虚言）の下に隠蔽されている、社会統治－ポリス〔内政〕を本質とするブルジョア階級の生の政治の秩序構築を、直接捉えることができたかの根本的な理由にもなっている。この点においては、フーコーは本当にたいしたものである。

また、上述の歴史研究方法をめぐって、フーコーは再度我々に警告を与えてくれている。すなわち、ブルジョア政治学の伝統である民主・自由・正義の類の虚偽の普遍的概念から出発してはならず、生き生きとした社会実践の中に真に深く入り込んでこそ、はじめて資本主義社会運転の秘密のメカニズムを把握できると。彼にあっては、上述の実践とは、ブルジョア古典経済学が指摘したまったく新しい社会の経済活動にほかならないのである。フーコーは、一切は、18世紀以来の資本主義における現実経済の実践から始まったと語っているが、こうした発言もまた、この時のフーコーがマルクス特有の批判的な思想的情況構築の次元に回帰していたことを物語っている。

　我々は、フーコーの分析が、まず、政治経済学（économie politique）という言葉の歴史的生成から出発していることを見て取ることができる。彼は、この

政治経済学という言葉がブルジョアイデオロギーの中に出現し始めた時、それは、「富の生産と流通に関する厳密で制限されたある種の分析」をも指し、広義には「一国の繁栄を保証できるような統治の方法（méthode de gouvernement）のすべて」[7]という意味にもなっており、当時の『百科全書』（Encyclopédie）の政治経済学に関する項目の中では、それは、「一つの社会における諸権力の組織化、配分（distribution）、制限についての一般的考察のようなもの」[8]も指していたと語っている。ゆえに、フーコーは、「政治経済学によって根本的に、統治理性（raison gouvernementale）の自己制限を保証することになったのです」[9]と判定しているのである。

　フーコーは、この講義の中でgouvernementを627回使用している。明らかに、当時のフーコーの思想の中でも重要な高使用頻度の語彙である。

　明らかにわかるように、フーコーの意図は、政治経済学というこの専門的な経済学のカテゴリーを、その専門の境界から飛び出させ、さらに広い理解の領域へと導いて、しかる後、自身の政治哲学の情況構築の中に植え込ませようとするものである。

　この間には、明らかに意図的な拡大解釈の要素がある。ただ、私は、こうした情況構築の支点という意味では、アガンベンのéconomieについての再情況構築には、一定の正当性があると思う。アガンベンの後の解釈によれば、économieは、古代ギリシアのアリストテレスのoikonomia（家政学）に始まり、中世に到っても、このoikonomiaは、神学の領域では依然として比較的広く使用されていたが、その意味上の情況構築は、もはや家政学ではなくなり、神の不在あるいは王の空位という情況構築における神の統治になった[10]とのことである。アガンベンの『王国と栄光』（2007）の中での解釈によると、フーコーがここで使用しているéconomieは、通常の近代的な意味での経済ではなく、特別に設定された神の統治の意味であり、それは、ブルジョア階級の生の政治の中の一種のまったく新しい権力の展開である[11]という。これには一定の道理があるだろう。

　もちろん、フーコーも自己弁護ができるだろう。なぜなら、こうしたやり方は、まさに現実の資本主義社会の政治実践を基礎としているからである。第1に、彼はこう語っている―18世紀中期に生まれ始めた政治経済学は、国家の外

部に発展してきた法律思想とは異なり、少なくともその当初の意図としては、国家理性に対抗したり制限を加えたりするためのものではなく、ちょうど「国家理性が統治術に対して定めた目標の枠組そのもの中で形成され」たものであり、「国家を豊かにすること」や「人口と物資とを、同時に、適切に調節して増大させること」を目標にするものであった[12]と。伝統的な統治と異なり、ブルジョア国家の統治の重心は、当初から財富の蓄積と物資の増大に転換しており、民主的政治―法律は、このような「国富論」の金魚の糞にすぎないというわけである。これは、新しい断言であろう。

　フーコーのここでの論理に従うと、『国富論』を書いたスミスが、ブルジョア政治学の真の始祖になる。そして、こうした情況構築に従うと、『国富論』は、『道徳情操論』と同じもの、あるいは前者は後者の内部的基礎ということになるだろう。

　第2に、政治経済学の中に出現した第1番目の理論－重農主義は、経済活動の自然性の上で専制権力に対する直接の制限を提起したという点である。すなわち、ブルジョア階級のまったく新しい政治権力は、自身の持つこの自然性という制限以外は、外部的制約がない権力、外部的抑制がない権力、「自分自身以外のものから境界を課されない」権力でなければならないというのである。
　また、フーコーの重農主義への偏愛が見られる。この外部的強力としての「自分自身以外のもの」とは、可視的な専制権力のことである。

　フーコーは、これは、経済活動中に打ち出された重要な政治的断言であると語っている。そして、彼はこう続けている―まさにこのような新しいタイプの自然性に基づく政治権力こそが、はじめて真に人為的な封建専制を終わらせるのであるが、このような専制は政治領域に送られてそこで終結されるのではなく、新しいブルジョア的経済活動の中でその構造的な礎石を抜き取られたのだと。こうして、政治経済学は、ついに国王・貴族の真の断頭台になったというのである！　これはきわめて深い判断であろう。
　第3は、政治経済学の歴史的確立に関わる問題は、人々が通常認識しているような「人間の自然本性 (nature humaine)」の中の「天賦の人権 (droits antérieurs)」とかに基づく問題ではなく、資本主義社会における生の政治の統治実践の産物だという点である。フーコーは、政治経済学の論理は、「統治性が行使された

その後で現実にどのような効果がもたらされるのかという問い」であり、いわゆる天然に存在する人間の超歴史的な「根源的権利（droits originaires）」とは何かという問いではない[13]と提起している。ブルジョア階級のいわゆる天賦の権利とは、実際には、自己利益を個々人の普遍的利益や普遍的に適用できる価値と強弁したものなのだというわけである。これは正しいだろう。

第4は、政治経済学は、純粋な学術理論ではなく、18世紀の資本主義社会の統治の中で「必然的に生じる諸々の現象、プロセス、規則性の存在」[14]の論理的映像だという点である。

これは、ほとんどマルクスの言説である。

では、社会統治の中の規則性とは何か。フーコーは以下のように詳細に分析している。

> 政治経済学が発見するもの、それは、統治性の行使以前（antérieurs）の自然権ではありません。政治経済学が発見するのは、統治実践そのものに固有のある種の自然性（certaine naturalité）です。統治行動の諸対象に固有の一つの自然本性があるということ。そうした統治行動そのものに固有の一つの自然本性があるということ。そして政治経済学が研究することになるのは、こうした自然本性です[15]と。

ブルジョア社会の基礎である自然性は、けっして天然のものではなく、特定の経済運行の中に発生する自然性のようなものだというのである。

我々はここで、フーコーのここでの観点は、一つ一つすべてブルジョア階級の弁護者が鼓吹する、先在的な自然の秩序や天賦の権利に直接対峙しているものだということを、見て取ったわけである。彼から見ると、政治経済学の真の対象は、統治実践中に構築された自然性であり、この自然性なるものは、人間の本性でもなく、「権力の行使がその影響力を及ぼしてはならぬもの、そうすることが不当であるものとして取って置かれるような根源的区域（région réservée et originaire）」でもなくて、「統治性の行使そのものの下で、それを貫き、そのなかを流れる何か」なのである。例えば、経済学者は、「人口がより高い賃金に向かって移動するのは自然法則である」と説明するが、この自然法則という言葉が指すものは、社会生活の中に発生する非人為的な自然法則のことであり、資本が無形のうちに形作った一種の他者性の自然法則だというわけである。

2. 市場─統制的公正から自主交渉の真の効用へ

　1979年1月17日の講義の中で、フーコーは、18世紀の西洋資本主義社会の中でのみ、「定式化され、考察され、明確な形を取り始めたように思われる新たな統治術」は、「国家理性の発展の曲線の変曲点（point d'inflexion）」[16]だと語っている。なぜこんなことを言うのだろうか。なぜなら、ブルジョア階級の生の政治の統治技術のメカニズム・効果・原理の上で、それがすべて新方式であり、その本質が「つましい統治（gouvernement frugal）」[17]と表現されるからである。先の議論の中で、我々は、このような統治権力に対する秩序構築が、政治経済学に反映されている資本主義の経済運行法則、すなわち人為的な干与を排する自然性のようなものに由来するということを、すでに知ったはずである。しかし、ここでのフーコーは、ブルジョア階級のこのような新しい統治術の別の重要な特質が、真理（vérité）あるいは「真理の形成の場所およびメカニズム（mécanisme de formation de vérité）」であることを、我々に一歩進んで知るようにと仕向けている。

　　注意してほしい。この真理概念は、伝統的な認識論中のカテゴリーではなく、ブルジョア階級の生の政治学の中での新しいカテゴリーなのである。

　かつ、フーコーは、この経済生活を構築しフォーマティングする真理の場所（lieu de vérité）は、経済学者の頭のなかに生まれるのではなく、客観的な経済的交通によって構築される市場（marché）で生まれるのだと語っている[18]。

　　これは、やはりマルクスのあの現実から出発するという論理と同一であり、フーコーの場の情況の思想が、言説的出来事や権力の場から、資本主義特有の経済の相互運動関係という場の情況─市場へと向かってきたことを示すものでもある。すべてはここから始まるのである。中国語では、市は、売買または売買を行う場所を指しており、場という漢字は、土と易からなっており易は音を表している。「易」の意味は「散開」「ばら撒き」であり、「土」と一緒になって「穀物を日に晒すための土地」を示す。古代中国では、市場という言葉は、古代人が定時あるいは固定した地点で交易をおこなう場所の名称に由来し、売買人双方が交易を行う場所を指していた。だが、西洋資本主義の商品経済の発展後、市場は一つの交易空間を

指すのではなく、商品交換行動が構築する自主的な組織の秩序構築や、自主交渉による経済的形式構築のプロセスをとくに指すようになった。スミスとマルクスは、それぞれ「見えざる手」、価値法則という言葉を用いて、このプロセスの客観的な自主交渉によるメカニズムを説明したわけである。

　政治哲学の角度から見れば、フーコーのこのような言説は理解しがたいだろう。国家の統治術について考察しているのに、なぜ先に真理の問題を提出し、しかる後、また現実の市場の問題に跳躍するのか、彼が言いたいことは、到底いかなるものかと。だが、我々は、フーコーのここでの国家の統治術についての説明の枠組みが、伝統的な政治学の議論を完全に超越したものであるのを見て取った。彼は確実に、マルクスのように、資本主義的な経済活動の内部進行から社会統治の構造的転換を説明しているのである。
　さらに徹底的に言えば、エピステーメーによる断絶とは異なり、これは、社会実践の秩序構築構造の断裂を主とする転換だと言えよう。

　フーコーはこう訴えている―市場は、西洋社会ではかなり早くから出現していた。中世から17世紀に到るまでずっとそれは存在していた。しかし、それは、すべて「正義の場所（lieu de justice）」であり、公正価格から配分的正義の場所であった。すべて人為的統制が、ずっと「不正行為の不在（absence de fraude）」を保証してきており、それによって法陳述（juridiction）が維持されてきた[19]と。しかし、フーコーは、18世紀半ばに、資本主義的市場は、もはや人為的統制下の法陳述の場所ではなくなり、重要な転換がこの時出現したと指摘している。すなわち、資本主義的商品－市場経済の中で、以下のような変化が生まれたというのである。

　　市場は、一方において、「自然的」メカニズム（mécanismes « naturels »）に従うもの、それに従うべきものとして現れました。「自然的」メカニズムとはつまり、自然発生的なメカニズム（mécanismes spontanés）のこと、その複雑さ（complexité）ゆえにそれを把握することが不可能であるにせよ、それを変容させようと企図すればそれを変質させ変性させてしまわざるをえないほどに自然発生的であるようなメカニズムのことです[20]と。

　ここでは、フーコーは、このような転換の背景について詳細な説明をしてい

るわけではいないが、上述の議論から、これが、まさに重農主義以降に始まった経済学の主張であり、ここで引用されている「自然性」が指すものは、実際には、商品－市場経済中の生産－流通の自動調節であることはわかるだろう。

この自動性の実質は、スミスが指摘した、市場活動に潜むあの「見えざる手」とマルクス筆下のあの価値法則にほかならない。しかし、フーコーは、やはりマルクスの登場を直接承認したくはないようである。

フーコーは、同様にここで、人々の主観的認定とは異なる真理形式、すなわち、経済活動の中で客観的に発生する、人間の外部にあるような自然的な真理（vérité naturelle）が生まれたととくに宣告している。

これもまた、上述のあのたいへん唐突な「真理の形成の場所およびメカニズム」が、認識論的な意味での真理ではなく、市場経済で運行している自然的な真理であることを、再度証明している。

フーコーは、まさにこの自然的真理が、すべてのブルジョア階級の生の政治を理解するための真の秘密を暴露するのだと、示そうとしているわけである。

フーコーは以下のように形容している―自由な市場経済の活動の中では、有形の管理下の「公正な市場」で人為的に制定された「不正行為の不在」の価格を受け入れるというようなことを、人々はもはやしなくなり、いかなる人物の干渉も拒否し、市場の自動運行に任せるようになった。そして、こうした経済活動によって自動的にある種の価格が生まれた（ボアギルベールはこれを「自然価格」と呼んでいる）。これは、議論の余地のない「自然で低廉で正常な価格」であり、それは、自動的にかつ客観的に突然出現する形で「生産コストと需要の拡がりとのあいだにあるある種の適合した関係 (rapport adéquat) を表現する」と。この非人為的、かつ、市場自身によって構成された自動的で客観的な適当な真実こそが自然的な真理にほかならないというわけである！　この問題のキーポイントは、この適当性の真実が、命名されるものでもなく公正だと指摘されるものではなく、市場経済の主体のギャンブル的な相互行動の過程の中で、自動的に自然に生まれる自主交渉による真実だということにある。フーコーは、このことについて「市場が一つの真理のようなものを明らかにすべきもの (révélateur) とな」り、「価格は真理の一つの基準 (étalon de vérité) を構成」して、「それによって統治実践のうちに間違いのない実践と間違った実践とを

識別できるようになる」[21]と指摘している。

ここまで読み進めると、マルクスの『フォイエルバッハに関するテーゼ』の真理の標準についての言い方をただちに思い起こすだろう。フーコーは、それを市場経済の実践の中に具体化したにすぎない。しかし、フーコーのここでの市場経済の実践とは、コシークの論理的情況構築の中の偽の実践である[22]。このような実践が識別した「正確と誤り」は、ブルジョア階級の利益の証明—偽たることの証明の軸心なのである。これは、まさにフーコーの自主交渉の真理に関する情況構築のもっとも深いところであろう。

フーコーは続けてこう語っている。

市場は、それが交換を通じて生産、必要、供給、需要、価値、価格などを結びつける限りにおいて、真理陳述の場所（lieu de véridiction）を構成するということ。つまり市場は、統治実践を真であるとしたり偽であるとしたりする場所（lieu de vérification-falsification）を構成するということです。よい（bon）統治とはもはやただ単に正義にもとづいて機能する統治のことではない、という事実をもたらすのは、したがって、市場です。よい統治とはもはやただ単に公正な統治のことではない、という事実をもたらすのは、市場です。統治がよい統治となりうるためにはいまや真理（vérité）にもとづいて機能しなければならなくなる、という事実をもたらすのは、市場なのです[23]と。

フーコーの説明によると、ブルジョア階級の生の政治の統治実践の中での正確と錯誤の判断は、人為的に制定された公正な基準（ウェーバーの価値合理性に近い）によるものではもはやなく、まさに、市場の自主交渉の真実に基づく、人間が直接干与しない真偽の基準（ウェーバーの価値中立性と形式合理性に近い）になり、市場における無人の自動活動は、毎時毎分無意識のうちに新しい客観的な「真実性」を構築しており、この自動的に構築された真理陳述の場所が、ブルジョア階級の社会統治の現実的基礎となったというわけである。

市場の中には、さらに、政治権力のギャンブルと世論（今日のネット世論も）の中での客観的な自主交渉式の形式構築もある。

第15章　自由主義という幻像－市場と市民社会の統治技術　719

　これは、まったく新しい政治の基礎であるが、フーコーは、同様にこの新しい情況構築の意味域おいて、以下のような状況が生まれたと語っている。
　　市場は、統治実践に対して真なること（vrai）を語らなければならないということ、真理陳述という市場のこの役割こそが、以後、ただ単に二次的なやり方（façon simplement）によって、市場が連結されるべき法陳述のメカニズム（mécanismes juridictionnels）もしくはメカニズムの不在を命じ、指図し、指示することになるのです[24]と。

　これは、たいへん重要な記述である。フーコーは、ブルジョア的社会統治の中では、実践の真理は、先験的な理論・概念や人為的な主体などによってもはや指示されるものではなく、市場が自然に語った真の言葉であり、それは自然の真実になるのだと主張している。まさにこのような自然の真実こそが、社会統治の正誤、真偽の判断のメカニズムを生み出すのだというのである。市場に任せること、このことこそが、すべてのブルジョア階級の社会コントロールの要諦だというわけである。
　　これについてのビデの批評には深いものがある。彼は、実際には〔新自由主義が今までは異なる形で立てた問題とは〕「市場を自然的事実としてではなく、実現かつ普遍化すべき目標として取り扱うこと。すなわち、社会が市場になるという「社会計画」である。国家は具体的な目標の追求、措置や緩和策を通じた行動を止めて、市場というゲームのルールを定めることしかせず、経済アクターの活動を放任するのだ」[25]と述べている。ゲーム・ギャンブルでの勝敗は客観的に生まれ、勝者は、効用という場の情況では常に正しいのである。

　これにより、フーコーは、すべてのブルジョア階級の真理観を異質な本質を無意識のうちに説明しているのである。
　　一定の意味において、これは、すべての認識論上の重要な革命とも言えるだろう。
　彼は、ブルジョア階級は、まったく新しい真理の基準を提供し、さらに進んでは、新しい真理陳述の政体を生み出したと見ているのだ。このような真理の歴史あるいは系譜を真剣に考察すれば、それが、誤謬を消去することを通じてあらためて真実を再構築したのでなく、ある種の相次ぐ連続性する合理性を

構築したのでもなく、イデオロギーの断絶によって科学―この真理陳述の政体の真の基礎―を得たのでもなく、その真理の基準なるものは、市場の統治実践と客観的に対応―銭儲けこそが真理。有用性こそが真理―できただけであったことを発見できるだろう。

もちろん、フーコーは、市場のほかに、ブルジョア階級の新しい統治理性の現実的基点には、また二つの定着点（point d'ancrage）があると指摘している。すなわち「公権力の練り上げであり、有用性の原理（principe d'utilité）にもとづく介入の測定」[26]である。

有用性は真である―こうした実用主義は近代ブルジョアイデオロギーの核心であろう。

フーコーがここで指摘している市場と対応する有用性の原理とは、実際には、多重の利害（intérêts）の動きに対する、市場を通じての自動的な操作と調節のことにほかならない。なぜなら、ブルジョア階級の社会統治は、「もはや、事物や人々に介入する必要がなくなり、それらに対して直接的に影響力を行使しなくなり」、「統治は、利害関心にのみ関心を払う」[27]というような自動調節に取って代わられたからである。

もちろん、フーコーは、ケインズ革命およびその後に出現した国家独占資本主義における深い変化を知らなかったわけではない。だが、彼は、ここでは依然として、市場と効用に由来する、ブルジョア的社会統治の中のこのような本質に関する観点を堅持していたのである。

フーコーはこう結論付けている。

その体制における統治、それは結局のところ、もはや臣民や臣民を通じて支配下に置かれた事物に対して行使される必要もない何かです。統治は今や、利害関心の現象的共和国（république phénoménale des intérêts）と呼びうるものに対して行使されることになります。自由主義（libéralisme）の根本的な問い、それは、交換こそが事物の真の価値を決定するような一つの社会において、統治および統治のあらゆる行動の有用性の価値とはいったいどのようなものか、という問いです[28]と。

ここから新しい思想的情況構築が導かれている。すなわちブルジョアイデオ

ロギーの核心である**自由主義**の本質である。フーコーによると、その本質とは、彼らが鼓吹する「自由」・「平等」・「博愛」という理想の実現というわけではなく、現実の社会統治中の有用性ということになる。なぜこう言えるのか。以下でフーコーの分析を見ることにしよう。

3. 自由主義―ブルジョア的社会統治術の本質

1979年1月24日の講義の中で、フーコーは、再度ブルジョア階級が標榜する自由主義について直接議論している。彼から見ると、**自由主義**は、理論的観点あるいは美しいスローガンなどではなくて、ブルジョア階級の生の政治の中の新しい統治術の本質だということになる。これは驚くべき断言であり発見であろう。では、それは、いかなる意味において発見と言えるのだろうか。フーコーは、自分がここで語っている統治術としての自由主義は、明らかに、経済学あるいは政治学学説の厳格な意味におけるものではなく、資本主義的な社会統治の現実に着目したものであると語っている。

　　現実からの出発という態度は、フーコーがこの時終始堅持していた、ある種の思考論理の底線に真になったと言える。

彼は、自分が指摘した自由主義的統治技術の特徴は、多くの場合自然主義（naturalisme）として表現されると見ている[29]。

　　自由は主体性に関わる概念であるが、自然は非人為的なものである。これは一種の反転的な情況構築であろう。

フーコーは、重農主義の時期から、資本主義の社会統治は、まったく新しい自由（自然）主義の方式に基づいて展開されてきたと判断している。

　　またまた重農主義である。これは、すでに我々がすっかり熟知してしまった、フーコーの歴史分析の手順である。

フーコーによると、ここでは、ブルジョア世界の中で真に発生している社会統治は、抽象的な自由の概念から出発しているのでもなく、個人の天賦の自由の権利を尊重することを前提にしているのでもない。経済的現実の中で、資本家がはっきりと知っていることは、「統治には経済的なメカニズムをその内奥

の複雑な自然本性（nature intime et complexe ces mécanismes économiques）において認識する義務がある」ということなのだというのである！　いったんこの経済の運行のメカニズムを知れば、これらの見えざる経済的自然法則を厳格に遵守しなければならなくなるというわけである。フーコーは、この意味において、実際に発生している統治は、法的主体の自由の権利を保証するものではなく、その本身は自由の消費者にほかならない。なぜなら、「統治実践が機能しうるのは、実際にいくつかの自由があるその限りにおいてのみであるからです。すなわち、市場の自由、売手と買手の自由、所有権の自由な行使、議論の自由、場合によっては表現の自由などが実際にあるその限りにおいてのみ」[30]だからだと指摘している。しかし、フーコーは、自由は抽象的な概念ではなく、具体的な社会生活中では、自由は「統治者と被統治者とのあいだでの現働的関係（rapport actuel entre gouvernants et gouvernés）」であり、それは、一方では社会経済自身が「自由を生産」するとともに、他方では「それを制限し破壊するリスクを持つ」ゆえに、ブルジョア的自由主義の核心には、「自由〔との〕生産的および破壊的な関係（rapport de production/destruction）」が隠されていると語るのである[31]。

　　　フーコーがここで取り上げている事実は自由貿易の問題である。彼は、18世紀にブルジョア経済学者は自由貿易を鼓吹したが、その時期のフランスとドイツのブルジョア階級は、現実中ではイギリスが生産と交通において確立したヘゲモニーに遭遇したのである。我々は、ドイツのリストが自由貿易を制限する保護関税を提起し、この自由貿易の制限は、ドイツなどの後発資本主義がイギリスの商業ヘゲモニーに対抗するための重要な武器になったのを知っているはずである。これこそが、自由〔との〕生産的および破壊的な関係にほかならない。

　　　もちろん、この「自由〔との〕生産的および破壊的な関係」は、経済生活中に出現するばかりでなく、資本主義の社会生活のそれぞれの領域でも発生する。先に言及した1979年の講演の中でも、フーコーは、かなり具体的にブルジョア階級の生の政治のポリス型権力と自由との特殊な関係について議論したことがあるのだ。そこでフーコーは以下のように語っている。

　　　（ポリス型―訳者）権力の弁別特徴は何かといえば、それはある特定の人々が、程度の差はあれ他の人々の行動の一切――といったところで徹底

的、強制的にというわけにはけっしていかないのであるが——を決定できることである。鎖につながれ殴打されている人間は、誰かが彼のうえに行使している力に服従している。しかし、彼は、権力に服従しているわけではない。ところが、ある人間についに口を開かせることに成功したとするのなら、それこそまさに、その人間に何らかの行動を強いたということになるのである。この人間は統治行為に服従したのである。たとえその自由がどんなに制限されたものであったとしても、ある個人が自由のままでいることができるならば、権力はその個人を統治（gouvernement）行為に従属させることができるのである。もともと潜在的拒否ないし反抗 (révolte) なしの権力など存在しないのである[32]と。

ほんとうに深いものがある。ここにおいては、ブルジョア的民主社会が意図的に人々の自由（拒否と反抗）を保留しておくことは、まさにポリス型権力装置のメカニズムなのだと語られているのである。

　フーコーは、ブルジョア階級の社会統治の重要な技術としての、「自由主義、それは、絶えず自由を製造しようとするもの、自由を生み出し生産しようとするものなのです。そしてそこにはもちろん、自由の製造によって提起される制約の問題、コストの問題（problèmes de coût que pose cette fabrication）〔といったすべて〕が伴うことになります」[33]と称している。では、自由の製造のコストとは何か。フーコーの答案は、危険（danger）・コントロール・干与である。

　第1の危険について。フーコーによると、旧専制体制下では、外部や内部の敵に遭遇した時、臣民は君主に保護を求めることができたが、民主社会の自由主義的統治では、このような保護はもはや存在せず、「自由主義は、個々人のあいだの自由と安全を、危険というあの観念（notion de danger）を中心にして絶えず仲裁しなければならないようなメカニズムのなかにはめ込まれる」[34]のだという。自由主義が利害操作の統治技術と言うのならば、それは、必然的に同時に「危険を運営し、安全と自由とから成るメカニズムを運営しなければ」ならないというわけである。ブルジョア的自由主義の信条は、「危険と背中合わせに生きる（« Vivre dangereusement »）」[35]ことなのである。

　この点について、我々は、すべての証券会社のホールの入り口で「株式売買にはリスクがあります。取引は慎重に」という標語を見るはずである。かつ、このリスクを知った後の一切の経済・政治・生活への投資について

は、その結果はすべて自分の責任になるのだ。もし失敗したなら、飛び降りであろうが首吊りであろうが、人々は、多くの場合、憐れむ目つきではありながらも、当然の報いだと見るだろう。

　危険、これこそが自由主義的統治技術の第1の必然的帰結である!
　自由主義的統治の第2の帰結は、フーコーがすでに充分議論してきた、ブルジョア階級の規律－訓練技術(techniques disciplinaires)の中の「管理、制約、強制の手続きの途方もない拡張」である。ミクロ権力の手段の人間に対するこれらのコントロールは、「自由の代償と自由の歯止め(la contrepartie et le contrepoids des libertés)を構成することに」なる[36]というのである。フーコーは、「個々人の行動様式をその最も細かい細部に至るまで毎日規則正しく引き受けるものとしての規律の技術が、発展し、急成長し、社会を貫いて拡散するのは、自由の時代(l'âge des libertés)と正確に同時代のことでした」ととくに指摘しており、経済的自由は「規規律の諸技術とは、ここでもやはり完全に結びついている」[37]とさえ語っている。この二つの自由の共謀が生み出したコントロールの力には驚くべきものがあるというのである。
　自由主義的統治技術の第3の帰結は、まさに、より多くの干与があってこそ、より多くの自由がもたらされるということである。フーコーは、現代資本主義の統治は、すでに30年代に自身の危機に遭遇していたのであり、そのゆえに、ルーズベルトによる国家の干与を強調した「ニューディール」をそのメルクマールとする福祉政策が、「失業のおそれのある状況において、より多くの自由、つまり、労働の自由、消費の自由、政治的自由などを保証し生産するための一つのやり方」となったと明確に指摘している。そして、フーコーは、進んで、ケインズ主義とは自由の犠牲を代償するものにほかならない。なぜなら、それ自身は「人為的介入、任意主義的介入、市場への直接的経済介入といった一連の介入(intervention)」によって危険の中に置かれた自由主義を保証するというものであるからであると説明している。ここでは、自由主義生成の否定的前提となる人為性や干与式コントロールが、反対に「自由産出的」なものになったというわけである。我々は先に、フーコーは現代ブルジョア経済学の最新の発展を熟知していたと指摘しておいたが、彼のケインズ革命に対する理解はまた独特でもあるのだ。
　フーコーは、鋭くこう判断している—これこそが、20世紀のブルジョア的自

由主義の根本的な危機であり、ブルジョア階級が標榜する、あの自由な原子的ホモ・エコノミクスが構築する「市民社会」の真の危機でもあると。

　私は、ビデが興味深い分析をしていたことに気付いた。彼は、マルクスとフーコーのブルジョア的自由主義についての研究を比較しているが、ビデから見ると、そこには次のような差異があるというのである―マルクスは、その「政治経済学批判」の中で、重農主義者とイギリスの自由主義者に同様に関心を寄せているが、フーコーのここでの議論とは正反対に、マルクスの焦点は彼らの「経済理論」であった。しかし、フーコーの興味の対象は、彼らが示唆するブルジョア階級の「政治」であった。マルクスは、資本主義的生産の目的は抽象的な富、剰余価値であることを示そうとしたが、フーコーは、「自由主義的政治経済学の目標は、生、人口、富、国力である」ことを示そうとしたと。これは正しい指摘であろう。ビデがこう述べているのは、フーコーから見ると、以下のような事態が起こっているからだという。

　　自由主義経済学者たちはルネサンス期の「王権」と古典主義時代の「国家理性」を乗り越え、かなりつつましい「統治」の像を導入した。この統治は（商品）経済の「自然過程」の促進と「人口管理」だけを担うとともに、「自由のいくつかの様態」を通じて経済を自然現象と捉える。自由主義は国を富ませることを目的とする一つの知を発展させるのだが、この知の関心はもはや主体や域内の住民にとどまらず、その生を促そうとする人口〔住民集団〕なのである[38]と。

　ブルジョア的自由主義の主要な統治目標は、「生自体の保護」である―これは、まさしくフーコーが、ここで自由主義について議論している情況構築の意向なのだと思う。ゆえに、私は、ビデのこの分析に賛成するものである。

4.　ホモ・エコノミクスと市民社会―自由主義の統治技術学の集合体

　1979年3月28日の講義の中で、フーコーは、ホモ・エコノミクス（l'homo oeconomicus）の問題について重点的に議論をしている。

　　フーコーのここでの思考は、おもに当時の社会統治中にすでに出現していた、反ケインズ主義的自由主義の思潮に対するものである。ビデは、鋭くこの点に注目していた。彼は、「1979年1月24日の講義から、フーコー

は新たな、市場偏重が強く、当時暴力的に出現した選択肢を扱うことになる。新自由主義という選択肢だ。フーコーはこれをケインズ主義に対する一つの反応、ある『自由主義の危機』に端を発したものだと呼んでいた」[39]と述べている。これは正確な判断だろう。

フーコーは、ホモ・エコノミクスの仮説は、18世紀から始まった自由主義の思潮の中のテーマであり、このような仮説の中では、「ホモ・エコノミクス、それは、自らの利害関心に従う者、その利害関心が自然発生的に他の人々の利害関心へと収斂することになる者です」[40]と指摘している。
　　これは、もともとの神学中の「人は己のため、神はすべての人のため」の、市場経済における別の言い方である。

フーコーは続けてこう語っている—ホモ・エコノミクスの生き方は、「レッセフェーレ（laisse faire）」であるが、現実の市場経済の中では、ホモ・エコノミクスは、絶対的に自由の原子（atome de liberté）だというわけではない。なぜなら、経済活動の結果の上では、彼は、通常、操縦可能な者として経済環境の中にあらためて引き入れられて、根本的に不自由な、コントロール可能な被統治者になってしまうからだと。フーコーの見方によると、これは、自由なホモ・エコノミクスという仮説と現実の市場経済活動の客観的法則との間に出現する矛盾ということになるのである。
　このため、フーコーは、コンドルセ[41]の『人間精神進歩史』（Les Progrès de l'esprit humain）を引用して、この本の第九の時代に関する分析の中で、コンドルセは、このようなホモ・エコノミクスと呼ばれる個人主体について議論していると指摘している。フーコーから見ると、その内容は以下のようなものである—実際には、自由なホモ・エコノミクスである個人の利益は、市場と社会生活の中で発生している、無数の予想できないものによって決定されている。その中では、「一人ひとりが、制御不可能で明示不可能な一つの全体に依存しているということ、事物の流れであり世界の流れ（cours de choses et le cours du monde）であるような全体に依存している」のであり、個人の利益の実現は、まさに「個々人から逃れ去る数多くの要素に結びついているのだ」ということになる。よって、ホモ・エコノミクスは、ある種の不自由な「無既定の内在性の領野（champ d'immanence indéfini）」に位置づけられるのだ[42]と。フーコーか

ら見ると、市場活動においては、ブルジョア階級の仮説である個人の自由や自主的なホモ・エコノミクスは、実際には「二重の無意志的なもの」、「二重の無規定のもの」、「二重の全体化されざるもの」という笑うべき所境の中に位置づけられているということになるのである。フーコーはこの事態をこう説明している―「二重の無意志的なもの」が指すのは、多くの偶然的要素がホモ・エコノミクスに作用するという活動の結果上の無意志性と、彼が無意志的に他人の利益のために事をなすということである。「二重の無規定のもの」と「二重の全体化されざるもの」が指すのは、ホモ・エコノミクスの利益が「依存する偶発時は、踏破することも全体化することもできないような領域に帰属しているからであり、一方において、ホモ・エコノミクスが自分の利益を産出することによって他の人々の利益もやはり、全体化することのできない無既定のものであるからです」[43]と。フーコーは、見かけ上は独立主体のように見える自由なホモ・エコノミクスを、市場で自生した見えざる手（main invisible）によって支配される哀れな操り人形として描いているのである。

　　フーコーは、この講義の中でmain invisibleを20回あまり使用している。

　よって、フーコーのここでの思考の深い情況の中にあっては、我々は、再度政治経済学の中のスミスに回帰することになるのである。
　フーコーは、スミスのあの「見えざる手」は、マルブランシュ[44]の顔のない神をやや彷彿させると見ている。
　　　もしくは、アガンベンの解読によれば、スミスの「見えざる手」の喩は、神学中の神の無形の手に由来するという[45]。

　フーコーはこう見って取っている―伝統的な解釈では、人々が通常スミスの言説に注目するところは、力としての手にすぎず、それが「分散した利害関心のすべての糸を結び合わせる」というものだが、人々は、往々にして、スミスがまさにその「不可視性（invisible）」を強調していたことを軽視している[46]と。そして、この不可視性の直接の情況構築の意味は、政治権力の不可視性であり、君主やすべての主体の干与の不可視性であり、市場経済では、「諸々の利害関心を自然発生的に組み合わせる見えざる手は、あらゆる形態の介入を禁じるばかりでなく、経済プロセスを全体化しようとするあらゆる形態の張り出した視線をも禁じる」[47]というのである。

アガンベンは、ドゥルール（Didier Deleule）の言葉を引用しながらこう述べている—「ディディエ・ドゥルールは、デイヴィッド・ヒュームからアダム・スミスに至る近代思想において一つの構想が肯定されていることを示した。その構想は摂理に関する理論と完全な類比を見せるものであり、最終原因の優位との関係を断ち切り、その代わりに内在的結果の偶然的な働きによって生み出される秩序を置くというものである」[48]と。アガンベンのこの「偶然的な働きによって生み出される秩序」という言葉にはきわめて深いものがある。

同様にこの意味において、フーコーは、資本主義市場経済の合理性（rationalité）は、経済過程の総体的不可知性によって基礎づけられていると指摘しており、ゆえに、ブルジョア階級の「経済学は無神論的学問分野であるということ。経済学は神不在の学問分野であるということ。経済学は全体性なしの学問分野であるということ」[49]と結論づけている。このような性質は、当然にもすべてのブルジョア的市民社会（société civile）の本質でもある。

フーコーは、この講義の中でsociété civileを140回あまり使用している。

1979年4月4日、当年度の講義の最終講義の中で、フーコーは、市民社会の問題について集中的に議論している。彼から見ると、ホモ・エコノミクスと市民社会は、資本主義体制の中の二つの不可分の要素で、自由なホモ・エコノミクスという仮説は、「市民社会という濃密で充実し複雑な現実に住みついている、抽象的で理念的で純粋に経済的な点のようなもの」なのだということになる。あるいは次のようにも言えるという。

　　市民社会とは、経済的人間によって構成されるそうした理念的な諸点がその内部に置き直されることによって適切に運営されることになるような、具体的総体のことである、と。したがって、ホモ・エコノミクスと市民社会は同じ総体の一部をなすということ。つまりそれらは自由主義的統治テクノロジーの総体（l'ensemble de la technologie de la gouvernementalité libérale）の一部をなすということです[50]と。

フーコーから見ると、資本主義市場経済は、無主体の経済の場（champ économique）を構築し、その自動的な運転モデルの中でまったく新しい自然主義的な

統治技術が生まれたが、この統治がすべての社会に対するコントロールに導入された時、いわゆる市民社会という新しい参照の場（champ de référence nouveau）[51] も生まれたということになる。フーコーは以下のように語っている。

> 市民社会は、したがって、哲学的理念ではありません。市民社会、それは、私が思うに、統治テクノロジー上の一つの概念（concept de technologie gouvernementale）、というよりもむしろ、一つのテクノロジーの相関物、すなわち、生産と交換のプロセスとしての経済に対して法的なやり方で関わること（indexée）でその合理的測定がなされなければならないような、一つの統治テクノロジーの相関物ですと。経済的経済学とかかわりを持つ統治性についての、法的経済学。これこそが、市民社会の問題です[52] と。

これも、やはりマルクスの思考経路であろう。経済的実践の構造が法学の構造を決定するという論理である。フーコーは、市民社会は政治哲学の理念ではなく、資本主義的市場経済の構造に対応する社会統治の技術学だと宣言しているのである。これは、かなり急進的な判断である。フーコーにあっては、ブルジョア的市民社会は、一種の新しいタイプの社会統治の実現にほかならず、そこでは「偏在する統治。何もそこから逃れ去ることのないような統治。法規範に従う統治。しかし経済の種別性（spécificité de l'économie）を尊重する統治。こうした統治が、市民社会を運営し、国民を運営し、社会を運営し、社会的なものを運営することになる」[53] ということになるのである。

ファーガスン[54] の『市民社会史論』の市民社会についての定義を分析した後、フーコーは以下のように結論づけている。すなわち、ブルジョア的市民社会は、伝統的な君主権力とは完全に異なる、新しいタイプの統治の合理性を—自由主義的合理性を確かに構築した。そして、このような合理性の実質は、「統治されている人々の合理的行動様式にもとづいて統治ないし統治術を規則づけるにはどのようにすればよいのか、統治術の合理化の原理をその上に〔基礎づける〕にはどのようにすればよいのか」[55] というものだと。

ゆえに、ブルジョア階級の政治はここに誕生したわけである！

[注]

1 ミシェル・フーコー、慎改康之訳『生政治の誕生 コレージュ・ド・フランス講義 一九七八—一九七九年度』（筑摩書房、2008年）。
2 同上5頁。
3 Edith Kurzweil, *The Age of Structuralism: From Lévi-Strauss to Foucault* (New York: Columbia University Press, 1980), 193.
4 Alain Sheridan, *Michel Foucault: The Will to Truth* (London: Routledge, 1980), 112.
5 フーコー前掲書5頁。
6 同上6頁。
7 同上17〜18頁。
8 同上同頁。
9 同上18頁。
10 ジョルジョ・アガンベン、高桑和己訳『王国と栄光—オイコノミアと統治の神学的系譜学のために』（青土社、2010年）11頁。
11 同上217頁。
12 フーコー前掲書18頁。
13 同上20頁。
14 同上同頁。
15 同上同頁。
16 同上36頁。
17 同上同頁。
18 同上38頁。
19 同上38〜39頁。
20 同上39頁。
21 同上40頁。
22 拙著《文本的深度耕犁——西方马克思主义经典文本解读（第一卷）》〔『テキストの深き耕し——西洋マルクス主義古典テキストの解読（第一巻）』〕（中国人民大学出版社、2004年）第4章を参照のこと。
23 フーコー前掲書40〜41頁。
24 同上41頁。
25 Jacques Bidet, "Foucault et le libéralisme : Rationalité, révolution, résistance," *Actuel Marx* 40 (2006/2): 175.
26 フーコー前掲書54頁。
27 同上56頁。
28 同上58頁。
29 同上75頁。
30 同上78頁。

31　同上77〜78頁。
32　ミシェル・フーコー、北山晴一訳「全体的なものと個的なもの—政治的理性批判に向けて」『フーコー・コレクション6　生政治・統治』（ちくま学芸文庫、2006年）335-336頁。
33　フーコー『生政治の誕生』80頁。
34　同上81頁。
35　同上同頁。
36　同上82頁。
37　同上同頁。
38　Bidet, *Op. Cit.*, p. 172.
39　Ibid., p. 174.
40　フーコー前掲書333頁。
41　コンドルセ（Condorcet,Marie-Jean-Antoine-Nicolas-Caritat,Marquis de 1743-1794）。18世紀のフランス啓蒙運動の優秀な代表者の１人。1782年アカデミー・フランセーズの会員となる。おもな著作には、『人間精神進歩史』（1795）などがある。
42　フーコー前掲書341〜342頁。
43　同上342頁。
44　マルブランシュ（Nicolas Malebranche 1638-1715）。フランスのオラトリオ会修道士。17世紀のデカルト学派の代表的人物。アカデミー・フランセーズの会員にもなった。おもな著作には、『真理の探究』（1675）、『自然と恩寵に関する論考』（1680）、『道徳論』（1684）、『形而上学と宗教についての対話』（1688）、『神の愛について』（1697）などがある。
45　アガンベン前掲書528-530頁。
46　フーコー前掲書344頁。
47　同上345頁。
48　アガンベン前掲書237頁。
49　フーコー前掲書347頁。
50　同上365頁。
51　同上364頁。
52　同上同頁。
53　同上365頁。
54　ファーガスン（Adam Ferguson 1723-1816）。18世紀のスコットランド啓蒙運動の主要な思想家の１人。1759年よりエジンバラ大学の哲学教授となる。おもな著作には、『市民社会史論』（1767）、『歴史進歩とローマ帝国の終結』（1783）などがある。
55　フーコー前掲書384頁。

参考文献

外国語文献

Michel Foucault. *Maladie mentale et personnalité.* Paris: Presses Universitaires de France, 1954.

Michel Foucault, *Histoire de la folie à l'âge classique,* Paris, Gallimard, 1972.

Michel Foucault, *Naissance de la clinique. Une archéologie du regard médical,* Presses Universitaires de France, Paris, 1963.

Michel Foucault, *Les mots et les choses, Une archéologie des sciences humaines,* Paris, Gallimard, 1966.

Michel Foucault, *L'Archéologie du Savoir,* Paris, Gallimard, 1969.

Michel Foucault, *L'ordre du discours,* Paris, Gallimard, 1971.

Michel Foucault, *Surveiller et Punir,* Paris, Gallimard, 1975.

Michel Foucault, *Les anormaux, 1974-1975, Cours au Collège de France,* Paris, Gallimard, 1997.

Michel Foucault, « *Il faut défendre la société»*, *Cours au Collège de France,* 1975-1976, Paris, Gallimard, 1997.

Michel Foucault, *Sécurité, Territoire, Population, Cours au Collège de France, 1977-1978,* Paris, Gallimard, 2004.

Michel Foucault, *Naissance de la biopolitique,* Cours au Collège de France, 1978-1979, Paris, Gallimard, 2004.

Michel Foucault, *Histoire de la sexualité, La volonté de savoir,* Paris, Gallimard, 1976.

Michel Foucault, *Dits et écrits,* 1954-1975, Paris, Gallimard, 1994.

Michel Foucault, *Dits et écrits,* 1976-1988, Paris, Gallimard, 1994.

Michel Foucault, *Qu'est-ce que la critique ?Bulletin Société française de Philosophie,* Avril- Juin, 1990, Paris.

Gilles Deleuze, *Pourparlers, 1972-1990,* Les Editions de Minuit. Paris, 1990.

Jean Baudrillard, *Le ludique et le policier & autres écrits parus dans Utopie (1967-1978),* Sens & Tonka, Paris, 2001.

Pierre Bourdieu, *Esquisse pour une auto-analyse,* Editions RAISONS D'AGIR, Paris, 2004.

Giorgio Agamben, *The Signature of All Things on Method,* trans. Luca D'Isanto with Kevin Attell, Zone Books, New York, 2009.

Giorgio Agamben, *WHAT IS APPARATUS? And Other Essays,* trans. David Kishik and Stefan Pedatella, Stanford, California: Stanford University Press, 2009.

Giorgio Agamben, *The Kingdom and the Glory,* Translated by Lorenzo Chiesa, Stanford, California: Stanford University Press, 2011.

Pierre Macherey, *De Canguilhem à Foucault : la force des normes,* La Fabrique éditions, 2009.

Richard Wolin, *Foucault the Neohumanist? Chronicle of Higher Education.* 9/1/2006, Vol. 53 Issue 2.

フーコーの著作の中国語訳

[法]福柯:《古典时代疯狂史》(『狂気の歴史』), 林志明译, 三联书店 (北京) 2005年版。
[法]福柯:《临床医学的诞生》(『臨床医学の誕生』), 刘北成译, 译林出版社2011年版。
[法]福柯:《词与物——人文科学考古学》(『言葉と物』), 莫伟民译, 上海三联书店2001年版。
[法]福柯:《知识考古学》(『知の考古学』), 谢强等译, 三联书店 (北京) 1998年版。
[法]福柯:《规训与惩罚》(『監獄の誕生』), 刘北诚等译, 三联书店 (北京) 1999年版。
[法]福柯:《权力的眼睛——福柯访谈录》(「権力の眼」), 上海人民出版社1997年版。
[法]福柯:《必须保卫社会》(『社会は防衛しなければならない』), 钱翰译, 上海人民出版社1999年版。
[法]福柯:《安全、领土与人口》(『安全・領土・人口』), 钱翰等译, 上海人民出版社2010年版。
[法]福柯:《生命政治的诞生》(『生政治の誕生』), 莫伟民等译, 上海人民出版社2010年版。
[法]福柯:《主体解释学》(「主体の解釈学」), 佘碧平译, 上海人民出版社2005年版。
[法]福柯:《说真话的勇气》(「真理の勇気」), 钱翰等译, 上海人民出版社2016年版。
[法]福柯:《性经验史》(增订版)(『性の歴史』増訂版), 佘碧平译, 上海世纪出版集团2005年版。
[法]福柯:《福柯文选I：名声狼籍者的生活》(フーコー文選I「汚辱に塗れた人々の生」), 汪民安编, 北京大学出版社2016年版。
[法]福柯:《福柯文选II：什么是批判》(フーコー文選II「批判とは何か」), 汪民安编, 北京大学出版社2016年版。
[法]福柯:《福柯文选III：自我技术》(フーコー文選III「自己の技法」), 汪民安编, 北京大学出版社2016年版。
[法]福柯:《福柯读本》(『フーコー読本』), 严泽胜等译, 北京大学出版社2010年版。
[法]福柯:《福柯集》(『フーコー集』), 王简等译, 上海远东出版社1998年版。
[法]福柯:《马奈的绘画》(「マネの絵画」), 谢强等译, 湖南教育出版社2009版。
[法]福柯:《这不是一只烟斗》(『これはパイプではない』), 邢克超译, 漓江出版社2012年版。
[法]福柯:《精神疾病与心理学》(『精神疾患と心理学』), 上海译文出版社2014年版。
[法]福柯:《福柯/布朗肖》(「フーコー/ブランショ」), 肖莎等译, 河南大学出版社2014年版。
[法]福柯:《福柯答复萨特》(「フーコー、サルトルに答える」), 莫伟民译, 载《世界哲学》, 2002年第5期。
[法]福柯:《反俄狄浦斯序言》(「『アンチ・オイデイプス』への序文」), 麦永雄译, 载《国外理论动态》, 2003年第7期。
[法]福柯:《反法西斯主义的生活艺术》(「反ファシズムの生活芸術」), 李猛译, 载《天涯》, 2000年第1期。
[法]福柯:《另类空间》(「他者の場所—混在郷について」), 《世界哲学》2006年第6期。
[法]福柯:《宽忍的灰色黎明》(「寛容の灰色の曙」), 王昶译, 世界电影, 1998年第5期。

その他外国語文献の中国語訳

[荷]厄尔德斯编:《乔姆斯基、福柯论辩录》(エルダース編『チョムスキー・フーコー対談録』),刘玉红译,漓江出版社2012年版。
[德]康 德:《纯粹理性批判》(カント『純粋理性批判』),韦卓民译,华中师范大学出版社1991年版。
[德]康 德:《实践理性批判》(カント『実践理性批判』),韩水法译,商务印书馆1999年版。
[德]康 德:《历史理性批判文集》(カント『歴史理性批判文集』),何兆武译,商务印书馆1990年版。
〔德〕海德格尔:《存在与时间》(ハイデッガー『存在と時間』),王庆节 熊伟译,生活·读书·新知三联书店2000年版。
[德]海德格尔:《面向思的事情》(ハイデッガー『思索の事柄へ』),商务印书馆1996年版。
[德]海德格尔:《尼采》(ハイデッガー『ニーチェ』),商务印书馆2003年版。
[德]海德格尔:《对亚里士多德的现象学解释》(ハイデッガー『アリストテレスの現象学的解釈』),赵卫国译,华夏出版社2012年版。
[德]霍克海默、阿尔多诺:《启蒙的辩证法》(ホルクハイマー・アドルノ『啓蒙の弁証法』),渠敬东、曹卫东译,上海人民出版社2006年版。
[德]阿多诺:《否定的辩证法》(アドルノ『否定の弁証法』),张峰译,重庆出版社1993年版。
[法]康吉莱姆:《正常与病态》(カンギレム『正常と病理』),李春译,西北大学出版社2015年版,
[法]阿尔都塞:《保卫马克思》(アルチュセール『マルクスのために』),顾良译,商务印书馆1984年版。
[法]阿尔都塞:《来日方长——阿尔都塞自传》(アルチュセール『未来は長く続く』),上海人民出版社2013年版。
[法]巴塔耶:《色情、耗费与普遍经济》(バタイユ『呪われた部分—普遍経済の試み』),吉林人民出版社2003年版。
[法]巴塔耶:《色情史》(バタイユ『エロティシズムの歴史』),商务印书馆2003年版。
[日]汤浅博雄:《巴塔耶:消尽》(湯浅博雄『バタイユ—消尽』),河北教育出版社2001年版。
[法]鲍德里亚:《物体系》(ボードリヤール『物の体系』),上海世纪出版社集团2001年版。
[法]鲍德里亚:《消费社会》(ボードリヤール『消費社会の神話と構造』),南京大学出版社2000年版。
[法]鲍德里亚:《完美的谋杀》(ボードリヤール『完全犯罪』),商务印书馆2000年版。
[法]鲍德里亚:《生产之镜》(ボードリヤール『生産の鏡』),中央编译出版社2005年版。
[法]鲍德里亚:《警察与游戏》(ボードリヤール『警察と遊戯』)张新木等译,南京大学出版社2013年版。
[法]布尔迪厄:《自我分析纲要》(ブルデュー『自己分析』),刘晖译,中国人民大学出版社2012年版。

[法]布尔迪厄:《实践与反思》(ブルデュー『实践と反省』),李猛、李康译,中央编译出版社1998年版。

[法]布尔迪厄:《帕斯卡式的沉思》(ブルデュー『パスカル的省察』),刘晖译,三联书店(北京)2009年版。

[法]德勒兹:《德勒兹论福柯》(ドゥルーズ『フーコー』),杨凯麟译,江苏教育出版社2006年版。

[法]德勒兹:《哲学与权力的谈判》(ドゥルーズ『哲学と権力の対話』),刘汉全译,商务印书馆2000年版。

[法]德勒兹:《欲望与快感》(ドゥルーズ「欲望と快楽」),于奇智译,《哲学译丛》2005年第1期。

[法]拉 康:《拉康文集》(ラカン『エクリ』),褚孝泉译,上海译文出版社2000年版。

[法]利奥塔:《后现代状况》(リオタール『ポストモダンの条件』),岛子译,湖南美术出版社1996年版。

[法]巴 特:《符号帝国》(バルト『表徵の帝国』),孙乃修译,商务印书馆1994年版。

[法]巴 特:《恋人絮语》,(バルト『恋愛のディスクール』)汪耀进、武佩荣译,上海人民出版社1988年版。

[法]巴 特:《文之悦》(バルト『テクストの快楽』),屠友祥译,上海人民出版社2002年版。

[法]德里达:《书写与差异》(デリダ『エクリチュールと差異』),张宁译,三联书店2001年版。

[法]德里达:《马克思的幽灵》,(デリダ『マルクスの亡霊』)何一译,人民大学出版社1999年版。

[法]克里斯蒂娃:《恐怖的权力:论卑贱》(クリステヴァ『恐怖の権力』),张新木译,三联书店2001年版。

[法]戈德曼:《隐蔽的上帝》(ゴルドマン『隠れたる神』),百花文艺出版社1998年版。

[法]戈德曼:《文学社会学方法论》(ゴルドマン『小説社会学』),段毅、牛宏宝译,工人出版社1989年版。

[法]戈德曼:《马克思主义和人文科学》(ゴルドマン『人間の科学とマルクス主義』),罗国祥译,安徽文艺出版社1989年版。

[法]巴迪欧:《小万神殿》(バディウ『小パンテオン』),蓝江译,南京大学出版社2014年版。

[法]巴迪欧:《元政治学概述》(バディウ『メタ政治学概説』),蓝江译,复旦大学出版社2015年版。

〔意〕阿甘本:《例外状态》(アガンベン『例外状態』),薛熙平译,台湾青田出版社2010年版。

〔意〕阿甘本:《剩余的时间—解读<罗马书>》(アガンベン『残りの時』),钱立卿译,吉林出版集团2011年版。

〔意〕阿甘本:《幼年与历史:经验的毁灭》(アガンベン『幼児期と歴史』),尹星译,河南大学出版社2011年版。

〔意〕阿甘本:《潜能》(アガンベン『思考の潜勢力』),王立秋等译,漓江出版社2014年版。

〔意〕阿甘本:《神圣人:至高权力与赤裸生命》(アガンベン『ホモ・サケル』),吴冠军译,中央编译出版社2016年版。

[英]沃尔芙:《艺术的社会生产》(ウルフ『芸術社会学』),董学文、王葵译,华夏出版社1990年版。

[英]伊格尔顿:《马克思主义与文学批评》(イーグルトン『マルクス主義と文芸批評』),文宝译,人民文学出版社1980年版。

[英]伊格尔顿:《二十世纪西方文学理论》(イーグルトン『20世紀の西洋文学理論』),伍晓明译,陕西师范大学出版社1986年版。

[英]伊格尔顿:《美学意识形态》(イーグルトン『美のイデオロギー』),王杰译,广西师大学出版社1997年版

[美]杰姆逊:《后现代主义与文化理论》(ジェイムソン『ポストモダンと文化理論』),唐小兵译,陕西师范大学出版社1986年版。

[美]杰姆逊:《马克思主义与形式》(ジェイムソン『マルクス主義と形式』),周㳖译,百花洲文艺出版社1996年版。

[美]杰姆逊:《语言的牢笼》(ジェイムソン『言語の牢獄』),钱佼汝译,百花洲文艺出版社1996年版。

[法]列维-斯特劳斯:《野性的思维》(レヴィ・ストロース『野生の思考』),李幼蒸译,商务印书馆1987年版。

[德]哈贝马斯:《现代性的哲学话语》(ハーバマス『近代の哲学的ディスクルス』),曹卫东等译,译林出版社2004年版。

[德]斯洛特戴克:《资本的内部》(スローターダイク『資本の内部』),常晅译,社会科学文献出版社2013年版。

[美]哈维:《希望的空间》(ハーヴェイ『希望の空間』),胡大平译,南京大学出版社2006年版。

[美]哈维:《正义、自然和差异地理学》(ハーヴェイ『正義・自然・差異の地理学』),胡大平译,上海人民出版社2010年版。

[英]谢里登:《求真意志——米歇尔·福柯的心路历程》(シェリダン『真理への意志』),尚志英等译,上海人民出版社1997年版。

[法]埃里蓬:《权力与反抗:米歇尔·福柯传》(エリボン『ミシェル・フーコー伝』),谢强、马月译,北京大学出版社1997年版。

[英]路易丝·麦克尼.《福柯》(ルイーズ・マッカートニー『フーコー』),贾提译,哈尔滨:黑龙汀人民出版社,1999年版。

[瑞]菲利普·萨拉森.《福柯》(フィリップ・サラジン『フーコー』),李红艳译,北京:中国人民大学出版社,2010年版。

[美]理查德·沃林.《文化批评的观念——法兰克福学派、存在主义和后结构主义》(リチャード・ウォーリン『文化批評の観念—フランクフルト学派・実存主義・構造主義』),张国清译,商务印书馆,2007年版。+

[英]罗伊·博伊恩.《福柯与德里达：理性的另一面》（ロイ·ボーエン『フーコーとデリダ』），贾辰阳译,北京大学出版社,2010年版。

[德]马文·克拉达,格尔德·登博夫斯基.《福柯的迷宫》（マーヴィン·グラーダ/ゲルド·デンボフスキ編『フーコーの迷宮』）,朱毅译，商务印书馆,2005年版。

[英]约翰·斯特罗克:《结构主义以来》（ジョン·ストローク『構造主義以降』），渠东等译,辽宁教育出版社1998年版。

[英]莱姆克等:《福柯与马克思》（レムケ等『フーコとマルクス』），陈元等译，华东师范大学出版社2007年版。

[美]波斯特:《福柯、马克思主义与历史》（ポスター『フーコー·マルクス主義·歴史』），张金鹏等译，南京大学出版社2015年版。

[日]樱井哲夫:《福柯：知识与权力》（桜井哲夫『フーコー—知と権力』），姜忠莲译，河北教育出版社2001年版。

[澳]丹纳赫等:《理解福科》（ダナハー等『フーコーを理解する』），刘谨译，百花文艺出版社2002年版。

[美]布朗:《福柯》（ブラウン『フーコー』），聂保平译，中华书局2002年版。

[美]米勒:《福柯的生死爱欲》（ミラー『ミシェル·フーコー 情熱と受苦』），高毅译，上海人民出版社2003年版。

[法]多斯:《从结构到解构——法国20世纪思想主潮》（ドッス『構造から脱構築へ—フランス20世紀の思想主潮』），季广茂译，中央编译出版社2004年版。

[法]布洛塞:《福柯：一个危险的哲学家》（ブロッサ『フーコー—1人の危険な哲学者』）罗惠珍译，麦田出版2012年版。

[美]库兹韦尔:《结构主义时代》（カーツウェル『構造主義時代』），尹大贻译，上海译文出版社1988年版。

[法]德赖弗斯等:《超越结构主义与解释学》（ドレイファス,ラビノウ『構造主義と解釈学を超えて』），张建超等译，光明日报出版社1992年版。

[德]霍奈特:《分裂的世界》（ホネット『分裂する世界』），王晓升译，社会科学文献出版社2011年版。

[德]霍奈特:《权力的批判》（ホネット『権力の批判』），童建挺译，上海世纪出版集团2012年版。

[英]罗伯特·杨:《白色神话——书写历史与西方》（ロバート·ヤング『白い神話』），赵稀方译，北京大学出版社2014年版。

[法]比岱:《福柯和自由主义：理性，革命和反抗》（ビデ「フーコーと自由主義」），吴猛译，《求是学刊》2007年第6期。

[英]柯伊:《米歇尔·福柯——一位深受学子赞美又备受同济憎恨的社会学家》（コー『ミシェル·フーコー』），崔君衍译，《东南学术》2005年第6期。

中国語文献

《尼采的幽灵》(『ニーチェの幽霊』)，汪民安、陈永国编，社会科学文献出版社2001年版。
《福柯的面孔》(『フーコーの面貌』)，汪民安等主编，文化艺术出版社2001年版。
《生产》(『生産』)，汪民安编，第二辑，广西师范大学出版社2005年版。
《生产》(『生産』)，汪民安等编，第七辑，江苏人民出版社2011年版
《生产》(『生産』)，汪民安等编，第九辑，江苏人民出版社2014年版。
《语言与翻译中的政治》(『言語と翻訳中の政治』)，许宝强等译，中央编译出版社2001年版。
刘北成：《福柯思想肖像》(『フーコーの思想的肖像』)，北京师范大学出版社1995年版。
汪民安：《福柯的界限》(『フーコーの限界』)，中国社会科学出版社2002年版。
莫伟民：《主体的命运——福柯哲学思想研究》(『主体の運命—フーコー哲学思想研究』)，上海三联书店1996年版。
杨凯麟：《分裂分析福柯》(『フーコを分裂的に分析する』)，南京大学出版社2011年版。
高宣扬：《福柯的生存美学》(『フーコーの生存の美学』)，中国人民大学出版社，2010年版。
王治河：《福柯》(『フーコ』)，长沙：湖南教育出版社,1999年版。
吴猛：《福柯话语理论探要》(『フーコーの言説理論探求』)，九州出版社,2010年版。
黄瑞琪：《再见福柯》(『さようならフーコー』)，浙江大学出版社,2008年版。
刘永谋：《福柯的主体解构之旅》(『フーコーの主体脱構築の旅』)，江苏人民出版社,2008年版。
赵一凡：《福柯的话语理论》(「フーコーの言説理論」)，载《读书》,1994年第5期。
莫伟民：《福柯的反人类学主体主义和哲学的出路》(『フーコーの反人類学的主体主義と哲学の出口』)，《哲学研究》,2002年第1期。
莫伟民：《福柯与理性批判哲学》(「フーコーと理性の批判哲学」)，《中国社会科学》,1994年第4期。
汪民安：《福柯与哈贝马斯之争》(「フーコー・ハーバマス論争」)，《外国文学》,2002年第4期。
汪民安：《疯癫与结构：福柯与德里达之争》(「狂気と構造—フーコー・デリダ論争」)，《外国文学研究》,2002年第3期。
汪民安：《论福柯的人之死》(「フーコーの死亡論」)，《天津社会科学》,2003年第5期。
张一兵：《问题式、症候阅读和意识形态——一种对阿尔都塞的文本学解读》(『プロブレマティック・徴候的読解・イデオロギー—アルチュセールのテクストロジー的解読』)，中央编译出版社2003年版；
张一兵：《文本的深度耕犁——西方马克思主义文本解读》(『テキストの深き耕し—西洋マルクス主義テキストの解読』)，第一卷，中国人民大学出版社2004年版；第二卷,2008年版；
张一兵：《不可能的存在之真——拉康哲学映像》(『不可能な存在の真実—ラカン哲学の映像』)，商务印书馆2006年版。
张一兵：《回到海德格尔——本有与构境》(第一卷)(『ハイデッガーへ帰れ—性起と情況構築』(第1卷))，商务印书馆2014年版。

付録1　フーコーの学術テキストの語彙使用頻度統計

	言葉と物	知の考古学	監獄の誕生	異常者たち	社会は防衛しなければならない	安全・領土・人口	生政治の誕生
aménager	1	0	39	0	4	4	1
anatomie politique	0	0	9	2	0	0	0
anonyme	4	11	7	3	2	4	2
appareil	3	2	128	55	49	35	20
archéologie	8	80	0	4	2	2	1
archive	3	42	31	1	3	0	0
art de gouverner	0	0	0	1	0	120	70
bio-pouvoir	0	0	0	0	38	10	0
biopolitique	0	0	0	0	18	17	4
bourgeois	5	9	18	18	10	2	10
champ	53	160	42	99	77	84	40
chose	363	57	81	146	216	455	295
comment	114	130	58	115	165	207	182
configuration	36	13	1	5	1	2	4
connaissance	129	37	36	22	36	60	18
corps	72	29	359	397	157	77	22
détermination	8	28	4	6	2	3	3
différence	56	30	29	23	49	44	40
discipline	7	48	130	16	69	100	8
discontinuité	9	30	3	3	4	9	1
discours	161	427	80	178	450	43	38
dispersion	13	45	2	0	4	3	0
dispositif	0	0	43	10	7	67	9
docilité	0	0	13	1	1	1	0
économie	63	47	75	50	10	147	502
énoncé	41	110	2	24	10	3	4
épistémè	6	14	1	0	0	1+3	0
épistémologie	21	2	0	0	1	0	0
événement	40	99	10	7	29	50	11
événements discursifs	0	6	0	0	0	0	0
formation	16	181	42	34	10	20	58
généalogie	2	3	8	20	42	12	8
genèse	19	19	5	4	7	13	7
gouvernement	0	3	7	23	49	568	627
gouvernementalité	0	0	0	0	0	105	114
gouverner	0	0	1	5	3	245	148

	言葉と物	知の考古学	監獄の誕生	異常者たち	社会は防衛しなければならない	安全・領土・人口	生政治の誕生
grille	11	3	4	12	25	6	21
hétérotopie	1	0	0	0	0	0	0
Histoire	44	56	2	44	25	0	0
histoire	228	321	67	166	596	155	209
homme	439	43	26	90	0	367	108
idéologie	22	10	4	6	12	9	9
invisible	30	4	3	2	1	3	20
liberté	8	10	58	12	91	60	200
linéaire	11	14	4	1	1	0	0
main invisible	0	0	0	0	0	0	20
marchandise	36	1	10	0	1	21	16
marché	32	5	22	13	5	73	375
marqué	107	27	86	62	31	81	14
Marx	8 (p265)	8	0	2	8	3	24
Marxisme（iste）	3	0	0	0	23	0	14
nature	461	99	100	225	111	190	193
normalisation	0	0	11	32	30	26	2
ontologie	15	1	0	0	0	4	0
ordre	3 (de-)	76	126	90	100	145	88
origine	93	56	21	48	57	12	36
pastoral	0	0	0	18	1	210	1
police	0	0	65	10	6	329	57
population	11	9	33	34	59	420	37
pouvoir	111	37	531	500	816	500	210
pratique	27	161	99	133	70	155	178
a priori historique	5	9	0	0	0	0	0
problématique	3	7	2	22	9	38	34
quasi naturel	0	0	1	0	0	2	0
rapport	338	129	153	242	353	439	200
rapport de force	0	0	1	0	60	6	0
réactivation	0	10	8	11	36	2	7
reconstituter	0	1	2	5	4	0	4
régularité	5	92	17	37	22	5	2
régulatrice	0	0	0	0	1	4	11
relation	9	24	59	63	73	107	40
représentation	317	23	43	10	19	19	0
réseau	36	18	28	9	8	16	
rupture	15	31	7	8	18	14	8
sans visage	0	0	3	1	0	0	0

付録1　フーコーの学術テキストの語彙使用頻度統計　741

	言葉と物	知の考古学	監獄の誕生	異常者たち	社会は防衛しなければならない	安全・領土・人口	生政治の誕生
savoir	224	87	110	175	400	178	100
schéma	5	12	41	18	38	13	30
sciences humaines	38	3	9	1	9	2	0
sécurité	0	1	2	1	8	353	56
situation	16	14	6	10	13	17	31
société civile	0	0	3	0	6	18	140
souveraineté	10	6	19	17	200	137	23
stratégies	0	19	24	1	8	7	2
structure	51	61	10	9	11	46	51
tableau	176	16	18	8	3	1	7
technique	18	28	161	93	59	88	52
téléologie	0	12	0	0	0	0	0
totalité	10	21	2	11	12	12	18
vérité	51	40	102	43	85	100	70

付録2　フーコーの生涯と主要著作

　1926年10月15日、フーコーは、フランス中西部の古い文化都市、ヴィエンヌ県の県庁所在地ポワチエ(Poitiers)で生まれた。父ポール・ミシェル・フーコー (Paul Michel Foucault) と祖父ポール・アンドレ・フーコー (Paul André Foucault) は、ともに医者で、父ミシェルは、現地では有名な外科医であった。母のアンネーマリー・マラペール (Anne-Marie Malapert) も、医者の家の出であり、彼女の父は、外科医でありポアティエ医科大学の医学教授でもあった。こうした家系の伝統は、後にフーコーが医学領域に精通するようになった原因かもしれない。フーコーは、長男であり1歳上の姉フランシーヌ (Francine) と5歳下の弟ドゥニス (Denys) がいた。幼いころから、フーコー家の家庭生活は、かなり豊かで、庭のある一戸建ての家で暮らし、子供たちには乳母がいて専属コックもいた。それに、秘書と運転手もいたという。フーコー家の生活様式は伝統的であり、教育に対しても保守的で、礼拝日のミサは欠かせぬものであった。フーコー自身の言葉によると、自分は「フランスのプチブルジョア的な地方環境の中で」生活していたとのことである。こうした生活状況は、19歳の時にポワチエを離れる時までずっと続いた。フーコーの父は1959年に亡くなっている。フーコーは、故郷を離れてからは姉や外科医となった弟とはあまり会うことはなかったが、母とは相変わらず密接な連絡を取っていた。死を迎えるまで、フーコーは、常にポワチエ郊外の荘宅に母を見に行き、同時にここで自分の手稿の最後の推敲をしたという。

　1934年7月26日、オーストリアの首相ドルフースがファシスト分子に銃殺された。わずか8歳のフーコーは、その時、その生涯ではじめてある種の大きな存在論的なパニックを感じたという。それは「死に対するはじめての強烈な恐れ」だったのである。

　1937年ごろのフーコーは、孤独で冷たい性格であったが、きわめて才能があった。そのころ、彼は、父に向って「自分が大きくなったら、父の意志に従って家業の医者になるつもりはなく、歴史学の教授になりたい」とはっきり意志表示をしたそうである。この時、彼の反逆的性格とその志向が、はじめて表に出たわけである。後に彼は哲学者になったわけだが、この時の言葉どおりに、真剣に歴史を研究するようになったのである。

1940年、カトリックの修道士が創建した聖スタニスラス中高等学校（コレージュ）に入学した。この年、フランスはドイツ軍に占領された。このことにより、一種の大衆の集合的暴力であるファシズムは、フーコーの終生の思考問題になったのである。

1942年、中高等学校の最終学年で哲学を学ぶ。

1943年、フーコーは大学入学資格者（バシュリエ）となる。ポワチエのアンリ四世リセの高等師範学校入学意見準備下位クラス（イポカーニュ）に入学。哲学教師ジャン・モロー―レーベル（Jean Moreau-Reibel）と出会う。

1945年、パリ高等師範学校（ユルム校）の入学試験に落第し、青年フーコーは、故郷を離れてパリのアンリ四世リセの受験準備学級（カーニュ）に入った。著名な哲学者イポリットとも出会ってイポリットに師事することになり、哲学や人文社会科学の面での堅実な基礎を固めた。フーコーの眼中では、イポリットは、フランス哲学界総体を「ヘーゲルからの離脱」、ロゴス中心論からの離脱に導いた水先案内人であった。

1946年5～7月、フーコーは高師受験に再挑戦した。口頭試験の試験官は、後に彼に大きな影響を与えたカンギレムであった。この時、フーコーは、第4位という優秀な成績で合格し、かつ、ジャン・ボーフレ（Jean Beaufret）の指導のもとカントを研究した。在学中、彼の心身の健康に問題が出始めた。とくに性生活の面での「面倒」に遭遇した。同性愛傾向のゆえ深い苦悩に陥ったのである。フーコー自身は、自分は年少のころから同性の友を好んでいたと、後に語っている。彼は、小さいころから孤独で傲慢な性格で、かつ、父のイメージを認めたくなく、これに加えて、男子校での学習生活などもあり、こうした事情が同性愛に導いた重要な要素になった可能性がある。

1947年、メルロ・ポンティが高師で心理学を講義し始め、この影響で、フーコーは、新しい観点による心理学の論文を準備できるようになった。

1948年、ソルボンヌ大学で哲学学士号を得る。1949年には「ヘーゲル『精神現象学』における先験的なものの構成」によって高等教育修了証書（DES）を得たが、そのころ重い精神疾患にかかっていた。競争が激しい高師の環境下では、抑鬱症は特殊な現象ではなかったが、フーコーの症状は比較的重かったのである。彼は酒におぼれ、1948年と1950年の2度自殺を図ったこともある。フーコーの後の同性愛の相手、ダニエル・ドゥフェール（Daniel Defert）は、「フーコーの長い間の苦しみは、同性愛の抑圧に由来するものではなくほかに原因が

あった」と語っている。彼は、2つの要素があったと分析している。一つは、自身の容貌の醜さで悩んでいたことであり、もう一つは、若いころから麻薬常習者だった可能性があり、その中毒の苦しみがかなり深刻だったことである。この時、ルイ・アルチュセールが新任の哲学の復習教師となった。

　1949年、フーコーは心理学士の学位を取得。メルロ・ポンティがソルボンヌの心理学教授になり、「人間諸科学と現象学」と題する講義を始めたが、それは、フーコーに深い印象を与えた。フーコーは、イポリットの指導のもとで、ヘーゲルに関する高等研究資格論文の準備を開始した。

　フーコーは、1950年に高師を卒業したが、健康状態の悪さを理由にして兵役を逃れる。アルチュセールの影響でフランス共産党に入党した。またこの時、彼は大学教授資格試験（アグレガシオン）も受験した。だが、順調に筆記試験を通過したものの、意外なことに口頭試験には合格しなかった。このような多くの試験の失敗により、フーコーの心には焦りが生じ、再び自殺の誘惑が念頭に浮かんだ。また、麻薬中毒の治療も受けたのである。

　1951年、フーコーは、フランス共産党を離党したが、アルチュセールとは友好的関係を依然として保っていた。この年、フーコーは、アグレガシオンを再び受験し、順調に筆記試験を通過した後、口頭試験を受けたが、この時の試験官は、イポリット、後に重要な思想的指導教師になるカンギレム、ジョルジュ・ダヴィ（Georges Davy）であった。そしてフーコーは、ついに合格しアグレガシオンの資格を得たのである。またティエール財団（Fondation Thiers）による3年間の研究員資格を獲得する。実際には、財団による仕事は1年しかしなかった。同様にこのころ、フーコーは、周りの人物のほぼすべてと不和になってしまったが、青年作曲家のピエール・ブーレーズ（Pierre Boulez）と知り合い親密に付き合うようになった。また、心理学史と精神病理学史を系統的に研究し始め、毎日国立図書館に行く習慣を身に着けるようになり、パブロフ（Ivan Pavlov）、ピアジェ（Jean Piaget）からヤスパース（Karl Jaspers）、フロイトに到るまで読み込んでいった。さらに、アルチュセールの招きで、翌年から1955年にかけて高師の心理学の復習教師を勤める。他方でフランス最大でもっとも現代的な精神病治療機構の一つであるサン・タンヌ精神科病院にも勤務するようになった。非正規の実習医学生として、彼は、電気脳科学研究所で実験の手助けをしながら、脳波活動の各種の異常状態をいかに分析するのかを学び、脳の損傷・癲癇・各種の神経疾患を診断していった。同時に、心理学と精神病理

学の学位免状の準備とともに、カンギレムの指導のもと哲学の国家博士号の学位取得を準備していた。

1952年、パリ心理学研究所で精神病理学の学位免状を得る。リール大学文学部の助手となり、心理学の課程を教えることになった。青年作曲家のジャン・バラケ（Jean Barraque）と知り合いになり、彼がブーレーズに匹敵する力があると認めた。スウェーデン赴任前まで、フーコーはバラケと親密な関係をずっと保っていた。フーコー自身は、これらの音楽家は、ベケットとともに「私の過ごしたあの弁証法的な宇宙の第1の『裂け目』」を体現していたと語っている。

1953年、高師でアルチュセールの代わりに復習教師を務め、主に心理学・哲学を教えた。その学生の中にはデリダがいた。この期間、フーコーは、引き続き心理学を学び、パリ心理学院の実験心理学の学位免状を得た。ベケットの『ゴドーを待ちながら』（*Waiting for Godot*）の初演に参加したが、このことにより、フーコーの思想に根本的な転換が起こり、ブランショ、クロソウスキー（Pierre Klossowski）、バタイユ、ニーチェに深い興味を抱くようになった。彼は、「私について言えば、ベケットの『ゴドーを待ちながら』の初演によって、私はある突破を実現することができた。それは、ほんとうに人の心を揺すぶる上演だった」と語っている。サン・タンヌ精神科病院での勤務期間、ジャック・ラカンの最初の何回かのセミナールに参加し、かつ、ドイツの精神病理学・神学・人間学を研究した。また、ドイツの精神病理学者、ビンスワンガー（Ludwig Binswanger）の実存主義的精神病理学の著作『夢と実存』の研究と翻訳を集中的に行い、その中の「狂気は普通の現象にすぎない」という理論に深く興味を持つようになった。フーコーがビンスワンガーの著作に触れるきっかけとなったのは、ジャクリーヌ・ヴェルドー（Jacqueline Verdeaux）の縁故からである。ヴェルドーは、ジャック・ラカンの若い弟子で、当時サン・タンヌ精神科病院で研究を行っていたのである。1952年、彼女は、フランスではじめて、ビンスワンガーの著作のフランス語訳に着手していた。フーコーは、ハイデッガーを真剣に研究している研究者の1人で、ビンスワンガーの哲学用語を解釈できたので、ヴェルドーは、その翻訳作業の過程でいつもフーコーに助けを求めていたのである。その後の何か月かの間、ヴェルドーの招きで、フーコーはいつもサン・タンヌ精神科病院で作業を助け、2人はともに、スイスの精神病理学者、ローラント・クーンが病院の中で催した精神病者のためのカーニバルパーティにも参加した。2人は、パーティに参加していたビンスワンガー本人を探しあ

てただけでなく、本人とその著作について議論もし、また、ガストン・バシュラールも探しあててその意見を求めた。そして、ヴェルドーの紹介で、出版社と2冊の本の出版契約を結んだ。『死の歴史』と『精神病理学史』である。この2冊の本の出版は実現しなかったが、フーコーが「狂人と医者」の関係について議論しようとした、『狂気の歴史』の由来になった可能性がある。

この年8月、フーコーはパリを離れてイタリアで休暇を過ごした。この時、ニーチェの『反時代的考察』に深く惹かれたという。

1954年、フーコーは、自分の名前から父名を取り除いた。ポール・ミシェル・フーコーからミシェル・フーコーへと簡単にしたわけである。『精神疾患とパーソナリティ』を発表し、フランス大学出版社（PUF）の『哲学入門』叢書に収録された。同書の最後の1節での結論の中で、フーコーは、「真の心理学は、すべての人間に関する科学と同様に、人間の疎外状態からの解放を助けることをその目的とすべきだ」と述べている。同時期に、ジャクリーヌ・ヴェルドーが翻訳したビンスワンガーの『夢と実存』の序文も書いている。ビンスワンガーは、現象学とハイデッガーの思想の影響を強く受け、精神分析理論の中での「現存在分析」派の創始者になっていた。この年、フーコーは、高師で「現象学と心理学」の講義を行っている。上述の2つのテキストは、ともにフーコーの初期作品、あるいは、フーコーがまだフーコー自身ではなかった（「偉大なニーチェ式エクリチュール」）時の作品と言ってもよい。『精神疾患とパーソナリティ』は1962年に再出版されたが、フーコーは、後半部を完全に書き換えており、この後、その重版と英訳を拒絶している。

1955年8月、デュメジルの強い推薦で、フーコーは、スウェーデンのウプサラでフランス会館の館長になった。そこでは「フランス演劇史」などの講演も行っている。フーコーは、フランスを離れることについて、「私の生活はたいへん苦しかった。フランスの社会と文化の多くの面には耐えられないものがあった。個人の自由は、フランスではかなり制限されていたが、当時のスウェーデンは自由がずっと多い国だと認められていた」と語っている。彼は、この大学の図書館に収蔵されていた多くの精神病理学史に関する文献を発見した。そのため、彼は一つの習慣を身に着けた。毎日午前10時から午後3、4時まで、ドキュメントの堆積の中に深く身を埋め、必死になって創作のためのインスピレーションを得ようとしたのである。この年の末、ロラン・バルトと知り合いになり、以降長期にわたっての友好関係を保った。

1956年の春、ウプサラ大学のキャンパスで、はじめてデュメジルと出会い、昔からの友人のように終生の友人となった。デュメジルの励ましと支持のもと、フーコーは、『狂気と非理性』を書き始め、独自の道を歩み始めた。彼の考えは、「精神病発展の社会・道徳・意象的背景の歴史」を書くことであった。その最初に決めた書名は、『別種の狂気の傾向』（*L'Autre Tour de folie*）であり、明らかにラカンの色彩を帯びていた。

　1957年7月、休暇でパリにもどり、ジョセ・コルティ書店でレーモン・ルーセルの作品を発見し、この時からルーセルの作品の言語風格を尊重するようになった。年末、ウプサラでスウェーデンにノーベル文学賞を受け取りに来たカミュと出会う。

　1958年夏、スウェーデンを離れワルシャワへと向い、ワルシャワ大学のフランス文明センター所長となり、当時ポーランドで発生した政治事件に密接な注意を払った。冬に『狂気と非理性』の原稿を完成させ、国家博士論文とするためにカンギレムに送る。翌1959年10月、ドイツのハンブルク大学に赴任し、同地のフランス学院の館長となった。

　1960年、『狂気の歴史』を完成させたが、ブリス・パランの拒絶によりガリマール社で出版することはできず、プロン社から1961年に出版された（『文明と心性』叢書に収録）。博士論文の副論文として、『カント人間学の生成と構造』を執筆（死後に『カントの人間学』として刊行）し、カント『実用的見地における人間学』の翻訳の序論とした（翻訳は1964年にヴラン社から出版された）。この年の秋、フーコーはフランスに帰って、クレルモン–フェラン大学で心理学の教師となり、同大学の哲学科の主任J・ヴィユマン（Jules Vuillemin）とミシェル・セール(Michel Serres)と知り合いになった。前者は、後にフーコーをコレージュ・ド・フランスに推薦することになる。また、高師の学生ダニエル・ドゥフェール（Daniel Defert）と知り合いになり、彼と終身の「感情」（フーコーの言葉）を持つことになった。

　1961年、ソルボンヌで国家博士論文『狂気と非理性——古典主義時代における狂気の歴史』と『カント、人間学——序論、翻訳、および注解』の口頭試問を受けた。前者の報告者はカンギレムとダニエル・ラガッシュ（Daniel Lagache）、後者はイポリットだった。審査は、アンリ・グイエ（Henri Gouhier）を審査委員長とし、カンギレム、イポリット、ラガッシュ、モーリス・ド・ガンディヤックで構成されていた。5月に『狂気と非理性』が出版され、ただち

に歴史学者のマンドルーやブローデル、哲学者のバルト、作家のブランショなどの高い評価を受けた。フーコーは、高師の入学試験審査員となり、フランス・キュルチュール放送局で『狂気の歴史と文学』シリーズも担当することになった。『狂気の歴史』は「国家科学研究センター」の銅メダルも獲得している。年末には、『臨床医学の誕生』を脱稿し、『レーモン・ルーセル』を書き始めた。

1962年、クレルモン－フェラン大学のヴィユマンの哲学科主任の職が交替となり、ヴィユマンは、メルロ・ポンティに替わってコレージュ・ド・フランスの教授となった。フーコーは、このころ、ジル・ドゥルーズと知り合いになりこの時から親交を結ぶようになった。また、『精神疾患とパーソナリティ』を改訂し書名を『精神疾患と心理学』に変え、フランス大学出版社（PUF）から出版した。さらに、フランスの著名な医学者・解剖学者のマリー・フランソワ・クサヴィエ・ビシャ（Francois Marie Xavier Bichat）と作家のサドの著作を読んで、「死」の概念について精緻な知識論的分析を行い、「かくも残酷な知」（Un si cruel savoir）を発表した。

1963年、バタイユの『クリティーク』誌の編集委員会に加入し（1977年まで名前はあるが実質は73年まで）、新創刊の文芸季刊誌『テル・ケル』（Tel quel）の編集者たちとともに、一連のまばゆいばかりの評論を発表した。その評論の対象には、バタイユ、ブランショ、ヘルダーリン、ルーセル、クロソウスキー、さらには、「ヌーボー・ロマン」の提唱者、アラン・ロブ＝グリエなどもいた。この時期は「フーコーの文学時代」と習慣的に呼ばれている。この年、フーコーは、『臨床医学の誕生』（フランス大学出版社）と『レーモン・ルーセル』（ガリマール社）を発表した。また、ブラジルの民主的反対派と長期の関係を結び始めた。フランス外務省は、フーコーを東京のフランス文化センターの主任に任じたが、ダニエル・ドゥフェールと離れることができずこの職務を放棄した。同様にこのころに、フーコーはハイデッガーの著作を再読している。1963年3月4日、ソルボンヌでシンポジウムが開催され、ジャック・デリダが『狂気の歴史』のデカルト『省察』についての記述を鋭く批判した。そのテーマは「コギトと狂気の歴史」というものであった。

1964年、チュニスにしばしば滞在するようになる。『狂気の歴史』の縮刷本（プロン社）を発表した。ドゥルーズ、クロソウスキー、ジャン・ボーフレ（Jean Beaufret）、アンリ・ビロー（Henri Birault）、ジャンニ・バッテイモ（Gianni Vattimo）、ジャン・ヴァール（Jean Wahl）、カール・レーヴィット（Karl Löwith）、ジョルジオ・

コッリ（Girogio Colli）、マッツィーノ・モンティナリ（Mazzino Montinari）などと新版『ニーチェ全集』の編纂を企画した。7月、フーコーは、パリの北のロワイヨーモン（Royaumon）で開催されたニーチェシンポジウムにおいて、「ニーチェ・フロイト・マルクス」を発表した。

　1965年、バディウ、イポリット、カンギレム、ポール・リクール（Paul Ricoeur）とともに、フランス・テレビジョンの討論番組シリーズに出演した。フーコーは、しばらくの間ド・ゴール政府の教育相クリスチャン・フーシェ（Christian Fouchet）が作ったある委員会に任職した。この委員会の任務はフランスの高等教育の改革というものであった。

　1966年、『言葉と物』が発表され、ガリマール社のピエール・ノラが主編する『人文科学叢書』の中に収録された。同書は、「人間は最近の発明品である」などの著名な論点を打ち出し、フランス学界の構造主義論争の中心となった。この本は1ケ月半のうちに売り切れた。5月29日に出版された『レクスプレス』誌に、『言葉と物』についての評論が掲載され、その標題は「実存主義以来最大の革命！」というものであった。その標題の上には、1頁の4分の3を占める大きな写真が掲載されていた。『言葉と物』の作者が軍用雨具を着て、「地下鉄新芸術駅」の標識の下に立っているというものである。この写真のキャプションは「ミシェル・フーコー——人間は新しい発明品である」であった。このころ、デリダとアルチュセールはしばしば交流をしており、ともに「我々の任務は、ヒューマニズムからきっぱりと超越することである」と宣言していた。9月、フーコーは、チュニスに移転することを決意し、シディ・ブ・サイードという小さな村で2年間を過ごすことになった。同月、彼は、チュニス大学の哲学教授になってチュニスの学生の反帝運動を経験することになり、学生を当局の迫害から保護した。10月、サルトルと『レタン・モデルヌ』誌の同人が、「フーコーは、ブルジョア階級の技術的統治の最後の弁護者である」と批判し、モーリス・クラヴェルが、「フーコーの学説中に現代のカントの影を発見した」と称した。年末、『ラルク』誌が特別号を出した。特別号の標題は「サルトルの回答」というもので、その中にはサルトルのインタビューが載っており、サルトルは、フーコーが「幻灯で映画を、一連の静止画像で動画を置き換えた」と批判している。

　1967年3月、フーコーはフランスに戻り、フランス建築研究会の招きで「他の空間」と題する講演を行った。この講演の中で、フーコーは自身の「混在郷

（ヘテロトピア）」の概念をはじめて系統的に説明した。

　1967年6月、ナンテール大学の哲学教授に招かれたが、当時の文部相が遅々として決裁しなかったので、フーコーはまたチュニスに戻り、イポリットをチュニス大学に招き講演を依頼した。そのテーマは「ヘーゲルと現代哲学」というものであった。このころ、フーコーは、当時中国で発生していた文化大革命に深い興味を持つようになった。年末にはミラノを訪問し、ウンベルト・エコ（Umberto Eco）と知り合いになった。

　1968年、「科学の考古学について―認識論サークルへの回答」を発表した。5月、パリで学生運動が発生しゼネストも起こったが、この「五月革命」の期間、フーコーはチュニスにおり、全力で当地の学生運動を支持していた。しかし、彼は、シャルレティでの会議と6月パリ最後のデモには参加している。「五月革命」の影響で、フーコーは、マルクス、ベケット、ローザ・ルクセンブルク、トロツキーの著作を再読した。10月27日、フーコーの指導教官であったイポリットが亡くなった。なお、この年の初め、ナンテール大学の心理学教授に任命されたが就任せず、ヴァンセンヌ大学の哲学部の設置を命ぜられた。彼が招請した教師の中には、ランシエール、バリバール、ラカンの娘であるジュディット・ミレール（Judith Miller）などがいた。しかし、彼本人は、ここで1年しか哲学教授を担当しなかった。

　1969年、「性と個人」などの課程を開設した。フーコーは、ヴァンセンヌの学生運動に積極的に関与し学生の造反を支持した。1月、サン・ルイ高校の学生運動を声援していた最中にはじめて逮捕された。2月23日、フランス哲学会の招きで「作者とは何か」の講演を行い、自分と、デリダやロラン・バルトとの差異を強調した。3月、『知の考古学』（ガリマール社）を発表した。11月30日、コレージュ・ド・フランスが、故イポリットのもとの「哲学思想史」講座を「思想体系の歴史」講座と改名することを決定した。この年、レオ・シュピッツァー『文体研究』を翻訳・出版した。レイモン・ベルール（Raymond Bellour）との対談の中で、「『知の考古学』は純然たる「虚構」で、それは、小説であるが、作者は私ではない」と称した。

　1970年、ニューヨーク大学の招きでアメリカを訪問しサドに関する論文を発表した。また、イェール大学でも講演を行い、フォークナーの故郷を訪問した。4月、フーコーは、コレージュ・ド・フランスの「思想体系の歴史」講座の教授に正式に選ばれた（師の故イポリットの席）。5月、新版『バタイユ全集』

の序文を書いた。フーコーのコレージュ・ド・フランス教授の身分によって、この新版『バタイユ全集』は、政府の多くの出版禁止法令を逃れることができた。同書の発表会の会場で、フーコーは、この機会を利用してピエール・ギョタ（Pierre Guyotat）の禁書『エデン エデン エデン』の解禁を主張したため、同書は正式に出版されることになった。9月、日本を訪問して、「マネの絵画」・「狂気と社会」・「歴史への回帰」などの学術講演を行った。12月2日、コレージュ・ド・フランスの就任講演「言説の領界」を行った。このころ、『クリティーク』誌編集委員会からの脱退を宣告したが、同誌にドゥルーズの『差異と反復』、『意味の論理学』への書評—「劇場としての哲学」を発表している。フーコーがコレージュ・ド・フランスに入った時、ドゥルーズは、フーコーのヴァンセンヌでの仕事を受け継いでいた。このころ、哲学部で教えていたジュディット・ミレールは、毛沢東主義者を自称しており、バスの中で、まったく見ず知らずの人たちに哲学の単位認定証を見境なく配った。後に彼女は、『レクスプレス』誌でこの事件をこう解釈している—自分のこの行為は、「大学はブルジョア階級社会の虚構物だ」と感じたからだと。このため、文部相は、ミレールを解雇し、かつ次のような通報をただちに発した—ヴァンセンヌ哲学科の学位保持者は、フランス教育システム中のいかなる教員資格ももはや持つことはできず、かつ、彼らの哲学科におけるすべての学位授与権を取り消すと。

1971年、フーコーは、コレージュ・ド・フランスでの講義として、「知への意志」についての一連の分析を開始し、また、イポリットを記念する論文集の中で非常に重要な学術論文「ニーチェ・系譜学・歴史」を発表した。2月、ハンスト中の政治犯を支持するために、フーコーは、「監獄情報グループ」（Groupe d'information sur les prisons G. I. P.）を結成した。同グループの本部はフーコーの自宅とし、伴侶のダニエル・ドゥフェールが同グループの責任者となった。これと同時に、フーコーは、サルトルなどが組織した「人民法廷」（Tribunal populaire）にも参与した。しかし、闘争戦略の面ではサルトルなどとはやや違いがあったようである。このころ、コレージュ・ド・フランスの就任講演をもとに、「言説の領界」が正式に発表されている。春には、「監獄情報グループ」はフランスの各監獄で調査表を散布した。このころ、カナダ・ケベック州のマギル大学を訪問して、現地の反政府独立分子と接触し、監獄に拘置中の『アメリカの白いニグロ』の作者、ピエール・ヴァリエールと会見した。5月、フーコーなどのグループは、監獄の正門で「扇動者」の罪名で逮捕された。それと

ともに、「監獄情報グループ」の「20か所の監獄で行われている行為についての調査報告」が公開発表された。フーコーは、またジュネとともに、迫害を受けていたアメリカの黒人運動指導者、ジョージ・ジャクソン（George Jackson）も支持していた。7月、フランスの監獄で収容犯が新聞を読みとラジオを聞くのが認められた。これは「監獄情報グループ」の初の勝利となった。9月、フーコーは何度も死刑反対を表明した。年末、フーコーは、コレージュ・ド・フランスで「刑罰理論と刑罰制度」の講義を開始した。パリの共済会館での映画上映会で、監獄の状況を描いた作品が上映され、フーコーは、サルトルとジュネとともに現代監獄制度に抗議の意を示した。11月、映画協会の招きでオランダを訪問し、オランダテレビ局の番組の中で、アメリカの言語学者、チョムスキー（Noam Chomsky）と人間の本性について議論を行った。

1972年、コレージュ・ド・フランスのフーコーの講義で、19世紀フランスの特徴であり社会コントロールの一方式である懲罰システムの分析が開始された。『狂気の歴史』の修訂版（第1版の序言は削除された）が出版され、ガリマール社の『歴史叢書』に収録された。1月、フーコーは、サルトル、ドゥルーズ、モーリアック（Claude Mauriac）とともにフランス法務省の前庭で座り込みを行い、不合理な監獄制度に抗議をした。この時フーコーは再度逮捕された。釈放後の翌日、彼は、サルトルとともに造反中のルノー自動車工場に車で駆けつけ、造反中の労働者を支持した。ドゥルーズとガダリの共著『資本主義と分裂症』第1巻『アンチ・オイディプス』が出版され、フーコーは、ドゥルーズに祝辞を送った時に、「フロイト・マルクス主義から離脱するべきだ」と述べたが、ドゥルーズは、「私はフロイトに責任を負っている。あなたはマルクスに対処したらいかがか」と答えている。フランスの『ラルク』誌にフーコー・ドゥルーズの対談が掲載され、この2人の哲学者は権力問題について集中的に議論した。4月、フーコーは、再びアメリカを訪れ、ニューヨークやミネアポリスなどに赴いた。この時、「古代ギリシアの真理の意志」（*La volonté de vérité dans la Grèce ancienne*）や「17世紀の儀礼・演劇・政治」（*Cérémonie, théâtre et politique au XVII siècle*）などの講演を行った。さらに、ニューヨーク州のアッティカ監獄を訪問し、「監獄は、抑圧の機能を持つばかりでなく、規律－訓練権力という生産的機能も持つ」と表明している。10月、アメリカのコーネル大学の招きを受け、「文学と犯罪」や「処罰社会」などの講演を行った。年末、コレージュ・ド・フランスで「ピエール・リヴィエールとその作品」の講義を開始し

た。「監獄情報グループ」が解散した。フーコーは、サルトルなどとともに日刊紙リベラシオンの創刊計画に参与した。

1973年、「監獄情報グループ」の4回目の監獄調査報告『監獄での自殺事件』が、ドゥルーズの責任のもと正式に出版された。フーコーは、コレージュ・ド・フランスで「規律社会」の講義を開始した。この講義は後に「処罰社会」と改名されている。5月、モントリオール・ニューヨーク、リオデジャネイロなどを訪問した。9月、『ピエール・リヴィエール』(ガリマール社)が出版された。これは、母と妹を惨殺したピエール・リヴィエールの回想についての研究報告で、後にルネ・アリオによって映画化され、1975年に上映されて好評を得ている。10月、『これはパイプではない』が出版された。フーコーは、コレージュ・ド・フランスの本年度講義で、監獄の誕生を導いた数々の要素の発展を検証した。また、サルトルやクラヴェルとともにリベラシオン紙を創刊し、されに、ニューヨークで講演も行った。

1974年、コレージュ・ド・フランスで「精神医学の権力」の講義が開始され、かつ、フーコー主催の18世紀の病院の構造及び1830年以降の精神病理学・法医学の状況についてのセミナーも始まった。4月、『ルシェルシュ』誌が特集『同性愛百科全書』を刊行したことで、その法律的責任を追求された。フーコーは、これに関し談話を発表し、「いったいいつまで待てばいいのか。同性愛が発言権と正常な性行動の権利を獲得するまでに」と指摘した。7月、ドイツの映画監督、ヴェルナー・シュレーター (Werner Schröter)、ハンス・ユルゲン・ジーバーベルク (Hans-Jürgen Syberberg)、ライナー・ヴェルナー・ファスビンダー (Rainer Werner Fassbinder) などの映画に深く引き寄せられ、またスイスの映画監督、ダニエル・シュミット (Daniel Schmidt) と会見し、映画の中の性と身体の表現方法などについて意見を交えた。このころ、フーコーなどが、「監禁制度についての公開討論」の備忘録を発表し、政府による改善と犯罪者の基本的人権の維持を呼びかけた。年末、リオデジャネイロで「都市と公共衛生」および「19世紀の精神病理学における精神分析学の系譜学」のセミナーを主催した。

1975年、フーコーは、「精神病理学の領域における法医学的鑑定」に関するセミナーを主催し、「異常者たち」の講義を開始し、かつ「異常者」集団の構成について研究した。2月、マネなどの画家の作品を引き続き研究し、絵画と写真との相互関係についても深く研究した。『監獄の誕生』(ガリマール社)が

正式に発表され、大きな反響を引き起こした。4月、ヌーヴェル・オプセルヴァトゥール誌が「フランスの大学の大僧侶たち―ラカン・バルト・リオタール・フーコー」特集を組んだ。その中で、「フーコーは、コレージュ・ド・フランスでの講義の時には、荘重かつ厳粛な学風で受講者の尊敬を集めており、偶像崇拝に近いような神秘的雰囲気を醸し出している」と描かれていた。春にアメリカのカリフォルニアを訪問し、カリフォルニア大学バークレー校で、「言説と抑圧」と「フロイト以前の幼児性愛」の講演を行い、アメリカの大学生の広範な興味を引き起こした。同時に、現地の同性愛・ドラッグ・禅・フェミニズムなど社会の小グループの活動に大きな興味を示し、それを大いに称賛した。9月、スペインのフランコ独裁政権下の政治犯のためのデモに参加し、スペイン政府が無条件に彼らを釈放することを要求した。

1976年、「社会は防衛しなければならない」の講義を始めた。フーコーは、5年以来の権力の抑圧モデルについての研究を終わらせると宣言し、かつ、権力関係の運用過程を戦争モデルとして表現した。フーコーは、「5年の時間を費やして規律－訓練を研究してきた。今後は戦争と闘争について集中的に研究していくつもりだ……我々は、真理の生産を通じてのみ権力を行使しているのだ」と述べている。5月、バークレーとスタンフォードで講演を行なった。8月、『知への意志』の原稿が完成し、12月、『性の歴史』第1巻の『知への意志』が正式に出版された。これは『性の歴史』の序論となる。フーコーは、もともと6巻本の『性の歴史』を書くつもりだった。第1巻は『知への意志』(*La volonté de savoir*)、第2巻は『肉と身体』(*La Chair et le Corps*)、第3巻は『少年十字軍』(*La Croisade des enfants*)、第4巻は『女性　母とヒステリー者』、第5巻は『変態者』(*Les Pervers*)、第6巻は『人口と種族』(*Populations et Races*)である。このシリーズでフーコーが主張したかったのは、近代社会においては、「性」は抑圧されているばかりでなく生産され激化されてもいて、性の解放という流行思想に反対する人たちは、「解放を主張する人間の政治闘争の目的が、いくつかの禁圧されているものの解放にあるのではなく、一種の自己の生産だ」と認識しているという点である。フーコーには、「秩序」について自身の独特な理解があり、政治問題は、主体の欲望という真実の中で、主体を縛っている鎖から脱することにほかならず、これゆえ、快楽の不断の増大と強化という路線は「非性化」に行き着くというのである。さらにこの年、前述のセミナーの二つの成果が正式に出版された。一つは、フーコー主編の『ピエー

ル・リヴィエール　殺人・狂気・エクリチュール』であり、もう一つは、1973〜1974年のセミナーグループの論文集『治療機械』である。

　1977年3月、ボードリヤールが『フーコーを忘れよう』を発表した。フーコーは、事前にこの文章を読みかつボードリヤールと議論していたので、もともと、同時に答弁の文章を書き同時に発表しようと準備していたが、結局その答弁の論文を完成させることはなかった。

　『知への意志』は広く歓迎され、とくにフェミニストと同性愛者の喝采を浴びた。『監獄の誕生』の英語版が出版されたことにより、フーコーはアメリカの知識界と学術界の広範な注目を引いた。このころ、レカミエ劇場でデモが組織され、フランス大統領ジスカール・デスタンによるソ連指導者ブレジネフの歓迎会に抗議し、多くのソ連の反体制派が参加した。その集会でフーコーは、政治亡命の重要性を強調した。年末、東西ベルリンを訪問して、監獄問題について議論し西ドイツ警察に逮捕された。

　1978年、「安全・領土・人口」の講義が開始され、元来の権力問題から統治性の問題へと重点が移った。このフーコーの講義では、政治的知識の発生にまで議論がおよび、人口の観念と人口のコントロールを保証するメカニズムが重点的に議論された。同時に、『性の歴史』第2巻の執筆が始まった。4月、日本を訪問し、「性と権力」・「権力のキリスト教型モデル」・「マルクスとヘーゲル」などの講演を行った。5月、フランス哲学会で講演「批判とは何か」を行った。この夏に、フーコーは、交通事故による脳震盪のために入院した。その後、サルトルが1980年に亡くなった際、フーコーはモーリアックに「あの時から、私の生活は変わった。事故の時、車というものが私を震撼させた。私は車のボディの上に投げ出されたのだ。その刹那こう考えた──終わった。もうすぐ死ぬのだ。まあそれもいいだろう。何の感想もなかった」と。9月、あわただしくイランを訪問し、独裁政治に反抗しているイランの民主人士への支持を試みた。11月、サルトルなどとともにヴェトナム難民を積極的に支持した。12月、ドゥチオ・トロンバドリと対談し、トロンバドリは、フーコーに、イタリア・マルクス主義者による学術シンポジウムの開催に同意してほしいと提案した。フーコーは、イタリアの新聞『コリエーレ・デラ・セラ』にイラン革命のレポートを掲載した。

　1979年、「生政治の誕生」の講義が始まった。この講義の批判のおもな対象は近代自由主義社会であった。西洋自由主義に対する特殊な考察によって、フー

コーは生の権力について語ったのである。フーコーは、「国家には本質なるものは存在しない。国家は普遍的な概念ではなく、それ自身が権力の自律の源泉というわけでもない。国家とは、尽きせぬ国家化の過程にほかならない」と称した。コレージュ・ド・フランスでヴェトナム難民受け入れについての記者会見が行われ、サルトルとアロンが会見に臨んだ。フーコーは、このことについて、日本の新聞に「移民問題は今後重大な政治問題の一つになるだろう」と述べた。フーコーは、年初から古代キリスト教の教父哲学の文献の研究を始めていたが、それは、おもにキリスト教の「告白」の歴史を探ろうとするものだった。この研究の目的は、キリスト教が、いかなる方式を採用して信徒個人に思想的コントロールを進めてきたのかを探求することであった。この研究の基礎の上で、『性の歴史』第2巻の基本的内容が確定し、フーコーは、キリスト教によるこの特殊な思想的コントロールを「司牧権力のキリスト教型モデル」と称した。4月、フーコーは、フランス最初の同性愛雑誌『ゲイ・ピエ』の創刊号に自殺を支持する文章を載せた。このため、フーコーは、フランスの各大新聞から非難を浴びせられた。10月、スタンフォード大学に赴き、タンナー・レクチャーで「司牧権力」の講演を行った。

　1980年、「生者たちの統治」の講義が開始された。2月、フーコーは『ルモンド』のインタビューを受けたが、自分の名前を出さないようにと要求した。それで、『ルモンド』はフーコーを「仮面をかぶった哲学者」と称することにした。3月26日、ロラン・バルトが交通事故で亡くなった。4月19日、フーコーは、サルトルの葬儀に参加し、1000万人以上の群衆とともに柩を墓地まで送った。8月、イギリスの著述家で翻訳家のアラン・シェリダン（Alain Sheridan）が、英語圏で初めての本格的なフーコー論 The Will to Truth〔『真理への意志』〕を発表した。9月、やはりイギリスの著述家コリン・ゴードン（Colin Gordon）が、英語版のフーコー集 *Power / Knowledge: Selected Interview and Other Writings, 1972-1977*〔『権力／知』〕を発表した。10月、カリフォルニア大学バークレー校の客員教授として「真理と主体性」（*Truth and Subjectivity*）の講演を行い、かつ「後期古代からキリスト教誕生期までの性的倫理」のセミナーに協賛した。11月、ニューヨーク大学で「セクシュアリティと孤独」、ダートマス・カレッジで「主体性と真理」および「キリスト教と告白」、プリンストン大学で「生政治の誕生」の講演をそれぞれ行った。

　1981年年初、「主体性と真理」の講義が始まり、自己統治の様態としての「自

己の技術」が畢竟いかに運用されるのかを探求し始めた。5月、フーコーは、ルーヴァン・カトリック大学法学部で「悪をなし、真実を言う」の講演を行った。フーコーは、ブルジョア階級の現代的法律中のある重要なプロセスは、キリスト教の「告白」の手段の延長と継承であり、権力ゲームをもてあそぶことだと見ていたのである。10月、マーク・ポスター（Mark Poster）の招きでロサンジェルスに赴き、シンポジウム「知・権力・歴史——フーコーの著作への学際的アプローチ」に参加し、フランクフルト学派のレオ・ローエンタール（Leo Löwenthal）やアメリカ人研究者マーティン・ジェイ（Martin Jay）などと会見した。その際、フーコーは、「私がさらに興味を持つようになったのは、権力ではなく主体性の歴史である」と語っている。カリフォルニア大学バークレー校では、「フーコー——ハバーマス研究会」の設立準備を行ったが、ハバーマスがフーコーに求めた主要テーマは「モダニティ」であった。このころ、フーコーはポーランドの「連帯」との協力を始めた。

　1982年、「主体の解釈学」の講義が始まった。この春、フーコーは、チェコ当局がプラハ訪問中のデリダを逮捕したことに抗議をした。5月、トロントに赴き「記号論および構造主義的方法」のシンポジウムに参加し、ジョン・サール（John Searle）やウンベルト・エコなどと会見した。この時「古代文化における自己への配慮」の講演を行い、これにより、フーコーは研究の重点をストア派の哲学に移した。6月、コレージュ・ド・フランスの教授職を辞し、カリフォルニア大学バークレー校に移動しようと考えた。7月、慢性鼻炎にかかった。8月、パリのユダヤ料理レストランがテロリストの爆破予告を受けたが、フーコーは、抗議の意志を示すため、いつもどおりにそこで食事することを決めた。10月、バーモント大学で「自己の技術」の講演を行った。

　1983年、フーコーの研究目標は、自己コントロールと真理陳述（パレーシア）（政治的徳性としての）というテーマに集中するようになった。カリフォルニア大学バークレー校で、自由主義と統治技術、真理陳述と自己関心についての講演を行った。コレージュ・ド・フランスでは「自己および他者の統治」の講義が始まった。3月、『性の歴史』第2巻の大部分の原稿が完成し、書名を『快楽の活用』とした。ハバーマスがコレージュ・ド・フランスで講演を行い、フーコーと会見した。英語版の *Michel Foucault: An Annotated Bibliography*〔『ミシェル・フーコー——評註つき書誌』〕が、マイケル・クラーク（Michael Clark）によって編纂され正式に出版された。4月、カリフォルニア大学バークレー校

に赴き、「自己に関する芸術と自己のエクリチュール」の講演を行った。10月、再度バークレー校を訪問し、6回にわたる連続学術講演を行い、かつボールダーとサンタ・クルーズで2回の講演を行った。これにより極度の疲労状態に陥り、コレージュ・ド・フランスでの講義をもはや行わないことを決め、この時から公衆の前に姿を現すことを避けるようになった。このころ、エリアスの『死にいく者たちの孤独』の翻訳の準備を始めた。12月、病に臥すようになった。

　1984年年初、抗生物質による治療を受け体調が好転した。フーコーは、モーリス・クラヴェルあての手紙の中で「エイズにかかった」と告白している。2月、再度疲労感を感じたが、コレージュ・ド・フランスでの講義を再開した。それは「自己および他者の統治」の続きとなる「真理の勇気」である。また、『性の歴史』第2巻の原稿を訂正した。3月、バークレー校の教師・学生とフーコーの共同研究者とが、1930年代の西洋諸国政府の統治についての態度の変遷についての研究計画をフーコーに寄こしてきた。その中には、第1次世界大戦以降、西洋社会において社会生活・経済の計画化・政治組織の3大方面で再構築がなされたことが示されていた。彼らは、これに基づき、新たな政治的合理性の問題について研究を深めることを主張し、5項の研究計画を提起したのである。それは、（1）アメリカの福祉国家と進歩主義（Le Welfare State et le progressisme aux Etats Unis）、（2）イタリアのファシズムと余暇の組織化（Le Fascisme et l'organisation des loisirs en Italie）、（3）フランスの社会福祉国家および植民地における都市の実験、（4）ソ連の社会主義建設、（5）バウハウス建築とワイマール共和国、というものであった。この時、フーコーは、常時病院で診察を受けていたが、医者に治療を求めたりはせず、唯一の関心は「いつまで生きられるのか」ということであった。早くも1978年の時点で、フーコーは、著名な研究者フィリップ・アリエスの死に関して、「患者がみずからの死との密かな関係の主人であり続けるために受け入れる、、知と沈黙のゲーム」について語っている。3月10日、フーコーは、原稿を続けて改訂すると同時に、警察によって駆逐されたマリとセネガルからの移民と接見し、政府当局に彼らの問題を合理的に解決するように求めた。5月、マガジン・リテレール誌が、フーコー特集号を刊行し、『性の歴史』第2巻『快楽の活用』と第3巻『自己への配慮』の出版を祝した。6月、フーコーの健康状態が悪化した。最後の重要な論文「啓蒙とは何か」が発表された。

　1984年6月25日午後1時25分、フーコーは、パリのサルペトリエール病院で

亡くなった。『ルモンド』・『リベラシオン』・『フィガロ』は、ともにトップで彼の死を報じた。

　1984年6月28日から7月5日にかけてヌーヴェル・リテレール誌は、フーコー最後のインタビュー「道徳への回帰」を連載した。

　1994年、フーコーが生前に発表した大量の論文とインタビュー録を4巻本にまとめた Dits et écrits がガリマール出版より出版された。

　1997年より、フランスのスイユ社／ガリマール社が、テープ録音とその他の資料に基づき、フーコーのコレージュ・ド・フランスでのすべての講義集を刊行し始めた。この年出版されたのは、『社会は防衛しなければならない』である。

　1999年、『異常者たち』が出版された。

　2001年、『主体の解釈学』が出版された。

　2003年、『精神医学の権力』が出版された。

　2004年、『生政治の誕生』と『安全・領土・人口』が出版された。

　2008年、『自己と他者の統治』が出版された。

　2009年、『真理の勇気』が出版された。

　2011年、『〈知への意志〉講義』が出版された。

　2012年、『生者たちの統治』が出版された。

　2013年、『処罰社会』が出版された。

　2014年、『主体性と真理』が出版された。なお、現在（2015年の執筆時点―訳者）まだ出版されていないのは Théories et institutions pénales（『刑罰の理論と刑罰制度』2015年刊）である。

（張一兵編集）

後　記

　この本は、執筆計画中の意外な副産物である。『ハイデッガーへ帰れ』第1巻を完成させた後、私は、ハイデッガーの人を呼吸困難に追い込むような、あの情況から脱出しなければならないと感じていた。これは、自分の思想的惑乱を避ける唯一の方法である。ゆえに、私は、相対的に軽さを感じるポストマルクスの思潮の研究に立ち戻ったわけである。

　2007年から始まった新たな翻訳計画に応じて、我々は、南京大学出版社からランシエール、バディウ、ヴィリリオ、アガンベン、ジジェク、スティグレール、スローターダイクなどヨーロッパの急進思想家の翻訳シリーズを出版しようとしていた。藍江博士が、すでにバディウの思想を重点的に研究していたので、私は、ランシエールとアガンベンを選択した。しかし、思考・執筆の過程で、私は、この2人の思想的情況構築と変転のプロセスの至るところでフーコーの影響を感じ取ったのである。とくにアガンベンである。彼は、フーコーのすべての方法論と後期の生の政治の思想を、自分の思想的情況構築の直接の前提としていたのである。このため、私は、10数年前に「真剣に読んだ」と自認していたフーコーを再読せざるをえなかったのである。そして、いったん読み始めると、「危険なフーコー」という言説的出来事の中に、また嵌まり込むという結果になってしまったのである。

　10数年前に私が読んだフーコーの著作は、おもに『言葉と物』と『知の考古学』の中国語訳であった。その時は、一種の新たな思考方法として、私は、彼が提起した思想史中の非連続性の観念に賛同し、私が熟知しているアルチュセールの「断絶説」とまさに関連していると思ったものである。そして、この特殊な方法論的形式構築は、私の「マルクスへ帰れ」のマルクス再解読に直接影響した。それに対し、このたびのフーコー再読において予期していた思考の重点は、彼の「晩期」の生の政治哲学であった。このため、私は、彼の著作を頭から足まで再精読して、もう一度思考を整理せざるをえなかったのである。ちょうど私がフーコーから離れていた時期に、彼の重要な文献がフランス語から中国語に翻訳されており、かつフーコーの思想史研究の方面で、もともと私が好みかつ多大な益を与えてくれた劉北成教授の『フーコーの思想的肖像』のほかにも、ドッスの『構造と脱構築』という1冊が登場していたのである。さ

らに重要な点は、汪民安教授がこの時期に前後して、多くのフーコーに関する論文集や専門的研究所を出版したことである。彼は、中国国内で、フーコーとフランス現代の急進思想にもっぱら関心を寄せた重要な研究者であることを承認しなければならないだろう。まさにフーコーを再読していた時に、私は、北京で、汪民安氏とアガンベンの中国語翻訳書について議論する機会を得たが、その時、彼は、「フーコーがすべての現代ヨーロッパ哲学に与えた影響を真剣に考察するべきだ」とアドバイスしてくれた。彼から見ると、フーコーは、現代西洋のもっとも偉大な思想家であり、「あなた（張一兵）は、中国国内の哲学研究における重要な人物として、フーコー研究を進めるべきだ」というのである。彼の誠実さは私を感動させた。もちろん、フーコー研究の基本的理由は、私自身の現在のランシエールとアガンベンについての学術研究という内的駆動力に基づくものだが、この汪民安氏の言葉によって、私は、フーコーを真剣に研究する決意を固めたのである。これに加え、我々がその第1歩の建設を始めた、古典的学術著作原文文献の大型データベースの中には、フーコーのフランス語文献はすでにすべて収録されており、これによって、中国語訳を読んでいる際、すべてのフーコーのフランス語テキストのキーワードを辞書に一つ一つ対応させて再調査・再考察する可能性を私に与えてくれたのである。ここに汪民安教授に感謝の言葉を贈りたい。

　フーコー研究は、中国国内ではすでに目新しいものではなくなっている。しかし、時間という手がかりに真剣にそって、彼のおもな学術テキストを真剣に細読し再構築することは、いまだ興味深いものになるはずであろう。興味深いことに、ハイデッガーに関する論文を執筆・発表後、ある人が、あえて故意に「誰のハイデッガーなのか」と私に言ったことがある。実際には、現代の学術研究においては、これはすでに一つの疑問ではなくなり、もちろん、私が理解し再情況構築したハイデッガーのことを指しているのである。私が愚かではないところは、まさに自分が解釈し仮に想定したものを、ハイデッガーのオリジナルの思想的情況構築と等しいものとしない点である。これは、信徒式の解釈者と哲学者との区別である。フーコーの解読もまたかくのごとくである。本書の中のフーコーとは、私によって再情況構築されたまったく新たな言説的出来事なのであり、フーコーのテキストは、歴史的アルシーブとして、我々自身の生活の中で情況構築され、かつ再構築される可能性のある、生き生きとした知－権力の批判的言説の系譜研究の対象にすぎないのである。真相は以下のごと

くなのだ―話というものは、総じて私について語ろうとするものだが、私は、かえって言説的出来事の中で自身の姿を現すと。テキストと私との関係は、私―それの関係ではなく、私―私の関係であり。我即仏なりである。このことは、おそらく、思想のあるふりをしている「文化」商人たちには、永遠に入ることのできない情況構築の次元であろう。

私の学生である楊喬喩が、アルチュセールとランシエールに関する博士論文を書いたので、我々2人は、いくつかの重要な共通の学術的背景について議論することができた。いくつかの文献収集や摘要の英語訳の面でも、彼女は私を少なからず助けてくれた。ここに楊喬喩に感謝の言葉を贈りたい。また、同じく私の学生である劉氷菁も、フランス語文献の収集と翻訳の面で協力してくれた。同様に感謝の言葉を贈りたい。

私は、この本を自分の一番年下の姉、張沙沙に捧げたい。なぜなら、彼女は私と1歳しか違わず、子供のころいや高校時代に到るまで身近な存在であったからである。いつも腕白な私は、彼女に先生のところに行ってもらって、自分の替わりに責任を取らせたものである。例えば、ほんとうのことが書かれていない偽の欠席届を姉に持たせ、私のサボリをごまかしたことなどだ。思い起こせば疚しさを感じる。ありがとう、姉さん。過去のそのような美しい自由な時間がなければ、どうして今の私があることだろうか。多くの小さいころからの私の知り合いは、みんな、こんな思いもしないことを考えているかもしれない―「この男が、他人の家の門に爆竹を仕掛け他人の家の窓に泥を塗りたくった『あいつ』なのか?!」と。しかし事実は、その「あいつ」とは私にほかならないのである。

最後に、上海人民出版社の于力氏に感謝の言葉を贈る。彼の尽力がなければ、本書は、このような精美な形で世に問われることはなかったであろう。

張 一兵

2013年7月29日第1稿。日本JR大阪駅DELI CAFEにて
2014年6月12日第2稿。南京大学仙林キャンパス哲学楼にて
2015年春節第3稿。武漢茶岡にて
2015年4月15日第4稿。北京→南京のG17高速鉄道列車内にて

「訳者」の言葉

　『マルクスへ帰れ』、『レーニンへ帰れ』、そしてこの『フーコーへ帰れ』——この一連の翻訳作業を通じて、張一兵氏の思考の基盤となっているものが見えてきたと思う。すなわち、「個人の思想は、ある転換点で大きく変化する」という——ある意味では平凡だが——見方である。マルクスにとっては『ドイツ・イデオロギー』が、レーニンにとっては『ベルン・ノート』が、フーコーにあっては『監獄の誕生』が、その「転換点」になるのだろう。

　張氏は、このフーコーの思想的転換は、「観念論的なエピステーメー決定論から唯物論的な現実から出発する態度へ」という転換であったとまとめている。換言すれば、「フーコーは一歩一歩マルクスに近づいていった」というのである。この「要約」は論議を巻き起こすに違いない。

　だが同時に、張氏は、「その思想家特有の変わらない思考形態」もまた存在することも見抜いている。フーコーにあっては、それは、「連続的かつ総体的な歴史観」に対する批判的態度であった。こうした態度は、『狂気の歴史』から『生政治の誕生』に到るまで一貫していると言える。読者がこの部分にも注意を払うことを望みたい。

　先の『レーニンへ帰れ』は、ポスト・モダンの手法を用いたマルクス主義者によるレーニン解読だったが、今回の『フーコーへ帰れ』は、マルクス主義者によるポスト・モダン思潮の解釈ということになる。これもまた、前回と同様、世界でも珍しい出来事と言えよう。このことだけもこの本を手にする価値があると信じる。

　翻訳作業にあたっては、宇波彰氏と箱田哲氏に多大のご支援をいただいた。ここに感謝の言葉を贈らせていただく。

2017年8月10日　貴州省凱理市にて
「訳者」中野英夫

張　一兵（本名　張異賓）、男、1956年3月南京に生まれる。本籍は山東省荏平。1981年8月南京大学哲学科哲学専攻を卒業する。哲学博士。南京大学マルクス主義社会理論研究センター主任、南京大学特別招請教授、南京大学高度資質研究者、南京大学大学院博士課程院生指導教官などに任ぜられている。ほかにも、中国マルクス主義哲学史学会副会長、中国図書評論学会副会長、江蘇省社会科学連合会主席、江蘇省哲学学会会長などの職に就いている。代表的な著作には、『ハイデッガーへ帰れ―性起と情況構築』（第一巻、商務印書館、2014年）、『マルクスへ帰れ―経済学的コンテキスト中の哲学的言説』（江蘇人民出版社、2013年第3版）、『マルクス歴史弁証法の主体次元』（武漢大学出版社、2010年第3版）、『反ボードリヤール論―ポストモダン学術神話秩序の解体』（商務印書館2009年）、『レーニンへ帰れ―「哲学ノート」のポストテクストロジー的解読』（江蘇人民出版社、2008年）、『不可能な存在の真実―ラカン哲学のイメージ』（商務印書館、2006年）、『テキストの深き掘り起こし』（第一巻、中国人民大学出版社、2004年。第二巻、中国人民大学出版社、2008年）、『プロブレマティック、徴候的読解、イデオロギー―アルチュセールについてのテクストロジー的解読』（中央編訳出版社、2003年）、『無調の弁証法的想像―アドルノ（否定性の弁証法）のテクストロジー的解読』（生活・読書・新知三聯書店、2001年）などがある。

フーコーへ帰れ
暴力的秩序構築と生の内政のディスクールの情況構築

2019年3月31日　初版第1刷発行

著　者	張　一兵
翻　訳	中野英夫
発行人	菅原秀宣
出典校正	箱田　徹
編　集	横山茂彦
組　版	ゼロメガ
装　丁	原島裕治
発行所	情況出版
発　売	世界書院

〒101-0051　東京都千代田区神田神保町3-11-1
電話　03-5213-3345
FAX　03-5213-3239

印刷製本　　中央精版印刷
Ⓒ Zhang Yibin 2019 Printed in Japan
ISBN978-4-7927-9578-8
定価はカバーに記載してあります。乱丁・落丁本はお取り替えします。